द मिलियनेअर फ़ास्टलेन

दौलत की कुंजी हासिल करें और सदा धनवान बने रहें

एम. जे. डिमार्को

अनुवाद : किरण मोघे

MANJUL
मंजुल पब्लिशिंग हाउस

MANJUL

मंजुल पब्लिशिंग हाउस

कॉरपोरेट एवं संपादकीय कार्यालय

• द्वितीय तल, उषा प्रीत कॉम्प्लेक्स, 42 मालवीय नगर, भोपाल-462 003

विक्रय एवं विपणन कार्यालय

• सी-16, सेक्टर 3, नोएडा, उत्तर प्रदेश, 201301

वेबसाइट : www.manjulindia.com

वितरण केन्द्र

अहमदाबाद, बेंगलुरू, कोच्चि, कोलकाता, चेन्नई,
हैदराबाद, मुम्बई, नई दिल्ली, पुणे

एम. जे. डिमार्को द्वारा लिखित मूल अंग्रेजी पुस्तक
द *मिलियनेअर फ़ास्टलेन* का हिन्दी अनुवाद

The Millionaire Fastlane by MJ DeMarco – Hindi edition

Original English edition first published by Viperion Publishing Corporation,
P O Box 18151, Fountain Hills, AZ 85269

हिन्दी संस्करण सर्वप्रथम 2022 में मंजुल पब्लिशिंग हाउस प्रा. लि. द्वारा प्रकाशित

यह हिन्दी संस्करण 2022 में पहली बार प्रकाशित
5वीं आवृत्ति 2025

ISBN 978-93-5543-112-7

अनुवाद : किरण मोघे

मुद्रण व जिल्दसाज़ी : रेप्रो इंडिया लिमिटेड

''करोड़पति बनने का तेज़ रास्ता (द मिलियनेयर फ़ास्टलेन) जैसी चंद किताबें ही होंगी, जिन्होंने अंतर्मन को छूकर मुझे इतना अधिक प्रोत्साहित किया हो। इस किताब ने कारोबार के लिए 'फ़ॉर्मूला' बनाने, विकसित कर उसे क्रियान्वित करने और एक तरह से ज़िंदगी को लेकर मेरी सोचने की पूरी प्रक्रिया को ही निखार डाला। इसने मुझे सालाना 20 लाख डॉलर और उससे भी ज़्यादा कमाई के रास्ते और कमाई के ढेर सारे स्रोत बनाने में मदद की। मदद भी एक ऐसे विद्यार्थी की, जिसने बिना किसी औपचारिक शिक्षा वाले हाईस्कूल में सी ग्रेड पाया हो। आसान नहीं है, लेकिन सरल है।''

—आर. रुड, स्प्रिंगफ़ील्ड, मिसौरी

''यह कहना अतिशयोक्ति नहीं होगी कि आपकी सलाह और 'तेज़ गति के रास्ते (फ़ास्टलेन) के सिद्धांतों' ने मेरी ज़िंदगी ही बदल डाली। मुझे एक बेहतर ज़िंदगी का अंदाज़ तो था, लेकिन मैं वहां पहुंचने को लेकर हताश हो चुका था। आपकी सलाह पढ़ने के बाद सब मेरे लिए एकाएक संभव होने लगा। मुझे अहसास हुआ कि क्यों मैं कमाई के अवसर पर अवसर गंवाए जा रहा था। मैंने तब इस स्थिति से उबरने का फ़ैसला किया। चार साल बाद मेरी कुल दौलत चार गुना हो चुकी है। मैंने 30 की उम्र के अपने अनेक दोस्तों की तुलना में, पिछले कुछ सालों में काफ़ी बचत की है और निवेश भी किया।''

—एम. गोमेज़, वॉशिंगटन, न्यू जर्सी

''40 साल से मेरा अपना कारोबार था और मैंने अनगिनत किताबें पढ़ी थीं । मेरे द्वारा पढ़ी गई कारोबार से जुड़ी सैकड़ों किताबों में से एक भी-जी हां, एक भी एमजे द्वारा अपनी दो किताबों द्वारा दिए गए आनंद, स्पष्टता और समझ के क़रीब तक नहीं पहुंच पाई। अगर आप एक बेहतर रास्ते की तलाश में हैं तो यही अंतिम विकल्प है। आप सही स्थान पर पहुंचे हैं। एक भी पल मत गंवाइए। यह किताब हासिल कीजिए और पढ़िए। अभी के अभी!''

—एन. बर्नाडुसी (यूज़र, फ़ास्टलेन फ़ोरम, न्यूज़र्सी)

''फ़ास्टलेन पढ़ने से पहले मेरी ज़िंदगी एक आदर्श शहरी सपने जैसी थी। अच्छी नौकरी, 401-के (अमेरिका में लोकप्रिय सेवानिवृत्ति बचत योजना), हैसियत से ज़्यादा का मकान और शिक्षा के लिए क़र्ज़ में डूबा हुआ। इसी दौरान मुझे स्लो लेन के बारे में पता चला। मैं 40 साल के सफ़र में कहीं भी नहीं जा रहा था। मेरा ढुलमुल सहारा थी वो बचत जो शायद महंगाई के कारण किसी काम की नहीं रहेगी। ज़िंदगी की किताब का हर पन्ना झकझोर देने वाला। एक अमेरिकी वयस्क के तौर पर मुझसे जो उम्मीदें थीं, उसे लेकर ख़ुद मेरा विश्वास डोल चुका था। लेकिन इसने मेरे भीतर काफ़ी गहरे छिपी किसी चीज़ को बाहर निकाल दिया। अपने भविष्य पर अपने नियंत्रण और एक विरासत बनाने की चाहत को। हालांकि मैंने अपनी गुलामी जैसी नौकरी जारी रखी, लेकिन साथ ही एमजे समुदाय से जुड़ गया और सीखा। एक साल सीखने, परीक्षण करने और कष्ट के बाद मैंने अपना कारोबार शुरू किया। एक और साल गुज़र जाने के बाद अब मैंने एक हैल्थ फूड कंपनी खोली है, जो पूरे देश में फैली हुई है। यह अपने वर्ग में बड़ी कंपनी बनने के क़रीब है। मैं करोड़पति तो नहीं बना हूं, लेकिन मेरा सफ़र शुरू हो चुका है और मैं धीरे-धीरे तेज़ रास्ते पर आ रहा हूं!''

—स्कॉट वेस्ट, टेम्पा, फ़्लोरिडा

''यह मेरे द्वारा पढ़ी गई महानतम किताबों में से एक है। मैं जानता हूं कि लोग कहते हैं कि सफलता का कोई शॉर्टकट नहीं होता, लेकिन यह किताब वास्तव में वह शॉर्टकट है, जो मेरी राय में अस्तित्व में है। अगर आपने नहीं पढ़ी है तो इसे पढ़िए। और अगर आपने पढ़ ली है तो दोबारा पढ़ें, साल में

कम से कम एक बार। हर बार आपको कोई न कोई नया सुनहरा सूत्र मिल जाएगा, जो शायद पहले आपकी नज़र से छूट गया हो।''

—एमिमो (यूज़र, फ़ास्टलेन फ़ोरम, टेकोमा वॉशिंगटन)

''करोड़पति बनने का तेज़ रास्ता, कारोबार के लिए सर्वश्रेष्ठ किताब है। इसे कारोबार के लिए बाइबल मानें।''

—टी. फ़ैम (यूज़र, फ़ास्टलेन फ़ोरम, सेन जोस कैलिफ़ोर्निया)

''असाधारण, बस यही एक शब्द है मेरे पास। यह किताब अपने असर के कारण मुझे रात को ना जाने कितनी बार जगा देती है।''

—एक्लिस18 (यूज़र, फ़ास्टलेन फ़ोरम, बीसी, कैनेडा)

''अगर मुझे आत्मविकास की तमाम किताबों से हासिल ज्ञान के बदले केवल एक किताब रखने की अनुमति हो तो मैं इसी किताब को ही चुनूंगा। किताब में मौजूद क्रांतिकारी बदलाव अचंभे में डाल देने वाले हैं। मुझे तो लगता है कि अगर हम गुज़रे ज़माने में होते तो इसे सामाजिक गतिशीलता और सामाजिक श्रेष्ठता को ख़तरा बताकर प्रतिबंधित कर दिया जाता। धन्यवाद एमजे! हमें हमारे युग का मार्गदर्शक देने के लिए।''

—वैक्स कॉमिकल (यूज़र, फ़ास्टलेन फ़ोरम, एनएसडब्ल्यू, एयू)

''वाह! यह निश्चित ही मेरे द्वारा पढ़ी गई बेहतरीन बिज़नेस बुक्स में से एक है। और हां, मैंने पर्याप्त मात्रा में किताबें पढ़ी हैं। किसी भी व्यक्ति के 16 साल का होने पर इस किताब को पढ़ना उसके लिए अनिवार्य कर दिया जाना चाहिए। सरकारी नीति ही बना दी जानी चाहिए। एमजे जिस स्पष्टता के साथ अपने विचार रखते हैं और उदाहरण देते हैं, वह असाधारण है। धन्यवाद एमजे, दुनिया को इतनी बेहतरीन किताब देने के लिए। मुझे यक़ीन है सदियों ना सही दशकों तक यह किताब आदर्श बनी रहेगी।''

–जीनियस01 (यूज़र, द फ़ास्टलेन फ़ोरम, वर्जीनिया)

''इस किताब का असर बेहद सशक्त है और आज की दुनिया में यह आज़ादी को 100 फ़ीसदी प्राप्त करने योग्य बना देती है। मैं सोचता था कि कारोबार और ज़िंदगी को लेकर मेरी सोच सही है, लेकिन यह किताब तो सबकुछ साथ लेकर क्रांतिकारी बदलाव ला देती है।''

—चिंगेडिंग (यूज़र, फ़ास्टलेन फ़ोरम, सिएटल, वॉशिंगटन)

''मैंने हर अध्याय दो बार पढ़ा। यह ऐसा था मानो 20 साल की बेहोशी के बाद किसी ने मेरे चेहरे पर एकाएक तेज़ रोशनी डाल दी हो। खरी-खरी उपमाओं का वही असर हुआ था, जो होना था। इसने वित्तीय रास्ते को लेकर मेरी जानकारी या यूं कहें कि मेरी अज्ञानता को चुनौती दी और बदल डाला। इसने मेरे प्रति घंटे डॉलर वेतन का मूल्य हक़ीक़त के धरातल पर बताकर मेरे कई दशक बचा लिए, क्योंकि डॉलर का अवमूल्यन होना ही है। एमजे, धन्यवाद मुझे जगाने के लिए।''

—बी.कोल (यूज़र, फ़ास्टलेन फ़ोरम, वर्जिनिया)

अगर आप और लोगों के (5000 से कुछ ज़्यादा)
विचार पढ़ना चाहते हैं कि कैसे फ़ास्टलेन ने उनकी ज़िंदगी को बदल डाला है
तो कृपया इस लिंक पर जाएं : http://bit.ly/21LqKQ6

प्राक्कथन

पूरी हुई "लैम्बोर्ग़िनी की भविष्यवाणी"

करोड़पति बनने का तेज़ रास्ता किशोरावस्था के मेरे दिनों के एक संयोग भरी मुलाक़ात का परिणाम है। एक मिथक सी लगने वाली कार-लैम्बोर्ग़िनी कुंताच चला रहे एक अजनबी से मिली जागरुकता से उपजा यह एक ब्रह्मज्ञान था। तेज़ रास्ते की संकल्पना का जन्म हो चुका था। साथ में मिला एक विश्वास और यह संकल्प कि दौलत हासिल करने के लिए दशकों की मेहनत, बचत, बेमतलब की मितव्ययिता और शेयर बाज़ार से 8% की कमाई और 50 वर्ष वित्तीय तंगी में गुज़ारने की कोई भी ज़रूरत नहीं है।

इस किताब में कई बार लैम्बोर्ग़िनी का हवाला दिया गया है। यह केवल यह जताने के लिए नहीं कि मेरे पास ऐसी कुछ है। दरअसल, लैम्बोर्ग़िनी मेरी ज़िंदगी में एक भविष्यवाणी की पूर्ति का प्रतीक है। इसकी शुरुआत बेहद मासूमियत के साथ हुई थी, जब मैंने पहली बार लैम्बोर्ग़िनी देखी थी। उस एक पल ने मेरी अलसाई ज़िंदगी को मानो लात मारकर जगा दिया। मैंने उसके युवा मालिक के सामने जाकर एक साधारण-सा सवाल पूछा, आप इतनी अच्छी कार का ख़र्च भला कैसे उठा पाते हैं?

मुझे जो उत्तर मिला वह अध्याय 2 में है, बहुत संक्षिप्त और दमदार। लेकिन मुझे तो और अधिक जानकारी चाहिए थी। मेरी इच्छा थी कि वह युवक मुझसे बात करने के लिए एक घंटा, एक दिन या एक सप्ताह का वक़्त देता। मेरी इच्छा थी कि वह अजनबी मेरा मार्गदर्शन करे कि मैं उतनी दौलत कैसे हासिल करूं, जिसका जीवंत प्रतीक है वह लैम्बोर्ग़िनी।

मेरी इच्छा थी कि वह युवक अपनी कार तक जाता और कोई किताब निकालकर मुझे दे देता।

कई सालों बाद मैं उसी पल को भूमिका में बदलाव के साथ जीना चाहूंगा। मेरी फ़ास्टलेन की सफलता का जश्न मनाने के लिए मैंने अपनी पहली महंगी कार ख़रीदी-मशहूर लैम्बोर्ग़िनी डायब्लो। अगर आपको ऐसी कार चलाने का मौक़ा नहीं मिला हो, जो कई लोगों के घरों से भी महंगी हो तो, मैं आपकी मदद करता हूं कि यह कैसे होता है। आप शर्मिंदा नहीं हो सकते। लोग ट्रैफ़िक में आपका पीछा करते हैं। वह आगे-पीछे करते हुए हादसे की भी वजह बन सकते हैं। और पेट्रोल पंप पर पेट्रोल लेना तो बड़े परिणाम की तरह होता है। लोग फ़ोटो खींचते हैं, उत्तेजित पर्यावरणविद् आपको कोसते हैं और नफ़रत करने

वाले तो आपके गुप्तांग के आकार तक को लेकर अटकलें लगाने लगते हैं–मानो ह्युंडई कार का होना संपन्नता की निशानी हो। अधिकांशतया लोग सवाल पूछते हैं।

धूर्त और जिज्ञासु किशोर सबसे ज़्यादा सवाल पूछते हैं, जैसा कि मैंने बरसों पहले किया था। अरे वाह! आप इतनी अच्छी कार कैसे रख सकते हैं? या आप करते क्या हैं? लोग लैम्बोर्ग़िनी को अकूत धन–दौलत का प्रतीक मानते हैं और जबकि यह एक भ्रम है (कोई भी कमअक्ल व्यक्ति बेहद क़ीमती कार ख़रीद सकता है), यह एक स्वप्नवत जीवनशैली का प्रतीक है, जिसे अधिकांश लोग नामुमकिन मानते हैं।

आज जब मैं अपने ही द्वारा एक दशक पहले पूछे गए सवाल को सुनता हूं, तो मुझमें एक किताब तोहफ़े में देने की ताक़त है और शायद एक सपने का तोहफ़ा भी यह किताब मेरा आधिकारिक जवाब है।

अनुक्रम

प्रस्तावना ix

भाग 1–व्हीलचेयर में दौलत :
"धीमी गति से अमीरी" मतलब बुढ़ापे में अमीर बनना **1**
अध्याय–1 : एक बड़ा छलावा 3
अध्याय–2 : कैसे मैंने "धीमी गति से अमीरी" के तिलस्म को तोड़ा 8

भाग 2–दौलत राह नहीं बल्कि सफ़र है **23**
अध्याय–3 : दौलत का सफ़र 25
अध्याय–4 : दौलत तक पहुंचने के रास्ते 32

भाग 3–ग़रीबी : पगडंडी वाले रास्ते का नक़्शा **37**
अध्याय–5 : सबसे ज़्यादा इस्तेमाल रास्ता : पगडंडी 39
अध्याय–6 : क्या आपकी दौलत में ज़हर घोला गया है? 49
अध्याय–7 : धन का दुरुपयोग करें और धन आपका दुरुपयोग करेगा 55
अध्याय–8 : ख़ुशक़िस्मत धूर्त खेलते हैं बाजी 63
अध्याय–9 : दौलत जवाबदेही मांगती है 69

भाग 4–साधारणता : धीमा रास्ता **77**
अध्याय–10 : एक झूठ जो आपको बेचा गया : धीमा रास्ता 79
अध्याय–11 : आपराधिक सौदा : आपका काम 91
अध्याय–12 : धीमा रास्ता : आप अमीर क्यों नहीं 98
अध्याय–13 : बेमानी जंग : शिक्षा 109
अध्याय–14 : गुरुओं का पाखंड 113
अध्याय–15 : धीमे रास्ते पर चलकर जीत : उम्मीद भरा जुआ 120

भाग 5–दौलत : तेज़ रास्ते का नक़्शा 133
अध्याय–16 : दौलत पाने का शॉर्टकट : तेज़ रास्ता 135
अध्याय–17 : टीम और खेल की रणनीति बदलें 146
अध्याय–18 : अमीर वास्तव में कैसे अमीर बनते हैं 151
अध्याय–19 : दौलत और वक़्त में विभाजन कर दें 161
अध्याय–20 : आज़ादी की जंग के लिए सेना तैयार करें 171
अध्याय–21 : दौलत का वास्तविक नियम 180

भाग 6–आपको दौलत तक ले जाने वाला वाहन : आप 187
अध्याय–22 : पहले ख़ुद अपने मालिक बनें 189
अध्याय–23 : ज़िंदगी का स्टियरिंग व्हील 194
अध्याय–24 : अपनी विंडशील्ड साफ़ कर लें 204
अध्याय–25 : नकारात्मक विचारों को हटाएं 219
अध्याय–26 : आपका मूल ईंधन : वक़्त 226
अध्याय–27 : पुराने तेल को बदल डालें 235
अध्याय–28 : उस लाल रेखा को छू लें 247

भाग 7–दौलत के रास्ते **257**
अध्याय–29 : दौलत हासिल करने के सही रास्ते 259
अध्याय–30 : नियंत्रण का नियम 262
अध्याय–31 : प्रवेश का नियम 272
अध्याय–32 : ज़रूरत का नियम 278
अध्याय–33 : वक़्त का नियम 293
अध्याय–34 : मात्रा का नियम 297
अध्याय–35 : तेज़ दौलत : अंतरराज्यीय मार्ग 305
अध्याय–36 : अपना खुला रास्ता खोजें 315
अध्याय–37 : अपने रास्ते की मंज़िल तय करें 322

भाग 8–आपकी गति : दौलत को गति दें **333**
अध्याय–38 : सफलता की गति 335
अध्याय–39 : कारोबारी योजना जला डालो, क्रियान्वयन की आग प्रज्वलित करो 342
अध्याय–40 : पदयात्री आपको बनाएंगे अमीर! 347
अध्याय–41 : राह के रोड़ों को दूर हटाएं! 360
अध्याय–42 : किसी के तारणहार बनिए 368
अध्याय–43 : ब्रांड तैयार करें, कारोबार नहीं 373
अध्याय–44 : सर्वनिष्ठता की जगह एकनिष्ठता 389
अध्याय–45 : सबको एकजुट करें : अपनी दौलत की योजना को तूफ़ानी गति दें 393

पहला परिशिष्ट : पाठकों के विचार 401

दूसरा परिशिष्ट : तेज़ रास्ते की जीवनशैली के 40 दिशानिर्देश 410

प्रस्तावना

दौलत तक पहुंचने का रास्ता है छोटा

आर्थिक आज़ादी और दौलत तक पहुंचने का एक गुप्त रास्ता है। तूफ़ानी गति वाला छोटा रास्ता, जहां आप बुढ़ापे का इंतज़ार किए बगैर जवानी के जोश से लबरेज़ दिनों में ही धन-दौलत हासिल कर सकते हैं। जी हां, आपको साधारण ज़िंदगी जीने की कोई ज़रूरत नहीं है। आप अमीरी में ज़िंदगी गुज़ार सकते हैं और वक़्त से चार दशक पहले सेवानिवृत्त हो सकते हैं। ऐसी ज़िंदगी जी सकते हैं, जो अधिकांश की पहुंच से बाहर हो। दुखद तौर पर यह छोटा रास्ता आपसे बड़ी सफ़ाई के साथ छिपाकर रखा गया है। छोटा रास्ता लेने की बजाय आपको साधारणता की ओर ले जाने वाले एक समानांतर रास्ते पर धकेल दिया जाता है। उनींदी-सी बड़ी आबादी को वित्तीय रूढ़िवाद का उबाऊ एकांगी मार्ग दिखाया जाता है। फिर ढेर सारे ऐसे नियमों से घेर दिया जाता है, जो बेवजह की उम्मीदों के नाम पर आपके सपनों की बलि चढ़ा देते हैं।

वह रास्ता? यह आर्थिक साधारणता है, जिसे हम "धीमी गति से अमीरी", धीमा रास्ता या फिर व्हीलचेयर में दौलत के नाम से जानते हैं। यह नीरस रास्ता कुछ इस तरह का होता है :

> *कॉलेज जाओ, अच्छे नंबर लाओ, स्नातक बनो, एक अच्छी नौकरी हासिल करो, अपनी कमाई का 10% बचाओ, शेयर बाज़ार में निवेश करो, ख़ासतौर पर कम लागत वाले इंडेक्स्ड फ़ंड्स में, 401 (के) में निवेश में बढ़ोत्तरी, क्रेडिट कार्ड के ख़र्चों में कटौती और कूपन्स छांटना, उसके बाद किसी दिन, जब आप, उफ़्फ़, 65 बरस के होंगे, आप अमीर हो जाएंगे।*

यह तो ज़िंदगी जीने के लिए ज़िंदगी दांव पर लगाने जैसा है। यह बहुत लंबा रास्ता है और यह ख़ूबसूरत क़तई नहीं है। अगर दौलत एक समुद्री यात्रा होती, तो ''धीमी गति से अमीरी'' वाला रास्ता आपको दक्षिण अमेरिका के अंतिम सिरे से घुमाकर लाता, जबकि शॉर्टकट पनामा नहर का इस्तेमाल करता।

करोड़पति बनने का तेज़ रास्ता किसी स्थिर रणनीति जैसा नहीं है, "जाओ रियल इस्टेट ख़रीदो," "सोच को सकारात्मक रखो," या फिर "कारोबार शुरू करो," बल्कि यह एक संपूर्ण मनोवैज्ञानिक और गणितीय फ़ॉर्मूला है। यह वह कुंजी है, जो दौलत तक पहुंचने का छोटा रास्ता खोल देती है। तेज़ रास्ता (फ़ास्टलेन) ख़ुलासों की एक ऐसी कड़ी है, जो

अकथनीय को भी संभावना बदल देती है। सेवानिवृत्ति के बाद अमीर बनने के ढर्रे की जगह आज युवावस्था में ही अमीर बनो।

जी हां, आप ताउम्र की आज़ादी और संपन्नता पा सकते हैं और इस बात से कोई भी फ़र्क़ नहीं पड़ता कि आप 18 बरस के हैं या फिर 40 के। "धीमी गति से अमीरी" जिस बात को 50 साल में हासिल करना चाहती है, उसे मैं "करके देखिए" पर ज़ोर देते हुए कहूंगा, तेज़ राह केवल पांच साल में हासिल करा देती है।

आप शॉर्टकट क्यों नहीं अपना सकते?

अगर आप अधिकांश की तरह दौलत की चाहत रखते हैं तो आपके तरीक़े को एक चिरकालिक सवाल के ज़रिये पहचाना जा सकता है-अमीर बनने के लिए मुझे क्या करना होगा? और जवाब की तलाश-दौलत की भेड़चाल-आपकी दिमाग़ी हालत को तेज़ गति से पीछा करने वाला बना देती है। और शुरू हो जाती है ऐसी तमाम रणनीतियों, सिद्धांतों, करियर्स और योजनाओं की चाहत, जिनमें भरपूर दौलत की संभावना छिपी हो। रियल इस्टेट में निवेश करो! अमेज़न का कोई कारोबार शुरू करो! क्रिप्टोकरेंसी का काम करो! प्रोबॉल खेलो! "मुझे आख़िर करना क्या है?" दौलत की तलाश करने वाला चीख़ता है।

नहीं, कृपया रुक जाइए।

जवाब आप क्या कर रहे थे में नहीं, बल्कि आपने क्या नहीं किया, में छिपा है। एक पुरानी कहावत वक़्त के साथ तोड़-मरोड़ दी गई है, लेकिन उसका अर्थ वही है : अगर आप, जो मिल रहा है वही पाना चाहते हैं तो वही करते रहिए जो आप कर रहे हैं।

कहने का मतलब। रुक जाइए। अगर आप दौलतमंद नहीं हैं तो जो कर रहे हैं, उसे रोक दीजिए। परंपरागत समझदारी को विराम लगाइए। भीड़ के साथ चलना छोड़ दीजिए और ग़लत फ़ॉर्मूले का इस्तेमाल भी। उस रास्ते को ही छोड़ दीजिए जो सपनों को कुचलकर आपको साधारणता की ओर ले जाता हो। ऐसे रास्ते छोड़ दीजिए जहां रफ़्तार को लेकर दंडनीय सीमाएं और ढेर सारे मार्ग परिवर्तन हों। मैं इसे "सलाह के विपरीत" कहता हूं। मेरी किताब अधिकतर इसी पर आधारित है।

इस किताब में दौलत के 300 ऐसे राज़ हैं, जो आपको दौलत की कुंजी थमा देंगे और आपको वर्तमान रास्ते से बाहर निकालकर नये रास्ते पर ले जाएंगे, जो दौलत पाने का छोटा रास्ता होगा। यह राज आपके कामकाज के पुराने तौर-तरीक़ों, सोच-समझ पर अंकुश लगाकर आपको एक नई दिशा में ले जाएंगे। सार यही है कि *जो कुछ आपने सीखा है उसे भूल जाइए।*

आपकी वास्तविकता मेरी वास्तविकता नहीं बदलती

यह भाग जलने-कुढ़ने वालों के लिए है। मैं तेज़ रास्ते को पूरी ढीठता के साथ पेश करता हूं। इस किताब में बहुत सारा "मुश्किलों भरा प्यार" है। यह अड़ियल-सा लग सकता है, लेकिन अंततः अपना सच आपको ही ढूंढ़ना है। हो सकता है फ़ास्टलेन आपका अपमान

करे, आपको चुनौती दे, क्योंकि यह उन तमाम बातों को सिरे से ख़ारिज कर देगी, जो आपने अब तक सीखी हैं। यह आपके अभिभावकों, शिक्षकों और वित्तीय सलाहकारों की सिखाई गई बातों का खंडन करेगी। और चूंकि मैं तमाम उन बातों का उल्लंघन कर रहा हूं, जो समाज का प्रतिनिधित्व करती हैं, तय मानिए कि दकियानूसी सोच वाले लोग मेरे पीछे हाथ धोकर पड़ जाएंगे।

शुक्र है कि आपका तेज़ रास्ते की रणनीति में विश्वास (या अविश्वास) मेरी वास्तविकता को नहीं बदल सकता। यह केवल आपकी वास्तविकता को बदल सकता है। मैं दोहराना चाहूंगा : तेज़ रास्ता मेरी वास्तविकता को नहीं बदलता (बदल भी नहीं सकता), *इसका उद्देश्य तो आपकी वास्तविकता को बदलना है।*

तो अब मैं आपको अपनी वास्तविकता के बारे में बताता हूं। मैं हर दिन ख़ुद की कृतज्ञता और ख़ुशी के साथ चिकोटी काटता हूं। मेरे पास एक बड़ा बंगला, मैकमेंशन है, जहां से एरिजोना के फ़ाउंटेन हिल्स का ख़ूबसूरत नज़ारा दिखता है। यहां सबकुछ है सिवाय क़र्ज़ के। मेरे मकान में कई ऐसे कमरे हैं जहां मैं महीनों तक नहीं जाता। हां, घर बहुत बड़ा है और उस डरावनी कहानी को तो भूल ही जाएं तो बेहतर होगा।

मुझे याद नहीं पिछली दफ़ा मैंने कब अलार्म लगाया था और हड़बड़ाकर झटके से उठा था। मेरे लिए तो हर दिन शनिवार है। ना मेरे पास कोई नौकरी है ना मेरा कोई बॉस है। मेरे पास तो सूट और टाई तक नहीं है। मेरा कोलेस्ट्रॉल का स्तर बता देता है कि मैं बहुत ज़्यादा बार इटालियन रेस्तरां में खाता हूं। मैं सस्ते सिगार पीता हूं। इस संस्करण तक की बात करें तो मेरे पास 12 साल पुरानी टोयोटा टेकोमा है, जो 1 लाख 20 हजार मील से ज़्यादा चल चुकी है। मेरे पास पहले बहुत आलीशान और महंगी गाड़ियां हुआ करती थीं, अधिकांशतया लैम्बोर्ग़िनी। मैंने सेडोना एरिजोना में 11 एकड़ जमीन के लिए उस आडंबर से छुटकारा पा लिया। मेरे पास इकलौता 'खिलौना' है तो वह है उबड़-खाबड़ रास्तों, चट्टानों पर चढ़कर माउंट एवरेस्ट तक को फ़तह करने का दमखम रखने वाली यूटीवी। वैसे फ़िलहाल सेडोना के रेड रॉक्स ही पर्याप्त हैं। 750 हॉर्सपॉवर की नाइट्रस ऑक्साइड से लैस वाइपर में एक बार मैं स्ट्रीट रेसिंग के दौरान जान गंवाते-गंवाते बचा था। मैं कॉस्टको, कोल्स और सुविधाजनक स्टोर्स से ख़रीददारी करता हूं। जी हां, इसमें वॉलमार्ट भी शामिल है, लेकिन तभी जब पार्किंग में जगह हो। नहीं, मैं लैम्बोर्ग़िनी को वॉलमार्ट नहीं ले गया था। अगर ऐसा करता तो शायद भूचाल ही आ जाता। अनुभव ले चुके लोग इस बात को बेहतर तरीक़े से जानते हैं।

मैं 149 डॉलर से ज़्यादा महंगी घड़ी नहीं पहनता। मुझे टेनिस, बाइकिंग, स्विमिंग, हाइकिंग, सॉफ़्टबॉल, पोकर, पूल, कला, यात्रा, लेखन और अपनी यूटीवी में ख़ूबसूरत एरिजोना रेगिस्तान की छानबीन पसंद है। मैं जब चाहूं जहां चाहूं यात्रा करता हूं। मुझ पर कोई क़र्ज़ नहीं है, मैंने मकान नक़द देकर ख़रीदा है। मैंने मां का क़र्ज़ भी उतार दिया, ताकि वह सेवानिवृत्ति के बाद महंगाई का रोना रोने की बजाय ज़िंदगी का आनंद उठा सके।

अगर आप मेरे लिए तोहफ़ा ख़रीदना चाहते हैं तो शुभकामनाएं। मेरे पास सबकुछ है, इसलिए मेरे लिए ऐसा तोहफ़ा खोजना जो 'मुझे चाहिए या चाहता हूं' तो ड्रेक के समीकरण

को हल करने जितना मुश्किल है। क्योंकि अधिकांश बातों की क़ीमत मेरे लिए महत्त्वहीन है, मैं इच्छा तीव्र होने पर ख़रीदता हूं।

मैं 31 वर्ष की उम्र में पहली बार करोड़पति बना। पांच साल पहले मैं मां के साथ रहता था और संघर्ष कर रहा था। 37 वर्ष की उम्र में तो मैं सेवानिवृत्त हो गया। मैं हर माह आय, ब्याज और दुनियाभर में निवेश के जरिये ही हज़ारों डॉलर कमा लेता हूं। इस बात से कोई फ़र्क़ नहीं पड़ता कि किस दिन मैं क्या करता हूं, मुझे धन मिलता है और मुझे काम नहीं करना पड़ता। मैं आर्थिक तौर पर आज़ाद हूं, क्योंकि मैंने दौलत की कुंजी हासिल कर ली है और मैं आर्थिक साधारणता से ऊपर उठ चुका हूं। मैं असामान्य ज़िंदगी जीने वाला सामान्य व्यक्ति हूं। यह है तो एक सपनीला संसार, लेकिन मेरी वास्तविकता, मेरी सामान्यता, मेरा विचलन सभी सामान्य से इतर है, जहां मैं किसी भी तरह के वित्तीय भार से मुक्त रहकर अपने तमाम अकल्पनीय सपनों को पूरा कर सकता हूं। अगर मैंने "धीमी गति से अमीर बनो" वाला तयशुदा रास्ता चुना होता तो मेरे सपनों को जीवनरक्षक की ज़रूरत पड़ती और उनकी जगह क़र्ज़ ने ले ली होती। सुबह-सबेरे भीड़भाड़ के बीच दफ़्तर जाना पड़ता और प्रोजेक की 50 एमएम की गोली मेरी हमजोली बन चुकी होती।

आपके सपनों का क्या? क्या उन्हें पुनर्जीवित करने की ज़रूरत है? अगर आपके सपने संभावनाहीन हो गए हैं तो संभव है कि "धीमी गति से अमीरी" के रास्ते में उन्होंने दम तोड़ दिया है। "धीमी गति से अमीरी" का रास्ता आपसे ज़िंदगी के बदले में ज़िंदगी का ही सौदा करता है। यह एक ऐसा दीवानापन है, जो सपनों का दम घोंट देता है।

इसकी बनिस्बत अगर आप सही रास्ते पर चलते हैं और सही रास्ते का लाभ उठाते हैं तो आप अपने सपनों को दोबारा वास्तविक संभावनाओं से पुनर्जीवित कर सकते हैं। जी हां, तेज़ रास्ते पर चलकर आप तेज़ी से दौलत कमा सकते हैं। तो भूल जाइए "धीमी गति से अमीरी" के रास्ते को और ताउम्र की संपन्नता, आज़ादी के साथ सपनों को साकार कीजिए, ठीक मेरी तरह।

अगर आपको यह किताब ज़िंदगी में पहले नहीं मिली तो भी चिंता की कोई बात नहीं है। दौलत के तेज़ रास्ते को आपकी उम्र, आपके काम के अनुभव, आपकी नस्ल, आपके लिंग से कोई फ़र्क़ नहीं पड़ता। इसे इस बात से भी कोई फ़र्क नहीं पड़ता कि आपको 8वीं कक्षा की जिम क्लास में "एफ़" मिला था या फिर कॉलेज में आप बीयर पीने के लिए बदनाम थे। तेज़ रास्ते को 10 बड़े कॉलेजों की डिग्री या हार्वर्ड एमबीए से कोई फ़र्क़ नहीं पड़ता। यह आपसे मशहूर खिलाड़ी, अभिनेता या *अमेरिकन आइडल* का फ़ाइनलिस्ट होने की अपेक्षा भी नहीं करता। यह आपके अतीत पर तभी दया बरसाता है जब आप इसके ब्रह्मांड का दरवाज़ा खोल देते हैं।

अंत में, फ़ेसबुक फ़ीड पर ज्ञान बांटने वाले गुरु की तरह लगने के बावजूद, मैं स्पष्ट करना चाहूंगा कि मैं गुरु नहीं हूं और ना ही बनना चाहता हूं। काश! यह किताब मुझे 20 वर्ष की उम्र में मिल गई होती और इसमें "मुफ़्त ट्रेनिंग" शामिल नहीं है, जो 10,000 डॉलर के सेमिनार में तब्दील हो जाती है।

गुरु होने के मायने होते हैं सर्वज्ञाता, जो कि मैं नहीं हूं। इस रास्ते पर 20 साल गुज़ारने के बाद मैं बड़ी ही विनम्रता के साथ कह सकता हूं कि मुझे अभी और सीखना है। अगर फिर भी आप मुझे कुछ नाम ही देना चाहते हैं तो कह सकते हैं, “धीमी गति से अमीरी” का विरोधी गुरु।

माफ़ी चाहूंगा, यहां प्रति सप्ताह चार घंटे काम नहीं है

सबसे पहले कुछ बातों को स्पष्ट कर लिया जाए। यह किताब “कैसे करें” वाली क़तई नहीं है। मैं हर बारीकी के बारे में नहीं बताऊंगा कि मैंने वह कैसे किया, क्योंकि मैंने जो किया वह प्रासंगिक नहीं है। इस किताब में ऐसी वेबसाइट्स की कोई सूची नहीं है, जो आपको बताए कि बाहरी मदद से ज़िंदगी कैसे जीएं। सफलता एक सफ़र है, जिसे चार घंटे प्रति सप्ताह के काम के साथ फ़िलीपींस को “आउटसोर्स” नहीं किया जा सकता। करोड़पति बनने का तेज़ रास्ता एक सुनहरी सड़क की तरह है, जिसे मनोविज्ञान और गणित की मदद से तैयार किया गया है। यह आपको भरपूर धन–दौलत तक पहुंचा देती है।

तेज़ रास्ते में खोज के सफ़र के दौरान मैं हमेशा ही एक ऐसे शुद्ध और अचूक फ़ॉर्मूले को चाहता था, जो मुझे दौलत तक पहुंचाएगा। लेकिन मुझे केवल मिले अनिश्चितता और व्यक्तिपरक आदेश, जैसे “दृढ़निश्चयी बनो” या “ज़िद से फ़ायदा” होता है या फिर आप क्या जानते हो यह ज़रूरी नहीं, बल्कि ज़रूरी है कि “आप किसे जानते हो।” यह जहां एक पहेली के टुकड़े थे, इनमें दौलत की कोई निश्चितता नहीं थी। एक कामकाजी फ़ॉर्मूले में गणितीय संरचना होती है, अस्पष्ट वक्तव्य नहीं। क्या दौलत का कोई गणितीय फ़ॉर्मूला है, एक ऐसा कोड जिसका आप सबकुछ अपने पक्ष में होने तक दोहन कर सकें? हां, और तेज़ रास्ता उसे और बढ़ा देता है।

अब बुरी ख़बर। दौलत की चाह रखने वाले लोगों के दिलोदिमाग़ में “धन” से जुड़ी किताबों को लेकर कई झूठी उम्मीदें होती हैं। उन्हें लगता है कि कोई स्वर्गिक गुरु उनके लिए काम करेगा। दौलत के रास्ते में कोई मददगार नही होता और यह हमेशा निर्माणाधीन ही होते हैं। कोई आपकी गोद में दौलत की बरसात नहीं करता। इस रास्ते पर आपको चलना है और केवल आपको अकेले। *मैं दरवाजा तो खोल सकता हूं, लेकिन आपको चलने के लिए मज़बूर नहीं कर सकता।*

मैं क़तई दावा नहीं करता कि दौलत का तेज़ रास्ता आसान है। यह बहुत मेहनत का काम है। अगर आपको प्रति सप्ताह केवल चार घंटे काम करने की अपेक्षा है तो आपको निराशा होगी। मैं केवल आपको दूर से रास्ता दिखाने वाले की भूमिका के साथ सलाह दे सकता हूं, उस सुनहरी सड़क पर चलो।

दौलत का तेज़ रास्ता वही सड़क है।

करोड़पति के साथ कॉफ़ी

मैंने इस पुस्तक की भाषा को आपसे सहज संवाद की तरह ही रखा है। मानो मैं अपने नए दोस्त से पड़ोस के किसी कॉफ़ी हाउस में बतिया रहा हूं। मेरा इकलौता उद्देश्य शिक्षा है। मैं

आपको महंगा सेमिनार, सदस्यता वेबसाइट या मार्केटिंग के फ़ंडे नहीं बेचना चाहता। जी हां, यह सच है, मैं कुछ भी नहीं बेच रहा हूं-केवल वह बुद्धिमानी आपको देना चाहता हूं जो काश! मुझे मेरे संघर्ष के दिनों में मिल गई होती। मैं जबकि आपसे दोस्त की तरह बातें करूंगा, यह भी जान लीजिए : मुझे पता नहीं आप कौन हैं, आपका अतीत क्या है, आपकी उम्र, आपके पूर्वाग्रह, आपकी पत्नी या आपकी शिक्षा। इसलिए मुझे कुछ आम धारणाएं बनाना होंगी ताकि आपके साथ निजी संवाद सुनिश्चित हो सके। मेरी धारणाएं :

- आप अपनी ज़िंदगी को देखकर सोचते हैं, "थोड़ा और होना चाहिए।"
- आपके सपने बड़े हैं। आप इस बात को लेकर चिंतित हैं कि जिस रास्ते पर आप चल रहे हैं वह कभी भी उन सपनों को पूरा नहीं कर पाएगा।
- आप कॉलेज जाने वाले हैं, कॉलेज में प्रवेश ले चुके हैं या कॉलेज से पढ़े हुए हैं।
- आप ऐसी नौकरी में हैं, जिसमें आपको मज़ा नहीं आ रहा या वह आपको अमीर नहीं बनाएगी।
- आपकी बचत बहुत कम और क़र्ज़ बहुत ज़्यादा है।
- आप नियमित तौर पर 401 (के) योजना में या फिर कम लागत वाले इंडेक्स्ड म्युचुअल फ़ंड्स में निवेश करते हैं।
- आपको यह महसूस हो चुका है कि जिस गति से आपके निवेशित बचत बढ़ रही है, आप इस जन्म में तो सेवानिवृत्ति से पहले अमीर बनने से रहे।
- आप अमीर लोगों को देखते हैं और हैरान होते हैं, "उन्होंने यह कैसे किया?"
- आपने कुछ "जल्दी अमीर बनो" वाली किताबें या कार्यक्रम ख़रीदे हैं।
- आप ऐसे स्वतंत्र, लोकतांत्रिक समाज में रहते हैं, जिसके मानक शिक्षा और पसंद की आज़ादी है।
- आपके अभिभावक पुरानी सोच वाले हैं, "कॉलेज जाओ और एक अच्छी नौकरी हासिल करो।"
- आपके पास कोई शारीरिक प्रतिभा नहीं है। आपके पेशेवर खिलाड़ी, गायक, मनोरंजनदाता या अभिनेता बनने की संभावना शून्य है।
- आप युवा और भविष्य को लेकर उत्साह से लबरेज़ हैं, लेकिन नहीं जानते इसे क्या दिशा दें।
- आप उम्रदराज़ हैं और कुछ वक़्त से कामकाजी हैं। इतने साल गुज़र जाने के बाद आपके पास दिखाने के लिए कुछ ज़्यादा नहीं है। अब आप "दोबारा शुरू" करने से थक चुके हैं।
- आपने अपना दिल-दिमाग़ सबकुछ नौकरी को समर्पित कर दिया, लेकिन आर्थिक मंदी, कार्पोरेट बीएस या कटौती के कारण आपको नौकरी से हाथ धोना पड़ा।

- आपके बच्चों का नियंत्रण इलेक्ट्रॉनिक उपकरणों ने ले लिया है, क्योंकि आप बहुत ज़्यादा व्यस्त हैं। आपके पास बहुत ज़्यादा काम है और वेतन तुलनात्मक तौर पर कम है।
- मुख्य धारा के वित्तीय गुरुओं की सलाह पर चलकर आपने स्टॉक बाज़ार या निवेश के परंपरागत तरीक़ों में भारी आर्थिक नुक़सान झेला है।

अगर इनमें से कुछ धारणाएं आपकी स्थिति को प्रभावित करती हैं तो इस किताब का असर होगा।

इस किताब की संरचना कैसी है

हर अध्याय की समाप्ति पर एक उप-खंड है, अध्याय का सार : तेज़ रास्ते की ख़ासियतें, जो तेज़ राह की रणनीति की ख़ासियतों का खुलासा करता है। इसकी अनदेखी क़तई नहीं करें। यही आपके तेज़ रास्ते के निर्माण की सामग्री है। इसके अलावा इस किताब में दी गई कहानियां और उदाहरण द फ़ास्टलेन फ़ोरम (TheFastlaneForum.com) और अन्य वित्तीय फ़ोरम्स से ली गई हैं। कहानियां वास्तविक हैं, जो वास्तविक लोगों की वास्तविक समस्याएं हैं। मैंने नाम बदल दिए हैं और स्पष्टता की ख़ातिर संवादों को संपादित कर दिया है। और अंत में, तेज़ रास्ते की रणनीति के बारे में द फ़ास्टलेन फ़ोरम पर मौजूद हज़ारों अन्य लोगों के साथ मुक्त संवाद करें। जब आपकी ज़िंदगी बदल जाए तो रुककर हमें बताएं यह कैसे हुआ!

दौलत के तेज़ रास्ते की रणनीति जानने और व्यवस्थित करने, सीखने और इस्तेमाल कर करोड़ों कमाने में मुझे कई बरस लग गए। बोर हो जाने, सेवानिवृत्त हो जाने, लेकिन बालों के साथ अब भी युवा रहते हुए मैं आपको करोड़पति बनने का तेज़ रास्ता : दौलत की कुंजी हासिल करें और ताउम्र मालामाल रहें, सौंप रहा हूं। तो तैयार हो जाइए, एक कॉफ़ी पीजिए और चल दीजिए सफ़र पर।

भाग–1

व्हीलचेयर में दौलत
“धीमी गति से अमीरी” मतलब
बुढ़ापे में अमीर बनना

अध्याय

1

एक बड़ा छलावा

साधारण होना वह बात नहीं जिसकी आकांक्षा की जाए
यह वह बात है, जिससे दूर होना ही बेहतर है।
—जोडी फ़ोस्टर

"एमटीवी क्रिब्स" का वह एपिसोड जो कभी हुआ ही नहीं

मेजबान : "आज हम मिलेंगे 22 बरस के बिग डैडीहू और धूप से दमकते पाम बीच फ़्लोरिडा में अटलांटिक की ख़ूबसूरत तटरेखा पर उनकी 8,000 स्क्वायर फुट की आलीशान कोठी और उनकी बेशक़ीमती कारों से...तो बिग डैडीहू अपनी कारों के बारे में बताइए!"

बिग डैडीहू : "मेरे पास 22 इंच की रिम वाली फ़ेरारी है, विशेष रूप से तैयार 12 स्पीकर स्टीरियो वाली लैम्बोर्ग़िनी आप देख ही सकते हैं। ख़ास तौर पर उन रातों के लिए, जब आप हसीनाओं के साथ बस मज़े लेना चाहते हैं, रोल्स रॉयस मेरे काम आती है।"

मेजबान : "तो बिग डैडीहू आप इतनी बेहतरीन कारों का रखरखाव कैसे कर पाते हैं? और समुद्र तट पर यह आलीशान कोठी? आपको इसमें तक़रीबन 20 मिलियन डॉलर लग गए होंगे!"

बिग डैडीहू : "मैं आपको बताना चाहूंगा कि बिग डैडीहू ने यह धन-दौलत कमाई है कम लागत वाले इंडेक्स फ़ंड्स से और मेरी विन-गो वायरलैस की नौकरी के दौरान हुई कमाई को 401 (के) योजना में निवेश करके।"

एकाएक आपको रिकॉर्ड के बंद होने के वक़्त आने वाली चीख़ जैसी आवाज़ सुनाई देती है।

सन्नाटा।

जैसा कि आप अनुमान लगा ही सकते हैं, ऐसा कभी हुआ ही नहीं। बिगडैडी का जवाब बेहूदा और हास्यास्पद है। हम इतने समझदार तो हैं हीं कि समझ सकें कि यह 22

बरस के धनकुबेर महज इसलिए अमीर नहीं है, क्योंकि उन्होंने अपनी काम से मिले धन की बचत की या उन्होंने इंडेक्स्ड फ़ंड्स में निवेश किया है। हम जानते हैं कि युवावस्था में अमीर बनने वाले समाज के एक ख़ास तबक़े से आते हैं : पेशेवर खिलाड़ी, रैपर्स, अभिनेता, मनोरंजन करने वाले और प्रसिद्ध लोग। आबादी के इस तबक़े से बाहर के हमारे जैसे लोग तो वित्तीय सलाहकारों की परंपरागत दकियानूसी सलाहों की बौछार के तले दबे होते हैं।

इसे "धीमी गति से अमीर" बनना कहते हैं और यह कुछ-कुछ ऐसा होता है : स्कूल जाओ, अच्छे नंबर लाओ, स्नातक बनो, अच्छी नौकरी हासिल करो, स्टॉक बाज़ार में निवेश करो, 401 (के) में ज़्यादा धन लगाओ, क्रेडिट कार्ड के ख़र्चों में कटौती करो और कूपन्स छांटो और फिर एक दिन ऐसा आएगा जब आप, उफ़्फ़, 60 बरस के होंगे, और आप अमीर होंगे।

"धीमी गति से अमीरी" के खेल में हार तय है

अगर आप अमीर बनना चाहते हैं और "धीमी गति से अमीरी" आपकी रणनीति है तो मेरे पास आपके लिए एक बुरी ख़बर है। उस खेल में हार तय है, जिसमें आप अपना वक़्त दांव पर लगा रहे हैं। क्या आपको लगता है कि समंदर के किनारे महलनुमा कोठी में रहने वाला और पांच लाख डॉलर से अधिक क़ीमत की कारों का मालिक इसलिए अमीर है, क्योंकि वह म्युचुअल फ़ंड्स में निवेश करता है? या फिर स्थानीय सुपर सेवर के कूपनों को इस्तेमाल करता हो? निश्चित तौर पर नहीं। तो फिर हम इस बारे में सलाह को वह वैध रास्ता क्यों मान लेते हैं, जो हमें दौलत और आर्थिक आज़ादी की ओर ले जाएगा? क्या केवल इसलिए कि सरकार, रेडियो की एक हस्ती और गोल्डमैन सक्स ऐसा कह रहे हैं?

बहुत कम ऐसे लोग होते हैं, जो इंडेक्स्ड फ़ंड्स में निवेश से अमीर बने हों। वह व्यक्ति बता दीजिए, जिसने 401 (के) में निवेश बहुत ज़्यादा बढ़ाकर तीन साल में करोड़ों कमा लिए हों। या फिर कूपनों का इस्तेमाल करके अमीर बना कोई 20 बरस का बंदा ही बता दीजिए। ये लोग आख़िर हैं कहां?

उन्हें ढूंढ़ना असंभव परीकथाओं जैसा लगता है।

यह सब होने के बावजूद हम थके हुए चाटुकार वित्तीय सलाहकारों के उसी गिरोह पर यक़ीन कर लेते हैं, जो दौलत के पुराने नियमों का ही हवाला देता रहता है। जी हां ज़नाब, नौकरी खोजिए, 50 साल काम कीजिए, बचत कीजिए, नासमझी भरी कंजूसी कीजिए, स्टॉक बाज़ार में निवेश कीजिए और आपकी आज़ादी का दिन जल्द ही, 70 बरस की उम्र में आ जाएगा और अगर स्टॉक बाज़ार दयालु रहा तो 60 बरस की उम्र में। क्या वाकई यह "व्हीलचेयर में दौलत" की वित्तीय योजना उत्साहनजक लगती है?

आज के पूंजीगत क़र्ज़ और महंगाई के लापरवाह माहौल में, मुझे यह जानकर सदमा-सा ही लगता है कि लोग आज भी यक़ीन करते हैं कि यह रणनीति कारगर है। क्या 2008 की मंदी "धीमी गति से अमीरी" के धोखे के पर्दाफ़ाश के लिए पर्याप्त नहीं थी? ओह, अब मेरी समझ में आया, अगर आप 40 वर्ष तक नौकरी करते हैं और बाज़ार की

40% गिरावट को टालना चाहते हैं, तो "धीमी गति से अमीरी" कारगर है। बस आराम से बैठो, काम करो, उम्मीद करो कि बस मौत पहले नहीं आ जाए, क्योंकि आप रिटायरमेंट होम में सबसे रईस व्यक्ति जो बनने जा रहे हैं!

"धीमी गति से अमीरी" का संदेश बिलकुल स्पष्ट है। आपका आज, आपके सपने और आपकी ज़िंदगी की बलि एक ऐसी योजना के लिए दे दीजिए, जो उस वक्त फ़ायदा दे सकती है, जब आपकी ज़िंदगी का एक बड़ा हिस्सा गुज़र चुका होगा।

मुझे कुछ खरी-खरी सुनाने दीजिए : अगर दौलत तक आपका रास्ता, आपकी अधिकांश सक्रिय जवानी को चट करके भी कोई गारंटी नहीं देता है, तो वह बेकार है। दौलत का रास्ता जो वॉलस्ट्रीट (शेयर बाज़ार) के साथ-साथ आपकी ज़िंदगी के बेशक़ीमती पलों के साथ जुआ खेलता हो, केवल एक बदबूदार गली है।

इसके बावजूद यह पूर्व निर्धारित योजना मज़बूती से पैर जमा रही है। यह आप पर ऐसे पाखंडी वित्तीय सलाहकारों द्वारा थोपी जाती है, जो ख़ुद अपनी सलाह से नहीं, बल्कि अपने करोड़पति बनने के तेज़ रास्ते से अमीर बने हैं। धीमा रास्ता बतलाने वाले यह भविष्यवेत्ता-वह लोग जो निवेश प्रबंधन फ़ीस, किताबों का भारी-भरकम अनुबंध, सहायक वित्तीय कार्यक्रमों और सदस्यता से करोड़ों की कमाई करते हैं-कुछ ऐसी बात जानते हैं जो आपको नहीं बताते। *वह जो सिखाते हैं वह काम नहीं करता, लेकिन उसे बेचना कर जाता है।*

जवानी में अमीरी : क्या यह बकवास है?

करोड़पति बनने का तेज़ रास्ता करोड़ों रुपयों के साथ सेवानिवृत्त होने के बारे में नहीं है, बल्कि यह है दौलत को दोबारा परिभाषित करना, जिसमें जवानी, मौज, आज़ादी, समृद्धि सबकुछ शामिल हो। फ़ास्टलेन फ़ोरम पर मौजूद एक टिप्पणी देखिए :

> *"क्या यह बकवास है? जवानी में ज़िंदगी का पूरा आनंद उठाना, आलीशान कारों का मालिक होना, सपनों का घर होना, घूमने-फिरने के लिए वक़्त होना और अपने सपनों को हासिल करना। क्या आप रोजी-रोटी के लिए भागमभाग की ज़िंदगी से युवावस्था में ही छुटकारा पा सकते हैं? मैं शिकागो, इलिनॉय में 23 वर्षीय इन्वेस्टमेंट बैंकर हूं। मेरा वेतन अच्छा-ख़ासा है और कमीशन भी। अधिकांश लोगों की तुलना में मेरी नौकरी अच्छी है। मुझे इससे नफ़रत है। मैं शिकागो शहर से गुज़रता हूं और देखता हूं कि कुछ लोग ज़िंदगी के कैसे मज़े ले रहे हैं। आलीशान बेशक़ीमती कारें चला रहे हैं और मैं सोचता हूं ये तो सभी 50 वर्ष या उससे ज़्यादा उम्र के लोग हैं, जिनके बाल पक चुके हैं। उन्हीं में से एक ने मुझे बताया था, 'बेटा तुम जानते हो, जब तक तुम अंततः ऐसा खिलौना ख़रीदने की हैसियत हासिल करते हो, तुम उसका मज़ा लेने के लिहाज़ से बहुत बूढ़े हो चुके होते हो।' वह व्यक्ति 52 वर्ष का रियल इस्टेट निवेशक था। मुझे याद है उसकी तरफ़ देखकर मैंने सोचा था कि हे भगवान! यह सच नहीं हो सकता। यह निश्चित तौर पर बकवास है। निश्चित तौर पर।"*

मैं इस बात की पुष्टि कर सकता हूं कि यह बकवास नहीं है। आप ज़िंदगी का मज़ा ले सकते हैं और वह भी युवावस्था में। दौलत या सेवानिवृत्ति के लिए उम्र का ज़्यादा होना पूर्व शर्त नहीं है। हां, यह सोचना निश्चित तौर पर बकवास है कि "धीमी गति से अमीरी" के पूर्व तय मार्ग पर चलकर आप 30 वर्ष की उम्र तक यह हासिल कर सकते हैं। यह सोचना सचमुच बकवास है कि सेवानिवृत्ति के लिए ज़्यादा उम्र एक पूर्व शर्त है। "धीमी गति से अमीरी" को अपने सपने छीन लेने देना असली बकवास है।

युवावस्था को शामिल कर नयापन लाएं सेवानिवृत्ति में

सेवानिवृत्ति कहते ही आपको क्या दिखता है? मुझे पोर्च में चरमराती कुर्सी में धंसा हुआ एक सनकी बूढ़ा दिखता है। दवा की दुकानें, डॉक्टरों के क्लीनिक्स, पैदल चल रहे लोग और डायपर्स दिखते हैं। नर्सिंग होम्स और बोझ से चरमराते परिजन दिखते हैं। और हां वर्ष 1971 की तरह सीलन की बदबू भी महसूस होती है। लोग उम्र के 60 या 70वें दशक में सेवानिवृत्त होते हैं। उस उम्र में भी उन्हें दैनंदिन जीवन में संघर्ष करते देखा जा सकता है। कई मर्तबा तो उन्हें दिवालिया सरकारी योजनाओं के भरोसे पर रहना पड़ता है। कुछ अन्य होते हैं, जिनके ज़िंदगी के "सुनहरे दिन" अच्छे से गुज़रते हैं और जीवनशैली यथावत बरक़रार रहती है। कुछ तो मौत तक भी नहीं संवर पाते।

यह कैसे होता है? सामान्य-सी बात है। "धीमी गति से अमीरी" पूरी ज़िंदगी मांगती है, और कामयाबी ऐसे ढेर सारे कुटिल कारकों पर निर्भर होती है, जिन्हें आप नियंत्रित नहीं कर सकते। 50 साल नौकरी करते हुए पेट काटकर ज़िंदगी जीएं और फिर एक दिन आप अपनी व्हीलचेयर और दवाइयों की सूची के साथ सेवानिवृत्त हो सकते हैं। कितना निराशाजनक है।

फिर भी लाखों लोग 50 वर्ष की उम्र तक यह जुआ खेलते हैं। जिनकी वॉल स्ट्रीट (शेयर बाज़ार) की लॉटरी लग जाती है वे बुढ़ापे में हल्दी की बदबूदार गांठ के साथ आर्थिक आज़ादी का आनंद लेते हैं।

बहुत शुक्रिया।

लेकिन, चिंता मत कीजिए। स्वर्ग से कृपा बरस रही है, ये आपकी ज़िंदगी के सुनहरे वर्ष हैं! किसे बेवकूफ़ बनाया जा रहा है? सुनहरे, मगर किसके लिए?

अगर दौलत का रास्ता आपकी ज़िंदगी के 50 साल खा जाता है तो क्या यह वाक़ई योग्य है? 50 बरस की यात्रा दमदार या आकर्षक नहीं रही है और इसकी वजह से बहुत कम लोग कामयाब होते हैं। जिन्हें आर्थिक आज़ादी मिलती भी है तो उम्र के उतार पर।

सेवानिवृत्ति के मान्य तरीक़ों के साथ परेशानी वह है, जो आप नहीं देखते।

आप जवानी नहीं देखते, आप मौज-मस्ती नहीं देखते और आप अपने सपनों का अहसास नहीं कर पाते। सुनहरे वर्ष दरअसल सुनहरे नहीं हैं, बल्कि मौत के इंतजार का कमरा है। अगर आप मौत की आहट से पहले अमीर बनना चाहते हैं तो "धीमी गति से अमीरी" उसका जवाब क़तई नहीं है।

अगर आप स्वास्थ्य, उत्साह और दमकते बालों के साथ, जो शैम्पू के विज्ञापन की तरह हों, युवावस्था में सेवानिवृत्त होना चाहते हैं तो समाज के दकियानूसी "धीमी गति से अमीरी" के रास्ते को ठुकरा दीजिए। मुख्य धारा के उन गुरुओं को भी ख़ारिज कर दीजिए जो आपकी कथित तौर पर मदद करने के नाम पर आपको गहरी खाई में धकेल रहे हैं।

अध्याय का सार : तेज़ रास्ते की ख़ासियतें

- "धीमी गति से अमीरी" के लिए लंबी लाभकारी नौकरी ज़रूरी होती है।
- "धीमी गति से अमीरी" एक हारी हुई बाज़ी की तरह है, क्योंकि यह वॉल स्ट्रीट (शेयर बाज़ार) और आपके वक़्त पर निर्भर है।
- ज़िंदगी के वास्तविक सुनहरे दिन वे हैं जब आप युवा, चैतन्यपूर्ण और जोशीले हैं।

अध्याय 2

कैसे मैंने "धीमी गति से अमीरी" का तिलस्म तोड़ा?

ज़िंदगी का मक़सद भीड़ के साथ होना नहीं है,
बल्कि ख़ुद को पागलों के हुजूम में शामिल होने से बचाना है।
—मार्कस ऑरेलियस

सपनों के कातिल "धीमी गति से अमीरी" का पर्दाफ़ाश

किशोरावस्था के दिनों में मैंने जवानी में ही अमीर होने की बात कभी भी नहीं सोची। "अमीरी+जवानी" के समीकरण को हल करना आसान नहीं था, क्योंकि मेरे पास उसके लिए ज़रूरी प्रतिभा या शारीरिक क़ाबिलियत नहीं थी। दौलत के आम रास्ते युवाओं के लिए प्रतिस्पर्धात्मक होते हैं और उनके पास अभिनेता, संगीतकार, मनोरंजनदाता या एक पेशेवर एथलीट जैसी प्रतिभा की ज़रूरत होती है। और इन तमाम रास्तों पर बड़े अक्षरों में लिखा था, रास्ता बंद है, एक ऐसा संकेत जिसका मतलब था, "एमजे तुम्हारे लिए कोई मौक़ा नहीं है।"

सो शुरुआती ज़िंदगी में ही मैंने घुटने टेक दिए और सपनों को त्याग दिया। "धीमी गति से अमीरी" ने पूरी तरह से स्पष्ट कर दिया था : स्कूल जाओ, नौकरी खोजो, अल्पसंतोषी बनो, त्याग करो, कंजूस बनो और आर्थिक आज़ादी के सपने, पहाड़ों पर बंगले, आलीशान महंगी कारों के बारे में सोचना छोड़ दो। लेकिन, मैंने फिर भी सपने देखे। किशोरावस्था में यही तो किया जाता है। मेरे लिए कार, ख़ासतौर पर लैम्बोर्ग़िनी कुंताच ही सबकुछ थी।

90 सेकेंड जिन्होंने मेरी ज़िंदगी बदल डाली

मैं चंद दोस्तों वाले एक थुलथुल बच्चे की तरह शिकागो में पला-बढ़ा। मेरी ना तो लड़कियों में रुचि थी और ना ही खेलों में। रुचि थी तो बस बीनबैग्स में बैठकर टॉम ऐंड जैरी देखते

हुए मुंह में डफ़नट्स ठूंसकर पड़े रहने में। अभिभावकों का मार्गदर्शन नदारद था। मां ने काफ़ी साल पहले ही पिताजी को तलाक़ दे दिया था। जिससे मां पर बड़े बच्चों के लालन-पालन की ज़िम्मेदारी आ गई और मैं अकेला पड़ गया। मेरी मां के पास ना तो कॉलेज तक की शिक्षा थी और ना ही कोई करियर। था तो केंटकी फ्राइड चिकन में तलने का काम। इस वजह से मैं अपने हाल पर ही था। कुछ मीठा खाते रहना और ए-टीम के ताज़ातरीन एपिसोड्स देखना। मेरी हालत काफ़ी पहले टूट चुकी झाड़ू से जानी जा सकती थी। हद दर्जे का आलसी होने के कारण वही झाड़ू मेरे लिए टीवी रिमोट का काम करती थी, क्योंकि असली रिमोट टूट चुका था। जब भी मैं जगह से हिलता था तो पड़ोस में मौजूद आइसक्रीम की दुकान ही मेरी मंज़िल होती थी। कुछ मीठा खाने का मक़सद मेरे लिए पर्याप्त था।

वह दिन भी अन्य दिनों की ही तरह था। मुझे आइसक्रीम की तलब लगी। मैंने अपनी पसंद के अगले फ़्लेवर पर हाथ साफ़ करने की योजना बनाई और आइसक्रीम पार्लर की ओर चल दिया।

जब मैं वहां पहुंचा तो वह मेरे सामने थी। 80 के दशक की हिट फ़िल्म *कैननबॉल रन* से मशहूर हुई मेरी सपनों की रानी लैम्बोर्गिनी कुंताच। किसी सर्वशक्तिमान राजा की तरह पार्क थी वो। मैंने उसकी ओर ठीक वैसे ही देखा जैसे कोई भक्त अपने इष्टदेव को देखता है। मैं भौंचक्का था और आइसक्रीम खाने का विचार मेरे दिमाग़ से निकल चुका था।

अपने बेडरूम की दीवारों के पोस्टरों और पसंदीदा कार मैगजीन्स में ताकाझांकी के कारण मैं लैम्बोर्गिनी कुंताच से भली-भांति परिचित था। चालाक, निर्दयी, तूफ़ानी रफ़्तार, स्पेसशिप जैसे दरवाज़े और बेहद महंगी। फिर भी वह खड़ी थी, मुझसे चंद फ़ीट दूर। मानो एल्विस दोबारा ज़िंदा हो गए हों। इसकी दिलोदिमाग़ पर हावी हो जाने वाली भव्यता कुछ ऐसी थी मानो मोनेट की असली कलाकृति ही आपके सामने जीवंत हो गई हो। रेखाएं, घुमाव, वह ख़ुशबू...

मैं कुछ देर तक मुंह खुला का खुला रखकर ही देखता रहा, एकाएक एक युवक आइसक्रीम पार्लर से निकला और कार की ओर बढ़ने लगा। क्या यह इसका मालिक हो सकता है? क़तई नहीं। उसकी उम्र कुछ 25 वर्ष से ज़्यादा नहीं लग रही थी। नीली शर्ट और बड़े साइज की फ़्लैनल शर्ट के साथ उसने भीतर *आयरन मैडन* कंसर्ट का शर्ट पहन रखा था। मेरे तर्क-कुतर्क जारी थे कि यह इसका मालिक नहीं हो सकता। मुझे तो लगा था कि सफ़ेद बालों वाला कोई झुर्रीदार बूढ़ा इसका मालिक होगा, जिसने पुरानी पीढ़ी के कपड़े पहन रखे होंगे। लेकिन नहीं ऐसा नहीं था।

"हद हो गई," मैं कुढ़-सा रहा था। एक युवक भला कैसे इतनी महंगी कार का मालिक हो सकता है? हे भगवान, उस कार की क़ीमत मेरे घर की क़ीमत से भी ज़्यादा थी। निश्चित ही इसने लॉटरी जीती होगी, मैंने अनुमान लगाया। या फिर शायद यह किसी अमीर का बेटा होगा, जिसे पारिवारिक दौलत विरासत में मिल गई होगी। यह कोई पेशेवर खिलाड़ी तो क़तई नहीं है। मैं निष्कर्ष तक पहुंच चुका था।

एकाएक एक दुस्साहस भरा सवाल मेरे दिमाग़ में उठा। "तुम उस युवक से सीधे ही क्यों नहीं पूछ लेते कि वह जीविका के लिए करता क्या है?" क्या ऐसा संभव है? ख़ुद के

साथ बहस करता हुआ मैं फुटपाथ पर हक्का-बक्का खड़ा था। एकाएक मैंने ख़ुद को हौसले के साथ कार की तरफ़ बढ़ता पाया। शायद मेरे दिमाग़ और पैरों के बीच असहमति हो गई थी। मेरे दिमाग़ के भीतर मेरा भाई ताने मार रहा था, "ख़तरा, विल रॉबिसन, ख़तरा!"

मुझे अपनी ओर बढ़ता देखकर कार मालिक ने एकाएक दरवाज़ा खोला और अपनी घबराहट को जबरन की मुस्कान के पीछे छिपा लिया। ओफ़्फ़। कार का दरवाज़ा आसमान की ओर खुला, किसी आम कार की तरह साइड में नहीं। इससे मैं एकाएक लड़खड़ा गया, लेकिन ख़ुद को संभालते हुए मैंने ऐसा दिखाया मानो भविष्य के ऐसे दरवाज़े तो मेरे लिए आम बात है। केवल 20 शब्दों की बात किसी उपन्यास की तरह लंबी खिंचती दिख रही थी। मेरा मौक़ा आ चुका था और मैंने उसे जाने नहीं दिया। "माफ़ कीजिएगा सर?" मैंने कुछ घबराते हुए कहा। इस उम्मीद के साथ कि वह मेरी अनदेखी नहीं करेगा। "क्या मैं जान सकता हूं कि आप जीविका के लिए क्या करते हैं?"

यह जानकर कि मैं कोई आवारा क़िस्म का किशोर नहीं हूं, उसने विनम्रता के साथ जवाब दिया, "मैं एक आविष्कारक हूं।" उसका जवाब मेरे किसी भी अनुमान से नहीं मिलने से मैं भौंचक्का था और मेरे उसके बाद पूछे जा सकने वाले तमाम सवाल ख़ारिज हो गए। मुझे मानो लक़वा-सा मार गया। मैं उसी आइसक्रीम की तरह जम-सा गया था, जिसकी मुझे कुछ वक़्त पहले तलब लगी थी। बचाव का मौक़ा मिलते ही लैम्बोर्ग़िनी का वह युवा मालिक ड्राइवर की सीट पर जा बैठा। उसने दरवाज़ा बंद किया और इंजन चालू कर दिया। एक्जॉस्ट की ज़ोरदार आवाज़ के साथ पूरा पार्किंग एरिया भर गया। वहां मौजूद तमाम जीवित वस्तुओं को वहां एक लैम्बोर्ग़िनी की दमदार मौज़ूदगी का अहसास हो गया। मुझे अच्छा लगा हो या नहीं लगा हो, बात ख़त्म हो चुकी थी।

यह जानते हुए कि ऐसा ही परमसुख पाने में मुझे काफ़ी साल लग जाएंगे, मैंने दिमाग़ में आलीशान कारों की सूची बना डाली। मैं एकाएक जाग चुका था। मेरे दिमाग़ में प्रेरणा देने वाली एक चमक कौंध गई थी।

प्रसिद्धि और प्रतिभा से आज़ादी

उस दिन क्या बदला? मेरा अमीर बनने के तेज़ रास्ते और एक नई सच्चाई से साक्षात्कार हुआ। जहां तक उस दिन मीठा खाने की तलब थी तो मैं स्टोर गया ही नहीं और वहीं से एक नई वास्तविकता को साथ लेकर घर के लिए पलट गया। मैं खिलाड़ी नहीं था, ना गायक था, ना मुझे अभिनय आता था, लेकिन एक उद्यमी के तौर पर मैं अमीर बन सकता था।

ज़िंदगी के उस लम्हे से आगे बातें बदलने लगीं। लैम्बोर्ग़िनी वाला वाक़या बमुश्किल 90 सेकेंड्स का था, लेकिन उसने मुझे ज़िंदगी भर के लिए नई सोच, नई शिक्षा दी और मेरे विकल्पों को ही बदल डाला। मैंने तय किया कि एक दिन मेरे पास भी लैम्बोर्ग़िनी होगी और मैं युवावस्था में ही यह करके रहूंगा। मैं क़िस्मत से मिलने वाले अपने अगले मौक़े या अपने अगले पोस्टर के लिए रुकने वाला नहीं था : मैं यह अपने लिए चाहता था। हां, उस दिन मैंने अपनी झाड़ू को फेंककर आलस को हमेशा के लिए त्याग दिया।

करोड़पति बनने की तेज़ राह की खोज

लैम्बोर्ग़िनी वाले वाक़ये के बाद मैंने उन युवा करोड़पतियों के बारे में पढ़ने को आदत में शुमार कर लिया, जो ना तो प्रसिद्ध थे और ना ही शारीरिक तौर पर प्रतिभाशाली। लेकिन मेरी सभी करोड़पतियों में रुचि नहीं थी, केवल उनमें थी जो रईस हों और आलीशान ज़िंदगी जीते हों। इस अध्ययन ने मुझे सीमित, अनजान लोगों के समूह तक पहुंचा दिया। यह करोड़पतियों का वह उपसमूह था, जिसे ख्याति हासिल नहीं थी :

1. उनकी जीवनशैली समृद्ध थी या वे उसके क़ाबिल थे। मेरी उन मितव्ययी करोड़पतियों में कोई भी रुचि नहीं थी, जो मध्यमवर्ग के साथ रहते थे।
2. वे तुलनात्मक तौर पर युवा (35 वर्ष से कम) होने चाहिए या उन्होंने दौलत तेज़ी से कमाई हुई हो। मुझे उन लोगों में रत्तीभर की भी रुचि नहीं थी, जो 40 साल तक नौकरी करके और पाई-पाई बचाकर करोड़पति बने हों। मैं युवावस्था में ही अमीर बनना चाहता था, बुढ़ापे में नहीं।
3. उनकी कामयाबी अपने ख़ुद के बूते पर होनी चाहिए। मैं दिवालिया था। मेरी लैब में उन भाग्यशाली लोगों के लिए कोई जगह नहीं थी, जिन्हें बचपन से चांदी के चम्मच से ही सबकुछ मिला हो।
4. उनकी रईसी में प्रसिद्धि, शारीरिक प्रतिभा, प्रो बॉल, अभिनय, गायन या मनोरंजन क्षेत्र का कोई भी योगदान नहीं होना चाहिए।

मैंने ऐसे करोड़पतियों को तलाशा, जिन्होंने मेरी तरह ज़िंदगी की शुरुआत की हो। एक औसत व्यक्ति जिसके पास कोई विशेष कौशल या प्रतिभा नहीं हो। जिसने किसी तरह से सफलता हासिल कर ली हो। हाईस्कूल और कॉलेज से गुज़रने के दौरान मैंने करोड़पतियों में इस फ़र्क़ का गहराई से अध्ययन किया। मैंने पत्रिकाएं, किताब और अख़बार छान डाले। कामयाब कारोबारियों पर बनी डॉक्यूमेंट्री देखी। हर वह बात पढ़ी-देखी जिससे मुझे करोड़पतियों के इस छोटे समूह के भीतर झांकने का मौक़ा मिल सके। मैंने उन बातों को आत्मसात कर लिया।

दुर्भाग्यवश तेज़ी से दौलत कमाने के रहस्य को जानने की इस ललक ने मुझे निराशा दी। देर रात तक सक्रिय रहने वाले मार्केटिंग विज्ञापन दिखाने वालों के लिए तो मैं किसी सपने के सच होने जैसा था- आसानी से धोखा खाने वाला, कुछ करने का इच्छुक और क्रेडिट कार्डधारक। मैंने एक छोटे से क्लासिफ़ाइड विज्ञापन से लेकर एशिया के एक रियल इस्टेट के बादशाह और उसकी बिकिनी से सजी हसीनाओं से लदकद यॉट देखकर काफ़ी धन लगाया। किसी से भी कुछ भी नहीं मिला। चालाकी भरे विज्ञापनों और उनमें किए गए ललचाने वाले वादों के बावजूद वे हसीनाएं मेरी पहुंच से बाहर ही रहीं।

अपनी ज्ञान की भूख को पूरा करने के साथ-साथ मैंने नौकरियां बदलना जारी रखा। मेरे अनुसंधान ने कुछ उल्लेखनीय और विशिष्ट समानताओं को खोज निकाला। मुझे यक़ीन हो चुका था कि मैंने तेज़ गति से करोड़पति बनकर भी गुमनाम रहने के सारे गुर जान लिए

हैं। मैं युवावस्था में ही अमीर बनने को लेकर प्रतिबद्ध था। मेरी यात्रा कॉलेज से स्नातक होने के बाद शुरू होगी। मुझे ज़रा भी अहसास नहीं था कि आगे क्या होने वाला है-रास्ते की बाधाएं, मार्ग परिवर्तन और ग़लतियां।

भेड़चाल का प्रतिरोध

मैं दो बिज़नेस डिग्रियों के साथ नॉर्दर्न इलिनॉय विश्वविद्यालय से स्नातक हुआ। मुझे तो कॉलेज पांच साल के किसी कार्पोरेट समानीकरण की ख़ातिर आयोजित दिमाग़ खोखला कर देने वाले कार्यक्रम की तरह लगा। उद्यमिता के बारे में कोई भी बात नहीं कर रहा था। मैंने अपने शिक्षकों को बस यह कहते सुना, जब तुम्हें काम मिलेगा, और तुम्हें जब नौकरी लगेगी मानो कारोबार शुरू करने की सोच बेकार हो। मैंने प्रतिरोध किया, लेकिन मेरे दोस्तों ने नहीं। उन्हें अच्छी नौकरियां मिलीं और वे उसका गुणगान करने लगे :

"मैं मोटोरोला के लिए काम करता हूं।"

"मुझे नॉर्थवेस्टर्न इंश्योरेंस में नौकरी मिल गई।"

"हट्र्ज रेंटल कार्स ने मुझे ट्रेनिंग मैनेजर के पद पर रख लिया है।"

मैं जहां उनके लिए ख़ुश था, मेरे दोस्तों ने एक छलावे को स्वीकार लिया था, जिसे मैं धीमा रास्ता कहता था। और मैं? जी नहीं शुक्रिया। मैं मध्ययुगीन प्लेग जैसी धीमे रास्ते की महामारी से बचना चाहता था। मेरी योजना तेज़ रास्ता खोजकर, अमीरी के साथ सेवानिवृत्त होने की थी, वह भी युवावस्था में ही।

बाधाएं, मार्ग परिवर्तन और अवसाद

आत्मविश्वास के बावजूद, अगले कुछ वर्ष मेरी उम्मीदों से भयंकर रूप से कमतर साबित हुए। एक अवसर से दूसरे की ओर छलांग लगाते हुए मैं अपनी मां के साथ रह रहा था। सफलता का अता-पता नहीं था। हर माह अलग कारोबार लाता था : विटामिन्स, ज्वैलरी, किसी कारोबारी पत्रिका के पीछे के पन्ने को देखकर ख़रीदा गया कोई पहले से तैयार मार्केटिंग कार्यक्रम या फिर लंबी दूरी के नेटवर्क मार्केटिंग वाला कोई फ़रेब।

कड़ी मेहनत के बावजूद मेरा असफलता का सिलसिला बढ़ता ही जा रहा था। और साथ में क़र्ज़ का बोझ। बरस गुज़रने लगे और मैंने लगातार कुछ ऐसे मूर्खतापूर्ण काम भी स्वीकारे जो शायद आदिम युग का इंसान भी नहीं स्वीकारता। चीनी रेस्तरां में बस बॉय (जी हां जहां कॉक्रोचों की भरमार होती है), शिकागो की झुग्गियों में एक दिहाड़ी मजदूर, पिज़्ज़ा डिलिवरी करने वाला, फूलों की डिलिवरी करने वाला, डिस्पैचर, लिमोजिन्स ड्राइवर, अलसुबह *शिकागो ट्रिब्यून* बांटने वाला हॉकर, सबवे सैंडविच रेस्तरां सेल्समैन (हे भगवान!), सीयर्स स्टॉक क्लर्क (परदों के अजीब विभाग में), चैरिटी कैन कलेक्टर और मकान की पुताई करने वाला।

इन गंदे कामों और उससे मिलने वाले वेतन से भी बदतर क्या था? काम के घंटे। अधिकांश काम अलसुबह 3 या 4 बजे शुरू हो जाते थे। अगर काम के लिहाज़ से कोई बुरे से बुरा वक़्त सोच सकते हैं तो मेरे काम में वह मौज़ूद था। कॉलेज से पांच साल में स्नातक होने के बाद मैं एक दूधवाले की भूमिका निभा रहा था। धन की ज़रूरत का आलम यह था कि मैंने अपने सबसे अच्छे दोस्त की शादी में तोहफ़ा देने के लिए एक अधिक उम्र की महिला के लिए ज़िस्म का सौदा तक किया। जी हां, 90 के दशक में ताक लगाए बैठीं, ऐसी महिलाएं होती थीं।

इस दौरान मेरे दोस्तों की उनके कामकाज में प्रगति जारी थी। उन्हें हर साल 3% की वेतन बढ़ोत्तरी मिल रही थी। उन्होंने मस्टांग और एक्यूरा ख़रीदीं, 1200 स्क्वायर फुट के शहरी मकान भी। वे संतुष्ट लग रहे थे और उन्होंने समाज द्वारा तय संभावित जीवन को अपना लिया था। वे सामान्य थे और मैं नहीं।

मैं 26 वर्ष की उम्र में अवसाद का शिकार हो गया। मेरे कारोबार आत्मनिर्भर नहीं थे और ना ही मैं। मेरे टूट-फूट चुके मन पर वक़्त-बेवक़्त अवसाद छाने लगा। शिकागो के बारिश से भरे अंधेरे-नीरस मौसम में मुझे बस गर्म बिस्तर और ज़ायकेदार पेस्ट्री खाने की तलब होने लगी। उपलब्धियों के पहले सुनहरी धूप होती है, तो हां, मैं कुछ ख़ास हासिल नहीं कर रहा था। हाईस्कूल की पढ़ाई छोड़ने वालों को मिलने वाली नौकरियों से थक चुका था। मुझे तो बिस्तर से बाहर निकलने तक में ज़ोर आता था। और शंका-कुशंका तो हर दिन की बात हो चुकी थी। असफलता से शारीरिक, मानसिक और आर्थिक तौर पर थककर चूर होने के बावजूद, मुझे पता था कि मेरे परिणाम मेरी वास्तविकता का प्रतिबिंब नहीं हैं। मैं दौलत के तेज़ रास्ते को जानता था, लेकिन उसे क्रियान्वित नहीं कर पा रहा था। मैं क्या ग़लत कर रहा था? बरसों के अनुसंधान, शिक्षा, भरपूर किताबों, पत्रिकाओं को चाट जाने, तुरत-फुरत शुरुआत वाले वीडियोज़ देख लेने के बाद भी मैं दौलत से ज़्यादा दूर जा रहा था। मैं सकते की हालत में फुटपाथ पर बैठा था और तेज़ राह का कहीं कोई अता-पता नहीं था।

मेरे गहरे अवसाद ने मुझे हालात से पलायन की ओर धकेला, लेकिन ड्रग्स, सेक्स या अल्कोहल की बजाय मैंने ख़ुद को किताबों में डुबो लिया और अनजान करोड़पतियों का अध्ययन जारी रखा। मैं भले ही कामयाब नहीं हो सका, लेकिन कामयाबी की रोचक कहानियों और फ़क़ीरी से मैं ख़ुद को अमीरी की कहानियों की दूसरी दुनिया में ले जाता था।

लेकिन हालात और बिगड़ते गए।

मेरी ज़िंदगी में मौजूद लोगों ने मुझसे उम्मीद छोड़ दी थी। मेरी लंबे अरसे की गर्लफ्रेंड ने कह डाला, "तुम्हारे भीतर संकल्प ही नहीं है।" उसके पास एक रेंटल कार एजेंसी में सुरक्षित नौकरी थी। मेरे और उसके बीच, थोड़े-से चिल्लर के लिए काम के लंबे घंटों को लेकर हमेशा अनबन हो जाती थी, सालाना 28,000 डॉलर। निश्चित तौर पर वह तथ्यों के साथ जवाब देती थी, "तुम्हारे पास नौकरी नहीं है, तुम मुझसे 27,000 डॉलर कम कमाते हो। तुम्हारा कोई भी कारोबार नहीं चलता।" वह समझदार थी। एक कार्पोरेट रेडियो विज्ञापन कर्मचारी से उसके लगाव के साथ ही हमारा रिश्ता टूट गया।

और फिर एक तरफ़ मेरी मां थी। कॉलेज के बाद के पहले साल उसने मुझे थोड़ी ढील दी, लेकिन उसके बाद असफलताओं और कम वेतन की नौकरियों का दौर आया। मैंने धैर्य की गुहार की। मेरी एक गुहार में तो उद्यमियों के लिए दौलत की तेज़ राह की दलील थी। जो नौकरी वालों की तुलना में बहुत तेज़ी से काम करती थी। मेरे बनाए चार्ट्स और चित्र चाहे कितने भी महान हों, लेकिन मां का मुझमें विश्वास ख़त्म हो चुका था। मैं उसे दोष भी नहीं देना चाहता। मेरी सफलता की तुलना में इंसान के मंगल ग्रह पर पहुंचने के अभियान में ज़्यादा संभावनाएं थीं।

उसके दिनभर चलने वाले दिशा-निर्देशों ने मेरे उत्साह को ठंडा कर दिया। वह सप्ताह में कम से कम 20 बार चिल्लाती थी, "बेटा, कोई नौकरी कर लो!" मैं आज तक उसे याद करके सिहर जाता हूं। उस तीखी आवाज में वह बात थी, जो निश्चित तौर पर सर्वनाश के बाद दुनिया से काक्रोचों को मिटाने के लिए काफ़ी होती। उन दिनों मुझे लगता था कि सिर किसी शिकंजे में कस दूं और बहरा हो जाऊं। "बेटा, कोई नौकरी कर लो!" मेरी आत्मा में रच-बस चुका था। यह मां का एक ऐसा फ़रमान था, जिसने ज्यूरी की सर्वसम्मति वाले मुकदमे को ख़त्म कर दिया। "असफलता, अविश्वास मत के साथ।"

मां ने सुझाव दिया, "किराना दुकान को एक मैनेजर की ज़रूरत है, तुम वहां जाकर कोशिश क्यों नहीं करते?" मानो मेरी कॉलेज की निरुपयोगी शिक्षा और अगले पांच साल के संघर्ष का वहां दैनिक काउंटर पर निपटारा होना था। बोलोन्या के ब्लॉक्स काटकर और पड़ोस में रहने वाली माताओं को आलुओं की डिलिवरी से। सुझाव के लिए धन्यवाद, लेकिन मैं नहीं करूंगा।

मुझे झकझोर कर जगाने वाला बर्फ़ीला तूफ़ान

सर्द शिकागो के बर्फ़ीले तूफ़ान की पीड़ा ने मुझे ज़िंदगी के चौराहे पर ला खड़ा किया। वह एक उदास सर्द रात थी और मैं लिमोजिन्स ड्राइवर के तौर पर काम करते हुए थककर चूर हो चुका था। मेरे जूते बर्फ़ से गीले हो चुके थे और मेरा माइग्रेन के दर्द से संघर्ष जारी था। कुछ घंटे पहले मेरे द्वारा खाई गई एस्पिरिन की चार गोलियां बेअसर थीं। तूफ़ान की तीव्रता बढ़ने के साथ ही यह साफ़ हो चुका था कि मैं रात को घर नहीं पहुंच सकूंगा। मेरे हमेशा के रास्ते बर्फ़ से ढंक चुके थे। हताश होकर मैंने एक अंधेरी सड़क पर लिमोजिन्स को पार्क कर दिया। उसके बाद मैं अंधकार और घोर सन्नाटे में डूब गया।

पिघली हुई बर्फ़ की सिहरन मेरे पैरों के तलुओं तक महसूस हो रही थी। बाहर बर्फ़ के फाहों की ख़ूबसूरत फुहार जारी थी। अजीब विडम्बना थी कि मैं सर्दियों की बदसूरती से कितनी नफ़रत करता था। मैंने सीट पर सिर को पीछे टिकाया और लंबी आह भरी। जैसे ही मैंने सिगरेट के टुकड़ों से जली लिमोजिन्स की छत देखी, एकाएक मानो मैं हक़ीक़त की दुनिया में आ गया, क्या बकवास है, मैं यहां क्या कर रहा हूं? क्या मेरी ज़िंदगी भी ऐसी ही हो गई है?

एक सुनसान सड़क पर बर्फ़ीले तूफ़ान में बीच रात में मुझे एकाएक वह मिल गया, जिसकी तलाश थी। ज़िंदगी में अनेको बार आपको शांत हवा की तरह ज्ञान की प्राप्ति होती है तो कई बार यह गिरते स्टेनवे पियानो की तरह आपसे टकरा जाती है। मेरे लिए यह

अनुभूति बाद वाली की तरह की थी। एक तीव्र घोषणा मेरे दिमाग़ से टकराई, तुम इस तरह एक और दिन नहीं जी सकते।

अगर मुझे अस्तित्व क़ायम रखना था तो मुझे बदलना होगा।

बदलने का फ़ैसला

कड़ाके की सर्दी ने मुझे एकाएक सक्रिय कर दिया। मैंने एक ऐसी बात पर नियंत्रण हासिल कर लिया, जो असंभव लगती थी- मेरे इर्द-गिर्द के माहौल पर। मैंने जगह बदलने का फ़ैसला किया, कहां पता नहीं और उस वक़्त तो मुझे उसकी कोई परवाह भी नहीं थी।

एक झटके में मुझे शक्तिशाली होने का अहसास हुआ। उस विकल्प की गति ने मेरे दयनीय अस्तित्व को उम्मीदों से भर दिया। और ख़ुशी की एक फुहार के साथ। मेरी असफलता हवा हो गई और मुझे पुनर्जन्म जैसा अहसास हुआ। *एक समाप्त दिख रहा रास्ता, एकाएक सपने की ओर ले जाने वाला हो गया।*

असर आगे बढ़ने के फ़ैसले का नहीं था, बल्कि नियंत्रण लेने का था और यह जानने का कि मेरे पास विकल्प है।

इस नई शक्ति के साथ मैंने ऐसे विकल्पों पर विचार शुरू कर दिया, जो कभी संभव नहीं दिखते थे। मैंने एक साधारण-सा सवाल पूछा : अगर मैं देश में कहीं बिना किसी प्रतिबंध के रह सकता हूं, तो मैं कहां रहूंगा? मैंने अपने लिए ज़रूरी बातों के बारे में सोचा और नक़्शे पर पांच शहरों पर गोला लगाया। अगले कुछ सप्ताह में मैं एक रोड ट्रिप पर निकला और उन सभी शहरों को छान मारा। उसके कुछ सप्ताह बाद मैंने जगह बदल ली या यूं कहूं कि मैं बच निकला।

धीमे रास्ते से तेज़ रास्ते पर

मैं जब फ़ीनिक्स पहुंचा तो ज़ेब में केवल 900 डॉलर थे, ना कोई नौकरी, ना कोई दोस्त और ना कोई परिवार-मेरे पास थे, सूरज की रोशनी से भरे 330 दिन और करोड़पति बनने की तेज़ राह पर चल निकलने की आकांक्षा। मेरे पास थी एक पुरानी चटाई, केवल दो गियर वाली 10 साल पुरानी जंग लगी ब्यूक स्काइलार्क, कुछ छोटे-मोटे कारोबार, जिनसे थोड़ी-बहुत कमाई हो जाती थी और कुछ सौ किताबें। मेरी नई ज़िंदगी की शुरुआत का साक्षी था, फ़ीनिक्स के बीचों-बीच प्रतिमाह 475 डॉलर किराये का एक स्टूडियो अपार्टमेंट। मैंने इस स्टूडियो अपार्टमेंट को अपने कार्यालय में बदल डाला। कोई बेडरूम सेट, कोई फ़र्नीचर नहीं, केवल एक चटाई जो किचन तक पहुंच जाती थी। मैं सोता भी पॉप टार्ट क्रम्ब्स के साथ था, अब किचन काउंटर के पास चटाई बिछाएंगे तो और क्या होगा।

मैं ग़रीबी में जी रहा था, असुरक्षा के बीच। लेकिन मैं अमीर महसूस कर रहा था, क्योंकि अब मेरी ज़िंदगी की डोर मेरे हाथ में थी।

जो ढेर सारे कारोबार मैंने खड़े किए, उनमें से एक था वेबसाइट। शिकागो में लिमोजिन्स को दौड़ाने के दौरान कई मर्तबा मैं घंटों ख़ाली बैठा रहता था। मेरे पास किताबें

पढ़ने का भरपूर वक़्त था। मैंने उस वक़्त को बर्बाद नहीं किया। एयरपोर्ट पर ग्राहक का इंतज़ार करते वक़्त या उनके स्थानीय वॉटर पार्क में मौजमस्ती करने के दौरान। मैं लिमोजिन्स में बैठकर बस पढ़ता रहता था। और पढ़ता था। मैंने वित्त से लेकर इंटरनेट प्रोग्रामिंग के साथ-साथ अमीरों की और जीवनियां पढ़ीं।

लिमोजिन्स वाली नौकरी ने कुछ ख़ास काम कर दिया था : उसने उस अनसुलझी ज़रूरत से मुझे रूबरू करा दिया, जिसे हल किए जाने की ज़रूरत थी। मेरे लिमोजिन्स के एक ग्राहक ने मुझसे पूछा कि क्या मैं न्यू यॉर्क में किसी अच्छी लिमोजिन्स कंपनी के बारे में जानता हूं। मैंने यात्री को एयरपोर्ट तो छोड़ दिया, लेकिन उसने एक आविष्कार का बीज छोड़ दिया। अगर मैं शिकागो में रहता था और अगर मुझे न्यू यॉर्क में लिमोजिन्स बुक करने और उसके दाम पता करने हों, तो मुझे यह जानकारी मुझे कहां मिलेगी? मेरे पास न्यू यॉर्क की येलो पेज बुक मदद के लिए नहीं थी। निश्चित ही न्यू यॉर्क के बाहर यह किसी के पास नहीं होगी। मुंह बाएं खड़े इस सवाल से मैं इस निष्कर्ष पर पहुचा कि अन्य यात्रियों को भी इस चुनौती का सामना करना पड़ा होगा। इसलिए मैंने एक ऐसी वेबसाइट तैयार की जो इस समस्या को हल कर दे।

चूंकि इंटरनेट की कोई भौगोलिक सीमा नहीं होती, यह कारोबार भी मेरे साथ-साथ फ़ीनिक्स पहुंच गया। लेकिन मेरे पिछले कारोबारों की तरह ही इससे कुछ ख़ास कमाई नहीं हुई थी।

लेकिन अब हालात बदल चुके थे।

मैं क़र्ज़ में डूबा हुआ एक अनेजान से शहर में बिलकुल ख़ाली हाथ था। कोई धन नहीं, कोई नौकरी नहीं और सुरक्षा देने वाली कोई व्यवस्था भी नहीं। मुझे एकाग्र होना पड़ा।

मैंने बहुत आक्रामक तरीक़े से अपनी वेबसाइट का प्रचार किया। मैंने ईमेल्स भेजीं, फ़ोन कॉल्स किए, पत्र मेल किए। मैंने सर्च इंजिन को अधिक प्रभावी बनाने के तरीक़ों (एसईओ) के बारे में सीखा। चूंकि मैं किताबें ख़रीद नहीं सकता था इसलिए हर दिन फ़ीनिक्स लाइब्रेरी जाने लगा और इंटरनेट प्रोग्रामिंग लेंग्वेजेस सीखीं (यह वर्डप्रेस के पहले और "आसान खींचो और डालो" जैसी आसान सामग्री प्रबंधन प्रणाली से पहले का दौर था।) मैंने अपनी वेबसाइट को बेहतर बनाया और ग्राफ़िक्स और कॉपीराइटिंग के बारे में भी सीखा। हर वह बात जो मेरी मदद कर सकती थी, मैंने अपना ली।

फिर महत्त्वपूर्ण खोज का वह दिन आ ही गया। मुझे कन्सास की एक कंपनी का फ़ोन आया जो मेरी वेबसाइट से प्रभावित थी और चाहती थी कि मैं उसकी वेबसाइट को डिज़ाइन करूं। हालांकि मेरा लक्ष्य वेब डिज़ाइनिंग नहीं था, मैंने 400 डॉलर में इस काम को स्वीकार लिया। उन्हें लगा कि यह बहुत कम क़ीमत है और 24 घंटे के भीतर मैंने कंपनी की वेबसाइट बना डाली। मैं परम आनंद की स्थिति में था। 24 घंटे के भीतर मेरे पास किराये का बड़ा हिस्सा आ चुका था। फिर संयोगवश, बमुश्किल 24 घंटे बाद मुझे न्यू यॉर्क की एक अन्य कंपनी से इसी तरह नई वेबसाइट बनाने के काम का प्रस्ताव मिला। मैंने वह काम 600 डॉलर में किया। उस काम को करने में मुझे दो दिन लगे। मेरे पास एक और महीने का किराया आ चुका था।

अब मैं जानता हूं कि यह बहुत बड़ी रक़म नहीं थी, लेकिन ग़रीबी के दिनों में तीन दिन में 1000 डॉलर कमाना 50 मिलियन डॉलर की पॉवरबॉल जीतने से कम नहीं था। फ़ीनिक्स में मेरे निवास के पहले कुछ महीने में मैंने पकड़ बना ली थी और ज़िंदगी में पहली बार मैं अपनी कमाई पर जी रहा था। ना फ़्लॉवर डिलिवरी, ना पिज़्ज़ा डिलिवरी और ना ही मां के साथ सस्ते किराये के मकान में झाड़ू-पोंछा। मैं पूरी तरह से स्व-रोज़गार हासिल कर चुका था। यह एक महत्त्वपूर्ण पड़ाव था। मानो हवा का रुख़ भी मेरे साथ था और दिशा परिवर्तन के साथ मुझे दौलत कमाने की नई दुनिया की ओर ले जा रहा था।

लेकिन कुछ फिर भी ठीक नहीं लग रहा था। किसी बात की कमी थी, यह मुझे पता था। अधिकांश कमाई मेरी वेबसाइट सर्विस पोर्टल से नहीं, बल्कि मेरे वेबसाइट डिज़ाइनिंग के काम से जुड़ी थी। मेरी आय मेरे काम के घंटों, वेबसाइट बनाने से जुड़ी थी। वेबसाइट का और अधिक काम मतलब ज़्यादा वक़्त देना। अगर मैंने काम नहीं किया तो कमाई बंद हो जाएगी।

मेरा वक़्त मेरी कमाई के लिए इस्तेमाल हो रहा था।

दौलत के एक नए समीकरण से मिली दौलत कमाने को गति

सर्दियों में शिकागो का एक दोस्त मुझसे मिलने आया। मैंने उसे अपनी वेब सर्विस दिखाई और वह मेरी सर्विस को मिल रही प्रतिक्रिया से अचंभित था। मुझे दिनभर पूरी दुनिया से हर मिनट, कैब की व्यवस्था संबंधी पूछताछ के सवाल आते रहते थे। बोस्टन से वर्सेस्टर लिमोजिन्स में जाना हो तो कितना किराया? जेएफ़के से मैनहटन जाने का कितना? हम ईमेल का इनबॉक्स छानते थे और उसमें 450 ईमेल तक होती थीं। 10 मिनट बाद रिफ़्रेश बटन दबाते ही और 30 ईमेल आ चुकी होती थीं। हर मिनट ईमेल का तांता लगा हुआ था। उसने सुझाव दिया, "भाई, इन ईमेल्स को किसी तरह से धन में बदलो।"

उसकी बात सही तो थी, लेकिन कैसे? लेकिन यह कैसे एक वास्तविक ज़रूरत को पूरा करते हुए कमाई का साधन भी बन सकती थी? वह मुझे चुनौती देकर चला गया और मैं हल खोजने पर आमादा था।

कुछ दिन बाद मैंने एक जोख़िम भरा, अप्रमाणित हल आजमाया और उस पर काम करना शुरू कर दिया।

मैं क्या करने जा रहा था?

एड स्पेस बेचने की बजाय, मैं एक सुनिश्चित, विस्तृत जानकारी और आरक्षण की पूछताछ को बेचने जा रहा था।

हालांकि इसमें एक बड़ी समस्या थी। बहुत बड़ी।

मुझे अपने ग्राहकों के गले यह बात उतारना थी कि कारोबार का यह तरीक़ा उनके लिए फ़ायदेमंद है। उस वक़्त कमाई का यह प्रारूप नया था और अभूतपूर्व भी। चूंकि मेरे पास आकलन करने के लिए (किसी भी उद्योग के, लिमोजिन्स उद्योग तो छोड़ ही दीजिए) आंकड़े या जानकारी नहीं थे, मुझे क्रियान्वयन को साकार करना ही था। जहां तक मुझे

पता है, मैं ग्राहकों का डेटा तैयार करने (लीड जनरेशन मॉडल) को अपनाकर कामयाब होने वाले शुरुआती लोगों में से एक था। याद रखिए यहां बात 90 के दशक के उत्तरार्द्ध की हो रही है। उस दौर में डेटाबेस तैयार करने और एनिमेशन भरे गिफ़ तैयार करने को ही तकनीकी चमत्कार मान लिया जाता था।

बिना किसी रोडमैप या पूर्व तैयारी के मैंने इसे लांच कर दिया।

मुझे अहसास था कि शुरुआती दौर में यह मेरी कमाई को ख़त्म कर देगा। मैंने पूर्वानुमान लगाया था कि अगर यह किसी तरह से काम कर गया तो सफलता में कई महीने लग जाएंगे। पहले ही महीने में नई प्रणाली से 473 डॉलर की कमाई हुई। मैंने आय की कमी को भरने के लिए कुछ और वेबसाइट्स बनाईं। दूसरे माह की कमाई 694 डॉलर थी। उसके बाद यह आंकड़ा बढ़ता ही चला गया, 1832 डॉलर, 2314 डॉलर, 3733 डॉलर। और बस बढ़ता चला गया।

यह काम कर गया।

मेरा राजस्व, मेरी कमाई और मेरी संपत्ति तेज़ी से बढ़ती ही चली गई, लेकिन बिना समस्या के नहीं। वेब्साइट पर ट्रैफ़िक बढ़ने के साथ ही शिकायतें, प्रतिक्रियाएं और नई चुनौतियां भी बढ़ने लगीं। सुधार सीधे ग्राहकों के सुझावों पर आधारित थे। मैं ग्राहकों के विचारों को कुछ दिन या कभी कुछ घंटे में ही क्रियान्वित कर देता था। मेरे कर्मचारी और मैं ग्राहकों के सवालों का चंद मिनटों में जवाब देने के लिए जाने जाते थे। मैंने ग्राहकों के प्रति जागरूक रहना सीखा और कारोबार में ज़बर्दस्त उछाल आया।

कामकाज के दिन लंबे और चुनौतीपूर्ण होते चले गए। सप्ताह में 40 घंटे काम तो छुट्टी की तरह लगता था। कामकाज के आम सप्ताहों में 60 घंटे तक काम करना पड़ता था। दिन और सप्ताहांत सबकुछ गड्डमड्ड हो चुके थे। मेरे नये दोस्त जहां खाने-पीने के मज़े ले रहे थे, मैं अपने छोटे-से अपार्टमेंट में कोड के सैलाब में बहा जा रहा था। मुझे पता नहीं होता था कि आज गुरुवार है या शनिवार और वैसे इसका कोई मायने भी नहीं था। कड़ी मेहनत की ख़ास बात यह थी कि यह काम की तरह लगता ही नहीं था और सच कहूं तो मुझे इसमें मज़ा आ रहा था। मेरे पास नौकरी नहीं, बल्कि बदलाव लाने का जुनून था। मेरे द्वारा तैयार वस्तु से लाखों लोगों को फ़ायदा मिला। जिसने मुझे इस प्रक्रिया की लत लगा दी। लिमोजिन्स के कारोबार के लिए मुझमें रत्तीभर भी जुनून नहीं था, यह जुनून एक उल्लेखनीय बदलाव लाने का था।

मैंने ग्राहकों के विचारों को एकत्रित करना शुरू कर दिया।

"आपकी वज़ह से मेरा कारोबार दस गुना हो गया।"

"आपकी वेबसाइट के कारण मुझे अपना सबसे बड़ा कार्पोरेट क्लाइंट मिला।"

"मेरे कारोबार की प्रगति में आपकी कंपनी का अहम योगदान है।"

ग्राहकों की यह प्रतिक्रिया एक अलग तरह की कमाई थी, जिसका नाम था ख़ुशी। मैं अभी धन-दौलत से घिरा नहीं था, लेकिन अमीर महसूस करने लगा था।

दौलत तक मेरा "नक़ली" छोटा रास्ता

वर्ष 2000 की बात है मेरा फ़ोन एक अलग ही क़िस्म की पूछताछ के लिए बजा। प्रौद्योगिकी स्टार्टअप्स का फ़ोन था कि क्या मैं अपना कारोबार बेचना चाहूंगा। उस वर्ष डॉट कॉम की दीवानगी पूरे शबाब पर थी। एक भी दिन ऐसा नहीं गुज़रता था, जब किसी डॉट कॉम करोड़पति की कोई नई कहानी सामने ना आती हो कि वह कैसे अपनी तकनीकी संपत्ति बेचकर अमीर बन गया। याद है गुमनाम करोड़पति? इस तरह के अमीरों की संख्या में तेज़ी से बढ़ोत्तरी हुई और लहर मुझ तक पहुंच चुकी थी।

तो, क्या मैं अपनी कंपनी बेचना चाहता हूं? हां, बिलकुल। मेरे पास कंपनी की बिक्री के तीन प्रस्ताव थे, पहला प्रस्ताव : 2,50,000 डॉलर, दूसरा प्रस्ताव : 5,50,000 डॉलर और तीसरा प्रस्ताव : 12,00,000 डॉलर। मैंने तीसरा प्रस्ताव स्वीकार लिया और तत्काल करोड़पति बन गया लगभग।

यह ज़्यादा दिन नहीं चला, प्रौद्योगिकी में उछाल की तरह।

उस वक़्त मुझे लगा कि 12 लाख डॉलर बहुत बड़ी रक़म होती है। ऐसा नहीं था। कर, बेकार के स्टॉक विकल्प। मैंने ग़लती की और बहुत बुरी तरह से निवेश किया। मैंने यह सोचकर कॉर्वेट ख़रीदी कि इससे मैं अमीर लगूंगा। मैंने सोचा कि मैं अमीर हूं, लेकिन हक़ीक़त में ऐसा नहीं था। जब तक यह सब ख़त्म हुआ, मेरे पास तीन लाख डॉलर से भी कम राशि बची थी।

प्रौद्योगिकी जगत का यह उछाल अक्षम्य परिणामों के साथ आया। कम से कम मेरी कंपनी ख़रीदने वालों के लिए तो। मेरी सिफ़ारिश और डोमेन जानकारी के विपरीत उन्होंने ग़लत फ़ैसले लिए, जो कम वक़्त तक कमाई के लिहाज़ से अच्छे थे, लेकिन लंबी अवधि की प्रगति के लिहाज़ से बेहद भयावह। उन्होंने धन को अज्ञानता के टॉयलेट में ऐसे बहा दिया, मानो उसकी आपूर्ति कभी ख़त्म ही नहीं होगी। क्या हमें वाकई पानी की कस्टम ब्रांडेड बोतलों की ज़रूरत है? और लोगो, टी शर्ट्स? क्या ये कमाई देने वाले क़दम हैं?

फ़ैसले बहुत धीमे लिए गए और वह भी एक समिति द्वारा। ग्राहकों की अनदेखी की गई। यक़ीन नहीं होगा, लेकिन कंपनी के कार्यकारी प्रबंधन में अधिकतर आईवी लीग के एमबीए थे। यह इस बात का प्रमाण था कि केवल नाम के आगे महंगी पढ़ाई के उल्लेख भर से कारोबार की समझ नहीं आती। ऐसे तूफ़ान से पूरी क्षमता के साथ निपटने के लिए 12 मिलियन डॉलर उद्यम पूंजी होते हुए भी, मेरी वेबसाइट धीरे-धीरे दम तोड़ने लगी।

कुछ महीने बाद, यह दीवालियेपन की कगार पर थी। मतदान से फ़ैसला हुआ कि मेरी वेबसाइट को, अभी भी फ़ायदेमंद होने के बावजूद, बंद कर दिया जाएगा। प्रौद्योगिकी के ख़रीददारों का एकाएक अकाल आ गया और शेयर चारों खाने चित्त हो गए। उनके साथ ही हर कोई जीवनरक्षक प्रणाली पर था।

मेरी रचना को अनंत में विलीन होने से रोकने का इच्छुक होने के कारण मैंने अपनी कंपनी को भारी-भरकम छूट देकर ख़रीदने का प्रस्ताव दिया। महज 2,50,000 डॉलर में जो उसका अपना मुनाफ़ा था। प्रस्ताव स्वीकार लिया गया और मेरा दोबारा उस कंपनी पर

कब्ज़ा हो गया, जिसे मैंने डेढ़ साल पहले ही बेचा था। मूलतः मैं कारोबार चलाने वाला था, लाभ लेकर बाक़ी के क़र्ज़ को चुकाऊंगा। मेरे पास जो कुछ बचा था, मैंने दोबारा कारोबार में डाल दिया।

मेरी कंपनी अब दोबारा मेरे नियंत्रण में आ जाने के कारण एक नई प्रेरणा उभरकर सामने आई–डॉट कॉम की गिरावट से निपटने के साथ–साथ सफलता हासिल करना।

धन के पेड़ का जन्म

अगले कुछ वर्ष मैं अपनी सेवा को अगले स्तर पर ले जाने की धुन में दोबारा उत्साहित हो चुका था। दूसरे शब्दों में मैं ख़ुद को यह साबित करना चाहता था कि मैं महज एक क़िस्मत वाला व्यक्ति नहीं हूं, जिसने डॉट कॉम के उछाल के दिनों का लाभ उठाया। मैंने अपनी वेबसाइट में सुधार को निरंतर जारी रखा। मैंने नई प्रौद्योगिकी को शामिल किया और ग्राहकों की बातों को ध्यान से सुना। स्वचालन और प्रक्रिया अब मेरे नए जुनून थे।

मैंने जैसे ही मेरी प्रक्रियाओं और प्रणालियों को सुव्यवस्थित करना शुरू कर दिया, एक नए परिवर्तन ने जन्म लिया। अब मैं कम से कम काम करने लगा। एकाएक मैं दिन में दस घंटे की बजाय एक घंटे काम करने लगा। फिर भी धन का आना जारी रहा। मैं लासवेगास जुआ खेलने के लिए जाने लगा। धन आता रहा। मैं चार दिन बीमार पड़ता था, लेकिन धन आता रहता था। मैं एक महीने तक दिन के कारोबार (शेयर बाज़ार) में जुटा रहता था, लेकिन धन आता रहता था। मैं एक महीने काम से दूर हो जाता था, लेकिन धन आता रहता था।

मुझे अहसास हुआ कि मैंने कर दिखाया : यही तो था वह तेज़ रास्ता।

मैंने अपने लिए एक वास्तविक, जीवंत, लाभदायक धन का पेड़ तैयार कर लिया था। यह एक ऐसी प्रिंटिंग प्रेस की तरह था जो सातों दिन 24 घंटे बिना रुके नोट छापती रहती थी और ख़ास बात यह कि इसके लिए मेरी शारीरिक मौज़ूदगी की दरकार नहीं थी। बस कुछ महीने पानी देने और धूप की ज़रूरत थी, जो मैं ख़ुशी–ख़ुशी उपलब्ध करा देता था। धन का यह पेड़ बढ़ता गया, फल देता रहा और इसने मुझे जो चाहे वह करने की आज़ादी दे डाली।

अगले कुछ साल मैंने आलस के साथ जीभ के चोंचले पूरे करने में गुज़ारे। निश्चित तौर पर मैं महीने में कुछ घंटे काम करता था, लेकिन अधिकांश वक़्त मैं कसरत, पर्यटन, वीडियो गेम्स में गुज़ारता था। मैंने तेज़ कारें ख़रीदीं और ख़ूब रेस लगाई। डेटिंग वेबसाइट्स के भी मज़े लिए और जुआ भी खेला। मैं आज़ाद था, क्योंकि मैंने धन का एक ऐसा पेड़ लगाया और पाला–पोसा था, जिसने मेरे वक़्त का पूरा ख़याल रखा। इसकी फ़सल, भरपूर और मासिक थी।

अपना कारोबार दोबारा हासिल करने के बाद यह बहुत तेज़ गति से बढ़ा। कुछ महीनों में तो मेरा लाभ दो लाख डॉलर से भी ज़्यादा तक पहुंच जाता था। जी हां, लाभ। ख़राब महीनों में यह एक लाख डॉलर रहता था। मैं दो सप्ताह में उतना कमा लेता था, जितना कमाने में लोगों को पूरा एक साल लग जाता है। दौलत की बरसात हो रही थी और मैं गुमनामी के मज़े ले रहा था कोई ख्याति नहीं। अगर आप हर महीने दो लाख डॉलर कमाने लगें, तो आपकी ज़िंदगी कितनी बदल जाएगी?

- आप कौन-सी गाड़ी चलाएंगे?
- आप कहां रहेंगे और कहां छुट्टियां मनाएंगे?
- कौन-सा शौक-कला, लेखन, दान का काम पूरा करेंगे?
- आपके बच्चे किस स्कूल में जाएंगे?
- क्या आपके गले में क़र्ज़ का फंदा होगा?
- आप कितनी तेज़ी से करोड़पति बनेंगे? चार साल या चालीस साल?
- क्या आप रविवार की रात को कोसेंगे और शुक्रवार की रात का जश्न मनाएंगे?
- क्या स्टारबक्स से 6 डॉलर की कॉफ़ी ख़रीदना चिंताजनक होगा?

देखिए, जब आप इस तरह की कमाई करते हैं तो करोड़पति बनने का सफ़र बहुत तेज़ी से पूरा होता है। मैं 33 बरस की उम्र तक तो बहु-करोड़पति बन चुका था। अगर मैंने अपना कारोबार शुरूआत में बेचा नहीं होता तो शायद यह मुक़ाम और जल्दी आ चुका होता। लेकिन अगर आप कार्डबोर्ड नूडल्स खा रहे हों और एकाएक कोई आपको 12 लाख डॉलर दे दे तो आप ना तो क़तई नहीं कह सकते।

मैंने अपनी पहली लैम्बोर्ग़िनी ख़रीदी और किशोरावस्था के दिनों की भविष्यवाणी को पूरा किया। कई बरसों तक कई क़िस्म की महंगी आलीशान कारें रखने के बाद मैंने जाना कि कुछ साल पहले मेरे द्वारा पूछा गया सवाल असामान्य नहीं था। यह हर सप्ताह पूछा जाता था। और अब मेरे पास एक जवाब है। वह जवाब जिसे पढ़ना मुझे बहुत रास आता।

मैंने 2007 में दोबारा अपनी कंपनी को बेचने का फ़ैसला किया। यह वक़्त सेवानिवृत्ति लेकरअपने सबसे जुनून भरे सपने, यह किताब, उपन्यास और कौन जाने कभी शायद स्क्रीनप्ले लिखने को पूरा करने का था। हालांकि इस बार मैंने कई तरह के विकल्पों पर गौर किया। 3.3 मिलियन डॉलर से लेकर 7.9 मिलियन डॉलर तक के। कुछ कम वर्षों में ही बार-बार करोड़ों बनाने के बाद मैंने पूरे नक़द भुगतान के एक प्रस्ताव को स्वीकार लिया और दौलत की तेज़ राह की प्रक्रिया को दोहराया चंद मिनटों में। करोड़ों के छह चेक्स को भुनाने में इतना ही वक़्त लगा।

अध्याय का सार : तेज़ रास्ते की ख़ासियतें

- ख्याति या शारीरिक प्रतिभा दौलत के लिए पूर्व शर्त नहीं हैं।
- तेज़ दौलत तेज़ी से बनाई जाती है, आराम से नहीं।
- बदलाव एक पल में हो सकता है।
- दूसरों द्वारा ना आजमाए गए रास्तों पर चलने से नहीं डरें।
- मैंने यह किताब लिखी, क्योंकि मैं चाहता था कि 20 साल की उम्र में काश! मुझे भी ऐसी कोई किताब पढ़ने को मिली होती।

भाग–2

दौलत राह नहीं बल्कि सफ़र है

अध्याय

3

दौलत का सफ़र

हज़ारों मील लंबी यात्रा की शुरुआत एक छोटे से क़दम से ही होती है।

—लाओ ज़ू

दौलत एक सड़क यात्रा है, केवल सड़क नहीं

जब मैं कॉलेज में था तो दोस्तों के साथ वसंत ऋतु की छुट्टियों में शिकागो से दक्षिण फ़्लोरिडा गया था। जवान होने के कारण हम सूरज से सने समंदर के ख़ूबसूरत तट और कम वस्त्रों में लिपटी हसीनाओं के सपने बुन रहे थे, लेकिन हमने सबसे ज़रूरी बात पर ध्यान नहीं दिया। यानी कि उस कार पर जो हमें वहां ले जाने वाली थी।

सफ़र के तकरीबन आठ घंटे गुज़रे होंगे कि हमारी पुरानी डॉज डस्टर के ईंजन से धुंआ निकलने लगा और वह एकाएक रुक गई। फटे गास्केट और बिना ऑइल के साथ हमारा सफ़र दक्षिणी इलिनॉय की अनजान-सी सड़क पर थम गया। गाय, गोबर की तीखी गंध और मक्के के खेत, उस दक्षिणी फ़्लोरिडा के ख़ूबसूरत तटों से मानो कई प्रकाश वर्ष दूर।

दुर्भाग्य से अधिकतर लोगों के लिए दौलत का सफ़र अधिकांशतया एकाएक ब्रेक लगने से इसी तरह से किसी अनजान सड़क पर थम जाता है। एक सवाल के साथ, हे भगवान, मैं यहां कैसे पहुंचा?

वसंत ऋतु की मेरी उस एकाएक थमने वाली यात्रा की तरह दौलत का रास्ता जानना और उस पर वाहन चलाना पर्याप्त नहीं है, क्योंकि वह सड़क अपने आप में दौलत दिलाने के लिहाज़ से अपर्याप्त है।

आपका दौलत का सफ़र थम जाता है, जब आपकी नज़र केवल रास्ते और उसके लक्ष्य तक होती है, ना कि सफ़र पर। निश्चित तौर पर तेज़ रास्ता दौलत तक पहुंचाने का तेज़ विकल्प खोल देगा, लेकिन एक कामयाब सफ़र के लिए ज़रूरी है कि आप तमाम महत्त्वपूर्ण साधनों का सम्मान करें। मेरी वह यात्रा नाकामयाब रही, क्योंकि हमने सफ़र की

बनिस्बत सड़क पर ध्यान केंद्रित रखा। तेल? रास्ते का नक़्शा? इंजिन का रखरखाव? इसकी क्या ज़रूरत है, बस कार को दक्षिण के रास्ते पर डाल दो। जब आप सफ़र के महत्त्वपूर्ण अंगों की अनदेखी करते हैं तो आपका इंजिन ऐसे ही दगा देता है, तेल जल जाता है और पेट्रोल ख़त्म हो जाता है। दशकों तक चलने वाले परिवर्तित मार्ग लेने पड़ जाते हैं। जब आपका ध्यान केवल सड़क पर केंद्रित हो तो आपका सफ़र बीच में ही थम जाने की पूरी आशंका है और सपनों की मंज़िल कभी नहीं आती।

दौलत का मृगमरीचिका भरा रास्ता

अगर आप अब तक दौलत से वंचित हैं तो इसकी वज़ह पूरे फ़ॉर्मूले का इस्तेमाल नहीं करते हुए आपका सड़क पर ही केंद्रित होकर रह जाना है। निश्चित तौर पर आपके पास कुछ छोटे-मोटे सूत्र होते हैं : किसी किताब या किताबों से मिली जानकारी, किसी अमीर बनो सेमिनार से मिला कोई सुझाव या कॉलेज के किसी दिवालिया दोस्त से शेयर बाज़ार को लेकर मिली कोई सलाह। दुर्भाग्यवश ये एक-दूसरे से असंबद्ध घटक दौलत नहीं बना सकते और किसी सड़क पर बिना पेट्रोल और मृत बैटरी के खड़ी कार की तरह हैं। आप दौलत के बहुआयामी सवाल का हल केवल एक आयाम से हल नहीं कर सकते।

दौलत के सफ़र का फ़ॉर्मूला किसी व्यंजन की तरह है।

सोचिए मैंने आपको एक किचन में केवल आटे और शक्कर के साथ छोड़कर कुकीज बनाने का ऑर्डर दे दिया। यह असंभव होगा, क्योंकि केवल दो सामग्रियों से पूरा व्यंजन नहीं बन सकता। बेकिंग सोडा नहीं हो तो कुकीज फूलेंगी नहीं। मक्खन निकाल दीजिए, तो कुकीज का स्वाद बेकार हो जाएगा। एक फ़ालतू की या ग़लत सामग्री इस्तेमाल करें और पूरी प्रक्रिया असफल हो जाएगी। दौलत से जुड़ी अधिकांश किताबों में यही कमी देखने को मिलती है : वे केवल सड़क पर केंद्रित होती हैं। वह फ़ॉर्मूले की सबसे ललचाने वाली सामग्री पर ध्यान केंद्रित रखते हैं, शक्कर। वह आपको बताते हैं :

- चीन से सामान आयात करो और ऐमेज़ॉन पर बेच डालो!
- एक फ्रेंचाइजी ख़रीदो और ख़ुद अपने मालिक बन जाओ!
- रहस्यमयी गुप्त क़ानून पता करो और सकारात्मक सोचो!
- अपने जुनून पर आधारित कारोबार शुरू करो!
- रियल इस्टेट में निवेश करो और घर बैठे दौलत कमाओ!
- क्रिप्टो करेंसी के ज़रिये अमीरी तक का रास्ता तय करो!

यह रणनीतियां दौलत तक पहुंचने के विभिन्न रास्ते बताती हैं : रियल इस्टेट वाला रास्ता, शेयर बाज़ार का रास्ता और कारोबार वाला रास्ता। इसके अलावा वह किसी और बात पर ध्यान ही नहीं देते। असफलता की वजह किसी और बात पर ध्यान नहीं देना ही है, क्योंकि यही फ़ॉर्मूला का शेष हिस्सा है।

करोड़पति प्रक्रिया से बनते हैं परिणामों से नहीं

अपने बूते करोड़पति बनने वाले तमाम लोग, बेहद सावधानी भरी प्रक्रिया के ज़रिये ही दौलत कमाते हैं। वे अपने पास मौज़ूद पूरे फ़ॉर्मूले का इस्तेमाल करते हैं। आपने भले ही कुछ पढ़ा और सुना हो, लेकिन दौलत कोई परिणाम नहीं है। दौलत आसमान से नहीं गिरती या किसी गेम शो से नहीं आती। यह आपके दरवाज़े की घंटी बजाकर गुब्बारों के साथ आपके पोर्च में नहीं खड़ी होती। ना ही रेफ़्रिजरेटर के आकार की ही जांच करती है। दौलत बार, नींबू या चेरी का रस निकालने वाली किसी मशीन से नहीं निकलती।

दौलत एक प्रक्रिया है, कोई परिणाम नहीं। किसी भी शेफ़ से पूछ लीजिए वह इस बात की पुष्टि कर देगा कि कोई भी व्यंजन, कई सामग्रियों के इस्तेमाल से बनता है और एक बेहद सधी हुई प्रक्रिया का परिणाम होता है। थोड़ा-सा यह, थोड़ा-सा वह, सही वक़्त पर, सही जगह पर और एक लज़ीज व्यंजन आपके सामने होता है। दौलत हासिल करने की भी यही प्रक्रिया होती है। कई असंबद्ध सामग्रियों का संकलन कर उसे एक संपूर्ण स्वरूप देना, जिसका अपना मूल्य होता है, वह भी करोड़ों में।

दौलत अधिकांश लोगों की पहुंच से बाहर होती है, क्योंकि वह प्रक्रिया की अनदेखी करते हुए परिणाम पर ज़्यादा ध्यान देते हैं। बिना प्रक्रिया के कोई कामयाब परिणाम नहीं मिल सकता। कुछ देर थमिए और इसे दोबारा पढ़िए। प्रक्रियाएं लोगों को करोड़पति बनाती हैं और आप जो कुछ भी देख-सुन रहे हैं, वह उस प्रक्रिया से उपजे परिणाम हैं। हमारे शेफ़ के लिए व्यंजन तैयार करना एक प्रक्रिया है, जबकि व्यंजन एक परिणाम है।

उदाहरण के लिए अगर किसी पेशेवर खिलाड़ी को बास्केटबॉल खेलने के लिए 100 मिलियन डॉलर का अनुबंध मिलता है तो यह उसके खेलने की प्रक्रिया का परिणाम है। आप बड़े अनुबंधों के बारे में देखते-सुनते होंगे, वे चौंधिया देने वाले अमीर बनाने वाले आयोजन, लेकिन आप आमतौर पर उससे पहले की प्रक्रिया की अनदेखी कर देते हैं। प्रक्रिया एक लंबा, कठिन रास्ता था, जिसे आपने नहीं देखा : हर दिन चार घंटे अभ्यास, आधी रात के बास्केटबॉल मुक़ाबले, फटी हुई मांसपेशियां, सर्जरी, पुनर्वास, जूनियर यूनिवर्सिटी टीम में नहीं चुना जाना और पड़ोस में मौजूद आपराधिक गैंग्स में शामिल होने के लालच का प्रतिरोध, ये सभी उस प्रक्रिया का हिस्सा थे।

जब 20 साल का एक युवक अपनी इंटरनेट कंपनी 50 मिलियन डॉलर में बेचता है तो आप उसके बारे में इंटरनेट पर पढ़ते हैं। इस परिणाम की हर ओर तारीफ़ होती है और सबसे प्रशंसा हासिल करने के लिए ज़ोरदार प्रचार होता है। प्रक्रिया की अनदेखी की जाती है-आपको कोडिंग के वह लंबे घंटे पता ही नहीं चलते जो उस कंपनी के मालिक ने बिताए हैं। आपको एक बेहद सर्द अंधेरे गैरेज में गुज़ारे गए दिनों का पता ही नहीं होता। आप नहीं जानते कि कैसे कंपनी की स्थापना 21.99 प्रतिशत ब्याज वाले क्रेडिट कार्ड पर की गई थी। आप संस्थापक के बारे में नहीं सुनते हैं और ना ही जंग लगी पी.ओ.एस. टोयोटा में उसके द्वारा किए गए 1 लाख 74 हजार मील के सफ़र के बारे में।

जब केविन प्लैंक ने 1996 में अंडर आर्मर की स्थापना की थी और कंपनी को 10 साल में सार्वजनिक कर दिया तो पूरी दुनिया में उनकी सफलता सुर्ख़ियों में देखने को मिली।

दुनिया ने क्या नहीं देखा? प्रक्रिया के सूक्ष्म तथ्य। जैसे कंपनी की स्थापना के एक साल बाद प्लैंक दिवालिया हो गए थे। कारोबार को आगे बढ़ाने के लिए उन्होंने अपनी निजी बचत के 20,000 डॉलर दांव पर लगा दिए और बाद में क्रेडिट कार्ड पर 40,000 डॉलर उधार लिए। अरबपति अमीर बनना, परिणाम था, प्रक्रिया तो संघर्ष और उसकी पृष्ठभूमि है।

मेरी कंपनी की बिक्री (दो बार) का समापन एक परिणाम से हुआ। लेकिन यह प्रगति प्रक्रिया के ज़रिये ही हासिल की गई थी। बाहरी लोग ख़ूबसूरत बंगला और महंगी कारें देखकर सोच सकते हैं, काश! मैं भी इतना ख़ुशक़िस्मत होता। ऐसी सोच प्रक्रिया की बनिस्बत परिणाम की मृगमरीचिका मात्र होती है।

दौलतमंद बनने के सारे वाक़यों से पहले प्रक्रिया होती है। पृष्ठभूमि में मौजूद परीक्षण, जोख़िम, कड़ी मेहनत और त्याग से सजी। अगर आप प्रक्रिया से बचना चाहेंगे तो कभी परिणाम का आनंद नहीं ले पाएंगे।

दुर्भाग्य से मीडिया द्वारा भ्रमित आज के दौर में, मुझे अभी चाहिए की सोच वाले समाज में हम परिणामों पर ध्यान केंद्रित करते हुए उनका महिमामंडन करते हैं। लेकिन प्रक्रिया को भुला देते हैं, जनता की नज़रों से बहुत सावधानी से मेहनत के पसीने की बूंदों को छिपा दिया जाता है। हालांकि अगर आप लंबे वक़्त तक पूरी शिद्दत से खोजें तो आपको हमेशा प्रक्रिया देखने को मिल जाएगी। किसी अन्य कहानी के नीचे दबी हुई या फिर उस उपलब्धि के महिमामंडन की अंतिम पंक्तियों में।

जब आप अपने पहले करोड़ों डॉलर कमाएंगे तो यह प्रक्रिया की वज़ह से होगा ना किसी गुप्त परिणाम की वजह से जो आपकी राह में एकाएक घटित हो गई। प्रक्रिया ही दौलत तक का सफ़र है : मंज़िल एक परिणाम की तरह दमकती रहती है, लेकिन यह प्रक्रिया से हासिल की जाती है। जी हां, सफलता तक पहुंचने की स्वचलित सीढ़ियां बेकार हो चुकी हैं आपको ख़ुद सीढ़ियों से चलकर ही पहुंचना होगा।

दौलत के सफ़र का फ़ॉर्मूला

दौलत का फ़ॉर्मूला किसी ऊबड़-खाबड़ रास्ते से जाने वाले सफ़र की तरह है। कामयाबी के लिए ज़रूरी है सफ़र के दौरान एकाग्रचित्त अनुशासन और सफ़र के लिए आवश्यक साधन (प्रक्रिया), ना कि सफ़र की मंज़िल (परिणाम)। कामयाब फ़ॉर्मूले के चार मूल तत्व हैं :

सफ़र के रास्ते का नक़्शा (भाग 3, 4 और 5)

इस सफ़र में सफ़र के रास्ते का नक़्शा, आपके हर क़दम के पीछे प्रमुख मार्गदर्शक तत्व होता है। यह नक़्शा ही आपकी वित्तीय सोच को ढालता है और दौलत व धन के प्रति आपकी पूर्वकल्पित दृढ़ विश्वास को भी। दौलत तक के रास्ते में तीन मार्गदर्शक तत्व आपको दिशा दिखाएंगे :

1. पगडंडी
2. धीमा रास्ता

3. तेज़ रास्ता

किसी व्यंजन की तरह, आपका नक़्शा आपको बताएगा, क्यों, कहां, कैसे और क्या।

आपका वाहन (भाग 6)

आपका वाहन है, ख़ुद आप। आपके बगैर यह सफ़र बेमानी है। आपका वाहन है एक जटिल प्रणाली जिसमें तेल, गैस, इंजिन, स्टीयरिंग व्हील, विंडशील्ड, हॉर्सपॉवर और एक्सीलरेटर, सबकुछ है। इन सभी को वक्त-वक्त पर जांच और मरम्मत की दरकार होगी ताकि सफ़र के दौरान आपका प्रदर्शन सर्वश्रेष्ठ रहे।

आपके रास्ते (भाग 7)

आपके रास्ते आपके करियर को दिशा देने वाले रास्ते होते हैं। उदाहरण के लिए, आप नौकरी का रास्ता चुन सकते हैं और उस रास्ते में सीमित विकल्प होते हैं : आप एक इंजीनियर बन सकते हैं, एक प्रोजेक्ट मैनेजर, एक डॉक्टर, एक प्लम्बर, एक ट्रक ड्राइवर। फिर हैं उद्यमिता के रास्ते : आप रियल इस्टेट निवेशक, रिटेल स्टोर के मालिक, फ्रेंचाइज़र, फ्रीलांसर या आविष्कारक बन सकते हैं। किसी ऊबड़-खाबड़ अंदरूनी हिस्सों की सड़क जिसमें अरबों-करोड़ों परिवर्तन के अवसर उपलब्ध होते हैं। हर किसी के साथ एक गणितीय फ़ॉर्मूला जुड़ा होता है।

आपकी गति (भाग 8)

गति आपकी सोच से क्रियान्वयन तक पहुंचने की क़ाबिलियत है। आप ख़ाली सड़क में किसी फ़ेरारी में बैठ सकते हैं, लेकिन आप अगर एक्सीलरेटर नहीं दबाते, तो आप आगे नहीं बढ़ पाएंगे। बिना गति के आपके रास्ते का नक़्शा दिशाहीन है। आपका वाहन बस एक जगह खड़ा रहता है और आपका रास्ता एक बंद गली-सा बन जाता है।

रास्ते में टोल नाके मिलेंगे

तेज़ रास्तों पर सफलता हासिल करने वाले वो लोग होते हैं जो मुश्किल रास्तों पर जीते हैं और वहीं मर जाते हैं। टोल वाले रास्ते ही सफलता की ओर ले जाते हैं। आसान रास्तों पर टोल का भुगतान नहीं करना पड़ता। हममें से कुछ के लिए यह एक अच्छी ख़बर है, क्योंकि टोल कमज़ोरों को हटा देता है और सामान्यता की दुनिया में ले जाता है। अगर आप टोल से बचना चाहते हैं तो दौलत आप से मुंह चुरा सकती है। दुर्भाग्यवश लोगों की ऐसी सोच बन चुकी है कि दौलत के टोल, केवल हक़ या कुछ आवश्यक शर्तों के ज़रिये ही चुकाए जा सकते हैं, जैसे :

- व्यावहारिक परिवार/अच्छा बचपन।
- कड़ी मेहनत बनाम बुद्धिमानी से काम।

- शैक्षणिक उपलब्धियां और आपके नाम के साथ जुड़े क़ाबिलियत के प्रमाणपत्र।
- कारोबार की शानदार योजना।
- उद्यम के लिए पूंजी।
- किसी ख़ास लिंग, रंग या उम्र का होना।
- इच्छा, सपनों, विचारों में सकारात्मकता।
- सही जगह पर मौजूद सही लोगों से पहचान।
- सही स्कूल में जाना।
- जुनूनी होना या जो काम आप कर रहे हैं, उसे पसंद करना।

सच्चाई से इतना दूर और कुछ भी नहीं हो सकता। करोड़पति बनने का तेज़ रास्ता इन बातों की फ़िक्र नहीं करता। तेज़ रास्ता पेड़ों की कतारों से सजा एक सीधा रास्ता नहीं है, जिसमें सफ़ेद बाड़ लगी हो और बच्चे पेड़ों से टायर लटकाकर उसमें झूला झूल रहे हों। यह एक अंधियारा, सुनसान, कच्चा रास्ता है, जिसमें ढेर सारे गड्ढे हैं, जो बदलाव और विकास, तरक़्क़ी की वजह बनेंगे। अगर दौलत तक का रास्ता इतना ही आसान होता तो क्या सभी दौलतमंद नहीं होते?

क़ीमत चुकाने के लिए तैयार रहिए। जोख़िम और त्याग के लिए तैयार रहिए। रास्ते में झटकों के लिए तैयार रहिए। जब आपको पहला गड्ढा मिले (और हां, ऐसा होगा) तो समझ जाइए कि आप अपनी कहानी को साकार करने की प्रक्रिया में जुट चुके हैं। *तेज़ रास्ता त्याग मांगता है, जो बहुत कम लोग करते हैं।* ये वे लोग होते हैं, जो आम लोगों से अलग ज़िंदगी जीना चाहते हैं।

सफ़र की कमान ड्राइवर को नहीं सौंप सकते

हम एक ऐसे समाज में रहते हैं, जहां अपना काम दूसरा से कराने (आउटसोर्स) का चलन है। फिर बात हमारे घर के कामकाज की हो या बच्चों के लालन-पालन की। एक गंदे बाथरूम की सफ़ाई के लिए यह कारगर हो सकता है, लेकिन दौलत के लिए नहीं। दौलत के सफ़र में कोई ड्राइवर नहीं होगा और टोल के भुगतान का जिम्मा भी आप फ़िलीपींस में मौजूद किसी आभासी सहायक को नहीं सौंप सकते।

जब मैं 16 साल का था तब अगर किसी ने मुझे लैम्बोर्गिनी (या कोई अन्य सपना) भेंट की होती, तो आज मैं वहां नहीं होता जहां हूं। जब आपको बिना किसी मेहनत के तोहफ़े मिलते हैं तो यह एक तरह से आपको पंगु बनाने की प्रक्रिया होती है। अगर मैंने अपना काम किसी और के भरोसे छोड़ दिया होता तो मैं वो नहीं होता, जो बनना चाहता था। किसी और के द्वारा आपके लिए किए गए सफ़र से ना तो आपकी बुद्धिमानी में इजाफ़ा होता है और ना ही आपका निजी विकास ही होता है। यह सफ़र आपका है और जब तक दौलत की तेज़ राह पर आपको अपने जैसा सोचने वाला नहीं मिलता, आप अकेले ही चलते रहेंगे।

अध्याय का सार : तेज़ रास्ते की ख़ासियतें

- दौलत एक फ़ॉर्मूला है, सामग्री नहीं।
- प्रक्रिया करोड़पति बनाती है। परिणाम या उपलब्धियां तो प्रक्रिया का उत्पाद होती हैं।
- दौलत के रास्ते का चालक खोजना प्रक्रिया को उधार रख देना है। प्रक्रिया को किसी दूसरे को नहीं सौंपा जा सकता, क्योंकि प्रक्रिया से ही ज्ञान, निजी विकास, मज़बूती और अंततः परिणाम हासिल होते हैं।

अध्याय

4

दौलत तक पहुंचने के रास्ते

अगर आप नहीं जानते कि आप किधर जा रहे हैं
तो कोई भी सड़क आपको वहां पहुंचा देगी।
—लुईस केरॉल

दौलत का दिशादर्शक

अगर आप नहीं जानते कि आप किधर जा रहे हैं तो यह कैसे पता चलेगा कि आप वहां पहुंच गए हैं या नहीं? एक अपरिभाषित मंज़िल का मतलब होगा सफ़र का एक अपरिभाषित अंत। यह आशंका ही अधिक है कि आप ऐसी जगह पहुंच जाएंगे जहां आप क़तई जाना नहीं चाहते थे। जान लीजिए, आपको दौलत, रास्ते के नक़्शे से मिलेगी, डार्टबोर्ड से नहीं।

अपने बूते करोड़पति बने लोग एकाएक यूं ही दौलत क़दमों में आ गिरने से दौलतमंद नहीं हो जाते। इसी तरह से आर्थिक असफलताएं भी केवल ग़रीबी क़दमों में आ गिरने से असफलताएं नहीं बनतीं। दोनों ही उस वित्तीय नक़्शे के परिणाम हैं, जिस पर विश्वास करके क़दम उठाए गए। आपका वित्तीय नक़्शा प्रक्रिया में अहम है और यही आपके दौलत के सफ़र का पहला साधन है।

आप जानते हों या कि ना जानते हों, लेकिन आपकी वर्तमान माली हालत आपके वित्तीय नक़्शे का ही परिणाम है। यही आपके क़दमों का मार्गदर्शन करता है और यह उन परिणामों की वजह बनते हैं, जो आपकी आर्थिक ज़िंदगी को बनाते हैं।

अंततः आपकी पसंद ही तय करती है कि आपकी ज़िंदगी किस करवट बैठेगी।

लेकिन आख़िर यह पसंद आती कहां से है?

वह आपके सफ़र के नक़्शे से तैयार धारणाओं से पनपती हैं।

अपनी पसंद को बदलने की शुरुआत सफ़र के नक़्शे से ही कीजिए, क्योंकि यहीं पर आपकी धारणाएं घर किए बैठी हैं, वास्तविकता में भी और लाक्षणिक रूप से भी। ज़िंदगी

में क्रांतिकारी बदलाव आपके नक़्शे में क्रांतिकारी बदलाव से हासिल किया जा सकता है। उसे बदलिए और आप सबकुछ बदल डालेंगे।

उदाहरण के लिए, मार्ग के नक़्शे और उससे उपजी धारणाएं कुछ इस तरह से आपकी आर्थिक स्थिति को प्रभावित करती हैं : अगर आप यह मानते हैं कि अमीर लोग एस ऐंड पी इंडेक्स फ़ंड में निवेश करके अमीर बनते हैं, तो आपके क़दम इसी धारणा को प्रदर्शित करेंगे। अगर कोई वित्तीय गुरु कहता है कि सारे क्रेडिट कार्ड इस्तेमाल करना बंद कर दो, क्योंकि हर तरह का क़र्ज़ बेकार है, आप ऐसा ही करते हैं। अगर एक लेखक कहता है कि आज निवेश किए गए 50 डॉलर का मूल्य 40 साल में 10 मिलियन डॉलर हो जाएगा, तो आप उस पर यक़ीन कर लेते हैं। आपके क़दम फिर उसी धारणा पर आधारित होते हैं।

धारणाएं वे दमदार प्रक्रियाएं हैं, जो आपके क़दम निर्धारित करती हैं। फिर भले ही वे सही हों या ग़लत। हमारे अभिभावकों ने कहा, सांताक्लॉज सचमुच होता है और हमने मान लिया। हम कुकीज छोड़कर, उड़ते रेनडियर देखने के लिए, खिड़कियों की ओर दौड़ पड़ते थे। सोचा करते थे कि तोंदू सांताक्लॉज हमारे घर में संकरी चिमनी के रास्ते अंदर कैसे आता होगा। हम उसी बात पर विश्वास करते हैं, जो हमें सिखाई जाती है। फिर भले ही तथ्य इसे स्पष्ट तौर पर नकार रहे हों।

आपका धारणाओं का तंत्र दिशासूचक यंत्र की तरह काम करता है। अगर यह पथभ्रष्ट हो गया तो आपको ताउम्र परिवर्तित मार्ग ही लेने पड़ेंगे। काल्पनिक धारणाएं भ्रामक नक़्शों की तरह होती हैं। वो आपको ऐसे घुमावदार रास्तों पर ले जाती हैं, जो आगे चलकर बंद होते हैं। जहां, दौलतः बस अगले मोड़ पर की स्थिति कभी आती ही नहीं।

दौलत तक ले जाने वाले तीन नक़्शे

दौलत का रास्ता तय करने और प्रक्रिया तैयार करने की शुरुआत आपके वर्तमान वित्तीय नक़्शे और विकल्पों की जांच से होती है। वित्तीय मार्ग के नक़्शे तीन तरह के होते हैं :

पगडंडी वाले रास्ते का नक़्शा

धीमे रास्ते का नक़्शा

तेज़ रास्ते का नक़्शा

रास्तों के इन तीन नक़्शों के पीछे एक मनोविज्ञान होता है। धारणा की एक ऐसी प्रणाली जो हर नक़्शे से संबद्ध पहल की वजह बनती है। ख़ास बात यह है कि हर नक़्शे की अपनी एक दुनिया है, जो दौलत के एक गणितीय समीकरण के ज़रिये संचालित होती है। आप कोई भी नक़्शा अपना लीजिए, आपकी दौलत कमाने की दुनिया संबद्ध नक़्शे के दौलत समीकरण पर ही निर्भर होगी। साथ ही हर नक़्शा कुदरती तौर पर एक पूर्वनिर्धारित तय मंज़िल की ओर ले जाता है। ये पहले से तय मंज़िलें हैं :

पगडंडी=ग़रीबी
धीमा रास्ता=सामान्यता/साधारणता
तेज़ रास्ता=दौलत

आप किसी भी वित्तीय नक़्शे को अपना लीजिए, वह आपको उस नक़्शे के पूर्व निर्धारित लक्ष्य तक ले जाएगा। यही होगा उस नक़्शे का वास्तविक सार।

असली सार क्या है?

अगर आप ब्लैकजैक खेल रहे हों और लगातार 15 बार जीत जाते हैं तो आप बेतरतीब चयन के मूल तत्व का ही उल्लंघन कर देंगे। बेतरतीब चयन का वास्तविक सार ही मूलतः लगातार 15 बार जीत नहीं होने देना है।

जब किसी अफ़्रीकी शेर को लासवेगास में आयोजित जादू में भाग लेने के लिए तैयार किया जाता है, तो शेर को उसके मूल स्वभाव के उल्लंघन के लिए तैयार किया जाता है। कुदरती तौर पर शेर जंगली होना चाहता है, मारना चाहता है, खाना चाहता है, सहवास चाहता है। शेर अपने मूल रूप की ओर लौटता है और यही वज़ह है कि आपको कुछ अतिउत्साही जादूगरों का हाथ शेर द्वारा काट लिए जाने की ख़बरें पढ़ने को मिलती हैं। मूल तत्व के नियम को तोड़ने के लिए आपका कुछ ख़ास होना ज़रूरी है।

इसी तरह से रास्ते के हर नक़्शे का एक मूल तत्व होता है, जो आपको ग़रीबी, साधारणता या फिर दौलत की ओर ले जाता है। उदाहरण के लिए, अगर आप पगडंडी वाला रास्ता अपनाते हैं तो आप ग़रीब ही रह जाएंगे। इनमें से किसी भी नक़्शे से जहां दौलत हासिल की जा सकती है, नक़्शे के मूल तत्व से विचलन बाधाओं को नकारने की एक कोशिश मात्र होती है : रोलेट टेबल पर छह घंटे जुआ खेलना और जीतना।

हर नक़्शे के साथ एक तय मानसिकता होती है, जो संकेतक स्तंभ या फिर "दिमाग़ी संकेतक" की तरह काम करती है। ये आपके प्रयासों को दिशा और मार्गदर्शन प्रदान करते हैं। ठीक किसी सड़क के नक़्शे की तरह। ये दिमाग़ी संकेतक होते हैं :

क़र्ज़ की समझ : आप क़र्ज़ को नियंत्रित करते हैं या कि क़र्ज़ आपको नियंत्रित करता है? या क्या आप पर क़र्ज़ है?

वक़्त की समझ : आपके वक़्त की क्या क़ीमत है और आप उसे कैसे इस्तेमाल करते हैं? भरपूर? क्षणभंगुर? अप्रासंगिक? क्या आप वक़्त के लिए काम करते हैं? या फिर वक़्त आपके लिए काम करता है?

शिक्षा की समझ : आपकी ज़िंदगी में शिक्षा की क्या भूमिका है? क्या इसकी कोई भूमिका है भी?

धन की समझ : आपकी ज़िंदगी में धन की क्या स्थिति है? धन एक साधन है या खिलौना? भरपूर या अपर्याप्त?

आय का प्राथमिक स्रोत : कमाई का आपका मूल स्रोत क्या है?

प्राथमिक तौर पर दौलत को गति देने वाला : आप अपने कुल मूल्य को कैसे गति देकर दौलत बना रहे हैं? क्या ऐसा कर रहे हैं?

दौलत की समझ : आप दौलत को किस तरह से परिभाषित करते हैं?

दौलत का समीकरण : दौलत जमा करने के लिए आपकी गणितीय योजना क्या है? आपकी माली हालत किस गणितीय समीकरण को परिभाषित करती है?

मंज़िल : क्या कोई मंज़िल है? अगर हां, तो यह दिखती कैसी है?

ज़िम्मेदारी और नियंत्रण : क्या आपका अपनी ज़िंदगी और वित्तीय योजना पर नियंत्रण है?

ज़िंदगी की समझ : आप किस तरह से ज़िंदगी जीते हैं? क्या आप भविष्य के लिए योजना बनाते हैं? कल के लिए आज की बलि दे देते हैं? या आज के लिए कल की?

नक़्शों की अपनी एक ख़ास दुनिया होती है

दौलत का हर नक़्शा गणितीय फ़ॉर्मूलों के एक ख़ास समूह के आधार पर काम करता है। दौलत का समीकरण, जो यह तय करता है कि आप किस गति से दौलत तैयार करेंगे। ठीक आइंस्टाइन के ई=एमसी स्क्वायर की तरह ये फ़ॉर्मूले आपकी दौलत की दुनिया को ठीक वैसे ही नियंत्रित करते हैं, जैसे ब्रह्मांड को भौतिक शास्त्र। और भौतिक शास्त्र निर्भर होता है गणितीय निरपेक्षता पर और ठीक इसी तरह आपके दौलत के समीकरण (और संभावनाएं) भी।

दौलत कमाने की गति में बढ़ोत्तरी आपके द्वारा चुने गए रास्ते की दुनिया से ही उपजती है और इसी दुनिया के भीतर आपकी वित्तीय योजना गति पकड़ती है या थम जाती है। इसकी तुलना आप किसी रेलमार्ग से कर सकते हैं, जिसमें हर एक रेलमार्ग की अपनी गति, नियम और क़ानून हैं। आप चाहें तो 20 मील प्रति घंटे के रेलमार्ग पर चल सकते हैं या फिर 200 मील प्रति घंटे के।

अगर आप अपनी माली हालत से नाख़ुश हैं तो आप नक़्शा बदलकर तत्काल अपनी दुनिया को बदल सकते हैं। हालांकि नक़्शे में बदलाव से पहले आपको उन्हें समझना होगा। आइए अगले तीन भागों में करोड़पति बनने के तेज़ रास्ते के नक़्शों को समझें। पगडंडी, धीमा रास्ता और तेज़ रास्ता।

अध्याय का सार : तेज़ रास्ते की ख़ासियतें

- बदलाव लाना, यह परिवर्तन आपकी धारणाओं के ज़रिये आना चाहिए और आपके सफ़र का नक़्शा ही उन धारणाओं की वज़ह होता है।
- सफ़र का हर नक़्शा दौलत के समीकरण पर आधारित होता है, जिसकी वित्तीय मंज़िल पूर्वनिर्धारित होती है। पगडंडी से ग़रीबी, धीमी गति से साधारणता और तेज़ गति से दौलत।

भाग 3

ग़रीबी :
पगडंडी वाले रास्ते का नक़्शा

अध्याय

5

सबसे ज़्यादा इस्तेमाल रास्ता : पगडंडी

अगर आप वह ऐसे पहले व्यक्ति हैं, जिसकी धारणाएं दूसरों से अलग हैं, तो आप मूलतः कह रहे हैं, मैं सही हूं, बाक़ी सब ग़लत। यह एक बेहद असुविधाजनक स्थिति है। एक तरफ़ उल्लासपूर्ण है तो दूसरी ओर ख़ुद पर हमले का न्यौता देने वाली।

—लैरी एलिसन

पगडंडी वाले रास्ते का नक़्शा

अधिकांश लोग ताउम्र पगडंडियों के नक़्शों का ही इस्तेमाल करते हैं। यह सबसे पसंदीदा योजना है। आज की ख़ुशहाली का भविष्य की सुरक्षा के लिए सौदा।

पगडंडी पर चलने वाला इंसान दिवालिया व्यक्ति से बस एक स्थान बेहतर होता है। एक अदद और असफलता उसे दिवालिया बना सकती है। दिवालियापन से महज एक क़दम दूर। नौकरी गई और दिवालिया। पगडंडी की राह में आप हमेशा एक ऐसे शख़्स होते हैं, जो बेघर होता है, दिवालिया होता है या फिर अभिभावकों के घर के तलघर में रहता है।

यह ठीक है कि पगडंडी वाले मार्ग पर चलने वाले कुछ लोगों की आय बहुत ज़्यादा होती है, लेकिन उनमें से कोई भी वास्तविक दौलत हासिल नहीं कर पाता। चंद विरोधाभास देखकर बेवकूफ़ मत बनिए। पगडंडी वाले रास्ते में दौलत की ओर ले जाने वाला कोई पलायन का रास्ता नहीं होता। होता है तो केवल आगे जाकर बंद रास्ते का निशान, जो बरबादी का सूचक होता है। पगडंडी पर चलने वाले की तुलना वित्तीय ट्रेडमिल पर चलने से की जा सकती है। एक ऐसी मंज़िल की ओर जो दिवालिया या हिसाब की समस्या के कारण एकाएक गुम हो जाती है।

कैसा है पगडंडी का राहगीर?

पगडंडी के राहगीर की कोई वित्तीय मंज़िल होती ही नहीं है। यह ऐसी योजना है, जिसमें कोई योजना नहीं है। मिलने वाला अतिरिक्त धन, तत्काल अगला सामान ख़रीदने, अगली यात्रा, अगली नई कार, नए फ़ैशनेबल परिधान या किसी अगली सनक पर ख़र्च कर दिया जाता है। पगडंडी पर चलने वाले जीवनशैली के गुलाम हो चुके होते हैं, जहां मौज, छवि और तत्काल संतुष्टि की, लालच भरी ज़रूरत महसूस होती है। यह उपभोग के एक तेज़ चक्र की वज़ह बन जाता है, जिसके साथ आर्थिक बोझ बढ़ता है और पगडंडी पर चलने वाले को हमेशा के लिए उसकी नौकरी या कारोबार का गुलाम बना देता है।

पगडंडी सबसे आम रास्ता है, क्योंकि यहां सबसे कम प्रतिकार का सामना करना पड़ता है। तत्काल संतुष्टि इसका मंत्रमुग्ध और सम्मोहित कर देने वाला गीत है और धन एक ख़तरनाक वस्तु जिसे तत्काल सप्ताह की किसी नई चीज़ के लिए ख़र्च कर दिया जाता है। देखना चाहते हैं कि दौलत के पगडंडी के रास्ते पर चलने वाले लोग कैसे रहते या सोचते हैं? टीवी पर शो *जज जूडी* को बस कुछ घंटे देख लीजिए। बेटियां 100 डॉलर के लिए मां पर मुकदमा दाख़िल कर रही हैं, लोग ज़िम्मेदारी से बच रहे हैं, परिणाम अनभिज्ञता, लोग चाहते हैं किराया माफ़ कर दिया जाए। इस शो का तो दोबारा नामकरण कर दिया जाना चाहिए, पगडंडी का जीवन।

पगडंडी के राहगीरों के दिमाग़ी संकेतक

पगडंडी के राहगीरों के नक़्शे में कुछ स्वभावगत ख़ासियतें होती हैं, जो उनकी गतिविधियों को प्रभावित करती हैं। यह पूर्वाग्रह संकेत चिह्न या दिमाग़ी संकेतक होते हैं, जो पगडंडी के राहगीर का ताउम्र मार्गदर्शन करते रहते हैं।

क़र्ज़ की समझ : *क़र्ज़ मुझे इसी वक़्त कोई भी वस्तु ख़रीदने का मौक़ा देता है। क्रेडिट कार्ड्स, समेकन क़र्ज़, कार का भुगतान–ये मेरी आय के पूरक हैं और मुझे आज ज़िंदगी का मज़ा लेने देते हैं। अगर मुझे अभी चाहिए तो अभी मिलेगा।*

वक़्त की समझ : *वक़्त भरपूर है और मैं अपना धन ऐसे ख़र्च करता हूं मानो कल नहीं आने वाला। ग़ौरतलब बात यह है कि मेरी मौत दो सप्ताह में भी हो सकती है और आप ये सब अपने साथ ले तो नहीं जा सकते।*

शिक्षा की समझ : *स्नातक बनने के साथ ही मैंने पढ़ाई ख़त्म कर ली। हुर्रे!*

धन की समझ : *अगर तुम्हारे पास है तो जमकर प्रदर्शन करो, इतराओ। मुश्किल दिनों के लिए क्यों बचाना? मैं अपनी कमाई की हर एक पाई ख़र्च कर देता हूं। मेरे सभी बिलों का भुगतान वक़्त पर हो जाता है। क्या यह वित्तीय तौर पर ज़िम्मेदारी भरा बर्ताव नहीं है?*

आय का प्राथमिक स्रोत : *जिस भी काम से धन मिलेगा, मैं वह करूंगा। मैं धन का पीछा करता हूं। सबकुछ धन का खेल है।*

प्राथमिक तौर पर दौलत को गति देने वाला : *कुल मूल्य? मैं कैसिनो जाता हूं, लॉटरी टिकट ख़रीदता हूं और मैंने एक बीमा कंपनी के ख़िलाफ़ मुकदमा ठोक रखा है, क्या इसकी कोई क़ीमत नहीं?*

दौलत की समझ : *सबसे ज्यादा खिलौनों के साथ मरने वाला ही विजेता होता है।*

दौलत का समीकरण : *मेरा दौलत का फ़ॉर्मूला है (दौलत=आय+क़र्ज़)।*

मंज़िल : *मंज़िल? मैं आज के लिए जीता हूं और कल को लेकर चिंतित नहीं हो सकता।*

ज़िम्मेदारी और नियंत्रण : *हर बुरी बात मेरे साथ होती है। इंसान ने मुझे नीचे गिराकर रखा है। पूरी प्रणाली ही मेरे ख़िलाफ़ है। मैं पीड़ित हूं। यह किसी और की ग़लती है।*

ज़िंदगी की समझ : *आज जीओ, कल को भाड़ में जाने दो। 30 दिन से ज़्यादा की योजना बनाने के लिहाज़ से ज़िंदगी बहुत छोटी है। आप इसे अपने साथ नहीं ले जा सकते। आप केवल एक बार जवान होते हैं। इसके अलावा, किसी दिन कामयाबी मेरे क़दम ज़रूर चूमेगी।*

पगडंडी के राहगीरों को लेकर विचलित कर देने वाले तथ्य

यह काल्पनिक दिमाग़ी संकेतक और उनका आंखों देखा हाल हास्यास्पद लग सकता है, लेकिन ऐसा है नहीं। ज़रा, आंकड़ों पर गौर फरमाइए। रिपोर्ट्स पढ़िए। अमेरिकी जनगणना ब्यूरो के वर्ष 2017 में (जो वर्ष 2014 में एकत्रित किए गए थे) जारी अध्ययन (जो वर्ष 2001 और 2008 की भारी गिरावट से उबरने के कई साल बाद वर्ष 2013 के लिए कराया गया था) के मुताबिक़ कुछ विचलित कर देने वाले तथ्य इस प्रकार हैं :

- 55 वर्ष से कम उम्र के व्यक्ति का कुल मूल्य शून्य या नकारात्मक होने की संभावना 69.7% है।
- अमेरिका के सभी परिवारों में से तकरीबन 54% का कुल मूल्य एक लाख डॉलर से कम है।
- 35 वर्ष से कम उम्र के सभी परिवारों में से 83% का कुल मूल्य एक लाख डॉलर से कम है।
- 35–44 वर्ष आयुवर्ग के व्यक्ति का औसत कुल मूल्य 18,197 डॉलर है, घर का स्वामित्व छोड़कर।
- 45–54 वर्ष आयुवर्ग के व्यक्ति का औसत कुल मूल्य 38,626 डॉलर है, घर का स्वामित्व छोड़कर।

जनगणना ब्यूरो के वर्ष 2016 के आंकड़ों के मुताबिक़ सभी लोगों में से 61% लोगों की आय प्रति वर्ष 75,000 डॉलर से कम रही। आंकड़े बोटोक्स से दमकते चेहरों और आलीशान जर्मन सेडान्स के पीछे की सच्चाई को उजागर कर देते हैं। इनमें दौलत के पगडंडी

वाले रास्ते पर चलने वालों की संख्या ज़्यादा है। जी हां, दुनिया वित्तीय भ्रम फैलाने वालों से पटी पड़ी है। ये हालात हालिया सबसे बड़ी मंदी से उबरने के बाद के हैं। वर्ष 2008 की आर्थिक मंदी के तत्काल बाद 85% अमेरिकी परिवारों का कुल मूल्य शून्य या नकारात्मक होना मुझे क़तई चौंकाता नहीं है। लेकिन मैं यह शर्त भी लगा सकता हूं कि उनके घरों में सपाट स्क्रीन वाले एचडी टीवी पर 650 केबल चैनल्स ज़रूर होंगे। अगर आप 35 वर्ष से अधिक उम्र के हैं और आपका कुल मूल्य 19,000 डॉलर से कम है तो खरी-खरी सुनाना चाहूंगा : आप जो कर रहे हैं वह बेकार है। आपको एक नए नक़्शे की ज़रूरत है।

पगडंडी के राहगीर का मानक : बेहद कम आय

पगडंडी पर चलने वालों की, बेहद कम आय वालों की मुख्यधारा में बड़ी आबादी है। ये निम्न से लेकर मध्यमवर्गियों तक का प्रतिनिधित्व करते हैं। ये लोग ठीकठाक वेतन पाते हैं और इनके पास तमाम दिखावटी चीज़ें होती हैं। बचत कम होती है और सेवानिवृत्ति को लेकर कोई योजना नहीं होती। उनका भविष्य जीवनशैली की ख़ातिर पूरी तरह से गिरवी रखा होता है। क्रय शक्ति के अपव्यय के दिखावे का निर्धारण मासिक वेतन से तय होता है। ख़र्च किए गए एक-एक छदाम का बखान होता है-कार का भुगतान, कपड़े या फिर क़र्ज़ वसूलीकर्ताओं को रोकने के लिए।

अगर आप इस तरह से जीते हैं तो आप बेहद संकरी सड़क पर चलते हुए, एक खाई के मुहाने पर ख़तरे के निशान तक पहुंच चुके हैं। पगडंडी के राहगीरों के लिए उम्मीद बहुत कम है, क्योंकि उनके नक़्शे को संतुष्टि, स्वार्थ और गैर-ज़िम्मेदाराना बर्ताव ने विकृत कर दिया है। यह समस्यापूर्ण स्थिति दौलत को दूर ले जाती है और पहले से ही बोझ तले दबे संसाधनों पर दबाव और बढ़ा देती है : करदाता, नियोक्ता, दोस्त, अभिभावक और आपके प्रियजन। पगडंडी वाले फिर दलील देते हैं, "ज़िंदगी बहुत छोटी है। मेरे रास्ते से हट जाओ या फिर कुचले जाओ।"

पगडंडी के राहगीरों के लक्षण : क्या आप इसी रास्ते पर हैं?

आपने हाईस्कूल या कॉलेज से शिक्षा पूरी करने के बाद ज़्यादा कुछ नहीं सीखा।

> *"हुर्रे, मैंने स्कूल की पढ़ाई पूरी कर ली।"*

आप नियमित तौर पर नौकरियां बदलते रहते हैं।

> *"सुनो, एमजे मैंने नौकरी छोड़ दी है, क्योंकि दूसरी नौकरी में ज़्यादा धन मिल रहा है।"*

आप सोचते हैं कि दौलतमंद लोगों के पास सबकुछ है, क्योंकि उनके अभिभावक अमीर थे, क़िस्मत या फिर ज़िंदगी में आपसे ज़्यादा आसान परिस्थितियां।

> *"मेरी ज़िंदगी मुश्किलों भरी थी। अगर मेरे अभिभावकों ने कॉलेज की फ़ीस भर दी होती तो मेरे पास आज एक अच्छी नौकरी होती। मेरा बचपन कठिनाइयों*

से भरा रहा। धन वाले लोगों को यह बात समझ नहीं आएगी।"

आप जल्द प्रभावित हो जाते हैं और फिर दूसरे को प्रभावित करने की कोशिश करते हैं।

"मुझे डिज़ाइनर पर्स, जर्मन कारें, इटालियन कपड़े और अच्छी नस्ल के कुत्ते बहुत अच्छे लगते हैं। मैं धन कमाने के लिए कड़ी मेहनत करती हूं और मैं इसके लायक़ हूं।"

क़र्ज़ के बोझ से आपकी हालत पतली है।

"अधिकांश वक्त तो मैं अपने बिलों का भुगतान ही करता रहता हूं। बस इतना ज़रूर है कि मैं भुगतान वक़्त पर नहीं कर पाता, क्योंकि परिस्थितियां मेरे नियंत्रण में नहीं हैं। इसके अलावा बैंक और जनोपयोगी सेवाएं देने वाली कंपनियां बहुत बड़ी और अमीर होती हैं–वे दुश्मन हैं।"

आप प्रणाली में बदलाव के लिए राजनीतिज्ञों और सरकार पर भरोसा करते हैं, इस बात की बजाय कि आप कैसे ख़ुद को बदल सकते हैं।

"एक बड़ी सरकार हल है। और ज़्यादा नियम, ज़्यादा कार्यक्रम और ज़्यादा सेवाएं। सरकार को लोगों की सेवा करनी चाहिए। अमीरों को उनकी बेहतर क़िस्मत के एवज में ज़्यादा कर देना चाहिए–यह उनके बूते में है, मेरे नहीं।"

आप गिरवी देने वाली दुकानों, वेतन के दिन क़र्ज़ चुकाने की सुविधा देने वाली दुकानों और क्रेडिट कार्ड्स को पूरक आय का ज़रिया समझते हैं।

"किराने का सामान अगले वेतन तक इंतज़ार नहीं कर सकता। मेरे परिवार को पेट भरना है। इसके अलावा केकड़े की टांग पर सेल में 22 डॉलर प्रति पौंड वजन से मिल रही है।"

आपने दिवालियापन के लिए कम से कम एक बार आवेदन किया है।

"यह मेरी ग़लती नहीं थी–मैंने ख़ुद पर कुछ ज़्यादा ही बोझ डाल लिया और फिर मुझे नौकरी जाने की आशंका नहीं थी। मुझे मंदी की आशंका नहीं थी। मुझे दिवालिया होने का कोई अफ़सोस नहीं है, क्योंकि इससे मेरा रिकॉर्ड साफ़ हो गया। अब मैं नए सिरे से शुरुआत कर सकता हूं। मुझे पहले ही एक अन्य क्रेडिट कार्ड के लिए स्वीकृति मिल चुकी है।"

आप वेतन दर वेतन पर जीते हैं।

"रुको, क्या हर कोई ऐसा नहीं करता?"

आप किसी कारोबार कंपनी को सूचित नहीं करते, जब वह आपको ग़लती से ज़्यादा भुगतान कर दे।

पागल हो क्या? अगर कोई कारोबार कंपनी धन को लेकर ग़लती करती है, तो मैं उसे रख लेता हूं। यह मेरी ग़लती नहीं, बल्कि उसके कर्मचारियों की ग़लती है।"

आपका कुल मूल्य नकारात्मक है और बचत बहुत कम या शून्य है।

"कहना क्या चाहते हो? आप वैसे भी बचत खाते पर केवल 1% ब्याज पाते हो और देखो शेयर बाज़ार में निवेश करने वाले तमाम लोगों की हालत देख लो, जिन्होंने 2008 में लगभग सबकुछ गंवा दिया। नादान! कम से कम मैं पूरा धन ख़र्च कर देने के बाद उसे गंवा तो नहीं सकता।"

आपके पास कोई कार बीमा, स्वास्थ्य बीमा नहीं है और आपने अप्रतिबद्ध साथी के साथ यौन संबंध स्थापित किए हैं।

"मैं क्या कह सकता हूं, मुझे ज़ोखिम उठाना पसंद है। मैं जानता हूं कि बीमा और गर्भ निरोधक महत्त्वपूर्ण हैं, बस ये मेरे लिए प्राथमिकता नहीं हैं।"

आप नियमित तौर पर केसिनो में जुआ खेलते हैं और लॉटरी के टिकट ख़रीदते हैं।

"जीतने के लिए खेलना ज़रूरी है, है ना? संभावना को भूल जाइए–इस बार बात अलग है, मुझे यही लगता है।"

आप ख़ुद को वैकल्पिक वास्तविकताओं में डुबो लेते हैं, जिसमें वेबसाइट पर उपलब्ध हस्तियों को लेकर गपशप के ब्लॉग्स, टीवी, खेल, वीडियो गेम्स और टीवी सीरियल होते हैं।

"मुझे अमेरिकन आइडल्स, द वॉकिंग डेड *और* लॉ ऐंड ऑर्डर *बहुत पसंद है। सोमवार से लेकर शुक्रवार तक शाम 6 बजे से रात 11 बजे तक। मैं निश्चित तौर पर जानता हूं कि मैं कहां रहूंगा।"*

आपने अमीर बनाने वाली योजनाओं में धन गंवाया है।

"दौलत तक पहुंचने का आसान रास्ता होना ही चाहिए। अगर मैं क्रिप्टो-क्वॉइन, प्रोग्राम/डीवीडी सीरीज़/देर रात के विज्ञापनों में उपलब्ध उत्पाद ख़रीदता हूं तो मेरे पास दौलत पाने का राज़ होगा। आसानी से अमीर बनने के साधन वहां उपलब्ध हैं।"

आप जब धन मांगते हैं तो आपका परिवार अनदेखी करता है या आप ही मांगना छोड़ देते हैं, क्योंकि आप जानते हैं कि इसके बाद लेक्चर सुनना पड़ेगा।

"उफ़! बस 500 डॉलर ही तो चाहिए। मेरे अभिभावकों को मेरी मौत तक मेरा ख़याल रखना चाहिए। क्या वह नहीं देख पा रहे कि मैं कितना परेशान हूं। इस घर की तरफ़ ही देख लीजिए। पत्थरों से बने रसोई के चौके को बदलने की ज़रूरत है।"

क्या आप अपने बर्ताव का रुख़ देख पा रहे हैं? ऐसी मानसिकताएं पगडंडी की ओर इशारा कर रही हैं। उम्मीद है कि आप नाराज़ या बचाव की मुद्रा में नहीं होंगे, क्योंकि ऐसा होता है तो वह संकेत दे देगा कि आप पगडंडी वाले रास्ते पर पले-बढ़े हैं।

पगडंडी का गुरुत्वीय खिंचाव : ग़रीबी

मंदी रास्ते में ज़ोरदार टक्कर की तरह है। आपमें से कितने लोगों ने पिछली आर्थिक मंदी में अपने घर गंवा दिए? सारी बचत, नौकरी और 401 (के) योजना के लाभ?

पगडंडी वाले रास्ते में कोई सुरक्षा कवच नहीं होता, क्योंकि आप असुरक्षित हैं और टक्कर का सामना नहीं कर सकते। अगर आप ट्रैफ़िक में फंस जाते हैं तो आपका ख़ात्मा तय है। अगर आप अपने वित्तीय सफ़र पर अटल हैं तो आपको मज़बूत होना होगा और बुलेट प्रूफ़ जैकेट पहननी होगी। आपकी योजना में बरसों के परिवर्तन और परिवर्तनशीलता का इंतज़ाम होना चाहिए, केवल कुछ दिनों का नहीं।

पगडंडी पर चलना निश्चित तौर पर आपको ग़रीबी की ओर खींच ले जाता है।

चूंकि पगडंडी वाली सोच कम अवधि वाली होती है, यह लंबी अवधि में कभी कारगर नहीं होती। आपका भविष्य सुखद वर्तमान के लिए गिरवी रख दिया जाता है। दुर्भाग्यवश इस राह पर हर हादसा नए क़र्ज़ का कारण बनता है : मंदी, नौकरी जाना, ब्याज दर में बढ़ोत्तरी, क़र्ज़ का पुनर्निर्धारण। पगडंडी पर रहना आपके अंततः पगडंडी पर ही बस जाने की मजबूरी पर ही समाप्त भी हो सकता है।

अगर आप पगडंडी पर नाकाम हो चुके किसी भी राहगीर से यह जानना चाहेंगे कि उसकी माली हालत क्यों बिगड़ी तो वह तत्काल किसी बाहरी कारक को ज़िम्मेदार ठहरा देगा : मुझे नौकरी से निकाल दिया गया था। जब मेरा पैर टूटा तो मेरे पास स्वास्थ्य बीमा नहीं था। न्यायाधीश ने निर्वाह निधि में 20% की बढ़ोत्तरी कर दी। जब आप ख़तरे की रेखा पर अपने वित्तीय इंजिन को और गति देने की कोशिश करते हैं तो उसका ख़राब होना तय है। और फिर विडम्बना ही कही जाएगी कि आपका सुखद आज, भीषण कल में बदल जाएगा : और अधिक काम, और अधिक क़र्ज़, और अधिक तनाव।

मैं आपकी उम्र तो नहीं जानता, लेकिन ईमानदारी के साथ आपसे एक परेशान करने वाला सवाल पूछना चाहूंगा : क्या आपको वाक़ई लगता है कि आप 19,000 डॉलर की कुल आय के साथ सेवानिवृत्त होंगे? या 1,19,000 डॉलर? अपने स्वामित्व वाले मकान पर दोबारा क़र्ज़ लेना क्या आपको तार्किक लगता है? क्या आपने अगले सप्ताह के वेतन से आगे का सोचा है? और वह कौन-सी हद है, जहां आपको यह अहसास होता है कि अब गति बदलने और पुनर्मूल्यांकन की दरकार है? क्या कोई हद है? आप पिछले 5,10, 20 साल से जो कर रहे थे, वह एकाएक कैसे काम करने लगेगा?

जी हां, पागलपन का मतलब बातों का लगातार दोहराव है, इस उम्मीद के साथ कि परिणाम अलग होंगे।

पगडंडी का रास्ता आपको दौलत तक नहीं पहुंचा सकता, जब तक कि आपकी रणनीति में केसिनो, लॉटरी टिकट्स या कोई नुक़सानदायक जीवनसाथी बीमा योजना नहीं हो। सरकारी मदद, लॉटरी टिकट, दान और यह सोच कि मेरे अभिभावकों की जल्द मौत हो जाएगी और फिर उनकी सारी दौलत मेरी होगी, यह क़तई वित्तीय योजना नहीं कहे जा सकते। अगर आप एक पुलिया के नीचे कार्डबोर्ड के बॉक्स में सेवानिवृत्त नहीं होना चाहते या फिर 75 बरस की उम्र तक वेंडी की दुकान में काम नहीं करना चाहते, तो आपके पास योजना होनी चाहिए।

क्या ज़िंदगी को आपको और 50 बरस देना चाहिए, यह कौन-सी योजना है?

पगडंडी से बच निकलने का पहला क़दम है, यह जान लेना कि हो सकता है आप उसी पर चल रहे हों और फिर उसे किसी ऐसी बात के साथ बदल डालिए जो कारगर हो।

धन से धन की समस्या हल नहीं होती

ब्रेकिंग न्यूज़ : धन के मामले में पगडंडी वाला रास्ता दृष्टिहीन है। इस बात से कोई फ़र्क़ नहीं पड़ता कि आप कितना कमाते हैं। आप धन के कमज़ोर प्रबंधन को, और अधिक धन से सुधार नहीं सकते। जी हां, आप बहुत अमीर दिखते भले ही हों, लेकिन हो सकता है कि आप गंदी पगडंडी पर ही चल रहे हों।

पगडंडी पर चलने वाले हर क़िस्म के होते हैं, यहां तक कि ज़ाहिर तौर अमीर दिखने वाले तक। वह कारोबारों के मालिक होते हैं, दवा या क़ानून जैसे ज़्यादा कमाई वाले करियर से जुड़े होते हैं या फिर सफल अभिनेता या संगीतकार होते हैं और भारी कमाई करते हैं। उन सबके बीच एक बात समान है : कोई योजना नहीं है और ना ही कोई बचत। कमाई से ज़्यादा ख़र्च करो और एक सुरक्षित भविष्य को आज की चमक-दमक भरी जीवनशैली के लिए दांव पर लगा दो। पगडंडी का रास्ता अपनाने वालों की दौलत का समीकरण आय और क़र्ज़ के साथ-साथ उपलब्ध क़र्ज़ से तय होता है।

दौलत = आय + क़र्ज़

पगडंडी के राहगीरों की जीवनशैली उनकी आय के सीधे अनुपात में होती है और वह उस जीवनशैली को क़र्ज़ की मदद से क़ायम रखते हैं। इस तरह के तमाम लोग हमेशा क़र्ज़ या किराया भरने, उपयोगी वस्तुओं के बिल भरने, क्रेडिट कार्ड पर न्यूनतम भुगतान का रोना रोते हुए मिल जाएंगे। ऐसा ही होता है, जब वेतन के ख़ुशियों भरे दिन के बाद के दिनों के लिए कुछ नहीं सोचा जाता।

पगडंडी का समृद्ध राहगीर : आय से संपन्न

जब पगडंडी पर चलने वाला आय से संपन्न समृद्ध व्यक्ति दिवालिया हो जाता है तो यह बड़ी ख़बर बन जाती है। क्या आपने कभी सोचा है कि कैसे कोई अमीर रैपर उसके अंतिम एलबम के जारी होने के तीन साल बाद ही दिवालिया हो जाता है? या फिर क्यों किसी

मशहूर अभिनेता को कुछ वर्ष सार्वजनिक चमक-दमक से दूर रहने के बाद दिवालिया होने का आवेदन करना पड़ता है? कोई कैसे 80 मिलियन डॉलर के एनबीए अनुबंध को हवा में उड़ाकर दिवालिया बन जाता है? मैं बताता हूं वजह : पगडंडी का रास्ता, जहां दौलत का मतलब आय के साथ क़र्ज़ है।

आपको पगडंडी पर चलने वाले ऐसे समृद्ध व्यक्ति को पहचानने में ज़्यादा मुश्किल नहीं होगी। ये वे लोग होते हैं जो अमीर दिखते तो हैं, लेकिन वास्तविकता में एक वेतन, एक एलबम या एक फ़िल्म ना चले या ना मिले तो दिवालिया होने की स्थिति में होते हैं। हर अगले साजोसामान पर ख़र्च के साथ वह बहुत कमाई करते हैं। उनकी जीवनशैली को ज़्यादा आय और ज़्यादा क़र्ज़ से गति हासिल होती है। जी हां, जब उनकी बड़ी कमाई ख़र्च हो जाती है, तो वह उस धन से और अधिक चीज़ें ख़रीदते हैं, जो उन्होंने अभी कमाया नहीं है। इस यक़ीन के साथ कि उनकी अच्छी कमाई का सिलसिला यूं ही बदस्तूर जारी रहेगा।

मैं पगडंडी के ऐसे राहगीरों को क्रेडिट कार्ड्स कहकर बुलाता हूं। वह अच्छी कारें चलाते हैं और महंगे कपड़े पहनते हैं। एक आर्थिक मंदी उनको कंगाल बना देती है।

फ़ास्टलेन फ़ोरम (TheFastlaneForum.com) के एक सदस्य ने एक क़र्ज़ देने वाली कंपनी में काम करने वाले दोस्त से मिली जानकारी कुछ इस तरह से साझा की :

> *"एक मशहूर रैपर को 60,000 डॉलर का क़र्ज़ देने से इंकार कर दिया गया उसके आवेदन में इस बात के उल्लेख के बावजूद कि वह हर महीने चार लाख डॉलर कमाता है पिछले साल दो हिट एलबम्स के बावजूद वह दिवालिया हो सकता है। उसका क्रेडिट कार्ड स्कोर भी बहुत ही ख़राब था। यह बताता है कि धन के प्रबंधन का कौशल और अच्छा क्रेडिट स्कोर बहुत महत्त्वपूर्ण हैं, भले ही आपने ढेर सारी सफलता हासिल कर रखी हो।"*

चूंकि पगडंडी के कुछ राहगीर अच्छी कमाई करते हैं, उनका दिखावा उनकी आय के अनुरूप होता है। उदाहरण के लिए अगर ज़्यादा कमाई वाला पगडंडी का राहगीर हर महीने 20,000 डॉलर कमाता है तो वह 400 डॉलर की जीन्स ख़रीदने को तर्कपूर्ण करार दे सकता है। दिक्कत यह है कि कम आय वाला पगडंडी का राहगीर हो या फिर ज़्यादा आय वाला, दोनों को ही तब तक चैन नहीं मिलता जब तक कि वह अपना पूरा वेतन और कुछ और अतिरिक्त धन फूंक नहीं डालते। यह जीने का एक विसंगतिपूर्ण तरीक़ा है। कुछ ऐसा कि मानो इन लोगों को डर है कि अगर उन लोगों ने धन ख़र्च नहीं किया तो वह कहीं ग़ायब हो जाएगा। महीने में 50,000 डॉलर कमाते हो? 60,000 डॉलर ख़र्च करो। 2,50,000 डॉलर कमाते हो? 3,50,000 डॉलर ख़र्च करो।

धन की जावक हमेशा धन की आवक पर भारी पड़ जाती है।

यानी सालाना 20,000 डॉलर कमाने वाला हो या फिर 20 लाख डॉलर, अगर पगडंडी की राह अपनाता है तो एक समान परेशानियों का सामना करेगा। वित्तीय अनुशासन आय

के प्रति दृष्टिहीन होता है। वित्तीय अनुशासन का अभाव पगडंडियों पर ही रहता है और इसे इस बात से कोई फ़र्क़ नहीं पड़ता कि आप क्या कमाते हैं और कौन-सा वाहन चलाते हैं।

पगडंडियों पर मौजूद आय/दौलत की मृगमरीचिका

पगडंडी के कम आय वाले और ज़्यादा आय वाले राहगीर, देखिए कैसे अलग-अलग परिदृश्य में एक समान समस्याओं का सामना करते हैं। *वजह है, धन कमज़ोर वित्तीय प्रबंधन का हल नहीं है।* कमज़ोर वित्तीय प्रबंधन तो ठीक केसिनो में जुआ खेलने की तरह है, जिसमें काफ़ी वक़्त गुज़र जाने के बाद हर कोई कभी न कभी तो जीत ही जाता है। कमी पर और अधिक धन ख़र्च करना, किसी बांध के छिद्र को और पानी से बंद करने जैसा है। ज़्यादा धन से वित्तीय अनुशासन नहीं आता।

जिनमें वित्तीय अनुशासन का अभाव होता है, वे लोग अवश्यंभावी बात को टालने के लिए धन का दुरुपयोग करते हैं। अगर आप सालाना 40,000 डॉलर पर जीवनयापन नहीं कर सकते तो 4 लाख डॉलर सालाना पर भी नहीं कर पाएंगे। आप अगर 900 डॉलर के क़र्ज़ भुगतान का रोना रोएंगे तो उसी पगडंडी का अमीर राहगीर 9,000 डॉलर के क़र्ज़ भुगतान का रोना रोते हुए मिल जाएगा। खिसियाहट एक समान है : समस्या एक जैसी है, केवल राशि का अंतर है।

धन की समस्या का हल मानसिकता में बदलाव से ही संभव है। अपनी मानसिकता को बदलने के लिए आपको अपनी दौलत के रास्ते का नक़्शा बदलना होगा। पगडंडी छोड़ दीजिए और दौलत की तुलना आय और क़र्ज़ से करना छोड़ दीजिए।

अध्याय का सार : तेज़ रास्ते की ख़ासियतें

- पगडंडी की राह का प्रथम श्रेणी का टिकट यानी वित्तीय योजना का अभाव।
- पगडंडी का प्राकृतिक गुरुत्वाकर्षण ग़रीबी है, वक़्त और धन दोनों की।
- आप कमज़ोर वित्तीय प्रबंधन से आई कमी को, और अधिक धन से हल नहीं कर सकते।
- आप अमीर होकर भी पगडंडी के राहगीर हो सकते हैं।
- अगर दौलत को आय और क़र्ज़ से परिभाषित किया जाता है तो वह एक मृगमरीचिका मात्र है, क्योंकि यहां गड्ढों, मार्ग परिवर्तन और हादसों के ख़तरे मौज़ूद हैं। कमाई के ग़ायब होते ही दौलत का भ्रम भी हवा हो जाता है।
- कमज़ोर वित्तीय प्रबंधन जुए की तरह है, जिसमें हर कोई कभी न कभी तो जीत ही जाता है।

अध्याय

6

क्या आपकी दौलत में ज़हर घोला गया है?

दौलत ज़िंदगी का पूरा अनुभव लेने की क़ाबिलियत है।
—हेनरी डेविड थोरो

समाज की दौलत की घातक परिभाषा

पगडंडी पर चलने का मोह, समाज द्वारा दौलत को लेकर तैयार ज़हरीली और घातक परिभाषा से उपजता है। समाज ने संकल्पपूर्वक दृढ़ता से आपके लिए दौलत की परिभाषा तय कर दी है : दौलत का मतलब ड्राइवर द्वारा चलाई जाने वाली रॉल्स रॉयस, चार्टर्ड जेट्स, दक्षिण प्रशांत क्षेत्र में विदेश यात्राएं, खाड़ी के किनारे एक आलीशान बंगला, लासवेगास में पेंटहाउस। समाज का कहना है कि दौलत का मतलब होता है छह कैरेट की हीरे की बालियां, एस्टन मार्टिन और ऐसी घड़ियां जो कई लोगों के घरों से भी महंगी हो। समाज कहता है कि दौलत, डेमी मूर के साथ कुछ हसीन पल बिताने के लिए 10 लाख डॉलर तक ख़र्च करने जैसा एक अश्लील क़िस्म का प्रस्ताव है। इस तर्क के साथ, रात तो आती-जाती रहेगी, लेकिन आपकी दौलत ताउम्र बनी रहेगी। मैं कैसा प्रदर्शन कर रहा हूं? दौलतमंद की तरह लग रहा हूं ना?

लोगों से पूछिए, "दौलत क्या है?" और आपको 10 अलग-अलग तरह के जवाब सुनने को मिलेंगे। आपकी दौलत का प्रतीक एक लैम्बोर्ग़िनी हो सकती है, ठीक मेरी तरह या फिर मोंटाना में 70 एकड़ का एक फ़ार्महाउस या फिर रेस में दौड़ने वाले घोड़ों से सजा एक तबेला। अगर आप अधिकांश लोगों की तरह ही सोचते हैं तो दौलत की परिभाषा तत्काल एक विलासितापूर्ण आरामदेह जीवनशैलियों के तौर पर दी जा सकती है।

समाज ने हमें यह मानने पर मजबूर कर दिया है कि दौलत का सही मायने भौतिक सुख की वस्तुओं का होना और अंधाधुंध बिना सोचे हुए ख़र्च है। हक़ीक़त में मुझे तो दौलत की समाज की परिभाषा को दुरुस्त करने का ही प्रयास इस किताब में करना पड़ा है। ग़लत

दिशा क्यों? पावलोव के कुत्तों की तरह आपको भी समाज के आदेश के पालन के लिए तैयार किया गया है। आपको लगता है कि समाज ने आपके लिए दौलत की परिभाषा तय करके एक बेहतरीन काम किया है। दुर्भाग्यवश लोगों ने (फिर एक बार) आपको गुमराह कर दिया है। लेकिन चिंता मत कीजिए आपको विलासिता चाहिए तो वह आपको दौलत का तेज़ रास्ता भी दिला देगी।

दौलत की त्रिमूर्ति : क्या है दौलत?

दौलत उतनी भी अस्पष्ट नहीं है, जितनी दिखाई देती है। मेरी ज़िंदगी के सबसे ख़ुशियों भरे लम्हे वे थे, जब मैंने वास्तविक दौलत हासिल की थी। अनुमान लगाइए वह क्या थी? यह वह दिन नहीं था, जब मैंने अपनी पहली लैम्बोर्ग़िनी ख़रीदी थी। यह वह दिन नहीं था, जब मैं पहाड़ पर बड़े से घर में रहने गया था या फिर कंपनी करोड़ों में बेची थी। भौतिक वस्तुएं, धन या नशा दौलत का परिमाण नहीं हैं। यह तो तीन आधारभूत एफ़ पर आधारित है-फ़ैमिली (रिश्ते), फ़िटनेस (स्वास्थ्य) और फ्रीडम (पसंद की आज़ादी)। इसी त्रिमूर्ति की संगत में आपको असली दौलत मिलेगी और हां, ख़ुशियां भी।

दौलत का मायने लोगों के साथ मज़बूत उत्साहपूर्ण पारिवारिक नाता है। ना केवल अपना परिवार बल्कि आपका समुदाय, आपका भगवान या आध्यात्मिकता और आपके दोस्त। मशहूर फ़िल्म *इट्स अ वंडरफुल लाइफ़* हमें पहला पाठ पढ़ाया जाता है : याद रखो, वह व्यक्ति नाकाम हो ही नहीं सकता, जिसके दोस्त हों। यह अपनी ज़िंदगी दोस्तों, परिवार और प्रियजनों के साथ साझा करने का महत्त्व बताता है। दौलत परिवर्तन ला रही है। दौलत एक समुदाय है, जो दूसरों की ज़िंदगियों को भी प्रभावित कर रहा है। दौलत का मज़ा निर्वात में अकेले नहीं लिया जा सकता। विश्वास कीजिए, मेरी ज़िंदगी के सबसे ज़्यादा क़ीमती लम्हें वे ही थे, जब मैं अपने दोस्तों और प्रियजनों से घिरा हुआ था।

दौलत का दूसरा मतलब होता है तंदुरुस्ती : स्वास्थ्य, जीवंतता, ललक और असीमित ऊर्जा। अगर आपके पास अच्छा स्वास्थ्य नहीं है तो आपके पास दौलत नहीं है। किसी भी बीमार मरणासन्न व्यक्ति से पूछ लीजिए कि उनके लिए कौन-सी चीज़ मूल्यवान है। और कैन्सर से उबरे किसी व्यक्ति से पूछ लीजिए कि उसे कैसे पुनर्जन्म का अहसास होता है और दवाओं की जगह, लोगों और अनुभवों से लबरेज ख़ुशियां ले लेती हैं। दौलत और जीवंतता अनमोल हैं।

और अंत में दौलत का मतलब आज़ादी और पसंद है : आज जैसा चाहें वैसा जीने की आज़ादी, क्या, कहां और कैसे। बॉस, सुबह के अलार्म और दौलत के दबाव से आज़ादी। अपने सपनों का पीछा करने की आज़ादी। अपनी मर्ज़ी के मुताबिक़ अपने बच्चों के लालन-पालन की आज़ादी। और पांच दिन वह काम करने से आज़ादी जिसे आप नफ़रत करते हैं। आज़ादी का मतलब मर्ज़ी के मुताबिक़ जीने की स्वतंत्रता।

60 आसान भुगतानों से दौलत नहीं ख़रीदी जा सकती

मुझे आज भी वह दिन अच्छी तरह से याद है। वर्ष 2000 में मैंने कंपनी बेच दी थी, मेरे वकील ने मुझे पहली किश्त का चेक थमाया था, 2,50,00 डॉलर का चेक।

हुर्रे! 2,50,000 डॉलर का चेक, मैं अमीर बन गया। मैंने कर दिखाया। मैं बेसाख़्ता दमकने लगा था। और अब वक़्त था दुनिया को अपनी सफलता बताने का। मैंने तुरंत ही तेज़ कारों, डिजाइनर कपड़ों, स्पीडबोट्स और बिकिनी में सजी हसीनाओं के साथ दौरे के सपने बुनना शुरू कर दिए। मैं सोच रहा था कि मैं दौलतमंद हो गया हूं और मैं अपनी अमीरी का ढिंढोरा पीटूंगा।

दुर्भाग्यवश वह कपोल-कल्पना, हक़ीक़त से कोसों दूर थी। फिर भी मैंने कोशिश की। मैंने एक कैंडी-एपल रंग की कन्वर्टिबल कोरवेट ख़रीदी। स्पोर्ट्स कार? देखो। नॉर्डस्ट्रोम से डिजाइनर कपड़े? देखो। मैंने एक स्पीडबोट ख़रीदने के लिए इंटरनेट पर छानबीन शुरू की, जब तक कि इंटरनेट ने बंद होकर मेरे बेवकूफ़ी भरे सपने को तोड़ नहीं डाला। मैंने नईनवेली दौलत को शेयर बाज़ार में निवेश किया और हज़ारों डॉलर गंवा दिए। कुछ ही दिनों में मेरी आधी दौलत हवा हो चुकी थी और फिर मेरे अकाउंटेंट से चर्चा के बाद एक तिहाई और सधन्यवाद जल्द ही करों के भुगतान में जाने वाला था।

विडंबना ही कही जाएगी कि दौलतमंद दिखने का मेरा प्रयास, वास्तविक दौलत को मुझसे और दूर ले गया। बिना नौकरी, बिना कारोबार, बिना कमाई और थोड़े बहुत पैसों के साथ, मैं अपनी ज़िंदगी को हमेशा के लिए तो चला नहीं सकता था। वह रईसी वाली जीवनशैली तो बहुत दूर की बात थी, जिसके सपने मैंने बुने थे।

मैं क़तई दौलतमंद नहीं था।

दौलत की मृगमरीचिका : दौलत का दिखावा

पॉप संस्कृति में अपनी दौलत का झूठा जाल बुनने में माहिर लोगों को "30के मिलियनेयर्स" कहा जाता है। अगर आपने यह मुहावरा नहीं सुना है तो इसका मतलब एक ऐसा इंसान होता है, जो शून्य मूल्य के बाद भी एक करोड़पति की जीवनशैली को बनाए रखता है। ऐसे लोगों को खोजना मुश्किल नहीं है। वे शुरुआती स्तर की कस्टम क्रोम रिम्स वाली बीएमडब्ल्यू चलाते हैं। यह किसी नक़ली फ्रांसीसी व्यक्ति के घुमावदार गोथिक शैली में लिखे शब्दों से सजे डिजाइनर कपड़े पहनते हैं। वे क्लब में अतिविशिष्ट लोगों वाले हिस्से में बैठकर शराब की बोतल का ऑर्डर देते हैं, निश्चित तौर पर क्रेडिट कार्ड पर। यह ए-गेम में पहले ही मुक़ाबले में चमत्कार दिखाने वाले खिलाड़ियों की तरह होते हैं। लेकिन धन की इस तमाम चमक-दमक के पीछे वास्तविकता में वे पगडंडी के ही जादूगर होते हैं।

दौलतमंद *दिखने* और दौलतमंद *होने* में फ़र्क़ केवल इतना है कि दिखना आसान है, होना नहीं। आसानी से मिलने वाला उधार और लंबी अवधि के मासिक वित्तीय विकल्प (एक साल तक कोई भुगतान नहीं) दौलत का आभास तैयार करने में मदद करने को ललचाने वाली वस्तुएं हैं। समाज ने आपको यह यक़ीन दिला दिया है कि दौलत को किसी

मॉल, कार डीलरशिप या किसी सूचनाप्रद विज्ञापन से ख़रीदा जा सकता है। पहला चेक मिलने के बाद मेरे ख़र्च के पहले तूफ़ानी दौर की तरह, यह दौलत के दिखावे दुनिया को यह जताने का प्रयास है कि "मैं अमीर हूं!"

लेकिन क्या आप वाकई अमीर हैं? जब आप छह साल के लिए 90,000 डॉलर की मर्सिडीज़ कार के लिए वित्तीय क़र्ज़ लेते हैं, क्योंकि यही आपके बस में है, तो यह दौलत नहीं बल्कि केवल उसकी हमशक्ल है। आप ख़ुद को ही बेवकूफ़ बना रहे हैं, यह दौलत के तेज़ रास्ते वाला मोड़ नहीं है। लेकिन फ़िलहाल हड़बड़ाने की कोई ज़रूरत नहीं है। यह कोई उपदेश भी नहीं है कि क़ीमती जर्मन सेडान्स ख़रीदना आपके लिए क्यों अच्छा नहीं है। बिलकुल भी नहीं।

दौलत केवल एक कार में समाहित नहीं है, बल्कि यह जान लेने की आज़ादी है कि आप उसे ख़रीद सकते हैं। आज़ादी भी ऐसी कि एक कार डीलर के पास जाकर क़ीमत जानिए, भुगतान कीजिए और कार लेकर निकल जाइए। तोहफ़े के तौर पर मैंने अपने भाई के लिए एक लेक्सस ख़रीदी। यह सबसे आसान लेन-देन था। मैंने कार को लेकर अनुसंधान किया और वह क़ीमत पता की जो मैं चुकाना चाहता था। मैं डीलरशिप में एक चेक के साथ पहुंचा और मैंने सेल्समैन से कहा, "मेरे पास 44,000 डॉलर का कैशियर्स चेक है और मैं कार ख़रीदना चाहता हूं। आप बताइए यह संभव है या नहीं।" 20 मिनट बाद मैं एक लेक्सस कार का मालिक था। यह दौलत होती है ना कि दौलत की हमशक्ल।

जब मैं कार से जिम जाता हूं तो एक्सप्रेसवे पर एक बेहद जर्जर रिहाइशी कॉम्पलेक्स के पास से गुज़रता हूं। पार्किंग में हमेशा एक ही कार को पार्क देखता हूं : एक चमकीली काली केडिलेक एस्केलेड, 22 इंच क्रोम कस्टम रिंग्स से सजी। विरोधाभास देख रहे हैं? आप एक जर्जर रिहाइशी कॉम्पलेक्स रहते हैं, लेकिन आपके पास 60,000 डॉलर की कार है, जिसमें 10,000 डॉलर की रिम्स लगी हुई है? क्या मैं कार के हैडरेस्ट पर मॉनिटर्स और 24 स्पीकर वाला स्टीरियो देखता हूं? दिखावा तक़रीबन एक लाख डॉलर का और सामान्य ज्ञान दो कौड़ी का। क्या यह ज़्यादा समझदारी का काम नहीं होता कि आपके पास एक अच्छी बस्ती में अच्छा मकान होता, मार्बेला गार्डन्स अपार्टमेंट कॉम्प्लेक्स में महंगी कार को लीज़ पर देना? प्राथमिकताएं : *कुछ अमीर दिखना चाहते हैं, अन्य अमीर बनना चाहते हैं।*

नक़ली धन वास्तविक धन को नष्ट कर देता है

"नक़ली धन" दरअसल, धन का आभास मात्र है। यह दौलत को लेकर समाज की परिभाषा को मानता है। यह समझ ही नहीं पा रहा है कि "नक़ली धन" का पीछा करते हुए बहुत विनाशकारी काम कर रहा है। *यह असली धन को नष्ट करता है।*

और जैसे-जैसे असली धन और नक़ली धन के बीच खाई बढ़ती जाती है, उम्मीदें टूटने लगती हैं और मुसीबतें बढ़ने लगती हैं। चीनी खेल फ़िंगर कफ़ की तरह आप अमीर दिखने की जितनी कोशिश करते हैं, ग़रीबी की पकड़ उतनी ही मज़बूत होती जाती है। दौलत को मर्सिडीज़ के डीलर के यहां नहीं ख़रीदा जा सकता, लेकिन आज़ादी का ख़ात्मा ज़रूर ख़रीदा जा सकता है।

दौलत की आस में आज़ादी गंवा दी जाती है। लोग दौलत के प्रतीक चिह्नों का तो ढिंढोरा पीटते हैं, लेकिन वे आज़ाद नहीं होते। और जब आपके पास आज़ादी नहीं होती तो यह दौलत के अन्य तत्वों जैसे स्वास्थ्य, रिश्तों को तेज़ी से कुतर डालती है।

हैनरी सुकारानो ने बाल्टीमोर के उपनगर में अपने सपनों का घर 2.2 मिलियन डॉलर में ख़रीदा। एक अग्रणी दवा निर्माता कंपनी में दवा प्रतिनिधि के तौर पर हैनरी के करियर को पंख लगे हुए हैं। उसके बड़े घर में वह सबकुछ है जो वह चाहता है, स्वीमिंग पूल, घोड़ों के तबेले और पांच कार रखने के लिए एक बेहद आकर्षक गैराज। इस ख़रीददारी ने हैनरी को इस भावना से ओतप्रोत कर दिया कि, मैंने सपना पूरा कर लिया है,...तकरीबन आठ सप्ताह तक।

कार्पोरेट जगत की राजनीति और नौकरियों में कटौती की हैनरी के करियर में घुसपैठ हो गई। उसे अब ज़्यादा घंटे काम करना पड़ता था। हटाए गए कर्मचारियों के इलाक़े का काम भी उसके पल्ले पड़ गया है। हैनरी हर दिन दो घंटे यात्रा करता है और उसे पूरा पूर्वी समुद्री तट संभालना पड़ता है। वह या तो सड़क पर होता है या विमान में या सोता रहता है। कामकाज के लंबे घंटों ने एक बात तो स्पष्ट कर दी है कि हैनरी के पास अपने सपनों के घर में रहने का वक़्त नहीं है। जब कभी वह रहता भी है तो या तो सोता रहता है या फिर काम की थकान को उतारता रहता है। उसके पत्नी और बच्चों के साथ रिश्तों पर असर पड़ा है। जवाबदारी बढ़ने के साथ ही उसकी तबीयत ख़राब होने लगी है।

हैनरी को एकाएक सच्चाई का अहसास होता है, मैं स्वप्नवत ज़िंदगी नहीं जी रहा हूं, बल्कि सपना मेरी ज़िंदगी जीने के लिए मजबूर है। जीवनशैली की मृगमरीचिकाओं को उलझ जाने को महसूस करते हुए, हैनरी इस विचारधारा पर चलते हुए काम करता रहता है कि दौलत की अपनी क़ीमत होती है।

देखिए आज़ादी की समाप्ति से दौलत के अन्य घटकों पर कैसा हमला होता है। सामर्थ्य से बाहर के भौतिक सुखों का हमारे स्वास्थ्य और रिश्तों पर असर पड़ता है। अमीर दिखने की विडंबना यह है कि यह वास्तविक दौलत की दुश्मन है : *यह आज़ादी को ख़त्म कर देती है। यह स्वास्थ्य को नुक़सान पहुंचाती है और रिश्तों को ख़त्म कर देती है।*

सबसे महत्त्वपूर्ण बात यह है कि करोड़पति बनने का तेज़ रास्ता दौलत की त्रिमूर्ति के आज़ादी वाले हिस्से पर भी ध्यान देता है, क्योंकि आज़ादी से स्वास्थ्य और रिश्तों को संरक्षण मिलता है। केवल आप ही अपनी आज़ादी को परिभाषित कर सकते हैं और यह भी कि आप अपनी ज़िंदगी को कैसे देखते हैं। अगर आप निजी जेट्स उड़ाने की आज़ादी चाहते हैं तो ठीक है। अगर आप थाईलैंड में न्यूनतम ज़रूरतों के साथ जीना चाहते हैं, तो ठीक है। हर किसी की आज़ादी भिन्न है। अपनी निजी परिभाषा के भीतर ही आपको अपनी दौलत की पहेली का बड़ा हिस्सा मिल जाएगा। समाज के संस्करण से भिन्न, जो आपको केवल पगडंडी की यातनाएं देगा।

अध्याय का सार : तेज़ रास्ते की ख़ासियतें

- दौलत का निर्धारण मज़बूत पारिवारिक रिश्तों, फ़िटनेस व स्वास्थ्य और आज़ादी से होता है। ना कि भौतिक संपत्ति से।
- सामर्थ्य से बाहर के भौतिक सुख, दौलत की त्रिमूर्ति के विनाशक होते हैं।

अध्याय

7

धन का दुरुपयोग करें और धन आपका दुरुपयोग करेगा

धन से ख़ुशी नहीं ख़रीदी जा सकती,
लेकिन जब आप उदास हों तो यह आपको बहुत सुकून दे सकती है।
—क्लार्क बूथ लक

धन ख़ुशी नहीं ख़रीदता... तो क्या ग़रीबी?

जो लोग यह दावा करते हैं, धन से ख़ुशी नहीं ख़रीदी जा सकती, पहले ही इस निष्कर्ष पर पहुंच चुके हैं कि उनके पास कभी धन होगा ही नहीं। यह शब्दों का पुराना छलावा ही फिर ग़रीबी की राह में उनका मशालधारक बन जाता है। और चूंकि धन से ख़ुशी ख़रीदी ही नहीं जा सकती, तो भला इसकी बचत क्यों की जाए? और फिर तर्क यह उठता है कि अगर धन ख़ुशी नहीं ख़रीद सकता तो फिर क्या ख़ुशी ग़रीबी से मिलती है? क्या फ़ेरारी मालिक की यौन शक्ति कम है और होंडा के मालिक को फांसी पर लटका दिया जाना चाहिए?

गूगल पर जाकर इस मुहावरे को खोजिए, धन से ख़ुशी नहीं ख़रीदी जा सकती। पन्ने दर पन्ने यही निष्कर्ष मिलेगा कि धन का ख़ुशी पर कोई असर नहीं होता। क्या आपको इस बात को जानकर हैरान हो जाना चाहिए कि कनेक्टिकट में छह अंक का वेतन पाने वाला व्यक्ति, केन्या में गाय चराने वाले से कम ख़ुश होगा? क़तई नहीं।

हक़ीक़त यह है कि यह विश्लेषण ख़ुशियां चुराने वाले असली कारक को नहीं हटाने के कारण पूरा ख़रा नहीं उतरता। यह कारक है-गुलामी, आज़ादी का ठीक विपरीत। विडंबना ही कही जाएगी कि जब अधिकांश लोग धन कमा रहे हैं, यह उनकी आज़ादी में बढ़ोत्तरी की बजाय, उसकी राह में बाधक बन जाता है। जीवनशैली की गुलामी, धन-दौलत की त्रिमूर्ति-परिवार, फ़िटनेस और आज़ादी के लिए विनाशक बन जाती है।

क्राइटन यूनिवर्सिटी के सेंटर फ़ॉर मैरिज ऐंड फ़ैमिली के मुताबिक़ नवविवाहितों में झगड़े की प्रमुख वजह क़र्ज़ होता है। क़र्ज़ व जीवनशैली की गुलामी, व्यक्ति को रिश्तों की तुलना में काम से जोड़े रखती है। 2003 के वर्ल्ड वैल्यू सर्वे (worldvaluessurvey.org) और 2018 की वर्ल्ड हैप्पीनेस रिपोर्ट (https://worldhappiness.report) में पाया गया कि दुनिया के सबसे ख़ुश लोगों में समुदाय, सामाजिक मदद और मज़बूत पारिवारिक रिश्तों का गहरा अहसास होता है। आधारभूत ज़रूरतों (सुरक्षा, आवास, स्वास्थ्य, भोजन) के पूरा होने के बाद हमारी ख़ुशियां, हमारे जीवनसाथी के साथ, परिवार के साथ, दोस्तों के साथ संबंधों की गुणवत्ता, आध्यात्मिकता और ख़ुद के साथ रिश्तों की गुणवत्ता से सबसे ज़्यादा प्रभावित होती हैं। अगर हम संपन्नता की हर प्रतिस्पर्धा को पछाड़कर अपनी अगली महंगी वस्तु का पीछा करते हैं तो हम अपने ही धन से अपने लिए मुसीबत मोल ले रहे हैं। अनेकानेक अध्ययनों, वर्ल्ड वैल्यू सर्वे सहित, का यही निष्कर्ष रहा है कि उपभोक्तावाद हमारी ख़ुशियों की राह का सबसे बड़ा रोड़ा है।

हक़ीक़त यही है कि ऐसे अनेक करोड़पति और करियर में भरपूर कमाई कर रहे लोग हैं, जिनकी ज़िंदगी दुखों से पटी पड़ी है और उस हालत का धन से कोई भी लेना-देना है।

इसका सीधा संबंध उनकी आज़ादी से है।

धन पर उनके क़ब्ज़े की बजाय धन ने उन पर क़ब्ज़ा कर लिया है। बहुत ज़्यादा काम करके अच्छा वेतन पाने वाले, जो पत्नी और बच्चों से रिश्तों को और मज़बूत करने के लिए कभी घर पर नहीं होते, निश्चित तौर पर वियतनाम के उस किसान से कम ख़ुश होंगे, जो दिन का आधा हिस्सा खेतों और आधा दिन परिवार की देखभाल में गुज़ारता है।

2009 में, लोकप्रिय अमेरिकी टॉक शो के प्रस्तुतकर्ता डेविड लेटरमैन ने एक अन्य सीबीएस शो के प्रोड्यूसर ज़बरन वसूली के मामले का सार्वजनिक खुलासा किया था। 20 लाख डॉलर के कथित ब्लैकमेल घोटाले के योजनाकार आरोपी को सालाना 2 लाख 14 हज़ार डॉलर बतौर वेतन मिलता था। फिर भी उस व्यक्ति ने गंभीर आर्थिक संकट में होने का दावा किया। प्रमुख वज़ह बताई पत्नी को 6,000 डॉलर प्रति माह के गुज़ारा भत्ते का भुगतान। क्या यह जबरन वसूली कर रहा व्यक्ति एक सेलिब्रेटी को ब्लैकमेल कर रहा था, क्योंकि वह ख़ुशियां ख़रीदना चाहता था? उसका असली मक़सद क्या था? मेरा दावा है कि वह आज़ादी ख़रीदना चाहता था, क्योंकि उसके क़र्ज़ ने उसे गुलाम बना रखा था। क्या 20 लाख डॉलर से इतना ज़्यादा फ़र्क़ पड़ने वाला था? शायद कम अवधि में, लंबी अवधि में निश्चित तौर पर नहीं थी। वज़ह यह थी कि उसका धन के साथ रिश्ता भ्रष्ट हो चुका था। जांच से जुड़े एक क़रीबी जानकार के मुताबिक़, दरअसल वह अब और काम नहीं करना चाहता था। दूसरे शब्दों में उसे आज़ादी की ललक थी।

साधारणता एक चूहा दौड़ है, आधुनिक युग की गुलामी

काम पर जाते हुए सुबह के ट्रैफ़िक में फंसे व्यक्ति की तुलना में मैं क्यों दौलतमंद हूं? मेरे पास आज़ादी है। मैं जागता हूं और जो चाहे करता हूं। मैं सपनों का पीछा करता हूं। मैं इस किताब को बिना इस बात की चिंता किए लिख रहा हूं कि कितनी प्रतियां बिकेंगी। काम,

बॉस या बिजली के बकाया बिल के भुगतान की चिंता किए बगैर मैं विमान पकड़कर दो सप्ताह के लिए लासवेगास चला जाता हूं। आज़ादी विलक्षण होती है।

फिर भी मेरी जीवनशैली "साधारण" नहीं है। "धीमी गति से अमीरी" के दिशानिर्देशों के साथ आपके लिए तय समाज के साधारण की तरह। साधारण यानी सुबह छह बजे उठना, सोमवार से शुक्रवार तक प्रतिदिन 8 घंटे ऐसी नौकरी करना जो आपको बमुश्किल पसंद हो, 10% की बचत और यही सब 50 बरस तक दोहराते रहना। साधारण यानी हर चीज़ उधार पर ख़रीदना। साधारण यानी इस बात में यक़ीन रखना कि वॉल स्ट्रीट और उनके साथियों की सलाह मानकर आप अमीर बन सकते हैं। साधारण यानी यह सोचना कि तेज़ कार और बड़ा घर आपको ख़ुश रखेगा। आपको समाज की दौलत की भ्रष्ट परिभाषा को मानने के लिहाज़ से ही तैयार किया गया है। और फिर इसकी वज़ह से साधारण होना ख़ुद भ्रष्ट है। *साधारणता यानी आधुनिक युग की गुलामी।*

मैं यह देखकर हैरान रह जाता हूं कि कैसे लोग वित्तीय तबाही से एक क़दम दूर रहकर भी ख़तरनाक तरीक़े से काम करते रहते हैं। हम अनुशासनहीन ख़र्च करने वाले उपभोक्ताओं का देश बन चुके हैं। हम एक ऐसा देश बन चुके हैं, जहां पर अंधाधुंध ख़र्च और भौतिक दिखावे के साथ, हम तनाव की स्याही से अपना ही मृत्युलेख लिखते हैं। अगर आप अपनी जीवनशैली के गुलाम हैं तो आप क़तई दौलतमंद नहीं हैं, क्योंकि आप आज़ाद नहीं हैं।

धन का सदुपयोग

धन दुरुपयोग किए जाने पर ख़ुशियां नहीं ख़रीद सकता। तब धन आज़ादी ख़रीदने की बजाय गुलामी ख़रीदता है। दौलत और ख़ुशी आपस में बदली जा सकती है, लेकिन तभी जबकि दौलत की आपकी परिभाषा, समाज की परिभाषा से भ्रष्ट नहीं हुई हो। समाज के मुताबिक़ दौलत तुच्छ है और परिभाषा की इस ख़ामी के कारण, दौलत और ख़ुशी के बीच का सेतु गिर जाता है।

जब आप दौलतमंद महसूस नहीं करते तो आप उस भावना को कृत्रिम तौर पर तैयार करने की कोशिश करेंगे। आप अमीरी महसूस करने के लिए उसके मानक प्रतीक चिह्नों को ख़रीदते हैं। आप भावनाओं, सम्मान, गर्व और ख़ुशी की लालसा रखते हैं। आप चाहते हैं कि लोग आपकी तारीफ़ करें, आपसे प्यार करें और आपको स्वीकारें। और इन भावनाओं से आपको क्या हासिल करने की उम्मीद है? आपको ख़ुशी मिलने की उम्मीद है।

और यही प्रलोभन है। हम दौलत के भ्रष्ट संस्करण की तुलना ख़ुशियों से करते हैं और जब ऐसा नहीं होता तो उम्मीदों पर पानी फिर जाता है और पीछे रह जाती है केवल अप्रसन्नता।

धन के सही तरीक़े से इस्तेमाल से आज़ादी को ख़रीदा जा सकता है। आज़ादी दौलत की त्रिमूर्ति में से एक है। आज़ादी के साथ मिलते हैं विकल्प। तथ्य यही है कि काम के बोझ से दबे बेहतर वेतन वाले मध्यम वर्ग की तुलना में अनेक ऐसे ग़रीब लोग हैं, जिनकी ज़िंदगी ज़्यादा दौलतमंद कही जा सकती है। वज़ह साफ़ है मध्यम वर्ग के पास ना आज़ादी

है, ना मज़बूत रिश्ते और ना ही सेहत। यह सभी ऐसी नौकरी को 50 साल तक प्रति सप्ताह पांच दिन करने का नतीज़ा है, जो आपको बिलकुल पसंद नहीं है।

धन से दौलत के समीकरण का एक सूत्र, आज़ादी को साधा जा सकता है, जो दो अन्य सूत्रों सेहत और रिश्तों का शक्तिशाली अभिभावक है।

1. धन आपको बच्चों को बढ़ता देखने की आज़ादी देता है।
2. धन आपके पागलपन से भरे सपनों को पूरा करने की आज़ादी देता है।
3. धन आपको दुनिया में बदलाव की आज़ादी देता है।
4. धन आपको रिश्तों को तैयार करने और मज़बूत करने की आज़ादी देता है।
5. धन आपको अपना पसंदीदा काम करने की आज़ादी देता है, समीकरण से उसके वित्तीय सत्यापन को हटाए बगैर।

क्या उपरोक्त में से कोई बात आपको ख़ुश कर सकती है? मैं दावा कर सकता हूं कि निश्चित तौर पर। ये निश्चित तौर पर आपको नाराज़ तो नहीं करेंगे।

जीवनशैली की गुलामी : पगडंडी का जाल

पगडंडी के राहगीर, जीवनशैली की गुलामी में उलझकर रह जाते हैं। जहां ज़िंदगी बस एक चूहा दौड़ बनकर रह जाती है। फ़ालतू ख़र्चों से भरी जीवनशैली और काम के बीच अनवरत रस्साकशी। कमाई के लिए बस अपने तक ही सिमटा काम का चक्र, जीवनशैली के लिए कमाई और काम के लिए जीवनशैली। जहां भी जीवनशैली की गुलामी मौज़ूद है, आज़ादी का अनवरत क्षरण होता है।

- काम से धन मिलता है।
- आय से जीवनशैली और क़र्ज़ तैयार होते हैं। (कार, बोट्स, डिज़ाइनर कपड़े)।
- जीवनशैली से आरामदेह उम्मीदें बनती हैं। और अधिक और बेहतर की चाहत भी।
- बस यही दोहराव...

मुझे उम्र के 20वें दशक की शुरुआत में ही जीवनशैली की गुलामी का पता चल चुका था। कॉलेज से स्नातक की उपाधि हासिल करने के बाद मैंने शिकागो में निर्माण मजदूर के तौर पर एक नरक समान काम ले लिया था। मैं हर दिन शहर के ट्रैफ़िक से जूझता था। वेतन मेरे युवावस्था के दिनों में की कमाई में सबसे ज्यादा था। और कमाई में बढ़ोत्तरी के साथ ही मैं अमीर महसूस करने लगा था।

तो मैंने क्या किया?

मैंने अपनी जीवनशैली को बेहतर किया और दौलत के भ्रम का वित्त पोषण करा लिया। मैंने अपनी पहली स्पोर्ट्स कार, मित्सुबिशी 3000 जीटी ख़रीदी। यह अहसास होने में मुझे ज़्यादा वक्त नहीं लगा कि मेरी सपनों की कार, दौलत का प्रतीक ना होकर एक

परजीवी की तरह थी, जो पूरी तरह से मेरी आज़ादी पर निर्भर थी। मैं अपने काम से नफ़रत करता था : यह तनावपूर्ण था, मेरी पूरी ऊर्जा सोख लेता था और मेरे उद्यमिता के सपनों को ज़ार-ज़ार कर देता था। मैं काम छोड़ नहीं पा रहा था। मुझ पर ज़िम्मेदारी थी-कार का भुगतान, पेट्रोल, बीमा। एक कूड़े के प्रति मेरी जवाबदेही के चलते मैंने ख़ुद को ऐसे काम में क़ैद कर लिया था, जिससे मुझे नफ़रत थी।

फिर भी इस तरह की गुलामी आम है। हमें परिणामों की परवाह किए बग़ैर अत्याधुनिक और सर्वश्रेष्ठ की चाहत का पाठ पढ़ाया जाता है। यह हमें अनेक वर्षों के लिए गिरमिटिया मज़दूर बना देता है। जीवनशैली की गुलामी को कोसते हुए और हैसियत से बाहर की कूड़ानुमा वस्तुओं को ख़रीदते हुए हम अपनी सज़ा की अवधि को और लंबा बनाते जाते हैं।

अगर आप सोचते हैं कि यह आपके बस में है-तो ऐसा नहीं है

याद कीजिए आपने पिछली बार कब च्यूइंग गम का पैकेट ख़रीदा था। क्या आपने क़ीमत पर झल्लाहट महसूस की? क्या आपने पूछा, क्या मैं इसे ख़रीद सकता हूं? ख़रीद का आपकी जीवनशैली या भविष्य की पसंद पर कोई असर नहीं था। किसी अमीर के लिए किसी कार डीलरशिप में जाकर बिना सोचे छह अंकों की क़ीमत वाली बेंटले कार ख़रीदना भी ठीक ऐसा ही है।

ख़रीदने का सामर्थ्य तब कहा जाता है, जब आपको इसके बारे में सोचना नहीं पड़े।

अगर आपको अपने ख़रीदने के सामर्थ्य के बारे में सोचना पड़े तो समझ जाइए कि यह आपके बूते की बात नहीं है, क्योंकि इसके साथ शर्तें और परिणाम जुड़े हैं। अगर आप बोट ख़रीदना चाहते हैं, लेकिन इसके आपके बूते में होने नहीं होने को लेकर माथापच्ची में उलझ जाते हैं तो साफ़ है कि यह आपके बूते की बात नहीं है। निश्चित तौर पर आप इसके आपके बूते में होने की बात लेकर दुनियाभर के बेसिरपैर के तर्क दे सकते हैं, जिनकी शुरुआत अधिकांशतया कुछ यूं होती है, "हां यह मेरे बूते की बात है, जब तक कि

...मुझे वह प्रमोशन मिल जाता है।"

...मेरा रेहन समायोजित नहीं होता।"

...मेरा शेयर्स का पोर्टफ़ोलियो इस माह 10% कमाकर देता है!"

...बिक्री के मेरे अनुमान दोगुने हों।"

...मेरी पत्नी को नौकरी मिल जाती है।"

...मैं अपना स्वास्थ्य बीमा रद्द कर देता हूं।"

...मुझे क्रिप्टोकरेंसी में कोई नुक़सान नहीं होता।"

ख़ुद से इस तरह की बातें एक तरह की चेतावनी हैं कि यह आपके बूते की बात नहीं। किसी परिस्थिति के बूते में होने का मतलब यही है कि वह किसी बात या परिस्थिति पर निर्भर नहीं है। आप ख़ुद को धोखा दे सकते हैं, परिणामों को नहीं।

तो पता कैसे चलेगा कि कोई बात आपके बूते में है या नहीं? अगर आप नक़द भुगतान करते हैं और आपकी परिस्थिति भविष्य के हालात की चिंता किए बग़ैर अपरिवर्तित रहती है तो यह आपके बूते की बात है। दूसरे शब्दों में, अगर आप एक बोट नक़द देकर ख़रीदते हैं और इस पर रास्ते के झटकों का कोई असर नहीं पड़ता तो यह आपके बूते की बात है। क्या आपको नौकरी जाने पर एक सप्ताह पहले च्यूइंग गम को ख़रीदने का कोई अफ़सोस होगा? या अगर आपकी बिक्री की भविष्यवाणी में 50% की कटौती होती है तो? नहीं, इससे कोई फ़र्क़ नहीं पड़ेगा। आपके दौलत के स्तर के लिहाज़ से आपकी वहन क्षमता का इस तरह से आकलन किया जाता है।

दौलत के दिखावे से उबरने के लिए यह बात जानिए कि कौन-सी बात आपके बूते में है और कौन-सी नहीं। बोट और लैम्बोर्ग़िनी ख़रीदने में कोई ग़लत बात नहीं है, बशर्ते यह आपके बूते की बात हो। हर बात की एक सही जगह और वक़्त होता है। *करोड़पति बनने का तेज़ रास्ता आपको उसी जगह ले जाने के लिए तैयार किया गया है।*

जीवनशैली की गुलामी का प्रलोभन

ख़ुशी का झूठा अहसास, तत्काल संतुष्टि और तत्काल आनंद, दरअसल जीवनशैली की गुलामी की चेतावनी देने वाले संकेतक हैं। क्या ही अच्छा होता कि जो अच्छा लग रहा है वह वाकई अच्छा होता? चॉकलेट? वह भीमकाय फ़ास्ट फूड कॉम्बो? सूरज की धूप सेंकना? धूम्रपान? दुर्भाग्यवश, कुछ पलों का आनंद, लंबी अवधि के लिए बुरा होता है। तत्काल संतुष्टि बड़ी आबादी में फैली हुई प्लेग जैसी महामारी है और इसके प्रमुख साइड इफ़ेक्ट्स ज़ाहिर तौर पर देखे जा सकते हैं : क़र्ज़ और मोटापा।

अधिकांश अमेरिकी मोटे हैं, क्योंकि तुरंत संतुष्टि का सबसे आसान (और सबसे सस्ता) तरीक़ा खान्-पान है। जब आप कहीं पर आराम से टिककर प्रिंगल्स का एक डिब्बा साफ़ कर रहे होते हैं तो आप क्षणिक आनंद के लिए भविष्य की परेशानी को आमंत्रण दे रहे होते हैं। अगर आप अपने अभिभावकों के साथ रहते हैं और 31,000 डॉलर सालाना की बारटेंडर की नौकरी के बूते नई मस्टांग कार के लिए 72 माह का 45,000 डॉलर का क़र्ज़ ले लेते हैं तो आप तत्काल संतुष्टि की जीत होने देते हैं और जीवनशैली की गुलामी तय हो जाती है।

सेहत की तरह दौलत भी आसान नहीं होती। दोनों एक ही परिधान से एक ही प्रक्रिया से तैयार हुए हैं। दोनों में ही अनुशासन, त्याग, ज़िद, समर्पण और हां देरी से संतुष्टि की ज़रूरत पड़ती है। अगर आप ख़ुद को तत्काल संतुष्टि के प्रलोभन से दूर नहीं रख पाए तो आपके लिए सेहत और दौलत दोनों ही मामलों में कामयाबी हासिल करना मुश्किल होगा। दोनों में ही जीवनशैली में अल्पावधि की सोच (तत्काल संतुष्टि) से लंबी अवधि की सोच (देरी से संतुष्टि) का बदलाव लाना होता है। जीवनशैली की गुलामी से केवल यही आपको बचा सकता है।

प्रलोभन से जुड़े ख़तरे को भांपिए!

तत्काल संतुष्टि प्रलोभन है और जीवनशैली की गुलामी असली ख़तरा। विज्ञापन उद्योग इन दिनों उपभोक्ताओं को कांटे में फंसाने के लिए बड़े अभियान पर निकला है और आप उसका निशाना हैं। और उनका ललचाऊ चारा क्या है? एक दमकती हुई नई कार, एक बड़ा-सा मकान, ताज़ातरीन गैजेट, एक ऐसा उत्पाद जो, "आज और अभी" होना ज़रूरी है।

हर दिन आपको तत्काल संतुष्टि के प्रलोभन से ललचाया जाता है...

"जब तक आप हमारी सेवाएं नहीं लेते, प्रतिस्पर्धा में नहीं टिक सकते।"
"यह दवा ख़रीदिए और आप ज़्यादा स्वस्थ, ज़्यादा ख़ुश रहेंगे।"
"आपका नया आईफ़ोन एक्स आपकी कामकाज की क्षमता को और अधिक बढ़ा देगा।"
"आप तब तक गंभीर गेमर नहीं माने जाएंगे, जब तक कि आपके पास यह ग्राफ़िक कार्ड नहीं होगा।"
"सोचिए तो सही आपके पड़ोसी कैसे जल-भुन जाएंगे जब आप नई ऑडी लेकर आएंगे!"

इन तमाम संदेशों में एक समानता है : आप उनके शिकार हैं और माल बेचने वालों को इस बात की कोई चिंता नहीं है कि यह आपके बूते में है या नहीं। ख़ुद को बचाना है तो प्रलोभन के पीछे के चारे को उजागर कर दीजिए-दासता का पिटारा, जीवनशैली की गुलामी।

जब तत्काल संतुष्टि का प्रलोभन आपको अपनी पकड़ में ले लेता है तो आपका शिकार तय है : जीवनशैली की गुलामी। आपके द्वारा किसी सामान को ख़रीदने की बज़ाय सामान आपको ख़रीद लेता है।

दौलत के दुश्मनों और उन्हें आमंत्रण देने वाले क़दमों को पहचानिए। तब तक इंतज़ार कीजिए जब आप वाक़ई जीवनशैली की विलासिताएं आपके बूते की बात हो और तेज़ राह में वह दिन देरी की बनिस्बत जल्द आना तय है।

अध्याय का सार : तेज़ रास्ते की ख़ासियतें

- धन से खुशियां नहीं ख़रीदी जा सकतीं क्योंकि धन का इस्तेमाल उपभोक्तावाद का पीछा करने के लिए किया जाता है जो आज़ादी का विनाशक है। आज़ादी छीन लेने वाली हर वस्तु दौलत की त्रिमूर्ति के लिए विनाशक है।
- अगर धन का सही तरीक़े से इस्तेमाल किया जाए तो आज़ादी ख़रीदी जा सकती है जो ख़ुशियों की वज़ह बन सकती है।
- ख़ुशी का जन्म अच्छी सेहत, आज़ादी और मज़बूत आपसी रिश्तों से होता है। ना कि अनिवार्य तौर पर धन से।

- जीवनशैली की गुलामी आज़ादी छीन लेती है और जो भी बात आज़ादी छीन लेती है वह दौलत भी छीन लेती है।
- अगर आप किसी बात के बूते में होने की बात सोचते हैं तो वह आपके बूते में नहीं है।
- तत्काल संतुष्टि का परिणाम आज़ादी, सेहत और पसंद का विनाश है।

अध्याय

8

ख़ुशक़िस्मत धूर्त खेलते हैं बाजी

मेरा क़िस्मत में बहुत ज़्यादा यक़ीन है
और देखता हूं कि मैं जितनी ज़्यादा मेहनत करता हूं,
मुझे यह उतना ही ज़्यादा मिलता है।

—थॉमस जेफ़रसन

शशश... ख़ुशक़िस्मत बनना चाहते हैं?

मैंने एक बार किसी को मुझे "ख़ुशक़िस्मत धूर्त" कहते हुए सुना था। पगडंडी के राहगीर की कितनी उदास और भ्रामक सोच। मैं ख़ुशक़िस्मत नहीं हूं : मैं इस खेल का खिलाड़ी हूं। जब ख़ुशक़िस्मत धूर्त से नफ़रत करने वाला ख़ुद आराम से बैठा था, मैं मैदान में संघर्ष कर रहा था।

जो एक पगडंडी का राहगीर है और मानता है कि अमीर बनने के लिए क़िस्मत होनी चाहिए। वह अपने दिन निर्माण क्षेत्र में काम करके गुज़ारता है और शाम गॉसिप के ब्लॉग्स, वीडियो गेम्स खेलते हुए या फिर टीवी देखते हुए। वह इस बात पर अफ़सोस जताता है, मैं खुश़क़िस्मत बंदा नहीं हूं। जो का भाई बिल भी निर्माण क्षेत्र में ही काम करता है। फ़र्क़ है तो इतना कि बिल शाम का वक़्त आविष्कार और इंजीनियरिंग की दुनिया की ताज़ातरीन प्रक्रियाओं को जानने के लिए इंटरनेट सर्फ़िंग में बिताता है। बिल का सपना एक आविष्कारक बनना है और उसने विभिन्न क्षेत्रों में आविष्कार के चार प्रोटोटाइप भी तैयार कर लिए हैं। बिल अपनी छुट्टियों का वक़्त व्यापार मेलों और मार्केटिंग से संबंधित सेमिनारों में बिताता है। जो जहां ताज़ातरीन गेम डंगन ऑफ़ डूम में ओग्रेस और विजाड्र्स को मारने में वक्त गंवाता है, बिल शून्य से बाहर रहते हुए दुनिया से जुड़कर दुनिया को अपने आविष्कारों के बारे में बताता है।

तो कौन बनेगा "ख़ुशक़िस्मत?"

स्वनिर्मित करोड़पति स्वनिर्मित क़िस्मत से बनते हैं

अरबपति उद्यमी और डलास मेवेरिक्स एनबीए टीम (http://www.blogmaverick) के मालिक मार्क क्यूबन ने अपनी कामयाबी को लेकर एक कहानी सुनाई। याहू को अपनी कंपनी की 5.9 बिलियन डॉलर में बड़ी बिक्री से पहले की अपनी शुरुआती कामयाबियों के पीछे के संघर्ष को मार्क याद करते हैं। मार्क को याद है कि कैसे लोग उनकी क़िस्मत को उनकी कामयाबी की वज़ह मानते थे... ख़ुशक़िस्मत जब पहली कंपनी माइक्रोसॉल्यूशंस को बेचा ख़ुशक़िस्मत कि प्रौद्योगिकी के उछाल के दौर में शेयर बाज़ार में ख़ूब कमाई की और कुछ अरब डॉलर में याहू को अपनी कंपनी बेचना भी तो क़िस्मत का ही खेल था। ग़ौर कीजिएगा कि कैसे उपलब्धियों को क़िस्मत की देन बताकर उसके पीछे की प्रक्रिया को भुला दिया गया।

क्यूबन उस विरोधाभास को बख़ूबी समझते हैं, जो दूसरे नहीं समझ पाते : प्रक्रियाओं से वह परिणाम हासिल होते हैं, जिन्हें लोग क़िस्मत की देन मानते हैं। वह कहते हैं कि तब किसी ने भी क़िस्मत का जिक्र नहीं किया जब वे जटिल सॉफ़्टवेयर टेक्स्ट या सिस्को राउटर मैन्युअल्स पढ़ा करते थे या घर में बैठकर जब नई प्रौद्योगिकियों को लेकर परीक्षण और प्रयोग किया करते थे। तब क़िस्मत कहां थी?

अमीर लोग ख़ुशक़िस्मत होते हैं, यह पगडंडी के राहगीर का मानना होता है और यही वह कमज़ोर करने वाली सोच है, जो आपकी मुक्त इच्छा को कमज़ोर करती है। क़िस्मत जबकि लॉटरी, केसिनो या अमीर अभिभावकों की बदौलत आपको अमीर बना सकती है, यह बहुत ही कम मौक़ों पर चिरस्थायी दौलत तैयार कर पाती है। करोड़पति बनने की तेज़ राह का फ़ायदा उठाने के लिए समझ लीजिए कि क़िस्मत, प्रक्रिया, पहल, कार्य और मौक़े पर मौजूद रहने का एक उत्पाद है, जब आप वहां मौजूद होते हैं तो आपके पास सही वक़्त पर सही जगह पर होने का अवसर होता है।

जगह सही होती हैं या फिर ग़लत। सही जगह आपके सोफ़े पर तो क़तई नहीं है, जहां हाथ पर हाथ धरे आप द *वॉइस* देख रहे हों या बैटी के बूटी कैबरे का आनंद ले रहे हों। और ना ही पड़ोस में स्थित बार में डॉजर्स को एक और मुक़ाबला हारते हुए देखकर बड लाइट पर हाथ साफ़ करना। अगर आप सही वक़्त पर सही जगह पर होना चाहते हैं तो पहले आपको सही जगह पर होना होगा। और सही जगहों को पता है कि ग़लत जगहें कौन-सी हैं।

अगर आप पगडंडी से हटकर प्रक्रिया के तहत काम नहीं करेंगे तो आप कभी भी क़िस्मत को नहीं समझ पाएंगे। क़िस्मत को हमेशा किसी काम का परिणाम माना जाता है : आप लॉटरी जीतते हैं या फिर स्वीपटेक्स या आपको घर के किसी कोने में लाखों डॉलर क़ीमत वाली पेंटिंग मिल जाती है। फिर से और अधिक झूठ। दौलत की ही तरह क़िस्मत महज परिणाम नहीं, बल्कि प्रक्रिया का परिणाम होती है।

पगडंडी के राहगीरों को परिणाम तो पसंद है, लेकिन वह प्रक्रिया से नफ़रत करते हैं। ऐसे में पगडंडी के राहगीरों के लिए यह सोचना स्वाभाविक ही है कि दौलत यानी क़िस्मत क्योंकि दौलत यानी परिणाम। फ़ास्टलेन फ़ोरम (TheFastlaneForum.com) के एक सदस्य

ने हाल ही में लिखा कि बिल गेट्स ख़ुशक़िस्मत थे। मुझे असहमत होना पड़ा। विंडोज का निर्माण क़िस्मत से नहीं हुआ। क़िस्मत ने एक कंपनी नहीं बनाई। क़िस्मत किसी सुस्पष्ट उद्देश्य की ख़ातिर बार-बार और सुसंगठित कार्रवाई नहीं करती। जब आप दुनिया पर अपने प्रयासों और क़दमों से हमला बोलते हो, दूसरों की लहरों से संवाद साधते हुए तो आप एक वस्तु तैयार करते हो। और उस वस्तु को पगडंडी के राहगीर क़िस्मत का नाम दे देते हैं। जबकि यह केवल बेहतर संभावनाओं को ध्यान में रखते हुए उठाए गए क़दम होते हैं।

क़िस्मत जागती है, जब संभावना असंभाव्य से संभाव्य की ओर झुक जाती है। निर्माण उद्योग से जुड़े हमारे दो भाइयों में कौन ख़ुशक़िस्मत होने वाला है? अपने आविष्कारों को दुनिया के साथ साझा करते हुए संभावना को वास्तविक आंकड़ों में तब्दील करने वाला भाई। उसका आलसी भाई क़तई नहीं, क्योंकि वह शून्य संभावना के क्षेत्र में काम कर रहा है। अपनी प्रक्रियाओं को दमदार तरीक़े से दुनिया के सामने रखें और आप सही वक़्त पर सही जगह पर होने की संभावना को अपने पक्ष में कर सकते हैं।

जब मैं क़िस्मत के बारे में सोचता हूं तो मैं पोकर के खिलाड़ियों के बारे में सोचता हूं। उनकी कला को ग़लती से क़िस्मत समझ लिया जाता है। पोकर को अपना करियर बना चुके खिलाड़ी इस बात से सहमति ही जताएंगे कि उनकी सफलता क़िस्मत की वजह से नहीं है, बल्कि खिलाड़ियों की मानसिकता की समझ और व्यवस्थित विश्लेषण का फल है। दुनिया के सर्वश्रेष्ठ पोकर खिलाड़ी आंकड़ों के बेहतर जानकार और मानवीय व्यवहार की बेहतर समझ रखने वाले होते हैं। क्या क़िस्मत की कोई भूमिका होती है? निश्चित तौर पर, लेकिन जब प्रतिस्पर्धा विरोधियों के बैंक खातों में सेंध लगाती है तो क़िस्मत की भूमिका बहुत छोटी होती है। किसी महान पोकर खिलाड़ी को यह कहना कि, आप ख़ुशक़िस्मत हो, उसका अपमान करना है। किसी स्वनिर्मित करोड़पति की सफलता का श्रेय क़िस्मत को देना भी ठीक इसी तरह का अपमान है।

क़िस्मत को जगाने के लिए प्रक्रियाओं से जुड़ें ताकि संभावनाएं नगण्य से कुछ तक हो जाए। क़िस्मत का प्रवेश तो खेल के दौरान होता है। अगर आप खेलेंगे ही नहीं तो जीत भी नहीं सकेंगे। दुर्भाग्यवश पगडंडी के राहगीर चंद रहस्यमय अवसरों को क़िस्मत का नाम दे डालते हैं। वे प्रक्रिया द्वारा नियंत्रित संभावनाओं को नहीं देखते, जो अवसर को संभव बनाती हैं। अगर आप क़िस्मत चाहते हैं तो प्रक्रिया में डूब जाइए, क्योंकि प्रक्रिया काम के परिणाम को राख़ से भी निकाल लाती है।

''बड़ी कामयाबी'' को वित्तीय योजना बताना त्याग दें

पगडंडी के राहगीरों को प्रक्रियाओं से नफ़रत होती है। इसलिए उनकी वित्तीय योजनाओं में से सामान्य प्रक्रियाओं (जैसे बचत या बजट तय करना) को छोड़ दिया जाता है। अगर आप मानते हैं कि क़िस्मत, दौलत से पहले है तो आपको अपना रुख़ ऐसी बातों की ओर करना होगा, जिनमें क़िस्मत लगती हो-बड़ी सफलता की गहन खोज।

बड़ी सफलता क्या है? बड़ी सफलता एकाएक होने वाले चमत्कार होते हैं, जो आपको रातोंरात अमीर बना देते हैं। लॉटरी, केसिनो, पोकर टूर्नामेंट, हैकिंग, यहां तक कि

तुच्छ लगने वाले मुकदमे, सरकार को चूना लगाने जैसी बातों को बड़ी सफलता का रास्ता माना जाता है। वास्तविकता में, बड़ी सफलता हासिल करने की कोशिश दरअसल, दौलत तक पहुंचने के सफ़र से बचने की कोशिश मात्र होती है, जिसमें शुरुआत करते ही सफलता की अंतिम रेखा आ जाती है। यह आपके दौलत तक पहुंचने के सुनहरे रास्ते और उससे मिलने वाले तीखे सबक़ों को हटाना है।

पगडंडी के राहगीरों को बड़ी सफलता की चाहत होती है, क्योंकि उनकी विचारधारा उनको बताती है कि दौलत एक परिणाम है। दुर्भाग्यवश बड़ी सफलता दूर के ढोल की तरह सुहावने होते हैं और सच्चे सार का सरासर उल्लंघन है। क्या आपका चमत्कारों में विश्वास है? पगडंडी के राहगीरों का होता है।

आख़िर क्या बात है, जो *अमेरिकन आइडल* जैसे टीवी रियलिटी शो, इतने सारे लोगों को आकर्षित करते हैं, जबकि अधिकांश प्रतिस्पर्धी दोयम दर्जे के होते हैं? ये वो लोग हैं, जो बड़ी सफलता को तलाश रहे हैं। एक ओर जबकि प्रतिभाशाली (उनके पास प्रतिभा है क्योंकि उनके पास प्रक्रिया है) आगे बढ़ जाते हैं, नाकाम रह चुके प्रतिस्पर्धी सेट्स पर ही रोते-बिलखते हुए असफलता का ठीकरा साइमन कॉवेल, या माइक्रोफ़ोन या फिर किसी अन्य महत्त्वहीन कारक पर फोड़ डालते हैं। बाथरूम में शॉवर के नीचे खड़े होकर कुछ मर्तबा *समडे ओवर द रेनबो* को गाना प्रक्रिया नहीं होती।

ठगा जाना : पगडंडी के राहगीर का लालच

बस 39.95 डॉलर की तीन किश्तों में भुगतान कीजिए और मैं आपको प्रति सप्ताह केवल 40 मिनट काम करके करोड़पति बनने की तरक़ीब सिखा दूंगा। वह भी आपके यहां तलघर में उल्टा लटककर। हां भाई, यह इतना आसान है। लेकिन ठहरिए, अभी कुछ और भी है! आज ही ऑर्डर कीजिए और आपको यहां पर मौजूद हसीना के फ़ोटोज भी मिलेंगे। क्या वह आकर्षक नहीं दिखती? जब आप मेरी तरह से धन कमाने लग जाएं तो उस तरह की हसीनाएं पूरे दिन आपके घर के दरवाज़े की घंटी बजाती रहेंगी। हां दोस्तों यह तरीक़ा अद्भुत है और यह ज़्यादा देर तक नहीं रहेगा। तत्काल क़दम उठाओ!

सूचना और विज्ञापन के मिश्रण का यह जानकार जानता है कि वह क्या कर रहा है। वह पगडंडी के राहगीरों को ही अपना निशाना बनाता है, जो परिणाम और बड़ी सफलता से अभिभूत है। रात के दो बजे विज्ञापन करने का क्या मायने है? क्योंकि यही वह वक़्त है जब पगडंडी के राहगीर एकत्रित होते हैं। क्योंकि या तो वे बेरोज़गार होते हैं या फिर *सेनफ़ील्ड* का दोबारा आने वाला टेलीकास्ट देख रहे होते हैं। मेरा यक़ीन मानिए, तेज़ रास्ते के राहगीर, किसी अश्लील शो को देखने के लिए रात को दो बजे तक नहीं जागते। वे अपनी प्रक्रियाओं को गढ़ते हुए दमदार तरीक़े से अपनी मंज़िल की ओर बढ़ते रहते हैं।

पगडंडी के राहगीरों के ठगे जाने की आशंका ज़्यादा होती है, क्योंकि वह परिणाम (छोटे रास्ते से) चाहते हैं और प्रक्रिया को टालना चाहते हैं। जब यह बात आपके दिलोदिमाग़ में ठस चुकी होती है तो फिर सूचनाप्रद विज्ञापन आपके लिए शाम का मनोरंजन बन जाते हैं।

पगडंडी से हटना : तीन रुकावटें

तर्क का इस्तेमाल करें। एक पल के लिए सोचिए। अगर आपको कोई ऐसी जादुई प्रणाली मिल जाए जो कुछ ही महीने में करोड़ों कमाकर दे तो सबसे पहले आप क्या करेंगे? निश्चित तौर पर आप जानते हैं और मैं भी। आप एक वेब डिज़ाइन फ़र्म ख़रीदेंगे, अपने राज़ को एक पेज और एक बेहद चालाकी भरी मार्केटिंग रणनीति से सुसज्जित कर फ़ेसबुक पर विज्ञापन डालना शुरू कर देंगे। हां, मैंने यही किया होता अगर मेरे पास अरबों डॉलर वाला वह राज होता। दुनिया की सैर, दान-दक्षिणा के साथ-साथ और कमाई की सोच को छोड़ दीजिए। नहीं! अपनी इस सोच को पैकेज के तौर पर दुनिया के सामने प्रस्तुत कर बताइए कि 197 डॉलर के एक आसान से भुगतान से यह आपकी हो सकती है।

लोग बातचीत के तरीक़े से प्रभावित होते हैं या फिर वे वाकई आसान फल पाने के लिए लालायित रहते हैं? धन उगलने वाली प्रणालियों को इंटरनेट और टीवी के सूचनाप्रद विज्ञापनों के ज़रिये बेचना एक मज़बूत तेज़ रास्ता है। दुर्भाग्यवश जो प्रणालियां बेची जा रही हैं, वह दौलत तक पहुंचने का तेज़ रास्ता नहीं हैं। ना ही प्रणाली को बेचना ही उतना लाभदायक है। आख़िर गुरु इस पागलपन से कैसे बच निकलते हैं? बहुत आसान है। पगडंडी के राहगीर की सोच तीन धारणाओं पर टिकी होती है, जो उन्हें वहीं उलझाकर रखती है। धन कमाने के झांसे में उनके आसानी से फंसने की आशंका ज़्यादा होती है।

पहली धारणा : दौलत के लिए क़िस्मत चाहिए।

दूसरी धारणा : दौलत एक परिणाम या बस 1-2-3 कहने जितनी आसान प्रणाली।

तीसरी धारणा : दूसरे मुझे दौलत दे सकते हैं।

यही वह बात है जहां पर आकर धारणाएं नाकाम हो जाती हैं। पहली बात दौलत क़िस्मत पर नहीं बल्कि प्रक्रियाओं के ज़रिये संभावनाओं को बेहतर बनाने पर निर्भर होती है। दूसरा दौलत देने वाले परिणाम (लॉटरीज़/केसिनो) दूर के सुहावने ढोल हैं और प्रक्रिया नहीं। प्रक्रिया को महज 1-2-3 वाली आसान प्रक्रिया से परिभाषित नहीं किया जा सकता। और अंत में केवल आप ही ख़ुद को असली दौलत दे सकते हैं। ना तो कोई वाहन चालक और ना ही इंस्टाग्राम पर धन बनाने वाला कोई उपाय आपको राह बताएगा। यही झांसे पगडंडी के राहगीरों को अनगिनत लोगों के झुंड के साथ रात को दो बजे तक जगाए रखते हैं, इस आस के साथ कि करोड़पति बनने से वह बस एक क्लिक दूर हैं। वजह है, कि क्योंकि इंस्टाग्राम पर 50,000 फ़ॉलोअर्स वाला व्यक्ति यही कहता है।

अध्याय का सार : तेज़ रास्ते की ख़ासियतें

- दौलत की तरह क़िस्मत भी प्रक्रिया से ही हासिल होती है, ना कि किसी परिणाम, फल या आयोजन से।
- क़िस्मत, कारगर प्रक्रियाओं को अपनाकर संभावनाओं में इजाफ़े से बनती है।

- अगर आप भी "बड़ी सफलता" का इंतज़ार करते हैं तो आप फल की चिंता में चलते हैं, प्रक्रियाओं पर नहीं। आपका दिमाग़ पगडंडी के लिए अनुकूल है, तेज़ रास्ते के लिए नहीं।
- "तुरत-फुरत अमीरी" को बेचना तेज़ रास्ता है, क्योंकि कुशाग्रबुद्धि के मार्केटियर्स अच्छी तरह से जानते हैं कि पगडंडी के राहगीर प्रक्रिया की बनिस्बत परिणाम या फल को तरज़ीह देते हैं।
- धन बनाने की "प्रणालियां" उन्हें पगडंडी के राहगीरों को बेचने की तुलना में कम फ़ायदेमंद होती हैं।

अध्याय

9

दौलत जवाबदेही मांगती है

महानता की क़ीमत ज़िम्मेदारी है।

—विंस्टन चर्चिल

सहयात्री वाहन नहीं चलाते!

पगडंडी के राहगीरों के सफ़र की सबसे बड़ी रुकावट अपनी वित्तीय योजना किसी और के हवाले कर देना या किसी के भी हवाले नहीं होना है। दूसरी रुकावट है दौलत की ओर ले जाने वाले ड्राइवर की तलाश, कोई और जो आपका वाहन चलाकर आपको सफ़र पर ले जाए। दुर्भाग्यवश इस सोच के साथ आपके ठगे जाने की आशंका बढ़ जाती है।

सोचिए कि अगर आप पूरे देश का दौरा सहयात्री बनकर ही करते हैं। इस बात की आशंका है कि आप मंज़िल तक नहीं पहुंचेंगे। हो सकता है आप किसी सनकी की गाड़ी में सवार हो जाते हैं, जो आपको अघोषित और उम्मीद से परे परिवर्तित मार्ग पर ले जाए। आपकी राह में किसी हत्यारे से मुलाक़ात हो सकती है, जो गला काटकर आपको सड़क के किनारे किसी गड्ढे में फेंक दे।

सहयात्रा प्रभावहीन और ख़तरनाक है।

फिर भी पगडंडी के राहगीर का तो पूरा दारोमदार ही सहयात्री बनने पर होता है–दूसरों पर भरोसा, और जब सोच के मुताबिक़ बातें नहीं हों तो दोष भी दूसरों के मत्थे। क़िस्मत बदल देने वाले परिणामों में भरोसे के बाद दोषारोपण पगडंडी के राहगीरों के सफ़र की तीसरी बड़ी रुकावट है।

'80 के दशक के उत्तरार्द्ध में जब मैं एक किशोर था, मेरी मां दोस्तों के साथ एक स्थानीय रेस्तरां में गपशप किया करती थी। दोस्तों की उस मंडली में कुछ लोगों ने अपने जीवनभर की बचत को एक साधारण से नाम वाले द फ़ंड में निवेश किया था। ये लोग–जिनमें कुछ सम्मानित कारोबारी भी थे–इस निवेश की तारीफ़ों के पुल बांधा करते थे और

प्रति माह लाभांश मिलने का दावा करते थे। इन्हीं दोस्तों ने मेरी मां को, अकेले मेरी देखरेख के लिए ज़िम्मेदार होने की वज़ह से, भी निवेश के लिए प्रोत्साहित किया। मां अनपढ़-गंवार नहीं थी। उसने कुछ सवाल किए और जवाब उसे संतुष्ट नहीं कर पाए। कुछ बात थी, जो ठीक नहीं लग रही थी। तर्क उसके दिमाग़ में काम कर रहा था। अंततः उसने इस निवेश को अनदेखा किया और वह उसकी दुनिया से बाहर ही रहा।

कुछ सालों बाद "द फ़ंड" सुर्ख़ियों में था। एक निवेश कंपनी ने निवेशकों से करोड़ों डॉलर ठग लिए थे। यह निवेश कंपनी एक पोंजी स्कीम निकली। तबाह हो चुके अनेक निवेशकों ने आत्महत्या कर ली, दोषियों सहित। यह वही निवेश कंपनी थी, "द फ़ंड" जिसमें कुछ साल पहले मेरी मां ने निवेश से साफ़ इंकार कर दिया था।

पीड़ितों का क़ानून

पीड़ितों का क़ानून कहता है *कि आप तब तक पीड़ित नहीं हो सकते जब तक कि आप अपने अधिकार किसी ऐसे व्यक्ति को नहीं सौंपते जो आपको शिकार बना सकता है।* जब आप नियंत्रण दूसरों को सौंप देते हैं तो मूलतः बिना सीट बेल्ट वाले असुरक्षित सहयात्री बन जाते हैं। आप एक अजनबी की कार में यात्री की सीट ले लेते हैं, जो कि आपकी वित्तीय योजनाओं का क़ातिल हो सकता है। और जब वैसा होता है तो आप पर पीड़ितों की श्रेणी में जाने का ख़तरा बढ़ जाता है।

पीड़ित होने का रास्ता इंकार से होकर जाता है : पहला इंकार ज़िम्मेदारी से फिर जवाबदेही से। जो लोग ज़िम्मेदारी नहीं लेते, पीड़ित होते हैं। इनमें से कुछ तो जन्मजात पीड़ित होते हैं और हालात को बेहतर बनाने की बजाय वह हाथ जोड़कर घुटने टेक देते हैं। उनके लिए ख़ुद को छोड़कर हर कोई उनकी समस्या का समाधान है। और उनकी समस्याएं? उनकी ग़लती नहीं। नहीं, किसी और का दोष है। अपने भीतर झांकने की बजाय वह ज़िम्मेदारी थोपने के लिए बाहर किसी की तलाश करते हैं। पीड़ित दरअसल, पगडंडी के वे राहगीर होते हैं, जो अपनी ही ज़िंदगी के सफ़र में चालक की सीट पर बैठने से इंकार कर देते हैं और वे लोग के अंधकारमय बादलों की दुनिया में रहते हैं, जो कि मेरे ख़िलाफ़ दूसरे का रवैया अपनाते हैं।

"उन्होंने मुझे काम पर से हटा दिया।"
"उन्होंने शर्तें बदल डालीं।"
"उन्होंने मुझे धोखा दिया।"
"उन्होंने मुझे नहीं बताया।"
"उन्होंने मेरा किराया बढ़ा दिया।"
"उन्होंने मेरी ब्याज दर बढ़ा दी।"

निर्विवाद तौर पर "ये बातें" उनकी ख़ुद की बनाई हुई होती हैं। अगर मकान मालिक ने किराया बढ़ा दिया तो क्या यह उसकी ग़लती है कि आपने वहां रहने का फ़ैसला किया और

भाड़े का करार नहीं पढ़ा था? अगर कंपनी ने आपको निकाल दिया तो क्या यह उनकी ग़लती है कि आपने वहां काम करने का फ़ैसला किया? क्या एक बदहाल 22 वर्षीय युवक के तौर पर सड़क के किनारे भीषण बर्फ़ीले तूफ़ान में एक लिमोजिन्स में फंसा होना मेरी ग़लती थी? हां थी।

मनोविज्ञान की भाषा में दूसरों पर दोषारोपण का यह मानसिक दोष, "नियंत्रण के बाहरी ठिकाने" के तौर पर जाना जाता है। यह नामकरण अमेरिकी मनोवैज्ञानिक जूलियन रॉटर ने किया था।

दोषारोपण और नियंत्रण के बाहरी ठिकाने के एक अन्य उदाहरण में वॉलमार्ट में हुई श्रम संगठन के ताज़ातरीन प्रदर्शन को रखा जा सकता है। कर्मचारी रिटेल कंपनी द्वारा दिए जा रहे कम वेतन का विरोध कर रहे थे। यूगेन नाम के एक 35 वर्षीय कर्मचारी की अपने नियोक्ता से यह शिकायत थी कि उसने 11.15 डॉलर प्रति घंटे के वेतन पर तीन साल ट्रक ख़ाली करने का काम किया, जो कि रिटेल उद्योग के औसत 12.95 डॉलर प्रति घंटे वेतन से कम था। उसे क्या कष्ट था? बस यह कि कार या वॉलमार्ट का स्वास्थ्य बीमा ख़रीदना उसके बूते की बात नहीं थी।

कितना परेशान करने वाला। क्या कोई गिरफ़्तार हुआ था? वाक़ई किसी को उस व्यक्ति को गिरफ़्तार कर लेना चाहिए, जिसने कनपटी पर भरी हुई बंदूक रखकर यूगेन को बाज़ार दर से कम वेतन में वॉलमार्ट में काम करने के लिए मजबूर किया। इस व्यक्ति को एक करारा तमाचा जड़ना चाहिए। किसी ने वॉलमार्ट में काम करने के लिए उससे ज़बर्दस्ती नहीं की, वह वहां काम करता था, क्योंकि उसने वहां काम करने का फ़ैसला किया था। हैलो यूगेन या और कोई और जो यह पढ़ रहा है, अगर आप प्रति घंटे 11 डॉलर के वेतन से आज़िज आ चुके हैं तो समाज की निगाह में अपना मूल्य बढ़ाइए। किसी लाइब्रेरी में कुछ वक़्त बिताइए या फिर यूडेमी की किसी ऑनलाइन क्लास से जुड़ जाइए। वॉलमार्ट कम वेतन का प्रस्ताव दे ही नहीं सकता, अगर उनके पास आप जैसे अंतहीन पीड़ितों का अबाधित सिलसिला जारी नहीं रहे।

देखिए, अगर कोई वित्तीय सलाहकार आपसे एक जमा के एक बैंक प्रमाणपत्र से 14% मुनाफ़े का वादा करता है और आपको बाद में पता चलता है कि उसने आपको बेवकूफ़ बनाया तो यह आपकी ग़लती है। आपने जागरूकता नहीं दिखाई। आपने पड़ताल नहीं की। आपने अपने दिमाग़ के तर्क के कुलबुलाते कीड़े पर ध्यान ही नहीं दिया। आप अपने ही दुराचरण के शिकार हैं।

सहयात्री की राजनीति

तमाम देशों का एक बड़ा हिस्सा पगडंडी के सहयात्रियों से पटा पड़ा है। ये लोग ज़िंदगी को आसान चाहते हैं, लेकिन यह भी चाहते हैं कि इसका ख़र्च कोई और उठाए। वे आजन्म बस सहयात्री ही बने रहते हैं। वे चाहते हैं कि सरकार (या किसी अन्य) को उनके लिए और अधिक काम करना चाहिए। वे व्यवस्था के शिकार हैं। वे ज़िंदगी के पीड़ित हैं, क्योंकि उनके साथ बुरा हुआ। बिना किसी लागत के दुनियाभर के वादे करने वाले राजनीतिज्ञ के

पक्ष में वह मतदान करते हैं। मुफ़्त स्वास्थ्य सेवा। मुफ़्त शिक्षा। मुफ़्त ईंधन। मुफ़्त का क़र्ज़। वाह, मैं तो इसे ही वोट दूंगा!

जॉन एफ़. कैनेडी की मशहूर उक्ति, "यह मत सोचो कि मेरा देश मेरे लिए क्या कर सकता है, बल्कि यह सोचो कि मैं अपने देश के लिए क्या कर सकता हूं," को तोड़-मरोड़कर "मेरा देश मेरे लिए क्या कर सकता है?" में तब्दील कर दिया गया है। मैं हालांकि अमेरिका के बाहर पिछले 20 साल में हुए सामाजिक पतन पर कोई टिप्पणी नहीं कर सकता, पगडंडी के राहगीर अमेरिका में एक अलग क़िस्म का राजनीतिक निर्वाचन क्षेत्र बन चुके हैं। एक वक़्त था, जब अमेरिकियों ने वफ़ादारी के साथ घोषणा की थी, "मुझे आज़ादी दो या फिर मौत।" अब यह बस "मुझे दो" में ही तब्दील होकर रह गया है।

मैंने जब 2008 में यह लिखा तो अर्थव्यवस्था में उथल-पुथल मची हुई थी। हाउसिंग मार्केट धराशायी हो चुका था, क़र्ज़ के लाले पड़ चुके थे और करोड़ों लोगों ने अपनी बचत गंवा दी थी।

आख़िर यह हुआ कैसे?

यह ज़्यादा जटिल नहीं है। हम अपने वित्तीय फ़ैसलों के लिए "दूसरों पर" निर्भर रहे। हमने मुखर सच्चाई की अनदेखी की। हमने अनुबंध को पढ़ा ही नहीं। हमने संविधान को नहीं पढ़ा। हमने सरकार को एक बीमा पॉलिसी बना लिया। एक समाज के तौर पर इतिहास आपकी तबाही को दोहराता है, अगर आप उसकी वज़ह बनने वाले वैसे ही व्यवहार को दोहराते हैं।

मैं 2008 की मंदी में एक छोटा-सा हिस्सेदार था। निश्चित तौर पर मेरे घर की क़ीमत गिर चुकी थी, लेकिन यह ठीक था, क्योंकि मैंने मकान को कभी भी दौलत कमाने का ज़रिया नहीं बनाया था। फिर भी गुरु कहते हैं, आपका घर आपका सबसे बेहतरीन निवेश है। कोरी बक़वास। जब बाज़ार धराशायी हुआ तो मैंने अपना धन नहीं गंवाया, क्योंकि बाज़ार मेरी संपत्ति को गति देने वाला वाहन नहीं था। तेज़ रास्ते का मतलब है नियंत्रण, दूसरी ओर अगर आप सहयात्री की भूमिका ही निभाते रहेंगे तो इसका मतलब है कि आप नियंत्रणहीन हैं।

अगस्त, 2005 में एक सार्वजनिक मंच पर मैंने आगामी आवासीय मंदी का अनुमान लगाया था और अपनी सोच के मुताबिक़ इस बाबत सिद्धांत के सात कारण गिनाए थे। आगे चलकर, जैसा कि देखने को मिला, मैं सही था। यह सच ज़ाहिर हो गया, क्योंकि मैंने वित्तीय फ़ैसले ख़ुद लेने का निश्चय किया। मैंने सीएनबीसी के तथाकथित पंडितों पर भरोसा नहीं किया, जो दिन-रात मकान के एक सुरक्षित निवेश होने की रट लगाए रहते थे। ना ही मैंने मुख्यधारा के मीडिया पर ही भरोसा किया। मैंने दूसरों पर भरोसा नहीं किया। मैंने ख़ुद पर भरोसा किया। मैं ख़ुद वाहन चला रहा था, सहयात्री नहीं था। किसी भी वाहन को चलाने की एक ख़ासियत होती है, जिसे अमूमन अधिकांश लोग नहीं समझ पाते और वह है *जवाबदेही।*

धन मांगता है जवाहदेही, जिसके साथ जुड़ी हो ज़िम्मेदारी

ज़िम्मेदारी जवाबदेही की जनक है, लेकिन एक दूसरे का प्रमाण नहीं देती है। जब आप अपने खाते की चेकिंग में ओवरड्राफ़्ट करने की ज़िम्मेदारी स्वीकार करते हैं, फिर भी इसे अगले सप्ताह पुनः दोहराते हैं, तो आप जवाबदेह नहीं हैं। जब आप एक संतान का विवाह तुड़वाने की ज़िम्मेदारी स्वीकार करते हैं, फिर भी उस व्यवहार को जारी रखते हैं तो आप जवाबदेह नहीं हैं। जब आप अपना पर्स चोरी होने की ज़िम्मेदारी लेते हैं, लेकिन उसे सबके सामने में टेबल पर रख देते हैं तो आप जवाबदेह नहीं होते हैं।

जवाबदेही के मायने होते हैं, परिणामों की ज़िम्मेदारी लेना और व्यवहार में सुधार के साथ उन परिणामों को होने से रोकना। आप जवाबदेह ना होते हुए भी ज़िम्मेदार हो सकते हैं। फ़ास्टलेन फ़ोरम के एक यूजर ने ज़िम्मेदारी और जवाबदेही के बीच अंतर को सुस्पष्ट करने का शानदार काम किया है :

> *"मुझे सबसे ज़्यादा परेशानी तब होती है, जब लोग वही पुरानी ग़लतियां बार-बार दोहराते हैं और फिर ज़िम्मेदार होने का दावा करते हैं। 'ज़िम्मेदारी' लेना तब आसान है, जब इसका मतलब हाथ झटक लेना हो। मैंने एकल अभिभावक देखे हैं, जो बदचलनी की 'ज़िम्मेदारी' तो लेते हैं, लेकिन मेल में चेक कभी-कभार ही भेजते हैं। मैंने कई लोगों को ख़ुद को 'ज़िम्मेदार' ठहराते हुए घर छोड़कर जाने के बाद अपनी हैसियत से ज़्यादा का मकान ख़रीदते देखा है। मैंने लोगों को शराब की लत और ड्राइविंग की ग़लतियों की 'ज़िम्मेदारी' स्वीकारने के बाद दोबारा वही सबकुछ करते हुए देखा है। ऐसे 'ज़िम्मेदारी' लेने वाले लोगों से मैं आज़िज आ चुका हूं। मैं चाहता हूं लोग जवाबदेह बनें। लोगों को कुछ भी करने से पहले सोचना चाहिए। किसी भी विकल्प को स्वीकारने से पहले उसकी जवाबदेही लेना चाहिए। ग़लतियां करने वाले लोगों के साथ मुझे कोई समस्या नहीं है-लेकिन मैं चाहता हूं कि आप उन ग़लतियों से सबक़ लें। जवाबदेही और ज़िम्मेदारी का यही सही अर्थ है।"*

मेरी एक महिला मित्र को हाल ही में पहचान के सबूत गुम होने की परेशानी से दो-चार होना पड़ा। हम एक रेस्तरां में खाना खाने गए थे और वह पूरा वक़्त बस शिकायतें ही किए जा रही थी। उसकी समस्या को जानने के निश्चय के साथ मैंने उसकी आलोचनाओं की झड़ी को बीच में रोका और कुछ सवाल पूछे। मुझे हैरानी हुई कि वह पीड़ित थी या फिर जवाबदेह नहीं थी?

मैंने पूछा, "तुम्हारे पहचान के सबूत कैसे गुम हुए?"

"मेरा पर्स मैक्सिको में चोरी हो गया।"

मैंने जांच जारी रखी, "यह हुआ कैसे?"

"मैं किसी रेस्तरां में थी और किसी ने उसे साफ़ कर दिया।"

"ओह? तो क्या तुम्हारा पर्स टेबल पर पूरी तरह से खुला पड़ा था, जैसा कि अभी है?"

उसने टेबल पर खुले पड़ी अपनी पर्स की तरफ़ देखा और मेरी बात उसे समझ में आ गई। जब हम भोजन कर रहे थे तो उसका पर्स टेबल पर, सबकी नज़रें जा सकें, ऐसा खुला पड़ा था। कोई भी चोर उसका पर्स चुराकर आसानी से भाग सकता था। उसने मेरी तरफ़ खिसियानी-सी मुस्कान दी और अपना पर्स उठाकर गोद में रख लिया।

एक पीड़ित? या ख़ुद को जवाबदेह नहीं मानना? उसकी समस्या एक बुरे विकल्प के चयन की थी-अपनी पर्स की सुरक्षा नहीं करने का विकल्प। और इस बेहद महंगे पड़े पाठ के बाद भी वह जवाबदेही की ताक़त को नहीं पहचान सकी थी। अगर वह अपनी ग़लती के प्रति जवाबदेह होती तो उस दिन मेरे साथ भोजन के दौरान उसका पर्स फिर से किसी चोर को निमंत्रण देता वैसा ही पड़ा नहीं होकर उसकी गोद में सुरक्षित होता।

पीड़ित बनने से बचने का सुरक्षा कवच

ज़िम्मेदारी और उसके बाद जवाबदेही स्वीकार कर ख़ुद को पीड़ित होने से बचाएं।

मैंने 2006 में फ़ीनिक्स, एरिजोना में एक दिलकश पर्वतमाला को निहारता हुआ अपना सपनों का घर ख़रीदा। उस घर से एरिजोना के सबसे ख़ूबसूरत नज़ारे दिखते थे, लेकिन उसे काफ़ी पुनर्निर्माण की ज़रूरत थी। एक नए दोस्त ने एक सामान्य ठेकेदार का नाम सुझाया और मैंने बिना किसी पड़ताल, ऐहतियात, पहले का काम देखे बग़ैर, लाइसेंस देखे बग़ैर उसे काम दे डाला।

उफ़्फ़।

जिस काम के लिए बमुश्किल आठ महीने लगने थे, तीन साल की परेशानी में तब्दील हो गया। एक दुस्वप्न जो मेरी ज़िंदगी का शायद सबसे बुरा फ़ैसला था। ठेकेदार बिलकुल नाकारा और बेवक़ूफ़ क़िस्म का था।

फिर भी, दोष तो मेरा ही था ना।

मैंने ज़िम्मेदारी और जवाबदेही दोनों ही स्वीकारे, क्योंकि ठेकेदार को काम तो मैंने ही दिया था। *स्टार वॉर्स* की एक मशहूर लाइन को चुराकर कुछ तोड़ने-मरोड़ने के बाद कहा जा सकता है, "बेवक़ूफ़ कौन है, वह बेवक़ूफ़ ख़ुद या फिर वह बेवक़ूफ़, जिसने एक बेवक़ूफ़ को काम सौंपा?"

लेकिन मैं पीड़ित नहीं था, क्योंकि मैं पहले ज़िम्मेदार था : वह मेरी ग़लती थी।

मैंने यह होने का मौक़ा दिया।

उसके बाद मैं जवाबदेह बना : अब जब कभी भी मैं घर के काम के लिए किसी को चुनता हूं तो पहले उसके बारे में अच्छी तरह से पड़ताल करता हूं, वरना मैं दोबारा उसी गड्ढे में गिरकर, पीड़ित होने की, दूसरों की तरह वही पुरानी धुन सुनाता रहूंगा।

पर्स की चोरी की शिकार मेरी महिला मित्र के लिए तेज़ रास्ते की सोच होगी, पहले ज़िम्मेदारी स्वीकारे और फिर जवाबदेही।

ज़िम्मेदारी : यह मेरी ग़लती थी जो मेरा पर्स चोरी चला गया।

जवाबदेही : भविष्य में, मैं इस बात को लेकर ऐहतियात बरतूंगी कि ऐसा दोबारा नहीं हो।

पीड़ित बनने से बचने का सुरक्षा कवच तभी तैयार होता है, जब आप परिणाम के लिए ख़ुद की ज़िम्मेदारी और फिर जवाबदेही स्वीकारते हैं। यानी आपके द्वारा उठाए गए क़दमों और उसके संभावित कमज़ोर परिणामों के प्रति ज़िम्मेदार और जवाबदेह। अपनी ग़लतियों, नाक़ामियों और जीत सबको स्वीकारो। अपने द्वारा चुने गए विकल्पों पर पुनर्विचार करो। क्या आपकी आज की स्थिति आपकी ही वज़ह से है? क्या आपने प्रक्रिया में कोई ग़लती की? क्या आप कामचोर थे? अधिकांश बुरे परिणाम बुरे विकल्पों को अपनाने के कारण मिलते हैं। उनकी ज़िम्मेदारी और जवाबदेही लो और अपनी ज़िंदगी की भी।

आपको कोई दूसरा रास्ते से उतार नहीं सकता क्योंकि आप ख़ुद अपना वाहन चला रहे हो। जब आप अपने फ़ैसलों को स्वीकारते हैं तो कुछ चमत्कारिक होता है। असफलता की स्थिति में आप पीड़ित के तमग़े से बच जाते हैं–यह समझदारी में तब्दील हो जाता है।

ज़िम्मेदारियों और जवाबदेही से बचिए और आपकी ज़िंदगी की डोर किसी और के हाथों में चली जाती है। दूसरे शब्दों में कहें तो अपनी ज़िंदगी की कमान अपने हाथों में लीजिए।

लायक़ हो! लायक़ हो! लायक़ हो!

एक दिन की बात है मैं लगातार ऐसे रेडियो विज्ञापन सुन रहा था, जो बहुत विचलित करने वाले थे। उनके लक्ष्य को पहचानने के लिए आपको परमाणु वैज्ञानिक होने की ज़रूरत नहीं है ...पीड़ित महसूस करने वाले पगडंडी के राहगीर। पहला विज्ञापन बंधक क़र्ज़ संशोधन कंपनी का था। और उसका सुर कुछ ऐसा था, "अपने क़र्ज़ को संशोधित करके उस कम भुगतान की सुविधा को पाइए, जिसके आप लायक़ हैं।" अगला विज्ञापन एक वकील का था, "दुर्घटना का शिकार हुए हैं? वह मुआवज़ा पाइए, जिसके आप लायक़ हैं।" अंतिम विज्ञापन आपके उधार की स्थिति को सुधारने वाली कंपनी (क्रेडिट रिपेयर कंपनी) का था, "चलिए आपके क़र्ज़ को समझौते से तकरीबन शून्य कर देते हैं, जिसके आप लायक़ हैं।"

सभी विज्ञापनों पर आपने एक समान मुहावरा पाया।

जिसके आप लायक़ हैं।

गंभीरतापूर्वक बात की जाए, तो ये लोग किस लायक़ हैं?

आप पर भारी क़र्ज़ चढ़ा हुआ है, आप अपने बिलों का वक़्त पर भुगतान नहीं करते और आपको बेहतर ज़िंदगी की अपेक्षा है? दादी अम्मा के धन पर आपकी कार चलती है और आप चाहते हैं कि किसी बड़ी बीमा कंपनी से आपको कोई बड़ा नग़द इनाम मिले? आप अपनी हैसियत से ज़्यादा का मकान ख़रीद लेते हैं और अब आपको कम ब्याज दर चाहिए? कैसे क्या लायक़ होने की बात इतनी आसानी के साथ सामने आ जाती है? बिना किसी प्रयास के। मानो आसमान से क़िस्मत की बरसात हो रही हो!

हमारे दिमाग़ में यह बात बड़ी ही सफ़ाई के साथ बैठाई जा रही है कि हम प्रक्रिया या जवाबदेही के प्रति आज्ञाकारी हुए बग़ैर भी बहुत कुछ पाने के लायक़ हैं।

आप उसी बात के लायक़ हैं, जो आपके प्रयासों से मिला है अथवा नहीं मिला है।

ज़िम्मेदार होना एक बात है और जवाबदेह होना दूसरी।

जब आप अपने विकल्पों के प्रति जवाबदेह हैं तो आप भविष्य में अपने व्यवहार को बदलते हैं और ज़िंदगी की गाड़ी ख़ुद चलाने लगते हैं।

अध्याय का सार : तेज़ रास्ते की ख़ासियतें

- सहयात्री अपनी वित्तीय योजनाओं की कमान दूसरों के हाथों में दे देते हैं, जो प्रभावी तरह से संभावनाओं को पीड़ित होने की आशंका में तब्दील कर देता है।
- पीड़ितों का क़ानून : आप पीड़ित नहीं हो सकते जब तक कि आप किसी और को आपके उत्पीड़न की ताक़त नहीं दे डालते।
- ज़िम्मेदारी आपकी पसंद या विकल्प को स्वीकार लेती है।
- ज़िम्मेदारी को स्वीकारना अपनी ज़िंदगी की गाड़ी की कमान अपने हाथ में लेने की दिशा में पहला क़दम है। जवाबदेही अंतिम।

भाग–4

साधारणता : धीमा रास्ता

अध्याय

10

एक झूठ जो आपको बेचा गया : धीमा रास्ता

क्या हो अगर मैं इसे पागलपन कहूं कि एक ही ऑफ़िस में 50 साल प्रति सप्ताह 50 घंटे काम करने के बाद आपको नौकरी से निकाल दिया जाता है और आप सेवानिवृत्ति के बाद शेष ज़िंदगी एक गांव में बिताते हुए यह सोचें कि वक़्त पर टॉयलेट तक नहीं पहुंच पाने पर होने वाले सम्मान की क्षति से बेहतर है मैं मर जाऊं? क्या वाक़ई आप इसे पागलपन करार नहीं देंगे?

—स्टीव बूसेमी (कॉन एयर, पेरामाउंट पिक्चर्स, 2003)

अगले मोड़ पर : "धीमी गति" के रास्ते की साधारणता

पिछले अध्याय में हमने इस बात पर विशेष ध्यान दिया कि पगडंडी के राहगीरों के पास अपनी कोई वित्तीय योजना नहीं होती। उनका पूरा ध्यान आज के आनंद पर होता है, जिसका संचालन तत्काल सफलता के लालच से होता है। पगडंडी पर चलना जहां सुखद कल के लिए आज को गिरवी रख देने की जीवनशैली है तो धीमी गति का रास्ता सुखद कल के लिए आज के त्याग की बात करता है।

धीमी गति के रास्ते के राहगीर के तौर पर आप ऐसे गोलमाल मतों से घिर जाते हैं, जो अनुशासन की दुहाई देते हैं। एक नौकरी कीजिए और सप्ताह के पांच दिन बर्बाद कर दीजिए। भोजन कीजिए और 10 डॉलर की कॉफ़ी त्याग दीजिए। अपने वेतन के 10 प्रतिशत को शेयर बाज़ार और 401 (के) योजना में लगन से निवेश करते रहिए। शोरूम की खिड़की से दिखने वाली स्पोर्ट्स कार के सपने देखना छोड़ दीजिए, क्योंकि आप उसे ख़रीद नहीं सकते। सस्ता खाना खाओ और हर चीज सेल में ख़रीदो। 65 वर्ष की उम्र तक संतुष्टि को टाल दीजिए। बचत, बचत और बचत, क्योंकि चक्रवृद्धि ब्याज बहुत दमदार चीज़ है। आज का एक लाख डॉलर का निवेश 50 साल में अरबों-खरबों डॉलर में बदल जाएगी।

हैरत की बात है कि धीमा रास्ता, पगडंडी के राहगीरों के लिए राह बदलने का पहला सुविधाजनक मोड़ होता है। यह परिपक्वता और बतौर वयस्क ज़िम्मेदारियां बढ़ने से आता है। कॉलेजों के अधिकांश स्नातक स्कूल के बाद की ज़िंदगी पगडंडी की राह पर बिताते हैं। मैंने निश्चित तौर पर ऐसा ही किया था। स्नातक उपाधि से आपको तुरंत आनंद देने वाली वस्तुएं ख़रीदने का मानो लाइसेंस ही मिल जाता है : कानकुन की सैर, एक चमकीली कार, जिसमें ज़बर्दस्त गूंज वाला स्टीरियो लगा हो, रात को जितनी चाहे शराब पीना, संगीत का बड़ा-सा संग्रह। ज़िंदगी बस अभी के इर्द-गिर्द घूमती थी, परिणामों की चिंता किए बग़ैर। पगडंडी के राहगीर (और आम आदमी) बेहतर भविष्य के ताबड़तोड़ सपने देखता है। "मैं और ज़्यादा धन कमाऊंगा," "मैं लॉटरी जीत जाऊंगा," "मेरे पिता की मौत के बाद विरासत में मुझे हज़ारों डॉलर मिलेंगे।" भविष्य की बैसाखियां आज की मौज को न्यायसंगत बना देती है। पृष्ठभूमि में जीवनशैली की गुलामी की जड़ें मज़बूत होती जाती हैं।

हालांकि, बढ़ती ज़िम्मेदारी के साथ, शायद एक बढ़ते परिवार, पहाड़ जैसे क़र्ज़ और भविष्य की उम्मीदें खरी नहीं होती दिखने के कारण पगडंडी के राहगीर को पगडंडी की अनिश्चितता का अहसास होता है। वह तुलनात्मक तौर पर ज़्यादा ज़िम्मेदार रास्ते की ओर परिवर्तन करता है : वह पगडंडी को छोड़कर धीमे रास्ते के नक़्शे पर चलने लगता है। भरोसेमंद सूत्रों द्वारा प्रशंसित रणनीति को अपनाता है। पगडंडी पर जहां अनुशासनहीन व्यवहार देखने को मिलता है तो धीमा रास्ता, दौलत के समीकरण की वित्तीय योजना में ज़िम्मेदारी और जवाबदेही को शामिल कर लेता है। यह बुरा नहीं हो सकता है, है ना?

दुर्भाग्यवश, धीमा रास्ता, किसी पेट्रोल पंप पर दी गई दिशा की ग़लत जानकारी की तरह होता है। फ़र्क़ होता है तो केवल इतना की यह ग़लत दिशा अनजान लोगों द्वारा नहीं बल्कि अपने भरोसे के लोगों द्वारा दिखाई जाती है-शिक्षक, टीवी और रेडियो की हस्तियां, वित्तीय सलाहकार और हां, आपके अपने अभिभावक। यह तथाकथित स्रोत रणनीति की कपटपूर्ण ताक़त को थोपता है, जबकि इसकी क्षमता पर तो नौसीखिये भी शक कर सकते हैं। धीमी गति का रास्ता तो उम्र भर का इस बात पर दांव है कि आज का त्याग कल दौलत की वज़ह बनेगा।

दौलत का वादा... क़ीमत? आपकी ज़िंदगी

धीमी गति को बमुश्किल चुनौती मिलती है। यह इतना छलावे भरा झूठ है कि जब धोखे का पता चलता है, उम्र बीत चुकी होती है। इस दौरान करोड़ों और लोग इसी छलावे से गुज़रने के लिए तैयार होते रहते हैं।

अगर आप झूठ को ख़रीद लेते हैं, तो आप अपने आज को गौरवशाली कल के लिए बेच देते हैं। और यह गौरवशाली कल आता कब है? कब आप करोड़ों ख़र्च कर सकेंगे, ज़िंदगी के मजे ले सकेंगे? कब? "धीमी गति से अमीरी" का मुख्य वाहक है वक़्त-नौकरी को दिया गया वक़्त और शेयर बाज़ार को दिया गया वक़्त। आपका गौरवशाली कल शायद 40 बरस की उम्र के बाद आएगा, जब आप शायद अपने अंतिम राष्ट्रपति कार्यकाल को देख रहे होंगे या फिर आपके दूसरे कूल्हे को बदलना पड़ रहा होगा। आपका गौरवशाली कल

तब भी आ सकता है, जब आप 83 बरस के होंगे और अपनी ही पेशाब से लथपथ सने होंगे। एक बदबूदार बिस्तर से बंधे हुए, क्योंकि आपका दिमाग़ अल्जाइमर्स रोग के कारण ख़राब हो चुका है। गंभीरता के साथ जानना चाहूंगा कि आख़िर अमीर बनकर सेवानिवृत्त होने की यह धीमे रास्ते की योजना कब हक़ीक़त बनेगी, ताकि आप अपने द्वारा कमाए गए करोड़ों का आनंद उठा सकें?

एक किशोर के तौर पर जो, अमीर होने से संबंधित व्यक्तिगत वित्त प्रबंधन की कुछ किताबें पढ़ता है। वे उसको बचत करने, करियर बनाने, कूपन्स इस्तेमाल करने और संसाधनों की तुलना में कम ख़र्चीली ज़िंदगी जीने की सलाह देती है। क़ानून की डिग्री के साथ स्नातक होने के बाद, जो इसी सलाह का पालन करता है। हालांकि यह मुश्किल है, लेकिन वह बड़ी लगन के साथ दौलत की इस योजना का पालन करता है। वह अपनी लॉ फ़र्म में सप्ताह में 60 घंटे काम करता है। अधिकांशतया अपने परिवार और बच्चों की उपेक्षा करते हुए। उसका पूरा सप्ताह जहां ऑफ़िस में गुज़रता है तो सप्ताहांत की छुट्टियां घर में, दोबारा उत्साह के साथ अगले सप्ताह के संघर्ष की तैयारी में।

क़ानून की दुनिया में 12 साल बिताने के बाद, जो फ़ैसला करता है कि उसका काम आनंददायक नहीं है। फिर भी वह काम जारी रखता है, क्योंकि वह फ़र्म में भागीदार बनने और ढाई लाख डॉलर के मूल वेतन से केवल एक क़दम दूर है। जो ज़िंदगी की गाड़ी चलने के दौरान अपने लक्ष्य पर से ध्यान नहीं हटाता : 55 वर्ष की उम्र तक सेवानिवृत्ति, क्योंकि आख़िरकार वित्तीय गुरु डेविड कहते हैं, "चतुर लोग अंत में अमीर बन जाते हैं।"

इस वजह से जो बचत करता है, ओवर टाइम करता है, म्युचुअल फ़ंड्स में निवेश करता है और अपनी फ़र्म की 401(के) योजना में भी योगदान देता है। अपनी योजना की ख़ातिर वह नौकरी जारी रखता है। किसी ने यह सब आसान होने की बात नहीं कही थी। वह "एक दिन" आ ही रहा है, जिस दिन वह करोड़ों डॉलर के साथ सेवानिवृत्त होगा। वह भविष्य की ख़ातिर सप्ताह के पांच परेशानी भरे दिन एक नापसंद नौकरी में गुज़ारने को सही ठहराता है। फिर गर्मी के दिनों में एक दिन अपने बगीचे की घास काटते हुए 51 बरस की उम्र में दिल का दौरा पड़ने से जो की मौत हो जाती है अपनी मंज़िल से चार साल पहले।

आप या तो जवानी में अमीर हो सकते हैं या फिर बुढ़ापे में, रास्ते में किसी भी पल मौत के जोख़िम के साथ। पसंद आपकी होनी चाहिए और यह कोई होड़ नहीं होनी चाहिए। 25 वर्ष की उम्र में अमीर बना व्यक्ति निश्चित ही 65 वर्ष की उम्र में अमीर हुए व्यक्ति को बुरी तरह से पछाड़ देता है। किसी युवा से पूछिए कि युवावस्था में ही अमीर कैसे बना जाए। क्या कूपन्स, म्युचुअल फ़ंड्स और 401 (के) से बात बनेगी? हास्यास्पद। मुझे पता है।

दौलत के असली मजे तभी हैं जब आपको यह युवावस्था में मिले, जब आपके पास उसका पूरा आनंद उठाने लायक़ स्वास्थ्य, उमंग, ऊर्जा और हां सिर पर कुछ बाल हों।

दौलत का असली मज़ा ज़िंदगी के चरम दिनों में ही लिया जा सकता है, 40 साल तक 50 घंटे प्रति सप्ताह काम करते हुए बूढ़े हो जाने के बाद नहीं। तब तक आपके सपने घुटने टेक चुके होते हैं। यह बात हमें अंतरंग तौर पर पता होती है, लेकिन फिर भी हम एक ऐसे वित्तीय सफ़र के नक़्शे पर पूरे विश्वास के साथ यक़ीन कर लेते हैं, जो हमें दौलत का वादा तो करता है, लेकिन चार या पांच दशक के बाद।

और आपके लिए सबसे बड़ी चिंता का विषय होना चाहिए कि क्या यह वाक़ई कामयाबी भी दिलाता है?

2008 की मंदी ने धीमी गति के रास्ते के छलावे का पर्दाफ़ाश कर दिया। बिना किसी नौकरी के योजना भी धराशायी हो जाती है। जब शेयर बाज़ार आपकी बचत के 50% हिस्से को हवा में ग़ायब कर देता है, योजना नाकाम हो जाती है। जब आवास की समस्या एक साल में आपके अचल निवल मूल्य का 40% समाप्त कर देती है तो योजना नाकाम हो जाती है। *योजना नाकाम हो जाती है क्योंकि योजना वक़्त और कारकों पर निर्भर है, जिन पर आपका कोई नियंत्रण नहीं है।*

दुर्भाग्यवश दशकों तक करोड़ों लोगों ने पूरी लगन और विश्वास के साथ इसी योजना का पालन करके यही कड़वा सबक़ हासिल किया है कि धीमी गति का रास्ता जोख़िम भरा और असह्य रूप से नाकारा है।

वह रणनीति जिसमें आपकी ज़िंदगी और सपनों की बलि मांगी जाती है, एक खोई हुई बाज़ी की तरह है। धीमी गति दंभपूर्वक यह सोच लेती है कि आप अजर-अमर हैं। और यह भी कि आपको हमेशा रोज़गार उपलब्ध रहेगा। दुर्भाग्यवश लैम्बोर्ग़िनी की डिक्की में व्हीलचेयर्स के लिए कोई जगह नहीं होती।

धीमे रास्ते के दिमाग़ी दिशादर्शक और पैग़ाम

वक़्त गुज़रने के साथ, धीमे रास्ते के राहगीरों के दिमाग़ में भरोसेमंद सूत्रों द्वारा दी गई जानकारी के दिशादर्शक घर कर जाते हैं। मां और पिताजी कहते हैं, कॉलेज जाओ, स्नातक की उपाधि हासिल करो और नौकरी हासिल करो। सबसे ज़्यादा बिक्री वाले लेखक डेविड कहते हैं, "महंगी लेत्तेस पीना बंद कर दो" और सूज़ कहती है, "सेवानिवृत्ति से जुड़ा रोथ आईआरए खाता खोलो और उसमें वेतन का 10% जमा करो," रामसे का कहना है, "उस क़र्ज़ को तेज़ी से बढ़ाओ।" सीएनबीसी बड़े गर्व के साथ दावा करती है कि दौलत का रहस्य 50 साल के इंडेक्स्ड फ़ंड्स को प्रचारित करने वाले हाथ से लिखे इंडेक्स कार्ड्स में है। ये सभी पैग़ाम धीमे रास्ते के राहगीरों के दिमाग़ में दिशादर्शक की तरह स्थापित हो जाते हैं, दौलत की एक ऐसी यात्रा जिसमें पूरा जीवन ही लग जाता है।

क़र्ज़ की समझ: *क़र्ज़ बुरी बात है। इसे ख़त्म करने के लिए पूरा दम लगा देना चाहिए, फिर भले ही उसके लिए आपको ज़िंदगी भर ओवरटाइम करना पड़े।*

वक़्त की समझ : *मेरे पास भरपूर वक़्त है और मैं और अधिक डॉलर कमाने के लिए वक़्त का इस्तेमाल करूंगा। मैं जितने ज़्यादा घंटे काम करूंगा उतनी ही जल्दी क़र्ज़मुक्त हो जाऊंगा और 65 वर्ष की उम्र में सेवानिवृत्त होने के लिए बचत भी कर सकूंगा।*

शिक्षा की समझ : *शिक्षा महत्त्वपूर्ण है, क्योंकि यह मुझे ज़्यादा वेतन पाने में मदद करती है।*

धन की समझ : *धन की बहुत तंगी है और हर डॉलर हर सेंट का हिसाब रखना चाहिए। बजट बनाकर पूरी शिद्दत से बचत करनी चाहिए। अगर मैं करोड़ों डॉलर के साथ 65 वर्ष की उम्र में सेवानिवृत्त होना चाहता हूं तो मुझे यह सुनिश्चित करना होगा कि मैं मेहनत से की गई कमाई को बेकार नहीं जाने दूं।*

आय का प्राथमिक स्रोत : *मेरी नौकरी ही मेरी आय का इकलौता स्रोत है।*

प्राथमिक तौर पर दौलत को गति देने वाला : *चक्रवृद्धि ब्याज बहुत दमदार है, क्योंकि आज का 10 डॉलर का निवेश 50 साल में तीन लाख डॉलर हो जाएगा। और हां, म्युचुअल फ़ंड्स, घरों की क़ीमतों में उछाल, मेरे नियोक्ता का 401 (के) मत भूल जाना।*

दौलत की समझ : *काम करो, बचत करो और निवेश करो। काम करो, बचत करो और निवेश करो। यही बात 40 साल तक अपनी सेवानिवृत्ति तक दोहराते रहो 65 वर्ष की उम्र तक या फिर अगर मेरी क़िस्मत अच्छी रही तो बाज़ार 12% की दर से लाभ देगा और मैं 55 में सेवानिवृत्त हो सकूंगा।*

दौलत का समीकरण : *दौलत=नौकरी+बाज़ार में निवेश।*

मंज़िल : *ज़िंदगी के सुनहरे दिनों में आरामदेह सेवानिवृत्ति।*

ज़िम्मेदारी और नियंत्रण : *मेरे परिवार की ज़रूरतों को पूरा करना मेरी ज़िम्मेदारी है, हालांकि उस योजना को साकार करने के लिए मुझे अन्य लोगों, शेयर बाज़ार, मेरे नियोक्ता, मेरे वित्तीय सलाहकार, सरकार और एक अच्छी कंपनी पर निर्भर रहना होगा।*

ज़िंदगी की समझ : *कम में संतोष मानो। बड़े सपने देखना छोड़ दो। बचत करो, मितव्ययी बनो, बेवजह का* जोख़िम मोल मत लो और एक दिन में करोड़ों डॉलर के साथ सेवानिवृत्त हो जाऊंगा।

तो आख़िर आपको समझ में कैसे आएगा कि आपको धीमी गति का रास्ता बेचा जा रहा है? निम्नलिखित प्राथमिक सामग्री धीमी गति के रास्ते का मूल है :

धीमी गति के रास्ते के हथियार

- स्कूल जाओ
- अच्छे नंबर लाओ
- स्नातक उपाधि हासिल करो
- पहले ख़ुद को भुगतान करो
- ओवरटाइम काम करो
- कार्पोरेट सीढ़ी
- वेतन का कुछ तय प्रतिशत बचाओ
- 401 (के) सेवानिवृत्ति योजना में योगदान दो
- म्युचुअल फ़ंड्स में निवेश करो
- शेयर ख़रीदो और रखो
- वेतन, पेंशन और फ़ायदे
- विविधता उत्पन्न करो
- अपनी बीमा कटौती में बढ़ोत्तरी करो
- शेयर बाज़ार, प्राथमिकता के आधार पर इंडेक्स फ़ंड्स
- महंगी लेत्तेस को "ना" कहो
- मितव्ययी बनो
- क़र्ज़ से बाहर निकलो
- कूपन्स का इस्तेमाल करो
- क्रेडिट कार्ड्स को बंद करो
- डॉलर की कॉस्ट एवरेजिंग (डीसीए) करो
- और अधिक बेहतर डिग्री हासिल करो
- घर का क़र्ज़ जल्द ख़त्म करो
- आपका घर एक संपत्ति है
- निजी सेवानिवृत्ति खाते (आईआरए)
- उपलब्ध संसाधनों से कम में ज़िंदगी गुजारो
- चक्रवृद्धि ब्याज को समझो

जब कभी भी आपका सामना इनमें से किसी भी प्रचलित शब्द के साथ हो तो सावधान हो जाइए। कोई आपको दौलत की समूची योजना के नाम पर धीमा रास्ता बेचने का प्रयास कर रहा है। हालांकि कूपन्स और धीमे रास्ते की अन्य रणनीतियां मूल्यहीन नहीं हैं, लेकिन ये योजना का हिस्सा हो सकती हैं, ख़ुद योजना नहीं। *धीमे रास्ते को ही पूरी योजना करार देना समस्या की जड़ है, ना कि धीमा रास्ता योजना का एक हिस्सा होना।* यह अंतर समझना महत्त्वपूर्ण है, क्योंकि दौलत के किसी भी अभियान के लिए वित्तीय अनुशासन तो अनिवार्य तत्व है।

धीमे रास्ते का नक़्शा : एक गणितीय परिचय

धीमे रास्ते में दौलत कैसे तैयार की जाती है? इसकी विधि (और इसकी कमज़ोरियों) को जानने के लिए आपको उल्टा चलकर रणनीति की गणितीय जड़ों या यूं कहें कि दौलत के समीकरण तक जाना होगा। दूसरे शब्दों में आप, इस योजना की दौलत की सैद्धांतिक गति सीमाओं का भांडाफोड़ करना चाहते हैं, जिसका निर्धारण हमेशा दो परिवर्तनशील कारकों से होता है : आपकी आय का मूल स्रोत (आपकी नौकरी) और आपकी दौलत को गति

देने वाला वाहन (बाज़ार में निवेश)। यही दो परिवर्तनशील कारक धीमे रास्ते की दौलत के समीकरण को निर्धारित कर, इसकी दौलत हासिल करने की ताक़त पर नियंत्रण रखते हैं या यूं कहें कि इस मामले में व्यर्थता पर।

दौलत =(आय का मूल स्रोत : नौकरी)+(दौलत को गति देने वाला वाहन : बाज़ार में निवेश)

दूसरी तरह से देखा जाए तो यह समीकरण कुछ ऐसा है :

दौलत = वास्तविक मूल्य + चक्रवृद्धि ब्याज

प्राथमिक आय के परिवर्तनशील कारक वास्तविक मूल्य के दो परिवर्तनशील कारक हैं, जो ख़ुद इस बात पर निर्भर करते हैं कि नौकरी में आपको कैसा वेतन दिया जाता है। यह कुछ भी हो सकता है :

वास्तविक मूल्य = प्रति घंटे वेतन × काम के घंटे

या

वास्तविक मूल्य = सालाना वेतन

चक्रवृद्धि ब्याज की उत्पत्ति "बाज़ार निवेश" से हुई है, जो कि एक वैश्विक विचार है, जिसके मुताबिक़ शेयर बाज़ार में कुछ डॉलर निवेश करने पर वह कुछ दशकों में करोड़ों डॉलर बन जाते हैं। 12वें अध्याय में हम धीमे रास्ते की गणितीय संरचना का परीक्षण करेंगे और उसमें मौजूद वास्तविक ख़ामी का पता लगाएंगे। वहां आपको पता चलेगा कि किस कारण से समाज की योजना, आपके अभिभावकों की योजना, मुख्य धारा की मीडिया की योजना और वित्तीय गुरुओं की योजना, यह सभी दौलत हासिल करने के लिहाज़ से बहुत ही बेकार हैं।

क्या आपने सप्ताहांत के लिए अंतरात्मा का सौदा किया है?

आपकी अंतरात्मा एक सप्ताहांत से ज़्यादा मूल्यवान है। धीमे रास्ते के संस्थानीकरण के दुष्प्रभाव पहले आपकी नज़र छीन लेते हैं और फिर आप अज्ञानता के अंधेरे में धकेल दिए जाते हैं।

2007 में एक सर्द सुबह, एक वायलिन वादक ने वॉशिंगटन डीसी के ट्रेन स्टेशन पर बैठकर बाख़ की छह शास्त्रीय धुनें बजाईं। ख़ास बात यह थी कि यह ना तो यह सामान्य वायलिन वादक था और ना ही वह वायलिन ही सामान्य था। वायलिन पर थे वेश बदलकर जोशुआ बेल, दुनिया के महानतम संगीतकारों में से एक, जिन्होंने बीती रात ही बोस्टन में 100 डॉलर की टिकट के बावजूद खचाखच भरे कंसर्ट हॉल में प्रस्तुति दी थी। जोशुआ

ने जब सुबह के यात्रियों की भीड़ के बीच अपनी 3.5 मिलियन डॉलर की वायलिन पर धुन छेड़ी, उस दौरान वहां से तकरीबन 2000 यात्री गुज़रे। उनमें से अधिकांश काम पर जा रहे थे।

जोशुआ ने लगातार 45 मिनट तक प्रस्तुति दी।

केवल छह लोगों ने कुछ देर बमुश्किल रुककर उन्हें सुना। एक बार भी भीड़ जमा नहीं हुई। तकरीबन 20 लोगों ने सिक्के तो फेंके, लेकिन बिना रुके तेज़ी से आगे बढ़ गए। जब उन्होंने वायलिन बजाना बंद किया तो वहां पर एक व्यस्त रेलवे स्टेशन के कोलाहल के अलावा सन्नाटा था। ना कोई ताली, ना श्रोता, ना कोई पहचान।

द *वॉशिंगटन पोस्ट* द्वारा किए गए इस प्रयोग से एक अविश्वसनीय रूप से शक्तिशाली बात का पता चलता है। दुनिया का श्रेष्ठतम संगीतकार भी चूहों की दौड़ में शामिल लोगों के दिमाग़ की बत्ती नहीं जला सकता। ऐसे लोगों की, जिनका दम ख़ुद की उदासीनता से घुट रहा हो।

क्या ज़िंदगी ने आपको इतना दयनीय बना दिया है कि आपमें से ज़िंदगी ही निकल गई है? क्या आपको सोमवार से शुक्रवार के काम के चक्र ने इतना मृतप्राय बना दिया है कि एक दृष्टिहीन की तरह आपके सामने मौजूद ख़ूबसूरती भी आपको दिखाई नहीं दे रही है और उसका संगीत भी मर चुका है?

ट्रेन के यात्री तो किसी मुर्दे की तरह आते-जाते हैं। वे सोमवार से शुक्रवार तक के वैभव से बेख़बर हैं। हालांकि अगर यह प्रयोग शनिवार को किया गया होता तो क्या कोई फ़र्क़ पड़ता?

यह वाक़या धीमी गति के रास्ते में मौजूद तिरस्कार का ख़ुलासा कर देता है : जब आप अपनी ज़िंदगी बिना दिमाग़ लगाए केवल वेतन के लिए समर्पित कर देते हैं, तो आप ज़िंदगी को नज़रअंदाज़ कर, किसी व्यस्त रेलवे स्टेशन से क़दमों को घसीटते हुए गुज़रने का जोख़िम मोल ले लेते हैं। ज़िंदगी शुक्रवार की रात को शुरू होकर सोमवार की सुबह समाप्त नहीं हो जाती।

"शुक्रिया भगवान आज शुक्रवार है" : धीमे रास्ते पर जन्म और लालन-पालन

एक दोस्त ने मुझे हाल ही में शनिवार रात को उसके साथ बाहर जाने से इंकार कर देने पर कोसते हुए कहा, "क्या तुम पागल हो? अरे यह शनिवार की रात है।" मैंने उसे एक बात बताई जो धीमे रास्ते वाले कभी नहीं समझ पाएंगे। मेरे लिए तो हर दिन ही शनिवार है, क्योंकि मैं सोमवार से शुक्रवार तक के लिए बिका नहीं हूं।

दौलत की उत्पत्ति होती है-परिवार, फ़िटनेस और आज़ादी से। आज़ादी का मूल्य शुक्रवार की शाम होते ही देखा जा सकता है। यही संयोगवश मेरे दोस्त के साथ मेरी ऐतिहासिक चर्चा का सबसे ख़ुशहाल एक घंटा लेकर आया। बार में बैठकर हमने लोगों की उत्साहपूर्ण बातचीत का कोलाहल सुना। बार उस वक़्त एकदम "जीवंत" था और संगीत की सरसराहट के बीच आप अनुमान ही नहीं लगा सकते कि मंदी जारी है।

शोर-शराबे के बीच मैंने पूछा, "तुम्हें क्या सुनाई दे रहा है?"

वह बोली, "मैं देख रही हूं कि लोगों को मज़ा आ रहा है वे मौज कर रहे हैं।"

मैंने फिर पूछा, "क्यों?"

वह बोली, "क्यों का मतलब? आज शुक्रवार है।"

मैंने और पड़ताल की, शुक्रवार में ऐसी क्या ख़ास बात है? हम यहां सोमवार को आते तो यह जगह ख़ाली मिलती और उल्लास की आवाज़ नदारद होती। आख़िर किसी सोमवार या बुधवार की तुलना में क्या बात शुक्रवार को ख़ास बना देती है?

मेरी विरोधाभासी पूछताछ में फंसने का आभास होते ही उसने मेरे ही मज़े लेते हुए कहा, "लोगों को शुक्रवार को भुगतान मिलता है?"

मैं फ़ैसले तक पहुंच चुका था : लोग शुक्रवार शाम को मौज-मस्ती करते हैं, क्योंकि लोग अपने काम से मिले लाभ का जश्न मनाते हैं : पांच दिन के काम-गुलामी के ऐवज़ में दो दिन की बेरोकटोक आज़ादी। शनिवार और रविवार दरअसल, सोमवार से शुक्रवार तक के काम का भुगतान है। शुक्रवार की शाम उस भुगतान का प्रतीक बन जाती है, दो दिन की आज़ादी। सोमवार से शुक्रवार तक के देह व्यापार का ही परिणाम है, "शुक्रिया भगवान, आज शुक्रवार है।" शुक्रवार को लोगों को शनिवार और रविवार की मुद्रा में आज़ादी का भुगतान किया जाता है।

नकारात्मक 60% : धीमे रास्ते का निराशाजनक लाभ

शनिवार और रविवार के भुगतान की ख़ातिर सोमवार से शुक्रवार तक अपनी आत्मा को बेचना अव्वल दर्जे का पागलपन है। जी हां, आज मुझे पांच डॉलर दीजिए, मैं कल आपको दो डॉलर लौटा दूंगा।

पांच के बदले दो। बिलकुल नहीं?

कैसा हो अगर आप मुझे आज ब्रेड के पांच टुकड़े दें और कल मैं आपको उसमें से दो लौटा दूंगा? दोबारा नहीं? क्यों? मामला गड़बड़ है।

उम्मीद है कि आप समझ गए होंगे कि किसी भी बात के पांच के बदले में दो लौटाना घाटे का सौदा है। पांच के बदले दो की वापसी, 60% का नकारात्मक निवेश है। अगर आप लगातार 60% का नकारात्मक निवेश करते रहे तो जल्द ही कंगाल हो जाएंगे। कौन-सा तार्किक व्यक्ति इतना बेकार सौदा करेगा?

पूरी संभावना है कि आप ऐसा ही कर रहे होंगे। जब आप धीमे रास्ते को अपनी रणनीति के तौर पर स्वीकार लेते हैं तो 5 के बदले दो को स्वीकार लेते हैं। आप पांच दिन के काम की गुलामी के बदले सप्ताहांत पर दो दिन की आज़ादी का सौदा करते हैं। जी हां, शनिवार और रविवार के लिए सोमवार से शुक्रवार तक देह का व्यापार। लोग जहां ऋणात्मक 60% लाभ को आसानी से पहचान लेते हैं, वह फिर भी करते यही हैं।

अगर आपके बच्चे हैं तो आपको इस सामान्य बन चुकी स्थिति पर सवाल करना चाहिए। बच्चे सोमवार और मंगलवार को बड़े होते हैं, लेकिन मैंने तो सुना है कि वे

बुधवार, गुरुवार और शुक्रवार को भी बड़े होते हैं। जी हां, वे बड़े होने के लिए सप्ताहांत का इंतज़ार नहीं करते। जब नन्ही मिरांडा पहला शब्द बोलती है, पहला क़दम उठाती है, पहली बार नाचती है, तो वह इस बात की फ़िक्र नहीं करती कि आप ह्यूस्टन में मैनेजरों की त्रैमासिक बैठक में हिस्सा ले रहे हैं। बच्चे और रिश्ते बढ़ने के लिए सप्ताहांत का इंतज़ार नहीं करते। आप जबकि 5-2 के दुष्चक्र में उलझे रहते हैं, बच्चे बड़े हो जाते हैं और आप भी।

जो लोग वक़्त के मामले में दिवालिया हैं वे जल्द ही अपनी आज़ादी, परिवार और रिश्तों को टूटकर बिखरते हुए देखते हैं। वक़्त का कुप्रबंधन होता है, क्योंकि धीमा रास्ता पूरी तरह से वक़्त पर ही निर्भर है। पांच दिन की गुलामी के बदले दो दिन की आज़ादी एक अच्छा सौदा नहीं है, जब तक कि आप एक ऐसी प्रणाली विकसित नहीं कर लें, जो आपको वक़्त के बदले वक़्त ही दे।

ज़िंदगी के लिए 5 के बदले दो की बजाय, 5 के बदले 2 का वह सौदा कैसा है, जिसमें अनुपात बेहतर होने की पूरी संभावना है? जैसे 1 के बदले दो या फिर 3 के बदले 10? क्या आप सौदे के लिए तैयार हैं अगर 5 के बदले दो को 1 के बदले 10 में बदला जा सके? क्या यह निवेश के लिए लायक़ होगा?

मैंने जब अपनी योजना बनाई तो उसमें 7 के बदले 0 (मैं सात दिन तक काम करता था और एक दिन भी आराम नहीं करता था) की व्यवस्था रखी। मैं जानता था कि मेरे रास्ते के नक़्शे मुझे अपने सपनों तक ले जाएंगे। मैंने 40 साल की बजाय कम वक़्त में इस अनुपात में सुधार के लिए प्रयास किया। मैंने अपने भाग्य पर नियंत्रण साधा और वक़्त के सौदे ने 40 साल का लाभांश दे डाला।

अब मैं शून्य के बदले 7 (शून्य दिन काम और सात दिन आज़ादी) की स्थिति में आ गया हूं।

दुखद रूप से अगर आप धीमे रास्ते की घिसाई को अपनाते हैं तो आज़ादी की ख़ातिर नकारात्मक 60% का लाभांश, आपकी आज़ादी को सीमित कर देगा। याद रखिए दौलत को आज़ादी से परिभाषित किया जाता है। अगर आप सबूत चाहते हैं तो शुक्रवार की रात को देख लीजिए लोग कैसे आज़ादी का जश्न मनाते हैं। धीमे रास्ते के तानाशाह दो दिन की छुट्टी पर होते हैं।

सामान्यता दरअसल साधारणता की निंदा है

लियोनार्दो द कैप्रियो और केट विंसलेट जैसे सितारों से सजी फ़िल्म *रिवॉल्यूशनरी रोड* में धीमे रास्ते के मौत के फंदे को बख़ूबी दिखाया गया है। एक युवा जोड़ा उपनगर में रहते हुए ज़िंदगी के झटके खाते रहता है : पति (द कैप्रियो) हर सुबह काम पर जाता है और अपने जैसे लोगों की भीड़ में गुम-सा हो जाता है। उसकी पत्नी (विंसलेट) एक अच्छी गृहिणी की भूमिका में है।

दोनों को सहज ज्ञान से पता चल जाता है कि कुछ तो गड़बड़ है। वे ज़िंदगी बस गुज़ार रहे हैं। उन्होंने साधारणता को स्वीकार लिया है। उन्होंने हर किसी अन्य की बेवक़ूफ़ाना

योजना के लिए अपने सपनों को तिलांजलि दे दी है। पूरी फ़िल्म में अनिश्चिताओं भरी परिस्थितियों के बीच उन्हें हालात से पलायन की कोशिश करते देखा जा सकता है।

दिक़्क़त यह है कि हमारे दिमाग़ को धीमे रास्ते के नक़्शे को सामान्य मानकर स्वीकारने के लिए तैयार किया जा चुका है। इस ग़लत नक़्शे में शुरुआत के दौर में ही संघर्ष शुरू हो जाता है और इसे आम आदमी का दौलत पाने का पवित्र रास्ता करार दे दिया जाता है। तार्किक लगता है ना? हमारे जैसे लोग प्रोबॉल, रैप संगीत, अभिनय या मनोरंजन करके अमीर नहीं बनते, सो हमारे लिए यही धीमा रास्ता बचता है। और कुछ को यह सही भी लग सकता है। लेकिन हमारे बीच के बाक़ी लोगों के लिए जिनके सपने, लक्ष्य, विचार बड़े हैं, यह सफलता, उम्मीदों के लिहाज़ से पर्याप्त नहीं होती।

फ़ास्टलेन फ़ोरम (TheFastLaneForum.com) के पन्नों से धीमे रास्ते पर आधारित एक कहानी पेश है :

अमीर बनने की कोशिश में मेरी ज़िंदगी बहुत असुविधाजनक बन गई है। इसकी शुरुआत पांच साल पहले हुई थी, जब मेरे पास कुछ भी नहीं था। मैं 30 वर्ष का हुआ था और मुझे लगा कि वेतन दर वेतन जीना कोई ज़िंदगी नहीं है।

मैंने ख़ुद से वादा किया कि मैं अमीर बनूंगा।

यह करने के लिए मैंने दूसरी नौकरी की और इस काम से मिला सारा धन जमा करना शुरू कर दिया। दूसरी ओर पहली नौकरी के वेतन से मैं रोज़मर्रा के ख़र्चे करता था। मूलतः मेरी ज़िंदगी के पिछले पांच साल, धन की बचत की ख़ातिर मेरे लिए कुछ इस तरह के रहे :

- *8x23 के कमरे में रहते हुए तुलनात्मक तौर पर कम किराये का भुगतान*
- *परिवहन के लिए सार्वजनिक परिवहन सेवा और एक मोटरसाइकिल का इस्तेमाल*
- *तकरीबन बिना किसी साप्ताहिक अवकाश के रोज़ ही नौकरी*
- *बमुश्किल बाहर का खाना*
- *अपने या पत्नी के लिए कोई अच्छी चीज नहीं ख़रीदना*
- *तकरीबन कभी भी बाहर नहीं जाना और अच्छा वक़्त नहीं बिताना*

दूसरी नौकरी और मेरी जीवनशैली के ज़रिये मैंने पिछले पांच साल में 50,000 डॉलर की बचत कर ली है। यह राशि और अधिक हो सकती थी, लेकिन डाउ के अक्टूबर 2007 में शीर्ष पर पहुंचने से ठीक पहले 30,000 डॉलर निवेश कर मंदी में गंवा दिए।

मैं टूटने की कगार पर पहुंच चुका था।

किसी जेल के कमरे जैसे कमरे में पांच साल बिताना बहुत लंबी अवधि है। काम का बोझ भी दिमाग़ को सुन्न कर देने वाला था। मेरी ज़िंदगी मानो जेल की ज़िंदगी जैसी हो गई थी। धन की बचत करके मेरी जीवनशैली तो अच्छी

हो गई, लेकिन एक इंसान के तौर पर मैंने दिमाग़ का चैन और शांति को गंवा दिया। मुझे लगने लगा कि मैं ऐसी ज़िंदगी और अधिक नहीं जी सकता।

धीमे रास्ते का राहगीर मितव्ययिता और त्याग की उपस्थिति को उस चरम बिंदु तक स्वीकारता है, जहां ज़िंदगी किसी क़ैद-सी लगने लगती है।

इस व्यक्ति की ज़िंदगी बढ़िया लगती है या औसत दर्जे की? क्या यह किसी सपने को साकार कर पाएगी?

धीमे रास्ते की योजना एक अमीर भविष्य के वादे के लिए आज की बलि ले लेती है।

मैं "कम में समाधान" को रणनीति नहीं मानता। धीमे रास्ते के औसत दर्जे के होने के लिए यही ज़िम्मेदार है। ज़िंदगी अद्भुत नहीं तो बेकार भी नहीं है। नहीं, यह बेहतर हो सकती है, लेकिन इसके लिए आपको धीमे रास्ते की योजना को किसी और योजना के साथ बदल लेना होगा।

अध्याय का सार : तेज़ रास्ते की ख़ासियतें

- धीमा रास्ता दरअसल, पगडंडी की राह में सुधार का नैसर्गिक तरीक़ा है, जो ज़िम्मेदारी और जवाबदेही के साथ आता है।
- दौलत का सबसे ज़्यादा मज़ा युवावस्था में ही लिया जा सकता है, जब आप उत्साह-उमंग से भरपूर हों, ना कि तब ज़िंदगी का उत्तरार्द्ध चल रहा हो।
- धीमा रास्ता एक ऐसी योजना है, जो कामयाबी के लिए बरसों लेता है। इसके लिए कार्पोरेट माहौल में शानदार राजनीतिक शक्ति, मितव्ययिता और वॉल स्ट्रीट पर ज़ोरदार पकड़ ज़रूरी है।
- धीमे रास्ते के राहगीरों के लिए शनिवार और रविवार दरअसल, सोमवार से शुक्रवार के काम का वेतन है।
- धीमे रास्ते में आपका लाभ ऋणात्मक 60% होता है, पांच के बदले दो।
- धीमे रास्ते के लिए पांच के बदले दो की व्यवस्था, परंपरागत और तकरीबन तयशुदा है और बदली नहीं जा सकती, क्योंकि नौकरी में सप्ताह में पांच दिन काम एक तय सा मानक है।
- धीमे रास्ते की पूर्व निर्धारित मंज़िल है साधारणता। ज़िंदगी कुछ ख़ास नहीं, लेकिन उतनी बुरी भी नहीं।

अध्याय

11

आपराधिक सौदा : आपका काम

प्रतिदिन निष्ठापूर्वक 8 घंटे काम करते हुए आप अंततः बॉस बन जाते हैं
और फिर प्रतिदिन 12 घंटे काम करते हैं।

—रॉबर्ट फ्रॉस्ट

मैंने पांच साल कॉलेज में बिताए एक फ़ोन बुक की ख़ातिर?

कॉलेज से स्नातक होने से पहले मैंने ख़ुद को व्यस्त रखने के लिए कुछ जॉब वर्कशॉप्स में भाग लिया। मुझे उनमें से एक अच्छी तरह से याद है : शिकागो की एक बड़ी बीमा कंपनी में बिलकुल शुरुआती स्तर की नौकरी। कंपनी के कार्यालय में हमारे परिचय के दौरान नियोक्ताओं ने हमें बताया कि वास्तव में क्या उम्मीद करें :

> *"उस जगह* (छोटे चौकोर कक्षों के जमावड़े की ओर इशारा करते हुए) *नई भर्ती वाले तमाम लोग बैठते हैं। मैं बिना किसी संकोच के पहले ही कहना चाहूंगा कि यह काम बहुत मुश्किल है। हम आपको तीन वस्तुएं देते हैं : एक डेस्क, एक टेलीफ़ोन और एक टेलीफ़ोन बुक। अपना ग्राहक वर्ग तैयार करने के लिए आप हर दिन 10 घंटे फ़ोन पर ही रहेंगे। मैं जानता हूं कि बहुत आकर्षक नहीं है, लेकिन इनाम..."*

उस वक़्त में इनाम के आकर्षण को घास तक नहीं डालता था। मैं एकाएक अभिनय की मुद्रा में आ गया। मैंने दिखाया मानो मेरी इसमें रुचि है। मौक़ा देने के लिए शुक्रगुजार होने का नाटक किया। मैंने ऐसा दिखाया जैसे मुझे यह मंज़ूर हो।

ऐसा क़तई नहीं था।

सीधी बात कहूं तो : मैंने एक कॉलेज में पांच साल और 40,000 डॉलर केवल इसलिए ख़र्च किए कि मैं 6x6 के चौकोर छोटे से कक्ष में बैठकर एक टेलीफ़ोन बुक उठाकर

लोगों को फ़ोन मिलाता रहूं? मुझे उल्लू बना रहे हैं? मैं यह तो बिना किसी कॉलेज डिग्री के भी कर लेता। बिना पहाड़ से क़र्ज़ के और हां बिना पांच साल गंवाए।

लेकिन, एक अच्छे मूल वेतन, एक शानदार 401 (के) और शीर्ष स्तर के स्वास्थ्य बीमे के बारे में सोचकर मेरे साथियों की तो लार टपकने लगी। नहीं, धन्यवाद। अगर मुझे किसी अजनबी को उसके भोजन में बाधा डालकर पहली बार फ़ोन करना ही होगा तो यह मैं अपने लिए करूंगा, बॉस के लिए नहीं।

नौकरियां : पालतू होने को सामान्य तौर पर स्वीकार्य बनाना

अगर आप धीमे रास्ते से बचना चाहते हैं तो दौलत और आज़ादी तेज़ी के साथ हासिल करो। आपको अपनी नौकरी छोड़नी होगी। मैं दोहराता हूं। नौकरी छोड़ दो!

नौकरी शोषण करती है। मेरा इशारा सर्वसाधारण की ओर है, किसी एक नौकरी विशेष की ओर नहीं। आप चाहें इलेक्ट्रिशियन हों या फ़िर किसी दुकान में मैनेजर, आप नौकरी करते हैं। नौकरी बेकार है, क्योंकि उसका आधार सीमित लाभ और सीमित नियंत्रण है। निश्चित तौर पर आपकी एक अच्छी नौकरी (और जिसमें आपको आनंद भी मिले) हो सकती है, लेकिन दौलत के लिहाज़ से ज़रूरी वस्तुओं लाभ और नियंत्रण दोनों को सीमित कर देती है।

यहां छह ऐसे कारण बताए जा रहे हैं कि क्यों आपकी वित्तीय योजना, धीमे रास्ते के केंद्रबिंदु, आपकी नौकरी पर ही निर्भर नहीं होनी चाहिए।

ख़ामी #1 : वक़्त का सौदा यानी ज़िंदगी का सौदा

किसने हमें सीखाया कि दौलत के बदले में वक़्त का सौदा एक अच्छा विचार है? क्यों यह साधारणता निरंतर बेजोड़ झांसे में बदल जाती है? अगर आप नौकरी के बंधन में बंध चुके हैं तो आपकी शादी आज़ादी देने वाले काग़ज़ के चंद टुकड़ों के बदले में एक बेहद महिमामंडित वक़्त के सौदे (आपकी ज़िंदगी) से हो चुकी है। *आप आज़ादी की ख़ातिर आज़ादी बेच रहे हैं।* बहुत बड़ी बेवकूफ़ी, है ना?

नौकरी शोषण करती है, क्योंकि वह बड़ी बेरहमी से आपके वक़्त का इस्तेमाल करती है। नौकरी में आपके धन पाने का सीधा संबंध वक़्त के साथ सौदे से होता है। नौकरी उस भयंकर 5 के बदले 2 के विनिमय का आधार है। लेकिन मुझे उस शब्द वक़्त को अलग तरह से प्रस्तुत करने दीजिए, ज़िंदगी।

एक नौकरी में आप धन की ख़ातिर अपनी ज़िंदगी बेच देते हैं। अगर आप काम करते हैं तो आपको धन मिलता है। अगर आप काम नहीं करते तो आपको धन नहीं मिलता। यह ख़ून चूसने वाली शादी किसने कराई है?

अगर आयकर को 20% मान लिया जाए तो यहां पर ऐसी आम नौकरियों की सूची है और साथ में यह भी है कि उसमें कर कटौती के बाद एक करोड़ डॉलर की कमाई तक पहुंचने (उसे जेब में रखने तक) में कितना वक़्त लगेगा। अगर आप कर के बाद बची आय

की लगनपूर्वक 10% की बचत करते हैं और उसे सहेजकर रख देते हैं, तो आपका 10 लाख डॉलर तक पहुंचने का वक़्त 10 गुना हो जाता है। क्या आपके पास 10 लाख डॉलर की बचत के लिए 250 वर्ष का वक़्त है?

करियर/नौकरी	औसत सालाना आय	10 लाख डॉलर कमाने के लिए ज़रूरी वक्त	10 लाख डॉलर की बचत के लिए वक़्त
वास्तुविद	85,000 डॉलर	15 वर्ष	147 वर्ष
ऑटो मैकेनिक	43,000 डॉलर	29 वर्ष	291 वर्ष
बारटेंडर	26,000 डॉलर	48 वर्ष	481 वर्ष
कारपेंटर	50,000 डॉलर	25 वर्ष	250 वर्ष
सॉफ़्टवेयर इंजीनियर	1,02,000 डॉलर	12 वर्ष	123 वर्ष
सचिव	37,000 डॉलर	34 वर्ष	338 वर्ष
हेयरड्रेसर	30,000 डॉलर	42 वर्ष	417 वर्ष
शिक्षक	61,000 डॉलर	21 वर्ष	205 वर्ष
दवा निर्माता	1,21,000 डॉलर	10 वर्ष	103 वर्ष
पुलिस अधिकारी	64,000 डॉलर	20 वर्ष	195 वर्ष
फ़िजियोथैरेपिस्ट	88,000 डॉलर	14 वर्ष	142 वर्ष
पशु चिकित्सक	1,01,000 डॉलर	12 वर्ष	124 वर्ष

(स्रोत : अमेरिकी श्रम संगठन के आंकड़े, मई 2017, व्यावसायिक वेतन अनुमान, आसानी के लिए आंकड़ों को निकटतम पूर्णांक तक कर दिया गया है)।

क्या बेहतर नहीं होगा कि आपका भुगतान इस बात से नहीं जुड़ा हो कि आप काम क्या करते हैं? भुगतान जब आप सो रहे हों, भुगतान जब आप मौज कर रहे हों, जब आप सुबह की दैनिक क्रिया निपटा रहे हों, आप किसी समुद्र के किनारे बैठे हों? क्यों नहीं वक़्त के गुज़रने के साथ भुगतान हासिल करें और वक़्त को अपने ख़िलाफ़ की बज़ाय अपने लिए काम करने दें? क्या ऐसा कुछ अस्तित्व में है? हां, लेकिन यह धीमे रास्ते से संभव नहीं।

ख़ामी #2 : अनुभव पर सीमाएं

मैंने 10 साल की दर्जनों निरर्थक नौकरियों से ज़्यादा तो केवल दो माह बतौर उद्यमी ही सीख लिया। किसी विशेष कौशल का मतलब होता है कि आप बाज़ार की ज़रूरतों के एक तय ढांचे तक सीमित होकर रह जाते हैं। आप एक पहिये के अनेकानेक दांतों में से एक बनकर रह जाते हैं। और अगर वह दांता अप्रचलित या विस्तार योग्य हो जाता है तो? जान लीजिए, आपकी क़िस्मत ने आपका साथ छोड़ दिया है।

उदाहरण के लिए, वाहन उद्योग में काम करने वाले हजारों मज़दूर केवल इसलिए बेरोज़गार हो चुके हैं, क्योंकि उनकी नौकरियां रोबोटिक्स ने ले ली है। अनुभव उन्हें मदद करने की बजाय बाधक बन जाता है। टाइपराइटर्स तो याद ही होंगे आपको? आजकल टाइपराइटर की मरम्मत करने वाला कैसे जीवनयापन कर रहा होगा? स्टॉकब्रोकर्स और ट्रेवल एजेंट्स के क्या हाल होंगे? उबेर और लिफ़्ट जैसे परिवहन में मददगार एप्स के आ जाने से टैक्सी ड्राइवरों का क्या हाल होगा? नौकरियों की मृतप्राय नस्लें, फ़ैशन की दीवानगी की तरह पसंद का तमग़ा गंवा देती है। एक वर्ष तक आपके कौशल की क़द्र हो सकती है, अगले साल नहीं।

दूसरी बात, कामकाज का अनुभव कामकाज के एक तय समूह में दिन-ब-दिन बस बार-बार दोहराया जाता रहता है। सीखने के शुरुआती अनुभव के बाद काम का ढर्रा बन जाता है और नए ज्ञान को हासिल करने की प्रक्रिया ठिठक जाती है। नौकरी सीखने पर सीमाएं लाद देती हैं और यह ज़िंदगी की मौत की घंटी होती है : ज़िंदगी का धन की ख़ातिर सौदा।

अनुभव, आप जो ज़िंदगी में करते हैं, उससे आता है, ना कि जो आप नौकरी या काम के दौरान करते हैं। *आपको अनुभव हासिल करने के लिए नौकरी या काम की ज़रूरत नहीं है।*

ख़ुद से यह सवाल पूछें : कौन-सा अनुभव ज़्यादा ज़रूरी है? आपके ख़र्च संभालने वाला नौकरों वाला काम? या फिर अनुभव (और नाकामियां) किसी बात की रचना करने का जो आपको ज़िंदगीभर के लिए, दोबारा किसी नौकरी की ज़रूरत नहीं रखते हुए, आज़ादी दे डाले।

ख़ामी #3 : कोई नियंत्रण नहीं होना

नौकरी किसी पिकअप ट्रक में बैठने के समान है। आप धूप और अन्य परेशानियों से रूबरू होते रहते हैं, जबकि ड्राइवर अपनी सीट पर आराम से बैठा होता है। और अगर रास्ता ख़राब हो तो? आप इधर-उधर उछलते-कूदते रहते हैं और अगर आपकी क़िस्मत ख़राब रही तो ट्रक से बाहर भी फेंके जा सकते हैं। पिकअप ट्रक के पीछे बैठने के बाद आपका उस पर कोई नियंत्रण नहीं होता। और अपनी वित्तीय योजना के मूल में इस तरह की योजना रखना निरी बेवक़ूफ़ी है।

अगर आप अपनी आय पर नियंत्रण नहीं रखते तो आप अपनी वित्तीय योजना पर नियंत्रण नहीं रखते।

अगर आप अपनी वित्तीय योजना पर नियंत्रण नहीं रखते तो आप अपनी आज़ादी पर नियंत्रण नहीं रखते।

करोड़ों लोग बड़े ही आज्ञाकारी बनकर नियोक्ता के सुर में सुर मिलाते रहते हैं, यह सोचकर कि नौकरी ख़ुद की मदद का मुख्य ज़रिया है। निश्चित तौर पर एक नौकरी आपको सहारा दे सकती है, लेकिन क्या आपका लक्ष्य केवल सहारा है? आप दौलत चाहते हैं या साधारणता? अगर आपके वित्तीय सफ़र को एक पिंक स्लिप (नौकरी से निष्कासन) प्रभावित कर सकती है, तो आप जुआ खेल रहे हैं। आप सच्चाई को स्वीकार नहीं रहे : आप बेवक़ूफ़ी कर रहे हैं। नौकरी में ना तो बचाव है और ना ही सुरक्षा।

ख़ामी #4 : लिंडा की बदबूदार सांस

मैं ऐसे लोगों को जानता हूं जो ताउम्र कर्मचारी ही रहे। मैंने उनकी मुसीबतों और परेशानियों के बारे में सुना है। बरसों के दौरान दो दर्जन से ज़्यादा नौकरियां बदलने के बाद भी, मैंने देखा है कि कार्यालय की राजनीति की बात की जाए तो कुछ भी नहीं बदलता। लोग बदल जाते हैं, दिन बदल जाते हैं, लेकिन वही की वही कहानियां दोहराई जाती रहती हैं। कोई बॉस के साथ सोकर फ़ायदा उठा रहा है। जिम है तो बहुत आलसी लेकिन काम का सारा श्रेय ले जाता है। लिंडा की बदबूदार सांस से सब परेशान हैं, लेकिन हर कोई उसे यह बात बताने से घबराता है। लेसी आती तो देर से है, लेकिन जाती जल्दी है। होरेस खाना चुराता है और हर रोज़ वही का वही स्पोर्ट्र्स जैकेट पहनकर आ जाता है। आलसी लेस्टर कभी भी फ़ोटोकॉपी मशीन के काग़ज़ नहीं बदलता।

वही कहानियां, अलग लोग।

इस बात से कोई फ़र्क़ नहीं पड़ता कि आप कहां काम करते हैं, कार्यालय की राजनीति की भूमिका होती है। मंच अलग हो सकता है लेकिन कलाकार वही होते हैं। और दुर्भाग्यवश काम के माहौल में डूबे कर्मचारी होने के कारण आपको भी खेल का हिस्सा बनना पड़ता है। आपको भी आज्ञाकारी या बदला लेने वाला बनना पड़ता है, अपने सहकर्मियों से या अपने बॉस से।

मुझे अपनी महिला मित्र याद है, जो एक अच्छे वेतन वाले कार्पोरेट माहौल से थककर लौटने के बाद अपना रोना रोती रहती थी। हर बात की एक प्रक्रिया है। कोई विचार आया है? बहुत अच्छी बात है, अपने बॉस को भेज दो, बॉस उसे पुनरीक्षण के लिए अपने बॉस को भेज देगा, जो उसे ढेर सारी टिप्पणियों के साथ लौटा देगा। जब तक यह विचार किसी मुकाम तक पहुंचता है, उसे अपना बताने वाले तीन-चार दावेदार पैदा हो चुके होते हैं।

आपके विवेक को नष्ट करने वाला यह मकड़जाल किसे चाहिए?

कार्यालय की राजनीति से निपटने का एक ही तरीक़ा है और वो है उस पर नियंत्रण, बॉस बनकर। बॉस बनने के लिए ना केवल सबकुछ आपके ही कहने पर होगा, बल्कि आपको ही उसकी ज़िम्मेदारी भी लेनी होगी।

ख़ामी #5 : "ख़ुद को सबसे अंत में भुगतान" की सदस्यता

"सबसे पहले ख़ुद को भुगतान" धीमे रास्ते का क़ानून है। मुश्किल यह है कि नौकरी में यह लगभग नामुमकिन है।

स्थानीय, राज्य और संघीय सरकारें कमाई पर भारी कर थोपती हैं और आपके पास करारोपण से बचने के लिए 401 (के) और आईआरएएस में योगदान जैसे सीमित विकल्प उपलब्ध होते हैं। इसमें आप अपनी आय का केवल 10% या अधिकतम 16,500 डॉलर तक (जो भी कम हो) निवेश कर सकते हैं। अगर आप लगनपूर्वक ज़िंदगी का सौदा करते हुए कार्पोरेट प्रबंधन तक पहुंच भी जाते हैं तो आपके हाथ में आने से पहले 50% आय के ग़ायब होने के लिए तैयार रहिए।

एक कर्मचारी के तौर पर आपको तत्काल "ख़ुद को सबसे अंत में भुगतान" सेवा की सदस्यता दे दी जाती है। और हां, ये सदस्यता आपके आवेदन नहीं करने पर भी थोप दी जाती है। अगर आपका भुगतान सबसे बाद में होता है तो अन्य सभी को आपका धन मिल जाता है, ऐसे में तेज़ी से दौलत जमा करने का सपना त्याग दीजिए।

ख़ामी #6 : आय का निर्धारण

क्या कभी आपको बॉस की तरफ़ से 1000% की वेतन बढ़ोत्तरी मिली है? कल्पना कीजिए : आपने काम के ज़रिये मिले लाभ से प्रभावित होकर आप पूरे आत्मविश्वास के साथ अपने बॉस के कैबिन में पहुंचकर बढ़ोत्तरी की मांग करते हुए दलील देते हैं, "मैंने इस कंपनी को मूल्यवान बनाया है। मैं भरोसेमंद हूं और बहुत कम बीमार पड़ता हूं।"

आपका बॉस एकाएक बचाव की मुद्रा में आ जाता है, हाथों को बांधकर आसमान की तरफ़ ताकता है और अपनी बड़ी, लाल एक्ज़ीक्यूटिव कुर्सी पर पीछे की ओर आराम से झुक जाता है। आप एक लंबी सांस लेते हैं और बोल ही देते हैं, "इसलिए सर, मुझे 1000% की वेतन बढ़ोत्तरी चाहिए।"

आपके बॉस के गले से एकाएक गुर्राहट-सी निकलती है। वह एकाएक आगे आकर मेज़ पर ज़ोर से हाथ मारकर कहता है, "ठीक है, यह क्या मज़ाक़ है? मैं व्यस्त हूं।"

आप जवाब देते हैं, "यह मज़ाक़ नहीं है मैं गंभीर हूं। मैं प्रति घंटे 9 डॉलर कमाता हूं मैं चाहता हूं, मुझे प्रति घंटा 90 डॉलर मिले।"

"यह प्रस्ताव कैसा है? तुम्हें कोई बढ़ोत्तरी नहीं मिलेगी और यह अच्छा भी लगेगा। मेरे दफ़्तर से बाहर निकल जाओ, मेरा वक़्त बर्बाद करना छोड़ो और अगर तुम यह काम ज़ल्दी से कर दोगे तो मैं तुम्हें नौकरी से नहीं निकालूंगा। कैसा लगा यह प्रस्ताव?"

आप हकलाते हुए बाहर निकल जाते हैं। मुझे लगता है कि बॉस को लगा ही नहीं कि 1000% वेतनवृद्धि संभव है।

यह नज़ारा दोबारा नहीं दिखेगा। एक कर्मचारी के तौर पर आप 1000% छोड़िए, 10% से ज्यादा की वेतनवृद्धि नहीं मांग सकते। लेकिन किसी भी कंपनी के कर्मचारी के तौर पर आपका यही कर्मक्षेत्र है। यही वह रास्ता है, जिस पर आपने ख़ुद को उतारा है।

आपका मूल्य निर्धारित, कम और तय सीमा में बांध दिया जाता है। इसलिए नौकरी ज़रूरी बातों–दौलत, आज़ादी और आत्मविकास की सीमा तय कर देती है और उनकी सीमाओं को मिटाया नहीं जा सकता।

नौकरी आपके भविष्य को वक़्त के आपराधिक सौदे से तय कर देती है : पांच दिन के काम के बदले दो दिन की आज़ादी। एक नौकरी आपको अनुभवों के तय ढांचे से बांध देती है। नौकरी आपका नियंत्रण छीन लेती है। नौकरी आपको ऐसे लोगों के साथ काम करने पर मजबूर कर देती है, जिनका आप मुंह तक देखना पसंद नहीं करते। नौकरी आपको सबसे अंत में भुगतान की ज़बर्दस्ती करती है। नौकरी आपकी आय पर तानाशाही भरा नियंत्रण हासिल कर लेती है। ये सीमाएं दौलत की प्रतिरोधक ताक़तें हैं।

अब भी नौकरी चाहते हैं?

अध्याय का सार : तेज़ रास्ते की ख़ासियतें

- नौकरी में आप अपनी आज़ादी (वक़्त के रूप में) को आज़ादी (धन के रूप में) के लिए बेच देते हैं।
- अनुभव काम से मिलता है। काम का माहौल अप्रासंगिक होता है।
- दौलत संग्रहण नाकाम हो जाता है, जब आप अपने आय के प्राथमिक स्रोत को नियंत्रित नहीं करते।

अध्याय

12

धीमा रास्ता : आप अमीर क्यों नहीं

किसी को हमें ज़िंदगी की शुरुआत में ही बता देना चाहिए कि हम मरने वाले हैं। फिर हो सकता है हम ज़िंदगी का पूरा आनंद उठाएं, हर एक दिन का हर एक पल। ऐसा कीजिए! मैं कहता हूं। जो कुछ भी आप करना चाहते हैं, कीजिए, अभी कीजिए। आने वाले कल बहुत सीमित हैं।

—माइकल लैंडन

धीमे रास्ते की अयोग्यता को उजागर करना

अगर अमीरी की आपकी रणनीति धीमा रास्ता है तो मैं मानकर चल सकता हूं : आप अमीर नहीं हैं और कभी होंगे भी नहीं। बहुत ख़ूब, आख़िर मैं इतना आश्वस्त कैसे हो सकता हूं? बहुत आसान है। धीमे रास्ते की रणनीति *बेक़ाबू सीमित लीवरेज* (अनकंट्रोलेबल लिमिटेड लीवरेज/यूएलएल) पर आधारित है। अगर आपको एक महत्त्वपूर्ण संकल्पना को याद रखना है तो बस सोचिए, अगर धीमा रास्ता आपकी योजना है तो 'यूएलएल' कभी अमीर नहीं होंगे।

आपको हासिल लीवरेज की बेक़ाबू और सीमित क्षमता ही धीमे रास्ते की व्यर्थता का जीवंत सबूत है। आप धीमे रास्ते पर कैसे अमीर बनेंगे? आप एक अच्छे वेतन वाली नौकरी करेंगे, बचत करेंगे, मितव्ययिता को अपनाएंगे, शेयर बाज़ार में निवेश करेंगे और इस प्रक्रिया को 50 साल तक दोहराते रहेंगे। अगर आप इस रणनीति को गणितीय संरचना से समझने का प्रयास करें तो आप पाएंगे कि योजना को तय करने वाले परिवर्तनशील कारकों को ना तो नियंत्रित किया जा सकता है, ना ही लीवरेज से उछाल दिया जा सकता है।

बेक़ाबू सीमित लीवरेज (यूएलएल)–भाग 1

यूएलएल आख़िर इतना महत्त्वपूर्ण क्यों है? वित्तीय दौलत जमा करने के लिए आपको औसत व्यक्ति की तुलना में धन की प्रचुर मात्रा को अपनी ओर आकर्षित करना होगा। धन

की प्रचुर मात्रा को आकर्षित करने के लिए दो बातें नितांत आवश्यक हैं :

1. नियंत्रण
2. लीवरेज

धीमे रास्ते के पास इनमें से कुछ भी नहीं होता और सच्चाई का जल्द ही खुलासा हो जाता है, जब आप अपनी रणनीति को समकक्ष गणितीय समीकरण या दौलत के ब्रह्मांड में उलट दें। योजना के पीछे के गणित को समझिए और आपको कमज़ोरियों का पता चल जाएगा।

जब धीमे रास्ते की रणनीति का विच्छेदन किया जाता है तो आपको दो परिवर्तनशील कारक मिलते हैं :

1. "आय का मूल स्रोत" (यह बताता है कि आय कैसे कमाई जाती है)
2. "दौलत को गति देने वाला" (यह बताता है कि दौलत कैसे संग्रहीत की जाती है)

धीमे रास्ते का आय का मूल स्रोत एक नौकरी होती है, जबकि दौलत को गति देने वाला वाहन बाज़ार में निवेश होता है, जैसे 401 (के), इंडेक्स्ड फ़ंड्स आदि। इसे एकत्रित कीजिए और आप धीमे रास्ते के राहगीर के दौलत के समीकरण तक पहुंच जाते हैं :

दौलत = (नौकरी) + (बाज़ार में निवेश)

आय का प्राथमिक स्रोत   दौलत को गति देने वाला

इस योजना के तहत नौकरी से मिलने वाली आय जीवनशैली और बाज़ार में निवेश दोनों में ही योगदान देती है। हालांकि योजना में प्रतिबंधित यूएलएल की समझ के लिए हमें परिवर्तन के कारकों का और अधिक विश्लेषण करना होगा। शुरुआत नौकरी के परिवर्तनशील कारक से करते हैं।

धन का रक्षक : वास्तविक मूल्य

नौकरी में धन कैसे कमाया जाता है? *वास्तविक मूल्य।*

वास्तविक मूल्य का निर्धारण बाज़ार द्वारा किया जाता है। यह वह मूल्य है जिस पर आप धन की ख़ातिर अपने वक़्त का सौदा कर सकते हैं। वास्तविक मूल्य वह कमाई है, जो आप नौकरी करते हुए हासिल करते हैं। समाज के लिए आपकी सेवाओं को लेकर कोई आपको कितना भुगतान कर सकता है?

वास्तविक मूल्य को वक़्त की इकाइयों में नापा जाता है। या तो घंटे में या सालाना।

अगर आपको पड़ोस में स्थित ग्रिल में बर्गर्स को पलटने के लिए प्रति घंटे 10 डॉलर दिए जाते हैं तो आपका वास्तविक मूल्य 10 डॉलर प्रति घंटे है। अगर आप एक अकाउंटेंट हैं और आपका सालाना वेतन 1,20,000 डॉलर है तो आपका वास्तविक मूल्य 1,20,000 डॉलर प्रति वर्ष है।

नौकरी (वास्तविक मूल्य) = प्रति घंटा वेतन × काम के घंटे

या

नौकरी (वास्तविक मूल्य) = सालाना वेतन

ध्यान दीजिए वास्तविक मूल्य को वक़्त की इकाइयों से नापा जाता है। यह वक़्त का जुड़ाव धीमे रास्ते के पहले धन सृजन के पहले दंडात्मक तत्व का परिचय देता है।

क्या आप वक़्त पर नियंत्रण कर सकते हैं? क्या आप वक़्त को बढ़ा सकते हैं?

क़तई नहीं।

आपके पास विनिमय के लिए प्रतिदिन 24 घंटे का सीमित वक़्त ही है। अगर आप 200 डॉलर प्रति घंटे कमाते हैं तो एक दिन में 400 घंटे काम करने की चमत्कारिक मांग तो नहीं कर सकते ना। अगर आप सालाना 50,000 डॉलर कमाते हैं तो 400 साल तक काम करने की चमत्कारिक मांग तो नहीं कर सकते ना। वक़्त का लीवरेज संभव नहीं!

प्रति घंटे के हिसाब के काम करने वाले कर्मचारी के लिए अधिकतम ऊपरी सीमा प्रतिदिन 24 घंटे है। और जानते हैं आप इस सीमा को बढ़ाने के लिए कुछ भी नहीं कर सकते। सैद्धांतिक तौर पर आप आय के लिए दिन के 24 घंटे काम कर सकते हैं, लेकिन इससे ज़्यादा नहीं। निश्चित तौर पर एक दिन में पूरे 24 घंटे काम करना किसी इंसान के लिए संभव नहीं है। यही वजह है कि दिन में 8 से 12 घंटे काम का सौदा करना पड़ता है।

वेतन पाने वाले कर्मचारी के लिए भी वक़्त का यही निषेध क़ायम होता है। आप अपनी जीवन प्रत्याशा से ज़्यादा वर्ष काम नहीं कर सकते। इस विनिमय की ऊपरी सीमा क्या है? 40-50 साल? अब तक उपलब्ध इतिहास में किसी इंसान ने अपनी ज़िंदगी में 10,000 साल काम नहीं किया है। इस बात से कोई फ़र्क़ नहीं पड़ता कि आपको प्रति घंटे के हिसाब से वेतन मिलता है या सालाना के हिसाब से, क्योंकि वह वक़्त की मात्रा पर आधारित है, जहां नियंत्रण या हेरफेर संभव नहीं है।

गणित झूठ नहीं बोलता। 12 हर हाल में 10,000,000 से कम ही रहेगा। अगर सहायता करने वाली ही सीमित है तो दौलत का निर्माण भी। छोटे अंकों से करोड़पति नहीं बना जा सकता।

सीमित सहायता या समर्थन के पीछे दौलत का एक और क़ातिल छिपा बैठा होता है-कोई नियंत्रण नहीं होना। क्या आप नियोक्ता को नियंत्रित कर सकते हैं? क्या आप अपने वेतन को नियंत्रित कर सकते हैं? क्या आप अर्थव्यवस्था को नियंत्रित कर सकते हैं? क्या आप एक साल 5 लाख डॉलर कमाकर अगले साल कमाई को 50 मिलियन डॉलर तक पहुंचा सकते हैं? क्या आप अपनी नौकरी में किसी भी बात को नियंत्रित कर सकते हैं, आपकी तुच्छ सी 4% की वेतनवृद्धि सहित?

आपको लगता ज़रूर है कि नौकरी बदलकर आप ऐसा कर पाएंगे, लेकिन नहीं कर सकते।

नियंत्रण कमज़ोर है, भले ही अनुपस्थित नहीं हो।

चक्रवृद्धि ब्याज : बात जो आपको बताई नहीं जाती

दौलत के धीमे रास्ते का दूसरा परिवर्तनशील कारक है, प्राथमिक आय को गति देने वाला। यह बाज़ार के निवेशों जैसे 401 (के) और वित्तीय गुरुओं, सलाहकारों द्वारा प्रचारित परंपरागत निवेशों से आता है।

ये निवेश चक्रवृद्धि ब्याज की वित्तीय रणनीति को इस्तेमाल करते हैं। यह एक गणितीय संरचना है, जो एक लंबे वक़्त में ब्याज की शक्ति से दौलत जमा करती है।

चक्रवृद्धि ब्याज की मूलभूत बिक्री दरअसल पुराने गुरु का विदाई गीत सा होता है, जिसे विज्ञापनों से गति दी जाती है। आज का 10,000 डॉलर का निवेश 50 साल बाद अरबों-खरबों में बदल जाएगा। 50 साल तक प्रतिमाह 250 डॉलर का निवेश करो और आप अमीर बनकर सेवानिवृत्त होंगे।

सही तरीक़े से इस्तेमाल किया जाए तो चक्रवृद्धि ब्याज दौलत का एक शक्तिशाली मित्र है, जो दौलत के धीमे रास्ते के लिए इस्तेमाल किया जाता है और यह दौलत के सफ़र को रेंगने वाला बना देता है। क्यों? फिर से पहेली सुलझ जाएगी अगर आप गणित का इस्तेमाल करें। वजह वही है कि क्यों आपको नौकरी अमीर नहीं बना सकती : वक़्त।

चक्रवृद्धि ब्याज के ज़रिये दौलत का संग्रहण वक़्त लेता है, बहुत सारा वक़्त। एक नौकरी की तरह चक्रवृद्धि ब्याज या बाज़ार का निवेश जैसे शेयर बाज़ार और इंडेक्स्ड फ़ंड्स, को ना तो नियंत्रित किया जा सकता है और ना ही आपके द्वारा बढ़ाया जा सकता है। दौलत बनाने के लिए वे दोषपूर्ण गणित पर निर्भर होते हैं।

जैसे नौकरी से आय को प्रति घंटे की दर या सालाना वेतन से नापा जाता है, ठीक उसी तरह से चक्रवृद्धि ब्याज की दौलत को गति देने वाली पद्धति को भी वक़्त (वर्ष) गुणा सालाना कमाई से परखा जाता है। चलिए फिर से एक बार धीमी गति से दौलत के गणितीय समीकरण की समीक्षा करते हैं :

दौलत = (नौकरी) + (बाज़ार निवेश)

आय का मूल स्रोत　　आय को गति देने वाला

या खंडित

दौलत = वास्तविक मूल्य (सालाना) + चक्रवृद्धि ब्याज (सालाना)

और अधिक खंडित करने पर

दौलत = (वक़्त × प्रति घंटे या वेतनभोगी मूल्य) + निवेशित राशि × (1+मुनाफ़ा)$^{\text{वक़्त}}$

एक नौकरी की तरह चक्रवृद्धि ब्याज में भी वही गणितीय बाधाएं मौज़ूद होती हैं, जिसमें आंकड़े आपके लिए नहीं आपके ख़िलाफ़ काम करते हैं। इस चार्ट पर नज़र डालिए, जिसमें चक्रवृद्धि ब्याज के प्रभाव दिखाए गए हैं और वह 10,000 डॉलर का निवेश भी।

10,000 डॉलर का निवेश				
वक़्त	विकास की दर			
(वर्ष)	5%	10%	15%	20%
5	12,763 डॉलर	16,105 डॉलर	20,114 डॉलर	24,883 डॉलर
10	16,289 डॉलर	25,937 डॉलर	40,456 डॉलर	61,917 डॉलर
15	20,789 डॉलर	41,772 डॉलर	81,371 डॉलर	1,54,070 डॉलर
20	26,553 डॉलर	62,275 डॉलर	1,63,665 डॉलर	3,83,376 डॉलर
25	33,864 डॉलर	1,08,347 डॉलर	3,29,190 डॉलर	9,53,962 डॉलर
30	43,219 डॉलर	1,74,494 डॉलर	6,62,118 डॉलर	2,373,763 डॉलर
35	55,160 डॉलर	2,81,024 डॉलर	1,331,755 डॉलर	5,906,682 डॉलर
40	70,400 डॉलर	4,52,593 डॉलर	2,678,635 डॉलर	14,697,716 डॉलर

धीमे रास्ते के मार्गदर्शक गुरु आपको ज्ञान देंगे कि 10,000 डॉलर का निवेश 15% की वृद्धि दर से 40 वर्ष में 2.5 मिलियन डॉलर से भी कहीं ज़्यादा हो जाएगा। ग़ज़ब।

वे आपको क्या नहीं बताते हैं?

वे आपको यह नहीं बताते कि 15% की वृद्धि दर साल-दर-साल असंभव है, जब तक कि आपने बर्नी मैडॉफ़ या चार्ल्स पोंजी के साथ निवेश नहीं किया हो। वे आपको यह नहीं बताते कि संभव है कि 40 साल में आप मर जाएं। अगर नहीं तो आप क़रीब तो होंगे ही। वे आपको यह नहीं बताते कि 40 साल में 2.5 मिलियन डॉलर का मूल्य आज के 2,50,000 डॉलर के बराबर होगा और च्युइंगगम का पैकेट 6 डॉलर हो जाएगा। वे आपको यह भी नहीं बताते कि वे ख़ुद दौलत को गति देने का यह तरीक़ा नहीं अपनाते। वह आपको बहुत कुछ नहीं बताते और फिर भी अपेक्षा की जाती है कि आप उन पर बिना कोई शक किए पूरा विश्वास करें।

बेक़ाबू सीमित लीवरेज (यूएलएल)–भाग 2

चक्रवृद्धि ब्याज के प्रभावी होने के लिए आपको इन तीन बातों की ज़रूरत होती है:

1. वक़्त, गणना वर्ष में
2. इस अवधि के दौरान अनुकूल सालाना निवेश लाभ।
3. एक निवेशित राशि, का बार-बार निवेश।

ये तीन परिवर्तनशील कारक धीमे रास्ते के दौलत के समीकरण के दूसरे हिस्से को तय करते हैं :

चक्रवृद्धि ब्याज = निवेशित राशि × (1 + लाभ)वक़्त

यह हालांकि एक बेहद जटिल समीकरण का सामान्य किया हुआ संस्करण है, इस विश्लेषण का मूल मुद्दा है इसमें मौजूद परिवर्तनशील कारक।

चक्रवृद्धि ब्याज में शर्त यह है कि आपको निवेश का प्रति वर्ष 10% मुनाफ़ा मिले। 40 साल के जुए के लिए शुभकामना। बाज़ारों ने कभी साल में 20% गंवाया है? जी हां, उन्होंने गंवाया है और जब वह गिरता है तो आपकी ख़ून-पसीने की कमाई हवा में फुर्र हो जाती है।

आपने देखा, दौलत को गति दे पाना चक्रवृद्धि ब्याज के ज़रिये त्रुटिपूर्ण है, क्योंकि इसके परिवर्तनशील कारक त्रुटिपूर्ण हैं। ना तो वक़्त ना मुनाफ़े को प्रभावित किया जा सकता है और ना ही नियंत्रित। तो दोबारा मिलिए मेरे दोस्त बेक़ाबू सीमित लीवरेज से।

क्या आप इस साल अपने निवेश पर 2,000% के मुनाफ़े की मांग कर सकते हैं? क्या आप मांग कर सकते हैं कि आपके लिए निवेश का वक़्त 40 साल से बढ़कर 400 साल हो जाए? दोहराना चाहूंगा आंकड़ों को प्रभावित नहीं किया जा सकता। आपकी निवेश की ऊपरी सीमा 50 वर्ष है। मुनाफ़ा तो और भी बुरा है-6%, 8% या 10% सालाना मुनाफ़ा विशिष्ट मानक है। वक़्त की सीमा आपकी उम्र के अधीन है तो मुनाफ़ा बाज़ार निवेश के विशिष्ट मानक के अधीन है। पूंजी सीमित है, क्योंकि आपका आय निर्माण का साधन नौकरी है-यह भी सीमित है। चक्रवृद्धि ब्याज की गणितीय कमज़ोरी को टालने का एक ही तरीक़ा है कि शुरुआत बड़ी राशि से की जाए और *बड़ी राशि के लिए चाहिए लीवरेज (अतिरिक्त समर्थन)!*

साथ ही एक नौकरी की तरह आप चक्रवृद्धि ब्याज को नियंत्रित नहीं कर सकते।

क्या आप बैंक से अपनी बचत पर 25% ब्याज की मांग कर सकते हैं? सुनिए, धीमे रास्ते वालों की बैंक, मैं अपने बचत खाते पर 25% ब्याज की मांग करता हूं।

क्या आप अर्थव्यवस्था को नियंत्रित कर सकते हैं? सुनिए, मोहतरमा अर्थव्यवस्था, क्या आप मुझे बेरोज़गारी में गिरावट और कारोबार के लिहाज़ से दोस्ताना कर प्रणाली दे सकती हैं?

क्या आप शेयर बाज़ार से मिलने वाले औसत लाभ को नियंत्रित कर सकते हैं? सुनो, श्रीमान शेयर बाज़ार, मैं 8% मुनाफ़े से ऊब चुका हूं, क्या आप मुझे सालाना 250% मुनाफ़ा दे सकते हैं? मज़ाक़ है ना यह सब।

क्या आप इस समीकरण में केवल गुस्से के साथ सर्वश्रेष्ठ निवेश की तलाश के लिए जी-तोड़ मेहनत के अलावा कुछ कर सकते हैं? ऐसा निवेश जो आपको अतिरिक्त 1% मुनाफ़ा दिला सके।

आप नहीं कर सकते।

इंडेक्स्ड फ़ंड्स और 401 (के) आपको कभी अमीर क्यों नहीं बना पाएंगे?

मैं 2008 में निश्चित आय से जुड़े एक निवेश सेमिनार में गया था, जो एक बड़े ब्रोकरेज हाउस द्वारा आयोजित किया गया था। निश्चित आय के निवेश, ठीक नगरपालिकाओं या कार्पोरेट घरानों के बांड्स की तरह होते हैं। एक कमरे के उस सेमिनार में लगभग 50 लोगों ने भाग लिया। मैंने पीछे बैठकर भीड़ का जायजा लिया। अगर सफ़ेद बालों वाले, मोजे और सैंडल्स, छड़ियों वाले, व्हीलचेयर पर बैठे लोगों को छोड़ दिया जाए तो क्या बचा था।

केवल मैं।

मैं कमरे में मौजूद सबसे युवा व्यक्ति था (और जबकि मैं उतना युवा भी नहीं बचा था)। 30 वर्ष का व्यक्ति आख़िर सेवानिवृत्त लोगों के साथ कैसे आ गया?

कमरे में मौज़ूद लोग धीमे रास्ते के कामयाब लोग थे। उन्होंने दौलत को गति देने के लिए वक़्त का इस्तेमाल किया और बदले में उन्हें मिला बुढ़ापा। मैं यह बुज़ुर्गों के प्रति किसी तुच्छ भावना से नहीं कह रहा हूं, बल्कि अपने मुद्दे को साफ़ करने के लिए कह रहा हूं। चक्रवृद्धि ब्याज (इंडेक्स्ड फ़ंड्स, म्युचुअल फ़ंड्स, शेयर बाज़ार) तेज़ी से दौलत नहीं बढ़ा सकता।

रिसर्च व मार्केटिंग फ़र्म द हैरिसन ग्रुप (Harrison-GroupInc.com) के मुताबिक़ केवल 10% पेंटा मिलियनर्स (कुल मूल्य 5 मिलियन डॉलर) ही कहते हैं कि उन्हें निष्क्रिय निवेश से दौलत मिली है। उम्र के आंकड़े उपलब्ध नहीं कराए गए, लेकिन आप अनुमान लगा सकते हैं कि उन 10% लोगों में कोई भी 30 वर्ष से कम उम्र का नहीं था।

इस बारे में ज़रा सोचिए। क्या आप किसी ऐसे कॉलेज छात्र से मिले हैं जो इंडेक्स्ड फ़ंड्स या अपने नियोक्ता की सेवानिवृत्ति योजना में निवेश करके करोड़पति बना हो? उस व्यक्ति का क्या जिसने 2014 में नगरपालिका के बांड्स ख़रीदे और 2018 में सेवानिवृत्त हो गया? मुझे हैरानी होगी अगर वह व्यक्ति अपने संतुलित म्युचुअल फ़ंड्स के पोर्टफ़ोलियो की बदौलत 1.2 मिलियन डॉलर की वह कार चला रहा होगा?

ऐसे लोग हक़ीक़त में नहीं होते, क्योंकि वे युवा केवल 8% मुनाफ़े के बूते नहीं हैं बल्कि 800% के बूते अमीर हैं। क्या आपकी दौलत एक साल में 800% बढ़ी है? संभवतया नहीं, लेकिन ज़रा यह देखिए। मेरी बढ़ी है, क्योंकि मैं धीमे रास्ते के दौलत के समीकरण में नहीं उलझा हूं। मेरा दौलत को गति देने वाला वाहन वॉल स्ट्रीट (शेयर बाज़ार) पर निर्भर नहीं है।

फिर भी आपको यह मानने के लिए तैयार कर लिया जाएगा कि ये साधन दौलत की गति को बढ़ाते हैं। इंडेक्स फ़ंड्स, शेयर, बांड्स, 401 (के), डॉलर लागत औसत और

चक्रवृद्धि ब्याज, धीमे रास्ते पर दौलत को गति देने के लिहाज़ से असावधानीपूर्ण और रूढ़िवादी है।

दुर्भाग्यवश, नियंत्रण और लीवरेज के अभाव में वे दौलत को गति देने के लिहाज़ से नपुंसक हैं।

ख़रीदो और रखे रहो ख़त्म हो चुका है

कॉलेज के दिनों में मुझे सिखाया गया था कि शेयर ख़रीदकर उन्हें रखे रहना, निवेश की एक सुरक्षित रणनीति है, जिससे करोड़ों बनाए जाते हैं। मज़बूत कंपनियों के शेयर ख़रीदो, आराम से बैठ जाओ और दशकों तक इंतज़ार करो और हुर्रे, मैं करोड़ों डॉलर में डूब चुका हूं। वह एक ग्राफ़ आपके ऊपर थोप देंगे और कहेंगे, "फलां-फलां कंपनी में 1995 में 10,000 डॉलर का निवेश आज 50 लाख डॉलर के बराबर होगा!"

ख़ुशी की बात यह है कि मैंने इस पर ध्यान नहीं दिया।

मैंने 1997 में 1,000 डॉलर के साथ एक रोथ आईआरए खाता खोला और एक बड़ी निवेश फ़र्म में ग्रोथ म्युचुअल फ़ंड्स में धन निवेश किया। हां, मैंने इसे पेशेवरों के हाथों में सौंप दिया था और अगले एक दशक तक मैंने इसे हाथ नहीं लगाया। मूलतः मैं इस खाते के बारे में भूल गया।

इस दौरान गुज़रे 10 सालों में मैंने तेज़ रास्ते के नक्शे और तेज़ रास्ते की रणनीति की मदद से 10 मिलियन डॉलर कमा लिए। और उस बरसों पहले खोले गए रोथ आईआरए खाते का क्या हुआ? मैंने उसे कभी नहीं छुआ और उसे धीमे रास्ते के उतार-चढ़ावों से गुज़रने दिया। मैंने 2010 में जब यह किताब पूरी की तो उस खाते में पूरे 698 डॉलर थे। 698 डॉलर!

मुद्रास्फीति के साथ वास्तविक ख़रीद क्षमता 500 डॉलर है। किचन के टेबल पर चिल्लर रखने का मेरा अतिरिक्त गुल्लक तक उससे एक बेहतर निवेश साबित हुआ। अगर मैंने 10 लाख डॉलर का निवेश किया होता तो मैं 4,00,000 डॉलर गंवा चुका होता।

और यह धीमे रास्ते का दौलत हासिल करने का दमदार हथियार था? हास्यास्पद।

करोड़ों लोग धीमे रास्ते के मंत्र ख़रीदो और रखो को बड़ी श्रद्धा के साथ मुख्य रास्ता मानते हैं। मुख्य रास्ता जो दशकों लंबा है, जो अनियंत्रित ख़तरों से भरा है और जो बमुश्किल ही दौलत तक पहुंचाता है।

मैंने हाल ही में धीमे रास्ते के एक भविष्यवेत्ता को अमीरी के धीमे रास्ते के प्रभावशाली होने को लेकर यह मीठी गप हांकते सुना, *अगर वर्ष 1940 के अंत में आपने एस ऐंड पी 500 के स्टॉक में 1,000 डॉलर का निवेश किया होता तो आज आपके पास 1,341,513 डॉलर होते।* तो आइए इस दावे को परख़ते हैं, यह मानकर कि यह तथ्यात्मक है।

1. यह वर्ष 1940 है और मान लो कि आप 21 वर्ष के हो।
2. यह वर्ष 1940 है और किसी तरह से आपके हाथ 1,000 डॉलर लग गए, जो कि आज की तारीख़ में 15,000 डॉलर के बराबर हैं।

3. आपने 1940 के लिहाज़ से 1,000 डॉलर लिए और उपरोक्त काम किया।

बधाई हो! अब वर्ष 2011 चल रहा है और आप 91 वर्ष के हो चुके हैं। 1,341,513 डॉलर की भारी-भरकम रक़म के साथ। और अगर आप वाक़ई जन्म के वक़्त ही 1,000 डॉलर पाने वाले ख़ुशक़िस्मत हुए तो आज 71 वर्ष के होंगे। हां दोस्तों, यह उत्साहित होने का वक़्त है। "धीमी गति से अमीरी" आपको अमीर बनाने जा रही है। हां, बस 74 वर्ष की जीवनप्रत्याशा को अनदेखा करके यह सुनिश्चित कीजिए कि आपकी व्हीलचेयर के पहिये क्रोम रिंग्स से सजे हों।

वाक़ई कोई कैसे इस बकवास पर ख़ुश हो सकता है?

धीमे रास्ते का वक़्त के साथ विश्वासघातक नाता

चक्रवृद्धि ब्याज और नौकरी, दोनों ही एक ही बीमारी से ग्रस्त हैं : नियंत्रण से हाथ झटकते हुए आपके वक़्त का पाप से भरपूर लोभी इस्तेमाल। धीमे रास्ते के दौलत के समीकरण के दोनों ही परिवर्तनशील कारक वक़्त पर ही निर्भर होते हैं–नौकरी में दिया गया वक़्त और बाज़ार में निवेश को दिया गया वक़्त। वक़्त ही दौलत का सबसे अहम हिस्सा हो जाता है जो पैदाइश से ही गणितीय समीकरण की नश्वरता की कमज़ोरी से ग्रस्त है : दिन में 24 घंटे और काम की क्षमता योग्य 50 साल।

जी हां, "अमीर बनाना" वक़्त का काम है।

जब तक कि आप हमेशा के लिए ही ज़िंदा रहने की योजना नहीं बनाते, यह नाता संदिग्ध तौर पर मूर्खतापूर्ण ही रहेगा। क्यों? *क्योंकि वक़्त का सौदा करके आप दौलत को और दूर कर देते हैं।*

इन बेहद दयनीय आम उदाहरणों को ही देख लीजिए। मान लें सकल वेतन पर 5% की बचत दर है और आपके सालाना निवेश से मिलने वाला लाभ 8% है। हम करों और मुद्रास्फीति को शामिल नहीं करेंगे।

वेतन 25,000 डॉलर/वर्ष, बचत 1,250 डॉलर/वर्ष, 40 वर्ष तक 8% की मुनाफ़ा दर से निवेशित=3,62,895 डॉलर

वेतन 50,000 डॉलर/वर्ष, बचत 2,500 डॉलर/वर्ष, 40 वर्ष तक 8% की मुनाफ़ा दर से निवेशित=7,25,791 डॉलर

वेतन 75,000 डॉलर/वर्ष, बचत 3,750 डॉलर/वर्ष, 40 वर्ष तक 8% की मुनाफ़ा दर से निवेशित= 1,088,686 डॉलर

वेतन 1,00,000 डॉलर/वर्ष, बचत 5,000 डॉलर/वर्ष, 40 वर्ष तक 8% की मुनाफ़ा दर से निवेशित = 1,451,581 डॉलर

वेतन 1,50,000 डॉलर/वर्ष, बचत 7,500 डॉलर/वर्ष, 40 वर्ष तक 8% की मुनाफ़ा दर से निवेशित = 2,177,132 डॉलर

आंकड़े देखकर मुग्ध मत हो जाइए। यह याद रखिए कि ये आंकड़े आज से 40 साल बाद के हैं। अगर आप अभी 20 वर्ष के हैं तो उस वक़्त 60 वर्ष के होंगे। अगर आप 30 वर्ष के हैं तो 70 के हो जाएंगे। और अगर आज आप 40 वर्ष के हैं तो उस वक़्त तक हो सकता है आप ज़िंदा नहीं रहें। माफ़ कीजिएगा, लेकिन यह जीवन प्रत्याशा से भी परे है।

तो क्या इस उम्र में यह धन और यह आज़ादी आकर्षक लगती है? साथ ही क्या आपको यह बात समझ में आ रही है कि उस वक़्त धन का मूल्य आज की तुलना में 50% होगा? 40 साल पहले आप 5,000 डॉलर में एक कार और 50 सेंट्स में एक ब्रेड ख़रीद सकते थे। साथ ही हमें अन्य हवा-हवाई धारणाओं, लाभप्रद रोज़गार और मज़बूत अर्थव्यवस्था को नहीं भूलना चाहिए, जिसके बूते हम 8% प्रति वर्ष के सुरक्षित मुनाफ़े की कल्पना कर रहे हैं। 2008 में बाज़ार ने 50% का नुक़सान झेला। मुझे लगता है कि गुरु ये विसंगतियां बताना भूल गए थे।

दोस्तों, आप नहीं चाहते कि आप तब करोड़पति बनें जब आपके हाथ बुढ़ापे की लाठी थामे हों, आप चाहते हैं कि यह उपलब्धि आप युवावस्था में ही हासिल कर लें।

प्रतिदिन लोग अपना वक़्त धन की छोटी-छोटी मात्रा में झोंक देते हैं, जहां वक़्त एक संपत्ति नहीं बोझ बन जाता है। हर वह वस्तु जो वक़्त की चोरी करती है और जिसमें ख़ाली वक़्त पाने की ताक़त नहीं है, किसी बोझ की ही तरह है।

धीमे रास्ते में वक़्त के साथ इस क़दर का दुर्व्यवहार किया जाता है, मानो वह ऐसा चमकीला फ़व्वारा है, जो कभी सूखता ही नहीं। दुर्भाग्यवश मृत्युदर 100% है और जीवन का भविष्य मौत है। किसी न किसी दिन तो आपकी मौत होगी ही और उम्मीद है कि आपकी ज़िंदगी का 60% वक़्त छोटे-से चौकोर कैबिन में ही नहीं बीता हो, जब आपके बच्चे बड़े हो रहे थे और आपकी पत्नी के योगा इंस्ट्रक्टर से संबंध बन चुके थे।

धीमा रास्ता उम्मीद की योजना है

धीमा रास्ता आपके नियंत्रण को कमज़ोर कर देता है। आप यह किताब पढ़ रहे हैं क्योंकि आप अपने वित्तीय भविष्य को नियंत्रित करना चाहते हैं, ना कि उसे वॉल स्ट्रीट या किसी कार्पोरेशन के हाथ में देना चाहते हैं।

अगर आप अमीर होना चाहते हैं तो आपको अपनी वित्तीय योजना के परिवर्तनशील कारकों पर नियंत्रण साधकर ज़ोर लगाना होगा-बिना नियंत्रण के कोई भी वित्तीय योजना, तुरंत बस उम्मीद भरी योजना बनकर रह जाती है।

उम्मीद है कि मुझे नौकरी से नहीं निकाला जाएगा!

उम्मीद है कि मेरे शेयर उछाल लेंगे!

उम्मीद है कि मुझे नौकरी में तरक़्क़ी मिलेगी!

उम्मीद है कि मेरे काम के घंटों में कटौती नहीं होगी!

उम्मीद है कि मेरी कंपनी दिवालिया नहीं होगी!

उम्मीद, उम्मीद और बस उम्मीद!

माफ़ कीजिएगा, उम्मीद कोई योजना नहीं है!

धीमे रास्ते की योजना एक गणितीय जेल में बंद होती है, जिसका वॉर्डन वक़्त होता है। धमाकेदार दौलत तेज़ गति से हासिल करने के लिए आपको सबसे पहले धीमे रास्ते के फ़ॉर्मूले के साथ ही इसके वक़्त के साथ भद्दे रिश्ते को भी छोड़ना होगा। दौलत वक़्त के संपत्ति की तरह इस्तेमाल से तैयार की जाती है, बोझ की तरह इस्तेमाल से नहीं।

फिर भी धीमे रास्ते के राहगीरों की बेक़ाबू सीमित लीवरेज (यूएलएल) पर प्रतिक्रिया का अनुमान लगाया जा सकता है : वे एक परिवर्तनशील कारक के पीछे हाथ धोकर पड़ जाते हैं, मानो वह उनके नियंत्रण में हो–उनका वास्तविक मूल्य। धीमे रास्ते का राहगीर दलील देता है, मुझे निश्चित तौर पर ज़्यादा धन कमाना होगा। और वह लड़ाई निरर्थक तरीक़े से महंगी शिक्षा के साथ लड़ी जाती है।

अध्याय का सार : तेज़ रास्ते की ख़ासियतें

- बेक़ाबू सीमित लीवरेज (यूएलएल) के चलते धीमे रास्ते से दौलत असंभव है।
- धीमे रास्ते के दौलत के समीकरण में पहला परिवर्तनशील कारक नौकरी से उपजता है। यह आंतरिक मूल्य का कारक जो कि आपकी ज़िंदगी के नौकरी में दिए हर हिस्से का नाममात्र मूल्य होता है।
- वास्तविक मूल्य बाज़ार द्वारा आपके वक़्त के लिए तय मूल्य है और इसे वक़्त की इकाई से नापा जाता है। या तो प्रति घंटे या फिर सालाना।
- धीमे रास्ते में, वास्तविक मूल्य (वक़्त की परवाह किए बिना) संख्यात्मक तौर पर बाधित होता है, क्योंकि दिन में केवल 24 घंटे (प्रति घंटे काम करने वाले कर्मचारी के लिए) होते हैं और औसत जीवन 74 वर्ष (वेतन पाने वाले कर्मचारी के लिए) होता है।
- धीमे रास्ते के राहगीर के आय के प्राथमिक स्रोत (नौकरी) की तरह उसके धन को गति देने वाला (चक्रवृद्धि ब्याज) भी वक़्त पर ही निर्भर होता है।
- एक नौकरी की तरह चक्रवृद्धि ब्याज भी गणितीय लिहाज़ से निर्रथक है। इसके साथ छेड़छाड़ नहीं की जा सकती। आप साल-दर-साल शानदार मुनाफ़े के लिए बाज़ार (या अर्थव्यवस्था) के साथ ज़ोर-ज़बर्दस्ती नहीं कर सकते।
- दौलत को गति नहीं दी जा सकती, जब यह वक़्त पर निर्भर गणित से जुड़ा हो।
- दौलत के लिए आपका वक़्त एक व्यय योग्य संसाधन नहीं होना चाहिए, क्योंकि दौलत ख़ुद वक़्त से बनी है।
- आपकी नश्वरता, वक़्त को दौलत बनाने के लिहाज़ से गणितीय आधार पर ख़ारिज कर देती है।
- अगर आप अपनी दौलत की दुनिया में अंतर्निहित परिवर्तनशील कारकों पर नियंत्रण नहीं साधते तो आप अपनी वित्तीय योजना को नियंत्रित नहीं करते।

अध्याय

13

बेमानी जंग : शिक्षा

मेरे सीखने की राह में एक ही बाधा है, शिक्षा।

—अल्बर्ट आइंस्टीन

बेक़ाबू सीमित लीवरेज के ख़िलाफ़ लड़ाई : शिक्षा

बेक़ाबू सीमित लीवरेज (यूएलएल) के ख़िलाफ़ लड़ाई में धीमे रास्ते के राहगीरों की स्वाभाविक प्रतिक्रिया उनके दौलत के समीकरण में ही समाहित होती है। यह है शिक्षा का हथियार इस्तेमाल करके वास्तविक मूल्य से लड़ाई।

चूंकि यूएलएल, धीमे रास्ते को परिभाषित करती है, धीमे रास्ते का राहगीर यह तर्क देता है कि उनके मूल्य में बढ़ोत्तरी एक ही परिवर्तनशील कारक से संभव है और वह है वेतन। मुझे छह अंकों में वेतन चाहिए। मुझे और अधिक धन कमाना होगा। एमबीए का मूल्य 55,000 डॉलर और 800 घंटे है। स्टीव इस दोहरे ख़र्च (वक़्त और धन) को तार्किक करार देता है, क्योंकि उसे अपना वास्तविक मूल्य बढ़ने का यक़ीन है। एमबीए कर लेने के बाद स्टीव को उम्मीद है कि वह कंपनी के लिए ज़्यादा मूल्यवान हो चुका है और प्रतिस्पर्धी बाज़ार में भी। दुर्भाग्यवश वह अब भी धन के लिए वक़्त का सौदा करता है-फ़र्क़ केवल इतना है कि कुछ ज़्यादा दर पर, अब भी अनियंत्रित और शक्तिहीन।

एक अन्य उदाहरण मेरी एक मित्र है, जिसने एक प्रोजेक्ट मैनेजमेंट प्रबंधन की क्लास में प्रवेश लिया, जिसने उसकी ज़िंदगी से पांच शनिवार के 8 घंटे खा लिए। ख़र्च आया 2,700 डॉलर। उसका लक्ष्य? प्रोजेक्ट मैनेजमेंट से उसे अपना वास्तविक मूल्य बढ़ने की उम्मीद थी। प्रमाणपत्र धारक प्रोजेक्ट मैनेजर होने के नाते अब वह नए मौक़ों और ज़्यादा बेहतर वेतन के योग्य थी। लेकिन फिर भी सौदा धन की ख़ातिर वक़्त का ही था।

होशोहवास में या नहीं, धीमे रास्ते का राहगीर मानता है कि वास्तविक मूल्य बढ़ाने से दौलत मिलेगी। कॉलेज से निकलते ही भारी-भरकम वेतन चाहते हैं? मेडिकल कॉलेज

जाइए और डॉक्टर बनिए। एक चिकित्सक के तौर पर आपका वास्तविक मूल्य अब 500 डॉलर प्रति घंटे है। एक इंजीनियर, वकील या अकाउंटेंट बनिए–सभी पेशों में पेशेवर और अच्छे पदों पर अच्छा वेतन मिलता है। औसतन औपचारिक महाविद्यालयीन शिक्षा, धीमे रास्ते का उद्देश्य पूरा करती है–वास्तविक मूल्य बढ़ाने का एक सुनिश्चित प्रयास। उस वास्तविक मूल्य के परिवर्तनशील कारक से लड़िए!

हर शिक्षा नेक नहीं होती

वास्तविक मूल्य बढ़ाने के लिए औपचारिक शिक्षा के साथ दिक़्क़त यह है कि यह वक़्त और धन के लिहाज़ से बहुत ज़्यादा महंगी है। कोई सप्ताह ऐसा नहीं गुज़रता जब मैं किसी ताज़ातरीन एमबीए के बारे में नहीं सुनता, कि उसे एक ऐसा काम करते हुए शैक्षणिक क़र्ज़ चुकाने में पसीना आ रहा हो, जो वह हाईस्कूल पास करके भी कर सकता था। ऐसा क़र्ज़ जो आपको नौकरी पर मज़बूर कर दे, क़तई अच्छा क़र्ज़ नहीं कहा जा सकता। उच्च शिक्षित होने की ललक आपकी आज़ादी के लिहाज़ से ट्रोजन हॉर्स की तरह एक तिलिस्म भरा धोखा साबित हो सकती है।

हर शिक्षा बराबर या नेक नहीं होती। कुछ तरह की शिक्षा दौलत का प्रतिरोध कर सकती है। अगर कोई शिक्षा आपको क़र्ज़ के पहाड़ के नीचे दबा देती है और आपको शेष ज़िंदगी के लिए नौकरी की बेड़ियों में बांध देती है तो क्या वाक़ई यह अच्छी शिक्षा है? अगर एमबीए बनने से आपको 15% की वेतनवृद्धि मिलती है, लेकिन उस पढ़ाई का क़र्ज़ चुकाने में 15 साल निकल जाते हैं तो क्या यह अच्छा निवेश है?

एक बड़ा मिथक है : अमीर बनने के लिए आपके पास एक महंगे कॉलेज की डिग्री होनी चाहिए। बेमतलब की बात। तेज़ी से दौलत कमाने के लिए एक डिग्री पूर्व शर्त नहीं है। दुनिया में सबसे तेज़ गति से अमीर बनने वालों में कई ने तो स्कूल या कॉलेज की शिक्षा तक पूरी नहीं की है। बिल गेट्स, स्टीवन स्पिलबर्ग, रिचर्ड ब्रेसनन, माइकल डेल, फ़ेलिक्स डेनिस, डेविड गेफ़ेन और जॉन पॉल डेजोरिया, सभी ने दौलत की तेज़ राह के लक्ष्य की ख़ातिर स्कूल में ही शिक्षा छोड़ दी थी। बिना शिक्षा उनकी "अमीर" बनने की हिम्मत कैसे हुई?

धीमे रास्ते का जाल

शिक्षा के लिए महंगे कॉलेज की ट्यूशन का वित्तपोषण एक ख़तरनाक खेल है, जो आपको धीमे रास्ते के जाल में उलझा सकता है : *एकरूपता और शैक्षणिक गुलामी।*

एक सामान्य कॉलेज छात्र की शिक्षा सामान्य ज्ञान से बहुत ही विशिष्ट कौशल हासिल करने तक होती है। उदाहरण, के लिए वित्त के विषय की पढ़ाई के दौरान मुझे जटिल गणितीय फ़ॉर्मूले पता चले, जो आगे चलकर मेरे वित्तीय फ़ैसलों में मददगार साबित हुए। जैसे लीज़ या ख़रीद और निवेश पर मुनाफ़ा। यह धारणाएं विशेष कारोबारी साधन हैं, जो आपके भविष्य के विकल्पों को प्रभावित कर सकते हैं। वित्त विषय के साथ स्नातक विद्यार्थियों के लिए नौकरी का रास्ता तय था। वित्तीय क्षेत्र में, बीमा कंपनी में, किसी एकाउंटिंग फ़र्म में या फिर निवेश कंपनी में।

मेरी शिक्षा पर विशेष क्षेत्र के लिहाज़ से ही शैक्षणिक योग्यता हासिल करने के ढर्रे तक सीमित रहने का अप्रत्यक्ष और अनपेक्षित परिणाम पड़ा। परिणाम? एकरूपता और सीमित विकल्प। अगर मेरे क्षेत्र में अवसर नहीं हैं तो मेरी शिक्षा का हाशिये पर जाकर अवमूल्यन हो जाता है। अगर उपलब्ध अवसर के लिए मुझसे (एमबीए) कम शिक्षा (मान लें, बीएस.) की ज़रूरत है तो मैं ज़्यादा योग्यता के चलते बेरोज़गार ही रह जाता हूं। अगर मेरा कौशल, प्रौद्योगिकी के विकास के बीच नष्ट हो जाता है तो मेरी शिक्षा मूल्यहीन हो जाती है और समाज के लिए मेरा मूल्य उसी अनुपात में गिर जाता है।

शैक्षणिक जाल का दूसरा ख़तरा है, शैक्षणिक गुलामी। पगडंडी का राहगीर जहां, जीवनशैली का गुलाम होता है, धीमे रास्ते का राहगीर शैक्षणिक गुलामी (शिक्षा के कारण आज़ादी के क्षरण) के ख़तरे से जूझता है, जो पीड़ित को नौकरी में जकड़ देता है। क्या आपकी शिक्षा ने आपको नौकरी का गुलाम बना दिया है? उच्च शिक्षा सस्ती नहीं है। द कॉलेज बोर्ड के मुताबिक़ 2017 में किसी सार्वजनिक विश्वविद्यालय से सामान्य डिग्री हासिल करने (कमरे और बोर्ड के साथ) की लागत 1,00,000 डॉलर से भी ज़्यादा थी। अब किसी निजी स्कूल की प्रतिष्ठा को प्राथमिकता दीजिए? ख़र्च 2,00,000 डॉलर से ज़्यादा ही बैठेगा। इतने में तो एक फ़ेरारी आ जाती है। इस तरह का क़र्ज़ आपके सपनों को ज़िंदा करने की बजाय दफ़न कर देगा। यह आपको हमेशा-हमेशा के लिए धीमे रास्ते या फिर और बुरी स्थिति में पगडंडी पर डाल देगा।

आंकड़ों पर एक नज़र डालिए। द *वॉशिंगटन पोस्ट* ने 2007 में ख़बर दी कि विद्यार्थियों को बड़ा क़र्ज़ उपलब्ध कराने वाली कंपनी नेली मे के मुताबिक़ जिस वक़्त तक कॉलेज छात्र वरिष्ठ होते हैं, उनमें से 56% के पास चार या उससे ज़्यादा क्रेडिट कार्ड्स होंगे, 2,864 डॉलर की औसत रक़म के साथ। सार्वजनिक नीति पर अनुसंधान करने वाले एक एडवोकेसी समूह, डेमोस-यूएसए ऑर्गेनाइज़ेशन की रिसर्च रिपोर्ट के मुताबिक़, 18-24 आयु वर्ग के लोग अपनी मासिक कमाई का क़रीब 30% हिस्सा क़र्ज़ चुकाने पर ख़र्च करते हैं। यह 20 साल पहले की तुलना में दोगुना है। कॉलेज में उधारी रखने वाले विद्यार्थियों के एक सर्वेक्षण में पाया गया कि स्नातक होने वाले वरिष्ठ छात्र पर औसतन 19,000 डॉलर का शैक्षणिक क़र्ज़ बकाया होता है। जबकि स्नातक उपाधि हासिल करने में जुटे विद्यार्थी पर औसतन 45,000 डॉलर का क़र्ज़ बकाया होता है। 2007 के चार्ल्स श्वैब सर्वेक्षण ने खुलासा किया कि किशोरों को लगता है कि जब वे कुछ और उम्रदराज़ होंगे तो उनका औसत वेतन 145,000 डॉलर होगा। और हक़ीक़त? कॉलेज स्नातक वयस्क औसतन 54,000 डॉलर कमाते हैं। दुर्भाग्यवश भविष्य इतना अधिक चौंधिया डालने वाला भी नहीं है कि आपको गॉगल्स पहनने पड़ें। हक़ीक़त और उम्मीद के बीच छिपा सत्य 1,00,000 डॉलर की खाई है। यह असमानता शायद बता सके कि हक़ीक़त और उम्मीद के बीच की खाई को पाटने के बीच हमारे युवा क्यों इतने क़र्ज़ में डूब गए हैं। *अगर मैं 1,45,000 डॉलर नहीं कमा सकता, मैं 1,45,000 डॉलर कमाने वाले जैसा दिख सकता हूं!*

लोगों के पास दौलत नहीं होने का सबसे अच्छा बहाना है, "मेरे पास वक़्त नहीं है।" बताइए तो सही, आपके पास वक़्त क्यों नहीं है? क्योंकि आप नौकरी करते हैं। आप

नौकरी क्यों करते हैं? क्योंकि आपको इसकी ज़रूरत है। आपको इसकी ज़रूरत क्यों है? क्योंकि आपको कई भुगतान करने हैं। आपको कई भुगतान क्यों करने हैं? क्योंकि आप पर क़र्ज़ है। आप पर क़र्ज़ क्यों है? अरे हां, क्योंकि आप छह साल स्कूल गए थे और आप पर छह अंक का शैक्षणिक क़र्ज़ है।

अगर आपने अपनी उच्च शिक्षा को क़र्ज़ लेकर पूरा किया है तो यह क़र्ज़ स्वतः परजीवी बन जाता है और आपको नौकरी की गुलामी के जाल में फंसा देता है और यह आपकी आज़ादी को नष्ट कर देता है। हो सकता है कि आपकी कमाई बढ़ जाए, लेकिन आपको क़र्ज़ चुकाने के लिए जबरन काम करना पड़ेगा। क़र्ज़ एक परजीवी होता है, क्योंकि यह ख़ाली वक़्त को खा जाता है और बचता है केवल अनुबंधित काम का वक़्त। दुखद तौर पर परजीवी क़र्ज़ निर्मम है और स्रोत के प्रति सहानुभूति नहीं रखता। 45,000 डॉलर का क़र्ज़ बीएमडब्ल्यू कार ख़रीदने के कारण हो या फिर शैक्षणिक क़र्ज़ के कारण, क़र्ज़ आपकी आज़ादी को छीन लेता है और आपको गिरमिटिया मज़दूर बना देता है।

अध्याय का सार : तेज़ रास्ते की ख़ासियतें

- धीमी गति वाले शिक्षा के जरिए अंतर्निहित मूल्य में हेरफेर की कोशिश करते हैं।
- गिरमिटिया समय वह समय जिसे आप आजीविका कमाने में लगाते हैं। यह ख़ाली समय का विपरीत है।
- परजीवी क़र्ज़ वैसा क़र्ज़ होता है जो कि गिरमिटिया समय सृजित करता है और आपको कार्य के लिए बाध्य करता है।

अध्याय

14

गुरुओं का पाखंड

एक वक़्त ऐसा था जब एक मूर्ख और उसका धन जल्द बिछड़ जाते थे,
लेकिन अब तो यह हर किसी के साथ होता है।

—एडलाई स्टीवनसन

आप ठगे गए हो

मान लीजिए कि कॉलेज के बाद आप कुछ थुलथुल हो गए हैं और आपने ख़ुद को मैग़जीन के कवर मॉडल की तरह चुस्त-दुरुस्त करने का फ़ैसला किया। आपने एक सामुदायिक कॉलेज की एक क्लास में प्रवेश लिया, जिसका नाम था,"बड़ा फ़ायदा : अपना शरीर स्पार्टन योद्धा की तरह गठीला बनाएं।"

क्लास के पहले दिन आप जल्द आ जाते हैं, बैठ जाते हैं और इंस्ट्रक्टर की बेताबी से राह देखते हैं। कुछ मिनट बाद एक मोटा व्यक्ति कमरे में प्रवेश करता है और क्लास में सबसे आगे बैठ जाता है। आपको लगता है, वाह, वह मोटा है, लेकिन वह यहां बदलने आया है उसके लिए कितना बेहतर। पसीने से लथपथ वह व्यक्ति कुछ काग़ज़ों को बिखेरता हुआ बढ़ता है। आप उस व्यक्ति के पास मौजूद विद्यार्थियों वाली कुर्सी को देखकर सोचते हैं कि क्या वह इसमें समा पाएगा वह तो कुर्सी से दोगुने विस्तार का है!

तभी एकाएक आपको विरोधाभास का झटका लगता है।

यह कोई विद्यार्थी नहीं, यह तो इंस्ट्रक्टर है।

क्या यह कोई मज़ाक़ तो नहीं?

यह व्यक्ति कैसे क्या उस क्लास का मार्गदर्शन कर सकता है, जिसके लिए लिखा गया हो, "बड़ा फ़ायदा : अपना शरीर स्पार्टन योद्धा की तरह गठीला बनाएं।" जबकि उसका ख़ुद का शरीर स्पार्टन जैसा नहीं है।

कैसे कोई उसे गंभीरता से ले सकता है?

इस पाखंड से हैरान होकर आप क्लास से बाहर आते हैं और कॉलेज से तुरंत रिफ़ंड की मांग करते हैं।

जब बात गुरुओं और वित्तीय सलाहकारों की हो तो आपको यह काम ज़रूर कर लेना चाहिए : क्लास छोड़ दीजिए और रिफ़ंड मांगिए, क्योंकि वे पेशे के विरोधाभास के दोषी हैं।

प्रैक्टिस का विरोधाभास

प्रैक्टिस का विरोधाभास पूछता है, क्या आप जो कहते हैं, वही करते हैं? क्या आप अपने द्वारा दी जा रही सीख के आदर्श उदाहरण हैं?

क्या आप किसी बदसूरत व्यक्ति से त्वचा की देखभाल की सलाह ले रहे हैं?

क्या आप किसी दीवालिये से वित्तीय सलाह लेंगे?

क्या आप किसी सफ़ाई कर्मचारी से चिकित्सा सलाह लेंगे?

क्या आप किसी 90 पौंड वज़न के मरियल से बॉडीबिल्डिंग के लिए सलाह लेंगे?

मेरे फ़ोरम पर प्रैक्टिस के विरोधाभास पर गर्मागर्म बहस चलती रहती है। कुछ की राय में यह पूरी तरह से स्वीकृत है कि आप दौलत की रणनीति का उपदेश तो दें, लेकिन ख़ुद कभी उसका पालन नहीं करें।

जैसा मैं कहूं वैसा करो, जैसा मैं करता हूं वैसा नहीं

प्रैक्टिस का विरोधाभास तब मुखर हो जाता है जब कोई धन कमाने की रणनीति तो बताए, लेकिन ख़ुद उससे अमीर नहीं हुआ हो। दूसरे शब्दों में, *वह अपनी ही सलाह को पालन नहीं करते।*

यह लोग प्रभावी तरीक़े से दौलत का एक समीकरण (धीमा रास्ता) सिखाते हैं, लेकिन ख़ुद दूसरे रास्ते (तेज़ रास्ता) का लाभ उठाते हैं।

जब मैं वित्तीय क्षेत्र की धुरंधर "सुज़" को लोगों को, उनके म्युचुअल फ़ंड्स पोर्टफ़ोलियो के लिए डॉलर-लागत-औसत का निर्देश देते हुए देखता हूं तो क्या मैं उनकी सुनता हूं? क़तई नहीं। मैं ठहाका लगाता हूं। जब क्रेमर यह कहते हुए लेहमैन ब्रदर्स के शेयर्स ख़रीदने के लिए कहते हैं कि वह अच्छे हैं, क्या मैं सुनता हूं? बिलकुल नहीं।

मुझे उन लोगों के प्रति अफ़सोस लगता है जो इन लोगों से निवेश की सलाह लेते हैं। मैं इन लोगों को निवेश के सलाहकार की तुलना में ज़्यादा बेहतर मनोरंजन करने वाला मानता हूं। सीएनबीसी के किसी पंडित के कहने पर शेयर ख़रीदने वाले या उसकी सलाह सुनकर सेवानिवृत्ति की पूरी रक़म गंवा देने वाले बेचारे व्यक्ति के प्रति मेरी कोई सहानुभूति नहीं होती।

इन लोगों के साथ दिक़्क़त क्या है?

आख़िर क्यों आप अपनी वित्तीय योजना की ज़िम्मेदारी नहीं ले सकते?

और फिर एक आपके चाचा हैं। आप एक बुज़ुर्ग को जानते हैं, जिसे हॉर्सहैड नेबुला में मौजूद काली संरचना की आण्विक संरचना तक पता है, जिनकी असत्यापित जानकारियों की फ़ौज हमेशा हमला बोलने के लिए बेताब रहती है। बात फिर शेयर बाज़ार की हो, ताज़ातरीन और महानतम निवेश की हो या फिर मुद्रा के चलन की हो। और यह मत भूलिए कि वह ख़ुद पूरी तरह से वेतन पर निर्भर हैं।

मैं इन लोगों को सब जानने वाला कंगाल कहता हूं। वैसे लोग जो वित्तीय, धन कमाने की सलाह देते हैं और ख़ुद फिर भी बहुत ग़रीब रहते हैं। ये बड़बोले ढोंगी, 300 पौंड वज़नी उस सलाहकार की तरह पाखंडी होते हैं, जो स्वास्थ्य और फ़िटनेस से भरपूर ज़िंदगी जीने के तरीक़े बताता है। इन लोगों की बातें केवल मनोरंजन के लिए सुनें, सलाह के तौर पर नहीं। अच्छी सलाह उन्हीं लोगों से मिल सकती है, जिन्होंने कामयाबी की रेखा को छू लिया हो। उन लोगों से नहीं जो कभी मैदान में उतरे ही नहीं। जी हां, रग्बी के खेल में क्वार्टर बैक के लिए सलाह टॉम ब्रेडी से ही मिल सकती है, एमजे डिमार्को से नहीं।

क्या प्रैक्टिस का विरोधाभास अस्तित्व में है?

धन के खेल में धन ही स्कोरकार्ड है। अगर कोई आपको बताता है कि उसने कैसे स्कोर किया तो सुनिश्चित कीजिए कि वह दौलत कमाने का वास्तविक तरीक़ा बताए, ना कि असली दोषी को छिपाने वाला आभासी तरीक़ा।

दुखद तौर पर, पैसों को लेकर अच्छी और प्रायोगिक सलाह पाना लगभग नामुमकिन है, क्योंकि अधिकांश गुरु, पालन के विरोधाभासों में जीते हैं। हां, गुरुओं की अमीरी में ख़ुद उनके द्वारा दी जाने वाली सलाह का बहुत कम हाथ होता है। वे इसलिए अमीर होते हैं क्योंकि वह तेज़ रास्ते के ऐसे कामयाब राहगीर होते हैं, जो अपनी प्रैक्टिस के विरोधाभास को बड़ी ही सफ़ाई के साथ छिपा लेते हैं।

पहले चर्चित ये विरोधाभासी उदाहरण उन लोगों के पाखंड का भांडाफोड़ कर देते हैं, जिन पर आपने अपने वित्तीय नक़्शे का ज़िम्मा सौंप रखा है। आपको आंख बांधकर एक ऐसे दरिया में छोड़ दिया गया है, जिसको ख़ुद उन्होंने कभी पार नहीं किया है। इस दौरान वे आपको हवा में मौजूद अपने कार्पोरेट जेट में बैठकर, शैम्पेन पीते हुए बड़े आराम से ताकते रहते हैं। कोई भी आपको हक़ीक़त नहीं बताता। दौलत के रास्ते की मिलावट रहित कहानी। लेकिन मैं बताऊंगा।

किताबों की सबसे ज़्यादा बिक्री वाला एक लेखक, धीमे रास्ते का नक़्शा, पूरे पाखंड के साथ बताता है। वह टीवी, रेडियो और किताबों के जरिये वित्तीय सलाह देते हुए भी देखा जा सकता है। ये लोग जो रणनीतियां बताते हैं, वह बेहद भव्य भ्रमजाल भरा उपहास हैं। क्या आपको वाकई लगता है कि यह लोग अपने ही उपदेश के बूते अमीर बने हैं? *या वे आपको धीमे रास्ते का नक़्शा बेचकर ख़ुद तेज़ रास्ते से अमीर बन रहे हैं?*

मुझे उनके तथाकथित जादू के पीछे की सच्चाई की कल्पना करने दीजिए।

सबसे पहले "सुज़।" सुज़ का पूरा ज़ोर म्युचुअल फ़ंड्स, डॉलर लागत औसत और सेवानिवृत्ति खाते पर होता है। हम सुज़ को कई मीडिया-टीवी, रेडियो और उसकी आधा दर्जन किताबों में से किसी से भी जान सकते हैं। उनकी बाड़ेबंदी हर कहीं मौजूद है। वह धीमे रास्ते का अधम चेहरा है, धीमे रास्ते के कर्कश आयोजनों की निर्माता, जो लाखों लोगों पर जानकारी का वमन कर चुकी है। तो समस्या क्या है? ख़ुद से यह सवाल पूछिए : क्या सुज़, अमीर है, क्योंकि उसने ख़ुद की सलाह पर चलकर म्युचुअल फ़ंड्स, डॉलर-लागत-औसत और शेयर बाज़ार में निवेश किया? संभावित पाखंड-प्रैक्टिस का विरोधाभास-यह है कि सुज़ का दौलत कमाने का तरीक़ा, उसके रास्ते और ना ही उसकी सीख में है। क्या सुज़ इसलिए अमीर है कि वह ख़ुद तो तेज़ राह पर चलती है और आपको धीमे रास्ते पर चलने की सलाह देती है? क्या उसका मूल्य करोड़ों में है, क्योंकि उसने ख़ुद की सलाह मानी? या क्योंकि उसने करोड़ों किताबें बेचीं? *क्या उसका दौलत का समीकरण उसके द्वारा सिखाए जा रहे समीकरण से अलग है?* ये वे बातें हैं जो आपको सोचने पर मज़बूर कर देती हैं...

2007 के एक लेख में सुज़ को यह स्वीकार करते हुए बताया गया था कि उसकी अधिकांश दौलत (अनुमान के मुताबिक़ 25 मिलियन डॉलर) बांड्स, प्राथमिक तौर पर नगरपालिका में है। इसके साथ ही वह मानती हैं कि उनकी दौलत का केवल 4% ही शेयर बाज़ार में लगा है, क्योंकि "अगर मैं एक मिलियन डॉलर गंवा भी देती हूं, तो निजी तौर पर मैं फ़िक्र नहीं करती।"

वाह, और फिर भी यह वह रास्ता है जिस पर आप अपनी दौलत बनाने के लिए उस पर भरोसा करें?

आख़िर सुश्री सुज़ ने 25 मिलियन अमेरिकी डॉलर कहां से हासिल किए? उनकी शेयर बाज़ार, म्युचुअल फ़ंड्स, आईआरए योजना, बांड्स और सरकारी कोष में निवेश की सलाह के बूते? या कि उन्होंने ख़ुद तेज़ रास्ते का नक़्शा अपनाकर विस्फोटक गति से दौलत कमाई और फिर आपकी दौलत इन योजनाओं में डाल दी? फिर भी ग़रीबी की ख़तरनाक खाई के मुहाने पर खड़े लोगों को उनकी यही सलाह रहती है कि दौलत कमाने के लिए शेयर बाज़ार में निवेश करो, जबकि लगता है कि ख़ुद उन्होंने यह रास्ता नहीं अपनाया। दोस्तों, *अमीर लोग बाज़ार का इस्तेमाल आय और दौलत को संरक्षित करने के लिए करते हैं-बनाने के लिए नहीं।*

और फिर एक हैं डेविड। जब मैंने डेविड की कई किताबों को छाना तो मैं धीमे रास्ते की समानताओं की बहुतायत की बाढ़ से दंग रह गया : चक्रवृद्धि ब्याज की तालिकाएं, वेतन का 10% बचाओ, महंगी कॉफ़ी पीना छोड़ दो और धीमे रास्ते की अन्य दीर्घकालिक विवादित बातें। फिर एक बार, प्रैक्टिस का विरोधाभास सामने आ खड़ा होता है।

क्या डेविड अपनी सलाह या धन के प्रबंधन की फ़ीस से अमीर बने हैं? या फिर 11 किताबों को बार-बार करोड़ों प्रतियों में बेचकर? हर बार धीमे रास्ते के कीचड़ के दोहराव से, तब तक जब तक कि आप इससे ऊब नहीं जाएं?

और अंत में हैं रॉबर्ट, जो हवाई के रहने वाले हैं और जिनके दो पिता हैं-एक अमीर और एक ग़रीब। रॉबर्ट आक्रामक अंदाज़ में आपको संपत्ति की परिभाषा बताते हैं और

यह भी कि मंजे हुए निवेशक रियल इस्टेट में निवेश करते हैं। राष्ट्रीय टेलीविज़न पर रॉबर्ट एक बार अपनी लैम्बोर्गिनी के बारे में डींग हांक रहे थे, मुझे यह बड़बोलापन विडम्बना भरा लेकिन कपटपूर्ण लगा। क्यों? क्या रॉबर्ट अपनी सीख के लाभों के बारे में नहीं बता रहे हैं? शायद।

रॉबर्ट तेज़ रास्ते का एक कामयाब राहगीर है। उन्होंने करोड़ों डॉलर का एक ब्रांड बनाया और उसे मज़बूत किया। लेकिन वर्तमान उत्सुकतापूर्ण सवाल है कि : क्या पहले आया? सबसे ज़्यादा बिकने वाली किताब या लैम्बोर्गिनी? क्या इसके पीछे प्रैक्टिस का कोई विरोधाभास छिपा है? क्या रॉबर्ट के पास यह अमीरी का प्रतीक, किताब से पहले था, उनकी रियल इस्टेट की सीख के इस्तेमाल से? या कि लैम्बोर्गिनी किताबों की करोड़ों में बिक्री के बाद आई? इसमें कोई शंका नहीं कि रॉबर्ट ने किताबें, गेम्स और सेमिनारों के ज़रिये भरपूर दौलत कमाई। क्या यह संभव है कि आपको दौलत का एक समीकरण बेचा जा रहा है, जबकि उस खेल का खिलाड़ी ख़ुद दूसरा ही समीकरण इस्तेमाल कर रहा है?

गुरु बाज़ार की ज़रूरतों को पूरा करते हैं और मैं इसे झुठला नहीं सकता। फिर भी इस बात पर गौर फ़रमाइए : क्या वे अपने विरोधाभासों के प्रति सच्चे हैं और अपनी जादुई औषधि के प्रति भी?

एक बार जब आप तेज़ रास्ते के गणित से परिचित हो जाएंगे तो आपको स्पष्ट हो जाएगा कि कौनसे गुरु प्रैक्टिस के विरोधाभास के दोषी हैं। क्या उनकी सीख का गणितीय समीकरण वही है, जिसने उन्हें अमीर बनाया? अगर जैसा मैं कहता हूं वैसा करो का मिलान जैसा मैं करता हूं वैसा करो से नहीं होता तो आपको शंका हो जानी चाहिए।

जो बात मुझे अलग बनाती है, वह है : इस किताब में दिए गए तेज़ रास्ते के विचार ने मुझे वित्तीय स्वतंत्रता दे डाली। मेरे पास पहले से ही वित्तीय आज़ादी है-एक सुंदर घर, स्पोर्ट्स कार्स और चमकीला रैपर क्रेडिट कार्ड। मुझे ये चीज़ें हासिल करने के लिए इस किताब की ज़रूरत नहीं है। मैं तेज़ रास्ते के इस अस्वीकरण (डिसक्लेमर) को भी स्वीकार करता हूं : इस किताब में मुझे अमीर बनाने की ताक़त है, क्योंकि यह दौलत के उसी समीकरण का समर्थन करती है जो मैं आपको पढ़ाता हूं। दूसरे शब्दों में एक लेखक या उद्यमी के तौर पर "जैसा मैं कहता हूं वैसा करो" का मिलान "जैसा मैं करता हूं वैसा करो" से होता है।

धीमे रास्ते के गुरु नाकामी स्वीकारते हैं

धीमे रास्ते के एक वित्तीय रेडियो शो में एक श्रोता ने कुछ सलाह मांगी थी। कुछ ही माह में मंदी ने उसकी 50% से ज़्यादा बचत ख़त्म कर दी, जिसे जमा करने में उसे 10 साल लग गए थे।

धीमे रास्ते के गुरु की सलाह?

बेहद सुकूनदायक, "योजना से जुड़े रहो।" दोबारा प्रतिबद्धता। दोबारा शुरुआत।

दूसरे शब्दों में, मेरी कूड़े समान योजना नाकाम रही। इसे तुम्हें नाकाम करने में 11 साल लगे। तुम इससे जुड़े रहो।

उम्मीद करो, अर्थव्यवस्था में उछाल आएगा।

उम्मीद करो, अर्थव्यवस्था में कभी दोबारा मंदी नहीं आए।

उम्मीद, उम्मीद और उम्मीद।

और हां कृपया मेरी ताज़ातरीन नई किताब अपने घोंसले के अंडों को दोबारा सहेजें।

आर्थिक मंदी, धीमे रास्ते में मौजूद जोखिम भरे धोखे का खुलासा कर देता है, जिसका असर ताउम्र झेलना पड़ता है। चूंकि गुरु आपको धीमे रास्ते के नक़्शे बेचकर ख़ुद अमीरी का जीवनयापन कर रहे होते हैं, इसलिए उनके लिए यह ज़रूरी है कि आप यह यक़ीन करें कि यह काम करेगा।

उनकी दौलत आपके भरोसे से ही तो आती है।

2008 के मंदी के ज़बर्दस्त खुलासे के बाद भी धीमे रास्ते के प्रबुद्धजन कभी भी नहीं मानेंगे कि उनकी रणनीति बुरी तरह से अपर्याप्त है। उसकी बजाय वह सच्चाई को छिपाने के लिए अपने संदेश को कुटिल तरीक़े से नए सिरे से बदल डालेंगे : वह नए शीर्षक और नई निरर्थक बातों के साथ नई किताबें लिखकर उसी बुरी तरह से नाकाम योजना को बदस्तूर जारी रखेंगे। उनके शीर्षक कुछ ऐसे होंगे :

नए सिरे से दौलत बनाओ

दोबारा शुरुआत करो

दोबारा जुट जाओ

भाषा में परिवर्तन पर ग़ौर करें, हक़ीक़त को उजागर कर रहा है : अगर योजना इतनी ही अच्छी है तो दोबारा बनाओ दोबारा शुरुआत जैसे शब्दों की ज़रूरत क्यों आन पड़ी?

अगर रणनीति काम कर जाती तो ऐसे शब्दों की ज़रूरत ही नहीं थी।

सिलसिले को जारी रखने के लिए गुरुओं को बदसूरत को दोबारा ख़ूबसूरत बनाना होगा। पुरानी रणनीति को नई किताबों के साथ वही पुराना कूड़ा बेचकर। इन किताबों के अंदर आपको कुछ ऐसे शब्द मिलेंगे, धैर्य, वापसी और अनुशासन।

और बड़ा सवाल...

क्या आप सोचते हैं कि गुरुओं को दोबारा शुरुआत या दोबारा बनाने की ज़रूरत है?

क़तई नहीं, क्योंकि वे योजना अपनाते ही नहीं जो वे बेचते हैं।

वे दौलत की एक अलग ही दुनिया में जीवनयापन करते हैं, जिसका निर्धारण बेक़ाबू सीमित लीवरेज द्वारा नहीं किया जाता।

अध्याय का सार : तेज़ रास्ते की ख़ासियतें

- अपने क्षेत्र में सफलता के झंडे गाड़ चुके लोगों से ही सलाह लें।
- कई वित्तीय गुरु प्रैक्टिस के विरोधाभास से ग्रस्त होते हैं। वे हमें दौलत का एक समीकरण सिखाकर ख़ुद दूसरा समीकरण अपनाकर अमीर बन जाते हैं। वे अपनी ही सीख से अमीर नहीं बनते।

अध्याय

15

धीमे रास्ते पर चलकर जीत : उम्मीद भरा जुआ

मैं नाक़ामी के दुख में जीना चाहूंगा,
कभी कोशिश नहीं करने के दुख की बनिस्बत।
—एमजे डिमार्को

बड़ी संख्या में पलायन : धीमे रास्ते की ज़िंदगी

धीमे रास्ते से दौलत का रास्ता बड़ी संख्या में पलायन कूच के अनुरूप है, मूसा की बाइबिल की कथा की तरह। भगवान ने मूसा को मिस्र में गुलामी से निकालकर रेगिस्तान से 40 साल की कष्टदायक यात्रा पर रवाना किया था, इस वादे के साथ कि उसका दूध और शहद की धरती पर एक विजय से परिपूर्ण भविष्य होगा। ज़िंदगी भर के संघर्ष और मेहनत के बाद मूसा अपनी मंज़िल के दरवाज़े पर पहुंचता है और उसकी मौत हो जाती है। वह सफ़र के वादे को पूरा होता नहीं देख पाता क्योंकि ज़िंदगी की कोई गारंटी नहीं है।

दुखद तौर पर धीमे रास्ते के ज़रिये दौलत तक का सफ़र इसी रेगिस्तानी यात्रा की तरह मुश्किलातों से भरा होता है। यह एक ऐसी यात्रा है जो पूरा होने में दशकों लेती है, आपका जीवन भूख भरा हो जाता है और कोई वादा भी नहीं किया जाता। जी हां, किसी कॉलेज से डिग्री हासिल कीजिए, एक अच्छी नौकरी कीजिए, अपना धन वॉल स्ट्रीट के भरोसे दांव पर लगा दीजिए, अपने बॉस की जीहूजुरी कीजिए और हो सकता है कि आपको इनाम मिल जाए। आज के मुद्रा छापने और सरकार की लापरवाही के कष्टदायक आर्थिक माहौल में, मुझे हैरानी होती है कि लोगों का फिर भी इसमें विश्वास बरक़रार है।

लेकिन लोग ऐसा ही करते हैं और थोक के भाव में।

जब मैं धीमा रास्ता बताने वाली किताबों के बिक्री के आंकड़े देखता हूं तो मेरी बोलती बंद हो जाती है। करोड़ों में बिक्री। कितना दुखद है। लाखों-करोड़ों लोग ऐसे रास्ते

पर चल पड़े हैं जहां पर जगह–जगह गड्ढों की भरमार है और मार्ग परिवर्तन भी करना पड़ता है। एक ऐसा रास्ता जिसमें ज़्यादा आज़ादी वाले कल के सुदूर वादे की ख़ातिर कई बरस तक चलना पड़ता है

यह मानना कि आप बहुत वर्ष स्वस्थ जीवन जिएंगे, कुछ और नहीं अहंकार है। यह मान लेना कि कल को ज़िंदगी आपको किसी मोड़ पर खड़ा नहीं करेगी, निरा भोलापन है। धीमा रास्ता सफलता के लिए यह मान लेता है कि ज़िंदगी का पूर्वानुमान लगाया जा सकता है और वह दयालु है।

ऐसा नहीं है। आपकी नौकरी चली जाती है। आप बीमार पड़ जाते हैं। आपकी कार को एक नए ट्रांसमिशन की दरकार है। आपकी शादी हो जाती है। आपका तलाक़ हो जाता है। आपको बच्चे हैं। आपका एक बच्चा दिव्यांग है। आपके अभिभावक उम्रदराज हैं, जिन्हें देखभाल की ज़रूरत है। अर्थव्यवस्था मंदी में चली जाती है। ज़िंदगी संकटकाल का प्रबंधन है। यही वजह है कि दौलत के धीमे रास्ते का नक़्शा एक जोख़िम भरा जुआ हो जाता है, जो आपकी सबसे क़ीमती संपत्ति को इस्तेमाल कर लेता है : वक़्त।

धीमे रास्ते के सात जोख़िम

लोग धीमे रास्ते पर चलते हैं, क्योंकि उन्हें इसी रास्ते पर चलने के लिए कहा गया है। वह मानते हैं कि ख़तरे और जोख़िम न्यूनतम हैं और यह सुरक्षित है। आख़िरकार सभी नए कारोबारों में 90% तो पांच साल बाद असफल हो जाते हैं। इसलिए तेज़ रास्ता सुरक्षित नहीं हो सकता। अगर आप धीमे रास्ते की कहानी में तर्क का थोड़ा–सा भी इस्तेमाल करें, तो आपको पता चल जाएगा कि वह बेहद ख़तरनाक है। एक ऐसी योजना जो पूरी तरह से उम्मीद पर ही आधारित है। कई दशकों की कल्पनाओं, पूर्वधारणाओं पर आधारित यह योजना धीमे रास्ते के असली जोख़िम उजागर कर देती हैं। इस रास्ते पर चलने का फ़ैसला कीजिए और जुआ खेलने के लिए तैयार हो जाइए। यहां पेश हैं कुछ ख़तरे :

1. आपके स्वास्थ्य का जोख़िम

धीमा रास्ता यह उम्मीद करता है कि बचत का ज़िंदगी के उत्तरार्द्ध में पूरा मज़ा लेने के लिए आपकी उम्र लंबी होगी। याद रखिए आपके पास करोड़ों होंगे, लेकिन तब जब आप 65 बरस के होंगे। क्या उस वक़्त आप ज़िंदगी का मज़ा लूटने के लिहाज़ से जवान होंगे? ज़िंदा होंगे? अगर आप नौकरी नहीं करते तो आप दौलत नहीं बना सकते, अगर आप काम नहीं कर सकते तो आपकी इस योजना का क्या होगा? साथ ही अन्य आपदाओं से भी बचना है : उम्मीद कीजिए कि आपकी नौकरी का तनाव कहीं आपकी मौत की वजह नहीं बन जाए और आपका परिवार स्वस्थ बना रहे।

2. नौकरी का जोख़िम

धीमा रास्ता यह उम्मीद करता है कि आपकी फ़ायदा देने वाली नौकरी पूरे वक़्त बरक़रार रहेगी। साल–दर–साल सुरक्षित तरीक़े से कार्पोरेट जगत की सीढ़ियां चढ़ते

हुए। आपको छंटनी, कार्यालय की राजनीति, नौकरी से निकाले जाने, औद्योगिक जगत की मंदी, नौकरी के कौशल में गिरावट और बुरे रोज़गार बाज़ार से बचना होगा।

3. अपने घर का जोख़िम

घर का स्वामित्व मध्यम वर्ग के लिए दौलत के वाहन की तरह प्रशंसनीय है। कई गुरु गला फाड़-फाड़कर ज्ञान देते हैं, अपने घर के दम पर सेवानिवृत्त हो जाइए। और आपका घर एक संपत्ति है। मुफ़्त का ज्ञान। धीमा रास्ता यह उम्मीद करता है कि रियल इस्टेट की क़ीमतें हमेशा ही ऊपर जाएंगी और यह मूलतः ग़लत है। 2008 में मेरे घर की क़ीमत में 8,00,000 डॉलर की गिरावट आई थी। मैं घर को निवेश नहीं मानता और शुक्रगुजार हूं कि मैं उस पर निर्भर नहीं हूं।

4. कंपनी का जोख़िम

बहुत ज़्यादा कंपनियां 100 साल से ज़्यादा नहीं टिकतीं। अगर आपकी सेवानिवृत्ति को लेकर 1) आपकी नौकरी, 2) आपकी पेंशन या 3) आपके शेयरों के ज़रिये, आपकी उम्मीद एक नौकरी पर टिकी है तो आपको उम्मीद करना होगी कि कंपनी ज़िंदा रहे। आप दांव लगाते हैं। अनेक सेवानिवृत्त लोगों को यह पता लगने तक देर हो चुकी होती है कि आपकी कंपनी के अधिकारियों के कुप्रबंधन के कारण आपकी सेवानिवृत्ति पेंशन हजम हो चुकी है। अन्य लोग, जो एक ही कंपनी के शेयर पर निर्भर होते हैं, यह सोचकर बहुत बड़ा जोख़िम लेते हैं कि भविष्य में इस शेयर की क़ीमत बहुत ज़्यादा होगी। अगर आपकी सेवानिवृत्ति दूसरों पर निर्भर है तो आपने बेक़ाबू जोख़िम मोल ले लिया है। जब आपकी वित्तीय योजना की ताक़त दूसरों पर निर्भर होती है तो आपका उस पर से नियंत्रण छूट जाने की पूरी संभावना है।

5. जीवनशैली का जोख़िम

धीमा रास्ता आपको कंजूस और बेचारगी भरा बनाकर रख देता है। आप एक आलीशान कार ख़रीदना चाहते हैं? भूल जाओ। किसी समुद्र तट पर रहना चाहते हैं? मुंगेरीलाल के हसीन सपने। अगर आप जीवनशैली को बेहतर बनाने की चाहत (और अच्छा घर, और अच्छी कार, बाहर का और अच्छा खाना) पर नियंत्रण नहीं साध सकते तो धीमा रास्ता और धीमा हो जाता है और उल्टा चलने लगता है। धीमा रास्ता उम्मीद करता है कि आपकी "संतुष्टि में देरी" "कोई संतुष्टि नहीं" में बदल जाए।

6. अर्थव्यवस्था का जोख़िम

धीमा रास्ता यह उम्मीद करता है कि आपके निवेश पर साल दर साल पूर्वानुमान के मुताबिक़ 8% का मुनाफ़ा मिलेगा। आपको इस सिद्धांत में विश्वास रखना होगा, कि "ख़रीदो और रखे रहो" कारगर रणनीति है। ऐसा होता नहीं है, क्योंकि अर्थव्यवस्था चौपट हो जाती है, मंदी छा सकती है। उदाहरण के लिए 2008-09 में शेयर बाज़ार

में लगभग 60% का नुक़सान हुआ। अगर आपने 15 साल में बचत करके 1,00,000 डॉलर बचाए होते तो इसका मूल्य 40,000 डॉलर से ज़्यादा नहीं होता। 8% सालाना के मुनाफ़े से आपको दोबारा पूर्व स्थिति तक लौटने में 14 साल लग जाते। यानी आपका 30 साल का नुक़सान। और यहां महंगाई की तो बात की ही नहीं गई, जो आपके 1,00,000 डॉलर को लगभग 50,000 डॉलर बना देती है!

7. पगडंडी का जोख़िम

धीमे रास्ते से हताश लोग अधिकांशतया दोबारा पगडंडी पर लौट जाते हैं। क्यों? नियंत्रण पर उम्मीद। जब आप वक़्त, अपनी नौकरी या सप्ताह के पांच दिन पर नियंत्रण नहीं रख पाते तो शक्तिहीन महसूस करते हैं। बेबसी की भावनाएं त्वरित संतुष्टि और जीवनशैली की गुलामी के लिए माकूल आधार होती हैं। 2008 में *जर्नल ऑफ़ कंज्यूमर रिसर्च* के अध्ययन में पाया गया कि जब लोग शक्तिहीन और नियंत्रणहीन महसूस करते हैं तो उनमें ऐसी वस्तुएं ख़रीदने की मज़बूत भावना जाग जाती है, जो प्रतिष्ठा में चार चांद लगा दे। वे शक्तिहीन क्यों महसूस करते हैं? बहुत आसान है। धीमे रास्ते में आप नियंत्रण छोड़ देते हैं, क्योंकि नियंत्रण तो वक़्त के हाथ में है और पगडंडी का रास्ता फिर खुल जाता है। उम्मीद कोई योजना नहीं है।

प्रतिरोध निरर्थक है

जब आप धीमे रास्ते की चीर-फाड़ करते हैं तो आपको इसकी असलियत पता चलती है : यह धीमा है, यह वक़्त गंवाता है और यह जोख़िम भरा है। जब धीमे रास्ते के राहगीर को इस बात का अहसास होता है कि योजना काम नहीं कर रही है, वह बदहवास होकर एकाएक बहुत ज़्यादा सक्रिय हो जाता है। धीमे रास्ते पर बहुत ज़्यादा सक्रियता ठीक वैसी ही है जैसे कि कार का एक्सीलेटर पूरा दबा दिया जाए, इस उम्मीद के साथ कि कार अपनी निर्धारित गति सीमा से भी ज़्यादा तेज़ गति से चलने लगेगी। जबकि यहां समस्या एक्सीलेटर की नहीं रास्ते की है।

फिर भी धीमे रास्ते के राहगीर परिवर्तनशील कारकों को लचीला बनाकर अपने कमज़ोर गणितीय ब्रह्मांड से छेड़छाड़ का प्रयास करता है।

- काम के घंटों में इजाफ़े के ज़रिये अपने वास्तविक मूल्य को बढ़ाने का प्रयास। (मुझे और ज़्यादा धन कमाना चाहिए!)
- नौकरी बदलकर या फिर एक अतिरिक्त नौकरी करके वास्तविक मूल्य को बढ़ाने की कोशिश। (मुझे ज़्यादा वेतन की ज़रूरत है!)
- दोबारा पढ़ाई की ओर लौटकर वास्तविक मूल्य में बढ़ोत्तरी का प्रयास। (मुझे बेहतर करियर की ज़रूरत है!)
- निवेश के बेहतर परिणाम पाने के लिए चक्रवृद्धि ब्याज को बेहतर बनाने का प्रयास। (मुझे बेहतर निवेश चाहिए!)

- निवेश की कालसीमा में बदलाव के साथ चक्रवृद्धि ब्याज को बेहतर बनाने की कोशिश। (मुझे और वक़्त चाहिए!)
- निवेश बढ़ाकर चक्रवृद्धि ब्याज में बदलाव। (मुझे बचत की ज़रूरत है!)

ये सभी छह प्रयास, धीमे रास्ते के दौलत के समीकरण की नपुंसकता को मिटाने के नाकाम प्रयास हैं। दुर्भाग्यवश गणित की सीमाओं को मिटाया नहीं जा सकता और ऐसा करना ख़तरनाक कारण–परिणाम के दुष्चक्र की वजह बनता है। जब धीमे रास्ते का राहगीर ज़्यादा कमाई करना चाहता है तो वह अपने काम के घंटे बढ़ा देता है, बेहतर वेतन वाली नौकरी अपना लेता है या फिर एक और अतिरिक्त नौकरी करने लगता है। जब धीमे रास्ते का राहगीर ज़्यादा वेतन चाहता है तो वह पढ़ाई की ओर इस उम्मीद के साथ लौट जाता है कि इससे उसका वास्तविक मूल्य बढ़ेगा। जब धीमे रास्ते के राहगीर को यह अहसास होता है कि 3% का मुनाफ़ा तेज़ी से दौलत नहीं दिला पा रहा है तो वह ज़्यादा मुनाफ़े की उम्मीद में ज़्यादा बड़ा जोख़िम मोल ले लेता है। जब धीमे रास्ते का राहगीर अपनी 40% बचत को मंदी का शिकार होते देखता है तो वह इस तर्क के साथ काम पर लौट जाता है कि "पुरानी स्थिति में लौटने" के लिए पांच वर्ष पर्याप्त वक़्त नहीं है।

आप गणितीय सीमाओं को मात नहीं दे सकते।

एक कार जिसकी अधिकतम गति 10 मील प्रति घंटा है, 10 मील प्रति घंटा की अधिकतम गति से ही दौड़ेगी। फिर भले ही आप एक्सीलेटर को जितना चाहे ज़ोर से दबाएं। अगर आप 10 मील प्रति घंटे की रफ़्तार से पूरे देश का भ्रमण करेंगे तो आपको 40 वर्ष लग जाएंगे!

धीमे रास्ते का औसत दर्जे का होना पूर्वनिर्धारित–सा ही है, क्योंकि आंकड़े हमेशा औसत दर्जे के होते हैं।

धीमा रास्ता जोख़िम भरा है, क्योंकि इसके परिवर्तनशील कारक बेक़ाबू हैं और लीवरेज शक्ति का अभाव है। यूएलएल का मतलब सही में "यूएलएल" होता है, कभी अमीर मत बनो। फिर भी जीवनशैली एक ऐसा परिवर्तनशील कारक है, जिसके साथ धीमे रास्ते के राहगीर प्रभावी तरीक़े से छेड़छाड़ कर सकते हैं। दुर्भाग्यवश यह जल्द ही धीमे रास्ते के राहगीरों को दुर्गति का खुला प्रदर्शन बना देता है। जी हां, कम में संतोष करें।

दौलत पाने में नाकामी : ग़लत समीकरण, ग़लत परिवर्तनशील कारक

एक वक़्त ऐसा आता है जब धीमे रास्ते के राहगीर को इस बात का अहसास हो जाता है कि वह ज़्यादा मुनाफ़े के लिए शेयर बाज़ार को प्रभावित नहीं कर सकता। वह वेतन में 200% का उछाल हासिल नहीं कर सकता। वास्तविक मूल्य को बढ़ाने के लिए उन्नत शिक्षा उसकी पहुंच से बाहर है। नौकरी बदलने से भी वेतन वृद्धि की संभावना कम ही है। धीमे रास्ते का राहगीर अपने समीकरण का गुलाम बन जाता है और फिर वह इकलौते नियंत्रण के योग्य परिवर्तनशील कारक में बदलाव का प्रयास करता है, कुल निजी आय, जो कि ख़र्चों को कम करके बढ़ाई जाती है।

कुल निजी आय = वास्तविक मूल्य – निजी ख़र्च

धीमे रास्ते के गुरु इस रणनीति की तारीफ़ करते हैं। उनके फ़रमान स्पष्ट होते हैं : अपना क़र्ज़ चुका दो। नई कार की जगह पुरानी से काम चलाओ। अपने बीमा की कटौती की राशि को बढ़ाओ। अपने क्रेडिट कार्ड्स बंद कर दो और हर वस्तु के लिए नक़द भुगतान करो। स्टारबक्स पर कॉफ़ी पीना छोड़ दो। दोपहर का भोजन घर से ले जाओ। थोक में ख़रीददारी करो। कूपन्स के निपटारे के लिए 4 घंटे का वक़्त दो। चलो दोस्त, ख़र्चों में कटौती कर दो– एक दिन तुम अमीर बन जाओगे! हास्यास्पद!

ये थका देने वाली रणनीतियां, धीमे रास्ते में ही उलझे रहने की ही देन हैं। जीवनशैली का ह्रास। जब आपका नाता दौलत के एक ख़राब समीकरण के साथ जुड़ जाता है तो यह प्रतिरोध है। यह सोफ़े पर लेटकर तलाक़ देने की तरह है।

दौलत का नाता वक़्त के साथ है तो इसे नियंत्रित नहीं किया जा सकता। ऐसे में आपके पास केवल किचन का कूड़ा बच जाता है ख़र्च में कटौती के रूप में जीवनशैली का ह्रास। हां, कंजूस-मक्खीचूस बन जाओ।

ग़लत।

ख़र्चों में कटौती से दौलत नहीं बनाई जा सकती। *आय में भारी वृद्धि और ख़र्चों पर नियंत्रण दौलत बनाते हैं।*

उदाहरण के लिए, जब मैं प्रति माह नियमित तौर पर 1,00,000 डॉलर कमाता था, तो मैंने तेज़ी से दौलत बढ़ाई क्योंकि मैंने अपने ख़र्चों पर नियंत्रण रखा और कटौती की। मेरी आय में भारी बढ़ोत्तरी के बीच ख़र्चों में कुछ बढ़ोत्तरी हुई, लेकिन उनकी अनदेखी नहीं की गई। अगर मेरी आय में 100% की दर से बढ़ोत्तरी हुई तो मेरे ख़र्चों में 10% की दर से। मैंने ख़र्चों में बेवकूफ़ाना कटौती से दौलत नहीं बनाई। *आय में भारी बढ़ोत्तरी और तुलनात्मक तौर पर ख़र्चों पर नियंत्रण से दौलत बनी।*

तो क्या होता है जब धीमे रास्ते का राहगीर ख़र्च के परिवर्तनशील कारक में उलझ जाता है?

ज़िंदगी केवल उन बातों तक सीमित होकर रह जाती है जो आप नहीं कर सकते।

आप उस ट्रिप पर नहीं जा सकते। आप अपने बच्चों के लिए एक जोड़ी अच्छे जूते नहीं ख़रीद सकते। आप अपने सपनों की कार नहीं ख़रीद सकते। आप मूवी चैनल्स की सदस्यता नहीं ले सकते। जी हां, वही दकियानूसी सोच, अपना आज को कल के वादे के लिए क़ुर्बान कर दो।

आप समझौता कर लेते हैं।

धीमे रास्ते पर जीत : ख्याति या बूढ़ों का वार्ड

ऐसी योजना में क्योंकर निवेश करें जो कि आपकी ज़िंदगी के 40 साल खा जाता हो और अधिकांशतया नाकाम ही रहता हो? मैं तो नहीं करूंगा। डरावनी हक़ीक़त यह है कि धीमे

रास्ते की नाकामी रातोंरात नहीं आती, नाकामी दीमक की तरह ज़िंदगी को खोखला करने के लिए कुछ वर्ष का वक्त लेती है। जब तक इस रास्ते के राहगीरों को यह बात पता चलती है, तब तक बहुत देर हो चुकी होती है। धीमे रास्ते पर जीत हासिल कर पाना उतना ही मुश्किल है जितना कि रास्ते के ट्रक स्टॉप पर पसंदीदा व्यंजन पाना।

2002 के आर्प (पूर्व में द अमेरिकन असोसिएशन ऑफ़ रिटार्यर्ड पर्सन्स) के सर्वे में 69% भागीदारों ने कहा कि वे सेवानिवृत्ति की उम्र के बाद भी काम करना चाहेंगे। इससे एक साल पहले 45% ने कहा था कि उन्हें 70 और 80 की उम्र तक काम करने की ज़रूरत है। 15 साल बाद गैलप पोल में यह आंकड़ा 74% तक पहुंच चुका था। हम इन आंकड़ों से एक चिंताजनक निष्कर्ष निकाल सकते हैं : *धीमे रास्ते पर नाकामी की दर लगभग 75% है।*

जोख़िमों के बावजूद, गणितीय सीमाओं के बावजूद, एक सप्ताहांत के बदले पांच दिन के काम के सौदे के बावजूद, इन सबके बावजूद, आप दृढ़ता के साथ खड़े रहकर क़िस्मत आजमाना चाहेंगे। जीत हालांकि असंभव नहीं है। मुझे कुछ बातों का ज़िक्र करना होगा : धीमे रास्ते के विजेता आमतौर पर बहुत प्रतिभावान, बूढ़े या बहुत ज़्यादा परिश्रम कर चुके लोग होते हैं।

धीमे रास्ते पर कैसे जीतें : "बाहर निकलने का गुप्त द्वार"

धीमे रास्ते को चुनौती दी जा सकती है, अगर आप इससे बाहर निकलने का "गुप्त द्वार" जानते हैं, यह जेल से आज़ादी का कार्ड है जो बेक़ाबू सीमित लीवरेज की सीमाओं को विफल कर देता है। धीमे रास्ते से बच निकलने का वह रहस्य?

ख्याति।

ख्याति, वास्तविक मूल्य की गणितीय सीमाओं को तोड़ देती है। धीमे रास्ते से बच निकलने वाले लोग, ख्याति के कारण हमारी संस्कृति में व्यापक रूप से मौजूद हैं-पेशेवर खिलाड़ी, रैपर्स, संगीतकार, अभिनेता, मनोरंजन करने वाले। अगर आप धीमे रास्ते की कमज़ोरियों पर प्रहार करना चाहते हैं तो ख्याति हासिल कीजिए। क्यों? ख्याति और बदनामी का वास्तविक मूल्य बहुत ज़्यादा है। लोग आपके लिए और आपकी सेवाओं के लिए असाधारण भुगतान को तैयार रहते हैं। (भले ही फिर एक रियल्टी शो के स्टार की तरह आपके पास कोई प्रतिभा नहीं हो।)

जब 20 साल का एक बास्केटबॉल खिलाड़ी कॉलेज से बाहर आकर 20 मिलियन डॉलर का अनुबंध हासिल करता है, आपने धीमे रास्ते को चुनौती देने का उदाहरण देखा है। जब एक अभिनेत्री किसी बड़ी फ़िल्म में 15 मिलियन डॉलर का प्रमुख रोल पाती है तो आपने धीमे रास्ते को चुनौती देने का उदाहरण देखा है। जब आयरलैंड का एक सामान्य-सा घरेलू व्यक्ति *अमेरिकन आइडल* में सामान्य व्यक्ति से शीर्ष फ़ाइनलिस्ट तक पहुंचता है तो धीमे रास्ते के नक़्शे की सीमाएं टूट जाती हैं, क्योंकि वास्तविक मूल्य में धमाकेदार बढ़ोत्तरी हो चुकी होती है। एकाएक, *वास्तविक मूल्य ही मांग के कारण ज़्यादा मज़बूत हो जाता है।*

दुर्भाग्यवश दौलत की चाह रखने वाले अधिकांश लोग, तेज़ रास्ते की बनिस्बत धीमे रास्ते को चुनौती देकर लक्ष्य तक पहुंचते हैं। भाग्य आधारित ख्याति स्पष्ट हमले हैं। आख़िर क्यों गायन प्रतियोगिता के ऑडिशन के दौरान स्टेडियम क्षमता से ज़्यादा भर जाते हैं? ख्याति वास्तविक मूल्य में हैरतअंगेज बढ़ोत्तरी करती है।

ख़ुद को अपरिहार्य बनाकर आप धीमे रास्ते की सीमाओं को चुनौती दे सकते हैं। इस हद तक कि समाज के लिहाज़ से आपका मूल्य आसमान छूने लगे। अगर करोड़ों लोग आपके प्रशंसक हैं तो आपको करोड़ों का भुगतान होगा। पेशेवर बास्केटबॉल खिलाड़ी जेम्स लेब्रॉन को करोड़ों डॉलर मिलते हैं, क्योंकि करोड़ों लोग मनोरंजन के तौर पर अपना ब्रांड मांगते हैं। अत्यधिक प्रतिभा को बहुत अच्छा भुगतान मिलता है।

बहुत ज़्यादा काम के ज़रिये कार्पोरेट प्रबंधन तक

धीमे रास्ते से बाहर निकलने का एक और गोपनीय रास्ता है, वही पुराना कार्पोरेट प्रबंधन। इसमें कोई शक नहीं है कि आपने धीमे रास्ते का यह पैग़ाम सुना ही होगा, कार्पोरेट सीढ़ी पर चढ़ो।

जब कोई कार्पोरेट सीईओ अपने शेयर विकल्पों का 20 मिलियन डॉलर का नक़दीकरण लेता है तो आपने धीमे रास्ते को चुनौती देने का एक और उदाहरण देखा है। आपने निश्चित तौर पर उन ढेर सारे सीईओ के बारे में सुना होगा, जिन्हें बड़ी कंपनियों द्वारा बहुत ज़्यादा वेतन दिया जाता है।

क्या कभी आपने उनकी उम्र पर गौर किया है?

संस्थापकों या मालिकों को छोड़ दिया जाए तो उनमें से अधिकांश 50 से 60 वर्ष की उम्र के बीच के होते हैं। ज़ाहिर तौर पर कार्पोरेट प्रबंधन तक पहुंचने का रास्ता रातों-रात नहीं होता, नीचे के पद से लेकर सीईओ बनने तक 40 वर्ष तक का वक़्त लग सकता है। और अगर ऐसा होता है तो आप वहां तक आसानी से नहीं पहुंचते। नहीं, आप दफ़्तर वक़्त से पहले आते हैं और जाते भी सबके बाद हैं।

माफ़ कीजिएगा, लेकिन 40 वर्ष के धैर्य और प्रार्थना के बाद सुनहरे पैराशूट के लिए इंतज़ार, जुआ नहीं है, मैं इसे आजमाना चाहूंगा।

धीमे रास्ते के कामयाब राहगीर "बीच में" लटक जाते हैं

मेरी ख्याति या कार्पोरेट ऊंचाई तक पहुंचने की कोई इच्छा नहीं है। मेरे पास तो ना सूट है ना टाई, तो मैं कार्पोरेट सीढ़ी पर ऊपर कैसे चढ़ूंगा? अगर आप अमीर बनने के लिए ख्याति और कार्पोरेट तरक़्क़ी के रास्ते से नफ़रत करते हैं, तो बचता क्या है? समाज धीमे रास्ते का इकलौता विकल्प आप पर लाद देता है। दुर्भाग्यवश उस रणनीति ने मामला बीच में ही लटका दिया है-मध्यम वर्ग या मध्यम आयु।

हर लॉटरी का एक विजेता होता है। जी हां, बुरी संभावना वाले विजेता भी होते हैं।

"पुराने रास्ते के राहगीर" (धीमे रास्ते के राहगीर जो धीमे रास्ते की रणनीति से विजयी हुए हों) जो धीमे रास्ते के नक़्शे के सफ़र में बच निकलते हैं, वे अंततः करोड़पति बनते हैं। लेकिन कृपया, सस्ती शैम्पेन के साथ अभी से जीत का जश्न मत मनाइए।

धीमे रास्ते के करोड़पति और तेज़ रास्ते के करोड़पति में ठीक ब्यूक और फ़ेरारी कारों जैसा अंतर है। जब आप इस अंतर को जान लेंगे तो आप आलोचना और सलाह के साथ उसे तेज़ रास्ते या धीमे रास्ते के सही खाके में बैठा पाएंगे।

करोड़पति अमीर होते हैं या क्या वे हैं?

हाल ही में मैंने यूनाइटेड किंग्डम की एक युवती कैली के बारे में एक लेख पढ़ा। कैली ने कुछ साल पहले करोड़ों की लॉटरी जीती थी, उसके कुछ वक़्त बाद अधिकांश गंवा देने के लिए। निश्चित तौर पर "गंवाना" शब्द बताता है कि उसका नोटों से भरा-पूरा बैग उसकी नईनवेली कन्वर्टिबल कार से तेज़ गति के सफ़र के दौरान हवा में फुर्र हो गया।

उसने वे "गंवाए" नहीं थे - *ख़र्च कर दिए थे।*

जब उसने तीन मिलियन डॉलर की लॉटरी जीती थी तो उसकी उम्र महज 16 साल थी। उसे यह धन गंवाने में केवल छह साल लगे-ड्रग्स, पार्टियां, महंगी कारें, स्तन प्रत्यारोपण और चौंका देने वाले 7,30,000 डॉलर के डिज़ाइनर परिधान। समस्या? *कैली ने सोचा* कि वह अमीर है और एक अमीर की तरह ख़र्च किया। उसने ज़िंदगी को एक तमगा-सा दे डाला, "मैं करोड़पति हूं।" 3 मिलियन डॉलर हालांकि परिवर्तन के लिहाज़ से एक अच्छी-ख़ासी रक़म होती है, लेकिन उसे 30 मिलियन डॉलर की जीवनशैली की ज़रूरत थी।

यह हमें हमारे सबसे विख्यात शब्द की ओर ले आता है, "करोड़पति।"

जब आप यह शब्द सुनते हैं तो क्या सोचते हैं? दौलत की तरह आपकी सोच में असाधारण जीवनशैली का मतलब बोट्स, हेलीकॉप्टर्स, आलीशान कोठियां और महंगे आभूषण होगा। दशकों तक "करोड़पति" शब्द का इस्तेमाल किसी अमीर के वर्णन के लिए किया जाता रहा है।

ऐश्वर्य की इस सोच के अलावा धीमे रास्ते की बनिस्बत तेज़ रास्ते से करोड़पति बने व्यक्ति की जीवनशैली का वर्णन कीजिए।

ख्याति या कार्पोरेट गुलामी के जरिये धीमे रास्ते के करोड़पति नहीं बनने वाले अलग तरह से जीते हैं। उनके मकान शांतिपूर्ण मध्यम वर्ग इलाक़े में होते हैं। वे होंडा या टोयोटा की तरह की आडंबर से परे कारों का इस्तेमाल करते हैं, वे नियमित तौर पर छुट्टियों पर जाते हैं, वे अपने बाहर के खाने के ख़र्च पर नियंत्रण रखते हैं, वे कूपन्स का भरपूर इस्तेमाल करते हैं और वे अपनी सेवानिवृत्ति योजना में अधिकतम सीमा तक निवेश करते हैं। वे ऐसी नौकरियों में हफ़्ते में पांच दिन काम करते हैं, जिनसे वे नफ़रत करते हैं और वेतन से पूरी लगन के साथ 10% की बचत करते हैं। अन्य लोग कारोबार, फ़्रेंचाइज़ी या रिटेल स्टोर्स वाले होते हैं। अंतरराष्ट्रीय स्तर पर बहुत बिकने वाली कुछ किताबों ने हमारे ज्ञान में इजाफ़ा किया है : जी हां, ये "करोड़पति पड़ोसी" हैं।

दुखद तौर पर आज "करोड़पति" (कुल मूल्य 1,000,000 डॉलर) की गिनती उच्च मध्यम वर्ग में की जाती है। एक करोड़पति अमीर नहीं होता। आज के 10 मिलियन पहले के एक मिलियन के बराबर है।

अवसादपूर्ण। मैं जानता हूं।

इसी छिपी सच्चाई के कारण कई लॉटरी विजेता कुछ ही साल में कंगाल हो जाते हैं। विजेता वैभवपूर्ण जीवनशैली की कल्पना करते हैं, यह जाने बगैर कि कुछ मिलियन डॉलर्स से यह संभव नहीं है। अगर आप एक मिलियन डॉलर जीतते हैं (जो करों की कटौती के बाद केवल 5,00,000 डॉलर होंगे) हैं तो आपकी जीवनशैली नहीं बदलना चाहिए। अगर आप इंस्टाग्राम पर दिखने वाली "करोड़पतियों की जीवनशैली" में उलझ गए तो एक बेवक़ूफ़ और उसकी दौलत जल्द बिछड़ जाते हैं।

लॉटरी खेलना ही पगडंडी के राहगीर होने के लक्षण हैं।

अगर कोई नया लॉटरी विजेता जल्द ही कंगाल हो जाता है तो आपको हैरानी नहीं होना चाहिए। लॉटरी विजेता "अमीर" शब्द को करोड़पति से जोड़कर देखते हैं। इसलिए उनकी कमाई केवल भ्रम जालों पर ही ख़र्च हो जाती है और वे बहुत जल्द दिवालिया हो जाते हैं। "करोड़पति" शब्द ने उनको बेवक़ूफ़ बना दिया। करोड़पति यानी मध्यम वर्ग।

करोड़पतियों के लिए सुरक्षित सामान्य जीवनशैली जीने के लिए आपके पास एक मिलियन डॉलर से कहीं ज़्यादा राशि होना चाहिए। 1 मिलियन डॉलर होना, आपको अमीरों और ख्यात लोगों की जीवनशैली को अपनाने के लायक़ नहीं बनाता। इसके बारे में सोचने के लिए आपके पास कम से कम 10 मिलियन डॉलर होना चाहिए। इसलिए जब मीडिया आपको "करोड़पति" शब्द के भ्रमजाल में घेरता है तो उसका नज़रिया देखिए। यह धीमा रास्ता और मध्यम वर्ग है? या तेज़ रास्ता और अमीर है?

धीमे रास्ते और तेज़ रास्ते के करोड़पतियों में 12 अंतर

1) धीमे रास्ते के करोड़पति 30 या उससे कुछ ज़्यादा वर्षों में एक मिलियन कमाते हैं। तेज़ रास्ते के करोड़पति यही काम 10 साल या उससे भी कम वक़्त में कर लेते हैं।
2) धीमे रास्ते के करोड़पतियों को मध्यम वर्ग के घरों में रहना पड़ता है जबकि तेज़ रास्ते के करोड़पति आरामदेह, आलीशान कोठियों में रह सकते हैं।
3) धीमे रास्ते के करोड़पति एमबीए होते हैं, जबकि तेज़ रास्ते के करोड़पति एमबीए करने वालों को नौकरियां देते हैं।
4) धीमे रास्ते के करोड़पति अपनी संपत्ति को बाज़ार की ताक़तों के भरोसे छोड़ देते हैं। तेज़ रास्ते के करोड़पतियों का अपनी संपत्ति पर नियंत्रण होता है और उनके पास इसके मूल्य में बदलाव की ताक़त भी होती है।
5) धीमे रास्ते के करोड़पति महंगी आलीशान कार नहीं रख पाते, जबकि तेज़ रास्ते के करोड़पति तो जो चाहे ख़रीद सकते हैं।

6) धीमे रास्ते के करोड़पति अपने वक़्त के लिए काम करते हैं, जबकि तेज़ रास्ते के करोड़पतियों के लिए वक़्त काम करता है।
7) धीमे रास्ते के करोड़पति कर्मचारी होते हैं, तेज़ रास्ते के करोड़पति कर्मचारी रखते हैं।
8) धीमे रास्ते के करोड़पतियों के पास 401 (के) योजना होती है, जबकि तेज़ रास्ते के करोड़पति तो 401 (के) योजना देते हैं।
9) धीमे रास्ते के करोड़पति अमीर बनने के लिए इंडेक्स फ़ंड्स और वॉल स्ट्रीट का इस्तेमाल करते हैं जबकि तेज़ रास्ते के करोड़पति आय, नक़दी और पूंजी का इस्तेमाल करते हैं।
10) धीमे रास्ते के करोड़पति अपनी आय के स्रोतों का नियंत्रण दूसरों के हाथों में दे देते हैं। तेज़ रास्ते के करोड़पति आय के स्रोतों पर नियंत्रण रखते हैं।
11) धीमे रास्ते के करोड़पति धन की बचत करते हैं। तेज़ रास्ते के करोड़पति वक़्त की बचत करते हैं।
12) धीमे रास्ते के करोड़पति अपने सकल मूल्य में घर को भी गिनते हैं। तेज़ रास्ते के करोड़पति अपने घर को रहने के लिए इस्तेमाल करते हैं।

तेज़ रास्ते के करोड़पति बनने का मायने, क्या नहीं कर सकते जैसे ऊबाऊ पैगामों के ज़रिये मध्यमवर्गीय करोड़पति बनना नहीं, बल्कि यह बताना है कि आप क्या कर सकते हैं।

अध्याय का सार : तेज़ रास्ते की ख़ासियतें

- धीमे रास्ते में सात जोख़िम हैं, जिनमें से पांच नियंत्रित नहीं किए जा सकते।
- जीवनशैली का जोख़िम एक ऐसा जोख़िम है, जिस पर धीमे रास्ते के राहगीर नियंत्रण साधना चाहेंगे।
- धीमा रास्ता, औसत दर्जे की ओर ले जाने के लिए पूर्व निर्धारित है, क्योंकि इसका गणितीय ब्रह्मांड ही औसत दर्जे का है।
- धीमे रास्ते के राहगीर ख़र्च को प्रभावित करने का प्रयास करते हैं, क्योंकि यही एक बात है जिस पर वे नियंत्रण कर सकते हैं।
- आय में भारी वृद्धि और ख़र्च का प्रबंधन दौलत बनाता है-केवल ख़र्चों में कटौती नहीं।
- आप ख्याति या आंतरिक कार्पोरेट प्रबंधन के ज़रिये अपने वास्तविक मूल्य में भारी बढ़ोत्तरी करके धीमे रास्ते के समीकरण को ध्वस्त कर सकते हैं।
- धीमे रास्ते के जो राहगीर ख्याति या कार्पोरेट प्रबंधन के ज़रिये कामयाब नहीं हुए हों, बीच में ही रह जाते हैं, मध्यम वर्ग और मध्यम आयु।
- धीमे रास्ते के करोड़पति मध्यम वर्ग में फंसकर रह जाते हैं।
- आज का 10 मिलियन डॉलर अतीत का 1 मिलियन डॉलर है।

- बिना वित्तीय अनुशासन के एक करोड़पति, करोड़पति की जीवनशैली नहीं अपना सकता।
- लॉटरी विजेता करोड़पति शब्द के जाल में फंस जाते हैं और "करोड़पति" की जीवनशैली जीने के फेर में कंगाल हो जाते हैं। बिना यह समझे कि कुछ करोड़ से ज़्यादा लंबा सफ़र तय नहीं किया जा सकता।

भाग–5

दौलत : तेज़ रास्ते का नक़्शा

अध्याय

16

दौलत पाने का शॉर्टकट : तेज़ रास्ता

लोग ज़्यादा बेहतर करेंगे अगर वे बेहतर जानेंगे।

—जिम रोन

द्वार क्रमांक #3 का क्या?

पगडंडी या धीमा रास्ता? त्याग आज या कल? आप पगडंडी पर बिना किसी योजना के चल सकते हैं और ख़ुद को आश्वस्त कर सकते हैं कि आज की विलासिता का भविष्य के परिणामों पर असर नहीं पड़ेगा। या आप धीमे रास्ते पर चल सकते हैं और अपने आज को कल के सुरक्षित भविष्य के जुए में दांव पर लगा सकते हैं।

लेकिन ठहरिए! एक और विकल्प उपलब्ध है एक और पर्याय, एक उन्नत वित्तीय नक़्शा जो तेज़ी से दौलत बना सकता है और दौलत हासिल करने की कोशिशों में से 40 साल कम कर सकता है। तेज़ शब्द वैसे तो तुलनात्मक है; अगर आप 18 के हैं तो 25 वर्ष तक भरपूर अमीर बन सकते हैं। अगर आप 30 वर्ष के हैं तो आप 36 वर्ष की उम्र तक सेवानिवृत्त हो सकते हैं। 48 में इस राह पर चलिए और 54 वर्ष की उम्र तक सेवानिवृत्त हो जाइए। लेकिन क्या यह संभव है? जोख़िम? अगर आप तीन में से एक जुआ खेलना चाहेंगे, तो कौन-सा खेलना चाहेंगे?

पगडंडी का जुआ : पहला पुरस्कार : 50,000,000 डॉलर तत्काल प्रदान। आपकी जीत की उम्मीद 6 मिलियन बार में से एक बार है (यानी .0000016%)

धीमे रास्ते का जुआ : पहला पुरस्कार : 500,000 डॉलर जो 40 साल बाद दिया जाएगा। आपकी जीत की उम्मीद 6 में से 1 है (यानी 17%)

तेज़ रास्ते का जुआ : पहला पुरस्कार : 10,000,000 डॉलर जो 6 साल बाद मिलेगा। जीत की उम्मीद 7 में से 1 (यानी 14%)

आपने कौन-सा रास्ता चुना? उम्मीद है कि तेज़ जुए वाला, क्योंकि इसमें मिलने वाली राशि धीमे रास्ते के निरंतर बढ़ते ख़तरे की तुलना में बहुत ज़्यादा है। पगडंडी का जुआ तो केवल लंबी अवधि की बर्बादी है। आपकी वित्तीय नक़्शे की पसंद-पगडंडी, धीमा रास्ता, तेज़ रास्ता-काल्पनिक जुए की ही तरह हैं एक बार आप नक़्शों और उनके वित्तीय समीकरणों को समझ गए तो फिर आप किसी एक को दिशादर्शक के तौर पर चुन सकते हैं।

तेज़ रास्ता क्या है?

तेज़ रास्ता एक ऐसी कारोबारी और जीवनशैली की रणनीति है जो नियंत्रण योग्य असीमित लीवरेज (कंट्रोलेबल अनलिमिटेड लीवरेज/सीयूएल) से परिपूर्ण है। इस वजह से यह तेज़ी से दौलत हासिल करने और असामान्य जीवनशैली के लिए अधिकतम माकूल माहौल तैयार करती है। इन चार भागों पर विशेष तौर पर ध्यान दीजिए :

1) **नियंत्रण योग्य असीमित लीवरेज (सीयूएल)**

   धीमा रास्ता जहां बेक़ाबू परिवर्तनशील कारकों से परिपूर्ण है, जिसमें कोई अतिरिक्त शक्ति उपलब्ध नहीं है, तेज़ रास्ता ठीक विपरीत परिस्थितियों का इस्तेमाल करता है : अधिकतम नियंत्रण और अतिरिक्त शक्ति।

2) **कारोबार**

   आपका अपना कारोबार, स्व-रोजगार और उद्यमिता तेज़ रास्ते के केंद्र में हैं। ठीक वैसे ही जैसे धीमे रास्ते के लिए नौकरी।

3) **जीवनशैली**

   तेज़ रास्ता जीवनशैली का एक विकल्प है : धारणाओं, प्रक्रियाओं और कार्य के मिश्रण को लेकर प्रतिबद्धता।

4) **तेज़ी से दौलत निर्माण**

   तेज़ रास्ते का आधार ज़्यादा मात्रा में तेज़ी से दौलत का निर्माण है। "मध्यम वर्ग" की पहुंच से बाहर।

एक कहानी पेश है, जो तेज़ रास्ते का अच्छी तरह से खुलासा कर देगी और हां, यह कहानी इंटरनेट पर मौज़ूद एक सच्ची कहानी से प्रेरित है।

चार साल बाद मैंने अपनी कंपनी 32 मिलियन डॉलर में बेच (तेज़ी से दौलत का निर्माण) दी और मैं एक भी चीज़ नहीं बदलूंगा। मैं इस बिक्री से ख़ुश हूं, क्योंकि मैं तेज़ी से दौलत बनाना चाहता था और काग़ज़ के टुकड़ों को वास्तविक दौलत में तब्दील करना चाहता था। इस फ़ैसले ने मेरी ज़िंदगी हमेशा के लिए बदल डाली।

अब मैं जो चाहता हूं करता हूं और मैं ज़रा-सी भी बोरियत महसूस नहीं करता। दुनिया ही अब मेरे लिए खेल का मैदान बन चुकी है : मैं यात्रा करता हूं। मैंने दो भाषाएं और पियानो बजाना सीख लिया है। मैं साल में कम से कम एक महीने वॉटर स्पोर्ट्र्स खेलता हूं, हाइकिंग पर जाता हूं और स्नोबोर्ड करता हूं। मेरे पास तीन मकान हैं। मैं अपनी इच्छा के मुताबिक़ अपनी पसंदीदा टीम और पेशेवर खेल देखता हूं। सप्ताह में 3-4 फ़िल्में देखता हूं और सप्ताह में 1-2 किताबें पढ़ता हूं। मेरा अधिकांश वक़्त अपने परिवार के साथ बीतता है और मैं अपनी दो बेटियों को ठीक अपनी आंखों के सामने बड़ा होता हुआ देखता हूं। मेरा परिवार धरती के चारों कोनों में रह चुका है। ऑस्ट्रेलिया और कैरेबियन समेत।

मुड़कर देखता हूं तो लगता है कि यह इतना आसान नहीं था। मैंने चार साल तक प्रतिदिन 12 से 16 घंटे तक काम किया। हमेशा प्रति सप्ताह छह दिन और रविवार को भी कुछ घंटे। हमने एक शानदार सेवा का आगाज़ किया और उसे अंजाम तक भी पहुंचाया। (सी.यू.एल. के साथ कारोबार) मुझे मुश्किल दौर याद है। मुझे अपने पास मौजूद हर एक कौड़ी तक कंपनी में लगानी पड़ी। पांच बार ऐसा मौक़े आए जब हमारे बैंक खाते में 50 डॉलर से भी कम राशि मौजूद थी। शुरुआत के उन दिनों में मैंने परिवार के अलावा काफ़ी कुछ त्यागा : केबल टीवी बंद करा दिया, कई ऐसी बातें बंद कर दीं, जिनमें मुझे बहुत मज़ा आता था, क्योंकि मैं ताउम्र नौकरी की बजाय एक बड़े लक्ष्य के प्रति पूरी तरह से समर्पित था। (जीवनशैली)

अब मैं अनेक स्टार्टअप कंपनियों में निवेशक हूं और अपनी कल्पना से भी परे प्रभाव रखता हूं। मुझे किसी भी तरह का कोई पछतावा नहीं है। मेरी ज़िंदगी उल्लास से परिपूर्ण है और एक भी बात को बदलना नहीं चाहूंगा। अगर मैंने कारोबार से जुड़कर एक कंपनी खोलने का फ़ैसला नहीं किया होता तो पता नहीं मैं आज कहां होता।

यह कहानी तेज़ रास्ते की प्रतीक है। एक कारोबार बनाया गया; एक जीवनशैली ने कारोबार को बढ़ाया, जिसने एक्सप्रेसवे का तूफ़ानी रास्ता खोल दिया और एक्सप्रेसवे ने असाधारण दौलत तक पहुंचाया, जिसने आज़ादी दी। और हां, यह आसान नहीं है और यह हर किसी के लिए भी नहीं है। सवाल यह है : *क्या यह आपके लिए है?*

तेज़ रास्ते के दिमाग़ी दिशादर्शक

अन्य रास्तों के नक़्शों की तरह तेज़ रास्ते के नक़्शे में दिमाग़ी दिशादर्शक या व्यवहार के विशिष्ट लक्षण होते हैं जो तेज़ रास्ते के सफ़र के दौरान कार्यों को नियंत्रित करते हैं। ये हैं :

क़र्ज़ की समझ : *क़र्ज़ उपयोगी है, यह मुझे अपनी प्रणाली को तैयार करने और विकसित करने का मौक़ा देता है।*

वक़्त की समझ : *वक़्त मेरे पास सबसे महत्त्वपूर्ण संपत्ति है, दौलत से भी कहीं ज़्यादा।*

शिक्षा की समझ : *जिस पल आप सीखना छोड़ देते हैं, उसी पल आप विकसित होना छोड़ देते हैं। मेरे सफ़र के लिए ज्ञान और जागरूकता में निरंतर वृद्धि निर्णायक है।*

धन की समझ : *धन हर तरफ़ है, यह बहुतायत में उपलब्ध है। धन इस बात का प्रमाण है कि मेरा कितनी ज़िंदगियों से संपर्क बना है। धन मेरे द्वारा निर्मित मूल्य का प्रतिबिंब है।*

आय का प्राथमिक स्रोत : *मैं अपने कारोबारी तंत्र और निवेश के ज़रिये कमाई करता हूं।*

प्राथमिक तौर पर दौलत को गति देने वाला : *मैं शून्य से कुछ का निर्माण करता हूं। मैं संपत्तियों को जन्म देता हूं और उन्हें बाज़ार के लिहाज़ से मूल्यवान बनाता हूं। मैं मौज़ूदा संपत्तियों को लेकर उनकी मूल्यवृद्धि करता हूं।*

दौलत की समझ : *नक़दी के प्रवाह और संपत्ति मूल्यांकन के लिए कारोबारी तंत्र विकसित करें।*

दौलत का समीकरण : *दौलत = शुद्ध मुनाफ़ा + संपत्ति मूल्य।*

रणनीति : *मैं जितनी मदद करूंगा, मैं वक़्त, दौलत और निजी रिश्तों की परिपूर्णता के लिहाज़ से उतना ही दौलतमंद हो जाऊंगा।*

मंज़िल : *कारोबार या निवेश के ज़रिये, ताउम्र बैठे बिठाए आय।*

ज़िम्मेदारी और नियंत्रण : *ज़िंदगी वही है, जो मैं इसे बनाता हूं। मेरी वित्तीय योजना पूरी तरह से मेरी ज़िम्मेदारी है और मैंने हालातों पर प्रतिक्रिया का तरीक़ा भी चुना है।*

ज़िंदगी की समझ : *सभी सपने पीछा करने लायक़ होते हैं, चाहे फिर वे कितने ही विचित्र क्यों नहीं हों। मैं यह समझता हूं कि इन सपनों को पूरा करने में वक़्त और धन लगेगा।*

ये वे दिमाग़ी दिशादर्शक हैं, जो तेज़ रास्ते के राहगीरों की जीवनशैली तय करते हैं। ये कार्य के लिए प्रेरित करते हैं।

तेज़ रास्ते का नक़्शा : दौलत के लिए पूर्वनिर्धारित

तेज़ रास्ते का नक़्शा दौलत हासिल करने के लिए पूर्वनिर्धारित है, क्योंकि यह दौलत के एक ऐसे समीकरण पर चलता है, जो नियंत्रण योग्य, असीमित परिवर्तनशील कारकों के तहत काम करता है। साथ ही वक़्त का गणितीय पिंजरा भी हटा दिया गया है। यूएलएल की जगह सीयूएल ने ले ली है। सही तरीक़े से इस्तेमाल पर यह रास्ता दौलत तक का तेज़ रास्ता बताता है, जिसमें मुनाफ़ा और दौलत का मूल्यांकन या दोनों के ज़रिये उपजे असीमित गणित से दौलत हासिल होती है। यह गणित दौलत की राह से बरसों कम कर देती है, क्योंकि प्रक्रिया के दौरान वक़्त को या तो हटा दिया गया है या फिर उसका इस्तेमाल किया जा रहा है। तेज़ रास्ता बहुत ही कम वक़्त में दौलत तैयार कर देता है-करोड़ों और कई मर्तबा तो अरबों तक।

जी हां, यह सच है। "जल्दी अमीर बनो" अस्तित्व में है।

"जल्दी अमीर बनो" के पीछे मौज़ूद छाया

तेज़ राह के सफल राहगीर, जल्द अमीर बनते हैं। इन तीन शब्दों को आपको भयभीत नहीं करने दें : मैं जानता हूं कि जब आप यह सुनते हैं तो आपके दिलोदिमाग़ में नकारात्मक बातों का सैलाब-सा उमड़ पड़ता है, शुरुआत "घोटाले" से होती है : "एक छोटे-से क्लासिफ़ाइड विज्ञापन" जैसी बातें, सेमिनार जिन पर 5,000 डॉलर का ख़र्च आता है, सूचनाप्रद विज्ञापन गुरु, विदेशी लॉटरी, नाइजीरिया का आंतरिक वित्तमंत्री जो लोगों से 9 मिलियन डॉलर से मुक्ति के लिए मदद मांगता है और केवल फ़ोन पर "बिल गेट्स" होने का दिखावा करने वाले लोग जो आपसे "ईमेल बीटा टेस्ट हर किसी को फ़ॉरवर्ड" करने की गुहार लगाते हैं और बदले में तुरत-फुरत 5,000 डॉलर के इनाम का झांसा देते हैं, क्योंकि साथ में संलग्न ख़त में अटॉर्नी ऐसा वादा कर रहा है।

"जल्दी अमीर बनो" कुछ इस क़दर बुरी तरह से इस्तेमाल मुहावरा है कि इसकी कोई विश्वसनीयता ही नहीं है : बहुत मार खाकर बेज़ार हो चुका, हमें यह विश्वास करने के लिए मजबूर कर दिया गया है, कि इसका अस्तित्व ही नहीं है। सांटाक्लॉज या यूनिकॉर्न की तरह, हमें सलाह दी जाती है, "जल्दी अमीर बनो महज एक घोटाला" है।

मैं आपको दोष नहीं देना चाहूंगा, लेकिन यह सच है?

क्या टीवी विज्ञापनों और वेबसाइट्स पर दिए गए विज्ञापनों से तेज़ी से करोड़ों नहीं बनाए जा सकते?

फ़र्क़ है तो केवल इतना कि "अमीर बनो योजनाएं" दरअसल "जल्दी अमीर बनो" का देसी रूप नहीं है, बल्कि इसका दुष्ट जुड़वां भाई "आसानी से अमीर बनो" है। "आसानी से अमीर बनो" अपने मासूम भाई की नक़ल बनकर भाई द्वारा दोषी ठहराए जाने के लिए पीड़ितों की लंबी कतार पीछे छोड़ जाता है। "आसानी से अमीर बनो" सबकी आंख का तारा बन जाता है और इंस्टाग्राम पर समुद्री तटों, ताड़ के पेड़ों और पुरानी फ़ेरारी कारों के फ़ोटो पोस्ट करता है। यह झूठ बोलता है, आंखों में धूल झोंकता है और महत्त्वाकांक्षा की

एक ऐसी मृगमरीचिका तैयार करता है, जिसे सब पाना चाहते हैं। बस यह 197 डॉलर की पीडीएफ़ ख़रीदो या यह स्टॉक सॉफ़्टवेयर प्रोग्राम ख़रीदो, और चमत्कार, आप केवल 10 दिन में अमीर बन जाएंगे! नहीं! यह "जल्दी अमीर बनो" नहीं बल्कि "आसानी से अमीर बनो" है और यह केवल आपके बटुए का वज़न कुछ और कम कर देता है।

तेज़ रास्ते की सफलता की कहानियां "जल्दी अमीर बनो" का प्रतिरूप होती हैं। लोगों का यह दावा, यह अस्तित्व में ही नहीं है अज्ञानता द्वारा प्रचारित एक अन्य झूठ है। धीमे रास्ते के पराजितों को सच्चाई को भ्रष्ट मत करने दीजिए। हार मत मानिए। इस बात को सत्य नहीं मानें, "यह केवल कुछ ही लोगों के साथ होता है।" कई लोगों ने "जल्दी अमीर बनो" को साकार किया है, क्योंकि ऐसा प्रक्रिया के बाद हुआ था।

तेज़ रास्ते की कहानियां

अगर आप निर्वात में नहीं रहते तो फिर आप तेज़ रास्ते से वाक़िफ हैं। जब भी कोई व्यक्ति कारोबार के दम पर जल्द अमीर बनता है तो आप तेज़ रास्ते का ही परिणाम देख रहे होते हैं। सुर्ख़ियों से एकत्रित की गई तेज़ राह की कुछ कहानियां यहां पेश हैं :

- आविष्कारक जो एक गैजेट तैयार करता है और फिर उसे लाखों की संख्या में 15 थोक वितरकों को बेच देता है।
- हज़ारों सबस्क्राइबर्स वाला यूट्यूबर जो इसे सदस्यता सेवा या उत्पादों की पेशकश के साथ दौलत में बदल लेता है।
- वह व्यक्ति जो एक सेलफ़ोन एप्लिकेशन बनाकर उसे 50,000 बार बेचता है।
- व्यक्ति जो भूख मिटाने के लिए एक एनर्जी बार तैयार करता है और बाद में उसकी कंपनी के लिए उसे 192 मिलियन डॉलर का प्रस्ताव मिलता है।
- वह व्यक्ति जिसने एक ब्लॉग तैयार किया और तीन साल बाद उसे एक बड़ी दवा कंपनी को 4 मिलियन डॉलर में बेच दिया।
- महिला जिसने एक पोछे का आविष्कार किया और क्यूवीसी पर पांच लाख बेच दिए।
- किशोर जिसने एक ऐसी वेबसाइट बनाई जो हर माह 70,000 डॉलर का मुनाफ़ा देती है और बाद में उसे करोड़ों डॉलर में बेच दिया।
- व्यक्ति जिसने एक उत्पाद की प्रक्रिया का पेटेंट हासिल किया और बाद में इसका लाइसेंस एक फ़ॉर्च्यून 500 कंपनी को बेच दिया और 14 मिलियन डॉलर कमाए।
- अपनी पसंदीदा बास्केटबॉल टीम को सुनने के लिए एक वेबसाइट बनाने वाला व्यक्ति, जिसने बाद में कंपनी को 5.5 बिलियन डॉलर में बेच दिया।
- व्यक्ति जिसने एक सॉफ़्टवेयर कंपनी बनाई और बाद में दुनिया का सबसे अमीर व्यक्ति बन गया।
- डॉक्टर जिसने बुढ़ापे को टालने वाले उपचारों पर अनुसंधान किया और बाद में उसे एक दवा कंपनी को 700 मिलियन डॉलर में बेच दिया।

- लेखिका जिसने एक किशोर जादूगर के बारे में किताबें लिखीं और बाद में अरबपति बन गई।
- लड़की जो 20 मिलियन अंडरगारमेंट्स तैयार करके उन्हें बेचती है, जिससे महिलाओं को शरीर के गुरुत्वाकर्षण से जूझने में मदद मिलती है। बाद में अरबपति बन जाती है।
- उद्यमी जिसने एक उत्पाद प्रक्रिया को सुधारकर बेहतर बना दिया और ऐमेज़ॉन सहित विभिन्न चैनलों के माध्यमों से प्रति माह 1,50,000 डॉलर की बिक्री करता है।
- व्यक्ति जिसने सप्लीमेंट का 20,000 डॉलर प्रतिमाह देने वाला कारोबार खड़ा किया और पूरी दुनिया की सैर की। बाद में कारोबार को 560,000 डॉलर में बेच डाला।

कुछ बड़ी कहानियों को ख़ुद को बेवक़ूफ़ मत बनाने दीजिए। तेज़ रास्ते की अधिकांश कामयाबियों को प्रचारित नहीं किया जाता और सबकी नज़रों से परे ही होती हैं। भारी दौलत होती है, लेकिन ख्याति नहीं। तेज़ राह के "जल्दी अमीर बनो" वाले अधिकांश ख़बरों में देखे जा सकते हैं, जबकि कम संख्या मालिकों को मुक्त कर देती है।

तेज़ रास्ता : दौलत की औद्योगिक क्रांति

औद्योगिक क्रांति एक ऐतिहासिक दौर था, जब इंसानों ने मशीन आधारित उत्पादन की गति और क्षमता को बढ़ाने का तरीक़ा सीखा। मानवीय श्रम की जगह प्रणालियों ने ले ली। विभिन्न कल-पुर्जों की एक ऐसी प्रणाली जो एक तय उत्पाद का निर्माण करती थी। इंसान द्वारा किए जाने वाले लंबे और मुश्किल काम मशीनों द्वारा किए जाने लगे, जिससे कई श्रमिक उत्पादन के समीकरण से बाहर कर दिए गए। उस युग में यह उनका "जल्दी अमीर बनो" का अपना संस्करण था। जिन उत्पादों को तैयार करने में पहले महीनों लग जाते थे कुछ ही दिन में तैयार होने लगे।

ठीक इसी तरह से तेज़ रास्ते के नक़्शे के ज़रिये वित्तीय आज़ादी भी दौलत के लिए औद्योगिक क्रांति की तरह है। दौलत तक का स्वाभाविक मूल रास्ता मानव श्रम के ज़रिये जाता है, वक़्त और वास्तविक मूल्य के साथ जंग। दौलत तक पहुंचने का तेज़ रास्ता यानी दौलत की प्रक्रिया का औद्योगिकीकरण करना। हमारे पूर्वजों ने जिस तरह से उत्पादन को व्यवस्थित किया इस प्रक्रिया को भी व्यवस्थित करना। स्वाभाविक मूल रास्ते (धीमे रास्ता) और छोटे रास्ते (तेज़ रास्ता) में अंतर को मिस्र की नीति कथाओं से सबसे अच्छी तरह से समझा जा सकता है।

तेज़ रास्ते से दौलत की नीति कथा

मिस्र के एक महान फ़राओ ने अपने जुड़वां भतीजों चूमा और अज़ूर को बुलाकर एक बड़ा राजसी काम सौंपा : मिस्र के सम्मान में दो स्मारक पिरामिड बनाने का।

हर भतीजे के पिरामिड के पूरा होने पर फ़राओ ने प्रत्येक को तत्काल राजा का पद, भरपूर दौलत के साथ सेवानिवृत्ति और आजीवन विलासितापूर्ण सुविधाओं का वादा किया।

यही नहीं हर भतीजे को अपना पिरामिड अकेले ही बनाना था।

18 वर्ष के चूमा और अजूर को यह बात समझ में आ गई कि पिरामिड बनाने में उनकी पूरी ज़िंदगी लग जाएगी। फिर भी दोनों चुनौती के लिए तैयार थे और फ़राओ के निर्देशों से सम्मानित महसूस कर रहे थे। पिरामिड बनाने की लंबी प्रक्रिया शुरू करने के लिए दोनों ने फ़राओ के कक्ष से विदा ली।

अजूर ने तत्काल शुरुआत कर दी। उसने बड़े-बड़े भारी पत्थर खींचकर एक चौकोर संरचना बना ली। कुछ महीने बाद अजूर के पिरामिड की नींव तैयार हो चुकी थी। शहर के लोग अजूर के इर्द-गिर्द जमा हुए और उसके रचनात्मक प्रयास और उसके कामकाज की तारीफ़ करने लगे। पत्थर भारी थे और उन्हें हिलाना-डुलाना बहुत मुश्किल काम था और आख़िर एक साल की मेहनत के बाद पिरामिड के लिए अजूर की सही वर्गाकार नींव लगभग तैयार हो चुकी थी।

लेकिन अजूर यह देखकर बैचेन होने लगा कि चूमा के पिरामिड की ज़मीन पूरी तरह से ख़ाली थी। वहां एक पत्थर तक नहीं रखा गया था। कोई नींव नहीं। मिट्टी की कोई खुदाई नहीं। कुछ भी नहीं। वह एक साल पहले की ही तरह ख़ाली था, जब फ़राओ ने यह काम सौंपा था।

परेशान अजूर आख़िर चूमा के घर पहुंचा और उसने पाया कि चूमा अपने खलिहान में एक टेढ़े-मेढ़े उपकरण पर पूरी लगन के साथ काम कर रहा था। उपकरण ऐसा था मानो इंसान को यातना देने के लिए तैयार किया जा रहा हो।

अजूर ने कहा, "चूमा! तुम यह क्या कर रहे हो? तुम्हें फ़राओ के लिए एक पिरामिड बनाना था और तुम ख़ुद को एक खलिहान में बंद करके, इस पागलों-सी मशीन को बनाने में अपने दिन गंवा रहे हो।"

चूमा ने मुस्कराकर कहा, "मुझे अकेला छोड़ दो, मैं पिरामिड बना रहा हूं।"

अजूर ने मज़ाक़ उड़ाने के अंदाज़ में कहा, "हां, हां क्यों नहीं। तुमने एक साल में एक पत्थर तक नहीं रखा।"

अपने भाई अजूर की टिप्पणी से बिलकुल भी विचलित ना होते हुए काम में जुटे चूमा ने कहा, "अजूर, दूरदर्शिता के अभाव और दौलत की प्यास ने तुम्हारी दृष्टि छीन ली है। तुम अपना पिरामिड बनाओ और मैं अपना।"

वहां से जाते हुए अजूर ने झिड़की देते हुए कहा, "बेवक़ूफ़! फराओ को जब तुम्हारे राजद्रोह के बारे में पता चलेगा तो वह तुम्हें फांसी पर लटका देंगे।"

एक और साल गुज़र गया और अजूर ने अपने पिरामिड की नींव को और अधिक मज़बूत बना लिया। अब वह दूसरे स्तर पर काम में जुट गया, लेकिन यहां एक समस्या उठ खड़ी हुई। अजूर को काम में प्रगति में परेशानी आने लगी। दरअसल पत्थर इतने भारी थे कि वह उन्हें पिरामिड के दूसरे स्तर की ऊंचाई तक उठा ही नहीं पा रहा था।

अपनी शारीरिक सीमाओं की चुनौतियों को सामने देख अजूर को अपनी कमज़ोरी का अहसास हुआ : उसे भारी पत्थरों को ऊपर रखने के लिए ज़्यादा ताक़त की दरकार

है। ऐसा करने के लिए उसने फिर मिस्र के सबसे ताक़तवर इंसान बेनू की सलाह ली। कुछ फ़ीस लेकर बेनू ने अजूर के शरीर को और गठीला और मांसपेशियों से भरपूर बनाना शुरू कर दिया। अजूर को लग रहा था कि ज़्यादा शारीरिक ताक़त के साथ वह भारी पत्थरों को पिरामिड के अगले स्तर तक पहुंचा सकेगा।

इस बीच चूमा का पिरामिड वाला स्थान अब भी ख़ाली था। अजूर ने मान लिया कि सारी परिस्थितियों को देखकर तो यही लगता है कि उसका भाई मौत की ही ख़्वाहिश रखता है, क्योंकि चूमा, फ़राओ के फ़ैसले का उल्लंघन कर रहा था। अजूर अपने भाई और उसके बगल में ही बनने वाले पिरामिड के बारे में भूल गया।

एक और साल गुज़रा। अब अजूर का पिरामिड निर्माण दिल तोड़ देने वाली मंद गति पर आ चुका था। एक पत्थर को रखने में एक माह का वक़्त लग रहा था। पत्थरों को ऊपर के स्तर तक रखने में बहुत ज़्यादा ताक़त लग रही थी और अजूर अधिकांश वक़्त बेनू के साथ मांसपेशियों को मज़बूत करने में लगा रहा था। इसके अलावा अजूर अपना ज़्यादातर धन, सलाह की फ़ीस और प्रशिक्षण के लिए ज़रूरी आहार पर ख़र्च कर रहा था। अजूर ने अनुमान लगाया कि इस गति से उसका पिरामिड पूरा होने में 30 वर्ष का वक़्त लग जाएगा। अविचलित अजूर ने कहा, "तीन साल बाद, मैं अपने भाई से आगे निकल जाऊंगा। उसने तो अब तक एक पत्थर तक नहीं रखा है। बेवक़ूफ़!"

फिर एक दिन अचानक एक भारी पत्थर उठाने के दौरान अजूर को शहर के चौराहे से भारी शोरशराबे की आवाज़ सुनाई दी। उसके काम को नियमित तौर पर देखने वाले लोग उसके काम को छोड़कर जश्न की वज़ह बनी चीज़ को देखने के लिए भाग गए। ख़ुद भी उत्सुकतावश अजूर वास्तविकता जानने के लिए रवाना हुआ।

हौसला अफ़जाई करती भीड़ से घिरा चूमा शहर के मुख्य चौराहे पर एक 25 फ़ीट की एक जुगाड़ू मशीन लेकर खड़ा था। पीपों, पहियों, लीवर्स और रस्सियों के तानेबाने से तैयार एक भीमकाय मशीन। उत्साहित भीड़ के बीच से चूमा आगे बढ़ रहा था कि अजूर सच्चाई को लेकर आशंकित हो उठा। पिरामिड निर्माण के लिए दिए गए चूमा के ख़ाली प्लॉट पर पहुंचकर अजूर की आशंका खरी साबित हुई।

चंद मिनटों में चूमा की मशीन ने भारी पत्थरों को उठाकर पिरामिड की नींव तैयार करने का काम शुरू कर दिया। मशीन एक के बाद एक बिना किसी अतिरिक्त प्रयास के पत्थरों को उठाकर सलीके से जमाने लगी। चमत्कारिक तौर पर मशीन के संचालन के लिए चूमा को कुछ अतिरिक्त मेहनत नहीं करना पड़ रही थी। रस्सी से जुड़ा एक पहिया और गियर प्रणाली से जुड़ा एक केंटीलीवर और काम पूरा। भारी पत्थर तेज़ी से और जादुई तरीक़े से उठाकर रखे जा रहे थे।

अजूर के पिरामिड की नींव को बनने में जहां एक साल का वक़्त लगा, चूमा के पिरामिड की नींव एक सप्ताह में तैयार हो गई। जिस दूसरे स्तर के लिए अजूर को भारी संघर्ष करना पड़ा, उसे लेकर तो और अधिक चमत्कार देखने को मिला : चूमा की मशीन वह काम 30 गुना ज़्यादा गति से कर रही थी। अजूर को जो काम करने में 30 दिन लग रहे थे, चूमा की मशीन ने दो दिन में कर दिखाया। 40 दिन बाद चूमा की मशीन उतना काम कर

चुकी थी, जितना अजूर ने थकान से चकनाचूर होकर तीन साल में किया था।

इस रहस्योद्घाटन ने अजूर को तबाह कर दिया। उसने भारी-भरकम पत्थर उठाने में बरसों लगा दिए, जबकि *चूमा ने यह काम करने के लिए एक मशीन तैयार कर ली।*

मशीन के प्रति सम्मान व्यक्त करने की बजाय अजूर ने दृढ़निश्चय के साथ फ़ैसला किया, मुझे और ताक़तवर बनना होगा! मुझे और अधिक भारी पत्थर उठाने होंगे! अजूर ने पिरामिड बनाने के लिए कमरतोड़ मेहनत जारी रखी, जबकि चूमा का काम मशीन कर रही थी।

आठ साल बाद चूमा ने 26 वर्ष की उम्र में अपना पिरामिड पूरा कर लिया था : *तीन साल प्रणाली तैयार करने में और पांच साल प्रणाली का फ़ायदा उठाने में।* महान फ़राओ ख़ुश हुआ और उसने अपना वादा निभाया। उसने चूमा को राजा का पद दिया और बहुत धन-दौलत भी दी। चूमा को उसके बाद ज़िंदगी में कभी भी काम नहीं करना पड़ा।

इस बीच, अजूर उसी पुराने ढर्रे पर चलता रहा। चट्टान उठाओ, ताक़तवर बनने के लिए वक़्त और धन बर्बाद करो। चट्टान उठाओ, और ताक़तवर बनो। दुखद रूप से अजूर अपनी रणनीति की ख़ामी को स्वीकारने के लिए ही तैयार नहीं था और उसी पुरानी प्रक्रिया में लगा हुआ रहा : भारी पत्थर उठाने में जुटा रहा जब तक कि और ना उठा सका उसके बाद और ताक़तवर बनने की कोशिश की ताकि और भारी पत्थर उठा सके।

इस नासमझी भरे नुस्ख़े के कारण अजूर को पूरी उम्र पसीना बहाना पड़ा और कठोर परिश्रम करना पड़ा।

वह फ़राओ को किए गए वादे के मुताबिक़ पिरामिड पूरा कर ही नहीं सका, क्योंकि सारे भारी पत्थर उसे ही उठाने थे, जबकि उसे अपने लिए यह काम करने वाली प्रणाली पर ध्यान केंद्रित करना चाहिए था।

अपने पिरामिड के 12वें स्तर पर अजूर की दिल का दौरा पड़ने से मौत हो गई। उस वक़्त केवल अंतिम दो स्तर का काम बचा था। वह फ़राओ द्वारा किए गए वादे के मुताबिक़ अपार दौलत का कभी आनंद ही नहीं ले सका।

इस बीच, चूमा विलासितापूर्ण मुकुट के साथ 40 वर्ष की उम्र में सेवानिवृत्त हो गया। ख़ाली वक़्त का सदुपयोग करते हुए चूमा मिस्र का सबसे बड़ा विद्वान और स्थापित आविष्कारक बन गया। उसका शव उसके द्वारा ही तैयार पिरामिड में फ़राओ के बगल में ही ममी के रूप में रखा गया है।

तेज़ रास्ता एक कारोबारी प्रणाली है : धीमा रास्ता एक नौकरी

धीमा रास्ता एक नौकरी है : आपकी कड़ी मेहनत का इस्तेमाल आपके नियोक्ता की दौलत के निर्माण के लिए किया जाता है। अजूर का संघर्ष ठीक धीमे रास्ते के राहगीर की तरह था। अमीर बनने के लिए आपको ताक़तवर (धन ख़र्च करो, शिक्षा की तरफ़ लौटो, नौकरी के बाज़ार में ज़्यादा कमाओ) बनने के लिए कहा जाता है ताकि आप और अधिक भारी पत्थर उठा सकें।

तेज़ रास्ते का मतलब एक बेहतर प्रणाली का निर्माण है। एक बेहतर जुगाड़ू मशीन का निर्माण, एक बेहतर उत्पाद या "कोई ऐसी बेहतर बात" जो आपके काम को दूसरों से बेहतर बना सके। धीमे रास्ते में आप भारी वज़न उठाने का स्रोत हो, जबकि तेज़ रास्ते में आप इस काम के लिए एक प्रणाली का निर्माण करते हैं।

आपके दौलत के सफ़र में, धीमे रास्ते का नक़्शा आपको दौलत तक लंबा और थकान भरा रास्ता अपनाने को कहता है। धन के लिए परिश्रम ही प्रणाली का हिस्सा है। तेज़ रास्ते में दौलत आपके द्वारा तैयार कारोबारी प्रणाली से बनती है–परिश्रम प्रणाली का निर्माण और प्रणाली का प्रबंधन है।

अध्याय का सार : तेज़ रास्ते की ख़ासियतें

- तेज़ रास्ते के राहगीर की रणनीति में जोख़िम धीमे रास्ते वाले से कुछ अलग नहीं होते, लेकिन मिलने वाला लाभ या इनाम बड़ा होता है।
- तेज़ रास्ते का नक़्शा एक वैकल्पिक रणनीति है, जो नियंत्रण योग्य असीमित लीवरेज पर निर्भर होती है।
- तेज़ रास्ते का नक़्शा दौलत तक पहुंचाने के लिए पूर्व निर्धारित होता है।
- तेज़ रास्ते का नक़्शा "जल्दी अमीर बनो" जैसे परिणाम पाने की क्षमता रखता है। इसे "आसानी से अमीर बनो" समझने की ग़लती नहीं करें।

अध्याय

17

टीम और खेल की रणनीति बदलें

अपने आप में ही डूबा हुआ व्यक्ति बहुत छोटा होता है।

—बेंजामिन फ्रैंकलिन

तेज़ रास्ते का नक़्शा : दौलत के खेल की रणनीति

हारने वाली टीमों की रणनीति हार की होती है। हारने वाली टीम के लिए खेलने पर आपके पास उनकी हार की रणनीति से ही खेलने के अलावा कोई और चारा नहीं बचता। जीतने के लिए टीम बदलो और विजेता की रणनीति को अपनाओ। तेज़ रास्ते का नक़्शा वित्तीय विजेताओं को तैयार करता है, क्योंकि यह एक जीत का फ़ॉर्मूला इस्तेमाल करता है, जिसकी जड़ें असीमित और नियंत्रण योग्य गणित पर आधारित होती हैं।

यह कहां मिलेगा और इसे कैसे हासिल करें?

आपको बहुसंख्यक विचारधारा को छोड़ना होगा और *धीमे रास्ते से ग़द्दारी करनी होगी।*

टीम और रणनीति में बदलाव

आपके जन्म के दिन से ही आपको उपभोक्ताओं की टीम में खेलने के लिहाज़ से ही शिक्षा-दीक्षा दी गई थी। बार्बी डॉल, टोंका ट्रक से लेकर *स्टार वॉर्स* के एक्शन हीरोज़ तक। आपको मांग के अनुकूल बनाया गया था : उत्पादों की मांग, उत्पादों की ज़रूरत, उत्पादों की ख़रीद और निश्चित तौर पर उसमें से सबसे सस्ते उत्पाद को छांटना।

धीमे रास्ते और पगडंडी के बीच यह आपसी संबंध है : नौकरियों का अस्तित्व उपभोक्ता प्रक्रिया को सुगम बनाने के लिए होता है। आप एक कंज़्यूमर निर्माता कंपनी के लिए ब्रांड मैनेजर बन जाते हैं, बीमा एजेंट बन जाते हैं, किसी निगम के लिए अकाउंटेंट

बन जाते हैं–यह उपभोक्ता आधारित है, जिसका पूरा ध्यान उपभोक्ताओं के हाथ में माल और सेवा सौंपना है।

"उपभोक्ता" पर यह पूरा ध्यान, तेज़ रास्ते के ख़िलाफ़ सोचने वालों के लिए गुरुत्वाकर्षण से कम नहीं होता और आप तत्काल एक ग़लत टीम में भर्ती कर लिए जाते हैं।

राज़ को जानना

तेज़ रास्ते के नक़्शे का राज़ जानना, उतना ही आसान है जितना कि उस टीम से जुड़ना जो कि उस राज़ की संरक्षक है।

विजेता टीम *निर्माता टीम* है।

ज़िंदगी के लक्ष्य को उपभोग की बजाय उत्पादन पर पुनर्केंद्रित करें।

जब आप अपनी सोच को बहुसंख्यकों की सोच (उपभोक्ता) से अल्पसंख्यकों की सोच (निर्माता) में बदलते हैं तो आप बड़े ही प्रभावी तरीक़े से टीम और निष्ठाओं को बदल डालते हैं।

हां, अब आप पहले निर्माता और बाद में उपभोक्ता होते हैं।

इसे लागू करने का मतलब होता है कि टीवी पर उत्पाद ख़रीदने की जगह उत्पादों की बिक्री। सोने के लिए खुदाई करने की बजाय खुदाई के उपकरण बेचना। किसी क्लास से जुड़ने की बजाय क्लास चलाना। धन उधार लेने की बजाय उधार दो। नौकरी के लिए आवेदन करने की बजाय नौकरी दो। घर के लिए क़र्ज़ लेने की बजाय क़र्ज़ दो। उपभोग से मुक्त हो जाओ, दल बदल डालो और दुनिया से दोबारा निर्माता के तौर पर जुड़ जाओ।

मैं जानता हूं, यह आसान नहीं है।

हालांकि, जब एक बार आप दुनिया को निर्माता के नज़रिये से देखने लगते हैं तो आपका नज़रिया किसी अच्छी तरह से जुड़ चुकी रेडियो फ्रिक्वेंसी की तरह बिलकुल साफ़ हो जाता है। गड्डमड्ड से एकाएक साफ़ स्टीरियो आवाज़। एकाएक अवसरों में स्पष्टता आ जाती है। दिमाग़ में नए विचार आने लगते हैं और फ़र्ज़ी दावे समझ आने लगते हैं। यह नया अल्पसंख्यक का तमग़ा आपके दौलत निर्माण के स्वभाव को मज़बूत करने के लिए बेहद महत्त्वपूर्ण है। याद रखिए अमीरों की संख्या बहुत कम होती है और आप उसी कम संख्या वाले वर्ग से जुड़ना चाहते हैं। इसकी शुरुआत एक निर्माता की दिमाग़ी सोच से होती है।

बतौर निर्माता पुनर्रचना

जब कभी भी आपका सामना किसी ऐसे विज्ञापन से होता है जो आपको कुछ ख़रीदने के लिए प्रेरित करता है तो इसकी निर्माता के नज़रिये से पड़ताल कीजिए। यह कंपनी किस तरह से धन बनाती है? इसके मार्केटिंग संदेशों में किस तरह की मनोविज्ञान की किस रणनीति को अपनाया जाता है? यह उत्पाद या सेवा देने में किस तरह की कार्यप्रणाली व्यवस्था इस्तेमाल कर रही है? क्या यह मुनाफ़ा कमा रही कंपनी है? इसका राजस्व ढांचा कैसा है? यह उत्पाद विदेश में बनता है या स्थानीय स्तर पर?

मैंने कभी भी देर रात के टीवी विज्ञापनों के आधार पर कोई उत्पाद नहीं ख़रीदा है, क्योंकि मैं इसी टीम में हूं। एक निर्माता के नाते मैं बिक्री विज्ञापन की सूचना का मूल रूप देख पाता हूं : निर्माता (अल्पसंख्यक) उपभोक्ता (बहुसंख्यक) की सेवा में जुटा हुआ। "अभी करें," "ठहरिए," "अभी और है" और "मुफ़्त बोनस" आदि तो निर्माताओं के हथियारों के जख़ीरे के मार्केटिंग के कुछ हथियार हैं। मैं टीवी पर बिक्री के विज्ञापन कुछ ख़रीदने के लिए नहीं, बल्कि यह जानने के लिए देखता हूं कि पेशेवर लोग क्या कर रहे हैं।

एक निर्माता होने के नाते हमारा काम उपभोक्ता को सामान या सेवा ख़रीदने के लिए फुसलाना है। एक निर्माता होने के नाते मेरी सोच निर्माता की है और मैं दौलत कमाता हूं, क्योंकि उपभोक्ताओं को निर्माताओं की तलाश है। उपभोक्ता बहुसंख्यक हैं, जो अपनी मांगों को पूरा होते देखना चाहते हैं।

अमीरों की तरह उपभोग के लिए, प्रभावी तरीक़े से करें उत्पादन

और निर्माता/उपभोक्ता के विरोधाभास की विडंबना क्या है? एक बार जब आप निर्माता के तौर पर सफल हो जाते हैं तो आप बिना फ़िक्र जिस बात को चाहें ख़रीद सकते हैं, क्योंकि अब आप अमीर बन चुके हैं।

एक अमीर की तरह उपभोग के लिए, प्रभावी तरीक़े से उत्पादन करें।

दुर्भाग्यवश अधिकांश लोग इसका ठीक उल्टा करते हैं : केवल उपभोग और कोई उत्पादन नहीं।

निर्माता अमीर होते हैं।

उपभोक्ता ग़रीब होते हैं।

टीम बदलकर पहले ख़ुद की निर्माता के तौर पर और फिर उपभोक्ता के तौर पर पुनर्रचना करें। दौलत को अपनी ओर आकर्षित करें।

एक निर्माता बनें : कारोबार की प्रणाली को मज़बूत करें

टीम बदलकर निर्माता बनने के लिए आपको एक उद्यमी और एक नव-प्रवर्तक होना चाहिए। आपको दूरदृष्टि वाला और रचनाकार होना चाहिए। आपको एक कारोबार को जन्म देकर *दुनिया के लिहाज़ से उसे मूल्यवान* बनाना होगा।

धीमे रास्ते का मूल जहां नौकरी है, तेज़ रास्ते में यह कारोबार है। जी हां, पुराना आजमाया हुआ स्व-रोज़गार। मैं जानता हूं कि "अमीर बनो" पर आधारित किताबों के लिए यह कोई धमाकेदार ख़बर नहीं है, हालांकि फिर भी यह जानना महत्त्वपूर्ण है कि छोटे कारोबार वाले अधिकांश कारोबारी तेज़ रास्ते से कई प्रकाश वर्ष दूर हैं और धीमे रास्ते के ही गुणा-भाग में उलझे हुए हैं। *कुछ कारोबार दरअसल, नौकरी का ही स्वांग होते हैं!*

तेज़ रास्ते पर आधारित कारोबार, तेज़ रास्ते के दौलत के समीकरण *(दौलत = मुनाफ़ा + परिसंपत्ति मूल्यांकन)* क्योंकि यह एक नई शक्ति का रास्ता खोल देता है, दौलत के परिवर्तनशील कारकों का एक नया समूह जो असीमित और नियंत्रण योग्य है। जबकि

धीमे रास्ते में ये सीमित और बेक़ाबू होते हैं। जी हां, यूएलएल की जगह सीयूएल ने ले ली है।

उदाहरण के लिए, इस किताब की बिक्री मुझे धीमे रास्ते के दौलत के समीकरण और उस दुनिया से मुक्त कर देती है। यह किताब मुझे तेज़ राह की दुनिया में स्थापित कर देती है, जिसके दौलत का समीकरण शुद्ध मुनाफ़े और संपत्ति मूल्य से निर्धारित होता है। यह किताब एक कारोबारी प्रणाली है, जिसमें वक़्त और धन के लिहाज़ से अमीमित शक्ति है।

पहली, यह वक़्त गुज़रने के साथ भी क़ायम रहती है और मेरे वक़्त के मूल निवेश के बाद भी काफ़ी लंबे वक़्त तक आय कमाने की क्षमता रखती है। यह किताब प्रभावी तरीक़े से आय उत्पादन का काम मुझसे (मानव संपत्ति) किताब (कारोबारी संपत्ति) को हस्तांतरित कर देती है।

शुरुआत से लेकर अंत तक इस किताब की लागत मेरे काम के बमुश्किल 1,000 घंटे रही। अगर मैं 5 डॉलर के मुनाफ़े के साथ इसकी 1,00,000 प्रतियां भी बेचता हूं तो मैं 5,00,000 डॉलर कमा लेता हूं या लगभग प्रति घंटे निवेश के बदले में 500 डॉलर। यदि मैं इसकी 5,00,000 प्रतियां बेचता हूं तो मेरे प्रति घंटा निवेश पर कमाई 2,500 डॉलर हो जाएगी। मैं किताब की जितनी ज़्यादा बिक्री करूंगा, मेरे द्वारा किए गए वक़्त के मूल निवेश का मुनाफ़ा बढ़ता ही जाएगा, क्योंकि वक़्त तो मैं पहले ही दे चुका हूं। मैंने 2010 में यह किताब ख़ासतौर पर यही सोचकर लिखी थी कि इस सर्वोत्कृष्ट रचना की प्रासंगिकता, वर्ष चाहे जो हो (गणित के नियम नहीं बदलते) और उसके बाद के वर्षों में भी बनी रहे। यह अब भी लगातार बिकती है और मैं बरसों पहले किए गए वक़्त के निवेश से आज भी 5 डॉलर कमा रहा हूं।

लेकिन यह बेहतर होता जाता है!

अगर मैं रेडियो पर बतौर अतिथि 10 मिनट बोलता हूं तो यह किताब की 1,000 प्रतियों की बिक्री के बराबर होता है। केवल 10 मिनट का यह निवेश मुझे 5,000 डॉलर (1000 किताब × 5 डॉलर का मुनाफ़ा) की आय दे जाता है और वक़्त के निवेश पर मेरे मुनाफ़े को 30,000 डॉलर प्रति घंटे तक पहुंचा देता है।

क्या आप वक़्त के एवज में प्रति घंटे 30,000 डॉलर कमाकर अमीर बन सकते हैं?

निश्चित तौर पर और वह भी चौंकाने वाली तेज़ी के साथ।

देखा आपने, जब आप धीमे रास्ते द्वारा बांधी गई वक़्त की हथकड़ियों से आज़ाद हो जाते हैं तो आप दौलत कमाने का काम एक ऐसी व्यवस्था के हवाले कर देते हैं, जो असीमित गणितीय संभावनाओं को लीवरेज देती है और तेज़ी से दौलत कमाना संभव हो जाता है।

मेरी दौलत की दुनिया के परिवर्तनशील कारकों को नियंत्रित किया जा सकता है और अतिरिक्त प्रयास से उनका फ़ायदा भी उठाया जा सकता है।

अध्याय का सार : तेज़ रास्ते की ख़ासियतें

- निर्माता, तेज़ राह के मूल निवासी हैं।
- अमीरों की तरह निर्माता भी अल्प संख्या में ही पाए जाते हैं, जबकि उपभोक्ता ग़रीबों की तरह बहुतायत में।
- जब आप एक निर्माता के तौर पर कामयाब होते हैं तो आप जिस वस्तु का चाहें उपभोग भी कर सकते हैं।
- तेज़ राह के राहगीर निर्माता, उद्यमी, नव-प्रवर्तक, दूरदृष्टि वाले और रचनाकार होते हैं।
- एक कारोबार ही तेज़ राह नहीं बनाता-कुछ कारोबार तो नौकरी का ही स्वांग होते हैं।
- तेज़ राह की दौलत का समीकरण वक़्त से बंधा हुआ नहीं है और इसके परिवर्तनशील कारक असीमित और नियंत्रण योग्य हैं।

अध्याय

18

अमीर वास्तव में कैसे अमीर बनते हैं

बहुत दूर तक जाने का जोख़िम लेने वाले लोग ही जान पाएंगे
कि हम कितनी दूर तक जा सकते हैं।

—टीएस इलियट

ज्वलंत सवाल : "आप कैसे अमीर बने?"

कोई भी ऐसी कार की सवारी कीजिए जिसकी क़ीमत अधिकांश लोगों के घर की क़ीमत से ज़्यादा हो और अजनबी आपको इस सवाल को पूछ-पूछकर हैरान कर देंगे, आप जीवनयापन के लिए क्या करते हैं? यह अहानिकारक-सा लगने वाला सवाल भीतर धधक रहे असली सवाल "आप कैसे अमीर बने?" का मुखौटा होता है।

लोग मेरे द्वारा अपनाए गए रास्ते के बारे में जानना चाहते हैं ताकि वह यह आकलन कर सकें कि उनके इसी राह पर चलने की कितनी संभावना है। जब मैं अपने रास्ते के बारे में उनसे अटकल लगाने को कहता हूं तो जवाब बहुत ही तय से होते हैं : खिलाड़ी, अभिनेता, प्लास्टिक सर्जन। अमीर बाप की बिगड़ी औलाद। एक लॉटरी का विजेता।

यह काल्पनिक और अव्यवहारिक जवाब लोगों के नज़रिये के पीछे की हक़ीक़त को उजागर कर देते हैं : अमीर बनने के लिए आपको विख्यात होना होगा, विरासत में दौलत पानी होगी या फिर लॉटरी में इनाम जीतना होगा, या फिर भारी रक़म पाने वाला पेशेवर बनना होगा। कई साल पहले एक लैम्बोर्ग़िनी में सवार अजनबी से मुलाक़ात के पहले मैं भी ऐसा ही सोचता था।

तेज़ राह का दौलत का समीकरण

युवावस्था में दौलतमंद होने के लिए हमें "जल्दी अमीर बनो" के मिथक को तोड़ना होगा। अगर आप 30 बरस के हैं और करोड़पति हैं, और आप विरासत के जरिये विख्यात या

अमीर नहीं बने हैं, तो आप साधारणता के ताने-बाने को ही उधेड़कर रख देते हैं। हम यह नहीं कर सकते, क्या कर सकते हैं?

फिर एक बार रहस्य का खुलासा गणित की वैश्विक भाषा में मौजूद है। रहस्य है कि ख़ुद को धीमे रास्ते के समीकरण (यूएलएल) की साम्यवादी तानाशाही से मुक्त करें और इसके बदले एक आज़ादी के एक उन्मुक्त समर्थक के तौर पर तेज़ राह के समीकरण (सीयूएल) को अपना लें।

दौलत = शुद्ध मुनाफ़ा + परिसंपत्ति मूल्य

इस समीकरण के भीतर तेज़ राह और कैसे तेज़ी से दौलत बनाने की असली ताक़त छिपी हुई है। इसके परिवर्तनशील कारक नियंत्रण योग्य और असीमित हैं। अगर आप अपने दौलत के समीकरण के अंतर्निहित परिवर्तनशील कारकों को बदल सकते हैं, तो आप अमीर बन सकते हैं। ये परिवर्तनशील कारक हैं :

शुद्ध मुनाफ़ा = इकाइयों की बिक्री × इकाई लाभ

~ और ~

संपत्ति मूल्य = शुद्ध मुनाफ़ा × उद्योग गुणज

कारोबारों के तमाम मालिक इसी समीकरण की ताक़त का इस्तेमाल करते हैं, जिसमें (इकाइयों की बिक्री × इकाई लाभ) शुद्ध मुनाफ़ा तय करता है।

मेरी इंटरनेट कंपनी को उदाहरण की तरह इस्तेमाल किया जाए तो प्रति वेबसाइट रूपांतरण मेरा इकाई लाभ 4 डॉलर था। (रूपांतरण एक यूज़र था, जिसने लोगों की उसमें रुचि जगाई)। किसी भी दिन मेरी वेबसाइट पर 12,000 लोग उपस्थिति दर्ज कराते थे। इसका मतलब मेरी "इकाइयों की बिक्री" की ऊपरी सीमा 12,000 प्रतिदिन थी। मेरे पास प्रतिदिन 12,000 लोगों को "बिक्री" का अवसर था।

आइए अब इस परिवर्तनशील कारक की तुलना धीमे रास्ते के प्रतिरूप, काम के घंटे से की जाए। मेरे दौलत के समीकरण में दौलत की ऊपरी सीमा "इकाइयों की बिक्री" है और यह वर्तमान में 12,000 है। निश्चित ही 100% रूपांतरण अतार्किक है और सभी 12,000 को "बदलना" असंभव है। इसी तरह से धीमे रास्ते की ऊपरी सीमा 24 है, क्योंकि एक दिन में 24 घंटे से ज़्यादा काम नहीं किया जा सकता। तार्किक तौर पर तो ऊपरी सीमा प्रतिदिन 8 या 12 घंटे ही है।

तो फिर आपको क्या अमीर बनाएगा? 12,000 लोगों से प्रतिदिन मुलाक़ात की ऊपरी सीमा? या आपके दिन में काम के घंटों को अधिकतम करना? मुक़ाबला 12,000 बनाम 24 का है। यह भी कोई मुक़ाबला है। मैं अमीर हो जाता हूं और धीमे रास्ते का राहगीर बूढ़ा।

नियंत्रण योग्य असीमित परिवर्तनशील कारक आपको अमीर बनाएंगे। तो मैं इस परिवर्तनशील कारक को कैसे नियंत्रित करता हूं? यह असीमित कैसे है? बहुत आसान है। मेरा औसत रूपांतरण अनुपात था 12%। अगर मैं ज़्यादा मुनाफ़ा कमाना चाहता हूं तो मैं

बॉस के ऑफ़िस में जाकर वेतनवृद्धि की मांग नहीं करता। नहीं मेरे पास तैनाती के लिए कुछ हथियार उपलब्ध हैं :

1) **रूपांतरण अनुपात बढ़ाकर इकाई बिक्री बढ़ाना**

12% से 13% की महज एक फ़ीसदी की बढ़ोत्तरी से प्रतिदिन 480 डॉलर की वृद्धि हो जाएगी। यानी प्रतिमाह 14,400 डॉलर। अगर मैं वेबसाइट को रिडिज़ाइन करता हूं और कामयाब होता हूं तो रूपांतरण का अनुपात 15% तक भी पहुंच सकती है। मैंने अपनी आय में प्रतिमाह 43,000 डॉलर तक तक बढ़ोत्तरी कर ली है।

2) **वेब ट्रैफ़िक बढ़ाकर इकाई बिक्री को बढ़ाना**

मुनाफ़ा बढ़ाने के लिए मैं वेबसाइट पर ट्रैफ़िक बढ़ा सकता हूं। अगर मैं अपने वेब यूज़र्स की संख्या 12,000 से बढ़ाकर 15,000 कर लेता हूं और रूपांतरण अनुपात 12% पर ही रहता है तो भी मेरी आय प्रतिदिन 1,440 डॉलर और प्रतिमाह 43,200 डॉलर बढ़ जाती है। संभव नहीं है? ऐसा हुआ है। कुछ दिन तो ट्रैफ़िक बहुत ज़्यादा हो सकता है और यूज़र्स की संख्या 20,000 के आंकड़े तक को छू सकती है।

3) **इकाई लाभ में बढ़ोत्तरी**

अगर मुझे मेरी सेवा की आपूर्ति में कोई कमज़ोरी नज़र आती है या मूल्य बढ़ाने का फ़ैसला करता हूं तो मैं क़ीमत बढ़ाकर इकाई लाभ को बढ़ा सकता हूं। अगर मेरा इकाई लाभ 4 डॉलर प्रति यूनिट से बढ़कर 4.50 डॉलर हो जाता है तो मैं अपनी आय को प्रतिदिन 8,000 डॉलर से बढ़ाकर 10,800 डॉलर कर लेता हूं। इसका मतलब है हर माह अतिरिक्त 84,000 डॉलर। क्या आपने अब तक हार नहीं मानी?

क्या नियंत्रण होना अद्भुत बात नहीं है? दौलत निर्माण के मेरे यह विकल्प थे। मेरा दोनों परिवर्तनशील कारकों पर पर्याप्त नियंत्रण था, "इकाई लाभ" और "इकाई बिक्री।" दूसरी ओर, धीमे रास्ते में आप बेहद मामूली 3% की वेतनवृद्धि के लिए बॉस के आगे गिड़गिड़ाने के लिए मजबूर हो जाते हैं।

दूसरा देखिए कि कैसे मेरे दौलत के परिवर्तनशील कारक वास्तव में असीमित हैं। मैं अपने बाज़ार के एक बहुत छोटे-से हिस्से पर नियंत्रण रखता हूं। और मेरी वेब ट्रैफ़िक की काल्पनिक ऊपरी सीमा भी वर्तमान के 12,000 नहीं बल्कि 50,000 से 100,000 यूज़र्स प्रतिदिन थी। इकाई लाभ भी लचीला है। मैं क़ीमतों में इजाफ़े या नई सेवा के साथ भी प्रयोग कर सकता हूं।

मुझे याद है कि मैंने जब एक नई सर्विस लांच की, जिसमें मेरा कुछ भी ख़र्च नहीं हुआ, तो मैंने कार्यक्रम की रूपरेखा वाला एक ईमेल अपने विज्ञापनदाता को भेजा। कुछ ही मिनटों में मैंने आवर्ती वार्षिक आय में हज़ारों डॉलर्स की कमाई कर ली। मेरा वक़्त का निवेश नगण्य था और परिणाम बेहद फ़ायदेमंद।

असीमित परिवर्तनशील कारक=उच्च गति सीमा=उच्च संभावित आय

इस उदाहरण की ताक़त यह बताने के लिए है कि मैं क्यों अमीर बना और अधिकांश दूसरे क्यों नहीं। मैंने अपनी दुनिया ही बदल डाली, क्योंकि *मेरा दौलत का समीकरण असीमित और नियंत्रण योग्य था।*

जब मैं अपनी रणनीति में बेहद मामूली बढ़ोत्तरी वाला परिवर्तन करता हूं तो मेरी आय में भारी बढ़ोत्तरी होती है। परिवर्तनशील कारकों में महज 1% की बढ़ोत्तरी का मतलब हज़ारों डॉलर और एक नई लैम्बोर्ग़िनी। जब आपके दौलत के परिवर्तनशील कारकों में ज़्यादा शक्ति होती है तो ऐसा ही आपकी संभावित आय के साथ भी होता है। या क्या आप वास्तविक मूल्य से जुड़ी 24 घंटे की सीमा से ही बंधे रहना चाहेंगे?

दुर्भाग्यवश कई उत्साही कारोबार मालिक अवसरों को बहुत कम गति से भुनाते हैं। उदाहरण के लिए अगर आप होम डिपो के बाहर बैठकर ठेले पर हॉट डॉग बेचते हैं तो आपने कोई अतिरिक्त शक्ति झोंके (लीवरेज) काम की गति को ख़त्म कर दिया है। परिवर्तनशील कारक सीमित है, क्योंकि आपने ख़ुद को एक छोटे-से इलाक़े तक सीमित कर दिया है। एक दिन में आख़िर आप कितने हॉटडॉग बेच पाएंगे? 40? 100? क्या यह संभव है कि आप घर लौटने के बाद पत्नी से बड़े गर्व के साथ कह सकें, "डार्लिंग आज मैंने 20,000 हॉटडॉग बेचे।" ऐसा कभी भी नहीं होगा। साथ ही यह वास्तविक मूल्य पर पिंजरे में 24 घंटे बंद रहने की ही तरह है।

छोटे आंकड़ों का साधारणता की ओर मज़बूत खिंचाव होता है।

एक अन्य उदाहरण यह किताब ही है। कितने लोग वित्तीय आज़ादी या वक़्त से पहले सेवानिवृत्ति में रुचि रखते हैं? मेरा बाज़ार, मेरी ऊपरी गति सीमा, दुनियाभर में मौजूद तकरीबन करोड़ों लोग हैं। तेज़ राह के ज़रिये दौलत कमाने के समीकरण को ताक़त देने के लिए आपको एक तेज़ गति का कारोबार ही करना होगा, जिसमें उछाल या ज़्यादा गति सीमा की संभावना है। मंद क़िस्म के आंकड़ों से मंद दौलत ही हासिल होती है!

करोड़पति परिसंपत्ति (परिसंपत्ति मूल्य) बनाते हैं और उसमें बदलाव कर सकते हैं

हैरिसन ग्रुप (HarrisonGroupInc.com) द्वारा 3,000 पेंटा मिलियनेयर्स (जिनका सकल मूल्य 5 मिलियन डॉलर से ज़्यादा था) पर किए गए एक सर्वेक्षण के मुताबिक़ तकरीबन सभी पेंटा मिलियनेयर्स ने अपनी क़िस्मत कुछ सालों में बड़ी एकमुश्त राशि से बदल डाली। दोहराने लायक़ है : "बड़ी एकमुश्त राशि, ना कि 40 साल में वेतन का 10% बचाकर।" "बड़ी एकमुश्त राशि" दरअसल "परिसंपत्ति मूल्य" के लिए इस्तेमाल दूसरा शब्द है। इसके अलावा 80% ने या तो अपना कारोबार शुरू किया या फिर धमाकेदार बढ़त वाली छोटी कंपनी में काम किया। धमाकेदार बढ़त दरअसल, परिसंपत्ति मूल्य के लिए इस्तेमाल एक अन्य शब्द है। और फिर भी इनमें से किसी के भी पास आरामदेह नौकरी नहीं थी। हैरान मत होइए।

अमीरों का दौलत का प्राथमिक गतिवर्धक केवल एक अवधारणा पर आकर ठहर जाता है : *लगातार मूल्यवृद्धि वाली नियंत्रण योग्य परिसंपत्तियां।* हमारे तेज़ राह से दौलत

कमाने के समीकरण में दूसरे घटक को "परिसंपत्ति मूल्य" कहा जाता है। परिसंपत्ति मूल्य का मतलब होता है आपके मालिकाना हक वाली प्रॉपर्टी का बाज़ार मूल्य।

धीमे रास्ते के राहगीरों और तेज़ रास्ते के राहगीरों के "परिसंपत्ति" को लेकर विचार बिलकुल विपरीत होते हैं। धीमे रास्ते के राहगीर और पगडंडी के राहगीर वक़्त के लिहाज़ से मूल्य ह्रास से गुज़रने वाली परिसंपत्तियों को ख़रीदते और बेचते हैं। कार, बोट्स, इलेक्ट्रॉनिक्स सामान, डिज़ाइनर क्लॉथ्स, गिजमोडोस और हर तरह की चमक-दमक केवल बगल के चौकोनी दड़बे में मौजूद हालिया तलाक़शुदा महिला को प्रभावित करने के लिए। ये सब ऐसी परिसंपत्तियां हैं, जिनका मूल्य क्रेडिट कार्ड के इस्तेमाल के तत्काल बाद से ही कम होने लगता है।

इसके विपरीत तेज़ रास्ते के राहगीर ऐसी परिसंपत्तियों को ख़रीदते और बेचते हैं, जिनकी लगातार मूल्य वृद्धि होती है : कारोबार, ब्रांड्स, नक़दी प्रवाह, नोट्स, बौद्धिक संपदा, लाइसेंस, आविष्कार, पेटेंट्स और रियल इस्टेट। चूंकि यह तेज़ राह के दौलत समीकरण से मेल खाता है, "परिसंपत्ति मूल्यांकन" की ताक़त आपके पास मौजूद परिवर्तनशील कारकों में असीमित तौर पर बदलाव की योग्यता पर निर्भर होती है।

परिसंपत्ति मूल्य के ज़रिये कमाई को गति

परिसंपत्ति मूल्य को गति देकर और बाज़ार में उन्नत परिसंपत्ति को बेचकर अमीर लोग दौलत कमाने को गति देते हैं।

> *24 साल की शीला हिंटन ने कारोबार शुरू करने के लिए घुमंतू कम्प्यूटर टेक्निशियन की अपनी नौकरी छोड़ दी। शुरुआत में उसका कारोबार शहर तक सीमित था, लेकिन तरक़्क़ी होने के बाद उसे और टेक्निशियन्स की सेवाएं लेनी पड़ीं और कारोबार दूसरे शहरों तक भी फैल गया। कुछ वर्ष बाद अब शीला एक ऐसी कंपनी की मालकिन है, जो 6 मध्य-पश्चिमी राज्यों में कारोबार करती है। वह अब टेक्निशियन की बज़ाय समूची प्रणाली से प्रदाता के तौर पर जुड़ चुकी है और उसकी कंपनी का लाभ 3 मिलियन डॉलर के प्रभावशाली आंकड़े तक पहुंच चुका है। मुनाफ़े का लाभ उठाने (और इसमें से 6 मिलियन डॉलर बचाने) के बाद उसने अपनी कंपनी एक बड़ी कम्प्यूटर निर्माता कंपनी को 21 मिलियन डॉलर में बेच दी। उसने शून्य से एक संपत्ति खड़ी कर दी। उसे "निष्क्रिय आय" कभी पसंद नहीं थी, लेकिन संपत्ति ही उसकी प्रणाली थी, जो अब 21 मिलियन डॉलर का सोने का अंडा बन चुका था। अब उसके पास ताउम्र के लिए निष्क्रिय आय है और उसे दोबारा काम करने की कोई भी ज़रूरत नहीं है।*

उपरोक्त कहानी "संपत्ति मूल्य" बनाने वाले दो परिवर्तनशील कारकों का सर्वश्रेष्ठ तरीक़े से प्रतिनिधित्व करती है :

संपत्ति मूल्य = (शुद्ध मुनाफ़ा) × (उद्योग गुणक)

किसी भी वक़्त संपत्ति एक स्थायी मुनाफ़ा होती है और बाज़ार की ताज़ा स्थितियों से नियंत्रित उद्योग गुणक संपत्ति का मूल्य निर्धारित करता है। दूसरे लोग या कंपनी उसे उसके शुद्ध मुनाफ़े में आकलन किए गए गुणक के गुणा के आधार पर ही ख़रीदेंगे। उदाहरण के लिए आप एक निर्माता कंपनी के मालिक हैं, जिसका शुद्ध मुनाफ़ा 1,00,000 डॉलर है और उद्योग गुणक 6 है तो आपकी संपत्ति का मूल्य 6,00,000 डॉलर है। उद्योग गुणक अर्थव्यवस्था और औद्योगिक क्षेत्रों के भीतर उतार-चढ़ाव के चलते बहुत ज़्यादा मोलभाव की वजह बनते हैं।

हो सकता है आप पहले ही "गुणकों" से वाक़िफ हों। सार्वजनिक बाज़ार में शेयर का कारोबार, गुणक को हर संबद्ध कंपनी के मूल्य-से-कमाई अनुपात (प्राइज़ टू अर्निंग रेशो) यानी पीई से परिभाषित करता है। अगर किसी कंपनी का शेयर पीई से 10 गुना ज़्यादा भाव पर चल रहा हो तो इसका मतलब है कि निवेशक उस कंपनी के स्टॉक 10 बार के गुणज में ख़रीद रहे हैं। मूल्य-से-कमाई प्रासंगिक है चाहे फिर आपकी कंपनी छोटी निजी कंपनी हो या फिर सार्वजनिक बाज़ार में कारोबार करने वाली कोई कंपनी : आपकी कंपनी का मूल्यांकन संबद्ध उद्योग के लिए व्यक्तिपरक पीई से निर्धारित होता है।

उदाहरण के लिए, मेरे विशेष वेब जगत में उद्योग गुणक 2 से 6 के बीच झूलते रहते हैं। विश्लेषण के लिए बीच के गुणक यानी 4 को चुनते हैं। इसका मतलब यह होगा कि किसी भी वक़्त अगर मेरे शुद्ध मुनाफ़े में इजाफ़ा हुआ तो मेरे कारोबार के मूल्य में 4 के न्यूनतम कारक यानी 400% से बढ़ोत्तरी हुई। 400%! आज के वित्तीय बाज़ार में आपको 400% का मुनाफ़ा कहां मिलेगा? क्या 400% मुनाफ़ा देने वाला कोई म्युचुअल फ़ंड है? आज की छोड़ दीजिए क्या कभी था?

वास्तविकता में यह आपके हाथों में मौजूद दौलत में भारी बढ़ोत्तरी का साधन बन जाता है। चूंकि शुद्ध आय, लाभ या कमाई द्वारा परसंपत्ति मूल्य निर्धारित होता है, मैंने हर बार शुद्ध मुनाफ़े में इजाफ़े पर 400% की संपत्ति वृद्धि का अनुभव लिया है। हर डॉलर के लाभ पर मेरी कंपनी का मूल्य 4 के कारक यानी 4 डॉलर से बढ़ेगा। अगर मेरा शुद्ध मुनाफ़ा साल के लिए 5,00,000 डॉलर बढ़ा तो मेरी कंपनी का मूल्य 2 मिलियन डॉलर बढ़ जाएगा।

नीचे विभिन्न उद्योगों से संबंधित औसत गुणकफल सूची दी गई है।

विज्ञापन	2.85
ब्यूटी शॉप्स	4.10
बार/शराब पीने की जगह	2.70
कालीन की सफ़ाई	5.22
कम्प्यूटर से संबंधित सेवाएं	8.19
रोज़गार एजेंसियां	5.40

इंजीनियरिंग सेवाएं	6.32
गैसोलिन स्टेशन	3.70
किराना दुकान	11.34
मेडिकल लैब्स	2.62
विभिन्न खुदरा स्टोर्स	3.62
पेटेंट मालिक और लेसर्स	14.56
फ़िजिकल फ़िटनेस सुविधा	3.56
प्लम्बिंग/एचवीएस सेवाएं	4.52
सर्जिकल और मेडिकल उपकरण	17.32
उपयोग की जा चुकी वस्तुओं की दुकान	4.92

(स्रोत : *आईएनसी. मैगज़ीन*, जून 2009)

दौलत को गति देने वाला कारक (डब्ल्यूएएफ़)

मान लीजिए कि आप एक बहुराष्ट्रीय निगम के लिए काम करने वाले हताश इंजीनियर हैं। आप तीन साल से इसी नौकरी में हैं और अपने वेतन से लगन के साथ 10% बचाते हैं और इंडेक्स फ़ंड्स में भी निवेश करते हैं, जो आपको औसतन 8% मुनाफ़ा देता है।

तो आपका दौलत को गति देने वाला कारक (डब्ल्यूएएफ़) 8% है।

अब मान लीजिए कि आपने नौकरी छोड़ दी और अपने अनुभव का इस्तेमाल करते हुए मेडिकल उपकरण बनाने वाली कंपनी स्थापित करने का फ़ैसला किया। आप अनुमान लगाते हैं कि आपके मेडिकल उत्पादों के लिए आपका कुल बाज़ार (संभावित ख़रीददार) 16 मिलियन का है। हमारे उपरोक्त चार्ट के मुताबिक़ मेडिकल उपकरण उद्योग का औसत गुणनफल 17 से ज़्यादा है। इसका मतलब है कि आपके पास दौलत को गति देने की संभावना मौज़ूद है। आप अपनी दौलत को 17 के कारक या 1,700% की गति से बढ़ा सकते हैं।

आपका दौलत को गति देने वाला कारक (डब्ल्यूएएफ़) 1,700% है।

आइए इस उदाहरण को और अधिक आगे ले जाते हैं। अगले छह साल में आप इस कंपनी की शुद्ध आय को 1.2 मिलियन डॉलर प्रति वर्ष तक ले जाते हैं। इसका मतलब है कि आप हर माह 1,00,000 डॉलर (आपका शुद्ध मुनाफ़ा) कमाते हैं और आपकी कंपनी (परिसंपत्ति) अब तकरीबन 18.4 मिलियन डॉलर हो चुकी है। यह गणना औसत गुणनफल (1.2 मिलियन डॉलर × 17.32 गुणनफल) पर आधारित है। आप कारोबार (परिसंपत्ति मूल्य के ज़रिये दौलत में बढ़ोत्तरी) और नक़दी प्रवाह (आय बढ़ाकर) को बढ़ाना जारी रख सकते हैं या फिर दौलत में गति को हक़ीक़त में बदलने के लिए परिसमाप्त (परिसंपत्ति मूल्य की बिक्री) कर सकते हैं।

धीमे रास्ते के राहगीरों और तेज़ रास्ते के राहगीरों के पास मौजूद दौलत को गति देने के विकल्पों में भारी अंतर देखिए। अगर आप नौकरीशुदा इंजीनियर ही बने रहते हैं तो आपके दौलत को गति देने के विकल्प :

1) अपने वास्तविक मूल्य में वृद्धि कीजिए और यह उम्मीद भी कि बॉस आपको वेतनवृद्धि देगा।
2) उम्मीद कीजिए कि कंपनी आपकी छुट्टी नहीं कर दे, ताकि आपकी आय बनी रहे।
3) अपने वेतन का 10% एक इंडेक्स्ड फ़ंड में निवेश कीजिए और फिर उम्मीद कीजिए कि अगले 40 साल तक यह 8% का मुनाफ़ा दे।

अगर आप मेडिकल उपकरण कंपनी के मालिक बन जाते हैं तो दौलत में बढ़ोत्तरी के आपके पास मौज़ूद विकल्प :

1) संभावित आय के साथ शुद्ध आय को बढ़ाइए जो कि आपके द्वारा मेडिकल उपकरणों की बिक्री पर निर्भर है। और यह संख्या है 16 मिलियन।
2) 1,700% के कारक से संपत्ति मूल्य में बढ़ोत्तरी।
3) संपत्ति मूल्य का परिसमापन करके काग़ज़ी धन को असली धन में बदल डालिए।

क्या आपको अब समझ में आ रहा है कि क्यों 30 वर्ष के कुछ लोगों का मूल्य 50 मिलियन डॉलर तक है और कुछ का महज 19,000 डॉलर? तेज़ राह की दुनिया 1,700% और करोड़ों के लाभ पर चलती है, जबकि धीमे रास्ते की दुनिया 8% और 40 पर। एक योजना उम्मीद पर आधारित है तो दूसरी नियंत्रण पर। आज की ताज़ा ख़बर : 8% और 40 आपको 40 साल में करोड़पति बनाएंगे, जबकि 1,700% और 16 मिलियन आपको चार साल में अरबपति बनाएंगे।

दौलत का दोतरफ़ा हमला

शुद्ध मुनाफ़े का जोश के साथ पीछा दरअसल, दौलत बनाने पर दोतरफ़ा हमला है। चूंकि संपत्ति मूल्य का नाता शुद्ध मुनाफ़े से है, इसलिए शुद्ध मुनाफ़ा बढ़ाने से संपत्ति मूल्य में भी औसत उद्योग गुणनफल से बढ़ोत्तरी होती है। निश्चित ही यह विपरीत दिशा में भी काम करता है। अगर आपकी कंपनी में कामकाज रुक जाता है तो शुद्ध आय गिर जाती है और इसी वजह से संबंधित परिसंपत्ति मूल्य भी। मैंने जब अपनी कंपनी ख़रीदी थी तो 2,50,000 डॉलर का भुगतान किया था। उसके बाद कुछ वर्ष तक मैंने संपत्ति में बदलाव के साथ इसका मूल्य बढ़ा लिया।

1) मैंने उपभोक्ताओं की संख्या में 30% की बढ़ोत्तरी की।
2) मैंने ख़र्चों में कटौती की, लाभ को सुधारा।
3) मैंने प्रक्रिया को सुचारू बनाया, जिससे मुझ पर काम का बोझ घटा, निष्क्रियता बनी।
4) मैंने "शुद्ध आय" को बढ़ाया।

इस प्रक्रिया से मेरी शुद्ध आय में विस्फोटक गति से बढ़ोत्तरी हुई और इसके साथ ही संपत्ति मूल्य में भी। फिर आराम से हाथ पर हाथ धरे करोड़ों कमाने के बाद मैंने कंपनी को बेचने का फ़ैसला किया और करोड़ों डॉलर के कई प्रस्ताव हासिल किए। मैंने एक संपत्ति 2,50,000 डॉलर में ख़रीदी और फिर उसके परिवर्तनशील कारकों में बदलाव करके उसे क़रोड़ों डॉलर में बेच दिया।

मैंने अपनी वित्तीय योजना पर नियंत्रण रखा : वित्तीय योजना ने मुझ पर नहीं।

तेज़ राह में आपकी दौलत को गति देने वाले कारक, संपत्ति बनाने या भविष्य में मूल्यवृद्धि की संभावना वाली संपत्ति ख़रीदने, उसके मूल्य में बढ़ोत्तरी के साथ परिवर्तनशील कारकों पर नियंत्रण से बदलाव करने पर आधारित हैं। या फिर आपके पास धीमे रास्ते का विकल्प तो है ही–200 डॉलर प्रति माह वॉल स्ट्रीट (शेयर बाज़ार) को दीजिए और सालाना 8% मुनाफ़े के लिए प्रार्थना कीजिए और 40 साल नौकरी कीजिए।

माफ़ कीजिएगा, लेकिन मुझे हँसी आ रही है।

दौलत में बेहद तेज़ी से बढ़ोत्तरी : परिसमापन के परिणाम

परिसमापन (लिक्विडेशन) के परिणाम लोगों को रातोंरात करोड़पति बना देते हैं, लेकिन यह तभी संभव है जब परिसमापन हो। परिसमापन एक प्रक्रिया है, जिसमें आप अपनी मूल्यवृद्धि की संभावना वाली संपत्ति को बाज़ार को बेचते हैं। यह तेज़ रास्ते की बाहर निकलने की रणनीति है।

जॉन हैमरस्टेन ने एक सोशल नेटवर्किंग वेबसाइट बनाई जो वायरल हो गई। कुछ ही वक्त में लाखों लोग उनकी सेवा को इस्तेमाल करने लगे और एकाएक जॉन के पास कंपनी को ख़रीदने को तैयार लोगों और उद्यम पूंजी निवेश के प्रस्तावों की कतार लग गई।

कोई राजस्व और कोई लाभ नहीं होने के बाद भी जॉन ने एक संपत्ति तैयार की, जिसकी बाज़ार में क़ीमत थी। उन्हें वेब की दुनिया के अग्रणी सर्च इंजिन वाली कंपनी से उनकी सेवा के लिए 640 मिलियन डॉलर का प्रस्ताव मिला।

जॉन ने इंकार कर दिया, इस तर्क के साथ कि एक बार राजस्व आने पर उनकी कंपनी की क़ीमत और अधिक हो जाएगी। यह सच तो है, लेकिन एक जुआ भी।

18 महीने बाद जॉन की सोशल नेटवर्किंग साइट प्रचलन से बाहर हो गई और इससे साबित हो गया कि यह महज़ कुछ वक़्त की सनक थी। उनकी कंपनी अब पार्टियों में मज़ाक़ का विषय बनकर रह गई है।

एक गिरती हुई संपत्ति पर भारी मूल्य की आस लगाए जॉन के पास अब ना कोई निवेशक आता है और ना ही कोई ख़रीददार। उन्हें इस बात का बहुत देरी से अहसास हुआ कि उन्हें 640 मिलियन डॉलर का वह प्रस्ताव स्वीकार कर कंपनी

की परिसमापन प्रक्रिया से गुज़रना चाहिए था। उन्होंने अंततः अपनी कंपनी को भारी छूट पर एक निजी इक्विटी फ़र्म को 2.5 मिलियन डॉलर में बेच दिया। वक़्त के ग़लत चुनाव के कारण उन्हें 600 मिलियन डॉलर का नुक़सान झेलना पड़ा।

कारोबारों, रियल इस्टेट और अन्य मूल्यवृद्धि वाली संपत्तियों का संपत्ति मूल्यांकन कुछ और नहीं बल्कि व्यक्तिपरक विश्लेषण और बाज़ार के आंकड़ों पर आधारित मूल्यांकन होता है। अगर आपके द्वारा शून्य से खड़ी की गई कंपनी की काग़ज़ी क़ीमत 60 मिलियन डॉलर हो और आपके बैंक खाते में महज 10,000 डॉलर हों तो क्या आप करोड़पति हैं?

वास्तव में नहीं।

बेनक़द, काग़ज़ी करोड़पति फ़ेरारी या महलनुमा कोठियां नहीं ख़रीद सकते, धन ख़रीद सकता है। और धन के लिए आपको मुनाफ़ा बढ़ाना पड़ता है उसकी बचत करनी पड़ती है या फिर परिसमापन का बड़ा निकासी मार्ग लेना पड़ता है।

तेज़ रास्ते के राहगीर नक़दी प्रवाह वाली संपत्तियां तैयार करके दौलत को गति देते हैं। ऐसी संपत्तियां जिन्हें लाभ को हक़ीक़त में बदलने के लिए बाज़ार में बेचा जा सके। उनके दौलत के समीकरण में नियंत्रण योग्य असीमित लीवरेज है।

अध्याय का सार : तेज़ रास्ते की ख़ासियतें

- तेज़ राह के दौलत के समीकरण की कुंजी है ज़्यादा ऊंची गति सीमा या इकाई बिक्री के लिए असीमित मूल्य सीमाएं। यह गति को ताक़त देती है। आपके उत्पाद या सेवा का बाज़ार आपकी ऊपरी सीमा का निर्धारण करता है।
- जितनी ज़्यादा आपकी गति होगी उतनी ही ज़्यादा आपकी आय की संभावना होगी।
- अमीरों के लिए दौलत को गति देने वाला प्राथमिक कारक परिसंपत्ति मूल्य होता है, जिसे मूल्यवृद्धि के योग्य परिसंपत्तियों को बनाने, स्थापना या ब्रिकी से परिभाषित किया जा सकता है।
- परिसंपत्ति मूल्य के ज़रिये दौलत के निर्माण को गति मिलती है संबद्ध उद्योग के औसत गुणनफल से। शुद्ध आय के हर डॉलर की कमाई पर परिसंपत्ति मूल्य गुणन के कारक से बढ़ता है।
- आपका उद्योग विशेष औसत गुणनफल का निर्धारण करेगा जो आपकी दौलत को गति देने वाले कारक का निर्धारण करेगा। अगर गुणनफल 3 है तो आपका दौलत को गति देने वाला कारक (डब्ल्यूएएफ़) 300% है।
- परिसमापन आयोजन, मूल्यवृद्धि वाली परिसंपत्ति (काग़ज़ी सकल मूल्य) को धन (वास्तविक सकल मूल्य) में परिवर्तित करती है, जिसे एक अन्य निष्क्रिय आय का ज़रिया बनाया जा सकता है–एक धन प्रणाली।

अध्याय

19

दौलत और वक़्त में विभाजन कर दें

वक़्त आपकी ज़िंदगी का सिक्का है। आपके पास केवल यही एक सिक्का है और केवल आप ही तय कर सकते हैं कि इसे कैसे ख़र्च किया जाएगा। सावधानी बरतिए, वरना दूसरे लोग आपकी जगह इसे ख़र्च करेंगे।

—कार्ल सैंडबर्ग

दौलत का औद्योगिकीकरण : वक़्त से तलाक़

तेज़ राह का पहला स्वाद मैंने ज़िंदगी के 20वें दशक के उत्तरार्द्ध में चखा था, जब मेरा सामना ज़िंदगी के सबसे बुरे महीने से हुआ था : संबंधों में दरार के बीच मेरी सेहत को लेकर भी चिंताजनक ख़बर सामने आई और इस बेहद घातक मिश्रण का असर मेरे कारोबार की उत्पादकता पर पड़ा। मैंने अधिकांश महीना बिस्तर में गुज़ारा, पर्दों के बीच, जज जूडी को व्यावहारिक ज्ञान की झड़ी लगाते हुए देखकर। इस मुश्किल भरे वक़्त में मुझे अपने तेज़ रास्ते के विजयी टिकट को भुनाना था और मैं यह बताना चाहूंगा कि ऐसा ही हुआ।

ज़िंदगी से "झिड़क दिए" जाने के बावजूद हक़ीक़त में मेरी आय में बढ़ोत्तरी हुई। जी हां, बढ़ी। मेरी आय केवल इसलिए नहीं थम गई कि मैं थम गया।

आख़िर मैं इतना ख़ुशक़िस्मत कैसे रहा?

मैंने वक़्त से तलाक़ ले लिया था।

कुछ साल पहले मैंने धन के लिए मेरे वक़्त के सिलसिले को तोड़ दिया था। इसने मुझे धीमे रास्ते के समीकरण की पकड़ से बाहर निकलने में मदद की और तेज़ राह पर चलने की आज़ादी दे डाली।

जब आपकी दौलत ऐसे कारकों पर निर्भर होती है, जिन पर आपका कोई नियंत्रण नहीं होता और जो बहुत सीमित हों तो आप तेज़ी से तरक़्क़ी नहीं कर सकते। नियंत्रण आपके हाथ में नहीं है, क्योंकि वह वक़्त के हाथ में है। नियंत्रण आपके हाथ में नहीं है,

क्योंकि वह बॉस के हाथों में है। नियंत्रण आपके हाथ में नहीं है, क्योंकि नियंत्रण शेयर बाज़ार के हाथ में है।

मैं इन नियंत्रणों से आख़िर कैसे आज़ाद हुआ, जिन्हें समाज पूरी तरह से स्वीकार्य मानता है? धन के लिए वक़्त के सौदे (शारीरिक श्रम) की बजाय मैंने कारोबारी प्रणाली (औद्योगिकीकृत दौलत उत्पादन) को काम में लगा दिया।

मेरे मामले में वक़्त मेरे लिए काम कर रहा था, मेरे ख़िलाफ़ नहीं। मेरी कारोबारी प्रणाली ने वक़्त गुज़रने के साथ धन कमाया और फिर भी यह वक़्त से इतर था। यह धन का आभासी पेड़ था और इसे इस बात की कोई फ़िक्र नहीं थी कि मैं क्या कर रहा हूं। मैं जैरी स्प्रिंग्स देख रहा था या चाहे जमैका में जेट स्कीइंग कर रहा था–प्रणाली को ख़ुद अपनी मशीन बनने के लिए तैयार किया गया था–एक जीवंत, सांस लेने वाली इकाई जिसने मेरे लिए पापड़ बेले। मेरी व्यवस्था ने मेरे वक़्त के लिए प्रतिनियुक्ति की भूमिका निभाई। मैं अपने वक़्त का मालिक था, मेरा वक़्त मेरा मालिक नहीं था।

निष्क्रिय आय : सेवानिवृत्ति का बहुप्रतीक्षित पड़ाव

दौलत बनाने वाले लोगों के बीच एक शब्द बेहद लोकप्रिय चल रहा है, "निष्क्रिय आय"– कुछ काम नहीं करके बैठे ठाले आय। सेवानिवृत्त होने के बाद मुझे नियमित तौर पर हर महीने वक़्त पर चेक्स मिलते रहते हैं और वह भी मेरे एक भी अंगुली उठाए बग़ैर। निष्क्रिय आय का मायने धीमे रास्ते के मूल समीकरण "धन के लिए वक़्त" को दिया गया कामयाब तलाक़ है। निष्क्रिय आय की सबसे बड़ी ख़ासियत यही है कि यह इस बात की फ़िक्र नहीं करती कि आप 20 बरस के हैं या 80। अगर आपकी मासिक आय आपके जीवनशैली के खर्चों, टैक्स सहित, ज़्यादा हो तो क्या? आप सेवानिवृत्त हैं!

तेज़ रास्ते का नक़्शा दो उद्देश्यों के लिए बनाया गया है। इसे आपके ख़र्चों और जीवनशैली की ख़्वाहिशों से ज़्यादा निष्क्रिय आय की अनवरत आपूर्ति के लिए तैयार किया गया है और वित्तीय आज़ादी को एक हक़ीक़त बनाने के लिए। फिर आपकी उम्र चाहे जो हो।

वक़्त को हराने के लिए धन का पेड़ उगाइए

मेरी मां ने मुझे इस बात के लिए मना लिया कि यह सत्य है, यह हमारे बूते की बात नहीं है, तुम्हें क्या लगता है कि धन पेड़ पर ऊगता है? वह ग़लत थीं। धन पेड़ पर ही ऊगता है अगर आपके पास धन का पेड़ है। और आप भी एक के मालिक बन सकते हैं, अगर आप यह जानते हैं कि बीज कैसे और कहां मिलेंगे।

धन के पेड़ दरअसल एक कारोबारी प्रणाली है, जो अपने दम पर जीती है। उन्हें वक़्त-वक़्त पर मदद और देखभाल की दरकार होती है। लेकिन वे अपने दम पर ज़िंदा रहते हैं, आपके धन के लिए वक़्त के सौदे की पूरी ज़िम्मेदारी लेकर।

कुछ साल पहले मैं वेगास में था और मैंने जुए में तकरीबन 2,000 डॉलर गंवा दिए थे। बुरी तरह से पिटकर अपने होटल के कमरे में लौटने के बाद मुझे अहसास हुआ कि

घबराने की क्या बात है? मैंने 2,000 डॉलर गंवाए हैं, लेकिन उसी दिन मेरे धन के पेड़ ने, मेरी इंटरनेट कंपनी ने, जिसे मैंने बनाया था, 6,000 डॉलर कमाए हैं। मैं जब जुआ खेल रहा था, (या सो रहा था, तैर रहा था या खा रहा था), मेरे धन के पेड़ पर फल लगे थे।

धन का पेड़ एक कारोबारी व्यवस्था है और तेज़ रास्ते के नक़्शे की मुख्य सड़क। धन के पेड़ आपके "आधिकारिक" तौर पर सेवानिवृत्त होने से पहले ही निष्क्रिय आय का प्रवाह तैयार करते हैं। हां, आप सेवानिवृत्ति के बगैर ही सेवानिवृत्ति का और वित्तीय आज़ादी का पूरा मज़ा ले सकते हैं। यह ठीक वैसा ही है कि आप दक्षिण प्रशांत में छुट्टियां मनाने जा रहे हैं, बगैर 9 घंटे की थकाऊ फ़्लाइट से गुज़रे।

धन के पेड़ के अंकुर : तेज़ रास्ते वाला कारोबार

सभी कारोबार तेज़ रास्ते वाले नहीं होते। इनमें से कई को धन के पेड़ में भी नहीं बदला जा सकता। गुरुओं और जीवन के बारे में बताने वाले प्रशिक्षकों के गुमराह किए जाने के कारण उद्यमी बनना चाह रहे लोग "अपने धन के ख़ुद बॉस बनो" और "वही करें जो आपको पसंद है," जैसे जुमलों से गुमराह हो जाते हैं। वह कारोबारी गुलामी के ऐसे रास्ते पर चल निकलते हैं, जो वेतन की गुलामी जैसा ही है।

जिलियन का सपना था, ख़ुद अपनी बॉस बनने का। वॉल स्ट्रीट पर 13 साल के करियर के बाद जिलियन ने वित्तीय सलाहकार का अपना पद छोड़ा और एक मशहूर डेली फ़्रेंचाइज़ी ख़रीद ली। उन्होंने 401 (के) का अपना आधा धन फ़्रेंचाइज़ी फ़ीस और स्टार्टअप की लागत के लिए इस्तेमाल कर लिया। तीन माह बाद वह कारोबार में संलग्न थीं और सपनों को पूरा करने की उम्मीद रख रही थीं। लेकिन जिलियन को पता चला कि उनका सपना दरअसल, दुस्वप्न है। सात दिन के सप्ताह, काम के लंबे घंटों और अपने और कार्पोरेट फ़्रेंचाइज़ी के बीच झूलते हुए वह दो साल में ही थककर चूर हो गईं।

उनके मुनाफ़े का अंतर फ़्रेंचाइज़ी की रॉयल्टी के चलते बहुत ही कम था। उनके पास इतना भी धन नहीं था कि वह रेस्टोरेंट को चलाने के लिए किसी की नियुक्ति कर सकें। डॉलर्स की ख़ातिर वक़्त गंवाने के कारण वह बुरी तरह से फंसा हुआ महसूस कर रही थीं।

हालांकि उन्हें कारोबार में सालाना 90,000 डॉलर का मुनाफ़ा हो रहा है, लेकिन उनके पास अपनी मेहनत का फल चखने का मौक़ा तक नहीं है। वह एक महाप्रबंधक को 60,000 डॉलर देकर अपने लिए वक़्त निकाल सकती थीं। यह जानते हुए कि वह बचे हुए 30,000 डॉलर प्रति वर्ष पर जीवनयापन नहीं कर पाएंगी, वह कारोबार में ख़ुद को फंसा हुआ महसूस कर रही थीं, जबकि उनका मुनाफ़ा घुटने टेकने की स्थिति में आ चुका था। चार साल बाद उन्होंने कारोबार बेचने का फ़ैसला किया और 9 से 5 बजे की नौकरी में ही राहत को तलाशा।

ढेर सारे लोग ऐसी बंजर, अनुपजाऊ मिट्टी में कारोबार का पेड़ लगाते हैं, जिसमें धन का पेड़ के विकसित होने की क्षमता नहीं होती। ऐसे में उनके हाथ धीमे रास्ते की केवल एक टहनी आती है, जो वक़्त और धन दोनों ही खा जाती है। किसी भद्दे मज़ाक़ की तरह।

तेज़ रास्ते के कारोबार के पांच अंकुर

धन के पेड़ के लिए कारोबार के पांच अंकुर हैं। स्पष्ट कर दूं कि यह अपने-आप में संपूर्ण नहीं हैं और एक-दूसरे को काट सकते हैं। हर प्रणाली की मूलतः एक श्रेणी है, जो निष्क्रियता के स्तरों को तय करती है। ऊंचे स्तर का मतलब निष्क्रियता की और अधिक संभावना, लेकिन ज़रूरी नहीं कि ज़्यादा आय भी।

- **किराये की प्रणाली**
- **कम्प्यूटर/सॉफ़्टवेयर प्रणाली**
- **सामग्री (कंटेंट) प्रणाली**
- **वितरण प्रणाली**
- **मानव संसाधन प्रणाली**

अंकुर 1 : किराये की प्रणाली (निष्क्रियता श्रेणी : ए)

रियल इस्टेट एक तरह की "किराये की प्रणाली" है। मैं रियल इस्टेट के धन के पेड़ों को तेज़ राह 1.0 या दौलत 1.0 मानता हूं। यह रास्ता तो पुराना है, लेकिन फिर भी दौलत का रास्ता है। उदाहरण के लिए मेरे पास एक मकान है, जो मैंने एक अच्छे परिवार को किराये पर दिया है। मैं ख़ुद को ख़ुशक़िस्मत समझ सकता हूं, क्योंकि इसकी आय से मेरा वक़्त असंबद्ध है और मुझे हर माह एक चेक मिल जाता है। रियल इस्टेट दौलत 1.0 का सटीक उदाहरण है, क्योंकि रियल इस्टेट अपने आप में एक प्रणाली है। यह 95% निष्क्रिय है। वक़्त गुज़रने के साथ किरायेदार द्वारा मकान मालिक को उसकी ज़ायदाद के इस्तेमाल के लिए भुगतान किया जाता है। एकल परिवार से लेकर अपार्टमेंट भवन से लेकर भीमकाय व्यावसायिक कार्यालयीन इमारतों तक रियल इस्टेट हमेशा से धन के पेड़ों को अंकुरित करने के लिए मूल पसंद रही है। इसके अलावा रियल इस्टेट एक ऐसी परिसंपत्ति है, जिसे बेहतर बनाया जा सकता है और इसके मूल्य में बढ़ोत्तरी होती है। मूल्यवृद्धि देने वाली संपत्तियां, तेज़ रास्ते के दौलत के समीकरण के लिए मील के पत्थर की तरह हैं।

रियल इस्टेट से नहीं जुड़ना चाहते? कोई बात नहीं। किराये की प्रणाली रियल इस्टेट तक ही सीमित नहीं है।

किराये की प्रणाली अन्य स्रोतों, जैसे लीज़, रॉयल्टी भुगतान, लाइसेंसिंग के ज़रिये भी आ सकती है, जो एक आवर्ती (नियमित अंतराल वाली) आय बन सकती है। उदाहरण के लिए मेरे पास किसी संगीत कलेक्शन के अधिकार हैं तो जो भी इस संगीत का इस्तेमाल करना चाहेगा, उसे मुझे रॉयल्टी देनी पड़ेगी। यह संगीत संभव है कि दशकों पहले रिकॉर्ड किया गया हो, लेकिन इससे अब भी रॉयल्टी मिलती है।

इसी तरह से अगर आप किसी उत्पाद की प्रक्रिया का शोध लगाकर उसका पेटेंट ले लेते हैं और इसका लाइसेंस दूसरी कंपनियों को दे देते हैं तो आपको लाइसेंसिंग फ़ीस से कमाई हो सकती है। पेटेंट का शोध लगाकर रजिस्ट्रेशन कराया गया था, लेकिन इसकी आय आपके वक़्त का और इस्तेमाल किए बगैर भी क़ायम रहती है। फ़ोटोग्राफ़र्स अपने फ़ोटोज़ के इस्तेमाल की अनुमति देकर लाइसेंसिंग से धन कमा सकते हैं। कार्टूनिस्ट भी अपनी कला का लाइसेंस किताबों के लेखकों और अख़बार मालिकों को देते हैं। कार्टून भले ही कई साल पहले बनाया गया हो, लेकिन जब भी इस्तेमाल होगा मूल कार्टूनिस्ट के लिए कमाई का ज़रिया बनेगा।

और अंत में, यह किताब दुनियाभर में 15 से ज़्यादा भाषाओं में अनुवादित और प्रकाशित हो चुकी है। विदेशों में इन किताबों की बिक्री से मुझे सालाना रॉयल्टी मिलती रहती है। ऐसे देशों से भी जहां मैं कभी गया ही नहीं। किराये की प्रणाली एक दमदार धन का पेड़ है, क्योंकि यह निष्क्रियता की श्रेणी में काफ़ी ऊंची है और वक़्त गुज़रने के बाद भी इसका अस्तित्व क़ायम रहता है।

अंकुर 2 : कम्प्यूटर/सॉफ़्टवेयर प्रणाली (निष्क्रियता श्रेणी : ए)

कम्प्यूटर और सॉफ़्टवेयर प्रणाली, इंटरनेट सहित मेरी पसंदीदा प्रणाली है। कोई हैरानी की बात नहीं कि इंटरनेट ने करोड़ों लोगों के लिए, किसी अन्य उपलब्ध रास्ते की तुलना में, ज़्यादा रास्ते खोल दिए हैं। जो आंकड़े मुझे पता लगे हैं, उनके मुताबिक़ पिछले पांच साल में इंटरनेट ने पिछले पांच दशक की तुलना में ज़्यादा करोड़पति तैयार किए हैं। आख़िर वह क्या बात है, जो इंटरनेट और कम्प्यूटर प्रणाली को ज़्यादा प्रभावी बनाती है?

कम्प्यूटर चमत्कारिक आविष्कार है और धन के पेड़ के लिए बेहद उपजाऊ बीज। वे प्रतिदिन 24 घंटे और सप्ताह में सातों दिन काम करते हैं। वे ना तो काम की शर्तों और ना ही कम वेतन मिलने का ही रोना रोते हैं। वह साथी कर्मचारियों के बारे में कुढ़ते नहीं हैं और ना ही उन्हें आलसी जोन या हर रोज़ वही शर्ट पहनने वाले बॉब की तरह के तमग़े भी नहीं देते। कम्प्यूटर कभी भी देरी नहीं करते, ना ही वह वेतनवृद्धि की मांग करते हैं और उन्हें इस बात की रत्तीभर भी फ़िक्र नहीं होती कि किसने नई मर्सिडीज़ ख़रीदी है। नहीं, वे तो केवल वही काम करते हैं, जिसके लिए उनको प्रोग्राम किया गया है और वे काम कर देते हैं।

इंटरनेट इस लिहाज़ से रियल इस्टेट से भिन्न है कि इसकी अंतर्निहित ताक़त होती है। जब आप एक वेबसाइट के मालिक होते हैं तो लाखों लोग आपसे संपर्क साध सकते हैं। जब आपके पास एल्म स्ट्रीट में तीन बेडरूम का मकान होता है तो आप बहुत कम लोगों के लिए उपलब्ध होते हैं। यह विरोधाभास इंटरनेट को अस्तित्व में मौज़ूद कारोबार का सबसे बेहतरीन अंकुर बनाता है।

इसके अलावा कम्प्यूटर प्रणालियां महज इंटरनेट तक ही सीमित नहीं हैं। यह सॉफ़्टवेयर या एप्लिकेशंस कुछ भी हो सकती हैं। धरती पर मौजूद ओरेकल के लैरी एलिसन या माइक्रोसॉफ़्ट के पॉल एलन की तरह के लोग सॉफ़्टवेयर अरबपति हैं सॉफ़्टवेयर भारी मुनाफ़ा देते हैं, क्योंकि इनके प्रतिरूप आसानी से तैयार किए जा सकते हैं। एक बार कोड

लिखा गया कि काम हो गया। आप एक या 10,000 भी बेच सकते हैं क्या आप किसी सरकारी इमारत की प्रतिकृति आसानी से बना सकते हैं? क़तई नहीं।

सॉफ़्टवेयर करोड़पति हमारे-आपके जैसे "औसत लोग" हो सकते हैं। फ़ेसबुक और आईफ़ोन एप्लिकेशन डेवलपर्स बहुत तेज़ी से धन बना रहे हैं। निकोलस ने एक माह में एक अदद आईफ़ोन गेम बनाकर 6,00,000 डॉलर कमा लिए थे। एक फ़ोन इंटरव्यू में निकोलस ने कहा कि उन्हें हैरानी नहीं होगी अगर वह वर्ष के अंत तक करोड़पति बन जाएं। एक दिन जबकि निकोलस अपनी आरामदेह नौकरी में धीमे रास्ते पर जा रहे थे और कुछ धन 401 (के) में डाल रहे थे कि अचानक उन्होंने ख़ुद को तेज़ रास्ते के बीचों-बीच पाया। निश्चित ही तेज़ रास्ते तक पहुंचना निकोलस के लिए आसान नहीं रहा। सन माइक्रो सिस्टम्स में एक इंजीनियर के तौर पर नौकरी के 8 घंटों के बाद वह अपनी एप्लिकेशन पर काम करता था। एक हाथ से एक साल के बच्चे को संभालते हुए और दूसरे हाथ से कोडिंग करते हुए। उन्होंने आईफ़ोन एप की कोडिंग कैसे सीखी? किताबें निकोलस की हैसियत से बाहर थी इसलिए उसने इंटरनेट वेबसाइट्स से सीखा। क्या आप उपलब्धि के पीछे की प्रक्रिया को देख पा रहे हैं?

सॉफ़्टवेयर को जब मज़बूत वितरण प्रणाली में उतारा जाता है तो इसे करोड़ों में बदला जा सकता है। यह निष्क्रियता की श्रेणी को गिराए बगैर बढ़ाया जा सकता है।

अंकुर 3 : सामग्री (कंटेंट) प्रणाली (निष्क्रियता श्रेणी : बी)

सामग्री प्रणाली सूचना या जानकारी देने वाली प्रणालियां हैं। उस जानकारी का इस्तेमाल कई अन्य विविध प्रणालियों में किया जा सकता है, जैसे इंटरनेट या फिर भौतिक (वास्तविक) वितरण प्रणालियां। यह किताब एक ऐसी सामग्री प्रणाली है जो प्रभावी तरीक़े से अन्य माध्यमों में भी विचरण कर सकती है, जैसे ऐमेज़ॉन, पुस्तकों के वितरक या पहुंच का कोई अन्य माध्यम।

पुराने दिनों में सामग्री के ज़रिये अमीर बनने के लिए आपका अख़बारों की दुनिया के बादशाह या प्रकाशक या कामयाब लेखक होना ज़रूरी था। प्रेस पर नियंत्रण स्थापित करें। सामग्री का वितरण करें। सॉफ़्टवेयर की ही तरह सामग्री की हूबहू प्रतिकृतियां भी आसानी से बनाई जा सकती हैं। मैं इस किताब की 10 मिलियन प्रतियां प्रकाशित करवा सकता हूं। मैं कभी भी रियल इस्टेट के 10 मिलियन टुकड़ों का मालिक नहीं बन सकता, ख़ैर मेरी ऐसी कोई ख़्वाहिश भी नहीं है। इस दुनिया के सबसे अमीर लोगों में अपने सॉफ़्टवेयर के साथियों की ही तरह कामयाब लेखक भी शामिल हैं।

कुछ ही सालों में, *हैरी पॉटर* ब्रांड की लेखिका जेके रोलिंग, एक 32 वर्षीय तलाक़शुदा अंग्रेज़ी शिक्षिका से 400 मिलियन डॉलर की मीडिया की महारानी बन गई। इस एकल मां ने अपनी किताबों की 30 मिलियन प्रतियां 35 अलग-अलग भाषाओं में बेची हैं। मुझे विश्वास है कि उसने कभी यह रोना नहीं रोया होगा, "मैं एकल मां हूं और मेरे पास वक़्त नहीं है।" सुश्री रोलिंग अपनी ज़िंदगी के सबसे ख़ुशी के मौक़े को याद करते हुए कहती हैं, वह मौक़ा करोड़ों कमाना नहीं, बल्कि वह बिंदु था, जब वह पूर्णकालिक लेखिका बन गईं।

इसी तरह से डेन ब्राउन ने *द विंसी कोड* की 51 भाषाओं में 80 मिलियन प्रतियां बेची हैं। मैं पूरी तरह से साफ़ तौर पर कहना चाहूंगा : अगर आप किसी भी वस्तु की 80 मिलियन प्रतियां बेचते हैं तो आप एक बहुत अमीर इंसान बन जाएंगे।

सामग्री वितरण के ताज़ातरीन चलन का कम्प्यूटर प्रणालियों में विलय हो चुका है। वीडियो ब्लॉगिंग (यूट्यूब), सोशल नेटवर्क (फ़ेसबुक पेजेस/इंस्टाग्राम चैनल्स), ई-बुक्स और ऑनलाइन मैगज़ीन्स, सभी कम्प्यूटर प्रणालियों और सामग्री वितरण के ताज़ातरीन मिश्रण (संकर) से क़दमताल करते हैं। वास्तविकता में यह जोड़ी इतनी ज़्यादा शक्तिशाली है कि इसने कई पुराने और अड़ियल क़िस्म के कारोबारी प्रारूपों को निकाल बाहर किया है। समाचार पत्रों और मैगज़ीन्स पर आधिकारिक तौर पर अगले दशक में विलुप्त हो जाने का ख़तरा मंडरा रहा है।

परिवर्तन करोड़पति बनाता है। जो लोग बदलाव को भांपकर उसका लाभ उठाते हैं, वही नए करोड़पति और अरबपति बनते हैं। और चूंकि परिवर्तन स्थायी है, करोड़पति बनने के अवसर भी स्थायी हैं।

सामग्री का अस्तित्व वक़्त गुज़रने के बाद भी क़ायम रहता है। इस किताब को लिखने में मुझे भले ही कई वर्ष लग गए हों, लेकिन यह कई वर्ष तक क़ायम भी रहेगी। अगर कोई इस किताब को आज से पांच साल बाद ख़रीदता है तो मुझे वक़्त के उस निवेश का छोटा-सा मुनाफ़ा मिलेगा, जो मैंने कई वर्ष पहले किया था। सामग्री एक संपत्ति है, जो बिक्री योग्य है, बारंबार, और हर बिक्री के साथ प्रभावी लागत कम होती जाती है, जबकि प्रति घंटा मुनाफ़ा बढ़ता जाता है।

अंकुर 4 : वितरण प्रणाली (निष्क्रियता श्रेणी : बी)

एक वितरण प्रणाली एक ऐसा ढांचा या संस्थान है, जिसे बड़ी आबादी तक उत्पाद पहुंचाने के लिए बनाया गया है। वितरण प्रणालियां, सामग्री और कम्प्यूटर प्रणालियों जैसे अन्य अंकुरों के साथ संकरित हो सकती हैं।

अगर आप एक नए उत्पाद का आविष्कार कर उसका उत्पादन करते हैं और उसे क्यूवीसी पर बेचते हैं, तो आप वितरण प्रणाली का लाभ उठा रहे हैं। अगर आप उस उत्पाद को देर रात 2 बजे आने वाले किसी सूचनाप्रद विज्ञापन के ज़रिये टीवी पर बेच रहे हैं तो आप वितरण प्रणाली का लाभ उठा रहे हैं। अगर आप अपना उत्पाद चार थोक वितरकों को बेचते हैं और वे उसे आगे वॉलमार्ट और टारगेट जैसे खेरची विक्रेताओं को बेचते हैं तो आप वितरण प्रणाली का लाभ उठा रहे हैं।

किसी भी उत्पाद का आविष्कार करने में, आविष्कार केवल आधी जंग जीतने की तरह होता है। वितरण जंग का बाक़ी का हिस्सा है। अगर उचित वितरण प्रणाली का लाभ नहीं उठाया गया तो दुनिया के सबसे बेहतरीन उत्पाद भी बिना इस्तेमाल के पड़े ही रह जाएंगे। वह वितरण प्रणाली या तो जो आपने बनाई है या जो पहले से अस्तित्व में थी।

ऐमेज़ॉन डॉट कॉम वितरण प्रणाली का एक ऐसा ही उदाहरण है, जिसका मैं इस्तेमाल करता हूं। यह किताब ऐमेज़ॉन पर बेची जाती है और लाखों प्रतियां उपलब्ध हैं। हालांकि

वह ऐमेज़ॉन की एक अवास्तविक क्षमता का प्रतिनिधित्व करती है, ठीक गैरेज में बंद पड़ी 1,000 हॉर्सपॉवर की कार की तरह। इंजिन को गति देना मेरा काम है। मुझे वितरण प्रणाली की ताक़त को इस्तेमाल करना होगा। साधन तो इस्तेमाल के लिए उपलब्ध है, कामयाब (या नाकामयाब) इस्तेमाल के लिए।

हमारे आईफ़ोन डेवलपर ने अपने सॉफ़्टवेयर को आगे बढ़ाने के लिए आईफ़ोन एप स्टोर का इस्तेमाल किया। यह उसका वितरण बिंदु था। बिना वितरण के वह अपना सॉफ़्टवेयर बेच ही नहीं सकता।

वितरण किसी उत्पाद को जनता तक पहुंचाने का साधन है। कुछ प्रणालियां दूसरों से बेहतर होती हैं और जब बात वितरण की आती है तो सबकुछ नियंत्रण ढांचे पर निर्भर करता है। अगर आप अपने नए विटामिन उत्पाद को बेचने के लिए एक नए वितरण नेटवर्क को तैयार करते हैं, तो आप लाखों कमाने की क्षमता रखने वाले वितरण नेटवर्क को तैयार कर रहे हैं। अगर आप किसी नेटवर्क मार्केटिंग कंपनी से जुड़ जाते हैं तो आप वितरण प्रक्रिया का केवल एक पुर्जा बनकर रह जाते हैं।

वितरण का एक और शक्तिशाली तरीक़ा है फ़्रेंचाइजिंग और/या चेनिंग। जब एक कामयाब स्टोर की अवधारणा ब्रांडेड और व्यवस्थित होती है तो इसकी हूबहू प्रतिकृति बनाकर दूसरों को बेचा जा सकता है। तेज़ राह के समझदार उद्यमी इस बात को जान लेते हैं कि एक कामयाब मगर सुस्त स्थानीय कारोबार को फ़्रेंचाइज़ी या चेन्स के ज़रिये गति दी जा सकती है। क्या यह रास्ता जाना-पहचाना लगता है? लगना चाहिए, स्टारबक्स यही करके दुनिया की सबसे बड़ी कॉफ़ी चेन बनी है।

अन्य रेस्तरां चेन्स और फ़्रेंचाइज़ी के संयोजन का इस्तेमाल करते हैं। डेयरी क्वीन और मैकडोनाल्ड की चेन्स और फ़्रेंचाइज़ी दोनों ही हैं। अगर आपका कारोबार सीमित स्तर पर काम करता है तो यह चेन्स और फ़्रेंचाइज़ी की भेंट चढ़ सकता है। अगर आपका हॉटडॉग का केवल एक ठेला है तो यह कोई फ़ायदे की स्थिति नहीं है। अगर आप 500 जगहों पर 500 हॉट डॉग ठेलों पर 500 मालिक-संचालकों के ज़रिये कारोबार करते हैं तो एकाएक इसकी ताक़त दिखने लगती है। तेज़ रास्ते के दौलत के समीकरण में ताक़त है।

अंकुर 5 : मानव संसाधन प्रणालियां (निष्क्रियता श्रेणी : सी)

ऐमेज़ॉन डॉट कॉम कम्प्यूटर प्रणाली की मदद पर निर्भर वितरण प्रणाली है और इसका संचालन मानव संसाधन प्रणाली के ज़रिये होता है। मानव संसाधन प्रणालियां सबसे जटिल और संचालन में सबसे जटिल होती हैं। इंसानों का व्यवहार अप्रत्याशित होता है, वह महंगे होते हैं और उन पर नियंत्रण भी मुश्किल ही होता है। कर्मचारियों पर निर्भर किसी भी कंपनी से पूछ लीजिए कि कर्मचारियों को ख़ुश रखना कितना मुश्किल काम है।

मैं ख़ुद अपनी कंपनी में बतौर नियोक्ता चौराहे पर खड़ा रह चुका हूं। मेरे पास कंपनी को अगले ऊंचे स्तर तक ले जाने के लिए केवल दो ही विकल्प थे, या तो प्रौद्योगिकी की अज्ञानता का शिकार हो जाऊं या फिर दो और लोगों को नौकरी पर रख लूं। चूंकि मेरा

कारोबार मेरी शारीरिक भागीदारी के लिहाज़ से 80% निष्क्रिय हो चुका था, मैं जानता था कि कर्मचारियों की संख्या बढ़ाना निष्क्रियता को प्रभावित करेगा, क्योंकि कर्मचारियों के लिए प्रबंधन की भी दरकार होती है। एक स्तर पर पहुंचने के बाद तो प्रबंधकों के लिए भी प्रबंधकों की ज़रूरत पड़ जाती है।

अन्य विकल्प थे कंपनी को उसके ही भरोसे छोड़कर धीरे-धीरे कुछ वर्षों में कमज़ोर करना (वेब कंपनियों को नियमित तौर पर परिवर्तित करना पड़ता है), जड़ों की ओर लौटते हुए "स्टार्टअप मोड" में लौटना ("चूमा" की तरह काम के लंबे घंटे) या फिर उसे बेच देना। सभी विकल्पों पर मंथन के बाद मैंने कंपनी को बेचने का फ़ैसला किया। मेरे मामले में मानव संसाधन को जोड़ना निष्क्रियता को बढ़ाने की बजाय कम कर देता। मैं जहां ज़्यादा लोगों को नौकरी देकर ज़्यादा कमा लेता, मैं ख़ुद को हासिल आराम के वक़्त को गंवाना नहीं चाहता था।

कंपनी को बेचने के एक साल बाद, मैंने एयरपोर्ट के क़रीब पार्किंग के कारोबार पर विचार किया। स्थानीय यात्री, फ़ीनिक्स एयरपोर्ट जाने के दौरान नज़दीकी पार्किंग में अपनी कार की वेल्वेट पार्किंग कर सकेंगे और एयरपोर्ट तक उनको ड्राइवर छोड़ आया करेगा। सतही तौर पर यह किराये की प्रणाली थी। लोग कार पार्क करने के लिए शुल्क देंगे और मुझे हर कार की पार्किंग पर हर दिन कमाई होगी। इसमें इंटरनेट जैसे गुण थे, यह 24 घंटे और सप्ताह के 7 दिन खुली रहने वाली थी। वक़्त गुज़रने के साथ इससे कमाई भी होने लगेगी। निष्क्रियता के लिहाज़ से यह एक बहुत ही बेहतरीन योजना थी। मैंने एयरपोर्ट के पास बिक्री के लिए उपलब्ध ज़मीन देखी, यह बिलकुल दुरुस्त थी। मैंने कारोबार को हक़ीक़त बनाने के लिए आंकड़ों, संभावनाओं और परिदृश्य की पड़ताल शुरू की।

आंकड़ों ने एक बहुत महत्त्वपूर्ण बात उजागर कर दी। इसका कारोबारी मॉडल "किराया प्रणाली" पर आधारित था, लेकिन इसका संचालन "मानव संसाधन प्रणाली" पर निर्भर था। इस सोच को कामयाब करने के लिए मुझे कम से कम दो दर्जन ड्राइवरों की ज़रूरत होगी। यह सोचकर ही मुझे ठंडा पसीना आ गया और मैंने यह विचार ही छोड़ दिया। मानव संसाधन प्रणालियां अप्रत्याशित और प्रबंधन संबंधी मुश्किलातों से भरपूर होती हैं, जो आपके किसी भी तरीक़े से "निष्क्रियता" को असंभव या बहुत मुश्किल संभावना में तब्दील कर देती है।

फ़ास्टलेन समुदाय के एक सदस्य के पास कुछ स्व-भंडारण सुविधाएं उपलब्ध थीं। उसका कारोबार एक किराया प्रणाली आधारित है। लोग अपना कूड़ा रखने के लिए उसे धन देते हैं और उसे मासिक आय होती है। आपने यह मान लिया होगा कि उसकी प्रणाली को मानव संसाधन प्रणाली द्वारा चलाया जाता होगा-प्रबंधक, प्रॉपर्टी सहायक-लेकिन ऐसा नहीं है। उसने कम्प्यूटर प्रणाली का इस्तेमाल किया है, जो हर कियोस्क में स्वचलित तरीक़े से काम करती है। इससे उसका कारोबार की निष्क्रियता की दर 85% हो गई है। कियोस्क की जगह मानव संसाधन प्रणाली को लगाकर देखिए, निष्क्रियता की दर गिर जाएगी।

तो क्या इसका मतलब है कि मानव संसाधन प्रणाली निष्क्रियता के लिए ख़तरा है?

यह निर्भर करता है।

पहली बात, कारोबार का निष्क्रियता का वर्तमान स्तर क्या है? अगर आपकी एक कॉफ़ी शॉप है, जिसमें आप सप्ताह में 80 घंटे काम करते हैं तो आपकी निष्क्रियता शून्य है। एक महाप्रबंधक-एक मानव संसाधन प्रणाली-मेरे काराबोर की निष्क्रियता को अनुमानतः 40% तक बढ़ा देगा। मेरे कारोबार में, मैं 80% निष्क्रियता के साथ काम कर रहा था, अगर मैं किसी मानव संसाधन प्रणाली को लागू करता हूं तो मेरी निष्क्रियता कम हो जाएगी।

अच्छे नियोक्ता धन के पेड़ों की अच्छी तरह से देखरेख करते हैं। ख़राब कर्मचारी धन के पेड़ के फलों को नुक़सान पहुंचाते हैं, इसलिए उनकी छंटाई ज़रूरी हो जाती है। लेकिन इस बात को आपको रोकने नहीं दें। अगर आप करोड़ों या अरबों बनाना चाहते हैं तो मानव संसाधन प्रणाली (कर्मचारी) की ज़रूरत पड़ेगी। अकेला उद्यमी हालांकि काफ़ी कमाई कर सकता है, लेकिन आप सब काम अकेले नहीं कर सकते। एक बिंदु पर पहुंचकर आपके वक़्त प्रबंधन और तरक़्क़ी को प्राथमिकता देनी ही होगी।

अध्याय का सार : तेज़ रास्ते की ख़ासियतें

- धीमे रास्ते के धन के बदले वक़्त से प्रगाढ़ संबंध को तलाक़ देने के लिए आपको निर्माता/उत्पादक, विशेष रूप से कारोबार का मालिक बनना होगा।
- कारोबारी प्रणालियां धन के लिए आपके वक़्त के रिश्ते को तोड़ देती हैं, क्योंकि वे आपके वक़्त के सौदे का ज़िम्मा अपने सिर ले लेती हैं।
- अगर आपके पास आपकी ज़रूरतों और जीवनशैली के ख़र्चों (कर सहित) से ज़्यादा निष्क्रिय आय है तो आप सेवानिवृत्त हो चुके हैं।
- सेवानिवृत्ति किसी भी उम्र में हो सकती है।
- निष्क्रिय आय, धन के पेड़ का फल है।
- तेज़ राह का उद्देश्य एक ऐसी कारोबारी प्रणाली विकसित करना है जो वक़्त की चुनौतियों पर जीत हासिल कर सके, आपके वक़्त को हाथ लगाए बग़ैर।
- धन के पेड़ के पांच अंकुर हैं-किराये की प्रणाली, कम्प्यूटर प्रणाली, सामग्री प्रणाली, वितरण प्रणाली और मानव संसाधन प्रणाली।
- रियल इस्टेट, लाइसेंस और पेटेंट्स किराया प्रणाली के उदाहरण हैं।
- इंटरनेट और सॉफ़्टवेयर कारोबार, कम्प्यूटर प्रणाली के उदाहरण हैं।
- किताबों का लेखन, ब्लॉगिंग और मैग़जीन्स सामग्री प्रणाली के उदाहरण हैं।
- फ्रेंचाइज़िंग, चेनिंग, नेटवर्क मार्केटिंग और टीवी मार्केटिंग, वितरण प्रणाली के उदाहरण हैं।
- मानव संसाधन प्रणाली निष्क्रियता को बढ़ा या घटा सकती है।
- मानव संसाधन प्रणाली लागू करने और प्रबंधन के लिहाज़ से सबसे महंगी प्रणाली है।

अध्याय

20

आज़ादी की जंग के लिए सेना तैयार करें

अमीर ग़रीबों पर राज करते हैं और
उधार मांगने वाला क़र्ज़दाता का गुलाम होता है।
—कहावत 22:7 (एनआईवी)

अमीर दौलत में धमाकेदार तेज़ी कैसे लाते हैं

मैंने लिमोजिन्स में कई लोगों के लिए कुछ साल ड्राइवर का काम किया, इसलिए मैंने सुना भी बहुत कुछ है। मुझे गैरी याद है, तकरीबन 20 वर्षीय ग्राहक, जिसने पार्टियों और शराबख़ोरी के लिए जाने के दौरान एक महीने में मेरी और लिमोजिन्स की सेवाएं कई मर्तबा लीं। ख़ास बात यह रही कि यह व्यक्ति शुक्रवार या शनिवार नहीं, बल्कि सप्ताह के दौरान लिमोजिन्स किराये पर लेता था। उसकी ज़िंदगी का हर दिन ही सप्ताहांत था। जब कभी भी वह मेरी लिमोजिन्स किराये पर लेता था, तो मुझे पता रहता है कि यह एक लंबी और फ़ायदे वाली रात होगी, क्योंकि वह बख्शीश दिल खोलकर देता था।

कंगाल होने और दौलत का विद्यार्थी होने के कारण मैं अपनी उत्सुकता को रोक नहीं पा रहा था। मैंने अपनी लिमो कंपनी के मालिक से पूछा, "इस गैरी की क्या कहानी है?" उसने मुझे बताया कि गैरी अर्द्ध-सेवानिवृत्त है और उसने हाल ही में अपनी प्रशासनिक दफ़्तर की कंपनी को करोड़ों में बेचा है। बहुत ख़ूब। यह व्यक्ति मुझसे कुछ ज़्यादा उम्रदराज़ नहीं था और वह अभी से सेवानिवृत्त हो चुका था और चैन भरी आलीशान ज़िंदगी बसर कर रहा था।

इसके बाद अगली मर्तबा इस व्यक्ति के लिए मैंने कार चालक की भूमिका निभाते हुए, उसकी बातों को सुनने की कोशिश की। इस उम्मीद में कि शायद वहीं से मुझे अमीर बनने का कोई नुस्ख़ा मिल जाए।

और मुझे मिल भी गया।

अपने क्लब के विंगमैन को मैंने शराब के नशे में यह कहते हुए सुना, "नगरपालिका और राजकोष का धन्यवाद, मुझे अब ज़िंदगी में एक दिन भी काम नहीं करना पड़ेगा।"

दौलत की गुत्थी का एक और हिस्सा हल हो चुका था।

अस्तित्व में मौज़ूद निष्क्रिय आय का सबसे अच्छा स्रोत

इससे पहले के अध्याय में मैं अस्तित्व में मौज़ूद धन के पेड़ के सबसे बेहतरीन अंकुर का ज़िक्र करना भूल गया था। मैंने इसे छोड़ दिया था, क्योंकि यह वास्तविकता में एक कारोबार से जुड़ा अंकुर नहीं है, लेकिन एक ऐसा अंकुर है, जो आपके पास पहले से ही मौज़ूद है। जब कभी भी आप कंगाल हो जाएं, नौकरी के अंतिम सिरे पर खड़े हों या कोई कारोबार ना हो, तो आपके पास धन के पेड़ के बीज के रूप में सबसे अच्छा कच्चा माल अस्तित्व में मौज़ूद है।

ये क्या है? अनुमान लगाइए। रियल इस्टेट? एक इंटरनेट कारोबार? एक नेटवर्क मार्केटिंग कंपनी? किसी आविष्कार की लाइसेंसिंग? नहीं, नहीं, क़तई नहीं। धन के पेड़ का अस्तित्व में मौज़ूद बीज आपकी जेब में है। वही पुराना आजमाया हुआ बीज, धन।

जी हां, धन। धन ही धन के तमाम पेड़ों का राजा है।

धन किस तरह से निष्क्रिय है? अगर आपके पास बहुत सारा धन है, आपको उपभोक्ता से निर्माता की टीम में जाने की चाबी दे दी जाती है। विशेष बात यह कि आप क़र्ज़ लेने वाले से क़र्ज़दाता बन जाते हैं। आप उपभोक्ता से मालिक बन जाते हैं। दूसरे शब्दों में कहा जाए तो लोग आपको आपका धन इस्तेमाल करने के लिए धन देते हैं, ब्याज या मालिकाना हक़ के रूप में।

उदाहरण के लिए ब्याज पर गौर करें, जो कि धन उधार देने के लिए वसूली जाने वाली फ़ीस है। फ़िलहाल शायद आप ऐसे व्यक्ति होंगे जो ब्याज नहीं कमाता, बल्कि देता है। किसी ने आपको घर ख़रीदने के लिए क़र्ज़ दिया और बदले में आप उसे ब्याज का भुगतान कर रहे हैं। वह ब्याज किसी और के लिए मुनाफ़ा या कमाई है।

जहां क़र्ज़दाता बनने की प्रक्रिया जटिल लगती है, हक़ीक़त में ऐसा है नहीं। किसी भी वक़्त जब आप बैंक में सावधि जमा राशि के लिए प्रमाणपत्र हासिल करते हैं आप एक क़र्ज़दाता बन जाते हैं। जब कभी भी आप मूल स्रोत या म्युचुअल फ़ंड के ज़रिये निगम के बांड्स ख़रीदते हो, आप क़र्ज़दाता बन जाते हैं। जब आप बैंक में धन जमा कराते हैं तो आप क़र्ज़दाता बन जाते हैं।

क़र्ज़दाता के तौर पर आप क़र्ज का प्रबंध नहीं करते, बल्कि आराम से बैठकर राशि एकत्रित करते रहते हैं। यह बहुत आसान और बहुत निष्क्रिय है। मेरे लिमोज़िन्स का अमीर यात्री गैरी एक क़र्ज़दाता था, जिसे ज़िंदगी में फिर कभी काम नहीं करना पड़ेगा।

बचतकर्ता बन जाते हैं क़र्ज़दाता, मालिक और निर्माता

एक बार मैंने रेडियो पर "टू-डैड" गुरु का विज्ञापन सुना, जो एक सेमिनार में शामिल होने का न्यौता दे रहा था। उसने ऐलान किया, "बचत करने वाले पराजित" हैं! मैं अपने कानों पर भरोसा नहीं कर पाया। बचत करने वाले पराजित हैं? और फिर विजेता कौन है? वह व्यक्ति जिन्होंने जोख़िम भरे रियल इस्टेट निवेश पर दांव लगाने के लिए लाखों का क़र्ज़ लेने की सलाह दी? बचतकर्ता पराजित नहीं हैं। बचतकर्ता विजेता हैं, क्योंकि अंततः वही क़र्ज़दाता बनते हैं। बचतकर्ता विजेता होते हैं, क्योंकि वे कंपनियों के मालिक बनते हैं। बचतकर्ता विजेता होते हैं, क्योंकि वे निर्माता बनते हैं और संपत्तियों का निर्माण करते हैं।

अपने बटुए को खोलिए और उसमें डॉलर के नोट पर नज़र डालिए। एक डॉलर। यह कुछ ज़्यादा वस्तुएं नहीं ख़रीद सकता, लेकिन यह निष्क्रिय आय के निरंतर प्रवाह की भ्रूण अवस्था से शुरुआत है। एक डॉलर में आपको आजीवन निष्क्रिय आय देने की शक्ति है। जी हां, ज़िंदगी भर के लिए। एक निकल (पांच सेंट), धन के अंतर्निहित डीएनए को सक्रिय कर देता है-यह पूरी तरह से निष्क्रिय है।

मैं इस साधारण-सी वास्तविकता के कारण उम्र के 30वें दशक में ही सेवानिवृत्त हो गया। मैं एक क़र्ज़दाता हूं और जब आपके पास उधार देने के लिए भरपूर धन हो तो आप आज़ाद हो जाते हैं, क्योंकि निष्क्रिय कमाई हर माह आपके दरवाज़े पर होती है।

अगर आपके पास 10 मिलियन डॉलर हैं और आपने उसे केवल 5% के ब्याज पर उधार दिया, तो आपको हर महीने 41,666 डॉलर की निष्क्रिय आय होगी। 8% ब्याज की स्थिति में आपकी प्रति महीने आय 66,666 डॉलर होगी। आपके पूरी तरह से निष्क्रिय रहते हुए भी। 60,000 डॉलर प्रति माह से भी ज़्यादा। यह भी किसी सिद्धांत को छुए बग़ैर। आप ऐसा कई वर्षों तक कर सकते हैं और फिर भी आपके पास 10 मिलियन डॉलर तो बाक़ी ही रहेंगे।

कल्पना कीजिए हर माह आपके मेलबॉक्स में 40,000 डॉलर का चेक हो और आपको इसके लिए कुछ भी नहीं करना पड़े। प्रति माह 40,000 डॉलर की कमाई के होते हुए आपको क्या परेशानी हो सकती है? शर्त लगा सकता हूं, बहुत सारी। अवास्तविक ना? नहीं। मैं इसी तरह से जीता हूं। इस कम ब्याज के माहौल में भी मैं 4 से 6 प्रतिशत मुनाफ़ा देने वाला सुरक्षित निवेश खोज सकता हूं, जिसमें से कुछ करमुक्त है। जबकि कुछ लोग ब्याज दरों में बढ़ोत्तरी के बारे में जानकर ही कांप जाते हैं, मुझे यह रास आता है। मेरी कमाई में बढ़ोत्तरी होती है। ब्याज दर में एक प्रतिशत की बढ़ोत्तरी मेरे लिए प्रतिमाह हज़ारों डॉलर में तब्दील हो जाती है। चूंकि मुद्रास्फीति की दर ब्याज दर से तालमेल बैठाते हुए बढ़ती है, मेरी आय को मुद्रास्फीति से रक्षा कवच भी मिल जाता है। मुद्रास्फीति बढ़ती है तो ब्याज दर भी बढ़ती है।

तो यह सब वास्तविकता कैसे बनता है? मैंने इंटरनेट के कारोबार के ज़रिये (कारोबारी धन के अंकुर से) निष्क्रिय आय तैयार की जिसने मेरी निष्क्रिय आय को क़र्ज़ पर देकर पोषण दिया। मेरा इंटरनेट का कारोबार जहां 80% निष्क्रिय था (हां, मुझे सप्ताह में चंद घंटे

ही काम करना पड़ता था), मेरी क़र्ज़ देने से निष्क्रियता 99.5% है। मैं कुछ भी नहीं करता और चेक आते रहते हैं।

अपने वक़्त का कुछ डॉलर्स के लिए सौदा करने की बजाय, मैंने अपने वक़्त को एक ऐसी स्वायत्त प्रणाली को विकसित करने में निवेश किया, जो निष्क्रियता के लिहाज़ से और मेरी दौलत की प्रणाली के पोषण के लिए सक्षम हो। यह दोतरफ़ा हमला था, जहां निष्क्रिय आय, कम अवधि और ज़्यादा अवधि दोनों का ही लक्ष्य था।

अपने आज़ादी के लड़ाकों की सेना जुटाओ

बचाया गया हर एक डॉलर आपकी आज़ादी की सेना का एक लड़ाका है। अगर आपका धन आपके लिए ज़ंग लड़ रहा है तो आपका वक़्त आज़ाद हो जाएगा और आप धन के लिए वक़्त के समीकरण को तोड़ देते हैं।

धन आपकी सेना है। यह जितना ज्य़ादा होगा आज़ादी की ज़ंग उतनी ही तेज़ होगी। धीमे रास्ते के राहगीर, दौलत के समीकरण में ख़र्च के परिवर्तनशील कारक पर ध्यान केंद्रित करते हैं, जबकि उनको आय के परिवर्तनशील कारक पर ज़्यादा ध्यान देना चाहिए। आपकी आज़ादी के लड़ाकों की फौज़ तैयार करने में धन की ही सबसे महत्त्वपूर्ण भूमिका है। आप जिमी के ऑटो सेलोन पर कारों की सजावट करके बड़ी फौज़ खड़ी नहीं कर सकते।

और मैं यहां केवल अमेरिकी डॉलर की बात नहीं कर रहा हूं, बल्कि अंतरराष्ट्रीय स्तर की तमाम मुद्राओं की बात कर रहा हूं। मैं जबकि यह लिख रहा हूं मेरी आय अन्य देशों में मौजूद कई गैर-अमेरिकी डॉलर संपत्तियों से भी हो रही है, जहां ज़्यादा मज़बूत मुद्रा है और बेहतर लाभ मौज़ूद है। तेज़ रास्ते के राहगीर स्थानीय स्तर पर नहीं विश्व स्तर पर सोचते हैं।

एक डॉलर आपके लिए क्या मायने रखता है? एक ऐसा तंत्र जो आपको हर शुक्रवार क्लब में बोतल की व्यवस्था करवा देता है? या फिर धन के पेड़ का बीज? क्या यह आपका आज़ादी का लड़ाका है? धन के लिए लड़ने की बज़ाय धन को आपके लिए लड़ने दें।

तेज़ राह के राहगीर (अमीर) चक्रवृद्धि ब्याज कैसे इस्तेमाल करते हैं

धीमे रास्ते की पड़ताल के दौरान मैंने चक्रवृद्धि ब्याज को दौलत को गति देने के लिहाज़ से नपुंसक करार देकर हटा दिया था, क्योंकि यह वक़्त पर निर्भर है। जब धीमे रास्ते के तलवे चाटने वाला मीडिया यह पढ़ेगा तो मुझे सूली पर चढ़ा देगा। चक्रवृद्धि ब्याज पर हमला वित्तीय ईशनिंदा का चरम है। लेकिन मैंने यह भी कहा था कि अगर बड़ी मात्रा में धन उपलब्ध हो तो यह शक्तिशाली निष्क्रिय आय निर्माता भी साबित हो सकता है। विरोधाभासी?

शिक्षा की ही तरह, तेज़ रास्ते के राहगीर और धीमे रास्ते के राहगीर चक्रवृद्धि ब्याज का अलग-अलग तरह से लाभ उठाते हैं। धीमे रास्ते के राहगीर (मध्यमवर्गीय) चक्रवृद्धि ब्याज का इस्तेमाल दौलतमंद होने के लिए करते हैं, जबकि तेज़ रास्ते के राहगीर (अमीर)

इसका इस्तेमाल आय बनाने और नक़दी के लिए करते हैं। धीमे रास्ते के राहगीर 5 डॉलर से शुरुआत करते हैं, तेज़ रास्ते के राहगीर 5 मिलियन डॉलर से।

मुझे चक्रवृद्धि ब्याज से बहुत कमाई होती है। मैं इस साधन का इस्तेमाल करता हूं। यह निष्क्रिय आय का एक बेहतरीन स्रोत है। फिर भी चक्रवृद्धि ब्याज, मेरी दौलत की वज़ह नहीं है। यह बात बहुत महत्त्वपूर्ण है। तेज़ रास्ते के राहगीर दौलत बनाने के लिए चक्रवृद्धि ब्याज का इस्तेमाल नहीं करते, क्योंकि यह उनके दौलत के समीकरण में नहीं है। दौलत बनाने का भारी-भरकम काम उनके तेज़ रास्ते के कारोबार के लिए छोड़ा गया है।

जब कोई अमीर राजनीतिज्ञ या लोकप्रिय व्यक्ति अपनी वित्तीय स्थिति का ख़ुलासा करता है, तो आपको उसमें काफ़ी समानता दिखाई देगी। उनकी दौलत कारोबारी हितों से आती है, जबकि सुरक्षित नक़दी को नगरपालिका बांड्स, राजकोष की तरह की निश्चित आय प्रतिभूतियों और अन्य अत्यधिक तरल निवेश में लगाया जाता है। *अमीर लोग दौलत बनाने के लिए बाज़ार का उपयोग नहीं कर रहे, वे अपनी दौलत को सशक्त कारोबारी संपत्तियों से बढ़ा रहे हैं।* याद रखिए, इंडेक्स्ड-फ़ंड्स में निवेश से करोड़पति बना वह 25 वर्षीय युवक एक परीकथा की तरह है। करोड़पति लोग वे होते हैं जो धन को चला रहे हैं। वे निर्माता हैं।

चक्रवृद्धि ब्याज को वाकई कैसे इस्तेमाल करें?

आज आप अभी पांच मिलियन डॉलर पसंद करेंगे या फिर अगले चालीस दिन पर प्रतिदिन पैनी के दोगुना होने को? दिमाग़ लगाने जैसी कोई बात नहीं है। आप पांच मिलियन डॉलर ले लेंगे। लेकिन यह एक बहुत बड़ी ग़लती होगी। आज पांच मिलियन डॉलर को स्वीकार कर आप 5,500,000,000 डॉलर से हाथ धो बैठेंगे। जी हां 5.5 अरब डॉलर। नीचे दिया गया चार्ट आपको दोगुने की ताक़त का अहसास कराएगा।

एक पैनी का दोगुना होना

दिन	राशि	दिन	राशि
1	.01	21	10,485.76
2	.02	22	20,971.52
3	.04	23	41,943.04
4	.08	24	83,886.08
5	.16	25	167,772.16
6	.32	26	335,544.32
7	.64	27	671,088.64

8	1.28	28	1,342,177.28
9	2.56	29	2,684,354.56
10	5.12	30	5,368,709.12
11	10.24	31	10,737,418.24
12	20.48	32	21,474,836.48
13	40.96	33	42,949,672.96
14	81.92	34	85,899,345.92
15	163.84	35	171,798,691.84
16	327.68	36	343,597,383.68
17	655.36	37	687,194,767.36
18	1319.72	38	1,374,389,534.72
19	2,621.44	39	2,748,779,069.44
20	5,242.88	40	5,497,558,138.88

अब पिछले चार्ट को बदलते हुए दिन की जगह वर्ष कर दीजिए। मान लीजिए कि इसके पहले दिन आपकी उम्र 21 वर्ष है।

एक पैनी का दोगुना होना

उम्र	राशि	उम्र	राशि
21 वर्ष	.01	41 वर्ष	10,485.76
22 वर्ष	.02	42 वर्ष	20,971.52
23 वर्ष	.04	43 वर्ष	41,943.04
24 वर्ष	.08	44 वर्ष	83,886.08
25 वर्ष	.16	45 वर्ष	167,772.16
26 वर्ष	.32	46 वर्ष	335,544.32
27 वर्ष	.64	47 वर्ष	671,088.64
28 वर्ष	1.28	48 वर्ष	1,342,177.28
29 वर्ष	2.56	49 वर्ष	2,684,354.56
30 वर्ष	5.12	50 वर्ष	5,368,709.12
31 वर्ष	10.24	51 वर्ष	10,737,418.24

32 वर्ष	20.48	52 वर्ष	21,474,836.48
33 वर्ष	40.96	53 वर्ष	42,949,672.96
34 वर्ष	81.92	54 वर्ष	85,899,345.92
35 वर्ष	163.84	55 वर्ष	171,798,691.84
36 वर्ष	327.68	56 वर्ष	343,597,383.68
37 वर्ष	655.36	57 वर्ष	687,194,767.36
38 वर्ष	1,310.72	58 वर्ष	1,374,389,534.72
39 वर्ष	2,621.44	59 वर्ष	2,748,779,069.44
40 वर्ष	5,242.88	60 वर्ष	5,497,558,138.88

नया चार्ट धीमे रास्ते के सफ़र के संकेत देता है, जहां पर चक्रवृद्धि ब्याज की ताक़त तब तक कारगर ही नहीं होती जब तक कि ज़िंदगी का बड़ा हिस्सा नहीं गुज़र चुका हो। भारी दौलत 50 या 60 बरस के होने तक साकार नहीं हो पाती। वह भी तब जब सालाना 100% मुनाफ़ा मिल रहा है। बाज़ार से मिलने वाला औसत लाभ तो 7% ही रहेगा। यह दोगुना हो भी गया तो 40 वर्ष की उम्र तक आपके पास बमुश्किल 6,000 डॉलर होंगे। दोबारा दोहराना चाहूंगा कि यह धीमे रास्ते के राहगीर की दुर्दशा है : वक़्त की गुलामी और अनियंत्रित कमाई।

तेज़ रास्ते के राहगीर इस कमज़ोरी को समझते हैं और उन्हें इस बात का अहसास हो जाता है कि चक्रवृद्धि ब्याज का हथियार तभी कारगर होता है जब उपलब्ध पूंजी बहुत ज़्यादा हो। चक्रवृद्धि ब्याज को प्रभावी बनाने के लिए आपको गणितीय अनुपयुक्तता के 30 वर्ष की अवधि से बचते हुए, उस वक़्त लहर पर सवार होना होगा जब वह पूरे उफान पर हो।

चक्रवृद्धि ब्याज की ज्वार वाली लहर

समुद्र में मौजूद किसी सुदूर ज्वार वाली लहर की तरह चक्रवृद्धि ब्याज की ताक़त का अहसास तब तक नहीं होता जब तक कि यह तट के किनारे नहीं आती। लहर के किनारे के क़रीब पहुंचने पर उसकी ताक़त असाधारण रूप से बढ़ जाती है।

धीमे रास्ते के अधिकांश राहगीर चक्रवृद्धि ब्याज की ज्वार की लहर पर किनारे से लाखों मील पहले समुद्र में सवार हो जाते हैं। वह दिशाहीन तौर पर तैरते रहते हैं, कहीं भी नहीं जाते हुए। 5,000 डॉलर पर 10% ब्याज किसी को करोड़पति नहीं बनाता। 3% ब्याज देने वाले बचत खाते में महीने में वेतन से 200 डॉलर का योगदान आपको तेज़ी से दौलतमंद बनाने वाला नहीं है। आप समुद्र के बहुत अंदर किसी लहर पर सवार होकर कुछ भी हासिल नहीं कर सकते।

एक पैनी का दोगुना होना

उम्र	राशि	उम्र	राशि
21 वर्ष	.01	41 वर्ष	10,485.76
22 वर्ष	.02	42 वर्ष	20,971.52
23 वर्ष	.04	43 वर्ष	41,943.04
24 वर्ष	.08	44 वर्ष	83,886.08
25 वर्ष	.16	45 वर्ष	167,772.16
26 वर्ष	.32	46 वर्ष	335,544.32
27 वर्ष	.64	47 वर्ष	671,088.64
28 वर्ष	1.28	48 वर्ष	1,342,177.28
29 वर्ष	2.56	49 वर्ष	2,684,354.56
30 वर्ष	5.12	50 वर्ष	5,368,709.12
31 वर्ष	10.24	51 वर्ष	10,737,418.24
32 वर्ष	20.48	52 वर्ष	21,474,836.48
33 वर्ष	40.96	53 वर्ष	42,949,672.96
34 वर्ष	81.92	54 वर्ष	85,899,345.92
35 वर्ष	163.84	55 वर्ष	171,798,691.84
36 वर्ष	327.68	56 वर्ष	343,597,383.68
37 वर्ष	655.36	57 वर्ष	687,194,767.36
38 वर्ष	1,310.72	58 वर्ष	1,374,389,534.72
39 वर्ष	2,621.44	59 वर्ष	2,748,779,069.44
40 वर्ष	5,242.88	60 वर्ष	5,497,558,138.88

क्या आप 30 साल की अवधि से बचकर यहां से शुरुआत कर सकते हैं।

तेज़ राह के राहगीर ज्वार की लहर को किनारे पर देखते हैं और उस पर उस वक़्त सवार होने की कोशिश करते हैं जब वह किनारे के क़रीब आ चुकी हो। किनारे पर ज्वार की लहर पर प्रभावी तरीक़े से सवारी की जा सकती है।

चक्रवृद्धि ब्याज की ताक़त को सक्रिय करने के लिए, किनारे से शुरुआत करें, एक बड़ी संख्या के साथ जिसकी ताक़त का इस्तेमाल किया जा सके। 10 मिलियन डॉलर पर 10% का मतलब प्रति वर्ष 1 मिलियन डॉलर–यानी हर महीने 83,333 डॉलर।

इस तालिका का मक़सद आपको यह बताना है कि अमीर लोग दौलतमंद बनने के लिए चक्रवृद्धि ब्याज का इस्तेमाल नहीं कर रहे हैं। वह इसका इस्तेमाल आय, नक़दी की तरलता और पूंजी के फैलाव (अविनियोजन) के लिए कर रहे हैं।

10 मिलियन डॉलर पर 5% का करमुक्त लाभ एकाएक प्रति वर्ष 5,00,000 डॉलर की निष्क्रिय आय देने लगता है।

किनारे से टकराने वाली ज्वार की लहर की तरह, चक्रवृद्धि ब्याज भी धन की बड़ी मात्रा होने पर तीव्रता से ताक़त लगाता है। यहीं पर धन एक पूर्णतः निष्क्रिय आय प्रवाह में बदल जाता है।

जहां तक आपके 10 मिलियन डॉलर (या और ज़्यादा) कमाने की बात है तो उसका हल तेज़ रास्ते के कारोबार से उपजी घातांकीय लीवरेज वृद्धि है– मतलब शुद्ध आय के साथ संपत्ति मूल्यांकन– ना ख़र्चों में, ना शेयर बाज़ार में और में और ना ही नौकरी में।

अध्याय का सार : तेज़ रास्ते की ख़ासियतें

- बचत का एक डॉलर धन के पेड़ का बीज है।
- 10 मिलियन डॉलर पर केवल 5% के ब्याज का मतलब होता है प्रति माह 40,000 डॉलर की निष्क्रिय आय।
- बचत का एक डॉलर निष्क्रिय आय का सर्वश्रेष्ठ साधन है।
- तेज़ राह के राहगीर (अमीर) चक्रवृद्धि ब्याज या बाज़ार का उपयोग दौलतमंद बनने के लिए नहीं करते, बल्कि आय बनाने, नक़दी प्रवाह क़ायम रखने और पूंजी के इस्तेमाल के लिए करते हैं।
- बचत का एक डॉलर आपकी आज़ादी की जंग का एक अतिरिक्त सैनिक है।
- अमीर चक्रवृद्धि ब्याज को उसके चरम पर इस्तेमाल करते हैं, बड़ी मात्रा में धन के इस्तेमाल के साथ।
- तेज़ राह के राहगीर अंततः शुद्ध क़र्ज़दाता बन जाते हैं।

अध्याय

21

दौलत का वास्तविक नियम

कामयाब इंसान नहीं मूल्यवान इंसान बनने की कोशिश करो।

—अल्बर्ट आइंस्टीन

आकर्षण नहीं प्रभाव

प्रभाव का नियम। नहीं, कोई ग़लत छपाई नहीं है। गणित दुनिया की उत्कृष्ट भाषा है। इस पर ना विवाद खड़ा किया जा सकता है ना बहस की जा सकती है। दो जोड़ दो चार ही होता है। 10 मिलियन हमेशा 24 से बड़ा ही रहेगा। ये कथन हक़ीक़त हैं और दर्शन के किसी रहस्यमय सिद्धांत से इनकी विवेचना या व्याख्या नहीं की जा सकती।

गणित नियम है।

"रहस्य" और रहस्यमयी दर्शन नहीं।

अगर आप अमीर बनना चाहते हैं तो ब्रह्मांड के वास्तविक नियमों पर ध्यान देना शुरू कीजिए-गणित-ना कि किसी ऐसे छल-कपटपूर्ण नियम पर जिसे ना साबित किया जा सके ना ही प्रलेखित। कैम्पफ़ायर के इर्द-गिर्द बैठकर निरर्थक बातों के सकारात्मक गुणगान से आप अमीर नहीं बनने वाले। थोक में अंतर्वस्त्र ख़रीदने का लालच छोड़ दीजिए। मैं जानता हूं कि आकर्षण का नियम सुनने में अच्छा लगता है और उसकी कुछ व्यावहारिक उपयोगिता भी है।

आकर्षण के नियम (एलओए) से अनभिज्ञ लोगों के लिए यह एक रहस्यमयी दर्शन है, जो यह बताता है कि आप वही बन जाते हैं, जो आप सोचते हैं और यह भी कि आपका चेतन और अवचेतन, आपके विचार आपकी वास्तविकता बन जाते हैं। एलओए यह दावा करता है कि अगर आप जानते हैं कि वास्तविकता में आप क्या चाहते हैं तो क़ायनात से इसे मांगो और फिर उसे अपनी ओर आते हुए देखो। अंततः उसे हासिल कर लो। अमीर बनने के बारे में सोचो और अमीर बन जाओ। आसान लगता है ना?

एलओए को मानने वाली भीड़ के प्रति मेरी अरुचि को मैं छिपाऊंगा नहीं : मेरा मानना है कि यह ऐसे लोगों का समूह है, जिन्हें उन लोगों को किताबें बेचने के लिए तैयार किया गया है जो यह सोचते हैं कि सोचने से अमीर बन जाएंगे। हक़ीक़त में एलओए कुछ और नहीं विश्वास और कल्पना के पुराने सिद्धांतों को जनता को बिक्री के लिए पुनः पुड़िया बनाकर नए सिरे से बेचना है। तेज़ राह के वास्तविक राहगीर कौन हैं? एलओए के विक्रेता!

बिना शक्कर के केक?

मुझे यह किताब लिखने में इतना वक़्त क्यों लगा? मैंने दो साल तो केवल इसे लिखने की चाहत और सोच में ही गुज़ार दिए। मैंने आकर्षण के नियम को काम करने दिया। मैंने क़ायनात से इस किताब को मांगा। मैं इसके लिए तैयार था। मैंने इसे अपनी आंखों के सामने देखा और अपने बुकस्टोर में इसका फ़ोटो भी खींचा और किताब को फ़ोटोशॉप भी कर दिया। क्या हुआ?

कुछ भी तो नहीं। हाथ पर हाथ धरे बैठा रहा और नतीज़ा ठन-ठन गोपाल।

मेरी क़ायनात ने कभी भी मुझे पूरी की हुई किताब नहीं दी। हक़ीक़त यही है कि मेरी तमाम सकारात्मक सोच और क़ायनात से मेरी किताब के लिए ध्यान लगाकर की गई गुज़ारिश के बावजूद, यह तब तक हक़ीक़त नहीं बनी जब तक कि मैंने कुर्सी पर बैठकर लिखना शुरू नहीं किया। मैंने काम में जुट जाने की समन्वित प्रतिबद्धता दिखाई, सचेत होकर एक विकल्प चुना और फिर अति सक्रिय होकर उस विकल्प के प्रति प्रतिबद्धता दिखाई।

अगर आप आकर्षण के नियम के प्रशंसक हैं और अगर आपको यह आलोचना नागवार गुज़री है तो ठीक है : मैंने *द मिलियनेयर फ़ास्टलेन* किताब दोस्त बनाने के लिए नहीं लिखी है और ना ही एक सकारात्मक विचार करने वाले व्यक्ति की तरह भाषणों के न्यौतों के लिए। मैंने यह किताब आपको सटीक तौर पर यह बताने के लिए लिखी है कि आज़ादी के लिए आपको क्या करना चाहिए। सोचने मात्र ने कभी किसी को आज़ाद (या अमीर) नहीं किया है, जब तक कि वह सोच ख़ुद कारगर नियमों के साथ अनवरत और स्थायी तौर पर सक्रिय नहीं हो जाए।

वास्तव में, मेरे लिए तो यह अपमानजनक ही है कि कोई यह सोचे कि मेरी सफलता की वजह मेरी सकारात्मक सोच है। मैं यथार्थवादी हूं, जो इंसान के स्वभाव को समझता है और वह स्वभाव है न्यूनतम प्रतिरोध की राह पर चलना। मुझे क़तई हैरत नहीं होती कि "आकर्षण" के नियम का बखान करने वाली किताबें लाखों-करोड़ों में बिकती हैं। दौलत तक का सबसे आसान रास्ता बताने वाली किताबों की बिक्री अच्छी ही होती है, क्योंकि सेक्स की ही तरह सुगमता ख़ूब बिकती है।

दौलत के दिखावे भरे आयोजन बिकते हैं, प्रकिया नहीं।

जी हां, कुटिलता की तुलना में सकारात्मकता को ज़्यादा पसंद किया जाता है। विश्वास परिवर्तन का शुरुआती बिंदु है। कल्पना महत्त्वपूर्ण है। हां, अगर आप नहीं मानते कि आप यह कर सकते हैं तो मेरे पास आपके लिए एक ख़बर है, आप नहीं कर सकते। यह बात कोई नहीं है, यह पुरानी है। आकर्षण का नियम जहां औज़ारों के बक्से में मौज़ूद

एक अच्छा हथौड़ा है, इसमें खोट यह है कि यह सभी तरह की तमाम दौलत, तमाम लोगों, तमाम संस्कृतियों और तमाम रास्तों की तरक़्क़ी के वास्तविक रहस्य को अनदेखा कर देता है–और वह है प्रभाव का नियम।

"आकर्षण में खोट" यही है कि यह गणित की अनदेखी करता है।

प्रभाव का नियम : तेज़ रास्ते का आधार

प्रभाव का नियम कहता है कि आप एक संस्था में *जितनी ज़्यादा ज़िंदगियों पर नियंत्रण रखेंगे, मात्रा में या विस्तार में, आप उतने ही अमीर बनेंगे।* इसका लघु, परिष्कृत संस्करण आसान शब्दों में कहता है : करोड़ों लोगों को प्रभावित करो और करोड़ों कमाओ। (व्याकरण के लोगों मैं आपकी चिल्ल-पौं को सुन सकता हूं, शांत हो जाओ। मुझे "प्रभावित करो" और "प्रभाव" का अंतर पता है। मैं "एफ़ेक्शन" यानी "प्रभाव" को *वेबस्टर्स रिवाइज़्ड अनब्रिज्ड डिक्शनरी* के मुताबिक़ इस्तेमाल कर रहा हूं, जिसे 1913 में सी.ऐंड जी. मरियम कं. ने प्रकाशित किया था, जिसमें इसे एक संज्ञा के तौर पर इस्तेमाल किया गया है, जिसका अर्थ है, "सृजन, एक काम।")

कुछ अरसा पहले मैंने एक लेख लिखा, जिसका शीर्षक था, *"करोड़ों बनाओ" पर लिखा गया आज तक का सबसे छोटा लेख* । अंदाज़ लगाइए कि लेख कितना बड़ा होगा? एक पैराग्राफ़? शायद एक वाक्य या दो? नहीं, केवल चार शब्द। और वे चार शब्द?

लाखों को प्रभावित करो।

लाखों को प्रभावित करो और लाखों कमाओ। यह इससे ज़्यादा आसान हो ही नहीं सकता।

दूसरे शब्दों में आपने कितनी ज़िंदगियों को छुआ? आपके काम, आपकी संपत्ति और आपके हाथ से किए गए काम से किसे फ़ायदा मिला? आपने किस समस्या को हल किया? समाज के लिए आपका क्या मूल्य है? अगर आप किसी होटल के स्वागत कक्ष में काम कर रहे हैं तो आप बहुत ज़्यादा प्रभाव नहीं डाल पा रहे हो और आपका बैंक खाता इस बात को उजागर कर देगा। आपके खाते में मौजूद धन (या गैरमौजूद धन) आपकी उपयोगिता (या आपकी अनुपयोगिता) का दर्पण है।

प्रभाव मात्रा, विस्तार है या दोनों है

प्रभाव के नियम की और पड़ताल करने के लिए आपके कारोबार को मात्रा पर या विस्तार किसी एक पर या दोनों पर ही प्रभाव छोड़ना होगा। "मात्रा" और "विस्तार" हमारे "शुद्ध मुनाफ़े" के परिवर्तनशील कारक में अंतर्निहित हैं।

शुद्ध मुनाफ़ा = इकाई बिक्री (मात्रा) x इकाई लाभ (विस्तार)

हमारे तेज़ राह के नक़्शे पर मात्रा को हमारे दौलत के समीकरण में मौजूद लाभ के

परिवर्तनशील कारक से देखा जा सकता है : इकाइयों की बिक्री। अगर आप 20 मिलियन पेन बेचते हैं और प्रत्येक पर 75 सेंट का मुनाफ़ा कमाते हैं तो आपने 15 मिलियन डॉलर कमा लिए हैं। कम विस्तार के साथ इसका स्तर पर असर पड़ रहा है। निश्चित तौर पर, पेन बेचने का किसी की भी ज़िंदगी पर बहुत बड़ा असर नहीं पड़ता। दौलत मात्रा के ज़रिये रूपांतरित होती है, विस्तार से नहीं।

इसके विपरीत, विस्तार का कुछ पर बड़ा प्रभाव होता है और हमारे तेज़ रास्ते के दौलत के समीकरण में यह इकाई लाभ से देखा जा सकता है। क़ीमत हमेशा विस्तार को प्रदर्शित करती है। अगर आप 50 मिलियन डॉलर का कोई उत्पाद बेचते हैं तो आपकी विस्तार तक पहुंच है। उदाहरण के लिए 400 इकाइयों वाला एक अपार्टमेंट कॉम्प्लेक्स है और हर इकाई से आपको 100 डॉलर का मुनाफ़ा हो रहा हो तो आपको 40,000 डॉलर की मासिक आय होगी। चूंकि आप 400 परिवारों को घर उपलब्ध कराकर दे रहे हैं, इसलिए आपका विस्तार पर प्रभाव है, मात्रा पर नहीं। आश्रय में विस्तार है। बड़े विस्तार की गतिविधियों में कम मात्रा में भी ज़्यादा मुनाफ़े की संभावनाएं होती हैं। विस्तार हमेशा वस्तु की क़ीमत से प्रदर्शित होता है : ज़्यादा मूल्य=ज़्यादा क़ीमत=ज़्यादा विस्तार।

अगर आप मात्रा और विस्तार को साथ ला सके, तो फिर हम लाखों-करोड़ों की नहीं अरबों की बात कर रहे होंगे। स्टीव जॉब्स ने मात्रा और विस्तार दोनों पर असर डाला और उसके बाद अरबों डॉलर की संपत्ति का मालिक बनकर उनका निधन हो गया।

मात्रा करोड़पति तैयार करता है। विस्तार करोड़पति तैयार करता है। मात्रा और विस्तार मिल जाएं तो अरबपति तैयार होते हैं।

धन का पीछा करो!

दुर्भाग्यवश, शब्द नियम बड़ी ही बेफ़िक्री के साथ ऐसी अवधारणाओं के प्रतिनिधित्व के लिए इस्तेमाल किया जाता है, जो वास्तविकता में नियम या क़ानून नहीं होते। आकर्षण का नियम एक नियम नहीं, बल्कि सिद्धांत है। शब्द नियम एक मुक़म्मल शब्द है। यह शत-प्रतिशत बार काम करता है। जब आप 10वीं मंजिल की खिड़की से तरबूज गिराते हैं, तो गुरुत्वाकर्षण का सिद्धांत उस पर हावी हो जाता है। हर बार तरबूज नीचे ज़मीन पर ही गिरेगा। परिणाम 100% अवश्यंभावी है।

दुर्भाग्यवश सकारात्मक सोच और कल्पना 100 प्रतिशत निश्चितता के साथ काम नहीं करते। विश्वास और अभिव्यक्ति मुक़म्मल नहीं हैं, इसलिए उन्हें नियम के तौर पर वर्गीकृत नहीं किया जा सकता। हालांकि प्रभाव का नियम मुक़म्मल है।

मुझे आप कोई भी स्व-निर्मित अरबपति बता दीजिए और मैं आपको एक ऐसे व्यक्ति से रूबरू कराऊंगा जिसने मात्रा या विस्तार के लिहाज़ से कई लोगों की ज़िंदगी को प्रभावित किया है, प्रत्यक्ष तौर पर या अप्रत्यक्ष तौर पर। वुडवर्ड और बर्नस्टेन को डीप थ्रोट ने कहा, "धन का पीछा करो," और जब आप ऐसा करते हैं तो आपको दौलत के इकलौते वास्तविक नियम का पता चलता है, जो कि प्रभाव है। क्यों? क्योंकि प्रभाव की जड़ें गणित से जुड़ी हैं और क्योंकि यह बिना किसी रास्ते के नक़्शे के संचालित होता है।

धीमे रास्ते का राहगीर, धीमे रास्ते की क़ैद से बाहर निकलने के लिए प्रभाव के नियम का उपयोग कर सकता है। पेशेवर खिलाड़ी, अभिनेता, मनोरंजनप्रदाता–वास्तविक मूल्य में तूफ़ानी बढ़ोत्तरी होती है तो प्रभाव के कारण : समाज को एकाएक आपके चकाचौंध कर देने वाले मूल्य का पता चलता है। यह ठीक है कि ये लोग अभी भी धन के लिए वक़्त का सौदा कर रहे हैं, लेकिन मात्रा के अभूतपूर्व स्तर पर।

उदाहरण के लिए अगर आप एक कॉमेडियन हैं और लाखों लोगों को हँसाते हैं, तो आपका लाखों कमाना निश्चित है। भले ही आप धन के लिए अपने वक़्त का सौदा कर रहे हों, लेकिन आप ऐसा भारी स्तर के मुआवज़े के साथ कर रहे हैं। *अगर आप लाखों लोगों का मनोरंजन करेंगे, तो आपको लाखों का भुगतान किया जाएगा।*

एक रैपर अपने कई गाने बेचता है और उसे लाखों का भुगतान किया जाता है। एक गृहिणी किचन के ढेरों सामान बेचती है और उसे लाखों का भुगतान किया जाता है। डैडी वॉरबक्स के बेटे को विरासत में लाखों डॉलर मिले, क्योंकि वॉरबक्स कंपनी ने लाखों की सेवा की। एक प्लास्टिक सर्जन लाखों में कमाता है, क्योंकि वह बड़ी संख्या (विस्तार) में लोगों की मदद करता है। *करोड़पतियों के धनस्रोत को दोबारा खोजने का प्रयास कीजिए और आपको कई लाख कारण मिल जाएंगे।*

मात्रा या विस्तार का प्रभाव, हमेशा धन से पहले होता है, प्रत्यक्ष तौर पर या अप्रत्यक्ष तौर पर। आप जितनी ज़्यादा ज़िंदगियों को प्रभावित करेंगे, आप उतनी ही ज़्यादा दौलत को आकर्षित करेंगे।

बड़े आंकड़ों के पीछे भागती है दौलत

एथलीट्स प्रभाव की शक्ति का सबसे अच्छा उदाहरण हैं। अगर आप पेशेवर बेसबॉल खिलाड़ी हैं तो आपको गगनचुंबी वास्तविक मूल्य हासिल होता है। 2014 में गियानकार्लो स्टेनटॉन को 325 मिलियन डॉलर पर अनुबंधित किया गया था। यह कितना औचित्यपूर्ण है? आसान है। प्रभाव का नियम सारी दौलत का औचित्य साबित कर देता है। गियानकार्लो स्टेनटन बेसबॉल के ज़रिये लाखों लोगों का मनोरंजन करते हैं। वह मात्रा की ताक़त का इस्तेमाल करता है। यह बात किसी भी पेशेवर खिलाड़ी के लिए सही है। लाखों लोगों की सेवा करने वाले किसी भी कार्पोरेशन में काम करने वाले कार्पोरेट अधिकारी को लाखों में ही भुगतान किया जाता है।

दोबारा कहना चाहूंगा, ये गौरवशाली ताक़तवर वास्तविक मूल्य वाले ऐसे स्थान हैं, जो प्रभाव के नियम का फ़ायदा उठाते हैं। अगर आप वास्तविक मूल्य के ज़रिये अमीर बनना चाहते हैं तो आपको यह काम प्रभाव के नियम की मदद से करना चाहिए। ऐसी स्थिति में पहुंच जाइए जहां आप लाखों लोगों पर असर डाल सकें। किसी खिलाड़ी, मनोरंजन प्रदाता या एक शीर्ष अधिकारी की तरह अपरिहार्य और अनमोल बन जाइए।

एक खिलाड़ी के तौर पर लाखों डॉलर तक पहुंच नहीं बना पा रहे हैं?

तब सीधे स्रोत पर पहुंचकर स्रोत की सेवा कीजिए।

उदाहरण के लिए प्रतिष्ठित खिलाड़ियों के एजेंट्स भी खिलाड़ियों जितनी ही कमाई कर लेते हैं, क्योंकि वे प्रभाव के नियम के अप्रत्यक्ष संपर्क में रहते हैं। अमीरों के घरों में विशेषज्ञता रखने वाले रियल इस्टेट दलाल भी अमीर होते हैं, क्योंकि वे प्रभाव के नियम के अप्रत्यक्ष संपर्क में रहते हैं।

प्रभाव का नियम राह के नक़्शे या वक़्त के सौदे या किसी भी अन्य वस्तु की चिंता नहीं करता। वह तो बड़े आंकड़ों की गणितीय शक्ति पर भरोसा रखता है। कुछ मर्तबा विशाल प्रभाव या लाखों बार छोटे-छोटे प्रभाव।

जो मैग्निट्यूड एक ऐसी कंपनी के मालिक हैं, जो व्यावसायिक रियल इस्टेट को विकसित करती है। वह 14 ऑफ़िस कॉम्प्लेक्स बनाते हैं और फिर वहां मालिकाना हक़ वाले छोटे-छोटे कार्यालय बना देते हैं। पूरी तरह से बिक चुके हर एक कॉम्प्लेक्स से उन्हें 4,00,000 डॉलर (विस्तार)X 14 (मात्रा) यानी 5,600,000 डॉलर की कमाई होती है।

जो स्केल ने सितारों की डायट पर किताब लिखकर 8,00,000 प्रतियां (मात्रा) बेचकर हर किताब से 7 डॉलर (विस्तार) कमाए। उनकी कमाई भी उतनी ही यानी 5,600,000 डॉलर रही।

बड़े आंकड़ों के स्रोत के आप जितने क़रीब होंगे, दौलत के भी आप उतने ही क़रीब होंगे। लाखों लोगों की सेवा का मतलब लाखों की कमाई।

बड़ी कमाई के लिए बड़ा सोचें।

अध्याय का सार : तेज़ रास्ते की ख़ासियतें

- प्रभाव का नियम यह कहता है कि आप जितने ज़्यादा लोगों की ज़िंदगी को प्रभावित करेंगे या उनकी ज़िंदगी में प्रवेश करेंगे, मात्रा और विस्तार दोनों ही तरह से, आप उतने ही अमीर होंगे।
- हमारे तेज़ रास्ते के दौलत के समीकरण में मात्रा का मतलब हमारे मुनाफ़े के परिवर्तनशील कारक में इकाई बिक्री होता है जबकि "इकाई लाभ" हमारे तेज़ रास्ते के दौलत के समीकरण में विस्तार का प्रतिनिधित्व करता है।
- आकर्षण का नियम, नियम नहीं बल्कि एक सिद्धांत है। आकर्षण का नियम मुक़म्मल है और यह दौलत की राह के नक़्शे के बगैर संचालित होता है।
- स्वनिर्मित दौलत की तमाम वंशावलियों के मूल में प्रभाव का नियम ही मिलता है।
- प्रभाव के नियम की समग्रता सीधी पहुंच और नियंत्रण (आप वह खिलाड़ी हैं) बनाम अप्रत्यक्ष पहुंच (आप खिलाड़ी के एजेंट हैं)।
- लाखों कमाने के लिए आपको लाखों की सेवा करनी होगी, मात्रा के आधार पर या फिर विस्तार के आधार पर।

भाग–6

आपको दौलत तक ले जाने वाला वाहन : आप

अध्याय

22

पहले ख़ुद अपने मालिक बनें

परिणामों और परिस्थितियों का मूल हमारे भीतर होता है।
वह उन्हीं बीजों से फलते-फूलते हैं, जिन्हें हमने बोया हो।
—हैनरी थॉमस थोरो

"पहले ख़ुद के भुगतान" का लक़वा

तेज़ राह की सफलता के लिए ऐसे वाहन की ज़रूरत होती है, जिसे आगामी सफ़र के लिहाज़ से ही अच्छी तरह से तैयार किया गया है।

आप दौलत के सफ़र के वाहन हो।

आप पहल और तरक़्क़ी की प्रेरणा हो।

आप सफ़र के लिए ज़िम्मेदार हो और यह ख़ुद की ज़िम्मेदारी लेने की दिशा में पहला क़दम है।

निश्चित तौर पर आपने यह सुन रखा होगा, "पहले ख़ुद का भुगतान करो।" यह धीमे रास्ते की घोषणा है, जिसका जन्म 1926 में लिखे गए एक बेहतरीन उपन्यास से हुआ है। जॉर्ज क्लेसन की लिखी इस किताब का नाम था द *रिचेस्ट मैन इन बेबिलोन।* पढ़ने के लिए एक अच्छी किताब, लेकिन सैद्धांतिक तौर पर त्रुटिपूर्ण।

अगर आप "पहले ख़ुद का भुगतान करो," से अच्छी तरह से वाक़िफ नहीं हैं तो यह एक सिद्धांत है, जिसके मुताबिक़ किसी भी ख़र्च से पहले ख़ुद के लिए बचत (ख़ुद को भुगतान) करो-खाद्य सामग्री, पेट्रोल, कार का भुगतान और अन्य बिलों से भी पहले। माना जाता है कि इससे धीमे रास्ते के राहगीर की दौलत को उनके सड़े-गले दौलत को गति देने वाले वाहन-बाज़ार में निवेश के रास्ते चक्रवृद्धि ब्याज-को पंख लग जाते हैं।

सच्चाई तो यह है कि किसी धीमे रास्ते के राहगीर को "ख़ुद को पहले भुगतान" का सुझाव देना कुछ इस तरह है मानो गर्दन से नीचे लक़वा के शिकार व्यक्ति को सीढ़ियां चढ़ने के लिए कह दिया जाए। यह व्यर्थ है।

अगर आप नौकरी करते हैं तो अपने अंतिम वेतन का चेक देखिए।

क्या आपका सकल वेतन आपके कुल वेतन जितना है? ऐसा नहीं है और कुछ के लिए तो इसमें 3% तक का अंतर होता है। इसके अलावा कर बचत के 401 (के) और आईआरएएस जैसे हथियार, आपके योगदान को बचकाना बना देते हैं, जहां पर किसी नौकरी में कर पूर्व दौलत निर्माण संगठनात्मक रूप से दंडनीय बन जाता है।

अगर आपका आय का प्राथमिक स्रोत नौकरी है तो आपकी "ख़ुद को भुगतान" की क्षमता लक़वाग्रस्त है, क्योंकि पहले सरकार को भुगतान करना पड़ता है। "ख़ुद को पहले भुगतान" को वैध बनाने के लिए आपको पहले ख़ुद को अपार राशि से भुगतान करना होगा और सरकार को अंत में। *आपको अपने वाहन का मालिक बनना होगा।*

ख़ुद को पहले भुगतान के लिए, पहले ख़ुद का मालिक बनना होगा

अगर आप ख़ुद के मालिक नहीं हैं तो पहले ख़ुद को भुगतान नहीं कर सकते। आपका वाहन (ख़ुद आप) किसी भी तरह के क़र्ज़ से मुक्त होना चाहिए। जब आप नौकरी करते हैं तो कोई और आपका मालिक होता है। और जब कोई और आपका मालिक होता है तो आपको सबसे पहले नहीं, सबसे अंत में भुगतान मिलता है।

अपने वाहन-आप ख़ुद-को नियंत्रित करने के लिए पहले क़दम के तहत आपको उसका मालिक बनना होगा, ताकि आप ख़ुद को पहले भुगतान कर सकें और सरकार को सबसे अंत में। यह आपके कारोबार को एक ऐसी बड़ी व्यापारिक कंपनी में तब्दील करना होगा, जिस पर आपका नियंत्रण हो।

यह कंपनी आपके लिए तेज़ राह का काम करेगी, क्योंकि यह आपको पहले "ख़ुद को भुगतान" बनाम "ख़ुद को अंत में भुगतान" में कर राहत का लाभ दे देती है।

जब आप एक बड़ी व्यापारिक कंपनी के मालिक बन जाते हैं तो शुद्ध मुनाफ़ा, ख़र्च के कारण कम हो जाता है। शेष लाभ पर कर लगता है, जिसका भुगतान सरकार को किया जाता है। इसके अलावा बड़ी कंपनियां मालिकों से इतर अस्तित्व रखती हैं और ये वक़्त का भी मुक़ाबला कर लेती हैं। *यह प्रतिनियुक्ति की एक ऐसी संरचना है, जो आपकी कारोबार प्रणाली के लिए काम करती है।*

जब आप एक बड़ी व्यापारिक कंपनी के मालिक (मान लीजिए अमेरिका में) होते हैं तो सरकार को चार बार भुगतान करना होता है। हर तिमाही में अनुमानित करों के आधार पर। अगर आप वेतन देते हैं तो जब भी आप अपने कर्मचारी को वेतन का भुगतान करते हैं, करों का भुगतान किया जाता है। मैं ख़ुद को साल के पूरे 365 दिन पहले भुगतान करता हूं, जबकि सरकार को केवल चार बार भुगतान किया जाता है। क्या यह एक ऐसी संरचना का स्पष्ट संकेत नहीं है जो ना केवल पहले "ख़ुद को भुगतान" के लिहाज़ से मददगार है, बल्कि दौलत के लिहाज़ से भी?

कैसे बनें ख़ुद के मालिक

कई उद्यमियों की तरह मैंने भी कारोबार में अकेला मालिक बनकर प्रवेश की भीषण ग़लती की। हर उस "सलाहकार" से एयरपोर्ट के टॉयलेट की तरह बचना चाहिए, जो आपको एकल स्वामित्व या सामान्य साझेदारी के कारोबारी ढांचे की सलाह देता हो। इस तरह की कंपनियां जोख़िमपूर्ण होती हैं, क्योंकि यह आपकी रक्षा नहीं करती और आप पर और आपकी संपत्तियों पर असीमित ज़िम्मेदारी का बोझ डाल देती हैं।

अगर आप अकेले प्लम्बर के तौर पर काम करते हैं और ग़लती से अपना पाइप कटर एक ग्राहक के घर पर छोड़ देते हैं और अगर उस ग्राहक का तीन साल का बेटा खेल-खेल में उस कटर से ख़ुद को काट लेता है तो अनुमान लगाइए क्या होगा? वे आपके पीछे हाथ धोकर पड़ जाएंगे, क्योंकि आपने एक असुरक्षित कारोबार को चुना। अब किसी बड़ी कारोबारी कंपनी पर मुआवज़े का मुकदमा ठोकने की बजाय वे आप पर यह मुकदमा ठोक देते हैं और आपकी ज़िंदगी भर की कमाई दांव पर लग जाती है। यह मानते हुए कि कारोबार अमेरिका में स्थित है, तेज़ रास्ते के कारोबार के लिए सर्वश्रेष्ठ कारोबारी संचरनाएं हैं :

1) सी कार्पोरेशन
2) एस कार्पोरेशन
3) सीमित देयता कार्पोरेशन

हर एक के अपने फ़ायदे और नुक़सान हैं, लेकिन सभी में दो एक समान फ़ायदे हैं : देयता की सीमा और कर दक्षता।

सी कार्पोरेशन

सी कार्पोरेशन एक ऐसी कारोबारी संरचना है, जो वक़्त का मुक़ाबला कर सकती है और जिसे आसानी से स्थानांतरित किया जा सकता है। बड़ी कारोबारी कंपनियों (कार्पोरेशन) के लाभ पर कार्पोरेट आयकर की दरों से करारोपण किया जाता है और शुद्ध आय को शेयरधारकों में बांट दिया जाता है।

कुछ सी कार्पोरेशन मालिक इस संरचना को आय विभाजन की रणनीति के लिए इस्तेमाल करते हैं। इस रणनीति के तहत कारोबार की आय को मालिक और कारोबार के बीच बांट दिया जाता है। इससे दोनों की ही कर देयता कम हो जाती है, एक बड़ी कारोबारी कंपनी की तुलना में। इस कर रणनीति और कारोबार निर्माण का खुलासा हालांकि इस किताब के विषय से बाहर की बात है, लेकिन यह तेज़ रास्ते की रणनीति में एक ऐसा घटक उपलब्ध कराता है जो कि नियंत्रण है।

एक ओर जहां सी कार्पोरेशन और उनके मालिक दोहरे कर-निर्धारण (कार्पोरेट लाभ पर कर और शेयरधारकों को लाभ पर कर) की वजह बनते हैं, वहीं बड़ी कंपनियों के लिए वे फ़ायदेमंद होते हैं। ऐसी बड़ी कारोबारी कंपनियां जो "परिसंपत्ति विकास" पर आधारित हों। दूसरे शब्दों में अगर आप लाभ वितरण की योजना नहीं रखते और "शुद्ध मुनाफ़े" पर

"परिसंपत्ति मूल्य निर्माण" को तरज़ीह दे रहे हैं तो, सी कार्पोरेशन अपना काम करते हैं। सार्वजनिक रूप से कारोबार करने वाली अधिकांश कंपनियां सी कार्पोरेशन ही हैं, जो अपने शेयरधारकों को लाभांश का वितरण नहीं करतीं। वे राजस्व और परिसंपत्ति मूल्य बढ़ाती हैं।

एस कार्पोरेशन

एस कार्पोरेशन कुछ हद तक सी कार्पोरेशन की ही तरह है। फ़र्क़ है तो यह कि इस पर पृथक इकाई की तरह करारोपण नहीं किया जाता। इसे "पारगमन इकाई" माना जाता है। करों का भुगतान कंपनी के स्तर पर नहीं, बल्कि व्यक्तिगत स्तर पर किया जाता है और यह मालिक के निजी कर भुगतान में दिखाई देता है। एस कार्पोरेशन के भी अपने कुछ फ़ायदे हैं, क्योंकि लाभ पर एकल स्वामित्व से आने वाला भारी-भरकम स्व-रोज़गार कर देय नहीं होता। हालांकि सी कार्पोरेशन की तरह असीमित मालिकों की बजाय एस कार्पोरेशन में 100 मालिकों की सीमा होती है और उसे अतिरिक्त जानकारियां भी देनी पड़ती हैं।

सीमित देयता वाला कार्पोरेशन (एलएलसी)

एलएलसी भी किसी कार्पोरेशन की ही तरह काम करता है, जिसमें या तो साझेदारी के लाभ मिलते हैं या फिर एकल स्वामित्व के। एलएलसी का लाभ इसके मालिकों, जिन्हें सदस्य कहा जाता है, को मिलता है और उनके निजी आयकर में परिलक्षित होता है। एलएलसी को भी पारगमन इकाई कहा जाता है, क्योंकि लाभ सीधे मालिकों को मिलता है। साझेदारी के लिहाज़ से सामान्य साझेदारी की बनिस्बत एलएलसी या एस कार्पोरेशन की सिफ़ारिश की जाती है, जो फिर से, देयता संरक्षण को प्रभावित नहीं करती।

छोटी स्टार्टअप कंपनियों के लिए, मैं एलएलसी या एस कॉर्प में संभावनाएं तलाशने का सुझाव दूंगा। निजी तौर पर मैं ख़ुद को साझेदारियों और एकल स्वामित्व से दूर ही रखता हूं, क्योंकि संभव है कि वे मेरी देयता को सीमित नहीं करें।

कार्पोरेशन का निर्माण लगता है उतना मुश्किल नहीं है। आपके राज्य को देखते हुए, इसका मूल्य 1,000 डॉलर से ज़्यादा नहीं होगा। एरिजोना में तो कुछ डॉलर के भुगतान से ही कार्पोरेशन का निर्माण किया जा सकता है।

एक इकाई का चयन

इकाई का चयन कारोबार को लेकर आपके लक्ष्य और दृष्टिकोण पर निर्भर करता है। यहां आपको फ़ैसला लेने में मदद करने के लिए कुछ प्रश्न पेश हैं :

- आपकी निर्गम योजना क्या है? सार्वजनिक होना? निजी निवेशकों को बिक्री?
- आपकी विकास की रणनीति क्या है?
- सबसे बुरी स्थिति में आपका देयता जोख़िम क्या है?
- आप पूंजी अभी खड़ी करना चाहते हैं या भविष्य में?

- क्या आप कर्मचारी रखना चाहते हैं?
- क्या आप नए भागीदार लेना चाहते हैं?
- क्या आप तेज़ी से लाभ कमाना चाहते हैं? या कुछ वक़्त के लिए नहीं?

आपका जवाब सर्वश्रेष्ठ इकाई का निर्धारण करेगा। मेरे कारोबारों में मैं विभिन्न संरचनाओं का उपयोग करता हूं, एस कॉर्पोरेशन से लेकर एलएलसी से लेकर ट्रस्टों तक।

और अंत में मैं ना तो अकाउंटेंट हूं और ना ही वकील, तो कृपया इसे क़ानूनी या पेशेवर सलाह मत समझिए। हमेशा किसी ऐसे व्यक्ति से सलाह लीजिए, जिसके पास ताज़ातरीन जानकारी उपलब्ध हो, ताकि वह आपके लिहाज़ से सर्वश्रेष्ठ मार्गदर्शन कर सके। क़ानून, अर्थव्यवस्थाएं, कर और नियमन हमेशा बदलते रहते हैं। साल-दर-साल, देश-दर-देश।

अध्याय का सार : तेज़ रास्ते की ख़ासियतें

- "ख़ुद को पहले भुगतान" नौकरी में आधारभूत तौर पर असंभव है।
- अपने वाहन (ख़ुद आप) के मालिक बनने के लिए एक ऐसा कार्पोरेशन शुरू कीजिए जो आपको कारोबार करने की प्रक्रिया से पृथक रखे। आपका कार्पोरेशन आपके प्रतिनिधि की संस्था है।
- सी कॉर्पोरेशन, एस कार्पोरेशन या एलएलसी, तेज़ राह के लिए अनुशंसित कारोबारी इकाई है।

अध्याय

23

ज़िंदगी का स्टियरिंग व्हील

आपकी ज़िंदगी आपके द्वारा चुने गए विकल्पों का निचोड़ होती है,
चेतन तरीक़े से या अवचेतन तरीक़े से।
अगर आप विकल्प चयन की प्रक्रिया को नियंत्रित कर सकते हैं,
तो आप अपनी ज़िंदगी के सभी पहलुओं पर नियंत्रण हासिल कर सकते हैं।
आप उस आज़ादी को हासिल कर सकते हैं, जो ख़ुद का प्रभारी होने से
हासिल की जा सकती है।
—रॉबर्ट एफ़. बैनेट

ग़रीबी की सबसे प्रमुख वज़ह

अगर ग़रीबी कोई बीमारी होती है तो इसकी वज़ह का अनुमान लगाइए। निश्चित तौर पर, धन का अभाव। लेकिन यह वज़ह है या कि एक अंतर्निहित समस्या का लक्षण?

शिक्षा का अभाव?

अवसर, सकारात्मक आदर्श प्रारूप या इच्छाशक्ति का अभाव?

नहीं ये सभी लक्षण हैं।

अगर आप ग़रीबी के पैरों के निशानों का पीछा करेंगे तो पाएंगे कि ग़रीबी की शुरूआत ठीक उसी जगह से शुरू होती है : विकल्प।

ग़रीबी की सबसे प्रमुख वजह कमज़ोर विकल्पों का चयन है।

समस्या का मूल

मेरी आय बढ़ने के साथ, मेरा कोलेस्ट्रॉल भी बढ़ता चला गया। अच्छे जीवन का रास्ता लोलुपता की कगार पर ले जाता है। मेरे डॉक्टर द्वारा अपनाया गया रास्ता दवाएं देना था। मैंने इंकार कर दिया, क्योंकि मैं समस्या को हल करना चाहता था, केवल लक्षणों को छिपाना नहीं।

अगर आप दौलत की तरफ़ एक दवा कंपनी की तरह रुख़ करते हुए समस्याओं की अनदेखी करते हुए लक्षणों पर हमला बोलते हैं तो आप सफल नहीं हो पाएंगे। थकान महसूस कर रहे हैं? गोली ले लीजिए। वज़न कम करना चाहते हैं? एक और गोली ले लीजिए। समस्याओं की अनदेखी करते हुए लक्षणों पर परेशानी के वक़्त ही ध्यान दिया जाता है। मैंने कोलेस्ट्रॉल नियंत्रण के लिए दवा लेने से इंकार कर दिया, क्योंकि यह केवल लक्षण का उपचार था, समस्या का नहीं। *समस्या थी ग़लत आहार; कोलेस्ट्रॉल तो महज एक लक्षण था।*

अगर आपकी कार के पेट्रोल टैंक में एक छेद है तो आप इसकी मरम्मत कैसे करेंगे? केवल लक्षणों से उपचार करने वाला तो बार-बार पेट्रोल पंप जाकर टैंक को भरवाता रहेगा, ताकि ईंधन का प्रवाह बना रहे। समस्या का हल करने वाला छेद को बंद कर देता है। एक लक्षण (पेट्रोल टैंक में ईंधन का रिसाव) पर ध्यान देता है तो दूसरा समस्या (पेट्रोल टैंक में छेद है) के समाधान पर। वाहन में और ईंधन डालने से समस्या का तात्कालिक समाधान तो हो जाता है, वह समस्या का स्थायी हल नहीं करता। जब वह स्थायी हल नहीं खोजता, समस्या फिर उभरकर सामने आ जाती है।

इसका सफलता और विकल्प से क्या संबंध है?

बहुत आसान है : *अगर आप वहां नहीं हैं, जहां होना चाहते हैं, तो आपका विकल्पों का चयन ही समस्या है।*

आपकी परिस्थितियां उन विकल्पों के चयन का लक्षण हैं। उदाहरण के लिए हर किसी को सफलता को लेकर उद्धरण पसंद होते हैं। यहां दो प्रस्तुत हैं :

- *दृढ़ इच्छाशक्ति अक्सर असफलता और सफलता के बीच का अंतर होती है।*
- *सफलता का मतलब वह व्यक्ति बनने का साहस, दृढ़ निश्चय और इच्छाशक्ति होना, जो आपकी राय में आप बनना चाहते थे।*

इन उद्धरणों के साथ समस्या यह है कि वे लक्षणहीन हैं। वे वास्तविक मुद्दे के प्रति अस्पष्ट हैं और वह है विकल्प।

पहला उद्धरण दृढ़ता की बात करता है। आप दृढ़ कैसे बने रह सकते हैं? आप चेतन विकल्प पर प्रतिक्रिया देते हैं। केवल एक विकल्प नहीं, बल्कि सैकड़ों, शायद हज़ारों। आप केवल एक विकल्प के प्रति दृढ़ नहीं रह सकते। ऐसा नहीं हो सकता है कि एक दिन आप सुबह उठें और कहें, ठीक है, आज से मैं दृढ़ रहूंगा। यह तो हर रोज़ होना चाहिए, केवल एक बार नहीं! दृढ़ता विकल्पों के कई तानों-बानों में गुथी हुई होती है, जो जीवनशैली को बनाते हैं। अगर आपने दो ही प्रयासों के बाद छोड़ दिया तो क्या आपने दृढ़ता दिखाई है? क्या आप महज एक असफलता के बाद दृढ़ता की बात कर सकते हैं?

इसी तरह से दूसरा उद्धरण भी इसी समस्या से जूझता है। इच्छाशक्ति केवल इकलौता नहीं हज़ारों विकल्प है। आप दृढ़निश्चयी होने का फ़ैसला नहीं कर सकते, यह निरंतर होना चाहिए और पूरे समर्पण के साथ। इस पूरी बात का सार यह है कि दौलत का तेज़ रास्ता ऐसी बात नहीं है, जिसे आजमाया जाए बल्कि यह ऐसी बात है जिसे आप जीते हैं।

यह महज एक विकल्प नहीं, बल्कि सैकड़ों है। और जब आप विकल्पों की लड़ी को एक धागे में पिरोते हैं तो आप प्रक्रिया का निर्माण करते हैं और फिर यह प्रक्रिया आपकी जीवनशैली का निर्माण करेगी। जीवनशैली के विकल्प आपको करोड़पति बनाएंगे।

आपकी ज़िंदगी का स्टियरिंग व्हील

आपके विकल्प भविष्य की परिस्थितियों की आग की चिंगारी तरह हैं। आपकी ज़िंदगी का ताना-बाना आपके विकल्पों के सामूहिक परिणामों से बुना जाता है-लाखों विकल्प-जिन्हें आप गति देते हैं। आप अभिनय करते हैं, प्रतिक्रिया देते हैं, विश्वास करते हैं, अविश्वास करते हैं, महसूस करते हैं और यह सब मिलकर आपके अस्तित्व को बनाता है। अगर आप ज़िंदगी से असंतुष्ट हैं तो आपके विकल्प इसके लिए पूरी तरह से ज़िम्मेदार हैं। ख़ुद को और अपने विकल्पों को दोष दो।

जी हां, आप वही हैं जो आपने चुना था।

मुझे ज़िंदगी के 26 साल और एक बर्फ़ीले तूफ़ान से गुज़रने के बाद अपने विकल्पों की ताक़त का अहसास हुआ था। बर्फ़ीला तूफ़ान मेरी लिमोजिन्स की राह का रोड़ा बना था, लेकिन मैं वहां था, क्योंकि मैंने वही चुना था।

मैंने नौकरी करने का विकल्प चुना था।

मैंने कम किराये वाले कारोबार को पाने की कोशिश का विकल्प चुना था।

मैंने शिकागो में ही ज़िंदगी गुज़ारने का विकल्प चुना था।

मैंने कॉलेज के बाद कार्पोरेट से बचने का विकल्प चुना था।

अपने दोस्तों का चयन मैंने ही किया था।

मैंने अपने व्यावसायिक कार्यों का चयन ख़ुद ही किया था।

मैंने इन सबका चयन किया था और यह मेरी ज़िंदगी को सटीक पल तक ले आया। मैं इस सच्चाई से रूबरू हुआ कि मैं ही अपनी ज़िंदगी का ड्राइवर हूं और मेरी समस्याएं मेरे विकल्पों का परिणाम थीं। मैं ख़ुद को वहां तक ले आया था।

आज जहां कहीं भी इसे पढ़ रहे हों : ट्रेन, प्लेन, टॉयलेट या किसी जर्जर इमारत में या कैरिबियन में वह विकल्प आपने चुना है। मैंने आपको यह किताब पढ़ने पर मजबूर नहीं किया, आपने यह विकल्प चुना। जी हां, आप ठीक वहीं पर हैं, जिसका आपने चयन किया था। और अगर यह आपको ख़ुशी नहीं दे रहा तो आपको बेहतर विकल्प चुनना शुरू कर देना चाहिए।

अमीर बनने का विकल्प चुनें या ग़रीब बनने का

दौलत के बारे में सोचने और दौलत को चुनने के बीच बहुत बड़ी खाई है। आप पगडंडी, धीमे रास्ते या तेज़ रास्ते का चयन कर सकते हैं। आप अपनी ज़िंदगी को बड़े उद्देश्य से जोड़ने का विकल्प कर सकते हैं या फिर जैसी ज़िंदगी जी रहे हैं वैसे ही जीते रहने का

विकल्प चुन सकते हैं। आप इन सिद्धांतों में विश्वास का विकल्प चुन सकते हैं या फिर अविश्वास का। जो बात समान है वह है विकल्प और आप।

आपका स्टियरिंग व्हील (विकल्प) ही आपकी ज़िंदगी में आपके पास उपलब्ध सबसे ताक़तवर नियंत्रण है। मैं धीमे रास्ते से नफ़रत क्यों करता हूं? क्योंकि यह विकल्प देने से इंकार करते हुए वह किसी और को दे देता है-कंपनी, बॉस, वॉल स्ट्रीट, अर्थव्यवस्था और कुछ अन्य लोगों को।

लोग ग़रीब बनने का विकल्प नहीं चुनते। वे कुछ कमज़ोर फ़ैसले ले लेते हैं, जो धीरे-धीरे ग़रीबी की गुत्थी में बदल जाते हैं। ग़रीबी के पदचिन्हों को देखें और आप देखेंगे कि यह धीरे-धीरे, व्यवस्थित तरीक़े से, पद्धतिपूर्वक होता है और कमज़ोर विकल्प इसका अनवरत आहार होता है।

- परीक्षा या अध्ययन में धोखाधड़ी, नक़ल का विकल्प।
- कॉलेज में फिज़ूलख़र्ची का विकल्प क्योंकि इसका भुगतान आपके अभिभावकगण ने किया है।
- झूठ बोलने या ईमानदार बनने का विकल्प।
- बिना बीमे के वाहन चलाने का विकल्प।
- अच्छे लोगों की बज़ाय बुरे लोगों के साथ दोस्ती का विकल्प।
- टीवी देखने या किताब पढ़ने का विकल्प।
- 55 मील प्रति घंटे की गति सीमा वाले इलाक़े में 105 मील प्रति घंटे की रफ़्तार से वाहन चलाने का विकल्प।
- नज़दीकी किराना दुकान को लूटने का विकल्प।
- खाने और शराब का बहुत ज़्यादा मात्रा में उपभोग का विकल्प।
- बिना किसी ख़ास उपलब्धि वाले लोगों पर विश्वास का विकल्प।
- सामान उधार में ख़रीदने का विकल्प।
- नशीले ड्रग्स क्रिस्टल मेथ को एक सप्ताहांत "आजमाने" का विकल्प।
- बिना पृष्ठभूमि की पड़ताल किए किसी ठेकेदार से काम कराने का विकल्प।
- सप्ताह में 30 घंटे वीडियो गेम्स खेलने का विकल्प।
- चार सप्ताह की मुलाक़ात के बाद ही शादी कर लेने का विकल्प।
- अयोग्य साझेदारों के साथ कारोबार शुरू करने का विकल्प।

छल-कपट का रास्ता हमेशा खुला है

मुझे अच्छी स्ट्रीट रेस में हमेशा से रुचि रही है। कई दमदार वाइपर वाहनों का मालिक होने के कारण मुक़ाबला मानक स्तर का होता था। गर्मी के दिनों की एक शाम कुछ ड्रिंक्स के बाद, मेरा अहम हावी हो गया और मैंने सड़कों पर बेतरतीब तूफ़ानी गति से गाड़ी दौड़ाई।

मैंने कुछ ज़्यादा ही गति हासिल कर ली और मेरा कार पर से नियंत्रण छूट गया और वह सारे यातायात को चीरती हुई ताड़ के पेड़ से जा भिड़ी। यह सब जब पूरा हुआ तो मेरे वाइपर में मेरी बगल में 50 फुट लंबे ताड़ के पेड़ का तना पड़ा हुआ था। मुझे गिरफ़्तार कर जेल ले जाया गया और नशे की हालत में लापरवाही से वाहन चलाने का आरोप लगा।

ख़ुशक़िस्मती कही जाएगी कि मैंने किसी को या ख़ुद को जान से नहीं मारा। पुलिस अधिकारी (जिसने स्ट्रीट रेसिंग के मेरे पूरे सिलसिले को देखा, ग़ज़ब है...) ने निष्कर्ष निकाला कि अगर टक्कर बगल की सीट की बजाय मेरी तरफ़ से होती तो मैं मारा जाता। मेरी ज़िंदगी का फ़ैसला मानो सिक्के की एक उछाल से हुआ।

कहने का मतलब यह कि मेरा रेस करने का विकल्प विश्वासघाती विकल्प था।

विश्वासघाती विकल्प ऐसे क़दम होते हैं जो आपकी ज़िंदगी, आपके सपनों और आपके लक्ष्यों को अपूरणीय क्षति पहुंचाते हैं। विश्वासघाती विकल्प ज़िंदगी को अनपेक्षित राहों पर भेज देते हैं, नई परिस्थितियों के साथ। किसी की ज़िंदगी लेने की भयावह मूर्खता की स्थिति में, चाहे जितना धन हो, आपको जेल जाने से नहीं बचा सकता और ना ही आपकी आत्मा को शुद्ध कर सकता है। विश्वासघाती क़दम आपकी ज़िंदगी को हमेशा के लिए बदलकर रख देते हैं।

जैक ने क़र्ज़ लेकर अपना सपनों का घर ख़रीदा और 65,000 डॉलर सालाना कमाई के बावजूद 800,000 डॉलर का क़र्ज़ ले लिया। कम ब्याज दर और आवास क्षेत्र में भारी उछाल के चलते उसने क़र्ज़ स्वीकार लिया। उसने दस्तावेज़ों को नहीं पढ़ा और यह मानकर चला कि क़र्ज़दाता ने उसके हितों का अच्छी तरह से ख़याल रखा होगा। 18 माह बाद उसकी ब्याज दरों का पुनर्निर्धारण होकर वह बढ़ गईं और अब क़र्ज़ उसके बूते की बात नहीं थी। उसका मकान ज़ब्त हो गया। उसके लिए दुस्वप्न बन चुके क़र्ज़ ने 12 साल तक उसका पीछा नहीं छोड़ा। अब वह नया क़र्ज़ लेने का पात्र नहीं रहा और संभावित कारोबारी अवसर बेकार चले गए।

28 वर्ष की उम्र में तेज़ राह से दौलतमंद बने आंद्रे के पास सबकुछ था : धन, एक सुंदर पत्नी, एक स्वस्थ बच्चा और पांच शहरों में फैले सात रेस्तरां। आंद्रे का दिमाग़ सातवें आसमान पर था और वह ख़ुद को अजेय समझने लगा था। शुक्रवार की एक रात नाइट मैनेजर के जन्मदिन की पार्टी में शराब के कुछ पैग्स के बाद आंद्रे नशे में धुत्त होकर कार चलाते हुए घर के लिए निकला। उसने सोच का यह विकल्प चुना, "मैं ठीक हूं।" रास्ते में उसकी कार दुर्घटनाग्रस्त हो गई और उसने चार लोगों के परिवार को मार डाला। सज़ा के बाद अब वह अपनी ज़िंदगी के अगले 11 साल जेल में काट रहा है। उसने अपना कारोबार और परिवार खो दिए हैं।

आंद्रे की ज़िंदगी विश्वासघाती विकल्पों के चयन के कारण हमेशा के लिए बदल गई। शराब

पीने का विकल्प। नशे में वाहन चलाने का विकल्प। यह सोचने का विकल्प कि मैं ठीक हूं। विकल्पों की श्रंखला लंबी है और उसकी निकासी की रणनीति स्पष्ट है। उसने समझदारी से चयन नहीं किया।

खेल पेज की गतिविधियां हमेशा विश्वासघात की गंभीरता को उजागर करती हैं। फ़ुटबॉलर माइकल विक ने एक आपराधिक गतिविधि में भाग लिया और उसकी पूरी ज़िंदगी ही बदल गई। उसकी विरासत (अगर आप इसे इस तरह से संबोधित करना चाहें तो) दोबारा वैसी नहीं होगी। उसने सम्मान के साथ-साथ ज़िंदगी के दो साल भी गंवा दिए। उसने कई विकल्प चुने जिनकी शुरुआत अपराधियों के साथ सहयोग के विकल्प से हुई।

एक अन्य एनएफ़एल फ़ुटबॉलर ने एक विकल्प चुना और यह उसकी मौत की वज़ह बना। आप कभी सोच भी नहीं सकते कि पत्नी को धोखा देने का ऐसा जानलेवा अंत भी हो सकता है। स्टीव मैकनेयर के साथ ऐसा ही हुआ जब नेशविल टेनेसी के एक फ़्लैट में उसकी रखैल ने उसे गोली से उड़ा दिया। उसने ख़ुद के लिए हत्या का विकल्प तो नहीं चुना था, लेकिन उस महिला को पाने की कोशिश का विकल्प रखा था। उसने संबंध का विकल्प चुना था। उसने धोखा देने का विकल्प चुना था। उसने आगे बढ़ने का विकल्प चुना था। देखा आपने, हम यहां केवल एक विकल्प की बात नहीं कर रहे हैं, बल्कि कई विकल्पों की बात कर रहे हैं, जिन्होंने उसे धोखाधड़ी के लिए तैयार किया। उसके विकल्पों ने बंदूक में गोली पहुंचाई, लेकिन गोली चलाई किसी और ने।

हाल ही में कई प्रतिष्ठित पुरुषों (कॉस्बी, वेनस्टेन, लॉर) ने मान लिया कि कुछ महिलाओं को उनके अभिनय करियर में प्रोत्साहित करने के ऐवज में उनके साथ दुर्व्यवहार (शायद आपराधिक) ठीक विकल्प है। यह विकल्प क्षणिक नहीं दीर्घकालिक था। और विश्वासघात ने आख़िर उनका हिसाब चुकता करवा ही दिया।

आपकी ज़िंदगी का स्टियरिंग व्हील (विकल्प) एक ख़तरनाक हथियार है। आपकी ज़िंदगी के व्हील को हिला डालने के लिए केवल तीन इंच की ज़रूरत होती है, तेज़ गति में केवल तीन इंच और आप अपनी ज़िंदगी को कभी वापस नहीं लौटने के सफ़र पर ले जा सकते हैं या किसी दीवार से तेज़ गति से टकरा जाओ। किसी वाहन के स्टियरिंग व्हील की तरह आपके विकल्प भी अति-संवेदनशील होते हैं। दुर्भाग्यवश धोखाधड़ी के रास्ते पर आपको हमेशा ग्रीन सिग्नल ही मिलेगा। लोग अपने ही विकल्पों की विपदा में डूब जाते हैं। इस कटु सत्य को स्वीकारे बगैर कि इसकी वजह वे ख़ुद हैं।

चयन आज, प्रभाव ताउम्र

देख लेना तुम।

"देख लेना तुम," मां का दिया गया एक ताना है कि "मैं सही हूं, तुम ग़लत और वक़्त तुम्हें इस सच्चाई से रूबरू कराएगा।"

ऊबड़-खाबड़ रास्तों पर चलने वाली मोटरसाइकिल के लिए मेरी याचनाओं से तंग मेरी मां मुझ जैसे विद्रोही किशोर पर "देख लेना तुम" का ताना ज़रूर मार देती थी। मां को

यह कल्पना ही पसंद नहीं थी और वह "देख लेना तुम" कहकर अपना पैग़ाम स्पष्ट कर देती थी। "देख लेना तुम" के ताने को सच होने में ज़्यादा वक़्त नहीं लगा। जोशो-खरोश से भरपूर, ख़ुद को अपराजेय समझने वाले एक 15 वर्षीय बच्चे ने, जिसे मोटरसाइकिल चलाने का कोई अनुभव नहीं था, ज़िंदगी के साथ जुआ खेल डाला। मैं कीचड़ से सनी सड़क पर 50 मील प्रति घंटे की रफ़्तार से मोटरसाइकिल चलाते हुए दुर्घटनाग्रस्त हो गया। मेरी कलाई और दो अंगुलियां टूट चुकी थीं। घुटने की नसें फट गई थीं और गर्दन की हालत बुरी थी।

हड्डियां तो वक़्त गुज़रने के साथ ठीक हो गईं, लेकिन उस दिन के परिणामों की झड़ी का असर अब तक कम नहीं हुआ है।

कई दशक गुज़र चुके हैं, लेकिन मैं गर्दन के दीर्घकालिक दर्द से परेशान रहता हूं। मुझे परेशानी से बचने के लिए बहुत ही असामान्य अंदाज़ में सोना पड़ता है। मैंने फ़िज़िकल थैरेपी और काइरोप्रेक्टिक उपचार पर अनगिनत घंटे और धन ख़र्च किया है। कई बार तो मैं कल्पना में उस दिन तक पहुंचकर उस मुंहफट बच्चे को तमाचे तक जड़ चुका हूं-मेरी ख़्वाहिश है कि मैं उसे बता सकूं कि हालात कैसे हैं : मेरी इच्छा है कि वह यह अध्याय पढ़ सके और मुझे उम्मीद है कि उसे समझ आएगा कि उसके विकल्प की ताक़त और परिणाम कितना था।

हमारे विकल्प के परिणाम ऐसे होते हैं, जो दशकों तक बढ़ते जाते हैं। चरम हॉर्सपॉवर था। हर दिन परेशानी के पल मुझे उस विनाशकारी दिन की याद दिलाते हैं, जब मैंने ग़लत विकल्प का चयन किया था। और आज मैं अभी भी उस विकल्प का क़र्ज़ उतार रहा हूं, एक ऐसा क़र्ज़ जो कभी चुक नहीं सकता।

द बटरफ़्लाय इफ़ेक्ट

क्या आप इस एक पल में ऐसा विकल्प चुन सकते हैं, जो आपके भविष्य की राह को हमेशा के लिए बदल डाले? आप चुन सकते हैं और यही ग़रीबी और दौलत के बीच का अंतर हो सकता है।

जब आप अपनी शुरुआती परिस्थितियों (विकल्पों) में हल्का-सा बदलाव करते हैं तो वक़्त गुज़रने के साथ उसका गहरा असर देखने को मिलता है।

गोल्फ़ की गेंद पर गोल्फ़ खेलने की छड़ी (गोल्फ़ क्लब) के प्रहार से इसकी तुलना कीजिए।

जब गोल्फ़ क्लब का मुंह गेंद से पूरे चौकोर में लगता है तो गेंद सीधी होल की तरफ़ जाती है। लेकिन जब गोल्फ़ क्लब के मुंह को एक डिग्री मोड़ दिया जाता है तो गेंद लक्ष्य (होल) से बहुत दूर निकल जाती है। जब गोल्फ़ क्लब गेंद को लगता है तो उसका विचलन मामूली होता है, लेकिन गेंद जैसे-जैसे आगे बढ़ती है विचलन बढ़ता जाता है और तब तक बढ़ता ही जाता है जब तक कि अंतर इतना हो जाता है कि गोल्फ़ कोर्स पर वापसी कर पाना नामुमकिन हो जाता है। एक ग़लत विकल्प आपके रास्ते में केवल एक डिग्री का विचलन करेगा, लेकिन वक़्त गुज़रने के साथ ग़लती का असर बड़ा होता जाता है।

विकल्पों के कारण भी वक़्त गुज़रने के साथ इस तरह का विचलन देखा जा सकता है। इसे प्रभाव अंतर कहा जाता है। जब आपके विकल्प इन वर्षों के दौरान पूर्व अनुभव से हासिल अनुमान पर ही आधारित होते हैं तो विचलन बढ़ता ही चला जाता है। यह विचलन सकारात्मक या नकारात्मक होता है। उदाहरण के लिए, जब मैंने फ़ीनिक्स से शिकागो जाने का फ़ैसला किया तो वक़्त गुज़रने के साथ प्रभाव अंतर में भारी बढ़ोत्तरी हुई। अगर मैंने वह विकल्प नहीं चुना होता तो मेरी ज़िंदगी काफ़ी अलग होती। लिमोजिन्स ड्राइवर की भविष्यहीन नौकरी भी मैंने ही चुनी थी, जिसने मेरी आंखें कारोबारी ज़रूरत के लिहाज़ से खोल दी थी। वह भी एक ऐसा विकल्प था, जिसमें बेहद शक्ति थी और उसने सकारात्मक प्रभाव अंतर डाला।

2003 की ऐश्टन कुचर स्टारर फ़िल्म *द बटरफ़्लाय इफ़ेक्ट* बहुत अच्छी थी, जिसने विकल्प की शक्ति को बहुत अच्छी तरह से प्रस्तुत किया था। फ़िल्म में मुख्य किरदार युवावस्था में विश्वासघाती विकल्पों को अपनाते हैं और फिर आप देखते हैं कि कैसे हर एक ज़िंदगी गुज़रते वक़्त के साथ उन विश्वासघाती विकल्पों के चयन के कारण आगे बदलती चली गई। आप प्रभाव अंतर स्पष्ट तौर पर देख पाते हैं।

यह बात समझ लीजिए कि प्रतिदिन जो भी फ़ैसले आप लेते हैं, उनके परिणामों का सामना आने वाले वर्षों में आपको ही करना है। तो सवाल यह है कि क्या आप विकल्प की लहर ख़ुशी और दौलत के रूप में देखना चाहेंगे? या अवसाद और ग़रीबी के तौर पर?

अश्वशक्ति का ह्रास

आपके विकल्प, भविष्य की उड़ान का महत्त्वपूर्ण रास्ता होते हैं। आप जितने युवा होंगे इस उड़ान में उतनी ही ज़्यादा अश्वशक्ति का इस्तेमाल होगा। दुर्भाग्यवश अश्वशक्ति उम्र बढ़ने के साथ कम होती जाती है।

अगर आप यह पढ़कर असमंजस की स्थिति में हैं तो सोचिए उस क्षुद्रग्रह (एस्टेरॉयड) के बारे में सोचिए जो पृथ्वी से टकराने की ओर बढ़ रहा है। जब एस्टेरॉयड अंतरिक्ष (इसकी तुलना आप युवावस्था में चुने गए विकल्पों से कीजिए) में लाखों मील दूर होता है तो उसके रास्ते में केवल एक डिग्री का विचलन पृथ्वी को तबाही से बचा लेगा। यह होती है अश्वशक्ति की ताक़त। हम बुज़ुर्गों के लिए एस्टेरॉयड पृथ्वी के (और मौत के भी) नज़दीक है। जो हमारे विकल्प की शक्ति को कम कर देता है। एक डिग्री का परिवर्तन भी उतना कारगर नहीं रह जाता और उतनी ही ताक़त के लिए हमारे मामले में विचलन 10 डिग्री तक का होना चाहिए।

जब आपकी उम्र 25 वर्ष से कम होती है तो आपकी अश्वशक्ति चरम पर होती है। आपके विकल्प उस दौरान ग़ज़ब की ताक़त से लैस होते हैं। 20 साल पहले मेरे द्वारा चुने गए विकल्प का असर आज तक देखा जा सकता है। इसमें पर्याप्त ताक़त है!

यदि आप अपने विकल्पों पर विचार करते हैं तो आप यह काम चंद सेकेंडों में कर लेते हैं, लेकिन उनके परिणाम ताउम्र देखने को मिलते रहते हैं, ख़ासतौर पर उन विकल्पों को जो आपने ज़िंदगी के शुरुआती दिनों में चुने थे।

ज़िंदगी में विकल्प लाखों टहनियों वाले किसी परिपक्व बलूत के पेड़ की तरह होते हैं। टहनियां आपके द्वारा चुने गए विकल्पों के परिणामों को प्रदर्शित करती हैं। पेड़ के तने के क़रीब टहनियां मोटी होती हैं, जो आपके शुरुआती जीवन के फ़ैसलों की प्रतीक हैं, जबकि ऊपरी टहनियां पतली होती हैं, जो ज़िंदगी के अंतिम दौर में किए गए फ़ैसलों की प्रतीक हैं।

युवावस्था के विकल्पों से अधिकांश ताक़त दिखती है और आपके जीवनरूपी पेड़ तने की तरह तैयार करती हैं। वक़्त गुज़रने के साथ जैसे-जैसे टहनियां ऊपर चढ़ती जाती हैं पतली और कमज़ोर होती जाती हैं। उनमें पेड़ को नई दिशा में विकसित करने की ताक़त नहीं बचती, क्योंकि तना उम्र, अनुभव और लादी गई आदतों से जड़ हो चुका है।

मेरी मोटरसाइकिल दुर्घटना में ग़ज़ब की अश्वशक्ति थी, क्योंकि उसका प्रभाव मैं अब तक महसूस करता हूं। अगर आप 23 वर्ष की उम्र तक बिना शादी के पांच बच्चों के बाप बन चुके हों तो आपको क्या लगता है कि आपके जीवनरूपी पेड़ की टहनियां कहां तक जा सकेंगी? आपके विकल्पों का पेड़ कितना मोटा और लचीला है? अगर आप क्लास से तड़ी मारते हैं और कॉलेज के चार साल में हमेशा नशे में धुत्त रहते हैं तो आपके विकल्प के पेड़ पर इसका असर वक़्त गुज़रने के साथ कैसा दिखाई देगा? अगर आपका सबसे अच्छा दोस्त हेरोइन के कारोबार से जुड़ा है तो वह टहनी कहां पहुंचेगी?

> *16 वर्ष की उम्र में स्कूल में मज़ाक़ के तहत डेविड ने स्कूल बस में एक स्मोक बम में आग लगा दी। 14 बच्चों ने वह धुआं सूंघा और क़िस्मत से वह बच्चे जल्द ही ठीक हो गए, लेकिन डेविड को किशोर कारागृह में 10 दिन गुज़ारने पड़े, जिसने डेविड की ज़िंदगी को एक नया ही मोड़ दे डाला। वहां उसे रूडी मिला, जिसने डेविड को चोरी का सही तरीक़ा सिखाया। इन संबंधों ने डेविड को नए करियर का विकल्प दिया-चोरी। सात साल तक क़ानून को चकमा देने के बाद डेविड पकड़ा गया, उसे नौ साल क़ैद की सज़ा सुनाई गई।*

अगर डेविड की मुलाक़ात रूडी से नहीं हुई होती तो वह कहां होता? फ़ायरब्रिगेड वाला? बैंकवाला? विकल्प और उसकी अश्वशक्ति आगे जारी रहती है।

> *17 वर्ष की एक ऑनर विद्यार्थी एलिसा ने अपने अभिभावकों की इच्छा के विरुद्ध घर छोड़कर एक 31 वर्षीय व्यक्ति के साथ रहने का फ़ैसला किया, जिसे वह केवल चार माह पहले एक स्थानीय बार में मिली थी। उसके दोस्त ने उसे क्रिस्टल मेथ से परिचित कराया और जिस बात की शुरुआत मज़ेदार प्रयोग के तौर पर हुई थी, ज़िंदगीभर की लत में तब्दील हो गई। एलिसा अपनी आदत को बनाए रखने के लिए गैरक़ानूनी गतिविधियों में लिप्त हो गई, जिसमें अभिभावकों से चोरी तक शामिल थी। उसका हिसाब तब हुआ जब वह एक स्थानीय मॉल में चोरी करती हुई पकड़ी गई। उसे तीन साल की जेल और सरकारी पुनर्वास केंद्र में रहने की सज़ा मिली।*

अगर एलिसा ने अपने अभिभावकों की बात सुनी होती तो आज वह कहां होती?

विकल्प और उसकी अश्वशक्ति बढ़ती ही चली जाती है।

रोज़मर्रा की ज़िंदगी में आपके द्वारा चुने गए छोटे-छोटे विकल्प, आदतों और जीवनशैली की वज़ह बनते हैं, जो प्रक्रिया का निर्माण करते हैं-यही हैं, जो सबसे ज़्यादा असर छोड़ सकते हैं।

आप तेज़ राह पर चलने का फ़ैसला नहीं कर सकते, क्योंकि वह तो केवल एक परिणाम है।

तेज़ राह की प्रक्रिया तो सैकड़ों विकल्प हैं।

उम्र को परे रखकर अपनी ज़िंदगी की समीक्षा कीजिए। ज़िंदगी में मिले दोराहों का विश्लेषण कीजिए और देखिए कि वह दोराहे आपको कहां तक ले आए हैं। दोराहे दरअसल विकल्प हैं, बड़े भी और छोटे भी। दोनों में ही एक बात समान है कि दोनों में ही आपको किसी अलग जगह ले जाने की ज़बर्दस्त ताक़त है। आप आज जो भी फ़ैसला लेते हैं, वह आपके कल, आने वाले सप्ताहों, महीनों, वर्षों, दशकों और हां पीढ़ियों तक असर डालता है।

अगर आपकी उम्र 30 वर्ष से कम है तो आपके विकल्पों की अश्वशक्ति शीर्ष पर है, क्योंकि वह आपके विकल्प के पेड़ की मोटी टहनियों को तैयार कर रहे हैं।

अब वक़्त पूरी गति पकड़ने का है।

अध्याय का सार : तेज़ रास्ते की ख़ासियतें

- ग़रीबी की प्रमुख वजह कमज़ोर विकल्पों का चयन है।
- विकल्प आपकी ज़िंदगी के वाहन का स्टियरिंग व्हील है।
- आप ठीक वही हैं, जो आपने चुना था।
- सफलता के सैकड़ों विकल्प हैं, जिन्होंने प्रक्रिया बनाई है। प्रक्रिया जीवनशैली बनाती है।
- विकल्प चुनना आपकी ज़िंदगी में आपके पास मौज़ूद सबसे शक्तिशाली नियंत्रण है।
- विश्वासघाती विकल्पों का चयन ताउम्र आपकी ज़िंदगी पर नकारात्मक असर डालता है।
- आपके विकल्पों में बहुत ज़्यादा अश्वशक्ति या भविष्य में प्रक्षेपण की क्षमता होती है।
- आप जितने युवा होंगे आपके विकल्पों की ताक़त उतनी ही ज़्यादा होगी और ज़्यादा अश्वशक्ति।
- पुराने विकल्पों के चयन के कारण वक़्त गुज़रने के साथ अश्वशक्ति कम होने लगती है। विकल्पों के परिणाम अब मज़बूत हो चुके हैं और उन्हें बदलना या मोड़ पाना नामुमकिन है।

अध्याय

24

अपनी विंडशील्ड साफ़ कर लें

जब तक हमें यह पता नहीं हो कि हम क्या हैं,
हमें जो होना चाहिए, वह बनने के लिए हम क़दम उठा ही नहीं सकते।
—शार्ले पी. गिलमैन

अपनी विंडशील्ड साफ़ कर लें

एक बार जब मैं अपनी लैम्बोर्ग़िनी में पेट्रोल डलवा रहा था तो एक युवा ने मुझसे पूछा कि क्या वह कुछ फ़ोटो खींच सकता है। मैंने जवाब दिया, "ज़रूर, लो।" झल्लाहट में कार के बारे में थोड़ी देर बड़बड़ाने के बाद उसने कहा, "मुझे जितने संभव हों उतने ज़्यादा से ज़्यादा फ़ोटो लेने हैं, क्योंकि कभी ऐसी कार नहीं ख़रीद सकूंगा।"

देखा, समस्या वह निष्कर्ष है? इस युवा ने यह मानने का विकल्प चुना कि वह ज़िंदगी में कभी भी लैम्बोर्ग़िनी नहीं ख़रीद पाएगा। वह अपनी विंडशील्ड से परे देख ही नहीं पाया। क्या यह छोटा-सा विकल्प नहीं है? एक विश्वासघाती विकल्प? भरपूर अश्वशक्ति वाला विकल्प?

इस बेहद सामान्य से दिखने वाली धारणा में विश्वासघात की अपार अश्वशक्ति है। यह सपनों को विकलांग बना सकता है।

इस किशोर द्वारा किया गया धारणा का चयन बहुत कमज़ोर था और इसकी वजह से, यह उसको हमेशा के लिए बेहद साधारण परिणामों की ओर ही ले जाएगा। उसकी जूरी तो फ़ैसले के लिए पहले ही विचार-विमर्श कर चुकी है, जो यह था : एक असाधारण महंगी कार हमेशा "उसकी पहुंच से बाहर रहेगी" और इसलिए उसके विकल्प उसकी मानसिकता का प्रतिबिंब हैं। दुर्भाग्यवश वह दुनिया में अपनी ही बनाई विंडशील्ड के कारण उपजी कमज़ोरी को समझ ही नहीं पाया।

धारणा का विकल्प

पिछले अध्याय में हमने विकल्प और ज़िंदगी पर उनके प्रभाव पर चर्चा की। अब तक बात केवल क़दम उठाने के विकल्प-शारीरिक परिणामों तक ही सीमित थी, जो कि परिणामों की वजह बनती हैं। हालांकि आप और अधिक अंदर झांककर देखेंगे तो उन क़दमों, फ़ैसलों के लिए कौन ज़िम्मेदार था? क्या बात है, जो आपको कोई काम करने या विकल्प को चुनने के लिए प्रेरित करती है? हमारे पास दो तरह के विकल्प हैं :

1) धारणा के विकल्प (सोचने का तरीक़ा)
2) कार्रवाई के विकल्प (पढ़ने का चयन)

धारणा के विकल्प, कार्रवाई के विकल्प से पहले होते हैं। अगर आप किसी विचार में भरोसा करते हैं, उसे महसूस करते हैं तो आपकी उस पर काम करने की संभावना बढ़ जाती है। पेट्रोल स्टेशन पर मुझे मिले किशोर और मुझमें यही फ़र्क़ था : जब मैंने एक बच्चे के तौर पर पहली लैम्बोर्गिनी देखी तो मैंने सोचा, "एक दिन, मेरे पास ऐसी कार होगी।" मेरा धारणा का विकल्प मज़बूत था और वह उन विकल्पों के चयन में बदला, जो मेरी धारणाओं पर आधारित थे।

देखिए, दरअसल आप किसी भी परिणाम को अपने नज़रिये और अपने संदर्भ के परिप्रेक्ष्य में करते हैं। आप अपने इर्द-गिर्द हो रहे परिणामों को लेबल लगाकर वर्गीकृत कर देते हैं। उदाहरण के लिए जब कोई कहता है "कुत्ता," तो हो सकता है आपके दिमाग़ में काला लेब्रेडॉर आए या किसी और के दिमाग़ में पूडल। जब आप किसी समुद्र तट पर कोई आलीशान कोठी देखते हो तो आपके दिमाग़ में क्या विचार आता है, "क़िस्मतवाला?" या "मैं कभी भी इस तरह की आलीशान कोठी का मालिक नहीं बन पाऊंगा?" बेहतर विकल्पों के चयन की ओर पहला क़दम बेहतर धारणाओं का चयन है, क्योंकि आपके अगले क़दम उस धारणा पर ही आधारित होंगे।

यदि आप अपनी नौकरी गंवा देते हैं तो इसे सकारात्मक या नकारात्मक रूप में ले सकते हैं। जब आप तेज़ रफ़्तार पकड़ते हैं तो आप नाराज़ या आभारी हो सकते हैं। धारणा का चयन और इसके विकल्प सुने जाने के मध्य शुरू होते हैं और स्वयं को गाड़ी चलाने की प्रक्रिया में ले जाते हैं।

आपकी धारणा वास्तविकता नहीं है

कुछ साल पहले मैं और मेरी गर्लफ्रेंड, एक पार्टी के लिए दोस्त के घर पर थे। हम एक छोटे से टेबल के इर्द-गिर्द बैठे थे और हमने देखा कि ज़रूरत से ज़्यादा उत्साहित एक व्यक्ति हर टेबल पर जाकर लोगों से बड़ी ही गर्मजोशी के साथ मिल-जुल रहा था। ऐसा लग रहा था मानो वह कमरे में मौजूद लोगों के बीच कुछ बेचने के लिए प्रचार कर रहा था।

वह ऐसा ही कर रहा था।

वह अंततः हमारी टेबल पर पहुंचा और मुंह खोला। "हैलो, हर महीने 10,000 डॉलर कमाना कैसा लगेगा?" पार्टी के लिहाज़ से सवाल अनुपयुक्त था और मैंने भी उतना ही अनुपयुक्त जवाब देने का फ़ैसला किया।

मैंने पूछा, "10,000 डॉलर हर महीने? वाकई?" उसे लगा कि मैं उसके सवाल से आकर्षित हुआ हूं और उसने मुझे किसी हर्बल उत्पाद के लिए एक नेटवर्क मार्केटिंग अवसर बेचने का प्रयास किया। मैंने उसे टोककर हँसते हुए कहा, "मैं हर दो दिन में एक लाख डॉलर कमाता हूं, तो इसलिए मेरे लिए तो तुम्हारा अवसर वेतन में 90% की कटौती की तरह है। क्या आपको लगता है कि मेरी इसमें रुचि होगी?" उसकी आंखें खुली की खुली रह गईं और संभलने के बाद वह बिना किसी चीज़ के चूहे की तरह दौड़ लगाकर कमरे से बाहर चला गया।

इस संक्षिप्त वार्तालाप में इस व्यक्ति की यह धारणा थी कि प्रतिमाह 10,000 डॉलर की आय बहुत ज़्यादा धन है। ऐसा नहीं है। दौलत अनंत है। तेज़ रास्ते के अवसर आपको प्रति माह छह से सात अंक की कमाई दिला सकते हैं। *फ़र्क़ है तो केवल धारणा का।*

मुझे वह दिन याद है, जब मैंने सोचा था कि 10,000 डॉलर का मतलब काफ़ी धन होता है। यह धारणा थी हक़ीक़त नहीं। एक माह में एक मिलियन डॉलर कमाना संभव है अगर आप सही विकल्प चुनते हैं और दौलत के सही तेज़ रास्ते पर सफ़र करते हैं। यह धारणा ही बेहतर विकल्पों के चयन की ओर ले जाती है। पार्टी में मौजूद वह व्यक्ति? उसने एक भीड़ भरा रास्ता चुना था। ख़ुद एक मल्टीलेवल मार्केटिंग कंपनी बनाने की बजाय उसने उसमें नौकरी करना बेहतर समझा था।

प्रभाव के जरिये जनता की सेवा करने की बजाय वह जनता में ही शामिल हो गया था।

विंडशील्ड की सफ़ाई का काम भाषा से शुरू होता है

आप अपनी मानसिकता को अपनी भाषा में शब्दों के चयन और अपने विचारों से समझ सकते हैं। उदाहरण के लिए प्रस्तुत है, फास्टलेन फ़ोरम पर की गई एक टिप्पणी :

> *"पिछले शुक्रवार मेरी सगाई हो गई। मैं इस स्थिति से काफ़ी वक़्त से जूझ रहा था, लेकिन आख़िर मैंने विवाह को एक और मौक़ा देने का फ़ैसला किया। वह एक बहुत ही अच्छी लड़की है और उसे सर्वश्रेष्ठ ही मिलना चाहिए और मुझे लगता है कि मैं ऐसा कर सकता हूं।"*

जब आप यह टिप्पणी पढ़ते हैं तो क्या आपको सुनिश्चित सफलता दिखती है? या आगामी असफलता? इस व्यक्ति के लिए कामयाब शादी की दुआ करते हुए मुझे ऐसे ढुलमुल शब्द दिखाई दे रहे हैं, जिनमें विश्वास का अभाव है : "एक और मौक़ा," "मुझे लगता है।" यह भाषा आगामी संकट के संकेत देती है। तो कौन-से शब्द या भाषा मुझे यक़ीन दिलाते?

> *"पिछले शुक्रवार मेरी सगाई हो गई। मैं इस स्थिति से काफ़ी वक़्त से जूझ रहा था, लेकिन आख़िरकार मैंने विवाह करने का फ़ैसला किया। वह एक बहुत ही अच्छी लड़की है और उसे सर्वश्रेष्ठ ही मिलना चाहिए और मैं उसे यह दूंगा।"*

अंतर समझ रहे हैं। एक कमज़ोर है तो दूसरा मज़बूत। हो सकता है दोनों एक ही बात कहते दिख रहे हों, लेकिन एक में संभावित पराजय दिख रही है जबकि दूसरे में यक़ीन भरी जीत। आपकी आंतरिक भाषा का वज़न होता है। अगर एक ब्रेन सर्जन आपको सर्जरी से पहले कहे, "मैं सोचता हूं कि मैं आपका ऑपरेशन कर सकता हूं और मैं सफल होने की कोशिश करूंगा।" आप वहां से भाग निकलेंगे और अस्पताल के ही गाउन में अनगिनत रातें गुज़ारेंगे।

शब्दों और वैचारिक धारणा में परिवर्तन अपनी विंडशील्ड को साफ़ करने की तरह है और विंडशील्ड पर जमा बुलबुलों से भी परे देखना। आप अपनी वैचारिक धारणा को कैसे इस्तेमाल करते हैं? दिमाग़ में किस तरह की भाषा का इस्तेमाल करते हैं? "कभी नहीं..., नहीं कर सकता..., अगर केवल..." या आपके शब्दों का चयन बेहतर होता है? "यह संभव है..., मैं करूंगा..., मैं कर सकता हूं।"

अगर आपकी दुनिया "कभी नहीं," "असंभव" जैसे शब्दों से बनी है तो क्या लगता है? यह सच है आप नहीं कर सकते और आप कभी नहीं कर पाएंगे।

इस किताब का लक्ष्य दौलत और धन को लेकर आपकी धारणा को बदलने का है। विश्वास कीजिए, सेवानिवृत्ति किसी भी उम्र में संभव है। विश्वास कीजिए, दौलतमंद होने के लिए बुढ़ापा पूर्व शर्त नहीं है। विश्वास कीजिए, एक नौकरी किसी कारोबार जितनी ही जोख़िम भरी होती है। विश्वास कीजिए, शेयर बाज़ार अमीर बनने का शर्तिया नुस्ख़ा नहीं है। विश्वास कीजिए कि आप आज से कुछ ही वर्षों में सेवानिवृत्त हो सकते हैं।

तो आप दिलोदिमाग़ में घर बना चुके पुराने विचारों, धारणाओं को मिटाकर नई धारणाएं कैसे बिठा सकते हैं?

नई धारणा से वास्ता रखने वाले लोगों, संसाधनों और सूचना से मेल बैठा लीजिए। जहां तक मेरी बात है तो मैंने उन लोगों की कहानियों का पीछा किया जो तेज़ी से दौलतमंद बने और जल्द ही मैंने यह जान लिया कि "जल्दी अमीर बनो" कोई मिथक नहीं है। मुझे 24 साल के करोड़पति आविष्कारक, कारोबार संस्थापक, लेखक और वेबसाइट मालिक मिले।

अगर आप असाधारण परिणाम पाना चाहते हैं तो आपको असाधारण सोच की ज़रूरत पड़ेगी। दुर्भाग्यवश, "असाधारण" शब्द और उसे ऊर्जा प्रदान करने वाली धारणाएं साधारणता में उलझे समाज में नहीं मिलतीं।

संचालन की टिप्स : बेहतर विकल्प और बेहतर ज़िंदगी

जैसे-जैसे आपका सफ़र आगे बढ़ता है, ख़ुद की इज़्ज़त करें और ख़ुद से एक सवाल पूछें, क्या यह धारणा का सही विकल्प है? क्या यह कार्रवाई का सही विकल्प है? कहीं यह मेरे सपनों के लिहाज़ से विश्वासघाती तो साबित नहीं होगा? कहीं यह मेरी बेहतर ज़िंदगी की राह में धुंधली विंडशील्ड जैसा तो नहीं होगा? मैंने क्या चुना है पराजित होना या विजेता होना? मैंने चुनौती स्वीकारी है या आत्मसमर्पण कर दिया है?

ज़िंदगी में बदलाव की शुरुआत विकल्पों में बदलाव के साथ होती है। दौलत के तेज़ रास्ते का वाहन विकल्पों पर दौड़ता है, डामर या सीमेंट की सड़क पर नहीं। आप बेहतर

विकल्प के चयन के लिए, फ़ैसले की गंभीरता के आधार पर, दो रणनीतियों को अपना सकते हैं।

1) **सबसे बुरे परिणाम का विश्लेषण (डब्ल्यूसीसीए/Worse Case Consequence -nalysis)**
2) **वज़नदार औसत निर्णय का मैट्रिक्स (डब्ल्यूएडीएम/Weighted Average Decision Matrix)**

डब्ल्यूसीसीए को, आपको जोख़िम भरे मार्ग परिवर्तनों और विश्वासघाती विकल्पों के चयन से बचाने के लिहाज़ से तैयार किया गया है। इसके विपरीत डब्ल्यूएडीएम को एक साथ कई आकस्मिकताओं के आने की स्थिति में बेहतर बड़े फ़ैसले लेने के लिहाज़ से तैयार किया गया है। विकल्पों के अतिरेक में यह दोहरा हमला कारगर साबित होता है : विनाशकारी विकल्पों के चयन से बचाव और बेहतर विकल्पों की उपलब्धता।

सबसे बुरे परिणाम का विश्लेषण (डब्ल्यूसीसीए)

फ़ैसला लेने में मददगार पहला साधन है, सबसे बुरे परिणाम का विश्लेषण (डब्ल्यूसीसीए), जिसमें आपका आगे की सोच रखने वाला और संभावित परिणामों का विश्लेषक होना ज़रूरी है। डब्ल्यूसीसीए आपसे हर फ़ैसले के परिणाम को लेकर ये तीन सवाल पूछता है :

1) आपके इस विकल्प चयन का सबसे बुरा परिणाम क्या हो सकता है?
2) इस परिणाम की संभावना कितनी है?
3) क्या यह स्वीकार्य जोख़िम है?

ये तीन सवाल जहां लंबे लग सकते हैं, आपकी विश्लेषण प्रक्रिया को कुछ सेकेंड्स से ज़्यादा का वक़्त नहीं लगेगा। आपको काग़ज़ या क़लम की भी ज़रूरत नहीं पड़ेगी, केवल दिमाग़ और धारणा का सचेत रहते हुए चयन करना है। जब डब्ल्यूसीसीए का इस्तेमाल करके विकल्पों का विश्लेषण किया जाता है तो संभावित हादसों का पूर्वाभास हो जाता है और अन्य विकल्प को चुना जाता है। विश्वासघाती रास्तों को टाला जा सकता है।

मैंने डब्ल्यूसीसीए का भरपूर इस्तेमाल किया है। उदाहरण के लिए, कुछ साल पहले, एक स्थानीय बार में कुछ पैग्स शराब पी लेने के बाद मैं मेरी ओर आकर्षित होती दिख रही एक महिला को घर ले गया। उसने पुराने मसख़रे अंदाज़ में कहा, "मुझे प्यार करो।" निश्चित ही उसे दो घंटे से जानने के कारण मैं समझ चुका था कि उसे प्यार नहीं कुछ और चाहिए। शराब के नशे में होने के बाद भी मैंने डब्ल्यूसीसीए विश्लेषण को आजमाया। इस विकल्प के चयन का सबसे बुरा परिणाम क्या होगा?

1) मुझे यौन संचारित रोग (एसटीडी) हो सकता है।
2) वह गर्भवती हो सकती है और फ़िर मैं ताउम्र उसके बंधन में बंध जाऊंगा।

3) मुझ पर बलात्कार का झूठा आरोप लग सकता है। (उसने दिमाग़ को सोचने पर मज़बूर करने वाली कुछ टिप्पणियां की थीं!)

इन परिणामों की संभावना कितनी थी?

1) एसटीडी की : 40% (उसकी यौन संबंध बनाने की स्वच्छंद प्रवृत्ति को देखते हुए!)
2) गर्भाधान : 1%
3) झूठे आरोप : 0.5%

तो क्या यह स्वीकार करने योग्य जोख़िम है? मैं तत्काल इस निष्कर्ष पर पहुंचा कि क़तई नहीं। 10% या 1%- मैंने पाया कि जोख़िम बहुत बड़ा है और उसका परिणाम मेरी ज़िंदगी को हमेशा के लिए बदल सकता है। मैंने उस महिला की आगे बढ़ने की कोशिशों को टाला और एक बेहतर विकल्प के लिए अपनी काम-वासना को नियंत्रित किया। अगर मैंने ऐसा नहीं किया होता तो? निश्चित ही मैंने तुरत-फुरत मौज का आनंद उठाया होता, लेकिन उसके बाद क्या? क्या मैं एक ऐसी महिला के साथ अनियोजित गर्भावस्था की स्थिति में पहुंच जाता जिसे मैं ठीक से जानता तक नहीं था? क्या मैं एक ऐसी बीमारी का शिकार हो जाता जो ना केवल मेरे स्वास्थ्य को तबाह कर देती, बल्कि भविष्य में जीवनसाथी की तलाश को भी सीमित कर देती? इस क़दम के संभावित परिणामों के मुझे विश्वासघाती मार्ग पर ले जाने की पूरी आशंका थी, जिसे मैंने टाल दिया।

जब मैं वाहन चलाता हूं तब भी डब्ल्यूसीसीए काम करता है। इस बात से कोई फ़र्क़ नहीं पड़ता कि कार कौन-सी है वाइपर या लैम्बोर्ग़िनी। स्ट्रीट रेस के लिए तड़पते बेवक़ूफ़ ड्राइवर मुझे हमेशा अभद्र भाषा के साथ चुनौती देते रहते हैं। मैं चाहूं तो तीन सेकेंड के लिए एक्सीलरेटर को पूरा दबा सकता हूं, लेकिन उन तीन सेकेंडों में डब्ल्यूसीसीए कमान संभाल लेता है। ऐसी स्थिति में सबसे बुरा क्या हो सकता है? मैं ख़ुद या किसी और को मार सकता हूं। आशंका कितनी? 3%? मेरी रेसिंग की क्षमता को देखते हुए जोख़िम बहुत ज़्यादा है। मैं एक्सीलरेटर पर दबाव कम करके ख़ुद को रेस से बाहर कर देता हूं। और वह दूसरा ड्राइवर? वह कुछ साबित करने के लिए गति के साथ निकल जाता है, संभावित परिणाम की चिंता किए बगैर। कोई बात नहीं, शायद कोई कारण है, जिसके कारण वह 10 साल पुरानी शोर मचाने वाली होंडा में है और मैं एक लैम्बोर्ग़िनी में।

आपको स्ट्रीट रेस की जीत मुबारक़-मैं ज़िंदगी जीतूंगा।

वज़नदार औसत निर्णय का मैट्रिक्स (डब्ल्यूएडीएम)

क्या कभी किसी मुश्किल फ़ैसले के साथ जंग लड़ी है? एक दिन आप विकल्प ए को चुनते हैं और दूसरे ही दिन विकल्प बी के लिए उसे छोड़ देते हैं। क्या अच्छा होता अगर किसी बड़े फ़ैसले को लेना किसी बड़ी संख्या को चुनने जितना आसान होता?

फ़ैसले के लिए जो दूसरा साधन मैं इस्तेमाल करता हूं वह बड़े फ़ैसलों की तुलना करता है और उनकी मात्रा निर्धारित करता है। आप उन्हें जानते हैं : आप आगे बढ़ें या

रुक जाएं? छोड़ दें या जारी रखें? कॉलेज की पढ़ाई की ओर लौटें या नहीं? डब्ल्यूएडीएम के लिए आपको काग़ज़ और क़लम की ज़रूरत पड़ेगी। या फिर आप मेरी वेबसाइट HelpMyDicisions.com पर जाकर वेबसाइट को आपके लिए गणना करने दे सकते हैं। याद रखिए, डब्ल्यूएडीएम केवल बड़े फ़ैसलों के लिए है, इसलिए आप इसका इस्तेमाल साल में कुछ मर्तबा कर सकते हैं, जबकि डब्ल्यूसीसीए का हर दिन।

डब्ल्यूएडीएम के साथ फ़ैसला लेना आसान होता है, क्योंकि यह आपके फ़ैसले के लिहाज़ से प्रासंगिक कारकों को अलग करके प्राथमिकता के आधार पर छांटती है। इसके बाद हर फ़ैसले की मूल्य के लिहाज़ से मात्रा निर्धारित करता है। ज़्यादा मूल्य का मतलब बेहतर फ़ैसला। उदाहरण के लिए अगर आपके पास डेट्रॉयट या फ़ीनिक्स जाने का विकल्प हो तो डब्ल्यूएडीएम आपकी मदद कर सकता है। डेट्रॉयट 88 और फ़ीनिक्स 93 जैसे साधारण संख्यात्मक मूल्यांकन से। अंकों को देखते हुए फ़ीनिक्स बेहतर विकल्प दिखाई देता है। डब्ल्यूएडीएम भले ही व्यक्तिपरक है, लेकिन इसे आपकी निरंकुश निरपेक्षता की ज़रूरत होती है। यह आपकी प्राथमिकताओं के लिहाज़ से ज़्यादा बेहतर विकल्प को पहचानने का एक बेहतरीन साधन है।

डब्ल्यूएडीएम के इस्तेमाल के लिए कम से कम दो विकल्प होने चाहिए। यह इससे ज़्यादा के लिए भी इस्तेमाल किया जा सकता है। मान लीजिए कि आप सचमुच में डेट्रॉयट में रहते हैं और फ़ीनिक्स में बसने के बारे में सोच रहे हैं। आप फ़ैसले को लेकर असमंजस में हैं और किसी निष्कर्ष पर नहीं पहुंच पा रहे हैं। एक दिन आप वहां जाना चाहते हो तो दूसरे दिन यहीं रहना चाहते हो। आमतौर पर ऐसा तब होता है जब हर विकल्प के साथ फ़ैसले के अनेक कारक हों।

एक पेंसिल और काग़ज़ लीजिए। काग़ज़ पर तीन कॉलम बनाइए, एक का शीर्षक दीजिए "कारक," दूसरे का "डेट्रॉयट" और तीसरे का "फ़ीनिक्स।"

वज़नदार औसत निर्णय का मैट्रिक्स (डब्ल्यूएडीएम)

कारक	डेट्रॉयट	फ़ीनिक्स

आपके फ़ैसले में कौन-से कारक महत्त्वपूर्ण हैं? मौसम? स्कूल? जीवन यापन की लागत? परिवार के पास रहना? फ़ैसले के लिहाज़ से प्रासंगिक सभी कारकों को लिख डालिए, फिर भले ही वे कितने ही छोटे क्यों नहीं हों? इन कारकों को "कारक" के कॉलम में लिखें। आपका डब्ल्यूएडीएम अब इस तरह का दिखेगा :

वज़नदार औसत निर्णय का मैट्रिक्स (डब्ल्यूएडीएम)

कारक	डेट्रॉयट	फ़ीनिक्स
मौसम		
स्कूल		
जीवन यापन की लागत		
कारोबारी माहौल		
कर		
सुरक्षा		
मनोरंजन		
परिवार से नज़दीकी		

इसके बाद हर एक कारक के आगे उसके महत्त्व के हिसाब से 1 से 10 तक अंक दें। सबसे महत्त्वपूर्ण कारक को 10 अंक। उदाहरण के लिए आप यहां मौसम से परेशान हैं तो मौसम को आपकी तालिका में 10 अंक मिलेंगे। इसी तरह से अगर आपके बच्चे 18 वर्ष के हो चुके हैं और इसलिए स्कूल अब आपकी शीर्ष प्राथमिकता नहीं है तो आप उसे केवल 3 अंक दे सकते हैं। सभी कारकों को अंक दे दीजिए और उसके बाद आपका डब्ल्यूएडीएम कुछ ऐसा दिखाई देगा :

वज़नदार औसत निर्णय का मैट्रिक्स (डब्ल्यूएडीएम)

कारक	डेट्रॉयट	फ़ीनिक्स
मौसम (10)		
स्कूल (3)		
जीवन यापन की लागत (6)		
कारोबारी माहौल (2)		
कर (7)		
सुरक्षा (4)		
मनोरंजन (8)		
परिवार से नज़दीकी (7)		

हर मापदंड को 1 से लेकर 10 तक का क्रम देने के बाद अब हर विकल्प का 1 से 10 तक श्रेणी निर्धारण कीजिए।

डेट्रॉयट में स्कूल प्रणाली? आप इसे 2 देते हैं। फ़ीनिक्स में आप स्कूल को 3 देते हैं, क्योंकि आपको लगता है कि यहां प्रणाली तुलनात्मक तौर पर बेहतर है।

आपके पसंदीदा रेड विंग्स का घर होने के कारण आप मनोरंजन के लिहाज़ से डेट्रॉयट को 5 देते हैं, जबकि इस मामले में फ़ीनिक्स को केवल 2 ही।

हर विकल्प में हर कारक को लेकर यह सिलसिला जारी रखिए। अब आपका डब्ल्यूएडीएम कुछ इस तरह से दिखाई देगा :

वज़नदार औसत निर्णय का मैट्रिक्स (डब्ल्यूएडीएम)

कारक	डेट्रॉयट	फ़ीनिक्स
मौसम (10)	2	8
स्कूल (3)	2	3
जीवन यापन की लागत (6)	5	7
कारोबारी माहौल (2)	6	4
कर (7)	6	7
सुरक्षा (4)	3	6
मनोरंजन (8)	5	2
परिवार से नज़दीकी (7)	10	0

इसके बाद हर पंक्ति के लिए अंक में श्रेणी का गुणा कर दें। उदाहरण के लिए डेट्रॉयट में मनोरंजन के लिए अंक थे 8 और श्रेणी 5 तो जवाब होगा 40। फ़ीनिक्स के लिए यही (8 × 2=16) होगा। अब इस अंक को संबद्ध श्रेणी के बगल में रखें।

सभी पंक्तियों के लिए ऐसा करने के बाद आपका डब्ल्यूएडीएम कुछ ऐसा दिखेगा :

वज़नदार औसत निर्णय का मैट्रिक्स (डब्ल्यूएडीएम)

कारक	डेट्रॉयट	फ़ीनिक्स
मौसम (10)	2 (20)	8 (80)
स्कूल (3)	2 (6)	3 (9)
जीवन यापन की लागत (6)	5 (30)	7 (42)
कारोबारी माहौल (2)	6 (12)	4 (8)
कर (7)	6 (42)	7 (49)
सुरक्षा (4)	3 (12)	6 (24)
मनोरंजन (8)	5 (40)	2 (16)
परिवार से नज़दीकी (7)	10 (70)	0 (0)

अंतिम चरण में बस आपको हासिल योग का महायोग करना है, ताकि अंतिम अंक हासिल किया जा सके, जो बताएगा कि कौन-सा विकल्प बेहतर है। सबसे बड़े अंक वाला आपका विकल्प होगा। आपका अंतिम डब्ल्यूएडीएम कुछ इस तरह से दिखाई देगा :

वज़नदार औसत निर्णय का मैट्रिक्स (डब्ल्यूएडीएम)

कारक	डेट्रॉयट	फ़ीनिक्स
मौसम (10)	2 (20)	8 (80)
स्कूल (3)	2 (6)	3 (9)
जीवन यापन की लागत (6)	5 (30)	7 (42)
कारोबारी माहौल (2)	6 (12)	4 (8)
कर (7)	6 (42)	7 (49)
सुरक्षा (4)	3 (12)	6 (24)
मनोरंजन (8)	5 (40)	2 (16)
परिवार से नज़दीकी (7)	10 (70)	0 (0)
	232	**228**

(बेहतर विकल्प)

इस काल्पनिक उदाहरण के मुताबिक़ तो आपको डेट्रॉयट में ही रहना चाहिए, क्योंकि उसने फ़ीनिक्स के 228 से ज़्यादा अंक 232 हासिल किए हैं।

बड़े फ़ैसले लेने के लिए डब्ल्यूएडीएम के बेहतरीन साधन है, जब तक कि आप कारकों के महत्त्व को लेकर पूरी तरह से ईमानदार हैं। मैंने अपनी ज़िंदगी में मुश्किल फ़ैसलों को सुस्पष्ट बनाने के लिए अनेक बार डब्ल्यूएडीएम का इस्तेमाल किया है। इसने साबित किया कि मुझे फ़ीनिक्स जाना चाहिए, इसने मुझे काम की बात बताई कि क्यों यह मेरा कारोबार बेचने का सर्वश्रेष्ठ वक़्त है। यहां तक कि इसने मुझे ख़राब कारोबारी निवेश से मुक्ति में भी मदद की।

मुझे 2005 में लास वेगास के एक रेस्तरां में निवेश का अवसर मिला। अवसर और संस्थापकों की पड़ताल करने के बाद अब फ़ैसले की घड़ी थी। मैं फ़ैसला नहीं ले पा रहा था। मैंने फ़ैसले की हिचकिचाहट को डब्ल्यूएडीएम विश्लेषण के साथ समाप्त किया। इसने संकेत दिए कि मुझे निवेश से इंकार कर देना चाहिए और मैंने ऐसा ही किया। एक वर्ष बाद मैंने कारोबारी गलियारों की कानाफूसी से जाना कि उस रेस्तरां में किया गया निवेश घाटे का सौदा साबित हुआ। सभी निवेशकों की पूंजी डूब गई। डब्ल्यूएडीएम ने फ़ैसला लेने में अनिश्चितता को ख़त्म किया और मुझे 1,25,000 डॉलर गंवाने से बचा लिया।

अगर आप किसी देश का नक़्शा देखेंगे तो आपको लाखों सड़कें दिखाई देंगी : फ्रीवे, गलियां, हवेलियां, बुलेवार्ड सभी कहीं दूसरी जगह ले जाती हुईं। आपका विकल्प का चयन उन रास्तों का पता लगाता है और वे या तो प्रभावशाली छोटे रास्ते होते हैं या फिर विनाशकारक मार्ग परिवर्तन। आपके दौलत के सफ़र के लिए फ़ैसला लेने में सहायक ये दो साधन आपके दिशादर्शक साधन हैं।

पीछे देखने वाले शीशे से नज़रें हटा लीजिए

आज का दिन आपकी शेष ज़िंदगी की नई शुरुआती लाइन है। जी हां, आज भविष्य का कल है, लेकिन आप हैं कि गुज़रे हुए कल को लेकर ही चिंतित हैं। गुज़रे वक़्त के साथ सबसे बड़ी समस्या यह है कि हम उन बातों को याद करते हैं, जिन्हें नहीं करना चाहिए और वे बातें नहीं भुला पाते, जिन्हें भुला देना चाहिए। अगर वाहन चलाते वक़्त आपकी आंखें पीछे देखने वाले शीशे पर अटकी हैं तो आप आगे नहीं देख रहे हैं। अगर आप अतीत में उलझे हुए हैं तो आप आगे नहीं देख रहे हैं। अगर आप आगे नहीं देख रहे हैं तो आप भविष्य के निशाने को नहीं साध पाएंगे।

दुनिया को आपके अतीत की कोई चिंता नहीं है। वह इसे लेकर अंधी है। दुनिया को इस बात से रत्तीभर भी फ़र्क़ नहीं पड़ता कि हाईस्कूल के दिनों में मैं गुलाबी पेंट पहनता था। (आपको *मियामी वाइस* याद है?) दुनिया को इस बात की कोई फ़िक्र नहीं है कि मैं फ्रांसिस फ्रेंकेन से भिड़ गया था और हार गया था। दुनिया को आपके यूसीएलए से किए गए एमबीए की कोई चिंता नहीं है, आपके ड्रग्स बेचने वाले पिता या कि जब आप जूनियर स्कूल में थे तो बिस्तर गीला करते थे। दुनिया को वाकई कोई फ़िक्र ही नहीं है। एक और केवल एक इंसान ही गुज़रे हुए वक़्त को हथियार बनाने की ज़ुर्रत करता है : आप।

जब दुनिया याद नहीं रखती, तो आप क्यों?

परिवार के तीनों बच्चों में सबसे छोटा होने के कारण, आप शर्तिया जान सकते हैं कि मुझे कुछ घटिया टिप्पणियों का सामना करना पड़ा। मोटू, बेवकूफ़ आप बस अंदाज़ा लगाते रहिए। हालांकि केवल इसलिए कि मेरे भाई मुझे बेवकूफ़ कहते हैं, यह सच्चाई नहीं बन जाता।

आपका अतीत कभी भी भविष्यकाल जैसा नहीं हो सकता, जब तक आप इसकी अनुमति नहीं दें।

किसी सिक्के की उछाल को याद कीजिए।

भले ही कितनी ही बार इसे उछाला जाए, अगला परिणाम अनियमित होता है। भविष्य के सिक्के की उछाल को अतीत के ही परिणाम की संभावना से जोड़कर नहीं देखा जा सकता।

आपका अतीत तो अब अपरिवर्तनशील है।

आपके पांच संबंध टूट जाने का यह मतलब क़तई नहीं है कि अगली बार भी ऐसा ही होगा, ख़ासतौर पर तब जबकि आपने उनसे सबक़ ले लिया हो। केवल तीन घंटे पहले

बर्गर सेंकते रहने का मतलब यह क़तई नहीं है कि आप अगले साल करोड़पति नहीं हो सकते। दुनिया भुला देती है, ठीक वैसे ही जैसे कि दुनिया ने भुला दिया कि मैं काफ़ी वक़्त पहले फ़र्श पोंछा करता था या पिज़्ज़ा की डिलिवरी करता था।

क्या आपकी याददाश्त विश्वासघाती है?

आपकी यादों का रंगरूप आपके विकल्पों की ही तरह का होता है। वे या तो विश्वासघाती होती हैं या फिर मौन या गति देने वाली। विकल्पों के परिणामों के विपरीत आपके पास विकल्प है कि आप अपने अतीत का किस तरह से वर्गीकरण करते हैं। अतीत के रिकॉर्ड्स को सील नहीं किया जा सकता।

उदाहरण के लिए आपने अपनी ज़िंदगी भर की बचत एक रेस्तरां की फ्रेंचाइज़ी में गंवा दी, जो आपके निवेश के तत्काल बाद दिवालिया हो गई। आपकी याददाश्त या तो गति देने वाली या विश्वासघाती हो सकती है। आपकी याददाश्त और उसका नज़रिया कुछ ऐसा हो सकता है :

कारोबार का मालिक होना एक बड़ा जोख़िम है। मैं दोबारा ऐसा कभी नहीं करूंगा। या फिर अगली बार मैं फ्रेंचाइज़ी ख़रीदूंगा नहीं बेचूंगा। *पहला नज़रिया विश्वासघाती है जबकि दूसरा गति देने वाला।*

आपके पास भविष्यकाल और अतीत को सांचे में ढालने का विकल्प होता है। यह या तो मददगार होता है या फिर बाधक।

जब मैं अपनी नाकामियों की बात करता हूं तो वह मुझे भविष्य के परिवर्तन की राह दिखाते हैं। यह ज़िम्मेदारी/जवाबदेही प्रक्रिया का हिस्सा है। मैंने क्या सीखा? भविष्य में क्या बदल सकता हूं? मुझे किन बातों को भूल जाना चाहिए?

वाइपर से दुर्घटनाग्रस्त होकर जब मैं मरते-मरते बचा था तो मुझे सबकुछ गंवाने का धुंधला अहसास याद है। मैं उन यादों को दोहराना नहीं चाहता और उन यादों ने मुझे भविष्य के बदलाव में मदद की : स्ट्रीट रेसिंग मूर्खों के लिए है। इसके विपरीत मैं चाहता तो अपने अहम को हावी होने देता और स्ट्रीट रेसिंग जारी रखता और कहता, आज के बाद मैं कभी स्ट्रीट रेसिंग में नहीं हारूंगा। हमारे विकल्पों के परिणामों को बदला नहीं जा सकता, आप अपनी याददाश्त को ख़ुद को बदलने के लिए इस्तेमाल कर सकते हैं। मेरी ज़िंदगी का फ़ैसला हाईस्कूल जिम क्लास में सबसे फिसड्डी रहने से नहीं किया जा सकता। अगर आप अपने अतीत से परिभाषित हैं तो आपके लिए भविष्य में वह बन पाना नामुमकिन होगा, जो आप बनना चाहते हैं।

अध्याय का सार : तेज़ रास्ते की ख़ासियतें

- आपका कार्रवाई का विकल्प आपकी धारणा के विकल्प से ज़ाहिर होता है।
- जो आपने समझा है या नहीं समझा है, वह ख़ुद आपको किसी कार्रवाई या कुछ भी नहीं करने तक ले जाएगा।

- आप अपनी धारणा को उन लोगों के अनुभव की मदद से बदल सकते हैं, जो धारणा को वास्तविकता में महसूस करते हैं।
- सबसे बुरी परिस्थिति का विश्लेषण आपको विश्वासघाती विकल्पों से बचाता है।
- वज़नदार औसत निर्णय का मैट्रिक्स, उपलब्ध विकल्पों की स्थिति स्पष्ट करते हुए उनके अंतर्निहित कारकों के खुलासे के साथ आपको बेहतर बड़े फ़ैसले लेने में मदद करता है।
- दुनिया की कोई स्मृति नहीं होती, केवल आपकी होती है।
- आपका अतीत गति देने वाला या विश्वासघाती हो सकता है।
- अगर आपकी निगाहें अतीत पर ही टिकी हुई हैं तो आप भविष्य में वह व्यक्ति नहीं बन सकते जो आपको बनना है।

अध्याय

25

नकारात्मक विचारों को हटाएं

उपहास कुछ और नहीं साधारणता द्वारा प्रतिभा
को दी जाने वाली श्रद्धांजलि है।
—ऑस्कर वाइल्ड

तेज़ राह का स्वाभाविक नकारात्मक विरोध

इंसानों के लिए हवाई जहाज का आविष्कार सबसे महान है, क्योंकि इसने गुरुत्वाकर्षण की स्वाभाविक ताक़त को ख़ारिज करते हुए, एक तरह से भौतिक शास्त्र के नियमों को भी नकार दिया। इतनी भारी वस्तु भला कैसे हवा में तैर सकती है? ऑरविल और विलबर राइट का यह क्रांतिकारी आविष्कार इसलिए और अधिक दर्शनीय हो गया, क्योंकि इसने ना केवल धरती, बल्कि समाज के गुरुत्वाकर्षण से भी आज़ादी पा ली।

"उड़ना नामुमकिन है।"
"क्या तुम लोग पागल हो गए हो?"
"तुम अपना वक़्त बर्बाद कर रहे हो।"
"मूर्खतापूर्ण..."

उड़ने की कल्पना को साकार करने से पहले राइट बंधुओं को समाज की नकारात्मक विरोधी हवाओं का सामना करना पड़ा। वह स्वाभाविक लालन-पालन जो हमारे युवा दिमाग़ों में विष भर देता है। फ़ास्टलेन फ़ोरम के एक सदस्य ने यह पोस्ट किया :

किसी किंडरगार्टन क्लास में चले जाइए और बच्चों से पूछिए कि उनमें से कितने गा सकते हैं। हर एक का हाथ ऊपर उठ जाएगा। 13 साल गुज़रने के बाद सीनियर हो चुके इन्हीं बच्चों की क्लास में जाकर यही सवाल पूछिए। बस चंद

ही हाथ ऊपर उठेंगे। क्या बदल गया? किंडरगार्टन के बच्चे सोचते थे कि वे गा सकते हैं क्योंकि किसी ने उन्हें अन्य बात नहीं बताई थी।

बिलकुल सही। हमें ना-ना करने वालों की बातें नहीं सुननी चाहिए, क्योंकि उन्हें समाज ने इसी तरह से बना दिया है। समाज आपके वाहन की ग्रिल पर लगातार एक विपरीत हवा बहाते रहेगा। आप सामाजिक मापदंडों से विचलन के बारे में सोच ही नहीं सकते, क्योंकि आम मापदंड का मतलब दिवालियेपन से दो वेतन की दूरी बनाए रखना। अगर आप औसत लोगों द्वारा दिए गए औसत परिणामों से बेहतर होना चाहते हैं तो आपको एक असामान्य तरीक़ा अपनाना होगा, जो "हर किसी की" पसंद नहीं है।

आप जितना अलौकिक और असाधारण बनने का प्रयास करेंगे, समाज की दकियानूसी शिक्षा से आपको उतना ही दूर जाने की ज़रूरत पड़ेगी।

असाधारण दौलत के लिए आपको असाधारण धारणाओं की ज़रूरत पड़ेगी।

बदबूदार विपरीत हवाओं की ओर पीठ कर लें

अगर आप विपरीत दिशा से आती हवा की ओर पीठ कर लें तो यह गति देने का काम करती है। मुझे ऐसा ही करना पड़ा, वरना मैं नाकाम हो जाता। कॉलेज से स्नातक उपाधि हासिल करने के बाद मुझसे एक बेहतर नौकरी की तलाश की उम्मीद लगाई जा रही थी। मैंने ऐसा नहीं किया, बल्कि मैं उद्यमी के तौर पर उपक्रम में जुट गया।

मेरे परिवार को लगा मैं पगला गया हूं और उन्होंने घोषणा कर डाली, "तुम पांच साल की शिक्षा को बर्बाद कर रहे हो!" मेरे साथी सोच रहे थे कि मैं भ्रमित हो गया हूं। ऊफ्फ़, दो-दो बिज़नेस डिग्रियां होने के बाद भी पिज़्ज़ा डिलिवरी और लिमोजिन्स के ड्राइवर बनने जैसे काम? महिलाएं मेरे साथ डेटिंग पर नहीं जाती थीं, क्योंकि मैंने पेशेवर "कॉलेज-शिक्षित" सांचे की परी कथा और उसमें शर्तिया मिलने वाली सुख-सुविधाओं को ख़ारिज कर दिया था।

तेज़ राह पर चलते हुए गति बनाने के लिए आपको, आपकी दिशा में बदबूदार, नकारात्मक विपरीत हवाएं चला रहे लोगों की ओर पीठ करना होगी। आपको समाज के नकारात्मक गुरुत्वाकर्षण और उसकी उम्मीदों के बोझ से आज़ाद होना होगा। अगर आप इस स्वाभाविक गुरुत्वाकर्षण को लेकर सजग नहीं रहे तो आपकी ज़िंदगी ख़ुद अपने ही विद्वेषपूर्ण अनवरत चक्र में उलझकर रह जाएगी। समाज के हिसाब से यही सामान्य होने का नुस्ख़ा है-नींद से उठो, काम पर जाओ, घर आओ, खाना खाओ, *लॉ ऐंड ऑर्डर* के कुछ एपिसोड देखो और सो जाओ... इसी क्रम को साल-दर-साल दोहराओ।

आपको अहसास होने से पहले आपकी ज़िंदगी के 45 बेशक़ीमती वर्ष गुज़र चुके होंगे। आपको अपनी वित्तीय योजना को कारगर बनाने के लिए और 25 वर्ष की दरकार होगी। वक़्त गुज़रता है, सपने मरते हैं और क्या बचता है? एक बूढ़ा जर्जर शरीर, जो हो सकता था उसके लिए दुखी।

आख़िर इस बदबूदार हवा के स्रोत क्या हैं? वे हैं :

1) वह दोस्त और परिवार जो समझ ही नहीं पाता।
2) मीडिया और शैक्षणिक संस्थान जो धीमे रास्ते की हठधर्मिता का प्रचार करते हैं।
3) अभिभावक जिन्हें इसी सोच के लिए तैयार किया गया है कि दौलत दूसरों के लिए है।
4) धीमे रास्ते के गुरु, जो दावा करते हैं कि घर आपका सर्वश्रेष्ठ निवेश है।
5) धीमे रास्ते के गुरु, जो कहते हैं कि आज का 100 डॉलर का निवेश 50 साल बाद 10 मिलियन डॉलर हो जाएगा।
6) आपके इर्द-गिर्द का माहौल।

नकारात्मक रायचंदों से बचें

वह लोग जो आपके लक्ष्यों को मज़बूती नहीं देते हवाओं को विपरीत दिशा में चलाने वाले इंसान होते हैं। वह रास्ते में बाधाएं खड़ी करते हैं। जब आप किसी कार्रवाई या सोच को लेकर उत्साहित होते हैं, यह लोग शंका-कुशंकाओं भरी राय दे डालते हैं। और बातचीत को कुछ ऐसा नकारात्मक मोड़ दे देते हैं, "अरे, यह काम नहीं करेगा," "कोई यह काम पहले से कर रहा है" और "क्यों चिंता करते हो?" प्रेरक लोगों के समूह में इसे नफ़रत करने वाले या सपने चुराने वाले कहा जाता है।

ऐसे लोगों से आपको मुंह मोड़कर अपनी पीठ उनकी तरफ़ कर देनी चाहिए। हर उद्यमी को ज़िंदगी में ऐसे नकारात्मक रायचंद मिल ही जाते हैं। ये लोग तेज़ रास्ते के सफ़र में सामान्य बाधाएं होते हैं। याद रखिए कि इन लोगों को समाज द्वारा पूर्व निर्धारित मार्गों पर ही चलने के लिहाज़ से ही तैयार किया गया है। ना तो वे तेज़ रास्ते के बारे में जानते हैं और ना ही उसमें उनका विश्वास है। उनकी सोच के दायरे के बाहर की हर बात उनके लिए बाहरी है और जब आप तेज़ रास्ते की बात करते हैं तो शायद आप *स्टार ट्रैक* सीरियल की काल्पनिक प्रजाति क्लिंगन की भाषा बोल रहे होते हैं।

एक निर्माता के तौर पर आप अल्पसंख्या में होते हैं, जबकि उपभोक्ता बहुसंख्यक होते हैं। "हर किसी" (जो अमीर नहीं होते) से अलग होने के लिए आपके (जो कि अमीर होने वाले हैं) पास एक मज़बूत रक्षाकवच होना चाहिए वरना उनकी विषाक्तता आपकी मानसिकता को प्रभावित करेगी। आदतन, नकारात्मक सीमित सोच वालों से हमदर्दी विश्वासघाती है। अगर नियंत्रण नहीं पाया गया तो यह नकारात्मक विपरीत हवा आपको सोफ़े या वीडियो गेम कंसोल तक ही सीमित करके रख देती है। "जी हां, वही पुराना ज्ञान, अगर आप कुत्तों के साथ रहोगे तो आपको पिस्सू मिलेंगे।"

यह विरोधाभास आपको खिलते फूल की तरह बना देता है, जिसे संरक्षण, पानी और भरपूर धूप चाहिए। नकारात्मक दोस्त, रिश्तेदार और सहकर्मी काले अंधियारे बादलों की तरह होते हैं। ख़ुद की रक्षा करो या फिर साधारणता की ओर धीमे सफ़र के परिणाम झेलो।

पर्यावरणीय विपरीत हवाओं से बचना

आप जबकि इंसानों से निकली नकारात्मक विपरीत हवाओं का रुख़ बदल सकते हैं, पर्यावरण से जुड़े कारकों पर आपका इतना नियंत्रण नहीं होता। पर्यावरणीय विपरीत हवाएं क्या हैं?

मेरे लिए यह शिकागो था। वहां के मौसम ने मुझे अवसाद में भेज दिया था और मुझे सूरज की धूप की ज़रूरत थी। शिकागो मेरे लिए किसी तूफ़ान से उपजी विपरीत हवा की तरह था और अगर मुझे सफलता चाहिए थी तो मुझे तूफ़ान की तरफ़ पीठ करना ही होगी। मैं बच निकला और ऐसी जगह पहुंच गया जो धरती पर सूरज की सबसे ज़्यादा रोशनी वाले शहरों में से एक था। अगर मैंने तूफ़ान की तरफ पीठ नहीं की होती तो आज मैं कहां होता? मैं जानता हूं कि मैं यहां ख़ुश और 30 साल पहले सेवानिवृत्त नहीं हुआ होता। बिलकुल नहीं। मैं कैनेडी एक्सप्रेसवे के संघर्षपूर्ण ट्रैफ़िक में फंसा होता और अवसाद से बचने के लिए गोलियां खाता होता। मैं गुज़र गया होता।

मैंने अपनी पर्यावरणीय विपरीत हवा को सहायक हवा बनाने का विकल्प चुना। जबकि मैं अपनी सारी समस्याओं के लिए पर्यावरण को दोष नहीं दे सकता, उनकी ही वजह से दौलत में "रुचि" और "प्रतिबद्धता" का मेल नहीं बैठ पाया।

विपरीत हवाओं का एक और स्रोत आपका कार्यस्थल हो सकता है। अगर आपकी नापसंदगी वाली नौकरी आपको बेजान कर देती है तो यह भी एक तरह की विपरीत हवा ही है। अगर काम के एक लंबे दिन के बाद आपके पास अपने सपनों और अपनी तेज़ रास्ते की योजना के लिए कोई भी ऊर्जा नहीं बची है तो आपका काम तमाम हो चुका है। विपरीत दिशा की हवाएं आपको उलझाए रखती हैं।

बड़ा होने के दौरान जिन कामयाब उद्यमियों का मैंने अध्ययन किया, उनमें से एक सिल्वेस्टर स्टेलन है। स्टेलन को जहां एक अभिनेता माना जाता है दरअसल, में वह एक उद्यमी हैं। उनकी *रॉकी* फ़िल्म की स्क्रिप्ट उनका ही उत्पाद है, जिसने करोड़ों लोगों के दिलों में घर कर लिया। उन्होंने इसे विशेष क़िस्म की शर्तों के साथ ही बेचा, जिसमें से एक प्रावधान था कि प्रमुख किरदार वही करेंगे।

स्टेलन प्रभाव के नियम से अनजान नहीं थे। स्टेलन की सफलता की कहानी का उल्लेखनीय तत्व था उनका सामान्य नौकरी से इंकार। वह कहते हैं कि अगर उन्होंने सामान्य कार्पोरेट नौकरी कर ली होती तो उनका सपना मर जाता, क्योंकि वह जानते थे कि नौकरी के जाल में फंसने के बाद बच निकलना नामुमकिन था। उन्होंने इस बात को पहचान लिया कि कार्पोरेट जगत विपरीत दिशा की हवा की तरह है।

अगर आपके इर्द-गिर्द का माहौल आपको बहुत तेज़ विपरीत हवा के सामने ला देता है तो आपको ख़ुद सक्रिय होते हुए उसे हटा देना चाहिए। आपके सपनों की राह में विपरीत दिशा से आ रही कौन-सी हवाएं हैं? उन पर नियंत्रण साधिए और उन विकल्पों को चुनिए जो आपकी ज़िंदगी की उड़ान की दिशा को ही बदल दें।

गति देने वाली हवाओं का निर्माण

मेरे लिए मेरा पर्यावरण विपरीत दिशा की हवाएं थीं। आपके लिए यह नकारात्मक मित्र या धीमे रास्ते के अन्य प्रभाव हो सकते हैं। जब आप इन लोगों की तरफ़ पीठ करते हैं तो विपरीत दिशा की हवा को काट देते हैं। जब आप आपके लक्ष्य को ताक़त देने वाले लोगों से हाथ मिलाते हैं तो आप अपनी पीठ पर समर्थन की हवा तैयार करते हैं और गति पकड़ते हैं। सकारात्मक लोग आपके विकास की देखरेख करते हैं, आपकी नाकामियों को शांत करते हैं और आपके सपनों में निवेश करते हैं। अच्छे लोग आपके सपनों के वाहक होते हैं। ना केवल प्रेरक ईंधन के तौर पर बल्कि आपकी संभावनाओं के दायरे को विस्तृत करने में भी वे यह भूमिका निभाते हैं।

लोग रास्तों की तरह होते हैं-वह आपकी ज़िंदगी में अवसर और आपदा दोनों ही ला सकते हैं। उन रास्तों की गुणवत्ता संबंधित व्यक्ति में निहित होती है।

अपनी ज़िंदगी में मौज़ूद रिश्तों की तुलना युद्ध की तैयारी कर रही सेना की प्लाटून से कीजिए। आपके किन लोगों के साथ युद्ध पर जा रहे हैं? आपका दोस्त मार्क जो हमेशा देरी से आता है, झूठ बोलता है और हर शनिवार रात शराब के नशे में बेसुध हो जाता है? आपकी मित्र लूसी, जो हर तीसरे सप्ताह नई नौकरी करती है और हाल ही में चेक्स में धोखाधड़ी करती हुई पकड़ी गई है और जो हमेशा एक ऐसे बेहद अमीर व्यक्ति की तलाश में रहती है जो ताउम्र उसके नखरे और ख़र्च उठाए? क्या आप इन लोगों पर विश्वास कर सकते हैं? क्या ये वे लोग हैं, जिनके साथ आप युद्ध पर जाना पसंद करेंगे? अगर नहीं तो आपको अपनी टीम के लिए बेहतर योद्धाओं का चयन करना होगा।

कैसे? उद्यमियों के क्लबों से जुड़िए, नेटवर्किंग इवेंट्स में हिस्सा लीजिए, समान विचारधारा के लोगों के साथ जुड़िए, ऐसे लोगों को अपने इर्द-गिर्द रखिए जो तेज़ रास्ते की अहमियत को समझते हैं। कुछ भी संभव है कि विचारधारा वाले लोग और फिर फ़ैसला कीजिए कि आपकी टीम में कौन होना चाहिए। उन लोगों की जीवनियां पढ़िए जिन्होंने आपकी आकांक्षाओं के मुताबिक़ सफलता हासिल की है। किसी मार्गदर्शक को तलाशिए। तेज़ राह की मानसिकता के साथ किसी उद्यम मंच से जुड़िए, जैसे फ़ास्टलेन फ़ोरम। एक भी सप्ताह नहीं गुज़रता जब किसी का मुझे ईमेल नहीं आता, इस फ़ोरम ने मेरी ज़िंदगी बदल डाली। ये समर्थक हवाएं हैं!

दोस्तों, यह युद्ध है और आपकी ज़िंदगी अधर में है। आपको ऐसे योद्धाओं की ज़रूरत है जो तबाही मचाने की क्षमता रखने वाले डेथ स्टार से अप्रभावित हैं और धीमे रास्ते के ट्रेक्टरों की बत्तियां गुल कर सकते हैं। ना कि ऐसे डरपोक व्यक्ति जो धीमे रास्ते के साम्राज्य की पहली ही झलक पर हथियार डाल दें। अपने पर्यावरण और रिश्तों को परखिए और विपरीत दिशा में आ रही हवाओं को पहचानिए। उसके बाद गति देने वाली कार्रवाई का चयन कीजिए : क्या उन विपरीत दिशा की हवाओं को हटाया जा सकता है, उनकी अनदेखी की जा सकती है या उन पर नियंत्रण साधा जा सकता है? स्वाभाविक हवाओं के विपरीत आप आपकी नकारात्मक विपरीत हवाओं के पंच होते हैं। सफलता उन्हें ही मिलती है, जो नकारात्मक विचारों की विपरीत हवाओं को तोड़कर उन्हें अपने साथ कर लेते हैं।

महत्त्वपूर्ण अन्य या महत्त्वपूर्ण ध्यान बंटाने वाले?

सबसे बुरी विपरीत हवा, आपके वाहन में बैठे सहयात्री हो सकते हैं। वे बगल में बैठकर आपको तमाम तरह के लेक्चर देते हैं। आपके बेकार विचार और आपको आपकी असफलताओं की याद दिलाते हैं। या फिर वे बिना कुछ कहे ही आपका ध्यान बंटाते हैं : वह कार में लगे रेडियो से छेड़छाड़ करते हैं, एसी के तापमान को बदलते हैं, खिड़की से छेड़छाड़ करते हैं या फिर ड्यूरान ड्यूरान का कोई पुराना गाना गुनगुनाने लगते हैं या फिर वह पीछे की सीट पर बैठकर ड्राइवर की भूमिका निभाते हैं। "चार्ल्स, चार्ल्स, यह करो! वह करो! वहां से मुड़ो! नहीं मूर्ख व्यक्ति!" आपकी यात्रा में इससे ज़्यादा ख़तरनाक और क्या हो सकता है? और ये व्यक्ति कौन हैं? वे आपकी कार में कैसे पहुंचे?

ये व्यक्ति आपका महत्त्वपूर्ण अन्य है। महत्त्वाकांक्षी उद्यमियों से बातचीत से मैंने जाना है, महत्त्वपूर्ण अन्य (पत्नी, मंगेतर, गर्लफ्रेंड्स, बॉयफ्रेंड्स) सबसे बड़ी विपरीत हवाओं में से एक हो सकते हैं। एक ऐसे जीवनसाथी का होना जो आपकी सोच और आपके लक्ष्य से सहमति नहीं रखता हो, गीली खाद से भरे ट्रेलर को खींचने जैसा है। अगर आपका साथी आपकी उद्यमिता के दर्शन से सहमत नहीं हो और धीमे रास्ते पर चल रहा हो तो क्या आप साथ-साथ तरक़्क़ी के बारे में सोच सकते हैं? आपके पाले में मौज़ूद लड़ाई में साथ देने वाला व्यक्ति गति देने वाला है, जबकि अगर वह विरोध करता है तो वह विश्वासघाती बन जाता है।

मेरी प्रारंभिक गर्लफ्रेंड्स में एक शादी के लिहाज़ से A+ श्रेणी की थी। लेकिन वह धीमे रास्ते के दर्शन में, पूरी तरह से विश्वास रखती थी। वह समझ नहीं सकी कि मैं उद्यमी बनने के लिए क्यों इतना तड़प रहा हूं। मेरी असफलताएं बढ़ने के साथ ही हमारे रिश्तों में खटास बढ़ती गई और अंत में एक दिन हमारा रिश्ता ख़त्म हो गया। इसमें ग़लती किसी की भी नहीं थी : हम दो अलग लोग थे, जो अलग-अलग रास्तों के राहगीर थे।

तेज़ रास्ते की सफलता में बुरे रिश्ते रोड़े का काम करते हैं। वह आपकी ऊर्जा को निचोड़ लेते हैं और सपनों को मद्धम कर देते हैं। यह बहाव के विपरीत नाव खेने की तरह है। अनिच्छुक यात्री कई बार नाव में केवल वज़न बढ़ाते हैं, ध्यान बंटाते हैं और कुछ बार उन्हें हटाना महंगा साबित होता है। जी हां, तलाक़ विश्वासघाती है और महंगा भी। भावनात्मक तौर पर भी और आर्थिक लिहाज़ से भी। कम आजमाए गए रास्ते पर यात्रा वैसे ही मुश्किलों भरी होती है। फिर ऐसे में क्यों इस सफ़र के दौरान ऐसे व्यक्ति का बोझ साथ लिया जाए जो आपकी मंज़िल साझा नहीं करता? क्या आप आपमें और आपके लक्ष्य में विश्वास रखने वाले व्यक्ति के साथ सही रिश्ते में हैं? या कि फिर आपका रिश्ता गुनगुने पानी की तरह है, ना ज़्यादा अच्छा ना ज़्यादा बुरा, बस कुछ हद तक सुकून देने वाला? अगर ऐसा है तो यह यात्री के मूल्यांकन का वक़्त है।

अध्याय का सार : तेज़ रास्ते की ख़ासियतें

- समाज का स्वाभाविक गुरुत्वाकर्षण औसत होने की ओर है, असाधारण नहीं।
- विषाक्त संबंध ऊर्जा निचोड़ लेते हैं और आपको असाधारण होने के लक्ष्य से विचलित कर देते हैं।

- आपकी ज़िंदगी में मौज़ूद लोग युद्ध के लिए तैयार प्लाटून के साथियों की तरह होते हैं। वह आपको बचा सकते हैं, मदद कर सकते हैं या तबाह कर सकते हैं।
- अच्छे रिश्ते आपकी प्रक्रिया को गति देने वाले होते हैं, जबकि बुरे रिश्ते विश्वासघाती।

अध्याय

26

आपका मूल ईंधन : वक़्त

वक़्त कोई सामग्री नहीं है, जिसे आप किसी केक की तरह साझा कर सकें।
वक़्त जीवन का सार है।
जब कोई आपसे आपका वक़्त मांगता है,
वास्तविकता में वह आपके जीवन का कुछ हिस्सा मांगता है।

—एंटोनाट बास्को

चिकन का 6 डॉलर का बकेट

अधिकतर लोग क्यों अमीर नहीं बन पाते? ज़्यादा दूर जाने की ज़रूरत नहीं है 6 डॉलर में चिकन के बकेट को ही देख लीजिए। यह एक बड़ी ख़बर बन गया। एक बड़े फ़ास्ट फूड रेस्तरां ने इंटरनेट कूपन वाले व्यक्ति को मुफ़्त में एक चिकन बकेट देने का प्रस्ताव किया। लोगों ने उनके रेस्तरां के सामने कतारें लगा दीं, कई घंटे इंतज़ार किया, केवल 6 डॉलर की मुफ़्त चिकन बकेट के लिए। क्या आप किसी को जानते हैं, जो कुछ मुफ़्त में पाने के लिए घंटों क़तार में लगकर इंतज़ार करता हो?

कहीं आप भी तो उन्हीं में से नहीं?

ऐसी कहानियां आम हैं और फिर भी मेरी प्रतिक्रिया वही है : लोगों के साथ क्या दिक़्क़त है? मैं बताता हूं : *ये लोग अपने वक़्त का मूल्य शून्य समझते हैं। यह मुफ़्त है।* ठीक वैसे ही जैसे वह हवा जिसमें हम सांस लेते हैं। उन्हें यह विश्वास हो चुका है कि वक़्त की कोई कमी नहीं है और इसकी आपूर्ति भी अंतहीन है। वे इस तरह से जीते हैं मानो वे अमर हैं। उन्हें यक़ीन है कि वक़्त, उनकी ज़िंदगी का ईंधन, कभी ख़त्म नहीं होगा।

मुझे हैरानी होती है कि अगर इन लोगों की ज़िंदगी में केवल तीन सप्ताह का ही वक़्त बचा होता तो क्या फिर भी उस चिकन की मुफ़्त बकेट के लिए इसी तरह से क़तार में लगते? क्या होता अगर उनके पास तीन महीने होते? तीन साल? आख़िर नश्वरता की किस

दहलीज़ पर पहुंचकर लोगों के दिलोदिमाग़ में तर्क और कारण का उजाला होगा? और यह अहसास होगा कि चिकन की मुफ़्त बकेट के लिए तीन घंटे कतार में रहना वक़्त का सदुपयोग नहीं है? चिकने चिकन की सच्चाई : *वक़्त का मूल्य मत समझो और आप ग़रीब होंगे।* जब जीवनशैली के विकल्प के तौर पर वक़्त गंवाया जाता है तो आप ऐसी जगह पर फंस चुके होंगे, जहां आप जाना ही नहीं चाहते थे।

अपने इर्द-गिर्द देखिए। आपके मित्र, परिवार और साथी वक़्त को कितना मूल्यवान समझते हैं? क्या वे चार डॉलर बचाने के लिए क़तारों में खड़े हैं? क्या वे 10 डॉलर बचाने के लिए 40 मिनट की ड्राइविंग करते हैं? क्या वे सोफ़े पर पूरी उत्सुकता से यह जानने के लिए चैन से लेटे हुए हैं कि *डांसिंग विद द स्टार्स* का विजेता कौन बनेगा?

औसत अमेरिकी हर दिन चार घंटे से ज़्यादा टीवी देखता है। 85 वर्ष की उम्र में वह नौ साल तो केवल टीवी से चिपके हुए ही गुज़ार देता है। नौ साल सुश्री ब्यूलर। नौ।

क्यों?

बहुत आसान है।

ज़िंदगी बेकार है। ज़िंदगी को पलायन की ज़रूरत है। ज़िंदगी कुछ ख़ास नहीं है। मुझे ऐसा व्यक्ति बता दीजिए जो घंटों ऑनलाइन *क्लैश ऑफ़ क्लेन्स* या *कैंडी क्रश* खेलते हुए बिता देता हो। मैं आपको बता दूंगा कि वह व्यक्ति शायद कुछ ख़ास सफल नहीं है। जब ज़िंदगी बेकार हो, पलायन की ज़रूरत महसूस की जाती है। मुझे टीवी की ज़रूरत नहीं है, क्योंकि मैंने अपना वक़्त एक जीने योग्य जीवन में निवेश किया है। ना कि किसी काल्पनिक पलायन में जो हर मंगलवार रात 8 बजे टीवी पर आता हो।

फिर वही बात, बहुसंख्यक लोगों की सोच साधारण होती है और उन अधिसंख्य लोगों के लिए वक़्त एक संपत्ति है, जिसका मूल्य कम है और बिना दिमाग़ लगाए उसका अपव्यय किया जा सकता है। *गेम ऑफ़ थ्रोन* और *हाउ आई मेट योर मदर* में नौ साल गंवाने की बज़ाय क्यों ना ये नौ साल किसी कारोबारी प्रणाली में निवेश किए जाएं, जो ज़िंदगी के अगले 30 साल तक लाभ देती रहे?

द टाइटेनिक : आपका जहाज कितनी तेज़ी से डूब रहा है?

धन बचाने के लिए क़तार में खड़े लोगों को हाथ में एक तख़्ती पकड़कर उस पर लिख देना चाहिए, "मैं धन को मेरी ज़िंदगी से ज़्यादा महत्त्व देता हूं।" यह विकल्प चयन प्रारंभिक ग़लती है।

धन पर वक़्त के हावी होने का सबसे अच्छा उदाहरण 1997 की फ़िल्म *टाइटेनिक* है। जहाज डूब जाता है और बस चंद लाइफ़बोट्स ही बचती हैं। बिली ज़ेन द्वारा अभिनीत दौलतमंत इस्पात उद्योगपति केलेडेन हॉकली का क़िरदार अपनी ज़िंदगी के लिए जहाज के अधिकारी से मोलभाव करता है। वह लाइफ़बोट में एक जगह के लिए नक़द राशि देने का प्रस्ताव करता है। अधिकारी उस बड़े व्यवसायी के प्रस्ताव को ठुकराते हुए कहता है, "आपका धन अब आपको और नहीं बचा सकता, जितना कि यह मुझे बचा सकता है।"

इस एक पल पर विचार कीजिए।

आपका धन अब आपको और नहीं बचा सकता, जितना कि यह मुझे बचा सकता है।

बहुत दमदार।

उन 8 सेकेंड्स में वक़्त की असली क़ीमत पता चल जाती है और हम अपनी मौत की टिकटिक करती घड़ी की निश्चितता से रूबरू हो जाते हैं। देख लिया, एक बार आपका वक़्त गुज़र गया कि आप मर जाते हैं। जब आपकी घड़ी की टिकटिक बंद हो जाती है तो कितनी भी बड़ी राशि आपको मौत से नहीं बचा सकती।

तेज़ राह के राहगीर इस बात को समझते हैं कि वक़्त ज़िंदगी का ईंधन भंडार है। जब ईंधन का भंडार रिक्त हो जाता है, ज़िंदगी ख़त्म हो जाती है। वक़्त वह सबसे बड़ी संपत्ति है, जिसके आप मालिक हैं, धन नहीं, 1969 की दोबारा नई नवेली कर दी गई मस्टैंग नहीं, ना ही दादाजी का पुराना सिक्कों का संग्रह। वक़्त।

सच्चाई तो यह है कि हम सभी डूबते जहाज पर सवार हैं। क्या आपका वक़्त से व्यवहार ऐसा ही है? क्या आप उसे सम्मान देते हैं या लापरवाही भरा बर्ताव करते हैं? क्या आपका यह मूल ईंधन इस तरह से बर्बाद किया जाता है मानो उसका भंडार कभी भी ख़ाली नहीं होगा?

आप पैदा अमीर हुए थे और मरोगे कंगाल होकर

वक़्त में बराबर या समतुल्य कर देने की बड़ी क्षमता होती है। आपका जन्म वक़्त के पूरे ईंधन के साथ हुआ था। हां रास्ते में ईंधन दोबारा भरने की कोई व्यवस्था नहीं है। आपने पैदा के बाद जैसे ही पहली सांस ली थी, केवल एक बार के लिए आपका पूरा वक़्त रूपी ईंधन उसी वक़्त आपके भंडार में भर दिया गया था।

वक़्त को आपकी नश्वरता की सीमाओं से बाहर जाकर निर्मित नहीं किया जा सकता। निश्चित तौर पर हम अच्छे स्वास्थ्य और आहार के बूते 75 वर्ष के जीवनकाल को 82 तक खींच सकते हैं, लेकिन नश्वरता की सीमाओं के भीतर रहकर ही। वक़्त अनंत से अंत में बदल जाता है। मानव जाति का सबसे बड़ा गुनाह इस तरह से काम करना है मानो इस धरती पर हमारे पास अनंतकाल तक का वक़्त है, जबकि ऐसा है नहीं।

हक़ीक़त यह है कि वक़्त घातक तौर पर दुर्लभ है, जबकि धन प्रचुर मात्रा में उपलब्ध है।

वर्ष में किसी भी दिन पूरी दुनिया के मुद्रा बाज़ार में 3 ट्रिलियन डॉलर का विनिमय होता है। यानी 3,000,000,000,000 डॉलर। इसे समझने के मान लीजिए कि आप यह होने पर 8,000 वर्ष तक प्रतिदिन 10 लाख डॉलर ख़र्च करते हैं तो भी आपके 3 ट्रिलियन डॉलर ख़त्म नहीं होंगे। एक दिन के मुद्रा विनिमय को नापा जाए तो यह 109 जीवनकाल के बराबर है। धन प्रचुर मात्रा में उपलब्ध है और रहेगा, जब तक कि दुनियाभर की सरकारें इसकी छपाई जारी रखेंगी।

अब चूंकि आपके पास 8,000 साल की ज़िंदगी नहीं है, तो क्या यह तार्किक निष्कर्ष नहीं होगा कि धन तो प्रचुर मात्रा में उपलब्ध है, वक़्त नहीं है? आप और अधिक धन

हासिल कर सकते हैं, लेकिन नश्वरता को नहीं नकार सकते। वित्तीय भाग्य की सबसे बड़ी विडंबना यही है कि आपके पास कितना भी धन हो, लेकिन मृत्यु तो आपको कंगाल कर ही देगी। आपका ईंधन जबकि ख़त्म हो रहा है आप वक़्त के ईंधन के हर पल निरंतर दहन से बच नहीं सकते। आप परमानंद की स्थिति में जी सकते हैं या फिर दयनीय अवसाद में-वक़्त इन बातों से उदासीन है और यह बस धीरे-धीरे कम होता जाता है। चूंकि वक़्त बहुत कम है, तो क्या बेहतर समझदारी नहीं होगी कि आप केवल 6 डॉलर की एक किचन बकेट के लिए तीन घंटे बर्बाद नहीं करें?

अनुबंधित वक़्त, ख़ाली वक़्त के लिए दी गई फ़िरौती है

आपकी ज़िंदगी में दो तरह के वक़्त होते हैं। आपका ख़ाली वक़्त और आपका अनुबंधित वक़्त।

आपका जीवनकाल = ख़ाली वक़्त + अनुबंधित वक़्त

"खाली वक़्त" आपका होता है, जिसमें आप जो पसंद हो कर सकते हैं : टीवी देखना, पार्क में जॉगिंग, वीडियो गेम्स, सोना, खाना, छुट्टियां। अगर आप अधिकांश लोगों की तरह हैं तो आपका ख़ाली वक़्त शामों और सप्ताहांतों पर एकत्रित होता है। जहां धन के लिए वक़्त का सौदा नहीं होता।

"अनुबंधित वक़्त" इसके ठीक विपरीत होता है : यह आपके द्वारा धन कमाते हुए और उस धन के परिणामों के साथ गुज़ारा गया कुल वक़्त होता है। जब आप सुबह उठते हैं, शॉवर लेते हैं, कपड़े पहनते हैं, ट्रेन स्टेशन जाते हैं, इंतज़ार करते हैं, ट्रेन में चढ़ते हैं और फिर 8 घंटे काम करते हैं – यह अनुबंधित वक़्त है। जब आप आपका समूचा सप्ताहांत काम के सप्ताह के बाद दोबारा उत्साहित होने के लिए करते हैं तो यह भी अनुबंधित वक़्त में ही गिना जाएगा। अनुबंधित वक़्त यानी कि काम का कुल वक़्त और उस काम का वक़्त जो आपको इस काम के लिए तैयार करता है। सुबह की दैनंदिन नियमित गतिविधियां, ट्रैफ़िक, घर में रिपोर्ट तैयार करना, अकेले ख़ुद को तरोताज़ा करना-जो भी वक़्त धन कमाने के लिए ख़र्च किया जाता है, अनुबंधित वक़्त है।

अगर आपने लॉटरी जीत ली है और नौकरी छोड़ दी है, क्योंकि आपको अब अनुबंधित वक़्त की ज़रूरत नहीं है। यह वक़्त एकाएक ख़ाली वक़्त हो चुका है।

धन ख़ाली वक़्त ख़रीद लेता है और अनुबंधित वक़्त को हटा देता है।

हालांकि आपके ख़ाली वक़्त की विडंबना यह है कि यह ख़ाली नहीं है। यह आपके अनुबंधित वक़्त के लिए भुगतान करके ख़रीदा गया है। आप दो सप्ताह की छुट्टियां मना पाते हैं, क्योंकि इसका भुगतान एक साल के अनुबंधित वक़्त से किया गया है। आप आराम से सोफ़े पर बैठकर बीयर का आनंद ले सकते हैं, क्योंकि उसके लिए आपने दिन में 8 घंटे का अनुबंधित वक़्त दिया है।

अनुबंधित वक़्त, ख़ाली वक़्त के लिए दी गई फ़िरौती बन जाता है।

सही वक़्त बनाम ग़लत वक़्त

एक होता है सही वक़्त और एक होता है ग़लत वक़्त। सही वक़्त यानी ख़ाली वक़्त और अनुबंधित वक़्त यानी ग़लत वक़्त। धीमा रास्ता, वक़्त को फ़िरौती के तौर पर इस्तेमाल करता है–नौकरी को दिया गया वक़्त और बाज़ार को दिया गया वक़्त। याद रखिए दो आज़ाद दिनों के लिए पांच अनुबंधित दिन एक बुरा सौदा है। एक ऐसी वित्तीय योजना, जिसमें वक़्त ही सबसे महत्त्वपूर्ण हो, एक अच्छी योजना नहीं है।

अगर आपका जन्म गुलामी में हुआ होता तो आपका 100% वक़्त अनुबंधित ही होता और आपका ख़ाली वक़्त 0% होता। एक ओर जहां कि कुल वक़्त को बदला नहीं जा सकता, आप अपने वक़्त के अनुपात को बदल सकते हैं।

क्या यह बेहतर नहीं होगा कि एक दिन का अनुबंधित वक़्त और छह दिन का ख़ाली वक़्त? अगर आप अनुबंधित वक़्त से ख़ाली वक़्त चुरा सकें तो ज़िंदगी में ग़लत वक़्त से ज़्यादा सही वक़्त होगा।

डिक्की के कबाड़ को फेंक दें

अगर आप ड्रेग स्ट्रिप पर कार रेसिंग करते हैं तो आपको पता है कि एक औंस का वज़न भी मायने रखता है। रेसर्स हर उस वस्तु को हटा देते हैं, जो गैरज़रूरी लगती है, ताकि कार जितना संभव हो हल्की हो सके। यह कार की क्षमता, गति और प्रदर्शन को बेहतर बनाती है जिससे ज़्यादा तेज़ गति से रेस को समाप्त किया जा सकता है। गैरज़रूरी वज़न कार से ज़्यादा मेहनत कराता है।

फिर भी हमारे दौलत के सफ़र में हम वज़न बढ़ाने के दोषी होते हैं। हमारे वाहन की डिक्की में कबाड़ भरा होता है जो हमारी यात्रा को और मुश्किल बना देता है। हमें ज़्यादा मेहनत करनी पड़ती है। जब आप बहुत ज़्यादा देर तक ज़्यादा मेहनत करते हैं तो यह आपको थकान से निढाल करके तोड़ देता है।

कमज़ोरी लाने वाला यह वज़न है परजीवी क़र्ज़।

परजीवी क़र्ज़ ही वह सबकुछ है जिसके लिए आप दुनिया के क़र्ज़दार हैं।

यह जीवनशैली की गुलामी का मल त्याग है।

आपकी नई इन्फ़िनिटी कार जिसे आपने 60 मासिक किश्तों में लिया है, आपका 30 साल के क़र्ज़ पर लिया गया घर, आपके फ़ैंसी परिधान जो चार माह में ही फ़ैशन से बाहर हो गए हैं और हां, आपका आकर्षक फ़र्नीचर जो ख़रीदने के वक़्त इतना अच्छा विचार लग रहा था।

यह सारा कूड़ा गुलामी की वजह बनता है और अनुबंधित वक़्त आप पर लाद देता है।

जब आपसे ज़बर्दस्ती काम कराया जाता है तो आपके विकल्प सीमित हो जाते हैं और सीमित विकल्प भविष्य के रास्तों को बंद कर देते हैं। मेरी मां का डॉल कलेक्शन, मेरे लिए गले पर रेंगती परजीवी जोंक से कम नहीं है, मेरा ख़ून चूसने वाला। परजीवी क़र्ज़ आपके

सफ़र के ख़िलाफ़ काम करता है। यह एक ख़ून चूसने वाला है जो वक़्त, ऊर्जा, आज़ादी और स्वास्थ्य सबकुछ चुरा लेता है–दौलत के एक दुश्मन की तरह।

परजीवी क़र्ज़ चट कर जाता है ख़ाली वक़्त

अनुबंधित वक़्त का सबसे मुख्य कारण है परजीवी क़र्ज़। निश्चित तौर पर आपने "दिलों का चोर" शब्द तो सुना ही होगा। जब बात परजीवी क़र्ज़ की आती है तो यह "ज़िंदगियों का चोर" हो जाता है।

परजीवी क़र्ज़ किसी खा–खाकर मोटे हो चुके सुअर की तरह है, जो ख़ाली वक़्त को खा जाता है और मलत्याग में देता है अनुबंधित वक़्त। हर वह क़र्ज़ जो आपको काम करने पर मजबूर करे, ख़ाली वक़्त की ही क़ीमत वसूलकर उसे अनुबंधित वक़्त में बदल देता है।

क़र्ज़ को हर वक़्त ख़ून की बूंद की ज़रूरत होती है और यह ख़ून आता है आपकी ज़िंदगी के ईंधन से : वक्त से। और चूंकि वक़्त तय है, अनुबंधित वक़्त में बढ़ोत्तरी केवल एक ही स्रोत से आती है : आपका ख़ाली वक़्त।

परजीवी क़र्ज़ की लागत

औसत अमेरिकी पर उसकी कूवत से ज़्यादा क़र्ज़ है। क़र्ज़ पर आधारित जीवनशैली अनुबंधित वक़्त के रूप में जीवनशैली की गुलामी की वजह बनती है। और चूंकि कुल वक़्त सीमित है, अनुबंधित वक़्त, ख़ाली वक़्त से चोरी करके बढ़ता जाता है। अनुबंधित वक़्त आपको पगडंडी पर ले जाता है।

अगली बार जब आप कोई आकर्षक गैजेट क़र्ज़ पर ख़रीदें तो जान लीजिए कि आप क्या ख़रीद रहे हैं। आप वह परजीवी क़र्ज़ ख़रीद रहे हैं, जो आपके ख़ाली वक़्त को चट कर उसे अनुबंधित वक़्त में बदल देगा।

उदाहरण के लिए अगर आप 4,000 डॉलर का एक ऑडियो सिस्टम ख़रीदते हैं और आपकी कमाई प्रति घंटे 10 डॉलर है तो असली क़ीमत क्या है? इस कूड़े का बोझ कितना है?

यह क़ीमत आपके खाली वक़्त के 400 घंटे के बराबर है, क्योंकि आपको क़र्ज़ को चुकाने के लिए 10 डॉलर प्रति घंटे की दर से 400 घंटे काम करना पड़ेगा। इसमें 10 प्रतिशत ब्याज को जोड़ दीजिए और आपके ख़ाली वक़्त के 440 घंटे दांव पर लग जाते हैं। यह आपके द्वारा ख़ुद पर थोपा गया अतिरिक्त बोझ है।

तो अगली बार जब आप वीज़ा क्रेडिट कार्ड निकालें, तो वास्तविक मूल्य की गणना कर लें। मेरा कितना ख़ाली वक़्त दांव पर लगने जा रहा है? हमारे द्वारा ख़रीदी जाने वाली हर वस्तु की लागत एक नहीं दो होती है :

1) वास्तविक डॉलर मूल्य
2) वह ख़ाली वक़्त जो अब अनुबंधित वक़्त में बदल गया है

चॉकलेट चिप कुकीज़ का नियम

जब मैं पहली बार अपने दम पर बाहर निकला तो मुझे चॉकलेट चिप कुकीज़ का नियम जल्द ही पता चल गया। अगर कुकीज़ को किराना स्टोर की ट्रॉली में नहीं रखा जाता तो वह घर नहीं पहुंच सकती। और अगर वह घर नहीं पहुंची तो वह मेरे मुंह तक नहीं पहुंच सकती। और अगर वह मेरे मुंह में नहीं जाती तो मेरी कमर के इर्द-गिर्द के मोटापे में बढ़ोत्तरी नहीं कर सकती।

परजीवी क़र्ज़ भी इसी नियम का पालन करता है। परजीवी क़र्ज़ पर नियंत्रण इसके स्रोत पर नियंत्रण से साधा जा सकता है : तुरंत संतुष्टि, धीमे रास्ते का एक लक्षण। जब अगली बार आपके भीतर मेसी में कुछ ट्रिंकेट ख़रीदने की तीव्र ख़्वाहिश हो तो ख़ुद से यह सवाल ज़रूर पूछिएगा : क्या यह छह माह में प्रचलन से बाहर हो जाएगा और गैराज में पड़े पहले के कूड़े का ही हिस्सा बन जाएगा? क्या चार माह में यह बेवक़ूफ़ाना सेक्विन जीन्स अल्मारी के धूल भरे कोने का हिस्सा बन जाएगी? जब कभी भी आप अपनी हैसियत से ऊपर उठकर, फ़ैशन की नई लहर से प्रभावित कोई परिधान ख़रीदते हैं तो आप परजीवी क़र्ज़ के सैलाब के लिए दरवाज़ा खोल देते हैं, जिसका बहाव आपको पगडंडी पर बहा ले जाता है।

अगर उस उत्पाद की लागत आपके क्रेडिट कार्ड तक नहीं पहुंचती तो वह परजीवी नहीं बनती। आप ख़ाली वक़्त की रक्षा कर लेते हैं।

सोचिए!

क्या यह ख़रीदना आज़ादी छीन लेगा?

मेरा इस पर अधिकार होगा या इसका मुझ पर?

एक ओर जबकि कुछ लोग लोहे की सलाखों के पीछे गुलामी का चयन करते हैं, अन्य मख़मली दीवारों के पीछे गुलामी चुनते हैं। दोनों ही एक समान हैं। अपनी मर्ज़ी के मुताबिक़ जीवन जीने के लिए ज़रूरी ख़ाली वक़्त होना ही परम धन है। तेज़ रास्ता आपको जीवनशैली और वक़्त दोनों ही लिहाज़ से अमीर बनाता है।

"ख़ाली वक़्त" का कमज़ोर मूल्यांकन बनता है ग़रीबी की वज़ह

अमीर हो या ग़रीब, वक़्त सबके पास होता है, सभी साझा करते हैं, इस्तेमाल करते हैं। हर दिन आप इसका इस्तेमाल करते हैं। मैं इस्तेमाल करता हूं। ना किसी को ज़्यादा वक़्त मिलता है ना किसी को कम। हर किसी के लिए एक दिन में 24 घंटे। किसी को भी अनुचित लाभ नहीं मिलता। आप, मैं सभी को इस्तेमाल करने, ख़त्म करने और ख़र्च करने के लिए 24 घंटे ही मिलते हैं।

वक़्त इस ग्रह का सबसे बड़ा समतुल्य कर देने वाला है।

तो फिर भला क्यों कर कुछ लोग तो अमीर बन जाते हैं और बाक़ी के बस एक वेतन के बाद दूसरे वेतन का मुंह ताकने लगते हैं? फ़र्क़ ख़ाली वक़्त के मूल्यांकन, चुने गए रास्ते और परजीवी क़र्ज़ के अर्जन में है। व्यवहार से अंदाज़ लगाइए : अमीर या ग़रीब?

- यह व्यक्ति दोपहर होने तक सोता है।
- यह व्यक्ति कई घंटे रियलिटी टीवी शो देखता है।
- यह व्यक्ति 20 डॉलर बचाने के लिए दो घंटे ड्राइविंग करता है।
- यह व्यक्ति 100 डॉलर बचाने के लिए अनेक स्टॉपेज वाले एयरलाइन टिकट्स ख़रीदता है।
- यह व्यक्ति सोशल मीडिया नेटवर्क्स और गॉसिप वाले ब्लॉग्स पर घंटों बिताता है।
- यह व्यक्ति *वर्ल्ड ऑफ़ वारक्राफ़्ट* गेम में 10वें स्तर का ड्रुईड है।
- यह व्यक्ति शिकागो कब्स का हर मुक़ाबला देखता है।

ग़रीबी की उलझी हुई जड़ों में आप पाएंगे ख़ाली वक़्त का कमज़ोर मूल्यांकन, जो कि बुरे विकल्पों से जन्म लेता है।

वक़्त गंवाने वाले वक़्त के कमज़ोर मूल्यांकनकर्ता होते हैं।

ये वे लोग हैं जो वॉलमार्ट में सेल का शुरुआती फ़ायदा उठाने के लिए तड़के चार बजे ही पहुंच जाते हैं। मुफ़्त में 32 इंच का एचडीटीवी पाने की लालसा में यह पूरी रात बेस्ट बाय की सीढ़ियों पर सोकर गुज़ारते हैं। मुफ़्त नाश्ते के लिए आईकिया के बाहर इंतज़ार करते हैं।

वक़्त गंवाने वाले, असुविधानजक बचतकर्ता भी होते हैं।

असुविधाजनक बचतकर्ता हर एक डॉलर को इस तरीक़े से दबोचता है मानो वह दोबारा लौटकर नहीं आएगा। असुविधा का अतिरेक कभी भी धन की बचत का समकक्ष नहीं होता।

उदाहरण के लिए मेरे एक पुराने दोस्त को एक्सरसाइज के लिए एक बाइक चाहिए थी और उसे वह उसके घर से मीलों दूर स्थित स्टोर में एक सेल में दिखी। मैंने उसे लाख समझाया कि वह इसे स्थानीय बाज़ार में ख़रीदकर ज़्यादा क़ीमत दे दे, जो कि अतिरिक्त 29 डॉलर थे। नहीं, वह एक असुविधाजनक बचतकर्ता थी। उसने 29 डॉलर बचाने के लिए एक घंटे की ड्राइविंग को बेहतर समझा।

खर्च हुआ वक़्त? ढाई घंटे। इसमें से पेट्रोल घटा दीजिए और उसके वक़्त की क़ीमत रही पांच डॉलर प्रति घंटे।

पिछली बार मैंने पता लगाया तो वह पांच डॉलर प्रति घंटे के लिए काम नहीं करती, लेकिन उसे इस दर पर वक़्त गंवाना समस्यापूर्ण नहीं लगता।

असुविधाजनक बचतकर्ता धन बचाने के लिए ख़ुशी से वक़्त गंवा देता है। कई स्टॉप वाले प्लेन के टिकट से लेकर शेयर-शटल एयरपोर्ट सर्विस तक, असुविधा, प्रति घंटे कुछ धन बचाने के समकक्ष नहीं होती।

अगर इन लोगों के पास ज़िंदगी के केवल तीन माह ही बचे हों तो क्या ये स्लीपिंग बैग में बेस्ट बाय के बाहर इंतज़ार करते हुए मिलेंगे? छह माह? छह साल? आख़िर किस हद तक ये लोग फुटपाथ पर से अपने स्लीपिंग बैग्स उठाकर कहेंगे, "बहुत हो चुका, यह

मैं क्या कर रहा हूं, एक इलेक्ट्रॉनिक स्टोर के बाहर फुटपाथ पर सो रहा हूं? क्या यही मेरी ज़िंदगी का होशियारी भरा इस्तेमाल है?"

फुटपाथ/पगडंडी वाले बाद में फुटपाथ/पगडंडी पर ही सोते हैं।

और हां, मैं हमेशा अपने वक़्त को लेकर बेहद कंजूस रहा हूं, कंगाली के दिनों में भी।

तेज़ रास्ते के राहगीर अपने वक़्त का इस्तेमाल फ़ैसले लेने में करते हैं क्योंकि यह उनकी सबसे मूल्यवान संपत्ति होती है।

तेज़ राह के राहगीर वक़्त को लेकर बेहद मितव्ययी होते हैं, जबकि धीमे रास्ते के राहगीर धन को लेकर।

पगडंडी के राहगीर और धीमे रास्ते के राहगीर फ़ैसले लेने में धन को ही मुख्य मानदंड रखते हैं : किस नौकरी में मुझे ज़्यादा धन मिलेगा? सबसे सस्ता सामान कहां मिल रहा है? मुझे मुफ़्त में कुछ चिकन कैसे मिलेगा? धन की तंगी है और वक़्त पीछे खींचता है और असमंजस और गहरा जाता है। अगर आप अमीर बनना चाहते हैं तो आपको सोच को अमीर बनाना होगा...

वक़्त ही राजा है।

अध्याय का सार : तेज़ रास्ते की ख़ासियतें

- तेज़ राह के राहगीर वक़्त को सभी संपत्तियों का राजा समझते हैं।
- वक़्त की बेहद तंगी है, जबकि धन की बहुतायत है।
- अनुबंधित वक़्त वह वक़्त है, जो आप धन कमाने के लिए ख़र्च करते हैं। ख़ाली वक़्त आप अपनी मर्ज़ी से ख़र्च कर सकते हैं।
- आपका जीवनकाल ख़ाली वक़्त, अनुबंधित वक़्त दोनों से बना है।
- आपका अनुबंधित वक़्त आपके ख़ाली वक़्त को ख़रीदकर उसके लिए भुगतान भी करता है।
- तेज़ रास्ते के राहगीर अनुबंधित वक़्त को ख़ाली वक़्त में बदलने की कोशिश करते हैं।
- परजीवी क़र्ज़ आपका ख़ाली वक़्त खा जाता है और मलत्याग के तौर पर अनुबंधित वक़्त छोड़ देता है।
- दिखावटी जीवनशैली की दो लागतें हैं : एक तो मूल लागत और दूसरा ख़ाली वक़्त की लागत।
- परजीवी क़र्ज़ को उसके स्रोत पर ही रोक देना चाहिए : तुरंत संतुष्टि।

अध्याय

27

पुराने तेल को बदल डालें

स्कूल में सीखी गई हर बात भूल जाने के बाद
जो बचता है वह शिक्षा है।
—अल्बर्ट आइंस्टीन

हर 3,000 मील पर तेल बदलें

कार के मालिक बनने के बाद का पहला सबक़ : हर 3,000 मील के बाद तेल बदलें। इस सबक़ की अनदेखी करें और आपका इंजिन उसकी उपयोगी उम्र से पहले ही दम तोड़ देगा। सही वक़्त पर तेल बदलने से आपकी कार पूरी कुशलता के साथ दौड़ लगाती है और तेल नहीं बदला गया तो वह पुराना हो जाता है और आपको सफ़र में हिचकोले खाना पड़ते हैं। हिचकोले भरा सफ़र, सड़क के किनारे ही ख़त्म हो जाता है।

तेज़ रास्ते के सफ़र में ताज़े तेल की दरकार होती है। लेकिन तेल है क्या? यहां तेल है शिक्षा। ज्ञान। दैनंदिन की समस्याओं से निपटने की समझ। लेकिन सावधान रहिए और यह सही उद्देश्य के लिहाज़ से सही तेल होना चाहिए।

पगडंडी के राहगीर तेल की परवाह नहीं करते। इसलिए उनका सफ़र 3,000 मील के बाद ख़त्म हो जाता है। स्नातक उपाधि तेल को अंतिम बार बदलना होता है। धीमे रास्ते के राहगीर अपने वाहन का तेल बदलते हैं तो केवल वास्तविक मूल्य बढ़ाने के लिए। उच्च शिक्षा और कुछ और प्रमाणपत्र : किस बात से ज़्यादा वेतन मिल सकेगा? तेज़ राह के राहगीर तब तक वाहन का तेल बदलते रहते हैं जब तक कि वह कबाड़घर नहीं पहुंच जाता।

स्नातक होना अंत नहीं, शुरुआत है

इस सच्चाई का सामना करो। *आज जो कुछ भी जानते हैं, आपकी भविष्य की अपेक्षित मंज़िल तक ले जाने के लिहाज़ से पर्याप्त नहीं है।* आपको निरंतर ख़ुद को बेहतर बनाना होगा और इसका मतलब है शिक्षा।

दुर्भाग्यवश, परंपरागत तौर पर स्नातक होना शिक्षा के अंत का संकेत होता है। आपकी स्नातक होने की उम्र पर ध्यान दिए बग़ैर आपकी किशोरावस्था शुरू हो जाती है। पार्टी समाप्त हो चुकी है और असली ज़िंदगी शुरू। स्नातक उपाधि पाने के बाद ही सीखना छोड़ देना दौलत के लिहाज़ से आत्महत्या है।

आपकी सबसे प्रभावी कमाई स्नातक होने के बाद ही शुरू होती है, तो स्कूलिंग के बाद भी शिक्षा की प्रक्रिया को जारी रखना क्या समझदारी की बात नहीं होगी?

जिम गेलाग़र ने 11 वर्ष पहले स्नातक उपाधि हासिल की और बेरोज़गार है। जिम एक शेयर ब्रोकर है और इंटरनेट प्रौद्योगिकी के कारण उस पर होड़ से हमेशा के लिए बाहर होने का ख़तरा गहराता जा रहा है। जिम की शिक्षा उस नौकरी विशेष के लिहाज़ से निरुपयोगी है और उसका वर्तमान दुनिया में कोई उपयोग नहीं है। दुनिया आगे बढ़ चुकी है, लेकिन जिम और उनकी शिक्षा नहीं। जिम बड़ी ही हिक़ारत की भावना के साथ एक स्थानीय फ़र्नीचर दुकान में सेल्समैन की नौकरी स्वीकार लेता है। उसकी वित्तीय योजना थम चुकी है, क्योंकि वह वही पुराना तेल इस्तेमाल कर रहा है, जिसे उसने 11 वर्ष पहले बदला था। जिम तेल बदलने में नाकाम रहा, इसलिए उसका दौलत का सफ़र भी नाकाम हो गया है।

शिक्षा, आपका तेल, आपके दौलत के सफ़र का एक बहुत ही महत्त्वपूर्ण घटक है। जब आप निरंतर नई शिक्षा, नया कौशल और नई दक्षताओं को विकसित करते रहते हैं तो नए रास्ते खुल जाते हैं और बातें ज़्यादा आसान हो जाती हैं। सही शिक्षा के पास ग़ज़ब की अश्वशक्ति होती है। नए अवसर शायद ही कभी पुरानी शिक्षा के लिए उपलब्ध होते हैं।

शिक्षा की भूमिका

धीमा रास्ते का नक़्शा हो या तेज़ रास्ते का, शिक्षा हमेशा ही अच्छी होती है, लेकिन उनकी भूमिका में बहुत बड़ा अंतर होता है। धीमे रास्ते में शिक्षा का इस्तेमाल वास्तविक मूल्य को बढ़ाने में किया जाता है, जबकि तेज़ रास्ते में इसे कारोबारी प्रणाली को सुविधाजनक बनाने और विकास के लिए किया जाता है। साथ ही तेज़ रास्ते की शिक्षा ऐसे तरीक़ों से सुरक्षित होती है जो परजीवी क़र्ज़ या अनुरूपता की वजह नहीं बनते। तेज़ राह में शिक्षा का उद्देश्य धन के पेड़ और कारोबार प्रणाली की ताक़त को बढ़ाना होता है। आप पहिये की महज धुरी नहीं हैं, बल्कि *आप पहिया बनाना सीखते हैं।*

उदाहरण के लिए, अगर मैं किसी ऐसी प्रशिक्षण कार्यशाला में जाता हूं, जहां पर मुझे बंदूक की "शीर्ष बिक्री करने वाले लोगों को नौकरी" देने का कौशल सिखाया जाता है तो मैं एक ऐसी गतिविधि से जुड़ा हूं, जो विशेष तौर पर मेरे धन के पेड़ और कारोबार की उर्वरता में बढ़ोत्तरी करेगा। अगर मैं कम्प्यूटर प्रौद्योगिकी की नई किताब पढ़ता हूं, जो मुझे बताती है कि वेबसाइट के नए इंटरएक्टिव फ़ीचर्स कैसे विकसित किए जाते हैं तो मैं यह

अपनी कारोबारी प्रणाली को मज़बूत करने के लिए ही सीख रहा हूं। फिर एक बार बताना चाहूंगा कि तेज़ रास्ते की शिक्षा कारोबारी प्रणाली के विकास के लिए हासिल की जाती है। इसके विपरीत धीमे रास्ते की शिक्षा विशेष तौर पर शिक्षा हासिल कर रहे व्यक्ति का वास्तविक मूल्य बढ़ाने के लिहाज़ से ही तैयार की जाती है। यह आपको प्रणाली का महज एक हिस्सा बनाकर रख देता है।

तेज़ रास्ते के एक राहगीर को एमबीए करने का अवसर मिला और उसने ख़ुद से यह सवाल पूछा कि क्या यह उपयोगी है। मेरा जवाब ज़ाहिर तौर पर होगा नहीं, लेकिन यह परिदृश्य अलग था। पहली बार एमबीए पर कोई पूंजी लागत नहीं लगने वाली थी, केवल वक़्त की लागत लगने वाली थी, क्योंकि सरकार फ़ीस का भुगतान करने वाली थी। दूसरा इस व्यक्ति ने तेज़ राह की विचारधारा का समर्थन किया था, इसलिए उसका उद्देश्य वास्तविक मूल्य में बढ़ोत्तरी नहीं था, बल्कि वह तेज़ रास्ते की प्रणाली को बेहतर बनाने के लिए शिक्षा हासिल करना चाहता था। इसलिए मेरा उसे समर्थन था।

"मैं नहीं जानता कैसे!"

अगर तेल बदलने से आपकी कार कुछ महीने या कुछ वर्ष के लिए दोबारा दमदार हो जाती है तो मुद्दा क्या है? आपकी निरंतर जारी शिक्षा के साथ अनुरूपता या परजीवी क़र्ज़ नत्थी नहीं होना चाहिए, लेकिन उसे तेज़ रास्ते की प्रणाली को मदद करनी चाहिए। कैसे? वास्तविक दुनिया को अपना विश्वविद्यालय बनाओ। जी हां, *आप ही आपका विश्वविद्यालय हैं।*

किसी भी सफल उद्यमी से पूछ लीजिए और वह इस सच्चाई की पुष्टि करेगा : आप किसी भी किताब या प्रोफ़ेसर की तुलना लोगों के साथ मिलने-जुलने, काम करने, बाहर निकलने और लगातार काम करते रहने से ज़्यादा सीखते हैं।

लेकिन आप रोना रोते हैं, "मैं नहीं जानता कैसे!" अगर दुनिया में आम आदमी का सबसे बड़ा कोई दुश्मन है तो यह बहाना, "मैं नहीं जानता कैसे!" बताइए, आप क्यों नहीं जानते कि कैसे? मैं बताता हूं क्यों। आप नहीं जानते, क्योंकि आपने ख़ुद को सिखाया ही नहीं कि कैसे ना ही आपने कभी "कैसे" को जानने का कोई प्रयास ही किया। देखा आपने ज्ञान हासिल करने के प्रयास की तुलना में "मैं नहीं जानता कैसे" की पतली गली बहुत आसान है।

आज के सूचना से भरपूर समाज में *कैसे को नहीं खोज पाने के लिए कोई बहाना ही नहीं है।*

मैं कॉलेज से दो बिज़नेस डिग्रियों के साथ स्नातक हुआ, मार्केटिंग और वित्त। दोनों में से किसी का भी ताल्लुक कम्प्यूटर साइंस से नहीं था। मैंने कम्प्यूटर प्रोग्रामिंग के बिना किसी ज्ञान के स्नातक उपाधि हासिल की थी। फिर भी मैंने करोड़ों कमाए इंटरनेट से। मज़ेदार है ना, 13 साल की महंगी संस्थागत शिक्षा हासिल करने के बाद मैं इंटरनेट या वेब प्रौद्योगिकी की किसी क्लास से नहीं जुड़ा। मेरी कम्प्यूटर की क्लासेस, बिज़नेस पाठ्यक्रम

के शुरुआती हिस्से तक सीमित थी। अगर मैं इंटरनेट सीखने के लिए स्कूल नहीं गया, तो भला मैंने यह कौशल कैसे हासिल कर लिया? मैंने अपना तेल नियमित तौर पर बदलने का फ़ैसला किया। मैंने ख़ुद को शिक्षित किया। मैंने किताबें पढ़ीं। मैंने लाइब्रेरी का फ़ायदा उठाया। मैंने वेब पर घंटों बिताकर लेख, शिक्षाप्रद कार्यक्रम, विकिज़ देखा, सुना, पढ़ा। मैंने ज्ञान चाहा और हासिल कर लिया।

बहुत वर्ष पहले, जब मैंने इंटरनेट मीडिया के साथ अपना करियर शुरू किया था, तो मैं बहुत आसानी के साथ इस काम को अलविदा कह सकता था और ज़ाहिर-सा रास्ता पकड़ लिया होता : मैं नहीं जानता कैसे! मैं नहीं जानता कि वेबसाइट को प्रोग्राम कैसे करना है! मैं नहीं जानता ग्राफ़िक्स को कैसे डिजाइन करना है! मैं नहीं जानता कि सर्वर को कैसे नियंत्रित करना है! मैं नहीं जानता कि मार्केटिंग के लिए कॉपी कैसे लिखी जाती है! ये बहाने एक प्लास्टिक बैग की तरह हैं, जिसमें आप अपने सपनों को दबा सकते हैं, लेकिन गर्दन उसके भीतर डालकर ही। इसके विपरीत वेबसाइट को लेकर मेरा सपना "मैं नहीं जानता कैसे!" पर ख़त्म नहीं हुआ, बल्कि वहां से शुरू हुआ। इसलिए अपना सिर बैग से बाहर निकालिए।

आज मैं एक प्रकाशन कंपनी और उद्यमिता पर चर्चा करने वाले पोर्टल का मालिक हूं। इन उपक्रमों की मेरी शुरुआत शून्य जानकारी के साथ हुई थी। इस चुनौती का सामना करने के लिए, मुझे सीखना पड़ा। अध्ययन। छानबीन। समस्या को हल करना।

सर्च इंजिन्स मेरे शिक्षक थे।

अगर मैंने अपने कौशल (मेरा तेल) को विकसित नहीं किया होता तो मेरे तमाम सफ़र वक़्त से पहले ही समाप्त हो चुके होते। ज्ञान हासिल करने के मेरे निरंतर समर्पित प्रयासों ने इस हमेशा बदलती रहने वाली दुनिया में भी मुझे कार्यक्षम रखा और तेज़ राह के अवसरों के लिए अच्छी तरह से तैयार किया।

स्नातक की उपाधि हासिल करने के साथ शिक्षा समाप्त नहीं हुई, उसकी शुरुआत हुई।

और सबसे अच्छी बात यह रही कि मेरी अपने स्तर पर हासिल स्व-शिक्षा मेरे तेज़ राह के सफ़र में दमदार ट्विन-टर्बो इंजिन की तरह काम किया। मेरे कौशल पर परजीवी क़र्ज़ या अनुरूपता का कोई बोझ नहीं था।

आसानी से उपलब्ध है शिक्षा

आज़ाद दुनिया का सबसे बड़ा उपहास शिक्षा का कम इस्तेमाल। अपने स्थानीय किताबों की दुकान पर जाओ और सांस लो। कुछ गंध आई? वह अनंत ज्ञान की गंध है। स्थानीय लाइब्रेरी में जाइए और अपने इर्द-गिर्द देखिए। अद्भुत। दीवार से दीवार तक किताबें, बिलकुल मुफ़्त। कल्पना कीजिए कि अगर आप हर एक किताब, हर पैराग्राफ़ और हर वाक्य को चाट जाएं तो क्या "मैं नहीं जानता" आपकी सफलता का निर्धारण कर सकेगा?

मुझे यह देखकर हैरानी होती है कि शिक्षा मुफ़्त में उपलब्ध है, लेकिन फिर भी अधिकांश इसकी अनदेखी का ही विकल्प चुनते हैं। शिक्षा किसी पेड़ से नहीं तोड़े गए

फल की तरह है और फल तोड़ने के लिए आपको ज़मीन पर केवल एक सीढ़ी लगाने की आवश्यकता होती है। फिर भी अधिकांश लोग इसी मान्यता से चिपके रहते हैं, मैं शिक्षा का ख़र्च नहीं उठा सकता।

माफ़ कीजिएगा, लेकिन यह आलसी होने की वजह से दिया गया एक बहाना है।

शिक्षा, आपके इस्तेमाल के लिए मुफ़्त उपलब्ध है। अनंत ज्ञान आपकी अंगुलियों पर है और आपको यह ज्ञान हासिल करने से केवल एक ही बात रोक रही है, ख़ुद आप। जी हां, आप।

टीवी बंद कर दीजिए, एक किताब उठा लीजिए और उसे पढ़िए। फ़ैंटेसी फुटबॉल खेलना छोड़ दीजिए और लाइब्रेरी पहुंच जाइए। एक्सबॉक्स छोड़िए और किताबों को पढ़िए। तेज़ रास्ते के समर्पित राहगीर की नाक हर सप्ताह किताबों में ही डूबी होनी चाहिए। वह कार्यशालाओं में भाग लेता है। वह बिज़नेस फ़ोरम्स पर नज़र रखता है। वह गूगल या यूट्यूब पर विभिन्न विषय और रणनीतियों को तलाशता रहता है।

आपके पास किसी भी विषय में विशेषज्ञ बनने की जन्मजात शक्ति होती है, बिना किसी शारीरिक प्रतिभा के। किसी भी दुनिया की कोई भी किताब मुझे पेशेवर गायक या बास्केटबॉल खिलाड़ी नहीं बना सकती, लेकिन किताबें नौसिखियों को भी गैर-शारीरिक विधाओं में विशेषज्ञ बना सकती हैं। आप मुद्रा कारोबार के विशेषज्ञ बन सकते हैं। रियल इस्टेट। कारोबार। वेब प्रोग्रामिंग। सेल्स। एक सार्वजनिक वक्ता। हर उस बात में विशेषज्ञ जिसके लिए शारीरिक समन्यवन की ज़रूरत नहीं हो। इसमें क्या लगता है? आपका ज्ञान हासिल करने को लेकर समर्पण और फिर उससे भी बड़ी बात : उसे क्रियान्वित करना।

जब मैंने अपने घर का पुनर्निर्माण किया तो मेरे बड़े से गलियारे को आकर्षक रंगसज्जा (फ़ॉक्स पेंटिंग) की आवश्यकता पड़ी। यह रंग लगाने की एक जटिल प्रक्रिया है, जिससे सतह आलीशान और चमकीली लगती है। मेरे पास दो विकल्प थे : किसी पेशेवर को बुलाऊं या फिर ख़ुद ही इसे सीख लूं। चूंकि मैं कलात्मक और सेवानिवृत्त भी हूं, इसलिए मैंने इसे रोचक चुनौती के तौर पर स्वीकार लिया। इसलिए मैंने इसे ख़ुद ही करने का फ़ैसला किया।

मैं इंटरनेट पर पहुंचा और मैंने शिक्षात्मक वीडियो पर घंटों गुज़ारे। उसके बाद मैंने दुकान जाकर सारा सामान ख़रीदा। अगले कुछ दिन मैंने पहले कार्डबोर्ड के बक्सों पर जमकर अभ्यास किया। एक सप्ताह के भीतर मैं फ़ॉक्स पेंटिंग में माहिर हो चुका था। मैंने एक सप्ताह में एक कौशल सीख लिया था। मैं कुछ ही दिन पहले "मैं नहीं जानता कैसे!" में जकड़ा हुआ था और कुछ दिन बाद, मेरे पास एक ऐसा कौशल था, जिसे मैं चाहता तो बेच भी सकता था। सबसे अच्छे फ़ॉक्स पेंटर्स को 12 डॉलर प्रति स्क्वायर फुट के हिसाब से भुगतान किया जाता है। मैंने एक ऐसा कौशल सीख लिया था, जिसने तेज़ रास्ते के समीकरण में एक छोटा-सा रास्ता खोल दिया था।

कौशल और विशेषज्ञता आपका बेसब्री से इंतज़ार कर रहे हैं। कोई भी आपकी गोद में किताब डालकर ज्ञान का तोहफ़ा नहीं देता। आपको ही यह तलाशना होता है, हासिल करना होता है और फिर इस्तेमाल करना होता है। *ज्ञान अर्जन और उसका इस्तेमाल आपको अमीर बनाएगा।*

तो सस्ते में अनंत ज्ञान कहां से मिलेगा? जिस हवा में आप सांस लेते हो, उसी की तरह यह आपके चारों और फैला पड़ा है, सेबफल से लदे पेड़ की तरह, सेबफल तोड़ने के लिए तैयार।

किताबों की दुकान : आपकी शिक्षा पर ख़र्च डॉलर पर सबसे ज़्यादा लाभ किताबें ही देती हैं। उन्हें ख़रीदें या किराये पर लें। बस उन्हें पढ़ें।

लाइब्रेरी : ज्ञान का सबसे बड़ा मुफ़्त भंडार। "किताबें ख़रीद पाना मेरे बस की बात नहीं," के बहाने को नाकाम करने वाला। मैंने शुरुआत लाइब्रेरी से ही की थी।

इंटरनेट फ़ोरम्स/यूट्यूब चैनल्स : समान विचार वाले लोगों को तलाशें और उन लोगों से सीखें जो सफल हो चुके हैं। मदद करने वाली हवाओं को खोजें।

इंटरनेट कक्षाएं : किफ़ायती और सुविधाजनक। यूडेमी, लिंडा और ख़ान की तरह।

इंटरनेट ब्लॉग्स/पॉडकास्ट्स/स्क्रीनकास्ट्स/वेबकास्ट्स : बहानों को ख़त्म करने वाला एक और साधन।

सेमिनार्स : अच्छे सेमिनार फ़ायदेमंद होते हैं, यह मानते हुए कि उनके प्रायोजक सही कंपनियां हैं और कोई जल्द अमीर बनाने वाले गुरु नहीं।

टेलीविज़न : केबल टीवी ने टेलीविज़न को शिक्षाप्रद बना दिया है। रियलिटी टीवी के मूर्खतापूर्ण कूड़े को टालकर ऐसे चैनल लगाएं, जिनका शैक्षणिक मूल्य हो : हिस्ट्री, डिस्कवरी, साइंस, एचजीटीवी, मिलिटरी और नेशनल जियोग्राफ़िक।

शैक्षणिक कक्षाओं को जारी रखना : सामुदायिक कॉलेजों द्वारा ली जाने वाली यह कक्षाएं कई विशेष क्षेत्रों में विविधतापूर्ण औपचारिक प्रशिक्षण देती हैं।

मुफ़्त की पत्रिकाएं : TradePub.com और FreeBizMag.com पर जाएं और अपने पसंदीदा विषयों के मुताबिक़ मुफ़्त सदस्यता हासिल करें।

दुर्भाग्यवश जबकि अनंत ज्ञान हमारे चारों ओर फैला हुआ है, अधिकांश लोग इसकी अनदेखी करते हैं। उदाहरण के लिए कामयाब रियल इस्टेट निवेशक लॉनी स्क्रग्स (LonnieScruggs.net) की ही शिक्षा पर टिप्पणी को देख लीजिए :

> *मैं पहले दो नौकरियां करता था। शिक्षा ने मेरी ज़िंदगी ही बदल डाली। अपने धन से काम कराना सीखने से पहले मैं ख़ुद धन के लिए काम करता था। उस वक़्त मैं इतना ज़्यादा अशिक्षित था कि मैं यह सोचता था कि आर्थिक आज़ादी पाने के लिए दो नौकरियां ज़रूरी हैं। और मैंने कई वर्षों तक वही किया। अंततः*

मुझे इस बात का अहसास हुआ कि एक दिन में पर्याप्त घंटे नहीं होते और मैं एक महीने में पर्याप्त घंटे काम करके आर्थिक सुरक्षा हासिल नहीं कर सकता। इससे बेहतर रास्ते उपलब्ध होने चाहिए। मैंने उन्हें तलाशना शुरू कर दिया।

जब मुझे इस बात का ज्ञान हुआ कि शिक्षा और ज्ञान इसका जवाब हैं तो मैंने शिक्षा हासिल करने का फ़ैसला किया। उससे पहले मेरे पास कुछ था तो थोड़ा-सा स्कूली ज्ञान। अब मुझे अहसास हुआ था कि मुझे कुछ शिक्षा हासिल कर लेनी चाहिए।

अब जब मैं पीछे मुड़कर देखता हूं तो पाता हूं कि मैंने वे सब आसान और मनोरंजन देने वाली बातें नहीं की जो दूसरे करते थे, लेकिन मैंने सब सही बातें कीं। और आज हम आर्थिक सुरक्षा और आर्थिक आज़ादी के मज़े ले रहे हैं। हम जो चाहते हैं, कर सकते हैं। हमारे कई दोस्त आज भी नौकरियों में काम कर रहे हैं, आर्थिक सुरक्षा तलाश रहे हैं, जिसके बारे में वे कभी नहीं जान सकेंगे। उनके पास भी मेरी ही तरह विकल्प चुनने का अवसर था, उन्होंने बस ग़लत विकल्प चुन लिया। वे सब स्कूल जा चुके थे, लेकिन उनके पास आर्थिक आज़ादी देने वाली शिक्षा नहीं थी। अब वे मुझे बताते हैं कि हम कितने भाग्यशाली हैं।

आप सबसे अच्छा निवेश ख़ुद में ही कर सकते हैं। तो अपनी शिक्षा के भुगतान के लिए अब तैयार हो जाइए या शिक्षा के अभाव की बाद में एक बड़ी क़ीमत चुकाने के लिए तैयार रहिए। आपका आज का विकल्प चयन का फ़ैसला, आपके आर्थिक भविष्य का फ़ैसला करेगा। निश्चित कीजिए कि आप सही फ़ैसला लें, क्योंकि आपको बाक़ी ज़िंदगी अपने फ़ैसले के परिणामों पर ही जीनी पड़ेगी।

अमीर लोग जानते हैं कि स्नातक उपाधि समारोह के साथ शिक्षा समाप्त नहीं हो जाती; शुरू होती है। दुनिया का प्रवाह निरंतर जारी रहता है और जैसे-जैसे यह विकसित होता जाता है, शिक्षा को भी उसी के साथ क़दमताल करते हुए चलना पड़ता है, वरना आप साधारणता के साथ पीछे ही रह जाएंगे।

"मेरे पास वक़्त नहीं है!"

मुझे नहीं पता कि ठीक पीछे खड़ा होता है, "मेरे पास वक़्त नहीं है!" इस धरती पर तेल बदलने के लिए आपको वक़्त कहां मिलेगा? मैं वाकई गंभीर हूं, आख़िर पूरे वक़्त की नौकरी और दो बच्चों के साथ रहकर, वक़्त ही कहां बचता है? यह बाक़ी सबके भीतर कहीं है।

तेल बदलना उस वक़्त मुश्किल नहीं होता, जब आप इसे मौज़ूदा दोहराव और निरंतरता की गतिविधियों से जोड़ देते हैं। वक़्त भले ही रैखिक हो, इसे वक़्त के एक हिस्से में दोहरी ड्यूटी करके तोड़ा-मरोड़ा जा सकता है। पुरानी कहावत है भी, "एक तीर से दो

शिकार।" वक़्त को अधिकतम कर दो और आप दौलत को भी अधिकतम कर देते हैं। एक ही वक़्त में दो उद्देश्य पूरे करो। ज़िंदगी को ही अपना विश्वविद्यालय बना दो। "जीवन विश्वविद्यालय" से वक़्त को चुराने की कुछ रणनीतियां पेश हैं, जो कार्यक्षमता को प्रभावित किए बगैर मेरे लिए कारगर साबित हुईं :

ड्राइविंग विश्वविद्यालय : ट्रैफ़िक में फंस जाने पर ऑडियो बुक्स या रेडियो पर वित्तीय समाचारों को सुनें। ट्रैफ़िक की परेशानी को शिक्षा में बदलना।

एक्सरसाइज विश्वविद्यालय : जिम में एक्सरसाइज करने के दौरान किताबों, पोडकास्ट और मैगज़ीन्स को छान डालें। सेट्स के बीच में, ट्रेडमिल पर या एक जगह खड़ी साइकिल पर। एक्सरसाइज शिक्षा में बदल चुकी है।

इंतज़ार वाला विश्वविद्यालय : जब कभी भी आपको कहीं लंबे इंतज़ार की आशंका हो तो अपने साथ कुछ पढ़ने के लिए ले जाइए। यह इंतज़ार कहीं का भी हो सकता है : एयरपोर्ट, डॉक्टर का क्लीनिक या लेटलतीफ़ी के लिए बदनाम सरकारी परिवहन विभाग। ख़ाली नहीं बैठें कुछ सीखते रहें।

टॉयलेटरूपी विश्वविद्यालय : शैक्षणिक मूल्य की कोई बात पढ़ने के बगैर इस सिंहासन पर मत बैठिए। वहां "बैठने का वक़्त" (काम ख़त्म होने के बावजूद) सीखने के उद्देश्य से बढ़ा सकते हैं। हर दिन कुछ नया। आपका तेल बदलने के लिए टॉयलेट विश्वविद्यालय सबसे बेहतर है। क्योंकि यह हर रोज़ की बात है और उसमें लगने वाले वक़्त को टाला नहीं जा सकता। इसका मतलब है कि आपका वक़्त पर निवेश अनंत है! टॉयलेट का वक़्त भी सीखने में काम आ जाता है।

नौकरीरूपी विश्वविद्यालय : अगर आप काम के दौरान बाक़ी वक़्त में पढ़ सकते हों तो। मेरे दिशाहीन रोज़गार (लिमोजिन्स, पिज़्ज़ा डिलिवरी) के दौरान मैंने दो कामों के बीच के "इंतज़ार के वक़्त" का भरपूर आनंद उठाया। यात्रियों, पिज़्ज़ा या फूलों के ऑर्डर का इंतज़ार करते हुए मैं पढ़ता था। मैं पॉकेट पोकर खेलते हुए वक़्त गंवाता नहीं था, नहीं, मैं पढ़ता था। अगर आप नौकरी के दौरान के अपने बिलकुल ख़ाली लगने वाले वक़्त का फ़ायदा उठा सकें तो एक तरह से आपको पढ़ाई के लिए धन मिल रहा है। आपकी दिशाहीन नौकरी, काम और शिक्षा में बदल गई है।

टीवी के वक़्त वाला विश्वविद्यालय : क्या ख़ुद को टीवी से अलग नहीं कर पा रहे हैं? कोई समस्या नहीं है, अपने काम की जगह के बग़ल में टीवी लगा लीजिए और जबकि टीवी उसका काम कर रहा है आप तेज़ राह की योजना पर काम करते रहें। *स्टार ट्रैक* को अनगिनत बार देखते हुए, पूरे हौसले से उस जगह जाते हुए जहां आज तक कोई नहीं गया, साथ ही सीखते हुए कि वेबसाइट्स को प्रोग्राम कैसे किया जाता है। हक़ीक़त में जब मैं यह लिख रहा हूं तो मैं *मंडे नाइट फुटबॉल* में न्यू ओर्लियंस सेंट्स को न्यू इंग्लैंड पेट्रियॉट्स को धोते हुए देख रहा हूं। मैदान पर घमासान बदल गया काम और शिक्षा में।

आप फ़िलहाल आपके द्वारा इस्तेमाल वक़्त पर एक नज़र डालिए। दैनंदिन ज़िंदगी की मामूली बातों में कितना वक़्त गंवाया जाता है? टेलीविज़न पर नौ साल? यह वक़्त गंवाया नहीं जाना चाहिए, बर्बाद वक़्त। अब वक़्त तेज़ राह का तेल बदलने का है। अपने एक साथ कई काम करने वाले सत्रों का बुद्धिमानीपूर्वक चयन कीजिए। यह साबित हो चुका है कि एक साथ कई काम करना गहरे ध्यान और एकाग्रता को नुक़सान पहुंचा सकता है।

तेल बदलने के काम की शुरुआत एक ऐसे विषय के चयन से कीजिए जो आपको पसंद हो या फिर ज़िंदगी का एक ऐसा क्षेत्र जिसमें सुधार की दरकार हो। सेल्स या लेखन में कमज़ोर हैं? लाइब्रेरी जाकर किताबें पढ़ना शुरू कर दीजिए। तेज़ रास्ते पर किताब लिखने से पहले मैंने प्रकाशन, लेखन और लेखक बनने से जुड़ी छह किताबें ख़रीदी थीं। मैंने बिना कुछ सोचे-समझे किताब लिखकर प्रकाशित नहीं की है। मैंने इस प्रक्रिया के दौरान ख़ुद को शिक्षित किया।

एक वर्ष में 12 किताबें पढ़ने का लक्ष्य तय करें या प्रति माह एक किताब। अगर आप मेरी तरह तेज़ पढ़ने वाले हैं तो आपको हर सप्ताह एक किताब लगेगी। मैं इससे ज़्यादा ज़ोर देकर यह बात नहीं कह सकता कि आप जितना ज्ञान अर्जित करेंगे, आपके तेज़ रास्ते के सफ़र को उतनी ही ज़्यादा गति और शक्ति मिलेगी।

50,000 डॉलर का तेल परिवर्तन

पिछली बार जब मैं एक ऐसी जगह गया था, जहां तेल बदलने के दौरान भी कुछ होता है, 21.99 डॉलर मूल्य का तेल परिवर्तन अंततः 110 डॉलर का निकला, क्योंकि सेवा के अतिरिक्त सुझाव दिए गए। तेल बदलने पर 30 डॉलर से ज़्यादा का ख़र्च नहीं आना चाहिए और इससे कुछ भी ज़्यादा हो तो संदेह की गुंजाइश है। एक किताब की औसत क़ीमत 20 डॉलर होती है। इस्तेमाल की जा चुकी किताब और कम में पड़ती है। लाइब्रेरी में यह मुफ़्त मिलती है। सामुदायिक महाविद्यालय में शिक्षा जारी रखने का ख़र्च 30 डॉलर प्रति घंटे पड़ता है। तेल में परिवर्तन सस्ता है। फिर भी हम अपने पैरों में क़र्ज़ की बेड़ियां डाल लेते हैं और अपना तेल बदलने के लिए हज़ारों डॉलर का भुगतान करते हैं।

कुछ ही दिन पहले की बात है मैंने तसवीर में एक छात्र को सरकार की एक आर्थिक मदद योजना का सार्वजनिक तौर पर विरोध करते हुए देखा। उसने एक बड़ा-सा पोस्टर लगा रखा था, जिस पर लिखा था : "मुझे 4.0 जी.पी.ए. मिला है, 90,000 डॉलर क़र्ज़ और कोई नौकरी नहीं-मेरी आर्थिक मदद कहां है?"

आपकी आर्थिक मदद कहां है?

मुझे आपको बताने दें, बाथरूम में जाइए, लाइट ऑन कीजिए और सामने लगे शीशे में देखिए। यही है आपको संकट से उबारने वाली आर्थिक मदद।

मैं अच्छे कॉलेज से निकलकर क़र्ज़ के पहाड़ तले दबे और बेरोज़गार स्नातकों का रोना-धोना सुनकर तंग आ चुका हूं। अपनी ज़िम्मेदारी लें। आपने ही उस मिथक को स्वीकारा था कि कॉलेज जाने से नौकरी मिलती है। हक़ीक़त यही है कि जब आप अपना

वाहन बाज़ार की ताक़तों के हवाले कर देते हैं तो आपका सड़क पर आना तय-सा होता है। घर में बनाए गए एक पोस्टर के साथ जिसके मुताबिक़ आपका मूल्य 4.0 जी.पी.ए. है और जिस पर आपको तबाह कर देने वाले छह अंकों के क़र्ज़ का भी ज़िक्र है।

किसी को चिंता नहीं है। आप क़र्ज़ के तले दबे हैं, क्योंकि आपने उधार लिया था। आप क़र्ज़ तले डूबे हुए हैं, क्योंकि आपने एक तयशुदा झूठ पर यक़ीन करते हुए अपनी ज़िंदगी पर से नियंत्रण छोड़ दिया। आपने धीमे रास्ते को ख़रीदा। क्या क़र्ज़ लेने के लिए आपके साथ ज़ोर-ज़बरदस्ती की गई थी? आपके पास नौकरी नहीं है, क्योंकि आपने ऐसे राजनीतिज्ञों को चुना जो निर्माताओं को दंडित करते हैं और उपभोक्ताओं को इनाम बांटते हैं। हक़ीक़त का सामना करें।

तेल का महंगा बदलाव, जो ज़िंदगी को अनुबंधित वक़्त में बदल डाले, बेवक़ूफ़ी है। फिर दोहराना चाहूंगा कि परजीवी क़र्ज़ को स्रोत की कोई चिंता नहीं होती, यह तो केवल आपका ख़ाली वक़्त चट कर जाना चाहता है, आमतौर पर कुछ नमक-मिर्च के साथ।

सेमिनार की असफलता

वह कौन-सा बेवक़ूफ़ होगा जो एक सेमिनार में भाग लेने के लिए 50,000 डॉलर का भुगतान करेगा? यह फ़ास्टलेन फ़ोरम पर पूछा जाने वाला एक आम प्रश्न है। फलां-फलां रियल इस्टेट निवेश पर तीन दिन के सेमिनार के लिए 50,000 डॉलर मांग रहा है, क्या मैं इसे ख़रीदूं? क्या? कहीं आप नशा तो नहीं करते? आप जानते भी हैं कि आप क्या ख़रीद रहे हैं? मैं बताता हूं आपको। आप किसी को आपको वह पुस्तक समझाने के लिए 50,000 डॉलर दे रहे हैं, जो किताब की किसी भी दुकान पर 19 डॉलर में उपलब्ध है।

हम निर्माता जानते हैं कि 50,000 डॉलर का सेमिनार किन लोगों के शोषण के लिए है। लोग आलसी हैं। लोग हर बात हाथ में तैयार चाहते हैं। वे ख़ुद पढ़कर पूरी बात को समझना नहीं चाहते। वे चाहते हैं कि उनका हाथ पकड़कर कोई उनको राह पर आगे ले जाए और बेहतर होगा कि कोई ख़ुद उनके लिए पूरा काम कर दे। लोग आयोजन चाहते हैं, प्रक्रिया नहीं। और 50,000 डॉलर के सेमिनार से बेहतर आयोजन और क्या होगा?

शिक्षा हासिल करने के लिए सेमिनार बहुत फ़ायदेमंद हो सकते हैं, लेकिन वे सही सेमिनार होना चाहिए, जो किफ़ायती हों और निर्माताओं या अनुभवी विशेषज्ञों द्वारा आयोजित किए जा रहे हों। ना कि पेशेवर और करियर पब्लिक स्पीकर्स द्वारा। ज़्यादा डॉलर वाले अधिकांश सेमिनार दरअसल एक बहुत ही सधी हुई मार्केटिंग मशीन की तरह होते हैं, जिनका इकलौता उद्देश्य आपके बटुए को पूरी तरह से ख़ाली कर देने का होता है। अधिकांश सस्ते सेमिनार कुछ और नहीं दिन भर में लोगों को महंगे सेमिनार के लिए तैयार करने का प्रयास होता है। और वे सूट-बूट में सजे प्रस्तुतकर्ता? वे प्रैक्टिस के विरोधाभास से पीड़ित होते हैं, ऐसे लोग जो लोगों का मार्गदर्शन करके करोड़पति बन गए, लेकिन जो ख़ुद अपने ही द्वारा लोगों को बताए रास्ते पर नहीं चलते।

फ़ास्टलेन फ़ोरम की एक सदस्या ने हाल ही में एक मशहूर किताबी गुरु के एक सेमिनार में भाग लेने के अपने अनुभव साझा किए :

पहले आपको दूसरों के साथ संपर्क की अनुमति नहीं दी जाएगी। अगर आपको नेटवर्क की अनुमति दे दी गई तो आप जल्द ही जान जाएंगे कि यह कुछ और नहीं एक और अधिक बड़े, और अधिक महंगे 50,000 डॉलर के सेमिनार की बिक्री के लिए किया गया एक विशाल आयोजन है। दूसरा, आप एक भी बात नहीं सीखेंगे, सिवाय इस बात के कि आपको अपने विवेक का इस्तेमाल करना था, जो आपको यहां आने से मना कर रहा था। हर पल ख़ून चूसने वाला आयोजन। यह देखकर हैरत होती है कि जिन लोगों के बैंक खाते में कुछ भी नहीं है, वे भला क्यों बेहतरी की उम्मीद में 50,000 डॉलर के सेमिनार में रुचि दिखा रहे हैं। और अंत में, सेमिनार में एक भाग ऐसा भी आता है, जहां वे आपको क्रेडिट कार्ड सीमा बढ़ाने की सुविधा भी देते हैं, क्योंकि आख़िरकार अमीर दौलत बनाता है और ग़रीब कमाता है। तो हर कोई जाकर अपने क्रेडिट कार्ड की सीमा को बढ़वा लेता है और फिर वे आपको आपकी गंभीरता के आधार पर 16,000 डॉलर से लेकर 50,000 डॉलर तक की ख़रीद क़ीमत के लिए घेर लेते हैं। बेहूदा? ज़ाहिर तौर पर नहीं। क्योंकि लोग हलाल होने के लिए जा रहे जानवरों की तरह कतार लगाकर पीछे के कमरों की ओर दौड़ पड़ते हैं, हाथों में क्रेडिट काड्‌र्स लिए। वे आत्म-संतुष्टि की हल्की-सी घबराहट के अहसास के साथ, अपने शर्ट पर यह स्टीकर लगाए बाहर निकलते हैं, "मैंने ख़ुद में निवेश किया!"

50,000 डॉलर में तेल परिवर्तन उतना ही धक्कादायक है जितना कि 50,000 डॉलर का सेमिनार। अच्छे सेमिनार 1,000 डॉलर से कम के होते हैं और सम्मानजनक विशेषज्ञों, उस काम में जुटे लोगों और सेमिनार फ़र्म्स द्वारा आयोजित किए जाते हैं। अच्छे सेमिनार शिक्षाप्रद होते हैं और उनकी क़ीमत नई कैडिलेक एस्केलेड कार की तरह नहीं होती। बुरे सेमिनार बहुत ज़्यादा प्रचारित, बहुत ज़्यादा दबाव वाले और शोषण करने वाले होते हैं। बुरे सेमिनार केवल धन बनाने के लिए होते हैं, आपकी मदद के लिए नहीं।

आप अच्छे और बुरे सेमिनार में भेद कैसे कर सकते हैं? सबसे पहला बिंदु है क़ीमत। ग़ैरवाज़िब कोई भी क़ीमत चेतावनी भरा एक संकेत है कि सेमिनार के आयोजक की रुचि आपको शिक्षित करने की बनिस्बत ख़ुद ज़्यादा धन कमाने में है। दूसरा बिंदु भी क़ीमत ही है। मुफ़्त से सावधान रहें। मुफ़्त का मतलब होता है 8 मिनट की शिक्षा और बड़े सेमिनार की बिक्री के लिए 8 घंटे की खींचतान। तीसरा, कौन सेमिनार दे रहा है? क्या कोई पेशेवर वक्ता है? या कोई ऐसा व्यक्ति जो वही करता है, जो वह ख़ुद कहता है? सेमिनार के काग़ज़ या नोटिस को बारीकी के साथ पढ़ें। "जॉनी गुरु की रणनीतियों ने करोड़ों बनाए हैं!" और फिर बारीक अक्षरों में लिखा होता है, "जॉनी गुरु सेमिनार में उपस्थित नहीं रहेंगे।" क्या आप सर्जन का अभिनय करने वाले व्यक्ति को अपनी सर्जरी करने देंगे, अगर वास्तविक सर्जन उपलब्ध नहीं हो? क़तई नहीं।

अध्याय का सार : तेज़ रास्ते की ख़ासियतें

- तेज़ राह के राहगीर अपनी शिक्षा स्नातक उपाधि से शुरू करते हैं, अगर उससे पहले ना की हो तो।
- तेज़ राह के राहगीर की शिक्षा उसकी कारोबारी प्रणाली और धन के पेड़ की बेहतरी के लिए होती है, आंतरिक मूल्य में बढ़ोत्तरी के लिए नहीं।
- तेज़ राह के राहगीरों की रुचि पहिये की धुरी बनने में नहीं होती है। वे तो पहिया बनना चाहते हैं।
- "मैं नहीं जानता कैसे" एक बहाना है, जिसे अनुशासन से नाकाम किया जा सकता है।
- अनंत ज्ञान हर कहीं है और यह मुफ़्त है। अगर कुछ ग़ायब है तो उसे हासिल करने का अनुशासन।
- आप किसी भी क्षेत्र में विशेषज्ञ बन सकते हैं, केवल शारीरिक कौशल की ज़रूरत वाले क्षेत्रों को छोड़कर।
- शैक्षणिक प्रगति को किसी अन्य काम के लिए निर्धारित वक़्त में भी जारी रखा जा सकता है।
- महंगे सेमिनारों के आयोजक मार्केटिंग के खोखले दावों को "इवेंट्स" करार देकर पगडंडी के राहगीरों और धीमे रास्ते के बेदख़ल राहगीरों का फ़ायदा उठाते हैं।

अध्याय

28

उस लाल रेखा को छू लें

अगर बातें नियंत्रण में लगती हैं,
तो आप पर्याप्त गति से नहीं जा रहे हैं।
—मारियो आंद्रेत्ति

तेज़ रास्ते के राहगीर लाल रेखा पर गढ़े जाते हैं

गति की ऊपरी सीमा बताने वाली लाल रेखा पर विजेता गढ़े जाते हैं। यहां लाल रेखा क्या है? यहां लाल रेखा का मतलब है विशुद्ध, बिना किसी लागलपेट के पूरी *प्रतिबद्धता।*

धन के पेड़, कारोबार और प्रणालियां रातों-रात नहीं बनाई जातीं। चूमा को पिरामिड की मशीन बनाने में कई वर्ष लग गए। प्रतिबद्धता यानी धन के पेड़ के लिए पानी, सूरज, खाद और जुताई। मैं जानता हूं कि प्रतिबद्धता एक ऐसा शब्द है, जिसे सुनकर ही बड़ी मात्रा में पलायन शुरू हो जाएगा। अगर आप सोचते हैं कि तेज़ राह की प्रक्रिया आसान है तो अभी रुक जाइए और वापस धीमे रास्ते पर लौट जाइए। वैसे वह भी आसान नहीं है।

याद रखिए, "आसानी से अमीर बनो," मछली के कांटे की तरह का प्रलोभन है। एक जीवंत फलते-फूलते कारोबार का लालन-पालन ठीक बच्चे के जन्म से किशोरावस्था तक के लालन-पालन जैसा ही है। जिस तरह से अभिभावकों को बच्चों को प्रतिबद्धता के साथ पूरा वक़्त देना पड़ता है, ठीक वैसे ही आपको अपनी प्रणाली और अपने कारोबार के प्रति प्रतिबद्ध होना पड़ता है। गति की सर्वोच्च सीमा (रेड लाइन) पर ही कार की सीमाओं को परखा जाता है और आपकी सीमाओं की भी वहीं पर परखा जाएगा।

आपकी रुचि है या आप प्रतिबद्ध हैं?

कई लोग ज़िंदगी का एक बड़ा हिस्सा पहले ही गियर की गति से गुज़ार देते हैं और फिर हैरानी जताते हैं कि वह यहां कैसे पहुंचे? धन के बारे में कौन चिंता नहीं करना चाहता?

दुर्भाग्यवश दौलत और आर्थिक सुरक्षा में रुचि के लिए कोई भी प्रयास नहीं करना पड़ते। रुचि किंडरगार्टन की तरह है : यह पर्याप्त नहीं है और ज़ो "रुचि" रखते हैं, पहले गियर में जीते हैं।

पहले गियर से ऊपर जाने के लिए कुछ अच्छे विकल्पों की दरकार होती है। इस हद तक कि वह आपकी जीवनशैली बन जाए। नहीं, यह रातों-रात संभव नहीं है। रुचि और प्रतिबद्धता में एक गहरा अंतर है। यह आपके काम और प्रयासों की गुणवत्ता और स्थिरता से स्पष्ट होता है।

जिसकी रुचि होती है वह एक किताब पढ़ता है, जो प्रतिबद्ध होता है वह किताब में लिखी बातों को 50 बार आजमाकर देखता है। रुचि वाला कारोबार शुरू करने की सोचता है, जबकि प्रतिबद्ध शुरुआत के लिए एलएलसी के काग़ज़ात दाख़िल भी कर देता है। रुचि आपके कारोबार पर सोमवार से शुक्रवार प्रतिदिन एक घंटे काम करती है, जबकि प्रतिबद्धता सप्ताह के सातों दिन जब भी वक़्त मिले काम करती है। रुचि लीज़ पर एक महंगी कार लेती है, प्रतिबद्धता बाइक की सवारी करती है और धन को प्रणाली में लगाती है। रुचि अमीर दिखती है, प्रतिबद्धता अमीर बनने की योजना बना रही होती है।

फ़ेसबुक के संस्थापक मार्क ज़ुकरबर्ग़ ने दुनिया की सबसे ज़्यादा इस्तेमाल होने वाली सोशल नेटवर्किंग साइट केवल रुचि के कारण तैयार नहीं की। वह प्रतिबद्ध थे। एलॉन मस्क ने रॉकेट विज्ञान को केवल रुचि के आधार पर बेहतर नहीं बनाया, बल्कि वह प्रतिबद्ध थे। रुचि का मतलब होता है कि तीसरी बार नाकाम होते ही उस काम को छोड़ देना, जबकि प्रतिबद्धता का मतलब 100 नाकामियों के बाद भी जुटे रहना।

जब मैं अपनी कंपनी, अपनी प्रणाली, अपना प्रतिरूप तैयार कर रहा था, मैं प्रतिबद्ध था। मैंने कई सप्ताह प्रतिदिन 12 घंटे अपनी प्रणाली को तैयार करने और दोषरहित बनाने के लिए ख़र्च किए। मैंने दोस्तों के साथ रात को पीने के मोह को टाला। मैं एक बेहद संकरे स्टूडियो अपार्टमेंट में रहता था। मैं दिन और रात के भोजन में सस्ता पास्ता खाकर काम चला लेता था। मैं अपनी योजना पर काम करने के लिए बर्तन मांजने के लिए तैयार था। मेरे दोस्त जबकि रेसिंग वीडियो गेम पर सबसे तेज़ कार का अधिकार पाने को लेकर ज़्यादा चिंतित थे, मैं आर्थिक आज़ादी चाहता था। मैं हक़ीक़त में तेज़ कार चाहता था, किसी वीडियो गेम की नहीं। मेरे दोस्त काल्पनिक जगत में विजेता बनने को लेकर प्रतिबद्ध थे और मैं वास्तविक दुनिया में विजेता बनने के लिए प्रतिबद्ध था। *तेज़ रास्ते के विजेता रेडलाइन पर गढ़े जाते हैं।*

ख़ुद को "अधिकांश लोगों" से अलग कर लो

आप कितनी शिद्दत से इसे चाहते हैं? आप कितने तत्पर हैं? क्या आप इसके लिए रात अपनी कार में ही सोकर गुज़ारने के लिए तैयार हैं? क्या आप एक छोटे-से अपार्टमेंट में रहने को तैयार हैं, जबकि आपके दोस्त अपने घरों में रह रहे हों? क्या आप नई नवेली बीएमडब्ल्यू की बज़ाय 1,50,000 मील चल चुकी जंग लगी कार के लिए तैयार हैं? क्या आप मेलोनी के बार और ग्रिल के टेबल पर वेटर का काम करने के लिए तैयार हैं, जबकि आपके मित्रों के पास 50,000 डॉलर प्रति वर्ष की नौकरियां हों?

अधिकांश लोग इसके लिए तैयार नहीं होते और यही विजेताओं को पराजितों से अलग कर देता है। जबकि 50 साल तक चूहा दौड़ में भाग लेने का विचार, इससे बचने के लिए कड़ी मेहनत से ज़्यादा पीड़ादायक होना चाहिए। आप या तो आज साधारण आराम हासिल कर सकते हैं या फिर भविष्य में भरपूर आराम। तेज़ राह के राहगीर कुछ वक़्त के आराम को इस अग्रिम ज्ञान के चलते टाल देते हैं कि लंबी अवधि का अभूतपूर्व आराम हासिल करना है।

जब बात मिट्टी में उतरकर गंदे होने की हो तो अधिकांश लोग पहले गियर में धीमे-धीमे चलना पसंद करते हैं, बनिस्बत एक्सीलरेटर पर लाल रेखा की गति सीमा की परेशानियों को झेलने के। पूरी गति बाधाओं को हटाते हुए प्रक्रिया को और मुश्किल बना देती है।

जब कार्नेगी मेलन विश्वविद्यालय के प्रोफ़ेसर रैंडी पॉश को कैन्सर के अंतिम चरण में होने की बात पता चली तो उन्होंने एक अंतिम लेक्चर देकर हमारा भला कर दिया। वीडियो पर बातचीत में उन्होंने कहा :

> *ईंट की दीवारें वहां किसी कारण से हैं। ईंट की दीवारें हमें बाहर रखने के लिए नहीं हैं। ईंट की दीवारें इस बात का प्रतीक हैं कि हम किसी बात को कितनी शिद्दत से चाहते हैं। ईंट की दीवारें उन लोगों को रोकने के लिए हैं जो हासिल करने को लेकर उतने बेकरार नहीं हैं। ईंट की दीवारें दरअसल, इन अन्य लोगों को रोकने के लिए हैं।*

इस उद्धरण के अंतिम दो शब्द हैं, "अन्य लोगों।" आप यह बिलकुल सुनिश्चित कर लें कि आप उन "अन्य लोगों" में नहीं हैं, क्योंकि "अन्य लोगों" का पर्यायवाची "अधिकांश लोग" है। अधिकांश लोग वे उपभोक्ता हैं, जो दो बार वेतन नहीं मिले तो दिवालिया हो सकते हैं। अधिकांश लोग कारोबारी प्रणाली को ज़्यादा वक़्त नहीं देंगे, जबकि दोस्त तो उधार की ज़िंदगी जी रहे हैं। अधिकांश लोग दोस्तों और परिजनों को "यह काम नहीं करेंगे" के दिशा-निर्देशों के साथ अपने सपनों के ख़ात्मे की अनुमति दे देंगे। कई लोग पूरे उत्साह और उल्लास के साथ शुरुआत के बाद पहले ही गड्ढे या असफलता पर हिम्मत हार जाते हैं। अधिकांश लोग "मेरे बस का नहीं" कहकर हट जाते हैं, यह नहीं जानते हुए कि वे सफलता से केवल एक या दो क़दम दूर हैं। तेज़ रास्ते की सफलता की शुरुआत का पहला बिंदु।

"क्या हम वहां पहुंच चुके हैं?" दौलत एक भुलावा देने वाली वस्तु है और इसे हासिल करने की मुश्किलें कमज़ोर लोगों को इसकी दौड़ से बाहर कर देती हैं। आपका रास्ता उत्साह, सवालों, प्रतिबद्धता और पुनर्जन्म से होकर गुज़रेगा। तेज़ राह की सफलता के लिए वक़्त और प्रयासों के निवेश का पथकर (टोल टैक्स) चुकाना पड़ता है। पथकर का यह भुगतान आपको विशेष बनाता है और अन्य हर किसी को बाहर रखता है।

इस समग्र प्रतिबद्ध प्रयास को ना तो टाला जा सकता है और ना ही किसी दूसरे को इसका ज़िम्मा सौंपा जा सकता है। काम और प्रतिबद्धता को श्रेष्ठ स्तर पर पहुंचा दें, अपनी मंज़िल को जानें और यह भी कि आप पथकर के भुगतान के लिए तैयार हैं, क्योंकि आपकी

पांच दिन के काम के बदले दो दिन की आज़ादी के सौदे में रत्तीभर की भी रुचि नहीं है। अगर आप तेज़ राह के अवसर के लिए ज़रूरी कड़ी मेहनत नहीं करते, तो कोई और करेगा। और अगर अन्य सभी लोगों की तरह नहीं हैं तो आपको कुछ चमत्कारिक बात पता चलेगी : आप *अन्य सभी दूसरों से अलग* तरह से जी सकते हैं।

ब्रेक्स पर से पैर हटा लें!

सफलता का पसीना मतलब असफलता और मैं तो पसीने से तरबतर हूं।

अगर आपने एक स्टेप, स्पिन और एयरोबिक्स की क्लास में प्रवेश लिया है तो आपको उद्देश्य पता है : पसीना बहाओ, कार्डियोवेस्कुलर क्षमता बढ़ाओ और वज़न घटाओ। अगर आप किसी कार्डियो क्लास में जाएं और इंस्ट्रक्टर आपके पसीना बहाने पर रोक लगा दे, तो इसका उद्देश्य ही निरर्थक हो जाएगा। कड़ी मेहनत से कुदरती तौर पर पसीना बहने लगता है और पसीना आपके प्रयासों का सबूत बन जाता है।

दुर्भाग्यवश यह एक विडंबना है जिसका आप सामना करेंगे, अगर आप असफलता से डरते हैं और ब्रेक छोड़ने से भी। *सफलता का पसीना मतलब असफलता।* जिस तरह से बिना पसीना बहाए आप कार्डियोवेस्कुलर क्षमता नहीं बढ़ा सकते, ठीक उसी तरह से असफलता के बगैर सफलता नहीं चख सकते। असफलता दरअसल, सफलता की स्वाभाविक प्रतिक्रिया है। अगर आप असफलता को टालते हैं तो आप सफलता को टाल रहे हैं।

आप ब्रेक्स लगाकर दौलत के रास्ते पर वाहन नहीं चला सकते। आपको जोख़िम मोल लेना ही पड़ेगा। असहज महसूस करते हैं तो प्रगति से वंचित रह जाओ।

असफलता के डर की वज़ह क्या है? जवाब है : सबसे बुरे परिणाम का वास्तविकता से कुछ ज़्यादा ही मूल्यांकन। सबसे बुरा क्या हो सकता है और इसके होने की संभावना क्या है? आपको काम पर लौट जाना होगा? आपको या आपकी पत्नी को दूसरी नौकरी करना पड़ेगी? बड़ी बात। जब आप समाज की तय विचारधाराओं की तूफ़ानी हवाओं के ख़िलाफ़ चलेंगे तो आपको पसीना तो आएगा ही।

आकलन किया हुआ जोख़िम लो। ऐसा करो और मुश्किलें उठ खड़ी होती हैं। आप नए लोगों से मिलते हैं। नए अवसर तैयार होते हैं। प्रतिक्रियाओं का सैलाब-सा आ जाता है। क़िस्मत से मिला मौक़ा आपके जीवन में शामिल हो जाता है। कुछ कर गुज़रना बेहतरीन बातों को जन्म देता है।

हां, तेज़ रास्ता एक जोख़िम है। असफलता अवश्यंभावी है। मैंने कम्प्यूटर कोडिंग ग़लतियां कर-करके ही सीखी है। मैं किसी कोड ब्लॉक को सही करने का तरीक़ा पाने से पहले उसमें सैकड़ों बार असफल रहा हूं। मेरी अन्य असफलताओं में मूर्खतापूर्ण नेटवर्क मार्केटिंग के चोंचले, आभूषणों की खरीदी-बिक्री से लेकर डायरेक्ट मार्केटिंग कार्यक्रम शामिल हैं। हर बार, मैंने असफलता को अस्वीकार करते हुए उसका पुनर्विश्लेषण किया, सीखा, समायोजित किया और दोबारा प्रयास किया। मैंने पहल की, क़दम उठाए, आकलन किया और समायोजन किया। प्यारे दोस्त, मैंने ब्रेक्स हटा दिए!

मैंने एक बार सुना था, "एक होशियार व्यक्ति अपनी ग़लतियों से सीखता है।" एक बुद्धिमान व्यक्ति दूसरों की ग़लतियों से सीखता है। आप मेरी ग़लतियों से सीख सकते हैं। मैंने तेज़ रास्ता रातों-रात नहीं सीखा। मुझे यह असफलता के प्रकाश में दिखा। हार का भय सामान्य बात है, फिर भी असफलता अनुभव देती है और अनुभव से ज्ञान हासिल होता है।

तेज़ रास्ते के जोख़िम के लाभ ताउम्र के हो सकते हैं

बिल गेट्स एक ही बार में कामयाब चमत्कार है। उन्होंने एक कंपनी बनाई और अरबों कमाए। उन्हें अरबपति बनने के लिए केवल एक कंपनी बनाने की ज़रूरत पड़ी। दो बार कंपनियों को बेचने और करोड़ों के मूल्य वाली ताज़ा एक कंपनी का मालिक होने के लिए कुछ लोग मुझे एक ही बार में कामयाब का तमग़ा दे सकते हैं। बहुत अच्छी बात है। मैं नाकामयाब कहलाने की बज़ाय एक ही बार में कामयाब कहलाना पसंद करूंगा। केवल एक सफलता की ही दरकार होती है और आप ताउम्र के लिए स्थिर हो जाते हैं।

आपके पास एक चुनौती है : अगर आप बेसबॉल में सफलता हासिल करना चाहते हैं तो आपको होम रन्स हासिल करने होंगे, प्लेट तक आगे बढ़कर ज़ोरदार हिट लगानी होगी। होम रन्स या सिंगल्स मैदान से बाहर बेंच पर बैठकर या सोफ़े पर बैठकर *चीटोज़* खाते हुए नहीं मारे जा सकते। तो उठिए प्लेट पर पहुंचिए और बल्ले को ज़ोरदार घुमाकर शॉट्स लगाना शुरू कर दीजिए। मुश्किल गेंदें और कैच आउट। पर्याप्त मात्रा में बल्ले को घुमाने के अभ्यास और कारोबार की गति से तालमेल बैठा लेने के बाद सटीक हिट जमाना आसान हो जाता है।

बुद्धिमानी भरा जोख़िम उठाएं और मूर्खतापूर्ण छोड़ दें

जब बात जोख़िम के विश्लेषण की आती है तो सर्वश्रेष्ठ और सबसे बुरे परिणामों के आधार पर ये दो प्रकार के होते हैं : *बुद्धिमानी भरा जोख़िम* और *मूर्खतापूर्ण जोख़िम।*

हवाई जहाज से लासवेगास जाकर जुए में पूरे महीने का वेतन उड़ा देना मूर्खतापूर्ण जोख़िम है। हाईवे पर ख़राब ब्रेक्स के साथ कार चलाना मूर्खतापूर्ण जोख़िम है। जब आप मूर्खतापूर्ण जोख़िम को सफ़ाई से टालते हुए बुद्धिमानी भरे जोख़िम उठाते हैं तो आपकी वक़्त गुज़रने के साथ आपकी दौलत का उछाल बढ़ता ही जाता है। *बुद्धिमत्तापूर्ण जोख़िम* की कुछ सीमित दिक्कतें हैं, जबकि उनका बेहतर हिस्सा तो असीमित है। *मूर्खतापूर्ण जोख़िम* आधारहीन होती हैं और उनका दूसरा पहलू सीमित या कम अवधि का होता है।

अधिकांश मूर्खतापूर्ण जोख़िम लक्षणहीन वर्ग में आते हैं। दरअसल, वे स्पष्टतौर पर परिभाषित ही नहीं हैं और उनको पहचानने के लिए थोड़ी-सी लगन की ज़रूरत पड़ती है। जब मैं अपनी 850 हॉर्सपॉवर की कार के साथ फ़ीनिक्स की सड़कों पर रेस लगाता हूं तो यह मूर्खतापूर्ण जोख़िम है। मैं एक लक्षणहीन मूर्खतापूर्ण जोख़िम ले रहा हूं। मेरे हिसाब से कुछ वक़्त का रोमांच और अपने अहम की अस्थायी संतुष्टि बेहतर पहलू हैं, जबकि इसका बुरा पहलू है कि दुर्घटना में मेरी या किसी और की मौत हो सकती है। बेहतर पहलू सीमित है, जबकि बुरा पहलू असीमित और लंबा है। हां, ये कितना बेवकूफ़ी भरा है।

यहां एक और मूर्खतापूर्ण जोख़िम पेश है और मुझे इस अध्याय से ही इसका पता चला। मैं इस किताब को क्लाउड कम्प्यूटिंग प्रणाली पर लिख रहा हूं। जिसका मतलब यह कि मैं एक बाहरी स्रोत या बाहरी सर्वर पर लिख रहा हूं। मैंने अपने काम की कोई प्रति नहीं बनाई है। अगर क्लाउड सर्वर ठप हो जाता है तो मेरा पूरा काम हवा में गुम हो जाएगा।

जी हां, मूर्खतापूर्ण जोख़िम अलग-अलग विस्तार और फ़्लेवर्स में आते हैं। इस तरह से यह मुझे दिन का बेवकूफ़ घोषित करता है। माफ़ कीजिएगा, मैं ज़रा अपने काम की प्रति सुरक्षित कर लूं।

धन्यवाद, मैं लौट आया हूं।

आइए अब बात करें बुद्धिमत्तापूर्ण जोख़िमों की। जब मैंने एक इंटरनेट कंपनी में 1,00,000 डॉलर का निवेश किया तो मैंने बुद्धिमत्तापूर्ण जोख़िम उठाया था। जब मैंने अपनी इंटरनेट कंपनी बेची तो बिक्री से मिला धन दोबारा कंपनी में निवेश कर दिया। मैंने 1,00,000 डॉलर का निवेश करके ख़ुद को जोख़िम में क्यों डाला? मेरे आकलन के मुताबिक़ मेरी कंपनी को ख़रीदने वाली कंपनी की सफलता की पर्याप्त संभावना थी। उनका लक्ष्य मेरी छोटी कंपनी को ख़रीदकर उसे 100 मिलियन डॉलर की कंपनी में बदल देने का था। अगर वह सफल होते हैं तो मेरा 1,00,000 डॉलर का छोटा निवेश करोड़ों का हो जाएगा। इसका बुरा पक्ष? कंपनी असफल हो सकती है और मेरे निवेश का मूल्य काफ़ी कम हो सकता है। मेरा बुरा पक्ष सीमित है, जबकि बेहतर पक्ष पर्याप्त है। यह एक बुद्धिमत्तापूर्ण जोख़िम है।

अगर आप तेज़ रास्ते के कारोबार के लिए अपनी नौकरी छोड़ते हैं तो यह एक बुद्धिमत्तापूर्ण जोख़िम होगा। बेहतर परिणाम की स्थिति में आपको लाखों मिल सकते हैं, जबकि असफल होने पर आपको अपने स्तर से भी नीचे का जीवन जीना पड़ सकता है : फ़र्श की सफ़ाई का काम, बर्गर्स सेंकने का काम, चावल और बीन्स खाना, किराना दुकान तक साइकिल से जाना। या उससे भी बुरा अपने बच्चे को आईफ़ोन नहीं दे पाना। क्या यह वाक़ई इतना बुरा है? नहीं, अगर आप अपनी मंज़िल से वाक़िफ़ हैं और अपने रास्ते के नक़्शे के प्रति प्रतिबद्ध। अंत में बात वहीं पर आकर रुक जाती है कि आप क्या करना चाहते हैं और क्या नहीं। जोख़िम में सावधानीपूर्ण नेतृत्व की दरकार होती है। मूर्खतापूर्ण जोख़िम को न्यूनतम कर दें और बुद्धिमत्तापूर्ण जोख़िम का लाभ उठाएं। जहां तक असफलता की बात है तो मुझ पर विश्वास कीजिए-*असफलता के अफ़सोस में जीना, कोई प्रयास ही नहीं करने के अफ़सोस से बेहतर होता है।*

"किसी दिन" को भूल जाइए

वह क्या चीज़ है, जो लोगों को ज़िंदगी को पूरी गति देने से रोकती है?

किसी दिन रोकता है। किसी दिन मैं... किसी दिन मैं यह करूंगा, किसी दिन मैं वो करूंगा, किसी दिन जब मेरे बच्चे बड़े हो जाएंगे, किसी दिन जब सारा क़र्ज़ उतर जाएगा किसी दिन। और फिर भी वह किसी दिन कभी नहीं आता। किसी दिन आपके दिमाग़ में मौजूद एक सुदूरवर्ती क्षितिज है।

किसी दिन ना केवल ख़तरनाक है, बल्कि पंगु बनाने वाला है। यह आपको एक ऐसी दुनिया में ले जाता है, जो अस्तित्व में है ही नहीं। किसी दिन यहीं है, अभी, पुरातन और स्वच्छ, आने वाले कल के प्रति कोई निष्ठा नहीं रखने की भीख मांगता हुआ। तेज़ राह आपको इस आसान परिवर्तन के लिए याचना करती है : किसी दिन को आज का दिन बनाएं।

कभी ऐसा हुआ है कि आप कहीं गए हों और सारी ट्रैफ़िक लाइट्स हरी हों? दुर्भाग्यवश जब बात अवसर और जोख़िम को कम करने की आती है तो लोग सही वक़्त का इंतज़ार करते हैं– वे सभी लाइट्स के हरा होने का इंतज़ार करते हैं और यह बनता है वजह "किसी दिन की।" आप धीमे रास्ते की पतली गली को खोज रहे किसी भी व्यक्ति से पूछ लीजिए... तुमने छलांग क्यों नहीं लगाई? तुम किस बात का इंतज़ार कर रहे हो? हर बार आपको यही घिसे-पिटे बहाने मिलेंगे :

"मैं पदोन्नति का इंतज़ार कर रहा हूं।"
"मैं बच्चों के बड़े होने का इंतज़ार कर रहा हूं।"
"मैं क़र्ज़ से मुक्त होने का इंतज़ार कर रहा हूं।"
"मैं विरासत में मिलने वाले धन का इंतज़ार कर रहा हूं।"
"मैं नए साल का इंतज़ार कर रहा हूं।"
"मैं स्कूल समाप्त होने का इंतज़ार कर रहा हूं।"
"मैं पत्नी की नौकरी लगने का इंतज़ार कर रहा हूं।"
"मैं अर्थव्यवस्था में सुधार का इंतज़ार कर रहा हूं।"
"मैं पानी गरम करने वाले हीटर के ठीक होने का इंतज़ार कर रहा हूं।"
"मैं इस वज़ह से इंतज़ार कर रहा हूं।"
"मैं उस वज़ह से इंतज़ार कर रहा हूं।"

इन सबके बीच एक सामान्य सूत्र है... "मैं इंतज़ार कर रहा हूं।" लेकिन किस बात का इंतज़ार? किसी दिन का? किसी दिन किसी काम का, किसी परिणाम का या किसी पूर्व शर्त का। दुखद तौर पर ये दिमाग़ी प्रावधान आते हैं और चले जाते हैं, अवसर तलाशने वाला वर्षों तक इसी कूड़े में सड़ता रह जाता है। सभी ट्रैफ़िक लाइट्स के हरा होने का इंतज़ार नवंबर के तीसरे बुधवार आसमान के बैंगनी होने के इंतज़ार की तरह है।

अगर बात अब नहीं समझ आई हो तो मैं स्पष्ट तौर पर कहना चाहूंगा : सही वक़्त जैसा कोई वक़्त है ही नहीं। *किसी दिन* आज का ही दिन है। आज मतलब अभी। एक सप्ताह में 7 दिन और वर्ष में 365 दिन होते हैं। आपके पास केवल आज का दिन है। और अगर आप इंतज़ार करते रहते हैं तो अवसर हाथ से निकल जाता है। आपका तेज़ रास्ते का सफ़र कभी शुरू ही नहीं हो पाता। हर साल जहां पुरानी शर्तें पूरी होती जाती हैं, नई शर्तों के जुड़ने का सिलसिला बदस्तूर जारी रहता है। अवसर के साथ अंदाज़ लगाइए कि और क्या

हाथ से निकल जाता है? वक़्त। आकर्षक सोप ऑपेरा संगीत को भूल जाइए। याद रखिए, वक़्त गुज़रने के साथ-साथ ज़िंदगी भी गुज़र जाती है और ये आपकी ही ज़िंदगी के दिन हैं।

अवसर वक़्त की परवाह नहीं करते

अवसर नियमित तौर पर आपके पड़ोस से गुज़रते हैं और जब ऐसा होता है आपको इसे झपट लेना चाहिए और जाने नहीं देना चाहिए। जोख़िम का आकलन कीजिए और काम में जुट जाइए। दुर्भाग्यवश अवसर, आपके वक़्त की परवाह नहीं करते। अवसर आपकी परिस्थितियों, आपकी टूटी-फूटी कार या आपकी ज़िंदगी में आए तूफ़ान की परवाह नहीं करते। ये अपनी मर्ज़ी से आकर चले जाते हैं। इनका अपना दिमाग़ होता है और वे हालात के प्रति दृष्टिहीन होते हैं। अवसर परिवर्तन और चुनौती के वेश में आते हैं। याद रखिए, परिवर्तन करोड़पति बनाता है।

"फ़ास्टलेन फ़ोरम" (TheFastlaneForum.com) मेरे वक़्त से बाहर के अवसरों को लपक लेने का मेरा उदाहरण है। मेरा फ़ोरम यह किताब लिखे जाने से पहले से कई वर्षों से अस्तित्व में है, क्योंकि अवसर मेरे पड़ोस से बिना कोई सूचना दिए निकल गया। "फ़ास्टलेन फ़ोरम" की स्थापना का मेरा पूर्व निर्धारित वक़्त मेरी किताब के प्रकाशन के बाद का था। हालांकि एक भी शब्द लिखे जाने से पहले मैं एक बिज़नेस फ़ोरम में गया जहां मैं पहले नियमित तौर पर जाता था। मुझे फ़ोरम के जाने-पहचाने सहयोगी दिखे जो "पुराने दिनों" का रोना रो रहे थे कि कैसे कारोबारियों ने फ़ोरम पर कब्ज़ा कर लिया है : स्पैम, योजनाओं और घोटालों का बखान करते लोग। यह एक ऐसा बगीचा बन चुका था, जिस पर खर-पतवार का कब्ज़ा हो चुका था। लोगों ने परिवर्तन या विकल्प की मांग की।

मेरे दिमाग़ में अनिश्चित भविष्यकाल में एक फ़ोरम बनाने का विचार काफ़ी अरसे से मंडरा रहा था।

लेकिन यह मौक़ा मेरी सुविधा के लिहाज़ से नहीं आ रहा था।

अवसर ने एकाएक एक मोड़ लिया और मैंने इसकी तेज़ आवाज़ सुनी। हालांकि मैं शॉवर ले रहा था, लेकिन मैं पूरी तरह से गीला ही बाहर निकल आया, बिना किसी तैयारी के, अपरिपक्व और अवसर से मुलाक़ात की। मैंने दरवाज़ा खोलकर इसका स्वागत किया और अंदर लेकर आया। मेरे लिहाज़ से सुविधाजनक वक़्त नहीं "अवसर के वक़्त पर" और किसी दिन आज का दिन बन गया। *उस फ़ैसले ने मुझे पहला शब्द लिखने से पहले ही सैकड़ों किताबों की पूर्व बिक्री का अवसर दे दिया।*

दुनिया के अनेक कामयाब उद्यमियों ने कॉलेज के ही दिनों में कारोबार शुरू कर दिया था। आप उनकी कंपनियों से अच्छी तरह से वाक़िफ हैं : माइक्रोसॉफ़्ट, डेल, फ़ेडएक्स और फ़ेसबुक। इन कंपनियों के संस्थापकों ने अपने वक़्त से बाहर निकलकर अवसरों को लपककर बुद्धिमत्तापूर्ण जोख़िम लेने का फ़ैसला किया। उनकी उद्यमिता ने अवसर को चुना और पूर्व शर्तों को संतुष्ट करने के फेर में नहीं पड़े। "स्नातक उपाधि पाने के बाद" या "गर्मियों की छुट्टी में" या "मेरी मैथ 202 परीक्षा के बाद" जैसा कोई बहाना नहीं। अवसर अधूरी ज़रूरतों के वेश में आते हैं और जब वह आपके दरवाज़े की घंटी बजाते हैं तो उन्हें

लपक लीजिए। जवाब नहीं देने पर अवसर लौट जाते हैं और किसी और के दरवाज़े की घंटी बजाते हैं। यह जानते हुए कि कोई न कोई तो जवाब देगा।

तो फिर आप क्यों नहीं? वक़्त बमुश्किल सही होता है। इंतज़ार साधारणता को मज़बूती देता है। लोग ज़िंदगी भर हाथ पर हाथ धरे बैठे रहते हैं, यह सही हो जाए, वह सही हो जाए। सही परिदृश्य और परिस्थितियां कभी नहीं आतीं। आता क्या है? वक़्त, ढलती उम्र और सपने को गंवाने का दृश्य।

और अब आपके पास गैराज से बाहर निकलकर रास्ते पर आने का अवसर है। उस रास्ते पर जहां से आपका तेज़ रास्ते का सफ़र आरंभ होता है। तेज़ रास्ता आपको दौलत तक ले जाता है। आपके पास तेज़ रास्ते का नक़्शा मौज़ूद है और आप यह भी जानते हैं कि धीमा रास्ता और पगडंडी कैसे काम करते हैं। आप अपने वाहन को पूरी तरह से चुस्त-दुरुस्त करना भी जानते हैं। आप अब जानते हैं कि किस तरह के विचार बेशक़ीमती हैं और किस तरह के विचार बोझ। आपने उस गुरुत्वाकर्षण का भांडाफोड़ कर दिया है जो आपके वाहन के ख़िलाफ़ षड़यंत्र की कोशिश करेगा। आपके पास गैराज से बाहर आने के लिए ज़रूरी तमाम साधन और औजार हैं और अब आप दौलत तक पहुंचाने वाले अनेक रास्तों में से एक पर निकल पड़िए। जी हां, वक़्त सफ़र शुरू करने का है।

अध्याय का सार : तेज़ रास्ते की ख़ासियतें

- रुचि होना पहला गियर है। प्रतिबद्धता गति की ऊपरी सीमा।
- कड़ी मेहनत और प्रतिबद्धता ही विजेताओं को पराजितों से अलग करते हैं।
- कुछ लोग लंबी अवधि के *शानदार आराम* की तुलना में अल्पावधि का *साधारण आराम* चुनते हैं।
- दूसरों से अलग ज़िंदगी जीने के लिए आपको वह करना होगा जो दूसरे नहीं करेंगे।
- अपनी उम्मीदों को कड़ी मेहनत, त्याग की ताक़त दो और रास्ते में आने वाली रुकावटों से भिड़ने को तैयार रहो। ये वे ज़मीनी सुरंगें हैं, जहां पर कमज़ोर लोग सड़क से हटा दिए जाते हैं और उन्हें "अधिकांश लोगों" के इलाक़े में भेज दिया जाता है।
- असफलता, सफलता के लिहाज़ से स्वाभाविक है। इसको स्वीकारो और उससे सीखो।
- केवल एक होम रन आपको पूरी ज़िंदगी के लिए आर्थिक तौर पर सुरक्षित कर सकता है, शायद पीढ़ियों तक के लिए भी।
- डगआउट में बैठकर होम रन नहीं मारा जा सकता।
- मूर्खतापूर्ण जोख़िमों के असीमित नुक़सान (लंबी अवधि के) और सीमित फ़ायदे (अल्पावधि के) होते हैं।
- बुद्धिमत्तापूर्ण जोख़िमों के असीमित फ़ायदे (लंबी अवधि के) और सीमित नुक़सान (अल्पावधि के) होते हैं।
- "सही वक़्त" कोई नहीं होता और उस दिन का इंतज़ार केवल वक़्त की बर्बादी है।

भाग–7

दौलत के रास्ते

अध्याय

29

दौलत हासिल करने के सही रास्ते

रास्ते की शुरुआत चुनने वाला
उस जगह को भी चुन लेता है, जहां वह जाता है।
साधन ही अंत का निर्धारण करता है।

—हैनरी एमरसन फ़ॉस्डिक

क्या आपका दौलत का रास्ता आगे जाकर बंद है?

दौलत के सफ़र में यह कौन-से रास्ते की बात की जा रही है? अगर आप धीमे रास्ते के राहगीर हैं तो आपका रास्ता आपकी नौकरी है : डॉक्टर, वकील, इंजीनियर, सेल्समैन, हेयरड्रेसर, पायलट। अगर आप तेज़ रास्ते के राहगीर हैं तो आपका रास्ता आपका कारोबार है : इंटरनेट उद्यमी, रियल इस्टेट निवेशक, लेखक या फिर आविष्कारक।

आपका रास्ता आपका करियर या आपका कारोबारी रास्ता है और वह रास्ता दौलत तक जाना चाहिए। दुर्भाग्यवश अधिकांश नौकरियां उनकी गणितीय सीमाओं के कारण ऐसा नहीं कर पातीं और आश्चर्यजनक तौर पर अधिकांश कारोबार भी। शिकागो से पूरब की ओर जाने वाला रास्ता कभी भी लास वेगास नहीं पहुंच पाएगा। यह रास्ता बंद है। अगर आप किसी भटकाव भरे कारोबारी रास्ते पर हैं तो आपको अपना स्टियरिंग व्हील इस्तेमाल करना होगा और सही रास्ता पकड़ना होगा। बाहर निकलिए, गाड़ी को मोड़िए या विपरीत दिशा में जाइए।

लाखों कारोबार मालिकों को इस मुश्किल स्थिति का सामना करना पड़ता है। वे ग़लत रास्ते पर वाहन चलाकर ख़ुद को ही बेवकूफ़ बनाते हैं और फिर हैरानी जताते हैं कि दौलत उनसे दूर क्यों है। 8 घंटे के काम वाले दिन की बनिस्बत वे स्टोर में 12 घंटे का संघर्ष करते हैं। प्रणाली की किसी अन्य से काम करा लेने की क्षमता का लाभ उठाने की बजाय वे ख़ुद डॉलर के बदले अपने वक़्त का सौदा कर लेते हैं। पांच दिन के काम के बदले दो दिन के

अवकाश की बजाय वह छह दिन काम एक दिन अवकाश या सातों दिन काम एक भी दिन अवकाश नहीं, जैसी आजीवन निरंतरता को स्वीकार लेते हैं।

अगर आप तेज़ राह के तत्वज्ञान पर चलते हुए सिर्फ़ इसलिए नींबू पानी का स्टैंड शुरू करते हैं, क्योंकि तेज़ रास्ता कहता है, "कारोबार शुरू करो," मैं नाकाम हो चुका हूं। यह रास्ता ख़राब है, क्योंकि इसमें दौलत की संभावना नहीं है। सही रास्ते को आपको दौलत तक ले जाना चाहिए और उसे वास्तविक संभावनाओं से परिपूर्ण होना चाहिए। आपके रास्ते को प्रभाव के नियम के क़रीब या उससे होकर गुज़रना चाहिए।

प्रभाव का रास्ता : तेज़ रास्ते के पांच नियम

प्रभाव का नियम कहता है कि लाखों कमाने के लिए लाखों लोगों पर प्रभाव डालना होता है। आप कैसे लाखों लोगों की ज़िंदगी पर प्रभाव डाल सकते हैं? धीमे रास्ते में आप विस्फोटक तरीक़े से वास्तविक मूल्य में बढ़ोत्तरी करते हैं, बेहद अनिवार्य से बन जाते हैं और लाखों कमाते हैं। तेज़ रास्ते में आप एक ऐसे कारोबार का निर्माण करते हैं, जो मात्रा और विस्तार दोनों ही लिहाज़ से लाखों लोगों की ज़िंदगियों पर प्रभाव डालता है। अगर आपका रास्ता प्रभाव के पड़ोस तक नहीं जाता या उसमें बाहर निकलने का कोई रास्ता उपलब्ध नहीं है, तो माफ़ कीजिएगा आप ग़लत रास्ते पर हैं।

तेज़ रास्ते के दौलत के समीकरण की ताक़त उस कारोबार से गति पकड़ती है, जो प्रभाव के नियम पर आधारित हो। कारोबार के अवसर भरपूर हैं और दुर्भाग्यवश उनमें से अधिकांश तेज़ रास्ते नहीं हैं। क्या आप एक रिटेल स्टोर में 15 डॉलर की हेयरकट्स सेवा की बिक्री में उलझकर तार्किक तौर पर लाखों लोगों की सेवा कर सकते हो? अगर आपका रास्ता प्रभाव की ओर जाने में दिशा की चुनौती में उलझा है तो यह अपने पैरों पर कुल्हाड़ी मारने की तरह की बात होगी, क्योंकि प्रभाव ही तो दौलत के रास्ते का द्वारपाल है।

प्रभाव के नियम की आग को प्रज्ज्वलित करके तेज़ रास्ते को रोशनी से भर देने के लिए तेज़ रास्ते के पांच नियमों का पुनर्निरीक्षण करें। सेंट्स(CENTS) संरचना :

1) **नियंत्रण (Control) का नियम**
2) **प्रवेश (Entry) का नियम**
3) **ज़रूरत (Need) का नियम**
4) **वक़्त (Time) का नियम**
5) **मात्रा (Scale) का नियम**

सेंट्स तेज़ रास्ते के लिए परीक्षा की तरह है और आपके रास्ते पर मुहर लगाता है। क्या आपका रास्ता (या संभावित रास्ता) दौलत की ओर ले जाने वाला रास्ता है? क्या इसे तेज़ रास्ता बनाया जा सकता है? क्या यह प्रभाव छोड़ सकता है? क्या इस रास्ते को करोड़ों डॉलर के कारोबार में तब्दील कर, इससे आराम से बैठकर (निष्क्रिय) आय तैयार की जा

सकती है और क्या यह अंतिम परिसमापन (लिक्विडेशन) के परिणाम के साथ समाप्त हो सकता है?

वह रास्ता जो पांचों ही नियमों को पूरा करता हो आपको तेज़ी से बेहद अमीर बना सकता है। जब-जब उल्लंघन होता है, रास्ते से दौलत मिलने की संभावना कम होती जाती है और इसके साथ ही दौलत के क़रीब पहुंचने की आपकी प्रभाव शक्ति के क़रीब पहुंचने की क्षमता भी कम होती जाती है। एक-दो नियमों का उल्लंघन करके भी तेज़ी से दौलत पाना संभव होता है, लेकिन फिर भी आपको वही रास्ता चुनना चाहिए जो पांचों नियमों का पालन करता हो। अच्छे-मज़बूत रास्ते अच्छी दौलत बनाते हैं। दुखद तौर पर कारोबार के अधिकांश अवसर नियमों के मात्रा पर खरे नहीं उतरते और अगर वे असफल हो जाते हैं तो फिर उनको सम्मान या उन पर ध्यान देने की ज़रूरत नहीं है।

अध्याय का सार : तेज़ रास्ते की ख़ासियतें

- सारे कारोबार सही रास्ते नहीं होते। कुछ रास्ते प्रभाव के नियम के क़रीब से गुज़रते हैं, कुछ उनमें से गुज़रते हैं और कुछ उनका पालन करते हुए गुज़रते हैं।
- सर्वश्रेष्ठ रास्ते और विशुद्ध तेज़ रास्ते CENTS की संरचना : तेज़ रास्ते के पांच नियम, नियंत्रण, प्रवेश, ज़रूरत, वक़्त और मात्रा-को संतुष्ट करते हैं।

अध्याय

30

नियंत्रण का नियम

किसी भी निर्भरता को लेकर आप निश्चिंत नहीं हो सकते
सिवाय ख़ुद पर निर्भरता के।
—जॉन गै

ड्राइवर की सीट पर बैठने की मांग करें

हां या नहीं। आप या तो तेज़ रास्ते पर वाहन चला रहे हैं या नहीं। या तो आपका आपकी वित्तीय योजना पर नियंत्रण है या नहीं। बीच की बात का कोई विकल्प नहीं है। यदि आप वाहन नहीं चलाते हुए सहयात्री की सीट पर बैठे हैं तथा नियंत्रण किसी और के हाथ में है।

अपने सपनों की कल्पना करो। कार, बोट या विमान। कितनी अच्छी बात है, तो अब लीजिए उसकी चाबी। आपको यह केवल एक घंटे के लिए के लिए दी जा रही है, बिना किसी बोझ के। क्या आप वह चाबी लेकर हर एक पल का मज़ा लेते हुए सवारी का आनंद लेंगे? या आप सहयात्री की सीट पर बैठकर चाबी उछालते हुए कहेंगे, "मेह, तुम नियंत्रण संभालो। मैं केवल यहां पर बैठकर सहयात्री के तौर पर यात्रा का आनंद लूंगा।" बेतुका? पूरी तरह से नहीं। अधिकांश लोगों का कारोबार को लेकर यही रवैया होता है : वे सहयात्री बनकर ड्राइवर की सीट छोड़ देते हैं और नियंत्रण के नियम का उल्लंघन करते हैं। ऐसा करने में, वे अपनी वित्तीय योजना पर नियंत्रण छोड़कर अंततः किसी और को अमीर बना देते हैं।

तेज़ रास्ते पर सहयात्री

ज़िंदगी के सहयात्री जहां पगडंडी पर चलते हुए पीड़ित बनते हैं, कारोबार के सहयात्री नियंत्रण के नियम का उल्लंघन करते हैं।

सेंट्स का सी (Control/नियंत्रण)

कारोबार का सहयात्री जोख़िम से बचाव करते हुए ख़ुद को मातृसत्तात्मक संगठन के दायरे में सीमित कर देता है। यह गौण महत्त्व का संबंध आपका नियंत्रण छीनकर आपको ड्राइवर के भरोसे छोड़ देता है। जब आप अपने कारोबार पर नियंत्रण रखते हैं तो आपका आपके कारोबार की हर बात पर नियंत्रण होता है-आपका संगठन, आपका उत्पाद, आपका मूल्य, आपका राजस्व प्रारूप और आपका परिचालन विकल्प। अगर आप अपनी कंपनी के सभी पहलुओं पर नियंत्रण नहीं साध पाते तो आप उसे नहीं चला रहे हैं। और अगर आप उसे नहीं चला पा रहे हैं तो आप ख़ुद को अकस्मात, अवांछित हादसे की ओर ले जा रहे हैं।

तेज़ रास्ते के ड्राइवर नियंत्रण अपने पास रखते हैं। जो नियम का उल्लंघन करते हैं वो नहीं। आमतौर पर :

- ड्राइवर्स एमएलएम कंपनियां बनाते हैं, उनमें शामिल नहीं होते।
- ड्राइवर्स फ्रेंचाइज़ी बेचते हैं, वे उन्हें ख़रीदते नहीं।
- ड्राइवर्स संबद्ध कार्यक्रम चलाते हैं, वे उनसे जुड़ते नहीं हैं।
- ड्राइवर्स हेज फ़ंड्स चलाते हैं, उनमें निवेश नहीं करते।
- ड्राइवर्स शेयर बेचते हैं, वे शेयर ख़रीदते नहीं।
- ड्राइवर्स दूसरों का माल बेचने का प्रस्ताव पेश करते हैं, ख़ुद वे माल नहीं ख़रीदते।
- ड्राइवर्स रोज़गार देते हैं, ख़ुद नौकरी नहीं करते।
- ड्राइवर्स किराया और रॉयल्टी स्वीकार करते हैं, वे ख़ुद किराया या रॉयल्टी का भुगतान नहीं करते।
- ड्राइवर्स लाइसेंस बेचते हैं, वे उन्हें ख़रीदते नहीं।
- ड्राइवर्स आईपीओ के शेयर्स बेचते हैं, वे उन्हें ख़रीदते नहीं।
- ड्राइवर्स सबसे तेज़ रुझान से नहीं जुड़ते, वे तेज़ रुझान की वज़ह बनते हैं।

तो आप तेज़ रास्ते पर ड्राइविंग कर रहे हैं? या सहयात्री हैं?

अगर सहयात्री का यह वर्णन आपसे साम्य रखता है तो भी हताश होने या रक्षात्मक मुद्रा में आने की कोई ज़रूरत नहीं है। आप हर मामले में ड्राइवर नहीं हो सकते। मैं ख़ुद सहयात्री के तौर पर गतिविधियों में भाग लेता हूं। तेज़ रास्ते के सहयात्री भी अच्छा धन कमा लेते हैं, कई बार तो बोरियां भरकर। हालांकि एक बात को समझ लीजिए : ड्राइवर नियंत्रण अपने पास रखकर बहुत-बहुत ज़्यादा धन कमाता है। सबसे अच्छी स्थिति में भी सहयात्री थोड़ा *अच्छा धन* ही कमा पाते हैं।

अच्छा धन बनाम भरपूर धन

अच्छे धन, भरपूर धन और मिसाल देने लायक़ अभूतपूर्व धन कमाने में अंतर है। अच्छा धन यानी कि 20,000 डॉलर प्रति माह।

हर नेटवर्क मार्केटिंग कंपनी की लोगों को आकर्षित करने के लिए पुकार होती है, "सुनिए, क्या हर महीने 10,000 डॉलर कमाना चाहते हैं?" बहुत बड़ी बात। आपको अपनी विंडशील्ड याद है। यह केवल आपके दिमाग़ में मौज़ूद भरपूर धन है। यह ठीकठाक धन है, लेकिन ऐसा भी नहीं है कि आप निजी जेट में उड़ने लगें और न्यूपोर्ट के समुद्र तट पर आपकी 40 फुट की विशाल नौका खड़ी हो।

भरपूर धन मतलब 2,00,000 डॉलर प्रति माह। अब हम बात कर रहे हैं, 2,00,000 डॉलर प्रति माह की जो आपकी ज़िंदगी में अपना असर छोड़ जाते हैं। आय के इस स्तर पर ज़िंदगी बदलती है।

और फिर है अभूतपूर्व यानी मिसाल देने लायक़ धन। जब आप हर माह 10 लाख डॉलर से ज़्यादा कमाते हैं। चौंका देने वाला? बिलकुल भी नहीं। जब आप पांचों नियमों का लाभ उठाते हुए अपनी कंपनी को नियंत्रित करते हैं तो प्रति माह 10 लाख डॉलर असंभव नहीं हैं।

भरपूर धन या अभूतपूर्व धन हासिल करने के लिए आपको अपनी समूची प्रणाली पर पूरा नियंत्रण स्थापित करना होगा। जब आप नियंत्रण छोड़कर ताक़त किसी बड़े अधिकारी को सौंप देते हैं, आप बड़ा धन ड्राइवर के लिए छोड़ देते हैं और सहयात्री के तौर पर अच्छे धन से संतोष कर लेते हैं।

उदाहरण के लिए मेरी कंपनी ने एक संबद्ध कार्यक्रम का प्रस्ताव दिया। मेरे सर्वश्रेष्ठ संबद्ध सहयोगी ने प्रति माह 20,000 डॉलर से कुछ ज़्यादा ही कमाए। वह सहयात्री था और मैंने ड्राइवर बनकर संबद्ध प्रक्रिया पर नियंत्रण रखा हुआ था। हालांकि उसके द्वारा उठाए गए जोख़िम की कल्पना कीजिए। किसी भी पल मैंने नई नीति को लागू कर दिया होता, जिससे उसकी आय में कटौती हो जाती। मेरा उसके धन प्रवाह पर नियंत्रण था और उसने यह जोख़िम उठाया था कि मैं संबद्ध कार्यक्रम में छेड़छाड़, बदलाव या संशोधन नहीं करूंगा। और एक ड्राइवर के तौर पर यह सबसे ज़्यादा महत्त्वपूर्ण था कि मैं भरपूर धन (2,00,000 डॉलर प्रति माह) कमा रहा था, जबकि वह अच्छे धन (20,000 डॉलर प्रति माह) से संतुष्ट था।

इसी तरह से आपने इंटरनेट उद्यमियों के एक अनूठे समूह "एडसेंस" करोड़पतियों के बारे में सुन रखा होगा। गूगल एडसेंस एक विज्ञापन नेटवर्क है जो ऑनलाइन सामग्री के प्रकाशकों को वेबसाइट पर ट्रैफ़िक के हिसाब से आय का लाभ उठाने का मौक़ा देता है। कई संबद्ध लोग, ब्लॉगर्स और प्रकाशक, गूगल के एडसेंस कार्यक्रम का इस्तेमाल कर अच्छी कमाई करते हैं। कुछ सामग्री प्रदाता और ब्लॉगर्स तो हर महीने छह अंकों में धन कमाते हैं। यक़ीनन यह भरपूर धन है, फिर अभूतपूर्व कमाई गूगल (ड्राइवर) की होती है।

नियंत्रण का अभाव=हादसा

सहयात्री बनने के ख़तरों की कल्पना कीजिए। आप एक अनजान व्यक्ति की कार में बैठे हैं और आप उसे गाड़ी चलाने दे रहे हैं। तेज़ रास्ते पर सहयात्री बनना एक बेहद जोख़िम का

काम है, ख़ासतौर पर तब जबकि आपका परिवार भी साथ हो। मेरे अनुभव को अनगनित उद्यमियों ने मुश्किल तरीक़े से सीखा।

थोड़ी पृष्ठभूमि : मेरा फ़ोरम गूगल के विज्ञापन नेटवर्क का लाभ उठाता है, जो मुझे फ़ोरम पर मिले क्लिक्स के बदले राजस्व देता है। यह सहयात्री वाला रिश्ता है, जिसमें गूगल ड्राइवर है और मैं सहयात्री। मेरे फ़ोरम पर एक बार एक ई-बुक मार्केटिंग कार्यक्रम पर चर्चा चली। चर्चा आगे बढ़ी तो किसी ने कंगाल हो चुके एनबीए खिलाड़ी के साथ मज़ाक़ कर दिया और (लंबी बात संक्षेप में कहूं तो) दोस्तों, गूगल ने दावा किया कि इस सामग्री ने शर्तों का उल्लंघन किया है। मेरे विज्ञापन बंद कर दिए गए और कमाई रुक गई। अब कल्पना कीजिए अगर मेरा फ़ोरम और उसका गूगल राजस्व मेरे परिवार के लालन-पालन के लिए ज़िम्मेदार होता तो। कल्पना कीजिए मैं इन विज्ञापनों से 15,000 डॉलर प्रति माह कमा रहा था और एक ही बड़े झटके में, उफ़्फ़, सब साफ़।

कोई नियंत्रण नहीं। कोई सुनवाई नहीं। कोई ताक़त नहीं। मुझे इस समस्या के निपटारे में आठ दिन का वक़्त लगा, लेकिन इसने एक ड्राइवर की तुलना में सहयात्री के तौर पर यात्रा के ख़तरों को उजागर कर दिया। उन आठ दिनों में मेरी उस गतिविधि से होने वाली कमाई सिफ़र थी। किसी भी ड्राइवर/सहयात्री संबंध में ड्राइवर हमेशा ही सहयात्री से ज़्यादा कमाई करता है और तेज़ रास्ते की रणनीति में बेहद उपयोगी घटक होता है : *नियंत्रण।*

मैं ऐसी कंपनी को चलाने की कल्पना तक नहीं कर सकता, जिसमें किसी अन्य इकाई को आपके राजस्व के प्रवाह को तत्काल समाप्त कर देने की शक्ति हासिल हो। अगर कोई स्विच को बंद करके आपके कारोबार को तबाह कर सकता है तो आप अपनी वित्तीय योजना के साथ जुआ खेल रहे हैं। सहयात्रा का जन्मजात ख़तरा यह है कि आप चाबियां ड्राइवर को सौंप देते हैं। अगर ड्राइवर किसी दीवार में वाहन के साथ जा भिड़ता है तो अंदाज़ लगाइए उसके साथ कौन हादसे का शिकार होगा।

आप।

सहयात्रा की समस्या यह है कि आप कभी भी ड्राइवर को अच्छी तरह से नहीं जानते। ड्राइवर नीतिपरक, नैतिक और न्यायपरक हो सकता है या फिर ड्राइवर भ्रष्ट और शैतान हो सकता है। किसी भी हालत में आपने शक्ति तो ड्राइवर के ही हाथों में सौंप रखी है। जिसके पास चाबी होती है, उसी के पास शक्ति होती है।

फिर भी लाखों लोग बिना किसी विराम के इसी तरह के संस्थागत नियंत्रण के सामने समर्पण कर देते हैं। वे फ्रेंचाइज़ी अनुबंधों पर हस्ताक्षर करते हैं और महत्त्वपूर्ण कारोबारी फ़ैसलों, मार्केटिंग, विज्ञापन, रॉयल्टी आदि का नियंत्रण दे डालते हैं। वे ऐसे वितरण नेटवर्क से जुड़ जाते हैं, जहां पर मुआवज़े की रणनीति दूसरे तैयार करते हैं। उनके उत्पाद का रास्ता केंद्रीय स्रोत द्वारा तय किया जाता है। उन्हें स्वचालित यंत्र मानव की तरह बता दिया जाता है कि वे क्या कर सकते हैं और क्या नहीं। वे कार्पोरेट सत्ता के बंधक बना दिए जाते हैं, बिना यह समझे कि अब वे ख़ुद के बॉस नहीं रहे। अगर आप अपने उत्पाद, अपनी क़ीमत या मार्केटिंग के फ़ैसलों पर अपना प्रभाव नहीं डाल सकते तो क्या आप वाकई बॉस हैं?

दशकों पहले मैंने एक नेटवर्क मार्केटिंग कंपनी में काम किया था। मेरा एक दोस्त था, जो अच्छा धन कमाता था। अंततः कंपनी ने अपने उत्पादों की श्रृंखला और मुआवज़े के ढांचे को बदल डाला। मेरे दोस्त की आय का प्रवाह बाधित हुआ और अंततः ग़ायब ही हो गया। वह संपत्ति जो उसने बनाई (उसका बिक्री का निचला ढांचा और नक़दी प्रवाह) थी, कुछ ही महीनों में हवा हो गई। मेरे दोस्त के इस दावे के बावज़ूद कि वह अपने कारोबार का ख़ुद मालिक था, उसका कंपनी पर कोई नियंत्रण नहीं था। उसकी ग़लती नियंत्रण के नियम का उल्लंघन थी। उसके पास उसके कारोबार की चाबी कभी थी ही नहीं। उसका साम्राज्य कुछ और नहीं एक राजनीतिक दल द्वारा नियंत्रित झूठे वादों पर आधारित एक मृगमरीचिका थी, जिसमें उसकी आवाज़ कोई नहीं सुनता था।

जब ड्राइवर स्वच्छंद तरीक़े से मोड़ लेकर शर्तों को बदल देते हैं, तो आपके पास उनके साथ जाने के अलावा कोई अन्य विकल्प नहीं रहता। अगर मामला दिवालियेपन या आपराधिक अनदेखी का है, उनका डूबता जहाज आपका बन जाता है। क्या आप वाकई इस तरह के कारोबारी रिश्ते का हिस्सा बनना चाहते हैं?

शार्क की तरह सोचें, गप्पी की तरह नहीं

अगर आप किसी मछलीघर में रह रहे होते तो क्या बनना पसंद करते शार्क या गप्पी मछली?

शार्क्स खाती हैं... गप्पी मछलियां खा ली जाती हैं।

कारोबार कुछ और नहीं उपभोक्ता के दिमाग़ और धन के लिए गलाकाट प्रतिस्पर्धा है। यह एक महंगा महासागर है, जहां पर अनेक प्रजातियां उदर निर्वाह के लिए युद्धरत हैं : धन। इस महासागरीय खेल में अगर आप खाद्य श्रृंखला में सबसे ऊपर रहना चाहते हैं, सबसे नीचे रहकर ऊपर के स्थान के लिए संघर्ष की बनिस्बत।

कार्पोरेट सीढ़ियां तैयार कीजिए–उनसे जुड़िए मत।

पिरामिड के विस्तार के संगठन बनाइए–उनसे जुड़िए मत।

उत्पादन की सोचो, खेरची की नहीं।

एक शार्क बनने के लिए आपको उसी की तरह से सोचना होगा। शार्क की सोच बड़ी होती है और गप्पी मछलियों की छोटी। एक शार्क होने के नाते आपको अपनी धारणाओं की प्रणाली में झांकना होगा और अपनी विचारधारा को बदलना होगा।

विश्वस्तर पर सोचो, स्थानीय नहीं।

नेतृत्व करने की सोचो, अनुसरण की नहीं।

बदलाव/सुधार की सोचो, नक़ल की नहीं।

गप्पी मछली से शार्क मछली तक बदलाव के सफ़र की शुरुआत आपकी सोच से होती है, जब आपका ध्यान केवल कुछ लोगों तक सीमित रहने की बजाय बहुत सारे लोगों की ओर जाता है।

जब आप तेज़ राह पर चलते हैं तो शार्क बनिए और समूचे महासागर को अपना कार्यक्षेत्र मान लीजिए। क्या कभी आपने मछलियों के समूह को देखा है? हर मछली अपने स्तर पर काम नहीं करती। वे सामूहिक तौर पर काम करती हैं। दुर्भाग्यवश अधिकांश लोग अनुरूपता के इस ख़तरे को भांप नहीं पाते। वे ख़ुद से ज़्यादा बड़ी ताक़त द्वारा एक साथ नियंत्रित समूह का हिस्सा हैं। और मछलियों के ऐसे झुंड की ओर कौन आकर्षित होता है? शार्क। शार्क बनिए, शिकारी, ना कि गप्पी। ड्राइवर बनिए सहयात्री नहीं।

केवल अपने ब्रांड में निवेश कीजिए

आप किसके धन का पेड़ विकसित कर रहे हैं? आप अपने ब्रांड में निवेश कर रहे हैं या किसी दूसरे के?

क्या कभी ट्रैफ़िक में फंसे होने के दौरान आपने किसी कार पर किसी कंपनी के स्टीकर लगे देखे हैं? नेटवर्क के किसी मार्केटिंग जुगाड़ से लेकर देश की सबसे बड़ी कंपनी को अकाई ड्रिंक्स बेचने वाले। ये स्टीकर और बैनर ड्राइवर की ओर से किया गया एक स्पष्ट ऐलान होता है : "हां दोस्तों, मेरी ज़िंदगी किसी और के ब्रांड के प्रचार के लिए समर्पित है।"

वे शार्कों से भरे पड़े महासागर में गप्पी मछलियों की तरह हैं।

हाल ही में अपने जिम की पार्किंग में एक बूढ़ी महिला मेरी ओर आई। वह अपनी कार के पास रुकी और मेरी लैम्बोर्ग़िनी और उसकी ख़ास नंबर प्लेट के बारे में पूछा। उसके बाद तो उसने यह पूछकर मुश्किल सवालों का पिटारा-सा खोल दिया, "क्या आप नेटवर्क मार्केटिंग करते हैं?" मैंने कोई जवाब देने से पहले उसकी कार की ओर देखा। वह जंग लगी एक पुरानी ह्युंडई कार थी, जिसे टायर बदलने और रंगरोगन की ज़रूरत थी। पीछे का कांच ग़ायब (अगर डक्ट टेप और प्लास्टिक को छोड़ दिया जाए तो) था। बगल के दरवाज़े उसकी नेटवर्क मार्केटिंग कंपनी की महानता का बख़ान करने वाले चुंबकीय चिह्नों से पटे पड़े थे।

"घर बैठे भारी कमाई करो, फ़ोन करो 555-555-5555!"

मैं सोच रहा था कि उसकी कंपनी (और उसका रास्ता) इतनी ही महान है तो फिर वह क्यों पीओएस ह्युंडई कार चला रही थी, जो कि मेरी लैम्बोर्ग़िनी के सामने के बाएं टायर से भी सस्ती थी? वह कैसे यह विज्ञापन अपनी कार पर चस्पा कर सकती थी, "घर बैठे भारी कमाई करो?" मैंने बड़े ही सम्मान भरे अंदाज़ में उससे पूछा कि आप एक ऐसे कारोबार में क्यों निवेश कर रही हैं, जिस पर आपका नियंत्रण नहीं है। आप किसी और के लिए "सुंदर चित्र" क्यों बना रही हैं, जबकि आपको ख़ुद के लिए पेंटिंग बनाना चाहिए?

उसने मुस्कराकर, अपना "सपनों को चुराने वाला" बचाव आगे किया और मेरे विश्लेषण को सिरे से ख़ारिज कर दिया। मानो वह जो कर रही थी वह बहुत तार्किक था, उसका दिमाग़ सुझावों के लिए बंद हो चुका था। कोई बात नहीं। वही करते रहिए जो आप कर रही हैं और देखिएगा कि क्या यह आपको वास्तविक आज़ादी दिला पाता है या नहीं।

मेरी बात मत सुनो। आपने मुझसे बात की और मैं वह व्यक्ति हूं जो सेवानिवृत्त होकर अपने सपने को साकार कर रहा हूं। मैं जानता हूं कि यह बदतमीज़ी भरा और दिखावटी लगता है और मैंने माफ़ी मांग ली। लेकिन तर्क अनेक लोगों से दूर ही रहता है।

जब आप किसी और के ब्रांड में आंखें बंद करके अपनी ज़िंदगी और वक़्त निवेश कर देते हैं, तो आप उनकी मार्केटिंग योजना का हिस्सा बन जाते हैं। आप उनके बड़े चित्र में महज रंग का एक हाथ भर होते हैं। आप अच्छा धन बनाम भरपूर धन की संभावना के दरवाजे ख़ुद के लिए बंद कर देते हैं। एक युवा उद्यमी के तौर पर अपने ही ब्रांड में निवेश नहीं करना मेरी एक बहुत बड़ी ग़लती थी। तेज़ रास्ते पर सहयात्री बनना एक महामारी की तरह है जो कई संभावित उद्यमियों को धोखा दे देता है। मैं "संभावित" इसलिए कहता हूं कि सहयात्रा उद्यमिता नहीं है, क्योंकि उद्यमिता का मूल ही रचना और कुछ नया करना है। सहयात्री अग्रदूत नहीं होते, वे ना कुछ निर्माण करते हैं और ना कुछ नया। वे बेचते हैं, संचालन करते हैं और प्रबंधन करते हैं।

अगर ड्राइवर अपनी दुकान बंद कर देता है तो आप बदक़िस्मत हैं। अगर ड्राइवर किसी उत्पाद को बंद कर देता है और यही आपकी कमाई का इकलौता स्रोत है, तो आप बदक़िस्मत हैं। तेज़ रास्ते के राहगीर अपने ब्रांड, अपनी संपत्तियों और अपनी वित्तीय योजनाओं पर नियंत्रण रखते हैं। वह आंख मूंदकर इसे किसी और को सौंपकर सर्वश्रेष्ठ परिणामों की अपेक्षा नहीं करते।

तेज़ रास्ते के तौर पर नेटवर्क मार्केटिंग... केवल अगर...

नेटवर्क मार्केटिंग भी एक तेज़ रास्ता है, लेकिन तभी जब आप उस नेटवर्क मार्केटिंग कंपनी के मालिक हों। तेज़ रास्ते के राहगीर के तौर पर आपसे कंपनियों के निर्माण की अपेक्षा की जाती है, उनसे जुड़ने की नहीं।

उन्हें छोड़ देने से पहले फ़ेसबुक पर ऐसे कई दोस्त थे, जो बहुत ही समर्पण भाव से नेटवर्क मार्केटिंग के काम से जुड़े हुए थे। मैंने कभी अपने विचारों को सार्वजनिक नहीं किया, क्योंकि अंततः यह हर किसी का निजी मामला है। अगर वे 20,000 डॉलर प्रति माह को एक ज़बर्दस्त आय मानते हैं तो उन्हें इस बात पर यक़ीन करने दीजिए। अगर वे मानते हैं कि उनके धन प्रवाह के कारण वे हमेशा के लिए आराम कर सकते हैं, तो उन्हें ऐसा सोचने दीजिए। इन लोगों को यह नहीं बताया जा सकता कि आग गर्म होती है, उन्हें यह बात ख़ुद ही आग में झुलसकर समझने की ज़रूरत है।

मुझे सच्चाई का ख़ुलासा करने के लिए चार नेटवर्क मार्केटिंग कंपनियों की ज़रूरत पड़ी। और वह सच्चाई? इस कंपनी से जुड़े लोगों में प्रशांत महासागर के तट पर आलीशान महंगी कारों से सजे गैराज वाले बंगलों में रहने वाले लोग केवल उनके संस्थापक और अंतरंग समूह के लोग थे। वे वितरक नहीं जो सालों बाद इन नेटवर्क्स के साथ जुड़े।

मैं नेटवर्क मार्केटिंग के लिए अपनी नाराज़गी छिपाता नहीं हूं, हालांकि उसका ग़लत अर्थ लगाया गया है। नेटवर्क मार्केटिंग दरअसल सहयात्रा की रणनीति है, जो उद्यमिता के

आवरण में ख़ुद को छिपा लेती है। मेरी नाराजग़ी इस ग़लतफ़हमी में छिपी है : लाखों लोग "अपने बॉस ख़ुद बनो," "अपनी कंपनी के मालिक ख़ुद बनें" और "निष्क्रिय पारिश्रमिक वाली आय" जैसे छलावों में उलझकर रह जाते हैं।

इन दावों के साथ जहां वैधता का हल्का-सा पुट है, वे एमएलएम की वास्तविकता को छिपा लेते हैं, जो है सेल्स, वितरण और प्रशिक्षण- ना कि उद्यमिता।

मैं चार एमएलएम कंपनियों से जुड़ा रह चुका हूं। एक बार भी याद नहीं जब उत्पाद संबंधी फ़ैसले, अनुसंधान और विकास, मार्केटिंग बाधाओं, नियम, लागत विश्लेषण या किसी भी अन्य कारोबार के मालिकाना हक़ वाली गतिविधियों में मेरी बात चली हो। एक नेटवर्क मार्केटर होने पर आप कारोबार के मालिक नहीं होते-आप बस एक नौकरी का प्रबंधन कर रहे हैं और एक बिक्री संगठन तैयार कर रहे हैं। यह ठीक वैसा ही है कि बिस्तर के नीचे नोटों की थप्पियां जमाते जाना और उसे निवेश कहना।

कई बरस पहले, मेरे कुछ दोस्त थे जो एमएलएम में अच्छा काम कर रहे थे और कई आज भी कर रहे हैं। सच्चाई तो यह है कि मैंने भी ठीकठाक काम किया था। लेकिन दो बातें मुझे परेशान करती रहीं। पहली बात मेरा कोई भी नियंत्रण नहीं था। मैं कंपनी की दया, उसकी नीतियों, उसकी कार्यप्रणाली, उसके उत्पादों की श्रंखला, उसकी लागत के ढांचे पर निर्भर था। जो भी आदेश दिया जाता था, मुझे उसका पालन करना पड़ता था। मैं वहां फंस-सा गया था। जब मेरी कंपनी ने अपने सर्वश्रेष्ठ उत्पाद को बंद कर दिया, मुझे याद है कि मेरी कोई ग़लती नहीं होते हुए भी मेरी आय में गिरावट आ गई थी।

एमएलएम में अच्छी कमाई कर रहा मेरा दोस्त? कार्पोरेट फ़ैसलों के विरोध के चलते उसने कंपनी छोड़ दी। मेरी जानकारी के मुताबिक़ वह कुछ साल में एक अवसर से दूसरे अवसर की ओर छलांग लगाता रहता है। वह इस चक्र को दोहराता है : किसी अच्छे अवसर का लाभ उठाना, उसका पूरी तरह से शोषण करने के बाद अगले अवसर की ओर चल देना। पिछली बार जब पता किया था तो वह ना तो अमीर था और ना ही सेवानिवृत्त हुआ था। वह चूहों की दौड़ में तो शामिल नहीं था, लेकिन खरगोशों की दौड़ में शामिल है। एक गाजर से दूसरी गाजर की तरफ़।

दूसरी परेशानी को लेकर मेरी सोच बिलकुल स्पष्ट थी : मुझे एक उद्यमी की तरह महसूस नहीं हो रहा था। मैं तो मधुमक्खी के किसी बड़े से छत्ते में फंसी किसी कामकाजी मधुमक्खी की तरह महसूस कर रहा था। मैं एक ऐसी बड़ी कंपनी के कर्मचारी की तरह महसूस कर रहा था, जो मेरी मेहनत से कमा रही थी। जबकि उस काम के मुझे कम डॉलर्स मिल रहे थे। मेरा अवचेतन जानता था कि मैं कई नियमों और अलिखित नियमों का उल्लंघन कर रहा हूं। प्रवेश के नियम, नियंत्रण के नियम और "हर किसी" (अध्याय 31) के नियम का उल्लंघन।

इस प्रारूप में संभावित भागीदारों को ग़लत दिशा बताना मुझे नापसंद है। वे मानते हैं कि वे उद्यमी हैं, जबकि वे तेज़ रास्ते के एक राहगीर की योजना में महज एक सेल्समैन हैं।

क्या ये लोग बहुत बड़ा परिवर्तन कर सकते हैं? निश्चित तौर पर। मैं इस सच्चाई को लेकर बहस नहीं करता हूं। फ़ॉर्च्यून 500 कंपनियों के शीर्ष सेल्समैन भी अच्छी-खासी कमाई करते हैं। लॉटरी विजेता भी बहुत धन कमाते हैं। हम यहां संभावना की बात कर रहे हैं, मुक़म्मल की नहीं। एमएलएम के वितरक, उद्यमी के वेश में कमीशन पर नियुक्त कर्मचारी होते हैं और वे एक ऐसे तेज़ रास्ते के संस्थान के लिए काम कर रहे होते हैं, जिस पर उनका कोई नियंत्रण नहीं है। लेकिन तेज़ रास्ते के राहगीर का नियंत्रण रहता है। *नेटवर्क विक्रेता, तेज़ रास्ते के राहगीर की सेना के सिपाही होते हैं।*

तो मुझे फांसी पर लटकाने को तैयार एमएलएम से जुड़े सभी लोगों को मैं स्पष्ट कर देना चाहता हूं : एक उद्यमी के तौर पर मैं नेटवर्क मार्केटिंग को पसंद करता हूं। अगर मैं कोई ऐसा उत्पाद आविष्कार करता हूं, जिसे वितरण की ज़रूरत होगी तो मैं सबसे पहले नेटवर्क मार्केटिंग पर ही विचार करूंगा। साथ ही एमएलएम का बहुत ज़्यादा शैक्षणिक मूल्य है : बिक्री, प्रेरणा, टीम का निर्माण और नेटवर्किंग। मेरा मानना है कि अगर आप नेटवर्क मार्केटिंग में सफल होते हैं तो आप किसी भी काम में सफल हो सकते हैं।

जहां तक मेरे दोस्त की बात है तो वह तेज़ रास्ते के सफ़र में सहयात्री है। उसे इस हक़ीक़त का अहसास नहीं हो रहा है कि नेटवर्क मार्केटिंग कंपनी में काम करने से तेज़ रास्ते की दौलत बेहद दुर्लभ है, यह कंपनी बनाने से संभव है। आपको हर हाल में ऐसी कंपनी बनानी चाहिए, जिसमें शामिल होने के लिए लोगों के बीच गलाकाट प्रतिस्पर्धा हो। आपका उत्पाद और नीति पर नियंत्रण होना ही चाहिए। निर्माता की भूमिका में आ जाइए।

तेज़ रास्ते का राहगीर अपना ब्रांड बनाकर उसी में निवेश करता है, जबकि सहयात्री किसी और के ब्रांड से जुड़कर उसी के सहारे सफलता की उम्मीद करता है। अगर आप अपनी प्रणाली, अपने धन के पेड़, अपने ब्रांड पर नियंत्रण हासिल नहीं करते, तो आप कुछ भी नियंत्रित नहीं करते। आपको कामकाज के पिरामिड के ऊपर आसीन होकर बड़ी संख्या में जनता की सेवा करनी चाहिए। *पिरामिड्स पर चढ़ना बंद कीजिए, उनका निर्माण कीजिए।*

अध्याय का सार : तेज़ रास्ते की ख़ासियतें

- सहयात्री अपने कारोबार का नियंत्रण तेज़ रास्ते के राहगीर को सौंप देते हैं।
- अच्छे धन और भरपूर धन में फ़र्क़ होता है। सहयात्री अच्छा धन कमा सकते हैं, जबकि तेज़ रास्ते के राहगीर भरपूर धन कमाते हैं। कई बार तो अभूतपूर्व धन।
- ड्राइवर/सहयात्री के रिश्ते में ड्राइवर अपने पास नियंत्रण रखता है और सहयात्री पूरी तरह से ड्राइवर की दया पर निर्भर होता है।
- सहयात्रियों को किसी और के तेज़ रास्ते की योजना में सहायक की भूमिका का निर्वाह करना पड़ता है।
- आपके नियंत्रण वाले संस्थान में दुनिया को अपना कार्यक्षेत्र बना डालो।
- नेटवर्क मार्केटिंग का उद्यमिता से कोई ख़ास संबंध नहीं होता। इसका संबंध तो बिक्री, नेटवर्किंग, प्रशिक्षण और प्रेरणा से होता है।

- नेटवर्क मार्केटिंग नियंत्रण और प्रवेश के नियमों के पालन में तो नाकाम होती ही है, कई मर्तबा ज़रूरत के नियम में भी नाकाम होती है।
- नेटवर्क विक्रेता, तेज़ रास्ते के राहगीर की सेना के सैनिक होते हैं।
- नेटवर्क मार्केटिंग एक मज़बूत वितरण प्रणाली है। तेज़ रास्ते के राहगीर के तौर पर इसका मालिक बनें, इसमें कर्मचारी नहीं।
- नेटवर्क मार्केटिंग का अच्छा शैक्षणिक मूल्य हो सकता है, बिक्री, प्रेरणा और टीम निर्माण के क्षेत्र में।
- अगर आप नेटवर्क मार्केटिंग में सफल होते हैं तो आप तेज़ रास्ते के उपक्रम में भी सफल हो सकते हैं।

अध्याय

31

प्रवेश का नियम

हमारी योजनाएं नाकाम हो जाती हैं, क्योंकि उनका कोई लक्ष्य नहीं होता।
जब कोई व्यक्ति यही नहीं जानता कि वह किस बंदरगाह की ओर जा रहा है,
किसी भी तरह की हवा उसकी मदद नहीं कर सकती।

—सेनेका

आप भेड़ हो सकते हैं या चरवाहा

बात 1994 की है, मैं एक ऑडिटोरियम में लोगों की भारी भीड़ के बीच वैसे ही फंसा था मानो चींटियों के बिल में कोई चींटी। कुछ महीने पहले मैं एक नेटवर्क मार्केटिंग कंपनी से जुड़ा था और यह उनकी मासिक प्रेरक बैठक थी। भीड़ उत्साहित, उत्सुक और उत्तेजित थी।

मैं नहीं था। मैंने अपने इर्द-गिर्द देखा और कारोबार कहीं नहीं दिख रहा था, लग रहा था मानो कोई धर्म सभा हो। मैंने लोगों की एक ऐसी सेना देखी जो कही गई हर बात को, किसी भी तरह के तर्क को ताक पर रखकर, धर्मांधों की तरह स्वीकार रही थी। बात अब मेरी शिक्षा की आ गई थी। मैंने सब इतनी आसानी से नहीं होने दिया, मैंने सवाल पूछे, मैं नासमझ और उत्सुक बना रहा उस रास्ते को जानने के लिए जिस पर मुझे जाना था।

मैंने शुरुआत में और कई बार पूछा, "आप कितना कमा रहे हैं?" राजनीतिज्ञों की तरह जवाब को टालकर संस्थान के ऐसी परिस्थितियों में इस्तेमाल स्वाभाविक व्यक्ति की ओर धकेल दिया गया, लेकिन मैं मूर्ख नहीं बना। ठीक है, आपने पहले ही मुझे बता दिया कि बिल हेनसन 30,000 डॉलर प्रति माह कमाता है, लेकिन आप कितना कमाते हैं? और आप? और इस कमरे में मौज़ूद 3,000 अन्य लोग?

सच्चाई यही थी कि उनमें से बहुत कम लोग ही धन कमा रहे थे।

क्यों?

वे एक ऐसे भीड़ भरे रास्ते पर फंस चुके थे, जो प्रवेश के नियम पर अपर्याप्त साबित हुआ था। भीड़ भरे, जाम हो चुके रास्तों पर यातायात अगर चल भी जाता है तो बहुत ही मंथर गति से चलता है।

प्रवेश का नियम

मैं नेटवर्क मार्केटिंग में चार बार असफल रहा, क्योंकि मेरे अवचेतन में यह सच मौज़ूद था कि यह रास्ता प्रवेश के नियम का उल्लंघन करता है।

सेंट्स का ई (Entry/प्रवेश)

प्रवेश का नियम कहता है कि *किसी भी कारोबारी रास्ते के प्रवेश पर लगी बाधा समाप्त या कम होने के साथ ही, उस रास्ते का प्रभाव कम होता जाता है, जबकि बाद में उस क्षेत्र में प्रतिस्पर्धा बढ़ती ही जाती है।* ऊंची प्रवेश बाधाएं मज़बूत और ज़्यादा दमदार रास्तों के समकक्ष होती हैं, जहां कम प्रतिस्पर्धा होती है और विशिष्टता की दरकार होती है।

कम बाधा वाले कारोबार कमज़ोर रास्ते का प्रतीक हैं, क्योंकि उनमें प्रवेश आसान होने के कारण यातायात भी काफ़ी होता है और प्रतिस्पर्धा भी। सभी बराबर लाभ के हक़दार होते हैं। और जहां भीड़ होती है, वहां कोई हलचल नहीं होती।

दूसरे शब्दों में, अगर "किसी कारोबार में शामिल होना," किसी डिस्ट्रिब्यूटर किट के लिए 200 डॉलर के भुगतान जितना ही आसान है तो कोई प्रवेश बाधा है ही नहीं। ऐसे अवसर को छोड़ देना चाहिए। अगर चान के चीनी रेस्तरां के पीछे कूड़ेदान के पास ऊंघने वाला कोई भी जो ब्लो आपके कारोबार को पलक झपकते शुरू कर सकता है तो यह वह कारोबार नहीं जो आपको करना चाहिए। पूरी दुनिया कथित कारोबारों से पटी पड़ी है, जिनमें प्रवेश द्वार पर कोई बाधा नहीं है। यही वजह है कि वे घातक हैं और जो लोग उन्हें अपनाते हैं अमीर नहीं बन पाते।

एक दशक पहले हर तरफ़ बस एक ही चर्चा थी, "ई-बे पर 10 लाख डॉलर कमाइए।" यह ज़्यादा दिन तक चला नहीं, क्योंकि यह अवसर प्रवेश के नियम का उल्लंघन कर रहा था। अगर आप केवल 10 मिनट में ई-बे कारोबार खड़ा कर सकते हैं? तो क्या, अनुमान लगाइए। लाखों अन्य लोग भी ऐसा कर सकते हैं। और किसने लाखों कमाए? शुरुआती लोग, ई-बे और ई-बे के संस्थापक। उन्होंने तेज़ रास्ता अपनाया और रास्ते में लाखों सहयात्रियों को अपने साथ ले लिया। कुछ ही सफल रहे, लाखों नहीं।

कुछ साल पहले चर्चा का एक ऐसा ही विषय था, इंटरनेट ब्लॉगिंग। ब्लॉगर्स हज़ारों कमा रहे हैं! लेकिन आजकल लखपति ब्लॉगर दुर्लभ हैं। क्यों? यह अवसर आसान प्रवेश के कारण पराजित हो गया। ट्रैफ़िक बहुत बढ़ गया, प्रतिस्पर्धा बढ़ी और संतुष्टि की स्थिति आ गई। संतुष्टि बिक्री के आंकड़े गिरा देती है। गिरती बिक्री से ट्रैफ़िक ग़ायब होता चला गया। अगर कोई भी वह करके एक दिन या कम में कारोबार शुरू कर सकता है तो वह प्रवेश के नियम का उल्लंघन कर रहा है और आगे मुश्किल संभावनाएं मुंह बाएं खड़ी हैं। यही वजह है कि मुर्दा ब्लॉग्स की संख्या ज़िंदा ब्लॉग्स से ज़्यादा है।

नेटवर्क मार्केटिंग या मल्टी लेवल मार्केटिंग (एमएलएम) प्रवेश के नियम की कसौटी पर हमेशा असफल होती है–जब तक कि आप नेटवर्क मार्केटिंग कंपनी के मालिक नहीं हों और ख़ुद एमएलएम कंपनी का निर्माण नहीं करें। अगर आप 2,000 लोगों के साथ एक कमरे में बंद हों तो आप क्या करेंगे, आप बहुत मुश्किल स्थिति में हैं। नया करने वाला, नेतृत्वकर्ता और लाल सागर के तट पर खड़ा वह अकेला व्यक्ति कौन है? स्टेज पर मौजूद वह व्यक्ति जिसने एमएलएम कंपनी की स्थापना की, तेज़ रास्ते का राहगीर है। और आप? माफ़ कीजिएगा आप उसकी तेज़ रास्ते की सेना के एक और सैनिक मात्र हैं। उसकी मार्केटिंग की रणनीति के पहिये का एक और दांता। एमएलएम के संस्थापक को पिरामिड की चढ़ाई करने की ज़रूरत नहीं है, क्योंकि *इस कारोबारी पिरामिड का निर्माण उसी ने किया है।* आप पिरामिड निर्माता हो सकते हो या फिर पिरामिड पर चढ़ने वाले। आप भेड़ हो सकते हो या फिर चरवाहा।

कमज़ोर प्रवेश से उबरने के लिए "कुछ विशिष्ट होना" ज़रूरी

अगर आपने प्रवेश के नियम का उल्लंघन कर दिया है तो फिर विशिष्ट बनने के लिए तैयार रहें। विशिष्ट होना प्रवेश की आशंकाओं को नकार देता है। दुर्भाग्यवश विशिष्ट बनना दूर की कौड़ी है, ठीक उसी तरह से जैसे हाईस्कूल में बेहद सामान्य रहा कोई खिलाड़ी एकाएक पेशेवर बन जाए।

उदाहरण के लिए जब मैं हज़ारों अन्य विक्रेताओं के साथ ऑडिटोरियम में बैठा था, मुझे अहसास हुआ कि एक जैसी बात कर रहे इन हज़ारों लोगों के बीच कामयाब होने के लिए मुझे कुछ विशिष्ट बनना होगा। मुझे सर्वश्रेष्ठ बनना होगा। ख़ुद के साथ ईमानदार होने के कारण मुझे यह बात पता थी कि इस संरचना में मैं विशिष्ट नहीं बन सकता। क्या मैं समान विचारों वाले 50,000 "वितरकों" के बीच विशिष्ट हो सकता था? मुझे संदेह था। इसके विपरीत जब मैंने इंटरनेट का कारोबार शुरू किया तो मेरे तकरीबन 12 प्रतिस्पर्धी थे। क्या मैं 12 लोगों के बीच विशिष्ट हो सकता हूं? निश्चित तौर पर।

विशिष्टता का एक और उदाहरण पेशेवर पोकर खेलना और वित्तीय कारोबार (शेयर, फ़्यूचर्स, मुद्रा विनिमय) करना है। दोनों ही क्षेत्रों में प्रवेश के नियम की ज़रूरत नहीं होती और पहुंच की राह में भी बहुत कम बाधाएं होती हैं। मैं 10,000 डॉलर के साथ लास वेगास जाकर किसी भी वक़्त किसी भी पोकर स्पर्धा में भाग ले सकता हूं। मैं किसी भी ब्रोकरेज खाते में 10,000 डॉलर जमा करके मुद्रा विनिमय का काम शुरू कर सकता हूं। *प्रवेश की गैरमौजूदगी ख़ुद बाज़ार तैयार कर देती है।* और उस बाज़ार में सफलता के लिए आपको विशिष्ट होना चाहिए। दुनिया के सर्वश्रेष्ठ (और सबसे अमीर) पोकर खिलाड़ी विशिष्ट होते हैं और वह कमज़ोर प्रवेश के कारण आकर्षित कमज़ोर खिलाड़ियों का फ़ायदा उठाते हैं। पेशेवर ऐसे लोगों को "मृत धन" कहते हैं।

मुद्रा बाज़ार में भी इसी तरह का मैदान उपलब्ध होता है। नौसिखिये आते हैं और चले जाते हैं, मुद्रा विनिमय करते हुए, इस उम्मीद के साथ कि उनकी क़िस्मत का ताला खुल जाएगा। दूसरी ओर धन कमा रहे लोग विशिष्ट होते हैं और इस क्षेत्र के उस्ताद होते हैं। जैसे मुद्रा के मंच, ब्रोकरेज कंपनियां और पोकर वेबसाइट्स।

एक पुरानी कहावत है, "अगर सोने को पाने की होड़ लगी हो तो खदान खोदने की बजाय फावड़े बेचो।" जब बात प्रवेश की हो तो आपका उद्योग, आपका कारोबार हर किसी को उपलब्ध नहीं होना चाहिए, क्योंकि आपको विशिष्ट बनने की ज़रूरत है। और अगर आप विशिष्ट हैं तो आसान प्रवेश, बोझ नहीं संपत्ति बन जाता है।

प्रवेश एक प्रक्रिया है, कोई परिणाम नहीं

क्या जानना चाहते हैं कि क्या आपका कारोबार प्रवेश का उल्लंघन करता है? उत्तर बहुत आसान है : कारोबार में प्रवेश परिणाम है या प्रक्रिया? वास्तविक बिज़नेस स्टार्टअप्स प्रक्रिया होते हैं, परिणाम नहीं। अगर आप इसलिए एकाएक कारोबार में हैं, क्योंकि आपने एक वितरक किट ख़रीद लिया है या एक ऑनलाइन फ़ॉर्म भर दिया है, तो आपने प्रवेश के नियम का उल्लंघन किया है। इसके विपरीत अगर मैं सेडोना एरिजोना में बैड ऐंड ब्रेकफ़ास्ट शुरू करना चाहता हूं तो मुझे जगह ढूंढनी पड़ेगी, उसे ठीक कराना होगा, उस पर धन लगाना होगा, उसका बीमा कराना होगा, लाइसेंस और अनुमतियां लेनी होंगी, स्टाफ़ रखना पड़ेगा और तकरीबन 10 और क़दम उठाने होंगे। प्रवेश एक विस्तृत प्रक्रिया है।

कारोबार की स्थापना, दौलत की तरह, विकल्पों की अनुकूल श्रंखला है, जो एक प्रक्रिया तैयार करती है। नेटवर्क मार्केटिंग कंपनियों के मालिक बहुत अच्छा प्रदर्शन करते हैं, क्योंकि वे जानते हैं कि लोगों को तामझाम ज़्यादा पसंद है और यह आवेदन भरो और आप कारोबारी दुनिया में है, से ज़्यादा बेहतर क्या हो सकता है? वे प्रवेश की आसानी की मदद से फ़ायदा उठाते हैं।

उद्यमी के तौर पर हम ऐसी कंपनियां शुरू करना चाहते हैं, जिसमें एक परिणाम की तरह भाग लें। ख़ुद को बेवकूफ़ मत बनाइए। किसी उद्यमी पत्रिका के पिछले पन्ने पर लगे चेक को किसी संलग्न पते पर भेजना कारोबार की शुरुआत नहीं है। हर वो कारोबार जिसे करने/जिससे जुड़ने/जिसमें भाग लेना 10 मिनट का काम हो, प्रवेश के नियम का उल्लंघन करता है। प्रवेश के नियम का उल्लंघन करो और आपको हर किसी की दुनिया में प्रवेश का टिकट मिल जाता है और किसी और तेज़ रास्ते की योजना में महज एक स्क्रू बनकर रह जाओ।

हर कोई यही कर रहा है!

क्या कभी किसी एक्सप्रेसवे पर ट्रैफ़िक में फंसे हैं? कई घंटों कहीं भी नहीं जाते हुए? "हर कोई यही कर रहा है," की दुनिया में आपका स्वागत है। ट्रैफ़िक से पटा पड़ा रास्ता हर किसी से पटा पड़ा है। अगर हर कोई यही कर रहा है तो मैं यह नहीं करूंगा। मैं इस रास्ते को छोड़ दूंगा और आपको भी ऐसा ही करना चाहिए।

क्यों?

क्योंकि हर कोई दौलतमंद नहीं है। अगर हर कोई दौलतमंद होता तो "हर कोई यही कर रहा है" कारगर होता।

जब बात धन की हो तो "हर कोई" एक चेतावनी भरा संकेत है। हर कोई एक लाल झंडा है और बता रहा है कि प्रवेश के नियम का उल्लंघन किया गया है। अगर हर कोई एक ही गतिविधि से सम्मोहित है तो यह निश्चित तौर पर असफल रहेगी।

आवास के कारोबार में उछाल के दौरान जब "हर कोई" मकान ख़रीद रहा था, मैंने इसके विपरीत काम किया। मैं एक किनारे पर बैठकर बेच रहा था। जब ख़रीदने का जुनून छाया हुआ हो, आपको बेचना चाहिए। जब हर किसी पर बेचने का जुनून छाया हुआ हो, आपको ख़रीदना चाहिए या संपत्ति को संभालकर रखना चाहिए।

इतिहास को देखें, हर कोई यही कर रहा है कि सफलता और असफलता से पटा पड़ा है। '90 के दशक के उत्तरार्द्ध में प्रौद्योगिकी के शेयरों में उछाल, उसके बाद तेल की क़ीमतों में विस्फोटक बढ़ोत्तरी, आवासीय क्षेत्र में भारी-भरकम गिरावट जो पूरी दुनिया में मंदी की वजह बना। और हाल ही में बिटकॉइन/क्रिप्टो करेंसी में मुख्य धारा की क्षेत्रीय भाषाओं में उछाल। सभी इसी बात का उदाहरण दे रहे हैं कि "हर कोई यही कर रहा है।" इस रास्ते पर भारी भीड़ है और यह मंथर गति से बरबादी की ओर ले जा रहा है, क़त्ल करने के लिए ले जाई जा रही भेड़ों की तरह।

"हर कोई" के चेतावनी भरे संकेत

'90 के दशक के उत्तरार्द्ध में प्रौद्योगिकी क्षेत्र के शेयर आसमान छू रहे थे। मैंने धन गंवाया, क्योंकि मैंने हर किसी की तरह क़दम उठाए। मैंने सीखा। हालिया आवासीय उछाल के दौरान मैंने एक मकान नहीं ख़रीदा। नहीं, इस बार मैंने उनकी क़ीमत गिरने से पहले तीन प्रॉपर्टियां बेचीं। आवासीय बाज़ार में गिरावट आई और अगली बारी शेयर बाज़ार की थी। मैं बहुत पहले ही अलग होकर नक़दी के ऊपर आराम से बैठा था। मुझे कैसे पता चला?

मैंने "हर कोई यही कर रहा है," के लक्षणों को पहचान लिया, अगर हर कोई अमीर होता तो हर कोई यही कर रहा है, कारगर साबित होता। यह तर्क ग़लत लग सकता है, लेकिन इसने मुझे कभी धोखा नहीं दिया। मैं कैसे जानता हूं कि "हर कोई यही कर रहा है?" बहुत आसान है। जब किसी निवेश को लेकर उपभोक्ताओं में कुछ ज़रूरत से ही ज़्यादा उत्साह दिखने लगता है-आम आदमी में-वही वक़्त होता है, जब मैं समझ जाता हूं कि अब वक़्त बाहर निकलने और बाहर ही रहने का है।

जब प्लम्बर आपके घर में टॉयलेट ठीक करते हुए रोना रोता है कि उसकी तीन प्रॉपर्टी का किराया पिछले तीन महीने में 15% कम हो गया है, तो तभी समझ जाना चाहिए कि वक़्त बाहर निकलने और बाहर ही रहने का है।

जब आपका निजी प्रशिक्षक अपने इंटरनेट शेयर पोर्टफ़ोलियो का रोना रोए कि उसे दो महीने में केवल 40% ही कमाई हुई है तो समझ जाइए कि वक़्त बाहर निकलने और बाहर ही रहने का है।

जब आपका ट्रक चलाने वाला भाई कहे कि आपको इस महान क्रिप्टो करेंसी से जुड़ना चाहिए, क्योंकि उसमें 250% का उछाल है तो समझ जाइए कि वक़्त बाहर निकलने और बाहर ही रहने का है।

मूर्खतापूर्ण धन-यानी हर कोई-हमेशा किसी आकस्मिक उछाल के समापन के बाद ही दिखाई देता है।

मूर्खतापूर्ण धन किसका है? उपभोक्ता! धन का पीछा करने वाले!

लेकिन कुछ चालाक लोगों ने हर कोई के नियम पर महारत हासिल कर ली है। बाहर निकलने की बज़ाय वह दूसरे हिस्से को कम करके, गिरावट से लाभ उठाते हैं। हर आकस्मिक उछाल के बाद की बर्बादी नए लखपतियों, नए करोड़पतियों को जन्म देती है, क्योंकि उन्होंने हर तेज़ तर्कहीन उछाल में आसन्न अपरिहार्य पतन को देख लिया था। जब 2009 में शेयर बाज़ार में विस्फोट हुआ था तो कौन ख़रीद रहा था और कौन बेच रहा था? मैं काफ़ी पहले निकल चुका था और मैंने शेयर एक साल पहले ही बेच दिए थे। वारेन बफ़ेट ख़रीद रहे थे। हर कोई बेचता है और दुनिया का सबसे अमीर व्यक्ति ख़रीदता है। क्या ऐसा हो सकता है कि हर कोई ग़लत हो? हां, ऐसा हो सकता है।

अगर आप हर किसी की तरह जीना नहीं चाहते हो तो आप हर किसी की तरह नहीं हो सकते। इसे अपवाद के साथ भ्रमित मत कीजिए। आपको समूह का नेतृत्व करना है और हर कोई आपके पीछे-पीछे होना चाहिए। जब भेड़ें क़त्ल के लिए कतारबद्ध हो रही हों तो आप कसाईघर ख़रीदना चाहते हैं।

अध्याय का सार : तेज़ रास्ते की ख़ासियतें

- प्रवेश का नियम कहता है कि बाधाएं हटने के साथ ही प्रतिस्पर्धा बढ़ती जाती है और रास्ता कमज़ोर होता जाता है।
- आसान पहुंच मार्ग पर ज़्यादा ट्रैफ़िक होता है। ज़्यादा ट्रैफ़िक ज़्यादा प्रतिस्पर्धा की वजह बनता है और ज़्यादा प्रतिस्पर्धा से प्रतिस्पर्धियों के बीच लाभ भी कम हो जाता है।
- कमज़ोर प्रवेश वाले कारोबारों पर नियंत्रण कम होता है और ये संतृप्त बाज़ारों में संचालित होते हैं।
- कमज़ोर प्रवेश बाधाओं पर सफलता के लिए विशिष्टता होना ज़रूरी है।
- कारोबारी रास्ते पर प्रवेश एक टोल युक्त प्रक्रिया होनी चाहिए, महज एक परिणाम नहीं।
- "हर कोई" का गठन आम आदमी से होता है और मुख्य धारा का मीडिया इसकी सेवा करता है।
- अगर हर कोई अमीर है तो "हर कोई यही कर रहा है," सफल साबित होगा। और अगर हर कोई दौलतमंद है तो फिर कोई दौलतमंद नहीं है।
- "हर कोई यही कर रहा है," एक संकेत है इस बात का कि परिस्थिति को बढ़ा-चढ़ाकर पेश किया गया है और इसमें प्रवेश यानी "मूर्खतापूर्ण निवेश मात्र है।

अध्याय

32

ज़रूरत का नियम

हम किसलिए जीते हैं, एक-दूसरे की ज़िंदगी को आसान
बनाने के लिए नहीं तो और किसलिए?

—जॉर्ज इलियट

रेत की नींव हो तो गिर जाते हैं मकान

तमाम नए कारोबारों में से 90% कुछ ही वर्षों में ढह जाते हैं और मैं जानता हूं कि वे क्यों असफल होते हैं। वे असफल होते हैं क्योंकि वे ज़रूरत के नियम के पालन में असफल होते हैं।

सेंट्स का एन (Need/ज़रूरत)

जब आप ग़लत नींव पर कारोबार खड़ा करते हो तो यह असफल होगा। रेत की नींव वाले मकान गिर जाते हैं। ज़रूरत के नियम का उल्लंघन करने वाले कारोबारों में से 90% नाकाम श्रेणी में आते हैं या नौकरी के स्वांग रच रहे होते हैं। कारोबार में जीत का नियम बहुत आसान और अधिकतर भुला दी जाने वाली संकल्पना है, जो बेहद बेतुके रूप से स्पष्ट होनी चाहिए, लेकिन ऐसा है नहीं। *ज़रूरतों को पूरा करने वाले और मूल्य प्रदान करने वाले कारोबार सफल होते हैं।* समस्याओं का समाधान करने वाले कारोबार मुनाफ़ा कमाते हैं। स्वार्थी और संकीर्ण इरादे वाले कारोबार अच्छे और लंबी अवधि के आदर्श कारोबार प्रारूप नहीं बन पाते।

कारोबार के उद्देश्य के बारे में सोचिए। वे क्यों मौज़ूद होते हैं? आपको पसंद "स्वार्थी ख़्वाहिशों" को पूरा करने के लिए? आपकी दौलत और आर्थिक आज़ादी की ललक को पूरा करने के लिए? सच कहूं तो किसी को भी आपकी ख़्वाहिशों, आपके सपनों, आपके जुनून, आपके "क्यों" या आपके अमीर होने की वजहों से कोई लेना-देना नहीं है। किसी

को भी इस बात की परवाह नहीं है कि आप फ़ेरारी कार ख़रीदकर अपने माता-पिता को ग़लत साबित करना चाहते हैं। किसी को इस बात की परवाह नहीं है कि कार्पोरेट अमेरिका ने आपके साथ ग़लत किया। किसी को परवाह नहीं। जी हां, दुनिया बेहद स्वार्थी जगह है और किसी को आपके "तेज़ रास्ते पर जाने" के इरादे से कोई मतलब नहीं है।

तो लोग आख़िर किस बात की फ़िक्र करते हैं?

लोगों की फ़िक्र इस बात को लेकर होती है कि आपका कारोबार उनके लिए क्या कर सकता है। यह किस तरह से उनकी मदद करेगा? उनके लिए इसमें क्या है? क्या यह उनकी समस्या को हल कर देगा? क्या उनकी ज़िंदगी को आसान कर देगा? क्या उन्हें सिर पर छत देगा? उनके पैसे की बचत करेगा? उन्हें किसी बात का अहसास कराएगा? मुझे बताइए कि भगवान की बनाई इस हरी-भरी धरती पर मैं क्यों आपके कारोबार को पैसा दूं? आप मेरी ज़िंदगी का मूल्य बढ़ाने के लिहाज़ से कितने फ़ायदेमंद हैं?

हमारे निर्माता/उपभोक्ता के विरोधाभास को याद कीजिए। उपभोक्ता स्वार्थी होते हैं। वे यह जानने की मांग करते हैं, "इसमें मेरे लिए क्या है?" निर्माता के तौर पर सफल होने के लिए, *अपने निजी स्वार्थ का समर्पण कर दें और दूसरों के स्वार्थ पर ध्यान दें।*

धन का पीछा छोड़ दें-ज़रूरतों का करें

केवल धन बनाने के लिए कभी कारोबार शुरू मत कीजिए। धन का पीछा छोड़ दें और ज़रूरतों का पीछा शुरू कर दें। कृपया, मुझे यह दोहराने दीजिए, क्योंकि यह इस किताब की सबसे महत्त्वपूर्ण बात है : अपनी स्वार्थी ख़्वाहिशों के लिहाज़ से कारोबार के बारे में सोचना बंद कर दीजिए। फिर बात भले ही धन की हो, सपनों की या "जो चाहो वो करो की।" इसकी बज़ाय ज़रूरतों, समस्याओं, दर्द की वजहों, सेवा की कमज़ोरियों और भावनाओं का पीछा करो।

उद्यमी असफल हो जाते हैं, क्योंकि वे स्वार्थी वादों पर कारोबार का निर्माण करते हैं और स्वार्थी वादे मुनाफ़े का कारोबार नहीं देते। वे सीधे आपको 90% असफलता के कूड़ेदान में पहुंचा देते हैं।

"मुझे आय के एक नए स्रोत की ज़रूरत है।"

"मैं फलां-फलां विषय या क्षेत्र में विशेषज्ञ हूं, इसलिए मैं यही करूंगा।"

"मैंने 'अमीर बनने' की किताब पढ़ी है और उसमें कारोबार शुरू करने की सिफ़ारिश की गई है।"

ग़लत, ग़लत और ग़लत।

फिर एक बार स्वार्थी आत्ममुग्ध आधार, ज़रूरत के नियम के उल्लंघन को दिया गया खुला निमंत्रण है।

आपका कारोबार धन को आकर्षित करता है, जब आप स्वार्थी होना छोड़ देते हैं और ख़ुद की ज़रूरतों की बजाय दूसरों की ज़रूरतों को अपने कारोबार का केंद्र बिंदु बना देते हैं।

पहले दो, फिर लो। ज़रूरत पहले आती है, धन नहीं। बाज़ार को अपनी स्वार्थी ज़रूरतों से आकर्षित करो और मैं तुम्हारी हार की संभावना पर शर्तिया दांव लगाऊंगा।

जो एक मार्शल आर्ट्स विशेषज्ञ था और उसे अपनी विधा से प्यार था। अपने गुरुओं की सलाह पर चलते हुए उसने "वह करो जो आपको पसंद हो," की राह पर चलने का फ़ैसला लेकर मार्शल आर्ट्स के स्टूडियो की शुरुआत की। एक महीने में उसका स्टूडियो बंद हो गया, क्योंकि वह 21,000 डॉलर सालाना लाभ पर अपने परिवार को कोई मदद नहीं कर सकता था।

कारोबार शुरू करने से पहले ही जो की असफलता तय थी। उसने उद्यमिता के दोषपूर्ण रास्ते पर आधारित कारोबार शुरू किया। यह रास्ता स्वार्थी ज़रूरतों और स्वार्थी ख़्वाहिशों की रेत पर बना था। "मैं मार्शल आर्ट्स में विशेषज्ञ हूं और इसे पसंद भी करता हूं, इसलिए मुझे स्टूडियो खोल लेना चाहिए।" सही नींव बाहरी बाज़ार की ज़रूरतों पर आधारित होनी चाहिए अपनी अंदरूनी स्वार्थी ज़रूरतों पर नहीं। स्वार्थी इरादे की बनिस्बत जो को क्या सोचना चाहिए था?

- क्या मेरे इलाक़े में मार्शल आर्ट्स स्टूडियो की ज़रूरत है?
- वर्तमान मार्शल आर्ट्स स्टूडियो क्या ग़लती कर रहे हैं, जिन्हें मैं बेहतर बना सकता हूं?
- मार्शल आर्ट के छात्रों को मैं क्या बेहतर उपयोगिता या मूल्य दे सकता हूं?
- इस समुदाय के लिए मैं क्या उपयोगी वस्तु लाया हूं?

जो असफल हो गया, क्योंकि उस वक़्त बाज़ार में मार्शल आर्ट्स की सचमुच ज़रूरत नहीं थी और उसके इरादे स्वार्थी थे। अगर जो ने इन सवालों का पहले ही विश्लेषण कर लिया होता तो सफलता के रास्ते पर आगे बढ़ने की उसकी संभावना नाटकीय तौर पर सुधर जाती।

कुछ वर्ष पहले, आर्थिक विस्तार के दौरान, मैंने अपनी मां के शेंटलर (एरिजोना) के घर (फ़ीनिक्स के दक्षिण में स्थित उपनगरीय बस्ती) के पास अलग से एक बड़ा स्टोरफ़्रंट बनते देखा। जैसे ही भवन तैयार हो गया और स्टोर के किरायेदार भी आ गए, असफलता की गर्मी झलकने लगी। मुझे कैसे पता?

यह नया स्टोर हिप-हॉप परिधानों का बुटिक था। सीट बेल्ट कसके बांध लीजिए, असफलता आ रही है। क्यों? इस स्टोर ने ज़रूरत के नियम का उल्लंघन किया था। इस इलाक़े को हिप-हॉप स्टोर की कोई ज़रूरत ही नहीं थी। इलाक़ा शहरी नहीं है। आस-पास कोई डांस क्लब भी नहीं है और किसी भी बात का हिप-हॉप से दूर-दूर तक का संबंध नहीं था। सच तो यह है कि इससे केवल 100 मीटर की दूरी पर बुज़ुर्गों का सेवानिवृत्ति देखभाल केंद्र है। क्या 91 वर्ष के दादाजी इस हिप-हॉप स्टोर के लक्ष्य थे? निश्चित तौर पर असफलता का कारण यहां स्वार्थ है। मालिक अपने जुनून का पालन कर रहा है। उसे हिप-हॉप संगीत और संस्कृति पसंद है। शायद ज़िंदगी के किसी मार्गदर्शक ने उसे बता दिया होगा, "वही करो जो आपको पसंद है।" इरादा चाहे जो हो ज़रूरत अंदरूनी है, बाहर के

बाज़ार पर आधारित नहीं। मैंने संभावना व्यक्त की थी कि यह दुकान 12 महीने चलेगी। 18 महीने के बाद यह कारोबार ग़ायब हो गया। सड़क रेत से तैयार की गई थी, क्योंकि कोई ज़रूरत नहीं थी।

धन के लालची धन का पीछा करते हैं, ज़रूरतों का नहीं

उभरते हुए उद्यमियों के कारोबार शुरू करके भविष्य को निखार लेने के बड़े लक्ष्यों को लेकर पोस्ट मैं नियमित तौर पर पढ़ता रहता हूं। किसी भी बिज़नेस फ़ोरम पर चले जाइए और आपको कारोबार के कुएं को जहरीला बनाते दिशाहीन, स्वार्थी नींव देखने को मिल जाएगी।

- कारोबार शुरू करके मैं कैसे धन कमा सकता हूं?
- क्या मैं 200 डॉलर के साथ कारोबार शुरू कर सकता हूं? और फिर भी 5,000 डॉलर प्रति माह कमा सकता हूं?
- मैं घर से चलने वाला कौन-सा कारोबार शुरू कर सकता हूं?
- मेरा एक दोस्त है जो मशीनें बनाता है, क्या आपको लगता है उन्हें बेचकर मैं धन कमा सकता हूं?
- मैं ऐमेज़ॉन पर क्या बेचकर निष्क्रिय आय कमा सकता हूं?
- चीन से आयात करके ई-बे पर बेचने लायक़ अच्छा उत्पाद क्या है?
- बेहद कम धन से शुरू किया जा सकने वाला सबसे अच्छा कारोबार कौन-सा है?

अगर आप बैठकर ख़ुद से इस तरह के सवाल पूछेंगे, तो आपके असफल होने की संभावना है, क्योंकि ये सवाल ही ज़रूरत या उपयोगिता की बनिस्बत आपके धन के ही इर्द-गिर्द सीमित रहने का प्रतीक हैं। आपने इसे ठीक उल्टा समझ लिया है। मैं ऐसे उद्यमियों को धन का पीछा करने वाले कहता हूं। वे एक कारोबार से दूसरे कारोबार और फिर एक और छलांग लगाते रहते हैं। बाज़ार के असंतुलनों का जायज़ा लेकर आगे बढ़ते हुए, लेकिन बहुत ही कम ज़रूरतों को पूरा करते हुए या गति बनाते हुए। कुछ मर्तबा ये स्वार्थी कारोबार मालिक उपभोक्ताओं की ज़रूरतों की अनदेखी करते हुए संदेहास्पद कारोबारी तौर-तरीक़े अपना लेते हैं। धन का पीछा बैचेनी से लबरेज़ जोश से किया जाता है।

धन का पीछा करने वाले दरअसल, मूलतः ऐसे उपभोक्ता हैं, जो निर्माता नहीं बन पाए हैं। वे बनना तो निर्माता चाहते हैं, लेकिन उनकी स्वार्थी सोच उपभोक्ताओं जैसी है।

उदाहरण के लिए, आवास क्षेत्र में भारी उछाल के वक़्त धन का पीछा करने वाले ब्रोकर और रियल इस्टेट एजेंट्स बन गए थे। यह गुब्बारा फटते ही यह उद्योग इस अतिरेक से मुक्त हो गया। जब मोचन निषेध (फ़ोरक्लोजर) सर्वकालीन शीर्ष स्तर पर पहुंचा तो क़र्ज़ संशोधक (लोन मोडिफ़ायर्स) धन का पीछा करने वाले नए लोग बन गए। धन के पीछे भागने वालों को हर भारी उछाल आकर्षित करता है और वे रुझान की ट्रेन पर सवार होकर अपनी स्वार्थपूर्ति के लिए मैदान में आ जाते हैं। ढेर सारे स्वार्थी उपभोक्ताओं का शिकार

बनाने के लिए धन के पीछे भागने वाले लोग अस्तित्व बचाने में कामयाब हो जाते हैं। कई बार तो ख़ूब फलते-फूलते भी हैं। जब तक कि उनकी धोखाधड़ी दुनिया के सामने नहीं आ जाए। बहुतायत, घोटालों, योजनाओं के दौर में धन का पीछा करने वाले घुसपैठ करते हैं और असंतुलन बन जाता है।

धन को आकर्षित करना मतलब धन को भूल जाना

बहुत ज़्यादा धन कमाना चाहते हैं? तो धन का पीछा करने की बजाय उसे आकर्षित करें।

धन एक शरारती बिल्ली की तरह होता है : अगर आप आस-पड़ोस में इसका पीछा करेंगे तो यह कभी हाथ नहीं आएगी। वह पेड़ के पीछे छिप जाएगी, गुलाबों के पीछे फिर बगीचे में कहीं भी। इसके विपरीत अगर आप उसकी अनदेखी कर, उस बात पर ध्यान दें जो बिल्ली को आकर्षित करती है तो बिल्ली आपकी ओर खिंची चली आएगी और आकर आपकी गोद में बैठ जाएगी।

आपकी ज़िंदगी में धन की मात्रा आपके द्वारा दूसरों को दी गई उपयोगिता की महज एक झलक मात्र है। इस रिश्ते की उपेक्षा कीजिए और धन आपकी उपेक्षा करेगा। कामयाब कारोबारों के बीच एक आम विशेषता होती है : उपभोक्ताओं की ज़रूरतों की संतुष्टि जो बाज़ार में बिक्री से झलकती है। आप नहीं, बाज़ार और उपभोक्ता ही यह तय करते हैं कि आपका कारोबार कितना व्यावहारिक है। अगर आप किसी भी चीज़ की 10 मिलियन प्रतियां बेचते हैं तो इसका मतलब 10 मिलियन उपभोक्ताओं ने इस बात पर मुहर लगा दी है कि आपका उत्पाद उनकी मदद करेगा और उनकी किसी ज़रूरत की पूर्ति करेगा।

तेज़ रास्ते के लिए वही सड़क कारगर है जो बेहद मज़बूत ज़रूरतों और समाधान की सीमेंट से बनी हों, ना कि रेत से। एक ठोस फुटपाथ आपको अनुचित बाधाएं दे सकता है। बेहतर होगा कि आप ज़रूरतों को बड़ी मात्रा या विस्तार में हल करें। यह बिल गेट्स द्वारा की गई सॉफ़्टवेयर कंपनी की शुरुआत की तरह शानदार हो सकता है या फिर किसी पुरानी वस्तु पर नया मुलम्मा चढ़ाकर उसे नई रंगत देने का। अगर आपकी वेबसाइट 10,000 लोगों के भी काम आ रही है तो आपकी सेवा प्रभाव छोड़ रही है। अगर आप एक ऐसी रियल इस्टेट कंपनी के मालिक हैं जो 1,000 लोगों को घर दे रही है तो आप प्रभाव छोड़ रहे हैं।

अनूठा प्रभाव छोड़ें और उपयोगिता साबित करें। धन को अपने पास आने दीजिए। अपनी दुनिया से बाहर देखिए, स्वार्थी होना छोड़ दीजिए और अपने साथ रहने वाले इंसानों की समस्याओं को हल करें। स्वार्थ भरी इस दुनिया में निस्वार्थ हो जाइए।

क्या कुछ और ठोस चाहिए? कोई समस्या नहीं। 10 लाख लोगों को नीचे दी गई बातों में से कुछ भी हासिल करने दीजिए :

1) उन्हें बेहतर महसूस कराइए (मनोरंजन, संगीत, वीडियो गेम्स)।
2) उन्हें समस्या को हल करने में मदद कीजिए।
3) उन्हें शिक्षित कीजिए।

4) उन्हें बेहतर दिखने में मदद कीजिए (स्वास्थ्य, पोषण, परिधान, मेकअप)।
5) उन्हें सुरक्षा दीजिए (मकान, सुरक्षा, स्वास्थ्य)।
6) उनके भीतर सकारात्मक भाव जगाइए (प्यार, ख़ुशी, हँसी, आत्म-विश्वास)।
7) उनकी भूख मिटाइए। आधारभूत (खाना) से लेकर उत्तेजक (यौन संबंध)।
8) उनके लिए बातों को आसान कीजिए।
9) उनके सपनों को पंख लगाकर उड़ान की उम्मीद दीजिए।

...और मैं आपको गारंटी देता हूं कि आपका मूल्य करोड़ों में होगा।

अत: अगली बार जब आप नेट पर धन कमाने के तरीक़े खोज रहे हों तो आराम से बैठकर ख़ुद से यह सवाल पूछिए, "मैं दुनिया को क्या दे सकता हूं?" दुनिया को मूल्यवान कुछ दीजिए और धन आपकी ओर खिंचा चला आएगा।

"जो पसंद है वो करो" और करते-करते मर जाओ

गुरुओं के एक और तिलस्मी वाक्य से बचिए, "जो पसंद है वो करो और धन आपके पीछे-पीछे आएगा।" निरी बकवास। जब तक आप ज़रूरत के नियम का उल्लंघन नहीं करना चाहते। "जो पसंद है वो करो" बेहद पाखंडी गुरुओं और तथाकथित जीवन के मार्गदर्शक शिक्षकों द्वारा जारी एक और मिथक भरा फ़रमान है, जो ख़ुद शायद तीन और ग्राहक नहीं मिलने पर कंगाल होने की स्थिति में है। दुखद तौर पर "जो पसंद है वो करो," के रास्ते का दौलत तक पहुंचना बेहद बिरला है। हक़ीक़त में तो यह भी संभव है कि यह आपको विनाशकारी पसंद के रास्ते पर ले जाए।

अगर आप मेरी तरह हैं, "जो पसंद है वह करो," कभी भी एक विकल्प था ही नहीं। सोचो तुम्हें क्या पसंद है और फिर यह सोचो कि क्या कोई आपको इसके लिए भुगतान करेगा? क्या यह ज़रूरत को पूरा करेगा? क्या आप इसके ज़रिये धन कमाने के लिहाज़ से परिपूर्ण हैं। अधिकांशत: तो आप नहीं हैं।

"जो पसंद है वो करो" के कारगर होने के लिए ज़रूरी है कि आपके पास दो बातें हों : 1) आपकी पसंद को किसी ज़रूरत को पूरा करना चाहिए और 2) आपको इस मामले में विशिष्ट होना चाहिए।

मैं बास्केटबॉल खेलना पसंद करता हूं, लेकिन मेरा इसमें प्रदर्शन बुरा है। मैं बास्केटबॉल के प्रति अपनी पसंद को करियर में नहीं बदल सकता। मुझे पियानो बजाना पसंद है, लेकिन यहां भी मेरा प्रदर्शन बुरा है। मुझे कई बातें पसंद हैं, लेकिन मैं उनमें बुरा हूं। अगर मैं इन "पसंदों" में से किसी में भी करियर बनाना चाहूंगा तो उसके लिए असीमित वक़्त और धन की ज़रूरत पड़ेगी, क्योंकि कोई भी मुझे इसके लिए एक फूटी कौड़ी तक नहीं देगा। ऐसी अयोग्यता को कौन सहन करना चाहेगा?

इस किताब की ही बात करते हैं। मुझे लिखना पसंद है। यह किताब एक तरह से जो पसंद है वो करो, का जीवंत उदाहरण है और इस सपने को तेज़ रास्ते ने पूरा किया। अगर

मुझे इस किताब की ज़रूरत मकान का क़र्ज़ (जो मुझ पर है नहीं) उतारने के लिए लिखनी पड़ती तो मैं यक़ीन से नहीं कह सकता कि यह ऐसा कर पाती। मुझे बिलकुल भी अंदाज़ नहीं है कि इस किताब की 10 प्रतियां बिकेंगी या 10 मिलियन। इसलिए मैं इस पर निर्भर नहीं रह सकता।

धन के लिए "जो पसंद है वो करो," अधिकांशत: पर्याप्त तौर पर अच्छा नहीं होता, क्योंकि हम पर्याप्त तौर पर अच्छे नहीं हैं। इसके अलावा इतने ढेर सारे लोग "जो पसंद है वो कर रहे हैं," कि उनके बाज़ार में भीड़ लग चुकी है और लाभ का अंतर कम हो चुका है। भारी प्रतिस्पर्धा का राज है।

एक भीड़ भरी जगह पर किताब लिखना, सिर्फ़ इसलिए कि यह मुझे पसंद है, इस बात की कोई गारंटी नहीं देता कि धन इसके पीछे-पीछे चला आएगा। वास्तविकता में तो किसी को इस बात से कोई मतलब नहीं है कि मुझे लिखना पसंद है। क्या आपको है? निश्चित तौर पर नहीं! *आप यह जानना चाहते हैं कि मेरे लेखन से आपको कुछ फ़ायदा होगा क्या?*

एक पत्रिका को दिए गए साक्षात्कार में अरबपति आर.जे. कर्क से पूछा गया कि उनकी कामयाबी का मानदंड क्या है? उन्होंने कहा, "यह दूसरों को कहना चाहिए कि मैं उनके लिए उपयोगी हूं या नहीं।"

यह आपको तय नहीं करना है कि आप उपयोगी हैं या नहीं। बाज़ार उस बात का फ़ैसला करता है।

लोग अपनी संतुष्टि के लिए भुगतान करते हैं, वह आपकी जो पसंद है वो करो, की ज़रूरत को पूरा करने के लिए नहीं।

लोग समाधान के लिए भुगतान करते हैं, आपके मनोरंजन के लिए नहीं।

लोग हल की गई समस्याओं के लिए भुगतान करते हैं।

आपकी किसी भी बात के लिए पसंदगी में लोगों को रत्तीभर की भी रुचि नहीं है। अगर जो पसंद है वो करो, किसी ज़रूरत की बहुत अच्छी तरह से पूर्ति नहीं करता, कोई इसके लिए एक कौड़ी भी नहीं देगा।

यह किताब संभव हो सकी, क्योंकि मुझे अपनी क़ाबिलियत को साबित करने के लिए धन मिलने की पुष्टि की ज़रूरत थी ही नहीं। अगर यह वाक्य बहुत जटिल है तो आप मेरे बिंदु की पुष्टि करते हैं। शायद मैं पर्याप्त रूप से अच्छा नहीं हूं। बिक्री की परवाह किए बग़ैर, मेरी किताब "जो पसंद है वो करो" की गवाह है, फिर मैं अच्छा हूं या नहीं। तेज़ रास्ते ने धन को समीकरण से हटाने की अनुमति दे दी।

अब मुझे "जो पसंद है वो करो," के लिए भुगतान की ज़रूरत नहीं है, मैं बस यह करता हूं।

दूसरे शब्दों में धन ने "जो पसंद है वो करो," संभव कर दिखाया, उसने इसका पीछा नहीं किया।

लेब्रॉन जेम्स को बास्केटबॉल खेलने के लिए धन मिलता है क्योंकि वह इसमें अच्छे हैं। तेज़ रास्ते की अनेकानेक मंज़िलों में से एक है "जो पसंद है वो करो," की राह से धन

मिलने की पुष्टि का निष्कासन। तेज़ रास्ते की सफलता के मुताबिक़ मैं सप्ताह में सातों दिन बास्केटबॉल खेल सकता हूं। मैं पूरे दिन वीडियो गेम्स खेल सकता हूं। मुझे "जो पसंद है वो करने" के लिए भुगतान की ज़रूरत नहीं है, क्योंकि मैं अब यह मुफ़्त कर सकता हूं।

अगर आप उन चुनिंदा भाग्यशाली लोगों में से हैं जो अपनी पसंद की एक निश्चित गतिविधि करके धन कमाते हैं तो आप बहुत अच्छे हैं। बधाई। और बधाई–आपको शायद तेज़ रास्ते की ज़रूरत नहीं पड़ेगी। धीमा रास्ता ही पर्याप्त होगा। कोई चिंता नहीं। लेकिन हममें से उन लोगों के लिए जो अपनी पसंद को आय में नहीं बदल सकते, तेज़ रास्ते ने कई वैकल्पिक रास्ते तैयार कर रखे हैं।

नक़ली "जो पसंद है वो करो" और गौण रूप

अगर आप अपनी पसंद का काम या कारोबार नहीं कर पाते तो आपके एक जाल में फंसने की पूरी संभावना है। आपकी स्वाभाविक प्रतिक्रिया शैतान के साथ समझौते की होती है–धीमा रास्ता। अपनी पसंद का काम करने के बदले में आप अपनी ज़िंदगी का सौदा ऐसी बातों के लिए कर लेते हैं, जिनसे आपको नफ़रत है। आप कहते हैं, "मैं पांच दिन वह काम करूंगा, जिससे मुझे नफ़रत है ताकि सप्ताहांत के दो दिन मैं अपनी पसंद का काम कर सकूं।" क्या यह वस्तु विनिमय तार्किक सोच लगती है?

उदाहरण के लिए मेरा दोस्त एंडी एक बैंक कलेक्शन एजेंट है और उसे अपने काम से नफ़रत है। बियर पीने के वक़्त मैं उसकी शिकायत, हताशा और नौकरी को लेकर उसकी बकवास सुनता हूं : नाजियों की तरह का सूक्ष्म प्रबंधन, नाकारा बॉस और उसके मनोरोगी सहकर्मी। वह सभी मोर्चों पर कगार पर पहुंच चुका है। हर सप्ताह वह ख़ुद को इस पांच दिन की पीड़ा में झोंक देता है। उसका निर्वाण? उसका सप्ताहांत। वह "जो पसंद नहीं है वो करो" के पांच दिन से "जो पसंद है वो करो" के दो दिनों का भुगतान करता है। वह बोटिंग करता है।

फिर कुछ ऐसे लोग भी हैं, जो "जो पसंद है वो करो," के विकल्प से समझौता कर लेते हैं या उसके गौण रूप से। उदाहरण के लिए, पॉलिन को बुनना पसंद है, इसलिए वह अपनी बुनाई की ऑनलाइन बिक्री करती है। जोस को गाड़ियों का ऑडियो सिस्टम पसंद है तो वह एक कार स्टीरियो शॉप खोल लेता है। जेनिस को मूर्तियां बनाना पसंद है और वह अपना काम एक स्थानीय कला दीर्घा में बेचती है। गैरी एक उत्साही बॉडीबिल्डर है और वह एक पर्सनल ट्रेनर बन जाता है।

गौण रूप के दो ख़तरे होते हैं :

1) ये तेज़ी से दौलत नहीं बनाते।
2) वे पसंद को ख़तरे में डाल देते हैं।

पहली बात, "जो पसंद है वो करो," का तेज़ी से धन बनाना बहुत ही दुर्लभ है, क्योंकि ना केवल आप वो कर रहे हैं जो आपको पसंद है, बल्कि हज़ारों अन्य भी (सबूत के लिए

अमेरिकन आइडल का पहले सप्ताह का ऑडिशन ही देख लें) यही कर रहे हैं। ज़रूरत कमज़ोर है। यह बाज़ार को संतृप्त कर देता है और लाभ का अंतर कम हो जाता है।

मेरी जिम में एक जान-पहचान वाले निजी ट्रेनर ने बताया कि वह बमुश्किल जीवनयापन कर पा रहा है। जब मैंने वज़ह पूछी तो उसने बताया कि निजी प्रशिक्षण इतना ज़्यादा प्रतिस्पर्धात्मक हो गया है कि वह अपने वक़्त के लिहाज़ से दाम नहीं मांग सकता है। ट्रेनर्स की बड़ी संख्या में आपूर्ति के कारण उसका सेवा शुल्क गिरता जा रहा है। और जब आपूर्ति, मांग (ज़रूरत) से ज़्यादा हो जाती है तो क़ीमतें गिरने लगती हैं। पर्याप्त ज़रूरत नहीं और बहुत ज़्यादा आपूर्ति।

तो आख़िर निजी ट्रेनरों के क्षेत्र में यह संतृप्ति की स्थिति क्यों आई? लोगों ने ज़रूरत के नियम की अनदेखी करते हुए गुरुघंटाल की सलाह मान ली, "जो पसंद है वो करो।" दुर्भाग्यवश, अगर आप किसी बात को पसंद करते हैं तो शर्त लगा लीजिए उसे ही पसंद करने वाले हज़ारों होंगे। जब आप "जो पसंद है वो करो" करना चाहते हैं तो कड़ी प्रतिस्पर्धा के लिए तैयार रहिए। किसके लाभ का अंतर ज़्यादा होता है? निजी ट्रेनर? या वह व्यक्ति जिसने अपराध स्थल की सफ़ाई का ठेका लिया हो?

गौण रूप का दूसरा बड़ा ख़तरा यह है कि जब आप यह काम धन के लिए करने लगते हैं तो आपकी पसंद पर प्रदूषण का ख़तरा बढ़ जाता है। अगर धन के बदले में आपसे कोई काम ज़बर्दस्ती से कराया जाता है, भले ही जो आपको पसंद हो, आपकी पसंद कम होने का ख़तरा बढ़ जाता है।

दशकों पहले मैंने लिमोजिन्स ड्राइवर की नौकरी कर ली, क्योंकि मुझे ड्राइविंग पसंद थी। जब तक वह काम समाप्त हुआ, मुझे ड्राइविंग से नफ़रत हो चुकी थी। काम ख़त्म होने के बाद मैं घर पर ही रहना पसंद करता था, क्योंकि मैं ड्राइविंग से बेज़ार हो चुका था।

मेरा एक दोस्त थी, जिसने शौक के तौर पर बेहतरीन पेंटिंग की। जब मैंने उससे पूछा कि वह जीवनयापन के लिए पूर्णकालिक पेंटिंग क्यों नहीं करती तो उसका जवाब बहुत ही सामान्य था : मैं तभी पेंटिंग करती हूं, जब मेरे भीतर भावनाओं का सैलाब उमड़ता है। कुछ मर्तबा जब उसने धन की ख़ातिर पेटिंग की तो इसने उसकी कलात्मक रचनात्मकता को संकुचित कर दिया, क्योंकि प्रेरणा का ईंधन अब किसी और स्रोत से आ रहा था-धन, ना कि उस वक़्त की भावना।

"जो पसंद है वो करो," खिलाड़ियों के लिए छोड़ दिया जाता है, क्योंकि वे अपने खेल के चरम पर होते हैं। और फिर भी लाखों डॉलर कमाने के बाद भी इनमें से कई खिलाड़ियों का वही भाग्य होता है। वे खेल के प्रति पसंद को गंवा देते हैं। नर्तक को नृत्य पसंद आना थम जाता है। कलाकारों का कला के प्रति प्रेम ख़त्म हो जाता है। धन और ज़िंदगी की ज़रूरतें, पसंद पर बोरियत रूपी बादल की छाया करके उसे बोझ बना देती हैं।

"जो पसंद है वो करो" के गौण रूप में ख़ुशियों के चंद पलों की वज़ह बन सकते हैं, लेकिन वह संतृप्त बाज़ारों में संचालित होते हैं और यह भी महत्त्वपूर्ण है कि वह उस गतिविधि के प्रति आपकी स्वाभाविक पसंद को ख़तरे में डाल सकते हैं।

आपका प्रज्वलन : पसंद से जुनून की ओर

तेज़ रास्ते के लिए प्रेरित करने वाला ईंधन पसंद या प्रेम नहीं है बल्कि जुनून है। अपने भविष्य की परिकल्पना के लिए जुनून और निजी विकास से हासिल जुनून। अगर आपके भीतर किसी तय लक्ष्य के लिए जुनून है तो आप उसके लिए कुछ करेंगे। मेरे भीतर लैम्बोर्ग़िनी के लिए जुनून था और उसके लिए मैं कुछ भी करने के लिए तैयार था। कुत्ते का मलमूत्र उठाना, फ़र्श की सफ़ाई, तड़के 3 बजे काम-जिस किसी भी काम की लक्ष्य हासिल करने के लिए ज़रूरत थी। मेरे भीतर यह काम करने के लिए प्रेरणा मौज़ूद थी। क्या मुझे लिमोजिन्स ड्राइव करने के प्रति जुनून या लगाव था? क़तई नहीं। लेकिन मेरे भीतर भविष्य के लक्ष्यों को लेकर जुनून था और उन बातों के लिए भी जिनकी उम्मीद मैंने ज़िंदगी से लगाई थी। इस बात ने मुझे प्रेरित किया और उसे दोहराने के लिए भी।

आपके वाहन को प्रज्वलन (इग्निशन) की ज़रूरत होती है, एक शुरुआत करने वाले की, कोई ऐसी बात जो आपको हर सुबह, दिन की चुनौती का सामना करने के लिए बिस्तर से कूदकर उठने के लिए बाध्य करे। वह प्रज्वलन है जुनून। दूसरे लोग इसे प्रयोजन, उद्देश्य कह सकते हैं या फिर "क्यों।" आपको ख़ुद के लिए, परिवार के लिए या किसी अन्य के लिए किसी बड़ी बात की ज़रूरत होना चाहिए, यह हर एक व्यक्ति के लिए अलग है, लेकिन जब आप इसे जान लेते हैं तो फिर आप इसके लिए कुछ भी कर गुज़रेंगे।

जब आप अपने लक्ष्यों को एक ऐसे रास्ते पर रखते हैं, जो सपनों जैसी मंज़िलों की ओर ले जाता है तो यह आपको हर रोज़ उत्तेजित करता है। अगर आपको किसी गतिविधि के लिए भुगतान नहीं मिलता तो उस विशेष क्यों या अंतिम लक्ष्य की पहचान कीजिए जो आपके भीतर की काम करने की आग को प्रज्वलित करे।

आपका क्यों क्या है? आप यह क्यों कर रहे हैं? तेज़ रास्ते पर क्यों जाना? आप किसे ग़लत साबित करना चाहते हैं? मेरा "क्यों" कुछ इस तरह का है :

"मैं अपनी मां का क़र्ज़ उतारना चाहता हूं।"

"मैं बिना अलार्म के जागना चाहता हूं।"

"मैं धन के दबाव के बग़ैर किताब लिखना चाहता हूं।"

"मुझे पहाड़ी पर स्वीमिंग पूल वाला आलीशान बंगला चाहिए।"

"मुझे लैम्बोर्ग़िनी चाहिए।"

"मैं बदलाव लाना चाहता हूं।"

"मैं उसे ग़लत साबित करना चाहता हूं।"

जुनून "जो पसंद है वो करो" को हरा देता है, क्योंकि जुनून व्यापक है और किसी भी लक्ष्य की ओर कम केंद्रित हो सकता है। जब ध्यान इस बात पर केंद्रित हो, "जो पसंद है वो करो," तो केंद्रबिंदु उद्योग विशेष तक सीमित हो जाता है और संभावना है कि आप ज़रूरत के नियम का उल्लंघन कर डालें।

आप यह कारोबार क्यों शुरू कर रहे हैं?

क्योंकि आपको यह पसंद है?

या क्योंकि बाज़ार में इसकी वास्तव में ज़रूरत है?

मैं दोहराना चाहूंगा : अंतिम लक्ष्य के लिए जुनून, एक क्यों, तेज़ रास्ते पर आगे बढ़ने के लिए प्रेरित करता है।

केबल टीवी शो *डर्टी जॉब्स* के प्रस्तुतकर्ता माइक रो ने कुछ ऐसे कारोबार मालिकों से बात की, जिनका काम पसंदीदा काम से कुछ कम रुचिकर था। पशु खाद के परीक्षण से लेकर कबूतरों की बीट साफ़ करने तक : मालिकों में जुनून था। उनमें से कोई भी उस काम को "पसंद" नहीं करता था, जो वे कर रहे थे, लेकिन उनके पास जुनून भरे "क्यों" और बहुत संपन्न बैंक खाते थे। प्रतिस्पर्धा कम थी, क्योंकि अधिकांश लोग "जो पसंद है वो करो" के पीछे पागलों की तरह दौड़ने में व्यस्त थे।

काम की पीड़ा को मिटा देता है जुनून

जब मैं अपनी कंपनी के साथ स्टार्टअप की स्थिति में था, तो मैं कई घंटे काम करता था। क्या मैं परेशान था? नहीं। मैं उसका आनंद ले रहा था, क्योंकि मेरे अपने "क्यों" थे और मैं उनकी ओर बढ़ रहा था। इस सफ़र ने मुझे मज़बूत बना दिया, मुझे चुनौती दी और हां यह मज़ेदार भी था। जो हासिल करना था उसे लेकर मैं जुनूनी था और मैं इसे हासिल करने वाला था। *तेज़ रास्ता मंज़िल नहीं, बल्कि एक निजी यात्रा है।*

इस किताब को लिखना एक अनवरत यात्रा की तरह था और मैं मानता हूं कि तीन बार मैंने इसे छोड़ दिया। क्यों? लेखन के एक साल बाद और काम ख़त्म नहीं होने, मेरा लेखन के प्रति प्रेम हवा हो चुका था। मेरी पसंद अब नापसंद बन चुकी थी। मैं वही कर रहा था "जो मुझे पसंद" था, और एकाएक मेरी पसंद धूमिल पड़ गई, क्योंकि लोग किताब की उम्मीद करने लगे थे। मैंने एक दोस्त के सामने स्वीकारा, "मैं छोड़ रहा हूं। मुझे अब इसमें मज़ा नहीं आता और मुझे इसे ख़त्म करने की कोई ज़रूरत नहीं है।"

अगर मेरा किताब लेखन के प्रति प्रेम काफ़ूर हो चुका था, तो मैंने यह किताब पूरी कैसे की? मैंने अपना जुनून खोज निकाला, जिसने मुझे यह किताब पूरी करने पर मजबूर कर दिया : मैं दूसरों के सपनों को हक़ीक़त बनता देखना पसंद करता हूं। जब किसी मुर्दा सपने को एकाएक ज़िंदगी दे दी जाती है तो मुझे बहुत बलशाली होने का अहसास होता है। जब कभी भी मैं काम छोड़ने का मन बनाता था, मुझे एक न एक ईमेल आ जाता था, "आपके फ़ोरम ने मेरी ज़िंदगी बदल डाली" या "धन्यवाद, मेरी ज़िंदगी अब बेहतर हो गई है।" यह एक ऐसी जोशीली मुद्रा (करेंसी) है, जो मेरे लेखन के प्रयास को दोबारा गति दे डालती थी। मैं प्यार से पीड़ा के रास्ते जुनून तक पहुंच चुका था।

आपके रास्ते का शानदार सपने से मेल कराइए

एक ऐसा रास्ता जो आपके सपनों से मेल नहीं खाता, बेकार रास्ता है। जब आप सपनों को त्याग देते हैं तो ज़िंदगी मुरझा जाती है। बचपन के दिनों को याद कीजिए, जब आपने सुना था, बड़े होने पर आप क्या बनना चाहते हैं? इस सवाल में छिपा वास्तविक सवाल क्या है? यह आपके सपनों के रास्ते की एक पड़ताल है और इसका जवाब आमतौर पर काल्पनिक दृष्टिकोण वाला लगता था। जहां तक मेरी बात है तो मैं अंतरिक्ष यात्री (हान सोलो को दोष दीजिए), एक फ़िल्म निर्माता (जॉर्ज लुकास को दोष दीजिए) और एक लेखक (आइजक एसिमोव को दोष दीजिए) बनना चाहता था।

और आप? आपका चौंका देने वाला सुनहरा सपना क्या था? और चिंता भरा असली सवाल : क्या आपके वाक़ई कोई संभावना है कि आप वैसा कर रहे हैं या करेंगे? अधिकांश संभावना यही है कि आप वैसा नहीं कर रहे होंगे, क्योंकि धीमे रास्ते ने उसका अंत कर दिया है।

मैंने अपने दोस्त रिक से एक सवाल पूछा। अंदाज़ लगाइए क्या। उसने इस सवाल का जवाब "मैं वेरिजोन वायरलेस में सेल्समैन बनना चाहता हूं," के साथ नहीं दिया। नहीं। उसका जवाब था, "मैं एक कार रेस ड्राइवर बनना चाहता था।" तो फिर आज क्यों रिक सेलफ़ोन्स बेच रहा है? क्या दूर-दूर तक कोई संभावना है कि वह अपने सपनों के मुताबिक़ रेस कार ड्राइवर बनेगा?

बिलकुल भी नहीं है। वह सपना मर चुका है और सड़क भी बुरी तरह से ख़राब हो चुकी है। हालांकि रिक अपनी नौकरी से जुड़ा रहता है और पदोन्नति का इंतज़ार करता है, वह हैरानी जताता है, "इससे कहीं कुछ अधिक होना ही चाहिए।"

और अब बात सारा की। उसने इस सवाल का जवाब, "मैं टेको बेल में शिफ़्ट मैनेजर बनना चाहती हूं," के साथ नहीं दिया। नहीं। वह कलाकार बनना चाहती थी। लेकिन आज सारा ख़ुद को देर रात ऐसे वक़्त काम करता पाती है, जब शायद मुर्दे भी सो जाते होंगे। वह डाइनिंग रूम में उन बदतमीज़ लोगों द्वारा गंदे किए गए फ़र्श को साफ़ करती है, जिन्होंने शायद खट्टी क्रीम को फ़िंगर पेंट समझ लिया था। जब सारा पोंछे को बाल्टी में पटकती है तो बस यही सोचती है, "क्या यही मेरी ज़िंदगी बन चुकी है!"

इन लोगों के साथ समस्या इनकी नौकरी नहीं है। हम सब ऐसे घटिया, शर्मनाक काम कर चुके हैं, जिनसे हमें नफ़रत है। समस्या यह है कि यह रास्ता आगे बंद है और उनके सपने कभी पूरे नहीं होंगे। सपने बिलों के भुगतान के लिए त्याग दिए गए हैं। सपनों से मेल खाने वाले (या सपनों की संभावना वाले) रास्ते की जगह उनका रास्ता एक अपरिहार्य नर्क से गुज़रता है। ज़िंदगी पीड़ादायक हो जाती है। वेरिजोन या टेको बेल में काम करने में कोई बुराई नहीं है। मैंने जो अर्थहीन काम किए हैं उनकी तुलना में तो यह किसी पदोन्नति से कम नहीं हैं। लेकिन कृपया इन नौकरियों पर ही ख़ुद का अंत मत बनाइए, अपना अंतिम रास्ता, क्योंकि "अंत" संभवत: कभी आएगा ही नहीं।

देखा आपने, अगर आपके सपने मर गए तो आपका जुनून भी मर जाता है। "जुनून का अभाव" आपको दुनिया के सबसे बेहतरीन वॉयलिन वादक की ट्रेन डिपो में दी गई शानदार प्रस्तुति के दौरान भी बहरा बनाए रखता है। "जुनून का अभाव" साधारणता और हर किसी की दुनिया में ले जाता है। जुनून का अभाव दुख की वजह बनता है। "जुनून का अभाव" यानी निर्धन।

अगर आप प्रेरणा के लिए जूझ रहे हैं तो अपने सपनों को दोबारा ऊर्जावान बनाइए और वास्तविकता की ओर ले जाने वाले ज्वलंत रास्तों से उनका मेल बैठा लीजिए। मुर्दा सपने जुनून के ज्वलंत रास्ते नहीं बना सकते। जुनून ही आपको उस ज़रूरी काम को करने के लिए प्रोत्साहित करता है, जो दूसरों के बूते की बात नहीं हो। तेज़ रास्ते के राहगीर दूसरों से अलग तरह से काम करते हैं ताकि वह दूसरों से अलग तरह से जी सकें। चार साल की कड़ी मेहनत के बदले में 40 साल की आज़ादी। दुर्भाग्यवश, अधिकांश लोग चार सप्ताह की आज़ादी के लिए 40 वर्ष की कड़ी मेहनत को चुनते हैं या जितने दिन भी उनकी छुट्टियां चलें।

"टॉयलेट में बर्फ़" तलाशिए

आपको आपका जुनून कैसे मिलता है, कोई प्रयोजन या एक क्यों? यह उत्साह से आता है या हताशा से। फ़ास्टलेन फ़ोरम (TheFastlaneForum.com) पर पोस्ट की गई इस कहानी को ही ले लीजिए :

मैं एक ग़रीब परिवार में पला-बढ़ा। एक ऐसी जीर्ण-शीर्ण कोठरी में जिसे घर में बदल लिया गया था। सर्दियां साल का सबसे बुरा वक़्त होती थीं, क्योंकि पानी की सारी पाइपलाइनें जम जाती थीं और इस्तेमाल के लिए कोई पानी नहीं बचता था। तब टॉयलेट को फ़्लश करने का एक ही तरीक़ा बचता था। बाहर से बर्फ़ लाई जाए और उसे टॉयलेट के फ़्लश टैंक में भर दिया जाए। उसके बाद उसके पिघलने का इंतज़ार किया जाए। मैंने मेरी मां को टॉयलेट के फ़्लश टैंक में बर्फ़ भरते देखा था ताकि हम फ़्लश कर सकें। सबसे बुरी बात यह थी कि हर बार किसी के टॉयलेट जाने के बाद इसे फिर से बर्फ़ से भरना पड़ता था। मैं ख़ुद ही सोचा करता था, "मैं दोबारा ऐसी ज़िंदगी नहीं जिऊंगा।"

आपका जुनून क्या है-टॉयलेट में बारहमासी बर्फ़?

लेस्ली वालबर्न को पशुओं से प्यार है। कुत्तों की दर्दहीन मौत के लिए बने सरकारी आश्रयस्थलों से निराश होकर उसका सपना कुत्तों को नहीं मारने वाला आश्रयस्थल बनाने का है। वह जबकि "जो पसंद है वो करके," एक आश्रयस्थल में नौकरी कर सकती है, यह उसे उसके सपनों के पास नहीं लाता। ना ही इस नौकरी से इतना पैसा जमा होगा कि वह अपने सपने का पीछा कर सके। जी हां, कुत्तों के आश्रयस्थल महंगे होते हैं। इसकी बजाय लेस्ली ने अपने

जुनून को अपनी प्रेरणा के लिए ईंधन के तौर पर इस्तेमाल होने दिया–उसने तेज़ रास्ते का एक कारोबार (पशुओं से असंबद्ध) शुरू किया, जिसने अंततः उसके सपने के लिए पूंजी का इंतज़ाम किया। उसका जुनून उसे उसके सपने तक ले जाता है, धन की कड़ी परीक्षा के बग़ैर।

उस वक़्त को याद कीजिए जब आपकी ज़िंदगी जोश या बैचेनी के कारण पूरी तरह से उल्टी–पुल्टी हो गई थी।

वही आपका जुनून है। मेरे लिए जोश भर देने वाला जुनून था, जब मैंने किशोरावस्था में पहली बार लैम्बोर्ग़िनी देखी थी और फ़ैसला किया था, "एक दिन मैं भी लैम्बोर्ग़िनी का मालिक बनूंगा।" मेरे लिए हताशाजनक बैचेनी थी अपनी मां को बेकार की नौकरियां करते हुए देखना, बिना पति के तीन बच्चों को बड़ा करने के लिए जूझते हुए देखना। दोनों ने ही मेरे जुनून के लिए ईंधन का काम किया : मैं एक लैम्बोर्ग़िनी चाहता था और मैं अपनी मां का बोझ कम करना चाहता था। जोश (ज़रूरतें और ख़्वाहिशें) ठीक उसी तरह से जुनून भरे ईंधन का काम करती है, जिस तरह से कि बैचेनी (अवांछित परिस्थितियां)।

दोनों ने मुझे वह करने की अनुमति दी जो कि दूसरे नहीं करते।

यदि आपको अपने मिल जाएं तो आप भी कर लेंगे।

अध्याय का सार : तेज़ रास्ते की ख़ासियतें

- ज़रूरत का नियम बताता है कि ज़रूरतों को हल करने वाले कारोबार सफल होते हैं। ज़रूरतें परेशानी के बिंदु, सेवा में ख़ामियां, अनसुलझी समस्याएं या भावनात्मक अलगाव हो सकती हैं।
- तमाम नए कारोबारों में से 90% असफल होते हैं, क्योंकि वे स्वार्थी अंदरूनी ज़रूरतों के लिए किए जाते हैं, ना कि बाहरी बाज़ार की ज़रूरतों के लिए।
- सपनों या धन के लिए आपकी स्वार्थी चाहत की किसी को चिंता नहीं है। लोग तो बस यह जानना चाहते हैं कि आपका कारोबार उनके लिए क्या कर सकता है।
- धन का पीछा करने वाले ख़ुदग़र्जी से मुक्त नहीं हुए हैं और उनका कारोबार अधिकांशत: उनकी स्वार्थी ज़रूरतों पर ही चलता है।
- लोग आपके कारोबार के लिए धन के ज़रिये मतदान करते हैं।
- धन का पीछा करो और यह आपको चकमा देता रहेगा। अगर आप इसकी अनदेखी करके ध्यान उस बात पर केंद्रित करेंगे जो धन को आकर्षित करता है तो आप इसे अपनी ओर खींच लेंगे।
- 10 लाख लोगों की मदद कीजिए और आप करोड़पति होंगे।
- "जो पसंद है वही करो" की कामयाबी के लिए ज़रूरी है कि आपकी पसंद किसी ज़रूरत को पूरा करे और आपको इस काम में विशिष्ट होना चाहिए।

- "जो पसंद है वही करो," एक भीड़भरे बाज़ार के लिए मंच तैयार करता है, जिसमें लाभ का अंतर बहुत कम हो जाता है।
- जब आपके पास वित्तीय संसाधन हों तो आप "जो पसंद है वह कर सकते हैं" और इसके लिए आपको कोई भुगतान नहीं किया जाता, ना ही आपको इसमें अच्छा होने की ज़रूरत है।
- धीमे रास्ते के राहगीर "जो पसंद है वही करो" को "जिससे नफ़रत है वही करो" का चारा देते हैं। पांच दिन की नफ़रत दो दिन का प्यार।
- धन के लिए "जो पसंद है वही करो," आपकी पसंद को ख़तरे में डाल सकता है।
- तेज़ रास्ते की सफलता एक अंतिम लक्ष्य और "क्यों" पर चलती है।
- जुनूनभरा "क्यों" काम को आनंद में बदल सकता है।
- "जो पसंद है वही करो" आपको आमतौर पर ज़रूरत के नियम के उल्लंघन की ओर ले जाता है।
- आपके लिए सही रास्ता वही है, जो आपके सपनों से मेल खाता हो।

अध्याय

33

वक़्त का नियम

किसी वस्तु की लागत, मेरी राय में इसके एवज में
दी गई ज़िंदगी है, तत्काल या लंबी अवधि में।
—हैनरी डेविड थोरो

सारे बंधनों को तोड़ दो

सबसे ज़्यादा पसंद (और सबसे ज़्यादा ग़लत समझा गया) नियम है, वक़्त का नियम। वक़्त का नियम चाहता है कि आप अपने कारोबार और उसकी आय को आपके वक़्त से तटस्थ कर दें। क्या आपका कारोबार आपके लिए काम कर सकता है, जब आप नहीं हों? वक़्त के नियम का उद्देश्य है निष्क्रिय आय और धन का चमकीला पेड़।

सेंट्स का टी (Time)

एक फ़ायदेमंद कारोबार, दौलत या वक़्त से तटस्थता की गारंटी नहीं देता। कुछ कारोबारी तो पूरे वक़्त कारोबार से ही जुड़े रहते हैं। उनका कारोबार प्रकट रूप से एक नौकरी है और एक आजीवन कारावास।

किसी भी स्टार्टअप में शुरुआत, विकास और परिपक्व होने के दौर में कारोबार के प्रति दिल-दिमाग़ से समर्पण पूरी तरह से सामान्य है, लेकिन यह वह नुस्ख़ा नहीं है, जो मैं 40 साल तक अपनाए रखना चाहूंगा। वक़्त का नियम पूछता है :

- क्या इस कारोबार को इस तरह से स्वचालित और व्यवस्थित किया जा सकता है कि यह मेरी अनुपस्थिति में भी चलता रहे?
- क्या मेरा लाभ का अंतर इतना ज़्यादा है कि मैं मानव संसाधन के अंकुर रोप सकूं?
- क्या धन के पेड़ के अंकुरों का इस्तेमाल, मेरे कामकाज को लाभ पहुंचा सकता है?

- मैं किस तरह से इस कारोबार को मेरे वक़्त से तटस्थ बना सकता हूं?

नौकरियां आय के लिए वक़्त के साथ किया गया सौदा है और हां ऐसे ही कुछ कारोबार भी हैं। तेज़ रास्ते का लक्ष्य आपके वक़्त को आपकी आय से तटस्थ या असंबद्ध करना है, फिर भले ही वह आय करोड़ों में क्यों ना हो। आप प्रति सप्ताह 10 घंटे काम करके 60,000 डॉलर कमाना चाहेंगे या सप्ताह में 70 घंटे काम करके 1,40,000 डॉलर? मैं हमेशा पहले विकल्प को दूसरे पर तरज़ीह दूंगा।

एशलिन गार्डनर कला और संस्कृति को पसंद करती है। गुरुओं की ईश्वरीय सलाह को मानते हुए वह "जो पसंद है वही करो," की राह पर चल पड़ी। उसने एक कॉफ़ी दुकान खोली, जिसमें स्थानीय कलाकारों को भी स्थान दिया गया और साप्ताहिक साहित्यिक पाठन का भी आयोजन किया जाता था। किसी भी नए प्रेम संबंध की तरह उसका कारोबार एक धमाके के साथ शुरू हुआ और वह बड़े उत्साह और उत्सुकता का सबब बना। हालांकि दो साल के बाद, उसका कारोबार सामान्य हो गया और चमक-दमक कठिनाइयों में तब्दील हो गई। एशलिन को इस बात का अहसास हुआ कि वह कारोबार की मालकिन नहीं है, कारोबार उसका मालिक है।

वह दुकान खोलने के लिए सुबह चार बजे उठ जाती है और दुकान बंद करने के लिए रात 8 बजे भी वहां उपस्थित रहती है। सातों दिन 24 घंटे चलने वाला कारोबार परेशानी भरा होता है। कर्मचारी आते हैं और चले जाते हैं और जो अच्छे हैं वे इतना वेतन मांगते हैं कि उसके बूते की बात नहीं। उसका सामाजिक जीवन ख़त्म हो गया। उसके बॉयफ्रेंड ने रिश्ता तोड़ लिया, क्योंकि एशलिन के पास कभी वक़्त ही नहीं रहता था। उसकी जिम की सदस्यता ख़त्म हो गई और साथ ही साप्ताहिक योगा क्लास की भी। अपना वक़्त और ज़िंदगी वापस पाने के लिए एशलिन ने एक महाप्रबंधक रखने की सोची। दुर्भाग्यवश एक महाप्रबंधक को रखना, उसके लाभ को बहुत ही कम कर देगा। वह कारोबार में मुफ़्त में काम नहीं करेगी और उसकी ज़िंदगी की लागत, उसके लाभ के अंतर से ज़्यादा मूल्यवान है। कारोबार में तीन वर्ष होने के बाद उसने दुकान बंद कर दी। अब वह मालिक से दोबारा कर्मचारी की भूमिका में लौटने पर विचार कर रही है।

एशले कारोबार में असफल नहीं रही। उसकी कॉफ़ी की दुकान सफल थी और उसने उसे एक अच्छी-खासी कमाई दी थी। तो वह कहां असफल हुई? वह वक़्त के नियम में असफल हो गई और अधिकांश कारोबार मालिकों की तरह उसने जोश से ज़्यादा आगे कुछ नहीं देखा।

धन का पेड़ जो कभी बढ़ता ही नहीं

सफल कारोबार कोई हँसी–मज़ाक़ नहीं है, ख़ासतौर पर वह जो वक़्त के नियम का उल्लंघन करे। अधिकांशतः लोग कारोबार में, उसे लेकर ग़लत सोच के साथ उससे जुड़ते हैं। गुरुओं और जीवन जीने की कला सिखाने वालों के जाल में फंसकर लोग इन बातों को मान लेते हैं कि ख़ुद अपने बॉस बनो और "जो पसंद है वही करो" सफलता के लिए पर्याप्त जोशीला ईंधन है। दुर्भाग्यवश ये संभावित कारोबारी ऐसे रास्तों पर जा मिलते हैं जो हो सकता है रेगिस्तान की तरफ़ भी जा रहे हों। और माफ़ कीजिएगा, धन का पेड़ रेगिस्तान में नहीं बढ़ता।

एशले और उसके अनूठे रेस्तरां के बारे में सोचिए। कॉफ़ी की दुकान ज़रूरी नहीं कि असफल होती, लेकिन असफल हो गई। क्या एशलिन ख़ुद की बॉस थी? निश्चित ही थी, लेकिन यही पर्याप्त नहीं था। उसे कला और साहित्य को लेकर अपने जुनून और ख़ुद अपना बॉस बनने की सोच से प्रेरणा मिली। जहां इस तरह की सोच स्वस्थ है, यह रास्ते की कमज़ोरी को नहीं बदल सकती। आप बंजर जमीन पर फूल नहीं उगा सकते।

तेज़ रास्ते के राहगीर के तौर पर आप कोई भी कारोबार शुरू कर सकते हैं, लेकिन अंततः आपको स्वचालित प्रणाली पर आना ही होगा। आप निष्क्रियता और धन का पेड़ चाहते हैं। जब आप वक़्त के नियम में असफल हो जाते हैं तो असफलता दो बाधाओं के कारण मिलती है। वे हैं :

1) आपकी बीजों तक पहुंच नहीं थी, क्योंकि आपका कारोबार का रास्ता एक अभाव के साथ शुरू हुआ।
2) बीज, बंजर ज़मीन में विकसित नहीं होंगे।

अगर आपका कारोबार धन के पेड़ के अंकुर पर आधारित है तो इसमें धन का पेड़ विकसित करने की क्षमता होनी चाहिए। सामग्री प्रणाली, कम्प्यूटर प्रणाली, सॉफ़्टवेयर प्रणाली, वितरण प्रणाली और मानव संसाधन प्रणाली, सभी धन के पेड़ के अंकुर हैं। अगर आपका कारोबार इनमें से किसी एक पर आधारित नहीं है, तो क्या इसे निष्क्रिय बनाने के लिए किसी एक को जोड़ा जा सकता है?

एशलिन की कॉफ़ी की दुकान के लिए उसने यह सच्चाई जान ली थी कि उसे धन के पेड़ के बीज की ज़रूरत है–मानव संसाधन–एक महाप्रबंधक के तौर पर। वह लागत को तार्किक साबित नहीं कर सकी और बीज उसकी पहुंच से बाहर ही रहा। उसका रास्ता अभाव के साथ शुरू हुआ था। अगर वह अपनी वित्तीय स्थिति को अनदेखा करते हुए महाप्रबंधक रख लेती है, यानी एक बीज लगा देती है, तो बीज विकसित नहीं होगा, क्योंकि लाभ का अंतर वहां नहीं है। बंजर जमीन पर धन का पेड़ नहीं उगता। और असफलता की शुरुआत हो जाती है, जब आप एक ऐसा कारोबार शुरू करते हैं, जो धन के पेड़ के अंकुरों पर निर्भर नहीं हो।

अधिकांश कारोबारी रास्तों के साथ मुश्किल यह है कि वह धन के पेड़ के लिए असह्य हैं, क्योंकि वह वक़्त के नियम पर खरे नहीं उतरते। बीज पहुंच से बाहर हैं और जो बीच पहुंच में हैं वे मिट्टी के अनुरूप नहीं हैं।

अध्याय का सार : तेज़ रास्ते की ख़ासियतें

- आपके वक़्त से जुड़ा कारोबार, महज नौकरी है।
- एक कारोबार जो आपके वक़्त से तटस्थ रहकर आय कमाता है, वक़्त के नियम को संतुष्ट करता है।
- वक़्त के नियम को संतुष्ट करने के लिए एक ऐसे कारोबार से शुरुआत कीजिए जो धन के पेड़ की अंकुरण प्रणाली को इस्तेमाल करता हो या उसमें इसे इस्तेमाल कीजिए।

अध्याय

34

मात्रा का नियम

कारोबार में, सफलता के लिए
आपको केवल एक बार सही होना पड़ता है।
—मार्क कूबन

गति सीमा–15 या 150?

जब आपका कारोबारी रास्ता मात्रा के नियम का उल्लंघन करता है तो दौलत की गति भी बाधित होती है। दूसरे शब्दों में, आपको एक गति सीमा दी जाती है। किसी भी रास्ते पर 15 की गति सीमा से वाहन चलाइए और आप कहीं भी जल्दी नहीं पहुंच सकते। मात्रा का मतलब होता है कुछ अतिरिक्त शक्ति (लीवरेज) और यही लीवरेज तेज़ रास्ते की दौलत के समीकरण को ताक़त देता है।

सेंट्स का एस (Scale)

कारोबारी मदद खेल की मैदान की तरह होती है या पानी में किसी बस्ती की तरह। यह आप पर निर्भर है कि आप कहां रहना पसंद करते हैं, किसी महासागर में या फिर स्थानीय पार्क के कुंड में। कारोबार के लिहाज़ से परिवेश के छह प्रकार हैं :

- स्थानीय/समुदाय (कुंड)
- काउंटी/शहर (पोखर या छोटा तालाब)
- राज्यस्तरीय (खाड़ी)
- क्षेत्रीय (झील)
- राष्ट्रीय (समुद्र)
- विश्वस्तर पर (महासागर)

स्थानीय स्तर पर या कुंड में मात्रा हासिल कर पाना मुश्किल है, क्योंकि इसमें कुछ ही लोग समा सकते हैं। निश्चित तौर पर यह किया तो जा सकता है, लेकिन इसके लिए विस्तार की ज़रूरत है। विस्तार आसानी से नहीं मिलता। अगर आप बाल रंगने वाले सलोन के मालिक हैं तो आपका निवास (कार्यक्षेत्र) स्थानीय है। अगर आप रईसों के इलाक़े में रेस्तरां के मालिक हैं तो आपका कार्यक्षेत्र काउंटी/शहर में है। अगर आप एक इंटरनेट कंपनी के मालिक हैं तो आपका कार्यक्षेत्र दुनियाभर में फैला है। कार्यक्षेत्र जितना बड़ा होगा, आपके तेज़ रास्ते की संभावित गति या दमखम उतना ही ज़्यादा होगा।

बड़े शॉट्स खेलो, छोटे नहीं

अरबपति मार्क कूबन ने हाल ही में अपने ब्लॉग में लिखा था कि इस बात से कोई फ़र्क़ नहीं पड़ता कि आपने कारोबार में कितने प्रयास किए, क्योंकि अगर आपने एक सही प्रयास किया तो वह "एक मर्तबा" आपको ताउम्र के लिए स्थिरता दे सकता है। दूसरे शब्दों में *होम रन्स (बेसबॉल का सबसे बड़ा व अहम शॉट) के कारोबार में जुटो।*

कारोबार बेसबॉल की ही तरह है। मैदान पर खेलो, जहां आप होमरन्स वाले शॉट मार सकते हैं और ऐसे मैदान पर मत खेलो जहां यह प्रतिबंधित हो। उदाहरण के लिए अगर आपकी मुख्य सड़क पर कपड़ों की बुटिक है, तो आप मात्रा के नियम का उल्लंघन कर रहे हैं, क्योंकि आपके उपभोक्ताओं का समूह स्थानीय कारोबारी क्षेत्र तक सीमित है। मात्रा की सीमा को तोड़ने के लिए कारोबार के मालिक को प्रतिरूप की ताक़त हासिल करना चाहिए : और ज़्यादा स्टोर्स खोलो, फ्रेंचाइजी बेचो या इंटरनेट पर बेचो।

दुर्भाग्यवश अधिकांश उद्यमी केवल एकल कारोबार को ही अपनाते हैं। उनका खेल का मैदान अविकसित और छोटा है। उनका रास्ता चिल्ला-चिल्लाकर कहता है, "गति सीमा-15।" यहां होमरन मुश्किल बात है और उनका कार्यक्षेत्र सीमित हो चुका है। अगर आप मसाज देने वाले थैरेपिस्ट हैं तो आपके दरवाज़े के बाहर कभी भी 10,000 लोगों की कतार नहीं लगेगी। कहीं से लाभ या ताक़त मिलने की कोई व्यवस्था ही नहीं है। और अगर तेज़ रास्ते के समीकरण में आपके पास लीवरेज की ताक़त नहीं है तो आपके पास कोई मौक़ा नहीं है। मात्रा का नियम दरअसल प्रभाव के नियम के रास्ते में एक टोलबूथ की तरह है!

तेज़ रास्ते का दौलत का समीकरण : हथियारों को छीन लेना

जब आप मात्रा के नियम का उल्लंघन करते हैं तो आप तेज़ रास्ते के दौलत के समीकरण से हथियार छीनकर उसे धीमे रास्ते में पदावनत कर देते हैं। तेज़ रास्ते के दौलत के समीकरण को याद कीजिए :

दौलत = मुनाफ़ा + परिसंपत्ति मूल्यांकन

परिसंपत्ति मूल्यांकन का आकलन शुद्ध मुनाफ़े से किया जाता है, जिसका आकलन इकाई लाभ में इकाई बिक्री के गुणा से हासिल किया जाता है।

शुद्ध मुनाफ़ा = इकाई बिक्री × इकाई लाभ

अगर "इकाई बिक्री" की सीमा तय कर दी जाए तो आप ताक़त पाने के प्रयासों को कुचल रहे हैं। बिना अतिरिक्त ताक़त आप तेज़ी से दौलत नहीं बना सकते। जब आप मात्रा के लिहाज़ से अक्षम कारोबारी रास्ते पर चलते हैं तो आप तेज़ रास्ते के दौलत के समीकरण को नपुंसक बना डालते हैं।

मेरा पसंदीदा उदाहरण वह व्यक्ति है, जिसने अपने पड़ोस में सैंडविच की फ्रेंचाइजी ख़रीदी। उसका कारोबार मात्रा के नियम का उल्लंघन करता है, क्योंकि परिवर्तनशील कारक–इकाई बिक्री और इकाई लाभ–स्पष्ट तौर पर सीमित हैं।

एक इंसान के तौर पर यह व्यक्ति एक दिन में कितने सैंडविच बेच सकता है?

पचास? सौ? दिन में कितने घंटे? 24 घंटे?

समानता दिखी? इकाई बिक्री का उद्देश्य 100 से ज़्यादा इकाई बिक्री का है। 10,000 कैसा रहेगा? या 1,00,000?

क्या कोई ऐसा तरीक़ा है जिसे, सैंडविच की दुकान का मालिक, ज़्यादा सैंडविच बिक्री के लिए अपना सकता है?

उसके वर्तमान ढांचे के तहत, कोई नहीं।

वह मात्रा के लिहाज़ से अपने स्थानीय कारोबारी इलाक़े तक सीमित हो गया है। वह ऑस्ट्रेलिया में रहने वाले किसी व्यक्ति को कोल्ड–कट कॉम्बो नहीं बेच पाएगा। पड़ोस का शहर तक उसकी पहुंच से बाहर है। मात्रा सीमित है, जिससे दौलत के रास्ते पर गति सीमा बाधा बन रही है, किसी धीमे रास्ते की तरह।

मामले को और अधिक बिगाड़ने के लिए, समीकरण का दूसरा सिरा भी सीमित है : इकाई लाभ। एक सैंडविच और एक ड्रिंक पर अधिकतम इकाई लाभ कितना होगा? दो डॉलर?

फिर वही बात, हम कम आंकड़ों के तहत काम कर रहे हैं। *ये आंकड़े दौलत में बढ़ोत्तरी नहीं करते, बल्कि उसके रास्ते में रोड़े बन जाते हैं।*

सवालों की बौछार से मुझे परेशान करने से पहले मैं स्पष्ट कर देना चाहता हूं : मैं यह नहीं कह रहा हूं कि एक स्थानीय रेस्तरां मालिक अमीर नहीं बन सकता। हक़ीक़त में, कुछ स्थानीय रेस्तरां वालों को जानता हूं, जो बेहतर प्रदर्शन करते हैं, फ़र्क़ है तो इतना कि उनके रेस्तरां अलग तरह के हैं। संपन्न इलाक़े में संस्थान, जहां मात्रा और विस्तार दोनों की पहुंच है। अगर आपका औसत भोजन का बिल 300 डॉलर का है और पूरे शहर से लोग आते हैं, केवल निकटवर्ती इलाक़े से नहीं, आप अलग मात्रा पर काम करते हैं। इकाई लाभ 2 डॉलर प्रति सैंडविच नहीं है, बल्कि 80 डॉलर प्रति व्यक्ति है। और अगर किसी ने शराब ऑर्डर की तो इकाई लाभ 160 डॉलर प्रति व्यक्ति तक पहुंच जाता है।

पहुंच या विस्तार = मात्रा

मात्रा बढ़ाने के लिए निश्चित तौर पर पहुंच या विस्तार को बढ़ाना होगा। विस्तार, मूल्य या लागत में बढ़ोत्तरी के साथ प्राकृतिक रूप से बढ़ जाता है। अगर आप ह्युंडई की बज़ाय लैम्बोर्ग़िनी बेचते हैं तो लैम्बोर्ग़िनी के दाम के कारण आपका विस्तार अपने-आप बड़ा हो जाता है। आप प्रभाव के क़रीब हैं (लैम्बोर्ग़िनी के मालिक अधिकांशत: प्रभाव के नियम का लाभ उठाते हैं)। अगर आप अमीरों के लिए रियल इस्टेट एजेंट का काम करते हैं और करोड़ों की प्रॉपर्टी की बिक्री करते हैं तो आप निहित मूल्यों के ज़रिये विस्तार हासिल कर लेते हैं। ज़्यादा क़ीमतें और लागत, विस्तार की बढ़ोत्तरी के पीछे होते हैं। अगर आप मैनहट्टन में सबसे महंगी अपार्टमेंट बिल्डिंग बेचने में सफल रहते हैं तो आप पर विस्तार का प्रभाव था और आपने मात्रा को वास्तविकता बना दिया। अगर आप विस्तार के साथ काम कर रहे हैं तो आप प्रभाव की स्थिति में हैं या उसके निकट।

विस्तार के बग़ैर भी पहुंच मात्रा हासिल कर लेती है। पहुंच बड़े आंकड़े हैं। जितने ज़्यादा लोगों तक आपकी पहुंच होगी, मात्रा की संभावना उतनी ही बढ़ जाएगी। आपका कारोबार क्या करता है? स्थानीय निकटवर्ती इलाक़ा? या फिर दुनिया? आपका कार्यक्षेत्र जितना बड़ा होगा, दौलत की संभावना उतनी ही ज़्यादा होगी।

मुख्य मार्ग पर सैंडविच बेच रहे व्यक्ति के पास ना तो मात्रा है और ना ही विस्तार। क्या कुछ ऐसा है, जो करके यह व्यक्ति अपने 40,000 डॉलर प्रति वर्ष के मुनाफ़े को 4,00,000 डॉलर में बदल ले? नहीं। उसका भविष्य तो काम शुरू करने से पहले ही तय हो चुका है। उसने एक भी फ्रेंचाइजी नहीं ख़रीदी, उसने एक नौकरी ख़रीद ली। वह तब तक अमीर नहीं बन सकता जब तक कि इस सच्चाई को लेकर जागरूक नहीं होता कि एक डॉलर के लाभ वाले सैंडविच प्रतिदिन 100 लोगों को बेचकर मात्रा को हासिल नहीं किया जा सकता।

मात्रा ताक़त है

मात्रा का नियम एक ऐसा कारोबार चाहता है जो तेज़ रास्ते की दौलत के समीकरण को चरम पर पहुंचा दे। प्रभाव के नियम को एक मौक़ा दीजिए। दौलत को एक मौक़ा दीजिए। आप यह कैसे जान सकते हैं कि आपका कारोबार (या संभावित कारोबार) मात्रा के नियम का पालन करता है? ख़ुद से ये सवाल पूछिए :

- क्या इस कारोबार से शुद्ध आय असीमित हो सकती है, उदाहरण के लिए, 2,000 डॉलर प्रति माह से 2,00,000 डॉलर।
- क्या इस कारोबार का संपत्ति मूल्य लाखों तक पहुंच सकता है?
- क्या यह कारोबार लाखों लोगों पर असर डाल सकता है? या यह सैकड़ों पर असर डालता है? इसके उपभोक्ता पूरी दुनिया में फैले हुए हैं या फिर शहर के एक छोटे समुदाय तक सीमित हैं?

- क्या इस कारोबार की हूबहू प्रतिकृतियां बनाई जा सकती हैं? क्या फ्रेंचाइजी, चेनिंग और अतिरिक्त इकाइयों के साथ इसके दायरे को स्थानीय कारोबारी इलाक़े से बाहर तक बढ़ाया जा सकता है?
- सबसे अच्छी स्थिति में कितनी इकाई बिक्री की संभावना है? 100 या 100 मिलियन?
- सबसे अच्छी स्थिति में इकाई लाभ कितना लचीला है? क्या इसके पास विस्तार है?

अगर आप इन सवालों की पुष्टि नहीं कर सकते तो आप एक सीमित कारोबार में उलझ चुके हैं, जहां पर दौलत निर्माण को दबा दिया गया है।

छोटे परिवेश कम दौलत तैयार करते हैं। मात्रा बड़ी संख्या होती है। बड़ा सोचें, राष्ट्रीय और विश्व स्तर पर। बड़े आंकड़े या मात्रा प्रभाव के नियम में प्रवेश का रास्ता है। लाखों कमाने के लिए आपको लाखों पर असर डालना होगा। वह मुख्य सड़क की एक छोटी-सी दुकान में नहीं हो सकता, लेकिन देशभर में फैले सैकड़ों दुकानों में संभव है।

प्रभाव के पड़ोसी पर नियंत्रण रखें

दौलत की चाह रखने वाला मेरे एक दोस्त ने मुझसे पूछा क्या मेरी राय में एक कॉफ़ी फ्रेंचाइजी ख़रीदना एक अच्छा विचार है। मैंने कहा, "नहीं।" मेरे उत्तर ने उसे चौंका दिया, क्योंकि वह "जो पसंद है वो करो" की धुन बजा रहा था। मुझे यह विचार पसंद नहीं आया क्योंकि प्रभाव के नियम की राह में बाधाएं खड़ी कर दी गई थीं।

समस्या क्या थी?

उसका लक्ष्य आर्थिक आज़ादी था।

अगर यह उसका लक्ष्य था तो स्थानीय परिसर में कॉफ़ी फ्रेंचाइजी काम नहीं आने वाली थी। कॉफ़ी की एक दुकान के साथ उसकी प्रभाव के नियम तक पहुंच नहीं थी। दिन में 100 लातेस बेचना, ना मात्रा और ना ही विस्तार के लिहाज़ से कोई असर डालने वाला था। और चूंकि वह इसमें से 20 फ्रेंचाइजीस को नहीं, केवल एक को ख़रीदना चाहता था, उसके और नियम के बीच बाधा खड़ी हो चुकी थी।

रास्ता बंद।

अगर आप प्रभाव के नियम तक पहुंच नहीं रखते तो आप अमीर नहीं हो सकते। दौलत का प्रवाह प्रभाव के नियम से ही होकर जाता है। धीमे रास्ते के राहगीर को प्रभाव के नियम तक पहुंच के लिए विस्फोटक गति से वास्तविक मूल्य बढ़ाने की ज़रूरत पड़ती है : लाखों लोगों के सामने गाने की प्रस्तुति, लाखों लोगों का मनोरंजन, लाखों लोगों के सामने खेलो। तेज़ रास्ते के राहगीर को प्रभाव के नियम लिए मात्रा या संपत्ति मूल्य में विस्फोटक उछाल से ताक़त मिलती है। लाखों बेचो, लाखों की मदद करो, लाखों की सेवा करो, लाखों पर असर डालो।

प्रभाव के नियम की बाधाएं

किसी भी उद्यमी के प्रभाव के नियम के इस्तेमाल की राह में तीन बाधाएं होती हैं : मात्रा, विस्तार और स्रोत।

प्रभाव के राह की सबसे बड़ी बाधा है मात्रा। अगर आप लाखों लोगों की सेवा नहीं कर सकते तो आप लाखों नहीं कमा पाएंगे। मेरे दोस्त की कॉफ़ी शॉप की चर्चा पर लौटते हुए कहना चाहूंगा कि उसकी "इकाई बिक्री" का परिवर्तनशील कारक, दौलत के तेज़ रास्ते के समीकरण की राह में बाधा है, क्योंकि उसका कैफ़े स्थानीय समुदाय तक ही सीमित है। उसकी मात्रा गणितीय आधार पर एक बहुत ही संकुचित आंकड़े पर थम गई है-मात्रा का अभाव है। वह कभी भी न्यूज़ीलैंड में रहने वाले व्यक्ति को कॉफ़ी नहीं बेच पाएगा। मात्रा के अभाव में कारोबार ठीक उसी तरह काम करता है, जैसे गति सीमा का गवर्नर लगी कार। आप एक तय सीमा से ज़्यादा गति बढ़ा ही नहीं सकते।

मेरे दोस्त के पास मात्रा के तिलिस्म को तोड़ने का एक ही रास्ता था, और ज़्यादा जगहों पर ज़्यादा फ्रेंचाइजी खोलना। अगर उसके पास पूरे राज्य में 29 फ्रेंचाइजी होती तो वह एकाएक 6,000 लोगों को प्रतिदिन कॉफ़ी पिला पाता। मात्रा प्रचारित हो जाती है और मात्रा से जुड़ा है प्रभाव का नियम। निश्चित तौर पर तेज़ रास्ते की आदर्श रणनीति फ्रेंचाइजी ख़रीदने की नहीं बेचने की है।

अगर मेरा दोस्त एक से ज़्यादा फ्रेंचाइजी नहीं ख़रीदना चाहता तो वह मात्रा की बाधा को पार नहीं कर पाएगा। बिना मात्रा (इकाई बिक्री) या विस्तार (ज़्यादा इकाई लाभ) वह एक ऐसे कारोबार को चला रहा है जो बहुत कम संपत्ति मूल्य दे पा रहा है। उसका दौलत का समीकरण धीमा पड़ जाता है और प्रभाव का नियम उससे पृथक हो जाता है। उसके बाद वह मध्यम वर्ग की काम-ज़िंदगी के कुचक्र में पहुंचा दिया जाता है। मध्यम वर्ग जितनी आय और कमज़ोर संपत्ति मूल्यांकन के चलते वह मध्यम वर्ग के दौलत के समीकरण का प्रतीक बन जाता है।

अन्य प्रभाव के नियम की राह में रोड़े बनते हैं।

चूंकि हमारा कॉफ़ी की दुकान का मालिक मात्रा की कमी से बाधित है, विस्तार से मात्रा उसका दूसरा रास्ता है। दुर्भाग्यवश विस्तार का रास्ता भी बंद है। इकाई लाभ से छेड़छाड़ नहीं की जा सकती। हर बिक्री चंद डॉलर्स से ज़्यादा का मुनाफ़ा नहीं देगी और बढ़ती क़ीमतें इकाइयों की बिक्री को घटाएगी। हर कॉफ़ी पर 1,00,000 डॉलर का मुनाफ़ा असंभव है।

प्रभाव के नियम तक सीधी पहुंच जहां दौलत तक पहुंचने का पूरी तरह से सुरक्षित रास्ता है, अप्रत्यक्ष पहुंच को लेकर स्थिति इतनी स्पष्ट नहीं है। क्योंकि प्रभाव का नियम मालिकों और निर्माताओं तक ही पहुंचता है, कर्मचारियों का उपभोक्ताओं तक नहीं।

उदाहरण के लिए आप किसी निजी अस्पताल में एक डॉक्टर के तौर पर काम करते हैं तो आप यह तर्क दे सकते हैं कि चूंकि आपके पास विस्तार की संभावना उपलब्ध है इसलिए आपको अमीर होना चाहिए। हक़ीक़त यह है कि उस अस्पताल से जुड़े सभी

डॉक्टरों को अमीर होना चाहिए, क्योंकि सभी के पास विस्तार की संभावना उपलब्ध है। सही है ना? पूरी तरह से नहीं। इस पूर्वधारणा में ख़ामी यह है कि *प्रभाव का नियम केवल उन्हें ही सम्मान देता है, जिनके पास नियंत्रण हो।*

वह स्वास्थ्य की देख-रेख करने वाला निजी अस्पताल? इस अस्पताल के मालिक को प्रभाव के नियम का पूरा लाभ मिलता है, ना कि उन डॉक्टरों की जो वहां नौकरी करते हैं या सेवा देते हैं। स्टाफ़ में मौजूद डॉक्टरों को प्रभाव की कोई गारंटी नहीं है, क्योंकि वे प्रणाली को नियंत्रित नहीं करते। क्या किसी तरह से वे अमीर बन सकते हैं? निश्चित तौर पर, लेकिन वह फ़ैसला प्रणाली के मालिक द्वारा वास्तविक मूल्य के आकलन पर छोड़ दिया जाता है।

वे डॉक्टर जो ख़ुद प्रैक्टिस करके दूसरे डॉक्टरों को सशुल्क रखते हैं, प्रभाव तक पूरी पहुंच रखते हैं और अमीर होते हैं। *प्रणाली के निर्माता की ओर प्रभाव का हमेशा झुकाव रहता है।*

नियम तक पहुंच कैसे बनाएं

अगर आप प्रभाव के नियम तक पहुंच बनाना चाहते हैं तो ऐसे रास्ते पर चलें जो स्रोत पर नियंत्रण रखते हुए, मात्रा या विस्तार की ज़रूरत को तोड़ दे। अगर आप स्रोत नहीं हो सकते तो स्रोत के लिए काम करें।

सौभाग्य से, आप आसानी से जान सकते हैं कि कौन-से रास्ते प्रभाव के नियम के समानांतर चलते हैं। आपका रास्ता चाहे जो हो, नक़्शे की परवाह किए बगैर, क्या यह सीधे इस मात्रा तक पहुंच सकता है, जो लाखों (मात्रा) को प्रभावित कर सके? क्या यह कुछ (विस्तार) लोगों पर ग़ज़ब का असर डाल सकता है?

- अगर आप एक ऐसा गैजेट बनाते हैं, जो लाखों लोगों को प्रभावित करता है तो मात्रा और प्रभाव का नियम आपकी पहुंच में है। तेज़ी से दौलत संभव है।
- अगर आपका चयन *अमेरिकन आइडल* के फ़ाइनलिस्ट के तौर पर हो जाता है तो मात्रा और प्रभाव का नियम आपकी पहुंच में है। तेज़ी से दौलत संभव है।
- अगर आप एक ऐसी वेबसाइट बनाते हैं जो एकल माताओं के काम आती है तो मात्रा और प्रभाव का नियम आपकी पहुंच में है। तेज़ी से दौलत संभव है।
- अगर आप किसी फ़ॉर्च्यून 100 कंपनी में सीएफ़ओ के पद से केवल दो क़दम दूर हैं तो आपके पास अप्रत्यक्ष मात्रा है और प्रभाव का नियम आपकी पहुंच में है। तेज़ी से दौलत संभव है।
- अगर आप एक अटॉर्नी हैं और उन मामलों को देखते हैं, जिनमें ग़लत तरीक़े से मौत हुई है तो आपके पास अप्रत्यक्ष विस्तार है और प्रभाव का नियम आपकी पहुंच में है। तेज़ी से दौलत संभव है।

- अगर आप एक कामयाब खेरची दुकान खोलते हैं और देशभर में 100 उद्यमियों को उसकी फ्रेंचाइजी दे देते हैं तो आपके पास मात्रा और विस्तार दोनों है और प्रभाव का नियम भी पहुंच में है। तेज़ी से दौलत संभव है।
- अगर आप त्वचा के कैन्सर का पता लगाने वाली मशीन का आविष्कार करते हैं तो आपके पास विस्तार और मात्रा है और प्रभाव का नियम आपकी पहुंच में है। तेज़ी से दौलत संभव है।

बड़ा सोचें, लेकिन मात्रा और/या विस्तार भी सोचें।

अपने तेज़ रास्ते के समीकरण का विश्लेषण कीजिए और परिवर्तनशील कारकों की जांच कीजिए। आपकी अधिकांश इकाई बिक्री कितनी है और प्रति इकाई अधिकतम मुनाफ़ा कितना है?

आपकी कंपनी के उपभोक्ताओं का समूह कितना बड़ा है?

उदाहरण के लिए एक लेखक के तौर पर मेरे पास एक मात्रा है और मात्रा के साथ प्रभाव के नियम तक पहुंच हासिल होती है। मेरे पाठक कौन हैं? विभिन्न भाषाएं बोलने वाली पूरी दुनिया, लाखों-करोड़ों लोग। जब भी कोई ऑस्ट्रेलिया या न्यूज़ीलैंड से इस किताब के लिए ऑर्डर देता है तो मुझे मात्रा की याद आती है। मेरी ऊपरी सीमा दुनिया है। मेरे रास्ते पर कोई गति सीमा नहीं है और यह मुझे प्रभाव के नियम तक पहुंच देता है।

अध्याय का सार : तेज़ रास्ते की ख़ासियतें

- आपका उपभोक्ताओं का समूह आपके परिवेश का निर्धारण करता है। परिवेश जितना बड़ा होगा, दौलत की संभावना भी उतनी ही बड़ी होगी।
- कारोबार एकल या घर से चलने वाला कारोबार हो सकता है। क्षमता का फ़ैसला मात्रा द्वारा होता है, जो परिवेश से तय होती है।
- जब आप मात्रा के नियम का उल्लंघन करते हैं तो तेज़ रास्ते की दौलत का समीकरण निरस्त्र हो जाता है।
- मात्रा, पहुंच (इकाई बिक्री) और/या विस्तार (इकाई लाभ) से हासिल की जाती है।
- प्रभाव का नियम दौलत का प्राथमिक माध्यम है। जिसकी राह में मात्रा, विस्तार या स्रोत द्वारा रोकी जा सकती है।
- प्रभाव का असर मालिकों और निर्माताओं तक पहुंचता है। एक अनियंत्रित इकाई में अप्रत्यक्ष तौर पर मात्रा या विस्तार को तोड़ना, दौलत की गारंटी नहीं है।
- प्रभाव तक पहुंच बनाने के लिए, आपको उस इकाई में मात्रा और विस्तार की बाधा को तोड़ना है, जो आपके नियंत्रण में है।
- मात्रा, विस्तार या स्रोत की ख़ामियां, दौलत कमाने सफ़र में गति सीमा तय करने वाले गवर्नर की तरह काम करती है।

अध्याय

35

तेज़ दौलत : अंतरराज्यीय मार्ग

आपका दिन तब तक पूरी तरह से परिपूर्ण नहीं हो सकता,
जब तक कि आप किसी के लिए ऐसा कुछ नहीं करें,
जिसका क़र्ज़ वह कभी नहीं उतार सके।
—जॉन वूडन

चौराहे

अगर आप देश में कहीं जाना चाहते हैं तो तेज़ रास्तों का चयन करते हैं, धीमे रास्तों का नहीं। तर्कपूर्ण लगता है, सिवाय जब बात आर्थिक आज़ादी की आती है। तेज़ रास्तों का इस्तेमाल करने की बज़ाय अनेक लोग धीमे रास्तों का चयन करते हैं और कुछ मामलों में तो एक ऐसे रास्ते का जो उन्हें वहां तक ले भी नहीं जाएगा।

कारोबार शुरू करना एक बड़ा फ़ैसला होता है। इसमें केवल सतही रुचि दिखाइए और आपका कारोबार आपके शौक की तरह दिखने लगता है। और शौक की तरह चलाए जाने वाले कारोबार शौक की ही तरह की कमाई देते हैं।

जब मैं ज़िंदगी के 20वें दशक के बीच में था, मैंने विविध कारोबारों में क़दम रखा, लेकिन किसी में भी स्थायी सफलता हाथ नहीं लगी। मैं ज़िंदगी के चौराहे पर खड़ा था और मेरी उस माह की नौकरी की ख़ामी थी लिमोजिन्स चलाना। निश्चित तौर पर मैंने यह नौकरी इसलिए कि क्योंकि मुझे बिलों का भुगतान करना था, लेकिन मेरे इरादे कुछ और थे–घुसपैठ।

मैंने सोचा कि मैं लिमोजिन्स कंपनी का मालिक बनना चाहता हूं।

लिमोजिन्स के कारोबार से कभी भी जुड़ा नहीं होने के कारण, मैंने अंदाज़ लगाया कि मैं एक नौकरी करूंगा और इस कारोबार की बारीक़ियां सीख लूंगा। कारोबार में एक साल के बाद–मेरा चौराहा–आ ही गया। लिमोजिन्स कंपनी के मालिक ने कंपनी को बेचने का

फ़ैसला किया और प्रस्ताव मुझे दिया, जबकि मेरी दोनों जेबें ख़ाली थीं। मेरे सामने अवसर था–लिमोजिन्स सेवा को ख़रीदने का। केवल एक समस्या के सिवाय।

मेरी हालत खस्ता थी।

कुछ ही सप्ताह पहले, मैंने फ़ीनिक्स जाने का फ़ैसला किया था और उसकी तैयारी में जुटा था।

और अब यह।

क्या मुझे रुक जाना चाहिए?

साथ ही पिछले एक साल में मालिक को कारोबार की ज़रूरतों से जूझते हुए देखकर मैंने एक बात को जान लिया था : मुझे इसमें मज़ा नहीं आता था। कारोबार सातों दिन 24 घंटे चलता था और कई मर्तबा तो इसका दिन अलसुबह ही शुरू हो जाता था। मैं? सुबह के वक़्त मैं किसी चिड़चिड़े कमीने से कम नहीं होता था।

अत: मेरे सामने दो विकल्प थे जो या तो विश्वासघाती या गति देने वाले हो सकते थे। क्या यह वह रास्ता था जो मैं अपनाना चाहता था? क्या मैं इस ठनठन गोपाल वाले बड़े अवसर को अपनाकर फ़ीनिक्स को भूल जाना चाहता था?

मैंने क्या किया?

मैंने स्पष्टता के लिए मानदंडों के आधार पर विकल्पों के मूल्यांकन के मैट्रिक्स (डब्ल्यूएडीएम) को क्रियान्वित किया। जी हां, मैंने इस किताब में दी गई बात का इस्तेमाल किया। स्वाभाविक तौर पर फ़ीनिक्स जीत गया और मैंने लिमोजिन्स कंपनी नहीं ख़रीदी। लेकिन उस फ़ैसले के गणित में वह क्या बात थी जिसने मुझे सही रास्ते की पहचान और सही क़दम उठाने में मदद की?

मैं तेज़ रास्ते के पांच नियम जानता था और मुझे पता था कि कारोबार का कौन-सा रास्ता सबसे शुद्ध तेज़ रास्ता है... और मैं दोनों के ही क्रियान्वयन की संभावना को जानता था।

तेज़ रास्ते की शुद्धता : पांच नियम

आपको एक फ़ालतू कारोबार में निवेश नहीं करना चाहिए।

आपको धन के लिए वक़्त का सौदा नहीं करना चाहिए।

आपको सीमित मात्रा में काम नहीं करना चाहिए।

आपको नियंत्रण नहीं छोड़ना चाहिए।

आपको किसी कारोबारी स्टार्टअप में परिणाम को प्रक्रिया से ज़्यादा महत्त्व नहीं देना चाहिए।

जब मैंने लिमोजिन्स के कारोबार का संभावित कारोबार के तौर पर विश्लेषण किया था तो पाया कि संचालन ने नियंत्रण और प्रवेश के मापदंडों को पूरा किया था, लेकिन यहां मात्रा का अभाव था और यह केवल शिकागो के उत्तर-पश्चिमी उपनगरों तक ही सीमित था।

संचालन का वक़्त से अलगाव नहीं था, मुझे कई घंटे काम करना पड़ता और लाभ भी इतना नहीं था कि मानव संसाधन को नियुक्त किया जाए।

और यह शिकागो में किसी अधूरी ज़रूरत को भी पूरा नहीं कर रहा था। शहर में दर्जनों लिमोजिन्स कंपनियां थीं।

कारोबार को तेज़ रास्ते का बनाने के लिए काफ़ी वक़्त, प्रयास और धन की ज़रूरत पड़ती।

पहले से ही मुझे भीतर से ही पता था कि मैं किसी ऐसे कारोबार से जुड़ना चाहता हूं जो शुरुआत से ही तेज़ रास्ते का हो, ना कि ऐसा जिसे तेज़ रास्ते के लिहाज़ से गढ़ना पड़े।

विशुद्ध तेज़ रास्तों पर दौलत की संभावना सर्वश्रेष्ठ होती है और मैं इस बात को जानता था। जब आप प्रभाव के नियम को सम्मान देते हैं तो धन आपकी ओर खिंचा चला आता है। वे कौन-से सबसे शुद्ध तेज़ रास्ते हैं, जिन्हें ग़ज़ब की तेज़ गति हासिल है? कौन-सा रास्ता है, जो प्रभाव के नियम का इस्तेमाल करके तेज़ रास्ते की शुरुआत कर सकता है?

तेज़ गति के लिए तीन अंतरराज्यीय मार्ग

मैं सबसे कारगर तेज़ रास्तों को "द थ्री आई" या "द थ्री इंटरस्टेट्स" कहता हूं, क्योंकि उनमें गति की सीमा सबसे ऊपर होती है और वे तेज़ रास्ते के पांचों नियमों से मेल खाते हैं या मेल खा सकते हैं। ये तीन अंतरराज्यीय मार्ग हैं :

1) इंटरनेट

2) नई खोज/नवीनता

3) इरादतन पुनरावृत्ति

इनमें से प्रत्येक अंतरराज्यीय मार्ग, दर्जनों अन्य रास्तों का एक समूह हैं। तीनों को एक साथ कर दीजिए और आपके पास सफ़र के लिए सैकड़ों रास्ते उपलब्ध होंगे।

ताकतवर तेज़ रास्ता #1 : इंटरनेट

दौलत का सबसे ताक़तवर अंतरराज्यीय मार्ग है, इंटरनेट कारोबार। इंटरनेट ने पिछले दशक में किसी भी अन्य कारोबार की तुलना में ज़्यादा करोड़पति दिए हैं। इंटरनेट ने कई पुराने और कड़ा रुख़ अपनाने वाले कई उद्योगों, जैसे ट्रेवल एजेंट्स, शेयर दलाल, अख़बार और पत्रिकाओं को समाप्त कर दिया है और कर रहा है। इंटरनेट तेज़ रास्ते की शार्क है।

इंटरनेट ही वह जगह है, जहां मेरी क़िस्मत का ताला खुला था। और यही एक वज़ह है कि जिसके कारण मैंने लिमोजिन्स वाला अवसर लेने से मना कर दिया। इंटरनेट इस वक़्त उपलब्ध सबसे बेहतरीन तेज़ रास्ता है। इसकी वजह है इसका तेज़ रास्ते के पांचों नियमों का पालन करना। यह ज़रूरत पर आधारित कारोबार है। मात्रा की बात की जाए तो यह स्वाभाविक रूप से पूरी दुनिया पर छाया हुआ है। यह कम्प्यूटर प्रणालियों के ज़रिये

स्वचालित और व्यवस्थित है। यह एक ऐसा माध्यम है, जिस पर आप नियंत्रण (दुर्भाग्यवश, अधिकांश नहीं) साध सकते हैं और इसके बैरियर पर्याप्त रूप से इतने मज़बूत हैं कि हर कोई इसमें प्रवेश नहीं कर सकता।

इंटरनेट कारोबार प्रारूप (रास्ते) को सात विस्तृत श्रेणियों में बांटा जा सकता है :

1) ग्राहक शुल्क आधारित

इसमें मासिक ग्राहक शुल्क (सब्सक्रिप्शन) लेकर उपभोक्ता (यूजर) को डेटा, सूचना या सॉफ़्टवेयर (एसएएएस) तक पहुंच दी जाती है। डेटा कुछ भी हो सकता है, संकेत, बिक्री जानकारी, प्रबंधन सेवा (सामाजिक मीडिया डैशबोर्ड्स), एक मालिकाना डेटाबेस या फिर पुरानी अश्लील सामग्री। जब 10,000 लोग आपको सूचना के लिए प्रति माह 9.95 डॉलर का भुगतान करते हैं तो आप तेज़ रास्ते पर चल रहे हैं।

जब मैं अपनी कंपनी का मालिक था तो मैं कई वेब सेवाओं के लिए भुगतान करता था। सभी ग्राहक शुल्क पर आधारित। डेटा के विश्लेषण (मेरी वेबसाइट पर कौन आ-जा रहा है?) से संबद्ध प्रबंधन (कौन मुझे सेवा देना चाहता है?) तक।

एक विशिष्ट कंपनी ने एक ऐसी निरीक्षण वेबसाइट सेवा बनाई, जो विभिन्न वेबसाइट के शीर्ष वक़्त की निगरानी करती थी। इसने अपने होमपेज पर विज्ञापन देकर बताया था कि यह कितने ग्राहकों की निगरानी करती है। उस वक्त उसके "20,000 ग्राहक" थे और मैं उस सेवा के लिए प्रति माह 50 डॉलर का भुगतान कर रहा था। मेरे द्वारा दिए जाने वाले ग्राहक शुल्क को ही औसत मान लिया जाए तो प्रति माह वह कंपनी 50×20,000=1,000,000 डॉलर का शुद्ध आमदनी कमा रही थी। यह एक ऐसे इंटरनेट कारोबार प्रणाली का सटीक उदाहरण है, जिसमें कारोबार ही प्रणाली है। कोई उत्पाद नहीं। कोई माल परिवहन नहीं। कोई सिरदर्द नहीं।

मेरा अंदाज़ है कि इस वेबसाइट का लाभ का अंतर 75% तक होगा और यह प्रति माह तकरीबन 7,50,000 डॉलर कमाती होगी। आप 7,50,000 डॉलर प्रति माह कमाकर कितनी जल्दी करोड़पति बन सकते हैं? या कि फिर आप अपनी 45,000 डॉलर के सालाना वेतन से प्रति माह 200 डॉलर की बचत करना पसंद करेंगे? दोनों के बीच का अंतर हास्यास्पद है।

ग्राहक शुल्क वाली वेबसाइट के उदाहरण हैं-बफ़ेलो डॉट कॉम, एडोबी और हां मेरी फ़ास्टलेन फ़ोरम (यह मुफ़्त है, लेकिन इसका सशुल्क अपग्रेड भी उपलब्ध है) भी।

2) सामग्री आधारित

सामग्री (कंटेंट) आधारित प्रारूप में ऑनलाइन समाचार पत्रिकाएं और ब्लॉग्स आते हैं, जो ख़ास वर्ग या उद्योग की सूचना प्रदान करते हैं। ये सेवाएं इस्तेमाल के लिए मुफ़्त सामग्री उपलब्ध कराती हैं और लोगों तक पहुंचने की इच्छुक कंपनियों के लिए

विज्ञापन बेचती हैं। मेरी फ़ास्टलेन फ़ोरम कुछ हद तक सामग्री आधारित आमदनी का प्रारूप है। सामग्री आधारित आमदनी प्रारूप में सफलता बहुत मुश्किल है, क्योंकि प्रवेश की बाधाएं काफ़ी हद तक शिथिल हो चुकी हैं और सारा खेल ज़्यादा वेब ट्रैफ़िक पर ही निर्भर है। साथ ही सामग्री प्रणालियां संबद्ध कार्यक्रमों का बड़े पैमाने पर इस्तेमाल करती हैं, जो कि सहयात्री वाली संरचना है।

3) चाहत जगाना

चाहत जगाने वाली सेवाएं (लीड जनरेशन) आमतौर पर उपभोक्ताओं के लिए होती है, जो समानांतर तौर पर एक गैर-समरूप उद्योगों को एकत्रित करने का भी काम करती हैं। मैंने लिमोजिन्स उद्योग के लिए यही किया। मैंने बेहद बिखरे उद्योग को एक बड़े समूह में एकत्रित किया, उपभोक्ताओं को इसकी ओर खींचा और उपभोक्ताओं की जानकारी लिमोजिन्स कंपनियों को बेच दी। लीड जनरेशन आमतौर पर बिखरे हुए उद्योगों में ज़्यादा लोकप्रिय होती है, जहां उद्योग, छोटे और मझोले आकार के होते हैं। एयरलाइंस उद्योग में शायद लीड जनरेशन असफल हो जाएगी, जबकि प्लास्टिक सर्जन्स के लिए कारगर होगी। लीड जनरेशन दो तरह की ज़रूरतों को पूरा करती है : 1) वक़्त और धन बचाने की उपभोक्ता की ख़्वाहिश, 2) सस्ते में नए उपभोक्ता पाने की कारोबार मालिकों की ज़रूरत।

4) सोशल नेटवर्क्स/कम्युनिटीज़/फ़ोरम्स

समुदाय या कम्युनिटी विकसित करना सामग्री की प्रणाली का रिश्तेदार है। यहां व्यक्तिगत यूज़र का ध्यान आकर्षित करने की बज़ाय लोगों को समूहों या विभिन्न वर्ग बनाकर बांध लिया जाता है। फ़ेसबुक की शुरुआत कॉलेज जाने वाले बच्चों का समूह बनाने के लिए हुई थी, लेकिन बाद में यह सभी उम्र के लोगों के लिए एक आम सोशल नेटवर्क में तब्दील हो गई। लिंक्डइन तरक़्क़ी करते पेशेवरों के लिए है। सोशल नेटवर्क्स समान विचारों वाले समुदायों को बस एकत्रित करने का काम करते हैं, रहस्यमयी उपन्यासकारों से लेकर गियर हैड्स जो हर सप्ताहांत इंजिनों को दोबारा बनाते हैं। समुदाय का विकास केवल विशाल कंपनियों तक ही सीमित नहीं है। अगर आपके यूट्यूब या इंस्टाग्राम चैनल पर 500,000 यूजर हैं तो आप समुदाय का निर्माण ही कर रहे हैं।

5) दलाली प्रणाली

दलाल, विक्रेता और क्रेताओं को साथ लाकर लेन-देन को संभव बनाते हैं। वे एक विशिष्ट उद्योग के लिए बाज़ार बनाते हैं और हर लेन-देन पर धन कमाते हैं। उदाहरण के लिए मेरी वेबसाइट पर लिमोजिन्स की बुकिंग होती थी और मुझे मूल क़ीमत का कुछ हिस्सा मिलता था। दलाली या मध्यस्थता के उदाहरण हैं, पेपाल, अपवर्क, कार्सडायरेक्ट और ट्रेवलोसिटी डॉट कॉम।

6) विज्ञापन

दलालों की ही तरह विज्ञापनदाता भी विक्रेताओं और क्रेताओं को एक साथ लाकर लेनदेन के एवज में विज्ञापन शुल्क स्वीकार करते हैं। मैं भी एक ऐसी वेबसाइट का मालिक था, जो बिक्री के लिए उपलब्ध लिमोजिन्स की सूची बनाती थी। यह वेबसाइट बिक्री के लिए उपलब्ध हर लिमोजिन्स के विज्ञापन के लिए शुल्क लेती थी। मैंने विक्रेताओं और क्रेताओं की एक-दूसरे से पहचान कराई। कुछ सेवाएं दलाली और विज्ञापन का एकसाथ लाभ उठाती हैं, जैसे ईबे। गूगल और याहू की तरह के सर्च इंजिन भी विज्ञापन और दलाली दोनों ही प्रारूपों में काम करते हैं।

7) ई-कॉमर्स

ई-कॉमर्स का मतलब होता है इंटरनेट पर सामान, सेवा और सूचना की बिक्री। ऐमेज़ॉन, टारगेट और राकुतेन बड़ी ई-कॉमर्स कंपनियों के उदाहरण हैं। हालांकि कई छोटे स्थानीय स्टोर्स ने ई-कॉमर्स की मदद से विस्तार कर मात्रा का निर्माण किया है। मेरे घर के पीछे के हिस्से में 24 सोलर लाइट्स लगी हुई हैं, जो मैंने मिनेसोटा के एक छोटे खेरची विक्रेता से ऑनलाइन मंगाई हैं, जो एक ई-कॉमर्स स्टोर चलाता है। कुछ साल पहले तक वह दुकान बहुत छोटी और स्थानीय स्तर की थी-अब ई-कॉमर्स की मौजूदगी के कारण वह पूरी दुनिया से जुड़ गई है और फ़ीनिक्स के सेवानिवृत्त लोगों को अपने उत्पाद बेच रही है।

ई-कॉमर्स सूचना प्रदाता भी हो सकता है। ई-बुक्स आजकल इंटरनेट पर सूचना हासिल करने का सबसे अच्छा ज़रिया बनती जा रही हैं। जब मैं इंटरनेट पर अपनी किताब को ई-बुक प्रारूप में बेचता हूं तो मैं ई-कॉमर्स का हिस्सा बन जाता हूं। मैं या तो एरिजोना स्टेट यूनिवर्सिटी की पार्किंग में मेरी संदूक से निकालकर किताबें बेच सकता हूं या फिर मैं एक वेबसाइट बनाकर अपनी किताबें यूरोप में बैठे लोगों को बेच सकता हूं।

जब आप इंटरनेट की तरफ़ एक तेज़ रास्ते की तरह देखते हैं, यह बेहद शक्तिशाली नज़र आता है, जब इसे तेज़ रास्ते की दौलत के समीकरण की कसौटी पर परखा जाता है :

दौलत = शुद्ध मुनाफ़ा + परिसंपत्ति मूल्य

इकाई बिक्री के परिवर्तनशील कारक (शुद्ध आय के तहत) के अंतर्गत जब आप इंटरनेट का इस्तेमाल करते हैं तो दुनिया आपकी ऊपरी सीमा बन जाती है। साथ ही संपत्ति मूल, जो कि तेज़ रास्ते के दौलत के समीकरण का एक घटक है, ना केवल शुद्ध आय से तय होता है, बल्कि ट्रैफ़िक का सांचा भी इसमें मददगार होता है। ट्रैफ़िक या वेबसाइट पर आने वाले यूज़र्स, की भी एक अंतहीन अच्छी मात्रा होती है। कई वेबसाइट अरबों में बेची जाती हैं और उनका मुनाफ़ा एक पेनी तक नहीं होता। तेज़

रास्ते के परिवर्तनशील कारकों, शुद्ध आय और संपत्ति मूल्य के भी वस्तुतः असीमित अच्छे पहलू होते हैं।

ताकतवर तेज़ रास्ता #2 : नई खोज

तेज़ रास्ते की शुद्धता का एक और दमदार तरीक़ा है नई खोज या नवीनता। इसमें भी अनेक रास्ते होते हैं। यह अमीर बनने का पुराना आजमाया हुआ तरीक़ा है। किसी उत्पाद या सेवा का आविष्कार कीजिए या जानकारी के अंश का पता लगाइए, उसकी नवरचना कीजिए और फिर उसे वितरित कीजिए।

नई खोज या नवोन्मेष, रचना और फिर वितरण की प्रक्रिया है। मुझे यह दोहराने दीजिए : नई खोज या नवोन्मेष में दो काम करने पड़ते हैं :

1) उत्पादन/निर्माण और
2) इसे वितरित करना।

किसी उत्पाद का आविष्कार कीजिए और फिर उसे सूचनाप्रद विज्ञापनों के ज़रिये बेचिए, इसे इंटरनेट पर बेचिए, इसे क्यूवीसी पर बेचिए, 10,000 वितरकों के मार्केटिंग नेटवर्क के ज़रिये बेचिए या फिर इसे 20 थोक विक्रेताओं को बेचिए और फिर 20,000 खेरची विक्रेताओं को बेचिए।

नई खोज या नवोन्मेष का उत्पाद क्या है?

तकरीबन हर वह चीज़ जो किसी ज़रूरत या ख़्वाहिश को पूरा करती हो।

- खाद्य सामग्री (बीयर, बारबेक्यू सॉस, कुकीज़, गुप्त नुस्ख़ा)
- घरेलू (वैक्यूम क्लीनिंग करने वाले रोबोट्स, औज़ार, हैंगर्स)
- स्वास्थ्य और जीवन शक्ति (विटामिन्स, जड़ी-बूटियां, एनर्जी ड्रिंक्स, बार्स, पौरुष बढ़ाने वाले फ़ॉर्मूले)
- सूचना या जानकारी (किताबें, पत्रिकाएं, सशुल्क न्यूज़लेटर्स)
- निजी (परिधान, पर्स, जूते, दस्ताने)
- ऑटोमोटिव (सामान, एड-ऑन्स, स्टिक-वन)
- गेम्स या खिलौने

आविष्कार को आज भी जल्द अमीर बनने का मूल तरीक़ा माना जाता है और हां और यह आज भी ज़िंदा और तंदुरुस्त है। हालांकि मूर्ख नहीं बनें। आविष्कार का मतलब किसी वाहन, टेलीफ़ोन या गूफ़ी सेगवे का आविष्कार ही नहीं है-मुख्य आविष्कारक गतिविधि है कि किसी बात को बेहतर बनाना और उसमें सुधार करना। किसी पुरानी और बासी वस्तु को लीजिए और उसे बेहतर बनाइए। किसी कम प्रचारित उत्पाद को लीजिए, उसे अपना

बना लीजिए और इसे दोबारा दुनिया के सामने पेश कीजिए। किसी अपरंपरागत वस्तु को लीजिए और उसे व्यावहारिक बना दीजिए।

मैंने टीवी पर एक आविष्कारक को देखा, जिसने वोदका को उबाऊ सफ़ेद बोतलों की बज़ाय रंगबिरंगी बोतलों में दोबारा पैक करके बेचा। सच तो यह है कि एक जन्मदिन पर मुझे वोदका, खोपड़ी की शक्ल की बोतल में मिली थी। वोदका सदियों से मौज़ूद है, फिर भी एक उद्यमी ने एक पुराने उत्पाद को लिया और इसकी दोबारा बिक्री की और बाद में 40 मिलियन वोदका बेची। उसकी सफलता धमाकेदार थी।

आविष्कार या नवोन्मेष चुनौतीपूर्ण दोहरी प्रक्रिया है : उत्पादन और बिक्री।

ज़रूरतों को पूरा करने वाली वस्तु का आविष्कार आधी लड़ाई जीतने की तरह है। जंग का दूसरा हिस्सा आपके आविष्कार को लाखों लोगों के पास तक पहुंचाना है, जिसमें विभिन्न वितरण साधनों की ज़रूरत पड़ेगी : इंफ़ोमर्शियल (मास मीडिया के माध्यम से बिक्री), खेरची (वितरकों और थोक विक्रेताओं को बेचें) और डायरेक्ट मार्केटिंग (प्रिंट मीडिया, पोस्टल मेल, इंटरनेट के माध्यम से बेचें)।

उदाहरण के लिए जब मैंने यह किताब लिखी तो मैं उत्पादक था। मैंने इसे लिखा, एकत्रित किया, संपादित किया और इसे प्रकाशित भी किया। मैंने नवोन्मेष का काम किया, लेकिन नवोन्मेष के तमाम रास्तों की तरह उत्पादन तो जंग का एक छोटा-सा हिस्सा है।

जंग तो वितरण में जीती जाती है।

एक बहुत बेहतरीन उत्पाद भी बेकार है अगर वह लोगों तक नहीं पहुंच पाता, जिसके लिए वितरण की ज़रूरत है। अगर मुझे सफल होना है तो मेरी किताब के लिए ऐमेज़ॉन (एक वितरण प्रणाली), पुस्तक वितरकों (थोक विक्रेता) और इंटरनेट (एक अन्य वितरण प्रणाली) की ताक़त का सहारा लेना पड़ेगा।

हां, हो सकता है कि आपने किसी वस्तु का आविष्कार किया हो या एक सप्ताहांत में कोई ई-पुस्तक लिखी हो, लेकिन संभव है कि उसका उत्पादन चीन में हो। आविष्कार या नवोन्मेष-किताब से उत्पाद तक-तेज़ रास्ता है। क्या आपने कभी आश्चर्य जताया है कि जल्दी अमीर बनो वाली किताबें लोग क्यों बेचते हैं, जबकि सामग्री तो 30 अन्य पहले आ चुकी किताबों से ही चुराकर ली गई है? लेखक जानते हैं कि लेखन एक शक्तिशाली तेज़ रास्ता है।

तेज़ रास्ते पर यह किताब लिखने में मेरे लिए किताब या उसमें इस्तेमाल शब्द कभी भी चुनौती नहीं थे। दुनिया की कुछ सबसे बेहतरीन किताबें भी बिना पढ़ी रह जाती हैं, जबकि कामचलाऊ साहित्य भी लाखों प्रतियों में बिकता है। अंतर केवल मार्केटिंग, जनसंपर्क और पुराने कारोबार की नब्ज़ जानने का है। *किताब लिखना कारोबार नहीं है, उसे बेचना कारोबार है।*

अगर मैं इस किताब की लाखों प्रतियां बेचने को लेकर तत्पर हूं तो मुझे पहले उसका उत्पादन या निर्माण करना होगा और फिर वितरित करना होगा। मुझे बेचना, मार्केटिंग, प्रचार, शामिल होना, बोलना, साक्षात्कार देना और लिखना, सब कुछ करना होगा यानी

मुझे वितरण के कारोबार में निवेश करना होगा। तेज़ रास्ते के दौलत के समीकरण को ताक़त देने और प्रभाव के नियम के क़रीब आने के लिए मुझे प्रतिबद्धता का हेलमेट पहनकर, काम काम और केवल काम ही करते रहना होगा।

शक्तिशाली तेज़ रास्ता #3 : इरादतन पुनरावृत्ति

तेज़ रास्ते का अंतिम अंतरराज्यीय मार्ग है "इरादतन पुनरावृत्ति।" पुनरावृत्ति का मतलब, "एक तय स्थान या लक्ष्य या परिणाम तक पहुंचने के विशेष इरादे से किसी प्रक्रिया को दोहराने का माध्यम या क्रिया।"

इरादतन पुनरावृत्ति है तो शक्तिशाली तेज़ रास्ता, लेकिन यह सबसे बड़ी चुनौती भी पेश करता है, क्योंकि यह तेज़ रास्ते के सभी पांच नहीं, बल्कि चार नियमों का पालन करता है।

इरादतन पुनरावृत्ति की प्रक्रिया अंतिम नियम मात्रा को संतुष्ट करने की क्रिया है। मात्रा को मानव संसाधन प्रणाली या निरंतर सफलताओं के साथ हासिल किया जाता है।

उदाहरण के लिए जब कोई रियल इस्टेट निवेश किसी बैंक नीलामी में एक परिवार के योग्य मकान ख़रीदता है और बाद में उसे बेच देता है तो इसमें मात्रा का अभाव है। और उस एक क़दम से वह कुछ ख़ास हासिल नहीं कर पाएगा। निवेशक के लिए दौलत के तेज़ रास्ते के समीकरण में हिलने-डुलने के लिए बहुत कम जगह है : शुद्ध आय किराये से आती है और संपत्ति मूल्य मकान के बाज़ार मूल्य से।

इस चुनौती से निपटने के लिए निवेशक इरादतन पुनरावृत्ति को लागू कर देता है और प्रक्रिया को दोहराता है। केवल एक मकान ख़रीदने की बज़ाय वह 50 मकान ख़रीद लेता है। वैसे करने से कहना आसान है और यह काम बहुत धीमा भी हो सकता है। वास्तविकता में, निवेशक ने "सिंगल्स" के मैदान में खेलने का फ़ैसला किया था और अगर उसे होमरन (विजयी प्रहार) लगाना है तो इरादतन पुनरावृत्ति उसकी रणनीति होनी चाहिए।

पुनरावृत्ति फ़ायदेमंद है, एकल आधारित कारोबार को होम रन्स की ऊंचाइयों तक ले जाना।

फ़्रेंचाइजिंग भी इरादतन पुनरावृत्ति का ही एक अन्य उदाहरण है।

अगर आप दिमाग़ में इरादतन पुनरावृत्ति की सोच लेकर एक छोटा-सा स्टोर खोलते हैं तो आपका लक्ष्य केवल एक स्टोर नहीं, बल्कि सैकड़ों स्टोर हैं, शायद एक हज़ार, चेनिंग या फ़्रेंचाइजिंग के ज़रिये।

इरादतन पुनरावृत्ति की सोच वाला अपनी प्रक्रिया को कई सफलताओं के साथ तैयार करने के लिए कारोबार में उतरता है। एक छोटे-से स्टोर की शुरुआत अधिकांशत: तेज़ रास्ते के चार नियमों के उल्लंघन के साथ की जाती है, लेकिन यह पुनरावृत्ति के ज़रिये जल्द ही पूरी तरह से तेज़ रास्ते के उद्यम में बदल सकता है। तेज़ रास्ते की फ़्रेंचाइजी की सोच व्यवस्थित प्रणालियों पर आधारित स्थानीय कारोबार तैयार करने की है और फिर उस सोच की राष्ट्रीय या दुनियाभर में फ़्रेंचाइजी देने की है। पुनरावृत्ति करने वाले का लक्ष्य

हूबहू प्रतिकृति तैयार करना और अपनी सोच, ब्रांड या प्रणाली को बेचना है और ख़ुद को संचालन प्रक्रिया से हटा लेना है। हो सकता है कि आपकी खान-पान की छोटी-सी दुकान तेज़ रास्ते लायक़ नहीं हो, लेकिन इसे इरादतन पुनरावृत्ति की प्रक्रिया के ज़रिये वैसा बनाया जा सकता है। फ्रेंचाइजी या चेनिंग से पुनरावृत्ति के ज़रिये।

मेरे फ़ोरम पर एक लोकप्रिय कड़ी का शीर्षक है, "क्या कैंडी कियोस्क तेज़ रास्ता है?" फ़ोरम का एक यूज़र जानना चाहता था कि क्या किसी मॉल में स्वचालित कैंडी कियोस्क की स्थापना तेज़ रास्ता है। एक अकेला तो क़तई नहीं। लेकिन इरादतन पुनरावृत्ति के साथ? यह मानते हुए की ऑनलाइन खेरची बिक्री अमेरिका में सभी मॉल्स को बंद नहीं करा देगी, एक मॉल में एक कियोस्क आपको अमीर नहीं बनाएगा, क्योंकि यह एकल आधारित कारोबार है। हालांकि 50 मॉल में 200 कियोस्क शायद कर सकते हैं, क्योंकि यह शुद्ध आय निर्माण करता है, संपत्ति मूल्य को बढ़ाता है और विस्तार का भी फ़ायदा पहुंचाता है।

इरादतन पुनरावृत्ति दरअसल तेज़ रास्ते की सीमित मात्रा के ख़िलाफ़ प्रतिक्रिया है।

अध्याय का सार : तेज़ रास्ते की ख़ासियतें

- सबसे अच्छा तेज़ रास्ता सभी पांच नियमों का पालन करता है : नियंत्रण, प्रवेश, ज़रूरत, वक़्त और मात्रा।
- ज़रूरत के आधार के मुताबिक़ इंटरनेट सबसे तेज़ अंतरराज्यीय मार्ग है, क्योंकि यह सभी नियमों को ज़बर्दस्त तरीक़े से संतुष्ट करता है।
- आविष्कार या नवोन्मेष खुले रास्ते का कोई भी प्रकार हो सकता है : लेखन, आविष्कार या सेवा।
- आविष्कार की कामयाबी के लिए ज़रूरी है वितरण का साथ।
- एकल आधारित कारोबार को इरादतन पुनरावृत्ति की मदद से सफल कारोबार बनाया जा सकता है। पुनरावृत्ति दरअसल मात्रा को मात दे देती है।

अध्याय

36

अपना खुला रास्ता खोजें

पहले लोग यह मानने से ही इंकार कर देते हैं कि कुछ नया किया जा सकता है,
फिर वे उम्मीद करने लगते हैं कि कुछ नया किया जा सकता है,
फिर वे देखते हैं कि यह किया जा सकता है,
फिर यह किया जाता है और पूरी दुनिया हैरानी जताती है
कि यह सदियों पहले क्यों नहीं किया गया।

—फ्रांसिस हॉजसन बर्नेट

ज़रूरत, विचार, अवसर और खुला रास्ता

अवसर और उनका प्रतिनिधित्व करने वाले खुले रास्ते हर कहीं हैं। अपने चारों ओर देखिए। स्टोर के काउंटर पर शिकायत करता वह व्यक्ति। अवसर। वे बेवक़ूफ़ी भरे वॉइसमेल जिनसे आपका सामना होता है, जब आप किसी बैंक को फ़ोन लगाते हैं। अवसर। बाज़ार के बीच खड़ा वह नहीं बिकने वाला मकान। अवसर। सड़क के पास गिरा हुआ वह कूड़ा। अवसर। सड़ा हुआ सलाद जो केवल दो दिन रेफ़्रिजरेटर में रहा। अवसर। वे लोग जो ऑनलाइन फ़ोरम पर निंदा में लगे हुए हैं। अवसर।

अगर आप अपने आस-पास मौज़ूद अवसर को नहीं देख पाते तो आपने अपने तेज़ रास्ते को उसके लिए तैयार नहीं किया है। जब आप कुछ सामान्य दिमाग़ी सामंजस्य बैठाते हैं तो बंद दिखने वाले रास्ते एकाएक खुल जाते हैं। कई उद्यमी अवसर का ग़लत अर्थ लगाते हैं, क्योंकि वे अवसर को किसी महत्त्वपूर्ण खोज या अभूतपूर्व विचार के साथ जोड़कर देखते हैं। वे ऐसे ताज़ातरीन विचारों की तलाश में होते हैं, जो पूरी तरह से दुरुस्त और बिलकुल नए हों। ऐसे विचार जिन्हें किसी भव्य आयोजन में दुनिया के सामने पेश किया जा सके। बमुश्किल ही ऐसा हो पाता है।

अवसर बहुत ही कम मौक़ों पर धमाकेदार महत्त्वपूर्ण खोज होती है, बल्ब या कार की खोज की तरह। यह तो आसान-सी ज़रूरत होती है, जिसकी अभी तक अच्छी तरह से पूर्ति नहीं हुई है। अवसर किसी असुविधा का हल है। अवसर आराम देना या पहुंचाना है। अवसर एक बेहतर सेवा है। अवसर दर्द का इलाज है। अवसर कमज़ोर कंपनियों को कारोबार से निकाल बाहर करना है।

कोई इसे कर रहा है

आपको कोई अच्छा विचार सूझा, लेकिन कोई उसे पहले से ही कर रहा है? तो क्या। उससे बेहतर कीजिए।

"कोई इसे कर रहा है," एक बहुत बड़ा भ्रम जिसे लेकर मान लिया जाता है कि इसे भेदना मुश्किल है। *कोई हमेशा ही इसे कर रहा होता है।* बड़ा सवाल यह है कि क्या आप इसे उससे बेहतर कर सकते हैं? क्या आप ज़रूरत को बेहतर तरीक़े से पूरा कर सकते हैं, उपयोगिता साबित कर सकते हैं या बेहतर विक्रेता बन सकते हैं? जब मुझे इंटरनेट पर लिमोजिन्स कारोबार शुरू करने का विचार आया था, तो मुझे लगा था कि यह एक अभूतपूर्व विचार है, जब तक कि मैंने वेब पर जाकर सर्च नहीं किया। मैं जिसे अनछुआ विचार मान रहा था उसे दर्जनों कंपनियां कर रही थीं। उस वक़्त तक मैं तेज़ रास्ते के लिहाज़ से तैयार नहीं हुआ था। मैं इस विचार को छोड़ने जा रहा था और सोच के लंबे दौर के साथ एक ऐसा धमाकेदार अनजान विचार को खोजने जा रहा था, जिसे दुनिया पर मौज़ूद 7 अरब लोगों में से किसी ने भी सोचा होगा। लेकिन एक दोस्त ने मेरे नज़रिये को ख़ारिज करते हुए मेरे विचारों को सही दिशा दी। उसने कहा, "प्रतिस्पर्धा हर कहीं पर है। बस इसमें कूद जाओ और दूसरों से बेहतर करो।"

वह सही कह रही थी। प्रतिस्पर्धा तो कारोबार के लिए कच्चा माल है। अवसर खुला रास्ता था, बंद रास्ता नहीं। उस वक़्त मौज़ूद जितनी भी वेब डायरेक्टरी थीं, आसानी से नहीं मिलती थीं और अधिकतर यूज़र के इस्तेमाल के लिहाज़ से आसान भी नहीं थीं। मैंने एक ऐसी ज़रूरत को पहचान लिया था, जिसकी बहुत कमज़ोर तरीक़े से पूर्ति की जा रही थी और मैंने अवसर के इस रास्ते पर चलने का फ़ैसला किया। अनेक ऐसी बाधाओं के बावज़ूद जिन पर लिखा हुआ था, "आगे रास्ता बंद है।" एक दशक बाद वे तमाम कंपनियां जिनसे मैं घबराता था ग़ायब हो गई या बेमानी हो गईं। सच्चाई तो यह है कि उद्योग के अग्रदूत ने मेरे दबदबे का जवाब नहीं दे पाने के कारण वैकल्पिक सेवा चुन ली।

बड़े विचार को छोड़ो, बेहतर को अपनाओ

सफल कारोबार बहुत ही कम अवसरों पर किसी महान विचार से ऊपर उठते हैं। नहीं, सफल उद्यमी वर्तमान विचारों को लेते हैं और उन्हें बेहतर बनाते हैं। वे उन ज़रूरतों पर ध्यान देते हैं, जिनकी कमज़ोर तरीक़े से पूर्ति की जा रही है और उन्हें बेहतर तरीक़े से पूरा करने की कोशिश करते हैं। *बड़े विचार को छोड़ो और बड़े क्रियान्वयन को अपनाओ।* आपको ऐसे विचार की भी ज़रूरत नहीं है, जो पहले किसी ने नहीं किया हो। पुराने विचार ही पर्याप्त

हैं, बस उन्हें अपनाकर बेहतर बना दो। ऐसा क्रियान्वयन करो, जैसा पहले किसी ने नहीं किया हो।

क्या होता अगर सर्गेई ब्रिन और लैरी पेज ने इंटरनेट के परिदृश्य को देखकर कहा होता, "उफ़्फ़। यहां तो पहले से ही बहुत सारे सर्च इंजिन्स हैं-याहू, स्नेप, अल्टा विस्टा-गूगल क्यों शुरू किया जाए? यह तो पहले से ही किया जा रहा है!" शुक्रगुजार हैं कि उन्होंने ऐसा नहीं किया और आज गूगल दुनिया में सबसे ज़्यादा इस्तेमाल किया जाने वाला सर्च इंजिन है। और इसकी वज़ह से आज ब्रिन और पेज अरबपति हैं। एक ब्रांड को चमकाने वाली नई सोच? नहीं। एक ज़रूरत का बेहतर हल और भव्य पैमाने पर क्रियान्वयन।

डिपार्टमेंटल स्टोर्स दशकों से अस्तित्व में हैं, लेकिन वह सेम वाल्टन को वॉल मार्ट की स्थापना से नहीं रोक पाए। यह एक खुला रास्ता था, जबकि लग रहा था कि यह बंद है।

हैम्बर्गर्स भी दशकों से अस्तित्व में हैं, लेकिन वे रे क्रॉक को नौकरी में मैकडोनाल्ड से जुड़ने के बाद उसे विश्वस्तरीय बनाने से नहीं रोक सके। यह एक खुला रास्ता था, जबकि लग रहा था कि यह बंद है।

जब हॉवर्ड शुल्ट्ज ने स्टारबक्स की सोच को साकार किया तो कॉफ़ी तो दुनिया में आए तकरीबन एक हज़ार साल हो चुके थे। एक नई सोच? नहीं। स्टारबक्स ने कॉफ़ी पीने को फ़ैशन का हिस्सा बना दिया और एक ब्रांड का आविष्कार किया। कॉफ़ी से जुड़ा परिवेश, भावना और लगाव। यह एक खुला रास्ता था, जबकि लग रहा था कि यह बंद है।

किराये पर डीवीडी देने वाले स्टोर्स काफ़ी अरसे से अस्तित्व में थे। लेकिन यह नेटफ़्लिक्स या रेडबॉक्स को कंपनी शुरू करने से नहीं रोक पाए। उन्होंने ज़रूरत के समीकरण में सुविधा को जोड़ दिया। यह एक खुला रास्ता था, जबकि लग रहा था कि यह बंद है।

बियर हज़ारों साल से बनाई जा रही है, लेकिन यह जिम कोच को सैम एडम्स या सेम केलेजियोन को डॉगफ़िश हैडक्राफ़्ट ब्रूवरी शुरू करने से नहीं रोक सकी। यह आज अमेरिका की सबसे तेज़ी से तरक़्क़ी करती ब्रूवरी है। डॉगफ़िश की शुरुआत 1995 में घर में तैयार 10 गैलन के किट और बहुत कम नक़दी के साथ की गई थी। यह एक खुला रास्ता था, जबकि लग रहा था कि यह बंद है।

इंसान के धरती पर क़दम रखने के वक़्त से ही कचरा भी मौजूद है। लेकिन यह फिर भी ब्रायन स्कूडेमोर को 1-800-गॉट-जंक को शुरू करने और फिर उसकी फ्रेंचाइजी देने या फिर वेन हुईजिंगा को केवल एक ट्रक और कुछ उपभोक्ताओं के साथ वेस्ट मैनेजमेंट की स्थापना से नहीं रोक पाए। वेस्ट मैनेजमेंट का नाम आज फ़ॉर्च्यून 500 कंपनियों में शुमार होता है। क्या कचरा एक नई ज़रूरत है? या एक ऐसी ज़रूरत है, जिसके बेहतर हल की ज़रूरत थी? यह एक खुला रास्ता था, जबकि लग रहा था कि यह बंद है।

बांहों वाले कम्बल? ये काफ़ी अरसे से प्रचलन में थे, लेकिन इसके बावजूद यह स्नगी को मीडिया पर प्रचार के ज़रिये 40 मिलियन ब्लैंकेट्स बेचने से नहीं रोक सके। एक पुराने विचार का बेहतर तरीक़े से मार्केटिंग और बेहतर क्रियान्वयन। यह एक खुला रास्ता था, जबकि लग रहा था कि यह बंद है।

फ़ेसबुक के आने से पहले मायस्पेस भरपूर प्रचलित था, लेकिन यह मार्क जुकरबर्ग़ को नहीं रोक सका। उन्होंने एक ख़ास ज़रूरत को पहचाना और इसे हल किया। और फिर विकास के साथ उसे बेहतर बनाते चले गए। यह एक खुला रास्ता था, जबकि लग रहा था कि यह बंद है।

वे ज़रूरतें जिनकी कमज़ोर तरीक़े से पूर्ति की जाती है, ऐसे खुले रास्ते हैं जो बंद दिखाई देते हैं। सफल कारोबारी वर्तमान विचारों, सेवाओं और उत्पादों को लेकर उन्हें बेहतर बनाते हैं या फिर उन्हें नई दिशा में ले जाते हैं।

खुले रास्तों की पहचान

एक भी दिन ऐसा नहीं जाता जब मैं तेज़ रास्ते के किसी अवसर को नहीं देखता। मेरा दिमाग़ इसी तरह से तैयार किया गया है, क्योंकि मैं अपनी बेहतर बना दी गई इंद्रियों से अवसरों को ताड़ लेता हूं। मैं उन बातों को सुन और देख लेता हूं, जो अधिकतर लोग नहीं जान पाते। आप अपनी आंखों और कानों का उसी आवृत्ति से तालमेल कैसे बिठा सकते हैं? थोड़े-बहुत अभ्यास के साथ, यह बहुत आसान है।

खुले रास्ते, ज़रूरतें और अवसर कुछ ऐसे कोडवर्ड्स या प्रचलित शब्दों के साथ आते हैं जो चीख़-चीख़कर कहते हैं, "यह एक अवसर है!" जब आप ख़ुद को (किसी और के लिए) इन शब्दों के साथ पाते हैं तो आपने हाल ही में एक संभावित अवसर का पता लगाया है। यहां कुछ बेहद प्रचलित शब्द हैं :

"मुझे नफ़रत है..."
आप किस बात से नफ़रत करते हैं? उस नफ़रत का हल खोजिए और यह आपका खुला रास्ता है।

"मुझे पसंद नहीं है..."
आपको क्या पसंद नहीं है? उस नापसंद को हटा दीजिए और यह आपका खुला रास्ता है।

"यह मुझे हताश करता है..."
क्या हताश करता है? उस हताशा को हटा दीजिए और यह आपका खुला रास्ता है।

"यह ऐसा क्यों है?"
मुझे नहीं पता, ऐसा क्यों है? क्यों को हटा दीजिए और यह आपका खुला रास्ता है।

"क्या मुझे करना होगा?"
क्या आप? करना होगा को हटा दीजिए और यह आपका खुला रास्ता है।

"मैं चाहता था कि वहां..."
आप क्या चाहते थे? अगर आप चाहते हैं तो दूसरे भी चाहते होंगे। इस चाहत को पूरा कीजिए और यह आपका खुला रास्ता है।

"मैं इससे थक गया हूं..."
आप किससे थक गए हैं? किसी की थकान को मिटा दीजिए और यह आपका खुला रास्ता है।

"यह झंझट वाला काम है?"
क्या झंझट है? झंझट को मिटा दीजिए या कम कर दीजिए और यह आपका खुला रास्ता है।

अवसर दरअसल, अनुमानित कोड वर्ड्स से सजा होता है जो इसकी पहचान को उजागर कर देते हैं। उदाहरण के लिए मैं खाने के मामले में बहुत ही आलसी हूं। एक सफ़ेद शर्ट और स्पेग़ैटी और भूल जाइए। आलसी होने के साथ-साथ मुझे होंठ चबाने की बुरी आदत भी है। जब मैं अपने होंठ चबा लेता हूं और मेरे मुंह में छाले हो जाते हैं। यह समस्या मुझे बचपन में स्कूल के दिनों से है। पिछली बार तो मुंह का छाला सप्ताह भर तक ठीक नहीं हुआ था और दिलोदिमाग़ को हिला देने वाली हद तक दर्द भरा था। मैं मुंह के छालों से परेशान हो चुका हूं! मेरे पेट में दर्द हुआ। भाषा पर ध्यान दीजिए, "मैं परेशान..." बजी ना घंटी अवसर की।

मेरी परेशानी मुझे इंटरनेट पर मुंह के छालों के दर्द के रिसर्च की ओर ले गई। मुझे उन्हें ठीक करने को लेकर बहुत ही विरोधाभासी अटकलें और सूचना मिली। कुछ लोगों ने विटामिन एक्स के सेवन की सलाह दी तो कुछ लोगों ने हर्ब वाय के इस्तेमाल की। (विटामिन एक्स और हर्ब वाय उनके असली नाम नहीं हैं, क्योंकि मैं अपना फ़ॉर्मूला बचा रहा हूं)। इसलिए मैंने विटामिन एक्स और हर्ब वाय ख़रीद ली और अपनी चबाने की अगली ग़लती तक इंतज़ार किया।

और फिर वह हुआ। ओटमील खाते हुए मैंने अपना होंठ चबा लिया। कुछ दिन बाद मुझे चबाने की जगह पर छाला तैयार होने का अहसास हुआ। मैंने विटामिन एक्स और हर्ब वाय का सेवन कर लिया। उल्लेखनीय तौर पर छाला पनप ही नहीं पाया और यह पता चला कि विटामिन एक्स और हर्ब वाय में मुंह के छालों से बचाने की क्षमता है। अब तो जब कभी भी मुझे लगता है कि किसी पुराने घाव के कारण मुंह में छाला हो रहा है, मैं इस प्रक्रिया को दोहराता हूं और हर बार छाले से घाव नहीं बन पाता। पिछले तीन साल में मुझे छाले की परेशानी एक बार भी नहीं हुई। मैं हर माह एक छाले से लेकर साल भर में कोई भी छाला नहीं वाली स्थिति में पहुंच गया। मेरा अवसर साफ़ है। मैं अपने "कैंकर फ़ॉर्मूला" को जनता को बेच सकता हूं। मेरे पास नियंत्रण है, पर्याप्त प्रवेश बाधाएं, मात्रा और वक़्त है। कितने लोग मुंह के छालों से परेशान होते हैं? इस वक़्त छालों से निज़ात या बचाव के कितने फ़ॉर्मूले उपलब्ध हैं? बस कुछ चंद, लेकिन क्या उनकी अच्छी तरह से मार्केटिंग की जा रही है? क्या मैं बेहतर प्रदर्शन कर सकता हूं? (नोट : अंततः आहार में परिवर्तन ने मुझे छालों के दर्द से निज़ात दिला दी और मेरे फ़ॉर्मूले से भी)।

खुले रास्ते के लिए अवसर बहुत ही आसान भाषा में आते हैं : परेशानी, तनाव, असुविधा, शिकायत, समस्या और प्रदर्शन में कमी। आपको इन चुनौतियों पर हमला बोलना चाहिए और समाधान उपलब्ध कराना चाहिए-जनता को समाधान उपलब्ध करा

दीजिए और मैं इस बात की गारंटी देता हूं कि धन पीछे-पीछे आ जाएगा। कहानी की शिक्षा : दूसरे लोगों की समस्याओं को हल करो और आप अपनी धन की समस्या को हल कर लेंगे।

असफलता रास्तों को खोल देती है

दुर्भाग्यवश, सबसे कम इस्तेमाल तेज़ रास्ते असफलता से ही बने हैं, चिकने डामर से नहीं। इसका मतलब रुकावटें तो तय हैं। सफलता के रास्ते पर हर कोई नाकाम होता है। असफलता के बाद जो होता है वह विजेता और पराजित के बीच का अंतर तय करता है। आप किस तरह से प्रतिक्रिया देंगे? क्या आपका सफ़र इस निर्णय के साथ समाप्त हो जाएगा, "यह तेज़ रास्ते की बकवास कारगर नहीं है," या आप रास्ता बदल देंगे? या सफ़र जारी रखेंगे?

जो असफलताएं आपको नई दिशाओं में ले जाती थीं, हमेशा आविष्कार के लिए सबसे अधिक समर्थक बल होता है। दिल के पेसमेकर्स, माइक्रोवेव ओवन्स, पेनिसिलिन और गंधकीय रबर, सभी ऐसे आविष्कार हैं, जो असफलता और संयोग के परिणाम हैं। असफलताओं ने दरवाज़े खोल दिए और उस असफलता में, आविष्कारकों में उसे पहचानने का धैर्य था।

हां, अपना रास्ता छोड़कर दिशा बदल लेना कई मर्तबा सबसे अच्छा विकल्प होता है। लेकिन छोड़ देने और अपना रास्ता छोड़ने में अंतर को समझ लीजिएगा। छोड़ देना यानी अपने सपने को मार डालना है और उसे असंभव के कूड़ेदान में डाल देना है। अपना रास्ता छोड़ने का मतलब है दिशा बदलना और एक नई सड़क के प्रस्ताव को नकारना है। अगर आप अपने करियर का अंत शिक्षक के तौर पर करके निजी शैक्षणिक कंपनी शुरू करते हैं तो आपने रास्ता बदला है। अगर आप बालों को रंगने वाला सलोन छोड़कर इंटरनेट कंपनी खोलते हैं तो आपने एक रास्ता बंद करके दूसरा खोल दिया है। अगर आपने नेटवर्क मार्केटिंग कंपनी छोड़कर अपनी कंपनी शुरू करने का फ़ैसला किया है तो आपने रास्ता बदल दिया है।

मैंने रास्ते के अनेक परिवर्तन किए, लेकिन अपने सपने को नहीं छोड़ा। अगर आपका रास्ता आपके सपनों तक नहीं पहुंचता तो यह उस रास्ते को छोड़ने का वक़्त हो सकता है।

अध्याय का सार : तेज़ रास्ते की ख़ासियतें

- अवसर बहुत कम बार नई बातों के आविष्कार में होते हैं, यह तो प्रदर्शन में कमी, छोटी-मोटी परेशानियों और दर्द देने वाले बिंदुओं में होते हैं।
- प्रतिस्पर्धा को रास्ते में बाधा नहीं बनने देना चाहिए। प्रतिस्पर्धा हर कहीं है और आपका उद्देश्य दूसरों से बेहतर करने का होना चाहिए।
- तेज़ रास्ते की कामयाबी क्रियान्वयन में है, विचार में नहीं।
- दुनिया के सबसे सफल उद्यमियों के पास कोई बड़ा धांसू विचार नहीं था। उन्होंने

केवल मौज़ूदा विचारों को लिया और उन्हें बेहतर बनाया और उन्हें और अधिक लोगों तक पहुंचाया।

- अवसर आपकी भाषा, आपके विचारों और दूसरों की भाषा में उजागर होते हैं।
- असफलता नए रास्ते खोल देती है।
- पलायन तभी होता है, जब आप अपने सपनों को त्याग देते हैं।

अध्याय

37

अपने रास्ते की मंज़िल तय करें

ज़िंदगी की त्रासदी अपने लक्ष्य तक नहीं पहुंच पाना नहीं है।
ज़िंदगी की त्रासदी पहुंचने के लिए कोई लक्ष्य नहीं होना है।
—बेंजामिन मेज़

आपकी मंज़िल क्या है?

तेज़ रास्ते को आपकी मंज़िल से कोई लेना-देना नहीं होता है, वह तो केवल माध्यम बनना चाहता है। हो सकता है कि महंगी इतालवी कारें या आरामदेह बंगले आपके लिए महत्त्वपूर्ण नहीं हों।

मैं समझ सकता हूं।

शायद आप परोपकारी हैं और आडंबरहीन ज़िंदगी चाहते हैं, धर्मप्रचार करना चाहते हैं या फिर दान और लोकोपकार में आपकी रुचि है। तेज़ रास्ते का सफ़र आपको ख़ुशी के साथ आज़ादी देने के लिए है। आर्थिक बोझ से आज़ादी, बॉस से आज़ादी, अलार्म घड़ी, दो घंटे की आवाजाही से आज़ादी और बुरे अनुपातों (9 से 5, पांच के बदले दो, प्रत्येक 52 सप्ताह में दो सप्ताह, 40 साल तक 8%) से आज़ादी। दुनिया का खेल के मैदान की तरह पूरा मज़ा लूटने की आज़ादी।

आज़ादी की क़ीमत : धन

आज़ादी की एक क़ीमत होती है और वह क़ीमत है धन। बड़े सपने, भौतिकवादी फ़ेरारी से लेकर परोपकारी गैर-लाभदायक संस्थान के लिए भी धन लगता है। आप महासागरों में तैरकर पूरी दुनिया की सैर नहीं कर सकते। आपको इसके लिए धन देना पड़ेगा और अगर आप सोचते हैं कि धन बुरा है तो आप पहले ही हार चुके हैं।

फ़ास्टलेन फ़ोरम में एक यूज़र ने यह संवाद भेजा जो यह बताता है कि लोग आज़ादी के फल को तो चखना चाहते हैं, लेकिन इसके लिए ज़रूरी पौधे को लगाने के निश्चय का उनमें नितांत अभाव है।

मैं एक कैम्पफ़ायर के पास बैठकर कुछ लोगों से बात कर रही थी। धन का विषय सामने आया। उनमें से एक व्यक्ति ने मुझे बताया कि कैसे ज़िंदगी बस धन ही नहीं है और यह कि धन वास्तविक भी नहीं है–बस एक सामाजिक तौर पर स्वीकार्य मृगमरीचिका है–और यह कि वह ग़रीब ही रहना चाहता है, ना कि कोई कार्पोरेट बेवक़ूफ़। इस व्यक्ति ने मुझे बताया कि उसने "ख़ुद को खोजने" के लिए अपनी ज़िंदगी को पीछे छोड़ दिया है। इसलिए वह कमरे और बोर्ड के एवज में इस जगह पर प्रशिक्षु (मुफ़्त में) बना हुआ है।

यह करना काफ़ी मुश्किल रहा, क्योंकि उसे अपने चार साल के बेटे को पीछे ही छोड़कर आना पड़ा, लेकिन उसे "ख़ुद को खोजना" है। आख़िरकार ज़िंदगी केवल धन नहीं है और वह ख़ुद के लिए केवल छोटा–सा मकान और एक घोड़ा चाहता था। ठीक पहाड़ी के निचले हिस्से में रहने वाले पड़ोसियों की तरह। कैम्पफ़ायर के इर्द–गिर्द मौज़ूद हर व्यक्ति, इतना जागरूक होने पर, इस व्यक्ति का सिर हिलाकर समर्थन कर तारीफ़ कर रहा था। पहली बात, मैं सहमत हूं। ज़िंदगी का मतलब धन नहीं है, यह वक़्त है–तो फिर आप मकान के लिए क्यों हर सप्ताह 40 घंटे का वक़्त (धन भी नहीं) बर्बाद कर रहे हो? दूसरी बात, धन लोगों को नहीं बदलता, वे तो उन्हें जो हैं वही और अधिक बना देता है। तीसरी बात पहाड़ के नीचे स्थित वह मकान और घोड़ा तकरीबन 1.5 मिलियन डॉलर के हैं। और सबसे महत्त्वपूर्ण बात आपने ख़ुद को तलाशने के लिए अपने बेटे को छोड़ दिया? और इस प्रक्रिया में एक कौड़ी तक नहीं कमा रहे हैं? आपकी ब्रह्मज्ञान की इस यात्रा के लिए कौन अनुदान दे रहा है और पीछे छोड़ दिए गए बच्चे की भावनात्मक और वित्तीय ज़िम्मेदारी का क्या? हाल के दिनों में कई ऐसे लोगों से मेरा वास्ता पड़ा है, जो धन से और उससे जुड़ी हर बात से नफ़रत करते है, लेकिन वह सभी अंतिम परिणाम के तौर पर चाहते हैं : ख़ाली वक़्त और अपने सपने को जीने की क्षमता। मुझे तो समझ ही नहीं आया कि यह संवाद कैसा चला, जब उसने अपने नीतिशास्त्र का ख़ुलासा किया। संक्षेप में, हमें (उसे नहीं) इस व्यक्ति के छोटे मकान, घोड़े के लिए भुगतान करना चाहिए और किसी और को उसके बेटे को पालने के लिए।

सपना चाहे छोटा हो या बड़ा, सपनों की क़ीमत होती है और वह क़ीमत है धन, ज़िम्मेदारी, जवाबदेही और प्रतिबद्धता। जी हां, इसमें धन तो लगेगा, लेकिन कितना?

अपनी मंज़िल तय करें : शुरुआती चार चरण

आपकी मंज़िल आपकी पसंद की जीवनशैली को हासिल करना है, उसका मज़ा लेने की पूरी आज़ादी के साथ।

आपकी मंज़िल तक पहुंचने के लिए दो रणनीतियां हैं।

पहली धन की प्रणाली, जिसमें आप इतनी पर्याप्त राशि की बचत कर लें, जो इतनी ज़्यादा हो कि मासिक ब्याज और लाभांशों के ज़रिये आपकी जीवनशैली का पोषण कर सके।

दूसरी ऐसी कारोबारी प्रणाली जो निष्क्रिय आय प्रवाह को इस तरह से क़ायम रखे कि आपकी जीवनशैली का पोषण हो और साथ ही आपकी धन की प्रणाली को भी पूंजी की आपूर्ति करे।

यह करने के लिए आपको लक्ष्यों की ज़रूरत है। विशेष तौर पर आपको और आपके परिवार को कितने धन की ज़रूरत है?

आज़ादी और जीवनशैली की आप कितनी क़ीमत चाहते हैं?

इन चार चरणों की प्रक्रिया से जान लीजिए :

1) **जीवनशैली को परिभाषित करें : आप क्या चाहते हैं?**
2) **लागत का आकलन करें : आपके सपने की लागत कितनी है?**
3) **लक्ष्य निर्धारित करें : धन की प्रणाली को स्थापित करें और कारोबार से आय के लक्ष्य को भी।**
4) **इसे वास्तविकता बनाएं : इसे पूंजी की आपूर्ति करें और खोल दें।**

पहला चरण : जीवनशैली को परिभाषित करें

आपकी पसंदीदा जीवनशैली को परिभाषित करें और उसके साथ संबद्ध लागत को भी। क्या आप बड़ा मकान चाहते हैं या फिर गैर-लाभ वाला संस्थान? आप निश्चित तौर पर क्या चाहते हैं? हर बात को लिख लीजिए। इस कवायद के उद्देश्य की ख़ातिर मैं भी साथ में रहूंगा।

तीन कारें : एक मर्सिडीज़, एक हाईब्रिड और एक मिनिवैन

6,000 स्क्वायर फुट का मकान जिसमें फ़व्वारा, स्वीमिंग पूल और जलप्रपात हो

पहाड़ों में एक छोटा-सा कैबिन

वर्ष में तीन माह सैर-सपाटे की क्षमता

मेरे बच्चों के लिए निजी स्कूल

दूसरा चरण : लागत का आकलन करें

हर बात के लिए मासिक लागत तय करें, सभी संबद्ध ख़र्चों सहित; कर, उपयोग की वस्तुएं, रख-रखाव, बीमा आदि। ज़िंदगी के तय ख़र्चों को नहीं भूलें, जैसे स्वास्थ्य बीमा, खान-पान आदि।

तीन कारें : 2,000 डॉलर

मकान : 5,000 डॉलर

कैबिन :1,000 डॉलर

यात्रा : 1,000 डॉलर

निजी स्कूल : 1,000 डॉलर

जीवनशैली की लागत = 10,000 डॉलर प्रति माह

इसके बाद मासिक भत्ते और अन्य अज्ञात ख़र्चे तय करें। ये कपड़े, गैजेट्स, बच्चों के लिए खिलौने, मनोरंजन आदि के लिए हैं। इसे अपनी जीवनशैली की लागत में जोड़कर सकल निर्वाह लागत का पता करें।

सकलनिर्वाहलागत=10,000 डॉलरप्रतिमाह(जीवनशैलीलागत)+4,000डॉलरप्रतिमाह(भत्ते)

सकल निर्वाह लागत=14,000 डॉलर प्रति माह

इसके बाद सकल निर्वाह लागत को .60 या 60% से विभाजित करके शुद्ध निर्वाह लागत का पता लगाएं।

शुद्ध निर्वाह लागत = 14,000 डॉलर/.60 = 23,333 डॉलर प्रति माह

तीसरा चरण : लक्ष्य निर्धारित करें

इस चरण का उद्देश्य दो लक्ष्यों का निर्धारण है : कारोबार प्रणाली आय का लक्ष्य और धन प्रणाली का लक्ष्य। धन प्रणाली के लक्ष्य की गणना करने के लिए अपनी शुद्ध निर्वाह लागत में 12 का गुणा करें और फिर उसे .05 या 5% से विभाजित करें। पांच प्रतिशत किसी भी धन प्रणाली की न्यूनतम संभावित आय है।

धन प्रणाली का लक्ष्य = (23,333 डॉलर प्रति माह × 12)/.05 = 5,599.920 डॉलर

कारोबार प्रणाली के लक्ष्य को हासिल करने के लिए कुल निर्वाह लागत में 5 का गुणा करें, यह धन प्रणाली द्वारा समान परिणाम पाने के लिए ज़रूरी मापदंड है।

कारोबार प्रणाली लक्ष्य = (14,000 डॉलर × 5) = 70,000 डॉलर प्रति माह

ये दो लक्ष्य हैं।

पहले तो ऐसी कारोबारी प्रणाली विकसित करने का प्रयास करें, जिसमें मासिक निष्क्रिय आय 70,000 डॉलर प्रति माह हो। इस आय में से 40% कर में, 40% आपकी धन की प्रणाली की मदद में चला जाता है। बचा 20% आपकी जीवनशैली की ज़रूरतों को पूरा करता है। यह ना केवल आपको लक्षित जीवनशैली देता है, बल्कि आपकी धन प्रणाली का भी पोषण करता है।

दूसरा लक्ष्य है एक बड़ी एकमुश्त राशि से आपकी निष्क्रिय आय। धन प्रणाली द्वारा तैयार तय जीवनशैली का आनंद लेने के लिए आपका लक्ष्य है 5,599.920 डॉलर। इस राशि पर 5 प्रतिशत का ब्याज तकरीबन 23,000 डॉलर प्रति माह बनता है, जो कि आपकी जीवनशैली और करों का ख़याल रख सकता है।

यह दोतरफ़ा हमला कारोबार से आपके लिए एक निष्क्रिय धन प्रवाह का इंतज़ाम कर देता है, जो धन प्रणाली का पोषण करता है। परिणाम तो मानो मंज़िल को ही आप तक ला देना है। आप बिना सेवानिवृत्त हुए भी सेवानिवृत्ति का मज़ा ले सकते हैं।

उदाहरण के लिए मेरे वेब कारोबार से मुझे प्रति माह 1,00,000 डॉलर की नियमित आय होती थी। महीने-दर-महीने। फिर भी उन मामलों में मेरे पास ऐसे ही 20,000,000 डॉलर नहीं रहा करते थे। लेकिन जीवनशैली एक विकल्प था, क्योंकि *मेरी कारोबारी प्रणाली एकमुश्त राशि के बराबर का नक़दी प्रवाह बनाए रखती थी।* अतिरिक्त आय मेरी धन प्रणाली का पोषण करती थी।

फिर बाद में मैंने उस संपत्ति को बेच दिया ताकि मेरी "धन प्रणाली" के लिए ज़रूरी आंकड़े तक पहुंच सकूं। अगर आपकी कारोबारी प्रणाली निष्क्रिय आय उत्पन्न करती है तो आप उसे एक ही वक़्त में जीवनशैली और धन प्रणाली के पोषण के लिए इस्तेमाल कर सकते हैं।

चौथा चरण : इसे वास्तविकता बनाएं

आज शुरुआत कीजिए अपने सामने के तीन फ़ीट देखने से, तीन मील नहीं। दूर के ढोल बड़े सुहावने होते हैं, इसलिए उधर देखना बंद कर दीजिए।

बड़ा काम हासिल करने के लिए आपको उसे सबसे छोटे-छोटे टुकड़ों में बांट देना होगा। आप 26 मील की मैराथन में केवल 26वें मील पर ध्यान केंद्रित करके नहीं दौड़ सकते। आप पहले पहला मील पार करते हैं, फिर दूसरा, तीसरा और फिर चौथा।

मैं इस बात का दोहराव फ़ास्टलेन फ़ोरम (TheFastlaneForum.com) में देखता हूं। "मैं प्रति माह 5,000 डॉलर कमाना चाहता हूं, तो मैं क्या करूं?" "धन का पीछा" करने के त्रुटिपूर्ण तर्क के अलावा पहला चरण तो 50 डॉलर प्रति माह कमाना होना चाहिए। आप तब तक 5,000 डॉलर प्रति माह नहीं कमा सकते, जब तक कि आपको प्रति माह 50 डॉलर कमाना नहीं आता हो। बड़ा हैरान करता है कि लोग कैसे प्रक्रिया से बचते हुए सीधे उपलब्धि तक पहुंचना चाहते हैं।

अपनी धन प्रणाली को शुरू करने के लिए, एक क्वार्टर लीजिए और उसे एक कॉफ़ी कैन में डाल दीजिए। बधाई हो आप लक्ष्य से 25 क़दम क़रीब आ गए हैं।

नहीं, मैं मज़ाक़ नहीं कर रहा हूं।

आपका लक्ष्य 5,600,000 डॉलर नहीं, 5,600,000 पैनीज़ है।

हर दिन अपने पास मौज़ूद चिल्लर को एक डिब्बे में डालिए। इसमें 60 सेंट्स होते हैं, 25 सेंट्स और कभी-कभी 115 सेंट्स। ये सब जुड़कर, भले ही छोटी मात्रा में, धीरे-धीरे आपके लक्ष्य के क़रीब पहुंच रहे हैं।

बेहूदा?

नहीं, मैंने इसी तरह से शुरुआत की थी और हां, मैं आज भी यही करूंगा क्योंकि इस कवायद में अनुकूलन के तीन उद्देश्य हैं।

जब आप गुल्लक में प्रतिदिन चिल्लर डालते हैं तो आप ख़ुद को लक्ष्य के क़रीब पहुंचता देखते हैं। आपको प्रतिदिन एक ताक़ीद मिलती है। निश्चित तौर पर इस तरह से आप कभी भी 566 मिलियन डॉलर पैनीज़ जमा नहीं कर पाएंगे, लेकिन उद्देश्य एक सुदूरवर्ती लगने वाले लक्ष्य की ओर पुनरावर्ती प्रगति है।

दूसरा यह आपको मूल्यांकन पर मजबूर करता है : क्या आपने उस लक्ष्य को हासिल करने के लिए अतिरिक्त ताक़त लगाई है या क्या केवल चिल्लर जमा करना ही आपके पास मौज़ूद इकलौता हथियार है? क्या आप तेज़ रास्ते के किसी कारोबार की तलाश में हैं या नौकरी तक सीमित हैं?

तीसरा उद्देश्य है *आपका धन के साथ रिश्ता बदलना।* अगर आप किसी धन प्रणाली को लेकर गंभीर हैं तो आपको धन को लेकर अपनी धारणाओं में भारी परिवर्तन लाना होगा। धन आपके लिए क्या है? *कॉल ऑफ़ ड्यूटी* के ताज़ातरीन संस्करण हासिल करना या आपकी आज़ादी की सेना के लिए सैनिक?

अंतिम क़दम है, अपनी धन प्रणाली को किसी ब्रोकरेज फ़र्म में निधि लगाएं। एक खाता तय करें, जो आपकी धन प्रणाली का प्रतिनिधित्व करे। आमतौर पर अधिकांश ब्रोकरेज खातों में न्यूनतम 1,000 डॉलर की जमा की ज़रूरत होती है। अगर आपके पास पहले से ही खाता है तो ऐसा आय फ़ंड चुनें जो प्रतिवर्ष 5% का लाभ देता हो और अपने फ़ंड्स उसमें ले जाएं। या विकल्प के तौर पर आप ख़ुद एक ट्रेडिंग खाता खोलकर, परंपरागत म्युचुअल फ़ंड्स की जगह सस्ते और नियमित तौर पर ख़रीदे-बेचे जाने वाले एक्सचेंज ट्रेडेड फ़ंड्स (ईटीएफ़) से लाभ उठा सकते हैं। यहां मैं कुछ ब्रोकरेज हाउसेस की जानकारी दे रहा हूं, जिनमें आपको अपने वास्तविक अकाउंट्स की फ़ंडिंग करना चाहिए :

1) फ़िडेलिटी (Fidelity.com/1-800-FIDELITY)
2) वेनगार्ड (Vanguard.com/1-877-662-7447)
3) टी. रो प्राइस (TRowePrice.com/1-800-638-5660)
4) टीडीअमेरिट्रेड (TD-meritrade.com/1-800-454-9272)

अगर आपके पास अकाउंट को निधि आपूर्ति के लिए 1,000 डॉलर नहीं हैं, तो आप 1,000 डॉलर के मील के पत्थर पर पहुंचने के बाद ऐसा कर सकते हैं। आपके चिल्लर के गुल्लक को प्रति वर्ष लगभग 500 डॉलर उगलना चाहिए। वास्तविक खाते के साथ आप अपनी धन प्रणाली की वास्तविक वक़्त की सकारात्मकता को देख सकते हैं। अगर आपकी निष्क्रिय धन प्रणाली में 50,000 डॉलर हैं (तेज़ रास्ते का पीछा करने में इस्तेमाल नहीं) तो आप वास्तविकता में ब्याज या लाभांश के तौर पर हर माह निष्क्रिय आय का प्रवाह देख सकते हैं। उदाहरण के लिए आपने धन प्रणाली के लिए एक वर्ल्ड बांड फ़ंड में निवेश किया जो 50,000 डॉलर के निवेश पर 6.5% लाभ देता है, तो आप हर माह निष्क्रिय आय में 270 डॉलर की निष्क्रिय आय हासिल कर लेंगे। प्रत्येक माह।

अब मैं दोहराना चाहूंगा, तेज़ रास्ते की दौलत शुद्ध आय और संपत्ति मूल्य से तैयार की जाती है, ना कि शेयर बाज़ार या चक्रवृद्धि ब्याज से। आपके तेज़ रास्ते के कारोबार को इस खाते का पोषण करना चाहिए, ना कि आपके वेतन की बचत को।

रास्ते के नियम : वित्तीय साक्षरता

मेरी बहन ने 21 वर्ष की होने पर अपनी पहली नई कार निसान पल्सर ख़रीदी। यह वित्त की दुनिया में उसकी पहली ग़लती थी और मेरा वित्तीय निरक्षरता से पहला साक्षात्कार। मेरी बहन को कार के भुगतान में दिक्कतें आने लगीं और जब मुझे उसके क़र्ज़ के दस्तावेज़ पढ़ने के लिए कहा गया तो मुझे चक्कर से आ गए। मैंने पड़ताल की और पूछा, "तुमने यह कार कैसे ख़रीदी? तुमने कैसे मोल-भाव किया?"

उसने जवाब दिया, "मैंने डीलर से कहा था कि मैं हर माह 399 डॉलर का भुगतान करना चाहूंगी।"

उसकी दुर्भाग्यपूर्ण ग़लती मोल-भाव की नहीं, बल्कि वित्तीय निरक्षरता की थी। डीलर ने उसे वही दिया जो उसने मांगा और ऐसा करके वह आर्थिक तौर पर मुश्किल में पड़ गई। उसने कार तय क़ीमत से हज़ारों डॉलर ज़्यादा में ख़रीदी और लगभग अवैध दरों पर उधार भी। डीलर ने वही दिया जो मेरी बहन चाहती थी : कार का भुगतान 399 डॉलर प्रति माह पर और उन्होंने बाक़ी के ख़ाली स्थानों की पूर्ति कर दी। उसका क़र्ज़ 60 माह का था (जबकि उसे 40 माह का होना चाहिए था) और ब्याज दर 18.8% (जबकि वह 9% होना चाहिए) थी। अंततः उसे अपनी ग़लती के कारण कार की दोगुनी क़ीमत चुकानी पड़ी-क़ीमत वित्तीय निरक्षर होने की।

धन प्रणाली के प्रबंधन के लिए वित्तीय साक्षरता ज़रूरी

अगर आप वित्त और अर्थशास्त्र की बुनियादी जानकारी नहीं रखते तो आप एक आर्थिक साम्राज्य खड़ा नहीं कर सकते। किसी भी आर्थिक साम्राज्य के निर्माण के लिए ये आधारभूत ज़रूरतें हैं और उनकी ग़ैरमौज़ूदगी में पगडंडी की राह पर जाने का ख़तरा बढ़ जाता है।

याद रखिए, ज़्यादा धन से धन की समस्या हल नहीं होती। स्नातक होने के बाद ख़ुद को शिक्षित नहीं करना अगर पगडंडी पर एक क़दम है तो दूसरा क़दम वित्त और अर्थशास्त्र की बुनियादी जानकारी नहीं होना है।

दुनिया वित्तीय निरक्षरों से पटी पड़ी है। वे ड्राइवर बनने की परीक्षा और शिक्षा में असफल हो चुके हैं और सड़क के नियम भी नहीं जानते।

बचपन में हमें वित्त प्रबंधन या बुनियादी वित्तीय अनुशासन नहीं सिखाया जाता। हमें शिकारियों से अटे पड़े वित्तीय जंगल में छोड़ दिया जाता है। कई पूरी तरह से बुद्धिमान लोग भी बुनियादी वित्तीय जानकारी से अनजान होते हैं, जैसे :

- ब्याज दर
- कर योग्य और गैर-कर योग्य कमाई
- क़र्ज़ का परिशोधन
- चेक बुक का हिसाब मिलाना
- मूल ब्याज की गणना
- निवेश पर लाभ की गणना
- शेयर क्यों उछलते और गिरते हैं
- क्यों किसी बैंक में सावधि जमा पर 15% ब्याज ख़तरे की घंटी है
- स्टॉक ऑप्शन्स के कैसे काम करते हैं, जैसे ख़रीद और बिक्री
- बीमा क्यों अस्तित्व में है
- म्युचुअल फ़ंड किस तरह से काम करता है
- बांड्स क्या होते हैं और वह कैसे चढ़ते-उतरते हैं
- वैश्विक मुद्रा

निष्क्रियता के लिए किसी धन प्रणाली को शक्तिशाली बनाने के लिए आपको धन प्रणाली को चलाने वाले वित्तीय साधनों से परिचित होना पड़ता है। क्या आप जानते हैं कि साधारण ब्याज की गणना कैसे की जाती है? निवेश पर लाभ? क्या आप जानते हैं कि जब ब्याज दर बढ़ती है तो बांड्स के मूल्य पर उसका क्या असर पड़ता है? क्या आप कर योग्य और गैर-कर योग्य कमाई में अंतर कर सकते हैं?

वित्तीय निरक्षर धन की प्रणाली का प्रबंधन नहीं कर सकते। रास्ते से सफ़र में सफलता के लिए आपको रास्ते के नियमों की जानकारी होना चाहिए और आपको दौलत के रास्ते के लिए ज़रूरी ड्राइवर की शिक्षा (बुनियादी वित्त व अर्थशास्त्र की जानकारी) में उत्तीर्ण होना चाहिए।

अपने साधनों से कम स्तर का जीवन : धीमा रास्ता

वित्तीय साक्षरता का पहला नियम : "अपने साधनों से कम स्तर का जीवन जिएं।" जी हां एक व्यावहारिक सिद्धांत, जो धीमे रास्ते के कट्टर मानने वाले के लिए "ख़र्चों को आय से कम रखो," का समकक्ष है। 10 डॉलर कमाओ और 20 डॉलर ख़र्च मत करो।

लेकिन क्या यह तेज़ रास्ते के लिहाज़ से अनुरूप है?

बिलकुल, केवल एक अंतर के साथ : *अपने साधनों से कम स्तर पर जिओ मगर अपने साधनों को बढ़ाने के इरादे के साथ।*

"अपने साधनों से कम स्तर का जीवन" किसी भी आय स्तर के अनुरूप है। मुख्य परिवर्तनशील कारक है शब्द "साधन।" अगर बिल 50,000 डॉलर कमाता है और जैक 1,00,000 डॉलर, तो किसके पास अधिक साधन हैं? किसकी ज़्यादा बेहतर जीवनशैली रहेगी? दोनों भी संभवतया "अपने साधनों के ही भीतर" रह रहे होंगे, लेकिन जैक की बिलकुल ही अलहदा जीवनशैली है।

याद रखिए, *धीमा रास्ता ख़र्च न्यूनतम करने का प्रयास करता है, जबकि तेज़ रास्ता आय और संपत्ति मूल्य को अधिकतम करने का प्रयास करता है।*

आप संपन्नों की तरह जीकर भी अपने साधनों से कम स्तर का जीवन जी सकते हैं, लेकिन तेज़ रास्ते के राहगीरों के लिए यह एक बड़ी चुनौती है क्योंकि हमें पहले ख़ुद भुगतान मिलता है, अंत में नहीं। आय कमाने के काफ़ी बाद टैक्स बिल्स आते हैं और अपने साधनों से कम स्तर पर जीवन के लिए औसत से कुछ ज़्यादा अनुशासन लगता है।

वित्तीय सलाहकार हल नहीं करता वित्तीय निरक्षरता

मैं ख़ुद अपना वित्तीय सलाहकार हूं, क्योंकि मैं नियंत्रण खोना नहीं चाहता। किसी वित्तीय सलाहकार की मदद लेना, एक चेतावनी के साथ, आपके लिए फ़ायदेमंद लग सकता है : *वित्तीय सलाहकार की सेवा लेना वित्तीय निरक्षरता को हल नहीं करता।* हां, केवल दोपहर के भोजन में सलाद खा लेने का यह मतलब क़तई नहीं है कि आप रात के भोजन में डोनट्स खा सकते हैं। अगर आप एक वित्तीय सलाहकार की सेवाएं लेते हैं तो आपमें उसकी सलाह के आकलन की क्षमता होनी चाहिए। क्या आपका सलाहकार तेज़ी से ब्याज बढ़ोत्तरी के परिदृश्य में आपको बांड ख़रीदने की सलाह दे रहा है? क्या आपका सलाहकार आपको राजकोष में निवेश की सलाह दे रहा है, जबकि उनकी अधिक ख़रीददारी हुई है? क्या आपका सलाहकार आपको एक ऐसे निवेश की सलाह दे रहा है जो, इतना अच्छा है कि सच नहीं लगता? *साक्षरता आपको सलाहकार की सलाह के आकलन की क्षमता देती है।*

अक्टूबर, 2009 में अभिनेता निकोलस केज ने, जिसने प्राप्त जानकारी के मुताबिक़ वर्ष 2008 में 40 मिलियन डॉलर से भी ज़्यादा की कमाई की थी, अपने पूर्व बिज़नेस मैनेजर पर 20 मिलियन डॉलर का क्षतिपूर्ति का दावा ठोका था। केज का आरोप था कि अपनी कमज़ोर सलाह से वह उसे आर्थिक बर्बादी के रास्ते पर ले गया। केज का दावा था कि उसके मैनेजर ने ऐसे जोख़िम भरे निवेशों से उन्हें जोड़ा जो आगे चलकर आर्थिक तबाही की

वज़ह बना। केज के बिज़नेस मैनेजर ने जवाबी मुकदमे में केज की तबाही के लिए अपनी सलाह की बजाय उनके अनाप-शनाप "शाही ख़र्च" को दोषी करार दिया।

सच्चाई जो भी हो, लेकिन अगर आप अपने सलाहकार का आकलन नहीं कर सकते तो नियंत्रण आपके पास नहीं है। अगर आप अच्छी और बुरी सलाह के बीच अंतर नहीं कर सकते तो नियंत्रण आपके पास नहीं है। वित्तीय सलाहकारों की मदद लेने वाले लोगों के लिए *वित्तीय साक्षरता बीमे की तरह है।* वित्तीय सलाहकार वित्तीय निरक्षरता को हल नहीं करते जैसे कि ज़्यादा धन, कमज़ोर धन प्रबंधन का हल नहीं होता।

वित्तीय निरक्षरता आप पर ख़तरा बढ़ा देती है और सबसे बुरी स्थिति में धोखाधड़ी का। बरनार्ड मेडॉफ़ के निवेश फ़ंड ने हज़ारों लोगों को धोखा दिया और अरबों डॉलर बेकार चले गए, लेकिन इससे भी ज़्यादा झटका देने वाली बात तो यह है कि ख़तरे की घंटी काफ़ी पहले ही बज चुकी थी। देखा आपने जब आप वित्तीय निरक्षर होते हैं तो आप बहरे हो जाते हैं। और जब आप बहरे हो जाते हैं तो *आपको ख़तरे की घंटी सुनाई नहीं देती।*

अध्याय का सार : तेज़ रास्ते की ख़ासियतें

- तेज़ रास्ता आपकी मंज़िल तक पहुंचने का साधन है, क्योंकि सपनों की क़ीमत अदा करनी होती है।
- बड़े लक्ष्यों को हासिल करने के लिए पहले उन्हें छोटे-छोटे लक्ष्यों में विभाजित कर दें।
- दैनिक बचत आपके धन के साथ रिश्ते को मज़बूत करती है। यह आपकी निष्क्रिय प्रणाली है जो आज़ादी ख़रीदती है और आपकी सेना से एक और सैनिक जुड़ जाता है।
- धन की प्रणाली का इस्तेमाल दौलत नहीं आय बढ़ाने के लिए किया जाता है। दौलत बढ़ाने का काम आपके तेज़ रास्ते पर छोड़ देना चाहिए।
- अगर आप वित्तीय निरक्षर हैं तो आपको आर्थिक साम्राज्य खड़ा करने के लिए भारी संघर्ष करना पड़ेगा।
- "साधनों से कम में जीवन" किसी भी आय स्तर के लिए प्रासंगिक है।
- तेज़ रास्ते के राहगीरों के लिए,"साधनों से कम में जीवन" का मतलब साधनों का विस्तार है।
- एक वित्तीय सलाहकार, वित्तीय निरक्षरता का हल नहीं करता। वित्तीय साक्षरता बीमा है।
- वित्तीय निरक्षरता आपके नियंत्रण को ढीला कर देती है, ख़ासतौर पर तब जब बात वित्तीय सलाहकार की सलाह के आकलन की आती है।

भाग–8

आपकी गति : दौलत को गति दें

अध्याय

38

सफलता की गति

विचार कुछ और नहीं स्नायुओं से निकली उदर-वायु की तरह हैं।

—एमजे डिमार्को

"वाह–220 मील प्रति घंटा"

जब कभी भी मैं अपनी लैम्बोर्ग़िनी को पार्क करता हूं तो युवाओं को "220 वाली टिप्पणी" करते हुए सुनता हूं। दरअसल, लैम्बोर्ग़िनी के स्पीडोमीटर पर शीर्ष गति 220 मील प्रति घंटा अंकित है। फिर भी तमाम उपलब्ध शक्ति झोंककर भी कार को 220 मील प्रति घंटा या यहां तक कि 150 मील प्रति घंटे की रफ़्तार से नहीं चलाया गया है। "220 मील प्रति घंटा" कुछ और नहीं कार की "संभावित गति" है। और आपने इस किताब में जो कुछ भी पढ़ा है वह निष्क्रिय अचेतन क्षमता है।

तेज़ रास्ते की अवधारण और इसका गणित, संभावित गति ही है।

आप तेज़ रास्ते के नक़्शे और उसके दौलत के समीकरण को समझते हैं। आप पगडंडी और धीमे रास्ते को ठुकरा चुके हैं। आपका वाहन पूरी तरह से तैयार है, ईंधन से लैस। आप केवल इच्छुक नहीं, बल्कि प्रतिबद्ध हैं। आप प्रक्रिया को क्रियान्वित करने के लिए तैयार हैं और यह जानते हैं कि आप क्या चाहते हैं और आप कहां जाना चाहते हैं। आपने एक रास्ता चुना है और अब वक़्त एक्सीलरेटर दबाकर गति देने का है।

कुछ नहीं करने की उम्मीद की जाती है

अमीर बनाने के तरीक़े बताने वाले देर रात के सूचनाप्रद विज्ञापन क्या कारगर होते हैं? क्या आप वाकई विदेशी मुद्रा विनिमय से करोड़ों बना सकते हैं या बिना किसी अग्रिम भुगतान के रियल इस्टेट ख़रीद सकते हैं? सच्चाई यह है कि आप ऐसा कर सकते हैं, लेकिन वह

सूचनाप्रद विज्ञापन देने वाले आपको अपना वास्तविक आय प्रारूप नहीं बताते-*योजनाबद्ध अप्रचलन।*

योजनाबद्ध अप्रचलन दरअसल, एक विक्रेता की उम्मीद पर आधारित होता है कि वह जो भी वस्तु आपको बेच रहा है, आप उसका इस्तेमाल नहीं करेंगे। और अगर आप उसका इस्तेमाल नहीं करेंगे तो आपकी अपना पैसा वापस मांगने की संभावना भी बहुत कम है।

कुछ नहीं करने की उम्मीद की जाती है। निर्माताओं के कारोबारी प्रारूप में इंसानी स्वभाव की एक शक्तिशाली भूमिका होती है। टीवी पर बेचा जाने वाला अमीर बनने का सपना (या ऑनलाइन लिंक) इंसानों के स्वभाव का लाभ उठाते हैं, क्योंकि इंसान का स्वभाव सीधे फल हासिल करने का होता है और वह प्रक्रिया को टालना चाहता है। सबसे कम प्रतिरोध वाला रास्ता है कुछ भी नहीं करना या आधे-अधूरे मन से करना।

हक़ीक़त यही है कि अधिकांश लोग-भले ही वे तेज़ रास्ते की रणनीति से सहमत हों या नहीं-उपलब्ध सूचना का कुछ नहीं करेंगे। वे रास्ते के नक़्शे की तरफ़ देखेंगे और गणित से भी सहमति जताएंगे, लेकिन उस रास्ते पर जाकर एक्सीलरेटर से गति नहीं देंगे। ख़ज़ाने का नक़्शा पास में होना एक बात है और घर से बाहर निकलकर ख़ज़ाने को खोजने का प्रयास दूसरी। कुछ भी नहीं करना सामान्य बात है, जब आप इसकी सामान्यता को टालना चाहते हैं।

गति के लिए रणनीति : शतरंज, चेकर्स नहीं

गति का मतलब तेज़ रास्ते के कारोबार के बारे में सोचना नहीं, बल्कि इसे बनाना है। गति का मतलब है वक़्त बर्बाद करने वाले प्लेस्टेशन को बंद कर देना। गति का मतलब है ज़रूरत को खोज निकालना और उसका हल खोजकर फिर उसका प्रोटोटाइप हासिल करना है। गति का मतलब आपकी कारोबारी इकाई के लिए ज़रूरी काग़ज़ी कार्रवाई करना। गति का मतलब संपर्क साधना और अपनी प्रक्रिया दुनिया के सामने लाना है। गति का मतलब अपने कारोबार के प्रति शतरंज के रणनीति भरे खेल की तरह क़दम उठाना, जबकि आपके प्रतिस्पर्धी चेकर्स खेलने में व्यस्त हों।

शतरंज जटिल चालों वाला एक जटिल खेल है और आपका कारोबार भी इसी तरह से चलाया जाना चाहिए। दुर्भाग्यवश अधिकांश लोग कारोबार को एक ही आयाम से देखते हैं, चेकर्स की तरह। चेकर्स में सभी मोहरे एक समान चलते हैं, जबकि शतरंज में चाल बहुआयामी होती है, क्योंकि हर मोहरा अलग तरह से चलता है और हर एक मोहरे की भूमिका अलग-अलग होती है। जो उद्यमी चेकर्स की तरह खेलते हैं, वह ख़ुद को एक जीतरहित मुक़ाबले में उतार देते हैं।

क्यों?

चेकर की तर्ज पर खेलने वाले उद्यमी की किताब में केवल एक ही चाल होती है : क़ीमत। क़ीमत बढ़ाओ, क़ीमतें घटाओ, लागत घटाओ, और अधिक सस्ते सप्लायर्स। "हे प्रभु! कैसे मैं सबसे सस्ता माल दूं ताकि हर कोई मुझसे ही ख़रीदे?" यह एक आयामी

हमला उद्यमियों को बोलियों के दुष्चक्र में उलझा देता है। केवल एक लक्ष्य उनके प्रस्ताव को ही हाशिये में डाल देता है : सबसे सस्ता होना।

लिमोजिन्स उद्योग में क़ीमतों की जंग हावी थी, क्योंकि मालिकों ने अपने ब्रांड्स को आयामहीन हमलों में तब्दील कर दिया था, अगर मेरा प्रस्ताव सबसे सस्ता होगा, तो मेरे पास सबसे ज़्यादा कारोबार होगा।

सफलता चाहती है कि आप चेकर्स को भूलकर शतरंज की तरह बहुआयामी रणनीति बनाना शुरू कर दें। कैसे? आप कारोबार के हर कार्य को शतरंज का मोहरा समझें। उन मोहरों को आप कैसा खेलते हैं, वह आपके तेज़ रास्ते को गति देगा या फिर उसे रास्ते से हटा देगा।

- राजा : *आपका क्रियान्वयन*
- रानी : *आपकी मार्केटिंग*
- ऊंट : *आपकी ग्राहक सेवा*
- घोड़ा : *आपका उत्पाद*
- हाथी : *लोग*
- प्यादे : *आपके विचार*

प्रत्येक की बारीकियों का ख़ुलासा हालांकि इस किताब के दायरे से बाहर है (मेरी 2017 में प्रकाशित पुस्तक *अनस्क्रिप्टेड* में आपको विस्तार से जानकारी मिल जाएगी), फिर भी मैं महत्त्वपूर्ण गति बनाने वाले तत्वों का उल्लेख करूंगा, जो आपकी गति को तूफ़ानी बना देंगे। आपको पहले एक प्रणाली का निर्माण करना होगा।

क्रियान्वयन राजा और विचार प्यादे हैं

संभावित गति एक उन्मुक्त विचार है, जिसे क्रियान्वयन की ज़रूरत होती है। जब कोई युवा स्पीडोमीटर पर 220 मील प्रति घंटे की रफ़्तार देखता है तो वह एक विचार और एक संभावना को देखता है। कारोबार में विचार प्यादे की तरह हैं, वह पार्किंग में खड़ी लैम्बोर्गिनी के स्पीडोमीटर पर निष्क्रिय 220 मील प्रति घंटे की तरह है। असली गति तो क्रियान्वयन है–एक्सीलरेटर पर लगाया गया ज़ोर–और यही समूचे खेल में राजा है।

संभावित गति → एक विचार

वास्तविक गति → गति हासिल करके क्रियान्वित हो चुका विचार

दिमाग़ में बंद विचार ठीक वैसा ही है जैसे किसी गैराज में बंद सुपरकार जिसकी बैटरी ख़राब हो चुकी हो। यह कुछ भी हासिल नहीं कर पाती और इसका उद्देश्य अप्रयुक्त है। क्रियान्वयन किसी विचार को साकार करता है और बैटरी को चार्ज करता है। क्रियान्वयन का मतलब उस तूफ़ानी कार को गैराज से बाहर निकालकर एक्सीलरेटर पूरा दबा देना, जिसमें हवा

भी आपका साथ दे। क्रियान्वयन का मतलब उस विचार को आपके दिमाग़ से निकालकर संभावनाओं के रास्ते पर उतारना।

उद्यमियों को विचार और क्रियान्वयन में अंतर करने में दिक्कत होती है।

वे सोचते हैं कि विचार की क़ीमत करोड़ों में है, जबकि सफलता का मतलब विचार नहीं, बल्कि क्रियान्वयन है।

मेरे दिमाग़ में भी वह विचार आया था?

क्या वाकई?

किसे चिंता है।

हज़ारों अन्य लोगों ने भी ऐसा ही किया। क्या बात है, जो आपको उनसे अलग करती है? उन्होंने क्रियान्वयन किया, आपने नहीं और आपने कुछ नहीं किया। इसकी बजाय आपने फ़ैंटेसी फुटबॉल खेलने में घंटों बर्बाद कर दिए। आप सुबह देर तक सोते रहे। आपने काम में पांच दिन गुज़ारे। आपने हर काम को चुना, केवल उस महान विचार को छोड़कर। देखिए, विचार कुछ और नहीं बल्कि दिमाग़ में हुई एक रासायनिक प्रतिक्रिया है। यह एक ऐसा परिणाम है, जिसमें कुछ विशेष प्रयासों की ज़रूरत नहीं पड़ती।

विचार एक परिणाम है, जबकि क्रियान्वयन एक प्रक्रिया।

सफल उद्यमी प्रतिभा के एक चमकदार पल में काम शुरू नहीं करते, नहीं, वे दिमाग़ में उपजे उस क्षणिक विचार (परिणाम) को बड़े पैमाने पर क्रियान्वयन (प्रक्रिया) बदल देते हैं। विचारों की बजाय क्रियान्वयन विजेताओं को पराजितों से अलग करता है।

अगर आप 30 साल पहले सेवानिवृत्त होना चाहते हैं तो आपके पास एक हावी, प्रभावी और कभी नहीं रुकने वाला राजा होना चाहिए। अलग-थलग पड़े और विरक्त क़िस्म के राजा मुक़ाबले हार जाते हैं और रेस नहीं जीतते।

विचार मूल्यहीन हैं; क्रियान्वयन अनमोल

मेरे फ़ोरम पर केवल 10 मिनट गुज़ारिये और आपको पता लगेगा कि अधिकांश उद्यमी विचारों पर चर्चा करना पसंद करते हैं, क्रियान्वयन पर नहीं। वे खेल के प्यादों से बहस में उलझे रहते हैं।

मेरे पास यह बेहतरीन विचार है!

क्या कोई और यह कर रहा है?

मैं इस विचार को नहीं बता सकता, क्योंकि कोई इसे चुरा लेगा!

क्या आप मेरे आपको विचार बताने से पहले इसे किसी को नहीं बताने संबंधी समझौते पर हस्ताक्षर करेंगे?

नहीं, मैं आपके समझौते पर हस्ताक्षर नहीं करूंगा, ना ही मुझे आपके विचार की कोई चिंता है। दौलत की दुनिया में विचार मूल्यहीन हैं, फिर भी उनके साथ सोने की तरह का

व्यवहार किया जाता है। मुझे विचारों की रक्षा करने के लिए तत्पर लोगों को देखकर बड़ा मज़ा आता है। वे इस बात को लेकर बड़े सावधान रहते हैं कि उनके विचार किसी चोर के हाथ नहीं लग जाएं, वे यह जानते ही नहीं कि उनके विचार पहले ही हज़ारों लोगों के बीच साझा हो चुके हैं।

विचार का मालिक उसे सोचने वाला नहीं उसे क्रियान्वित करने वाला होता है।

उद्यमी डेरेक सिवर्स (Sivers.org) के मुताबिक़ विचार महज गुणक हैं, जबकि क्रियान्वयन वास्तविक धन का प्रतिनिधित्व करता है। हमारे तेज़ रास्ते के शतरंज के खेल में विचार (प्यादे) संभावित गति हैं, जबकि क्रियान्वयन (राजा) एक्सीलरेटर पर दिया गया ज़ोर है।

यह संबंध बताता है कि कैसे एक महान विचार (संभावित गति/मज़बूत प्यादे) मूल्यहीन हैं, जब इसका क्रियान्वयन (कोई एक्सीलरेशन प्रेशर नहीं/कमज़ोर राजा) कमज़ोर हो।

प्यादा : विचार (संभावित शीर्ष गति)

ख़राब विचार= 1 मील प्रति घंटा

कमज़ोर विचार=5 मील प्रति घंटा

ठीकठाक विचार=35 मील प्रति घंटा

अच्छा विचार=65 मील प्रति घंटा

बेहतरीन विचार=100 मील प्रति घंटा

कमाल का विचार=200 मील प्रति घंटा

राजा : क्रियान्वयन (एक्सीलरेटर पर दबाव)

कोई क्रियान्वयन नहीं=1 डॉलर

कमज़ोर क्रियान्वयन=1,000 डॉलर

ठीकठाक क्रियान्वयन=10,000 डॉलर

अच्छा क्रियान्वयन=1,00,000 डॉलर

बेहतरीन क्रियान्वयन=1,000,000 डॉलर

कमाल का क्रियान्वयन=10,000,000 डॉलर

अगर आपने ध्यान दिया होगा तो देखा होगा कि एक कमाल का विचार और कोई क्रियान्वयन नहीं की कुल क़ीमत 200 डॉलर है। ग़ज़ब की संभावित गति (विचार) की शादी कमज़ोर एक्सीलरेटर दबाव (क्रियान्वयन) से कर दी गई।

फिर भी एक ठीक-ठाक विचार, कमाल के क्रियान्वयन के साथ 350 मिलियन डॉलर का हो जाता है।

देखा आपने, बात विचार और उनकी संभावित गति की नहीं है, *बल्कि आपके क्रियान्वयन की है।*

जब मैंने अपना वेब कारोबार शुरू किया था तो कुछ अन्य कंपनियों ने पहले से ही वेबसाइट बना ली थी। बिना इस तर्क के, "कोई पहले से ही यह कर रहा है," मैंने बेहतर क्रियान्वयन किया और अपने उद्योग में लीडर बन गया।

क्या मेरा विचार अद्भुत था?

नहीं, यह एक ठीकठाक विचार था, लेकिन मेरा क्रियान्वयन प्रतिस्पर्धियों से बेहतर था।

मेरा राजस्व प्रारूप सफल होने और बेदर्दी से उसकी नक़ल किए जाने के बाद, क्या मेरा कारोबार घटा या असफल हुआ? नहीं क्योंकि विचार सफलता की सूत्रधार नहीं थी, *क्रियान्वयन था।*

मेरे विचार की नक़ल करने वाले प्रतिस्पर्धियों ने दौलत के इस खेल में दमदार राजा को मैदान में नहीं उतारा, यानी कि क्रियान्वयन। शतरंज को केवल प्यादे मारकर नहीं जीता जा सकता।

मूल सोच के मालिक नहीं होकर भी कैसे इंस्टाग्राम और फ़ेसबुक दुनिया के दो सबसे लोकप्रिय सोशल नेटवर्क्स बने? क्रियान्वयन। क्रियान्वयन का मतलब है दिमाग़ से निकली उदर-वायु जैसी बदबू (विचार) को गुलाब की तरह ख़ुशबूदार बना (क्रियान्वयन) देना है।

गंभीरता के साथ सोचिए कि मैं इस पूरी किताब में किस बात पर ज़ोर दे रहा हूं : क्रियान्वयन इतना मुश्किल क्यों है, जबकि विचार तो रोज़ दिमाग़ में आते-जाते रहते हैं? फिर एक बार हम हमारे दौलत के विरोधाभास की ओर लौटते हैं : परिणाम बनाम प्रक्रिया। क्रियान्वयन में प्रक्रिया लगती है : प्रयास, त्याग, अनुशासन और ज़िद। विचार तो महज परिणाम है।

अगर आपको 6 मिलियन मील का सफ़र करना है और आपकी गति 15 मील प्रति घंटे है तो आप मंज़िल पर 45 साल के बाद पहुंचेंगे। यह धीमे रास्ते का प्रतीक है। अगर आप 95 मील प्रति घंटे की गति से चलते हैं तो आप वहां सात वर्ष में पहुंच जाते हैं। यह तेज़ रास्ता है। गति का कारोबार यानी क्रियान्वयन। तेज़ रास्ते की गति कारोबार को तेज़ी से बढ़ाती है और यह तेज़ी से बढ़ती शुद्ध आय और संपत्ति मूल्य का फ़ायदा उठाती है।

अध्याय का सार : तेज़ रास्ते की ख़ासियतें

- गति का मतलब विचार को क्रियान्वयन में बदलना है।
- अधिकांश लोग दमदार जानकारी को पुराना होने देते हैं और वह मूल्यहीन हो जाती है।
- तेज़ रास्ते के सफल कारोबार बहुआयामी होते हैं, शतरंज के खेल की तरह। एक आयामी कारोबार केवल क़ीमतों पर ही ध्यान केंद्रित किए रहते हैं।
- विचारों की बजाय क्रियान्वयन विजेताओं को पराजितों से अलग करता है।

- कारोबार में क्रियान्वयन प्रक्रिया है। विचार परिणाम।
- विचार संभावित गति हैं। क्रियान्वयन वास्तविक गति है।
- अन्य आपके अद्भुत विचारों को साझा करते हैं। विचार पर मालिकाना हक़ विचार करने वाले का नहीं क्रियान्वयन करने वाले का होता है।
- वास्तविक धन और आवेग साकार होते हैं, जब एक विचार (संभावित गति) का क्रियान्वयन (वास्तविक गति) से मेल हो जाता है।
- विचार महज स्नायुओं से निकली उदर-वायु है। क्रियान्वयन इसे गुलाब जैसी ख़ुशबू देता है।

अध्याय

39

कारोबारी योजना जला डालो, क्रियान्वयन की आग प्रज्वलित करो

दुनिया का सबसे अच्छा विचार भी आपका कुछ भला नहीं कर पाएगा,
जब तक कि आप उस पर कुछ क़दम नहीं उठाओगे।
दूध की चाहत रखने वाले लोगों को खेत के बीच में बैठकर यह उम्मीद नहीं
करनी चाहिए कि गाय ख़ुद उनको दूध देकर जाएगी।

—कर्टिस ग्रांट

दुनिया अपनी मर्ज़ी से देती है प्रतिक्रिया

दुनिया अपनी मर्ज़ी से प्रतिक्रिया देती है। अगर आप सोचते हैं कि 1+1=2 तो दुनिया आपको बताती है कि यह 3 होता है। आपको ऐसा ही मानना पड़ता है फिर आपका दिमाग़ चाहे जो कहे।

जब बात आपके विचारों, आपकी योजना और आपके कारोबार की आती है तो आप कभी नहीं जान पाते जब तक कि आप इसे दुनिया के सामने पेश नहीं करते।

कारोबार में मैं इसे, "इसे खुले डिब्बे में रखना कहता हूं।"

जब कभी भी मैंने अपनी वेबसाइट पर किसी नई सेवा या फ़ीचर को शुरू किया, तो यह प्रयोग करने में तब्दील हो गया कि दुनिया किस तरह से प्रतिक्रिया देती है। और हर प्रयोग के साथ मैं हैरान हो जाता था।

"यह नई साइट डिज़ाइन धमाकेदार तरीक़े से सफल होगी।"

और फिर धड़ाम, गुस्साए हुए विज़िटर्स के सैकड़ों ईमेल्स की झड़ी लग जाती है। सभी आपको पेड़ पर रस्सी से लटकाकर नपुंसक बना देना चाहते हैं।

विचारों की अंतिम जज और जूरी दुनिया और वे बाज़ार हैं, जो उसकी सेवा में जुटे हैं। अगर दुनिया को आपका प्रस्ताव पसंद आ जाता है तो वह आपको अपने वक़्त, विचार या धन के तौर पर अपना मत दे देती है।

अगर उन्हें आपका प्रस्ताव पसंद नहीं आता है तो वे अपना धन रोक लेते हैं और उसे ख़र्च करने के लिए कोई और जगह खोजने लगते हैं। और जो बहुत ही नाराज़ हों वे? वे ईमेल या ब्लॉग पोस्ट के ज़रिये आपको बेवक़ूफ़ करार दे डालते हैं।

क़बीले ने मत व्यक्त कर दिया था

मेरी वेबसाइट को दोबारा डिज़ाइन किए जाने की ज़रूरत थी और मैंने छह सप्ताह में उसे नया रंग-रूप दे दिया। मैं बहुत उत्साहित था और दुनिया इस डिज़ाइन को बहुत पसंद करने वाली थी-यह साफ़ थी, यूज़र फ्रेंडली थी और मेरी डिज़ाइनिंग की ताक़त इसमें झलक रही थी।

और फिर मैंने उसे लांच किया।

और दुनिया को यह बिलकुल पसंद नहीं आया।

शिकायतों का अंबार लग गया। मेरी साइट का बाउंस रेट (लोगों का एक पेज पर आना और तत्काल वेबसाइट से चले जाना) आसमान छूने लगा। मेरी परिवर्तन दर लगभग नगण्य हो गई। यह 1200 लीड्स प्रतिदिन से गिरकर महज 500 तक आ पहुंची थी।

क़बीले ने अपना मत व्यक्त कर दिया था।

रिडिज़ाइन में मेरे निवेश के बावज़ूद मैं तत्काल पुराने संस्करण पर लौट आया और अपने छह माह के काम को कूड़े में डाल दिया। मेरा सोने का बच्चा सुनहरी असफलता साबित हुआ। दुनिया ने एक सूचना दी, मैंने पढ़ी और फिर प्रतिक्रिया दी।

देखा आपने, *दुनिया आपको हर वक़्त बताती रहती है कि आपको किस दिशा में जाना है।* संकेतों पर ध्यान दें।

आप दुनिया को कुछ बताने के लिए कैसे तैयार करते हैं?

अपने क्रियान्वित विचारों को दुनिया के सामने पेश करें और उसे बताने दें। दुनिया को अपनी बुद्धिमानी से रूबरू कराएं और वह आपको बताएगी कि आप कितने सही और कितने ग़लत हैं।

अपने क्रियान्वित विचारों को खुले डिब्बे में डाल दें।

क़ब्रों में बैचेन होंगे कॉलेज प्रोफ़ेसर

दुनिया को विचारों से कोई लेना-देना नहीं होता, वह केवल अपनी प्रतिक्रिया देती है। यह आसान-सी हक़ीक़त उद्यमिता के सबसे मज़बूत आधार में ही ख़ामी निकाल देती है-कारोबारी योजनाएं। शिक्षाविद इस अत्याचार पर बहुत क्रोधित होंगे। कारोबार के परम अनादर के लिए तैयार हो जाइए : *कारोबारी योजनाएं निरुपयोगी हैं।*

जी हां, मैंने यही कहा।

कारोबारी योजनाएं निरुपयोगी हैं, क्योंकि वे स्टेरॉयड्स के दम पर पेश विचार हैं।

जब तक आप एक बार्बेक्यू से सने हूटर्स नैपकिन की गणना नहीं कर रहे हों, मेरे पास कभी भी कोई कारोबारी योजना नहीं थी। हक़ीक़त में तो सबसे अच्छी कारोबारी योजनाएं कुछ और नहीं नोटपैड, पुराने आर्बी बैग्स, बेबी रूथ रेपर्स पर तात्कालिक तौर पर अनौपचारिक लिखावट या आईफ़ोन में दर्ज वॉइस मेमोस होते हैं। कारोबारी योजनाओं के साथ दिक्कत यह है कि वे संभावित गति की एक और अभिव्यक्ति होते हैं। ठीक गैराज में बंद सुपरकारों की तरह वह भी बगीचे में घास काटने वाली किसी मशीन से ज़्यादा ताक़तवर नहीं होते। *कारोबारी योजनाएं निरुपयोगी हैं, जब तक कि उनको क्रियान्वयन जैसा जीवनसाथी नहीं मिलता।*

और अनुमान लगाइए, फिर क्या होता है?

जिस पल आप क्रियान्वयन करते हैं, दुनिया आपको वही बताती है, जो मैंने बताया था : आपकी कारोबारी योजना निरुपयोगी है।

बाज़ार (दुनिया) आपके कारोबार को अनसोची जगह पर ले जाएगी, जो आपकी कारोबारी योजना से संबंधित हर बात का उल्लंघन करेगी। किसी भी सफल उद्यमी से बात कीजिए और वह आपको बताएगा कि उन्होंने शुरुआत एक इरादे से की थी और अंत दूसरे इरादे पर हुआ। वे उत्पाद एक्स बेचते हैं और अंततः उत्पाद वाय बेचने लग जाते हैं।

दुनिया आपको बता देती है कि आपको कहां जाना चाहिए और हां, दुनिया के लिए आपके 150 पन्नों के पॉवरपॉइंट बिज़नेस प्लान की दो कौड़ी भी क़ीमत नहीं है।

इंस्टाग्राम की शुरुआत एक चेक-इन लोकेशन एप्लिकेशन के तौर पर हुई थी। बाज़ार की सुनने के बाद यह आम जनता से जुड़े बाज़ार सोशल नेटवर्क पर ध्यान केंद्रित करने लगा, जिसमें फ़ोटोग्राफ़ी पर ज़्यादा ज़ोर है। दुनिया के पास किसी भी कारोबारी योजना को विचार के हक़ीक़त में बदले जाते ही, उसे दूषित करने की ना सुधारी जा सकने वाली ताक़त है।

हालांकि यह वित्तीय विश्लेषण से छुटकारा नहीं देता।

कारोबार को नियंत्रित करने वाली विशेष वित्तीय अड़चनों को जाने बगैर किसी कारोबार में अंधी छलांग बेवकूफ़ी होगी। जब मैंने लिमोजिन्स कंपनी की बज़ाय लिमोजिन्स वेबसाइट बनाने का फ़ैसला किया तो मैंने वित्तीय विश्लेषण किया था। हालांकि मैं योजना बनाने की बारीकियों और निष्क्रियता की बलि नहीं चढ़ा, जो क्रियान्वयन का विकल्प हो ही नहीं सकते।

जानिए क्या जानना ज़रूरी है और फिर उसमें जुट जाइए।

दुनिया अपना काम करती रहेगी और आपको बताएगी कि किस दिशा में सफ़र करना है।

लेकिन मुझे उद्यम पूंजी चाहिए

मैं जानता हूं, मैं जानता हूं : मैं आपत्तियों को पहले ही सुन रहा हूं। बिना किसी कारोबारी योजना के आपको उद्यम पूंजी कैसे मिलेगी? या निवेश?

नहीं मिल सकता।

बिना कारोबारी योजना के आपको पूंजी नहीं मिलेगी। लेकिन हिम्मत रखिए, मुद्दा कारोबारी योजना का नहीं है और यह कभी आपकी कारोबारी योजना का होगा भी नहीं।

दुनिया में सबसे अच्छी कारोबारी योजना हमेशा आपका क्रियान्वयन का पिछला रिकॉर्ड होगा।

अगर आप सफल उद्यमी हैं तो लोग आपकी कारोबारी योजना चाहेंगे, क्योंकि वे जानते हैं कि आप क्रियान्वयन की क्षमता रखते हैं। अगर मुझे किसी ऐसे उद्यमी से कारोबारी योजना मिले, जो दो साल पहले अपनी कंपनी को 20 मिलियन डॉलर में बेच चुका हो तो शर्त लगा सकते हैं मैं उसे पढ़ूंगा। मूल्य योजना का नहीं है, बल्कि उस व्यक्ति का है, जिसने उसे क्रियान्वित किया और उसके क्रियान्वयन के पिछले सिलसिले का है।

आज मैं कुछ ऐसे लोगों को जानता हूं, जो मेरी कारोबारी योजना को स्वीकारेंगे। वे जानते हैं कि मेरा क्रियान्वयन का पिछला रिकॉर्ड है, जो मेरी कारोबारी योजना पर मुहर लगाता है। अगर आपका क्रियान्वयन का पिछला रिकॉर्ड नहीं है तो कारोबारी योजना कुछ और नहीं किंको की बाइंडिंग वाली लुगदी है।

क्रियान्वयन से फ़ंडिंग हासिल करो, कारोबारी योजनाओं से नहीं

मैंने अपनी कंपनी थोड़ी-बहुत पूंजी और 900 डॉलर से शुरू की थी। कोई निवेशक नहीं, कोई फ़ंडिंग नहीं और कोई मदद भी नहीं। सच्चाई तो यह है कि मैंने 95 पन्ने की कारोबारी योजना पर 150 घंटे बर्बाद किए थे। इसे कोई नहीं पढ़ना चाहता था, क्योंकि मैं नौसिखिया था : मेरे पास ना पूंजी थी, ना पिछला रिकॉर्ड, किसी प्रतिस्पर्धा में भाग नहीं लिया, कोई रेस पूरी नहीं की और कोई रेस जीती भी नहीं।

फिर भी जैसे-जैसे मैंने अपना कारोबार बनाकर बढ़ाना शुरू किया, कुछ चमत्कारिक हुआ। मेरे विचार ऐसी वास्तविक संपत्तियों में स्पष्ट होने लगे, जिसका दुनिया इस्तेमाल कर सकती थी, एकाएक मैं पहुंच योग्य संपत्ति बन गया।

उद्यमों से जुड़े पूंजीपतियों और निजी निवेशकों ने मुझे फ़ोन किए-मैंने उन्हें फ़ोन नहीं किया।

एकाएक लोग मेरी कारोबारी योजना देखना चाहते थे। एकाएक उनका हृदय परिवर्तन क्यों हुआ? क्या मैं एक साल पहले वाला ही व्यक्ति नहीं था?

निश्चित तौर पर, लेकिन अब विचार केवल काग़ज़ पर होने की बजाय, मेरे पास एक ऐसा वास्तविक विचार था, जिसमें क्रियान्वयन की संभावना थी।

फ़ास्टलेन फ़ोरम पर पूछा जाने वाला एक आम सवाल है, "मैं अपने विचार के लिए निवेशक कैसे तलाश सकता हूं?" इस बात से कोई फ़र्क़ नहीं पड़ता कि विचार एक महान आविष्कार है या एक शानदार नई वेबसाइट, मेरा जवाब वह नहीं होगा, जो ये लोग सुनना चाहते हैं।

अगर आप निवेशक चाहते हैं, तो बाहर निकलिए और क्रियान्वयन कीजिए।

एक प्रोटोटाइप बनाइए।

एक ब्रांड तैयार कीजिए।

एक ट्रैक रिकॉर्ड तैयार कीजिए, जिसे दूसरे लोग देख या छू सकें।

प्रक्रिया में कूद जाइए।

जब आपके पास आपकी सोच का भौतिक रूप होता है तो निवेशक अपने बटुए खोल देंगे। अगर आप अच्छे साबित हुए तो आपको धन देने के लिए होड़ मच जाएगी।

देखा आपने जब आपके पास शब्दों, चार्ट्स, ग्राफ़्स के 120 पन्नों के अलावा कुछ ना हो तो यह आपके संगठनात्मक हुनर को बताता है, क्रियान्वयन को नहीं। निजी इक्विटी के निजी निवेशक कभी भी कारोबारी योजनाओं में निवेश नहीं करते–*वे क्रियान्वयन के ट्रैक रिकॉर्ड वाले लोगों में निवेश करते हैं।* वही आपकी सबसे बेहतरीन कारोबारी योजना है।

तो अगर आप वाकई अपने कारोबार के लिए पूंजी चाहते हैं तो बाहर निकलिए और अपने विचारों को मूर्त रूप दीजिए। निवेशकों को कुछ ऐसा दीजिए जिसे वे देख, छू और महसूस कर सकें। निवेशकों को आपकी क्रियान्वयन की क्षमता की एक झलक दिखाइए, क्योंकि तेज़ रास्ते में यही गति का निर्माण करती है।

अध्याय का सार : तेज़ रास्ते की ख़ासियतें

- दुनिया इस बात का संकेत देती है कि आपको किस दिशा में जाना चाहिए।
- कारोबारी योजनाएं निरुपयोगी हैं, क्योंकि वे स्टेरॉयड पर आधारित विचार हैं।
- जैसे ही दुनिया आपकी योजनाओं के साथ संवाद साधती है, आपकी कारोबारी योजना निरस्त कर दी जाती है।
- बाज़ार आपको ऐसी दिशा में ले जाएगा, जिसकी आपने योजना नहीं बनाई होगी।
- दुनिया की सबसे अच्छी कारोबारी योजना, आपके क्रियान्वयन का पिछला रिकॉर्ड है। यह आपकी कारोबारी योजना पर मुहर लगाता है।
- अगर आपका क्रियान्वयन का पिछला रिकॉर्ड है तो एकाएक लोग आपकी कारोबारी योजना को देखने के लिए आतुर होंगे।
- अगर आप अपने कारोबार के लिए पूंजी चाहते हैं तो सक्रिय होकर कुछ ऐसा तैयार कीजिए, जिसमें वास्तविक क्रियान्वयन की उम्मीद झलकती हो।
- निवेशकों के किसी स्पष्ट और वास्तविक वस्तु में निवेश की ज़्यादा संभावना होती है, ना कि विचारों में जिनका काग़ज़ों पर अंतहीन विश्लेषण किया जाता हो।

अध्याय

40

पदयात्री आपको बनाएंगे अमीर!

अगर आपने अनुभव करने योग्य बहुत अच्छा कुछ बनाया,
तो ग्राहक एक-दूसरे को इसके बारे में बताएंगे।
मुंह से निकला शब्द बहुत शक्तिशाली होता है।

—जेफ़ बेज़ोस

आपके शतरंज के मुकाबले में ऊंट

जब ज़िंदगी मुश्किलातों से भरी हो तो हम पादरियों, रबियों या पेस्टर्स की सलाह मांगते हैं। वे ज़िंदगी की समस्याओं के "हल" के लिए भरोसेमंद व्यक्ति होते हैं। फिर भी जब बात कारोबार की आती है तो आपका भरोसेमंद व्यक्ति कौन है? आपके ग्राहकों से सीधा संवाद साधने वाला कौन है? कारोबार के शतरंज के मुक़ाबले में बिशप (ऊंट) का मतलब आप ग्राहकों से कैसा बर्ताव करते हैं-ग्राहक सेवा। आपकी ग्राहक सेवा को केवल एक ही काम करना चाहिए, हमारे सफ़ेद वस्त्रधारी पादरी की तरह, मदद, समर्थन और समस्या के हल के लिए वहां हमेशा उपलब्ध रहना।

अंदरूनी सड़कों का मेरा नक़्शा : मेरी ब्लैक बुक

दौलत के लिए तेज़ रास्ता मेरा दिशादर्शक था, लेकिन मेरे पास अंदरूनी सड़कों का भी एक नक़्शा था और यह मेरी कारोबारी योजना नहीं थी।

यह थी मेरी छोटी-सी ब्लैक बुक।

नहीं, मेरी इस ब्लैक बुक में मादक महिलाओं के टेलीफ़ोन नंबर्स का ख़ज़ाना नहीं था, बल्कि इसमें दर्ज थे सभी शिकायतों के रिकॉर्ड्स, शिकायतें और मेरे दैनंदिन कारोबारी अनुभव से जुड़े मसले। इस किताब ने पिछले एक दशक से मेरे लिए मार्गदर्शक का काम किया है।

जब कारोबार मालिक कोई शिकायत सुनते हैं तो अधिकांश उसे अनदेखा कर देते हैं। अधिकांश उसे किसी कर्मचारी को सौंपकर दुआ करते हैं कि शिकायत दूर कर दी जाएगी।

तेज़ रास्ते में नहीं।

शिकायतें बहुत अच्छी बातें हैं। वे मुक्त प्रतिक्रियाएं होती हैं, जो आपके कारोबार की उन बातों की ओर आपका ध्यान दिलाती हैं, जो अधूरी हैं। वे सफ़र के दौरान सड़क पर मिलने वाले कोलाहल का प्रतिनिधित्व करती हैं।

मैं ग्राहकों की शिकायतों को गंभीरता से लेता था, क्योंकि वे ग्राहक के दिमाग़ में झांकने का एक अच्छा माध्यम थीं। एक शिकायत का मतलब कि कम से कम 10 लोगों की भी यही शिकायत होगी। जब मेरी ब्लैक बुक में एक समान शिकायतें हर सप्ताह आने लगीं तो मुझे समस्या का मूल्यांकन करके सुधार के लिए क़दम उठाना पड़ा।

शिकायतें दुनिया की फुसफुसाहटें हैं, जो बताती हैं कि आपको किस दिशा में जाना है।

रास्ते के चार तरह के शोर (शिकायतें)

जब दुनिया आपकी नई वेबसाइट, उत्पाद या विचार पर अपने मतों को थोपती है तो आपको क्या उम्मीद करना चाहिए? आपको किस पर ध्यान देना चाहिए और किस बात की उपेक्षा करनी चाहिए? शिकायतें चार तरह की होती हैं :

1) परिवर्तन को लेकर शिकायतें
2) उम्मीदों को लेकर शिकायतें
3) किसी कमी को लेकर शिकायतें और
4) धोखाधड़ी को लेकर शिकायतें

परिवर्तन को लेकर शिकायतें

किसी भी ऐसी बात को लेकर बदल दीजिए जो लोगों को पसंद हो, तो तय मानिए कि आपके कारोबार के द्वार पर दंगे जैसी स्थिति हो जाएगी। याद है जब कोक ने अपना फ़ॉर्मूला बदला था? हे भगवान! उनकी हिम्मत कैसे हुई! याद है जब एचबीओ ने गैंगस्टर ड्रामा *सोप्रेनोज़* बंद कर दिया था? हे भगवान! दुनिया परिवर्तन से नफ़रत करती है और परिवर्तन का विरोध करना सामान्य मानवीय स्वभाव है।

परिवर्तन आराम, अपेक्षा और सुरक्षा को ख़तरे में डाल देता है।

जब मैंने अपनी वेबसाइट को रिडिज़ाइन किया था तो मेरे पास सैकड़ों शिकायतें आई थीं। मुझे कुछ हद तक विरोध की आशंका थी। यह सामान्य है। वास्तव में तो पिछले 10 साल में किए गए हर रिडिज़ाइन को विरोध का सामना करना पड़ा है। आलोचकों के लिए सवाल था कि कितना परिवर्तन यानी सामान्य है? और कितना तर्कसंगत है?

परिवर्तन के ख़िलाफ़ की जाने वाली शिकायतों में बहुत कम जानकारी होती है और इसी वजह से उनका विश्लेषण कर पाना बहुत मुश्किल होता है। मेरी रिडिजाइनिंग की

असफलता को लेकर आंकड़े इस बात की पुष्टि कर रहे थे कि शिकायतें भरपूर हैं। बाउंस रेट तिगुनी हो चुकी थी और मेरा रूपांतरण का अनुपात भी प्रभावित हुआ था। मुझे असफलता को पचाकर जवाब देना पड़ा और दोबारा शुरुआत करनी पड़ी।

जब आप बदलते हैं तो शिकायतें होंगी। निश्चित है यह। और हां, उनमें से हर एक क़दम उठाने लायक़ नहीं होती, क्योंकि मानवीय मनोविज्ञान असर दिखा रहा है, आपके काम की शुद्धता नहीं।

उम्मीदों को लेकर शिकायतें

उम्मीदों को लेकर शिकायतें तब आती हैं जब आपने ग्राहकों की उम्मीदों को पूरा नहीं किया हो। आप उन्हें अपने साथ कारोबार करने के लिए मनाते हैं, वे कुछ उम्मीद करते हैं और आप जो उपलब्ध कराते हैं वह उनकी उम्मीदों पर खरा नहीं उतरता। इसकी एक वजह या तो आपकी सेवा ही असफल हो गई है या फिर आपके भ्रामक प्रचार ने उनकी उम्मीदें बढ़ा दी थीं। वजह चाहे जो हो दोनों ही समस्या को उजागर करते हैं और यह समस्या आपकी है, ग्राहक की नहीं। या तो आपको उम्मीदों को पूरा करने के लिए बेहतर काम करना होगा या फिर उनकी उम्मीदों को पूरा करने के लिहाज़ से काम करना होगा।

"आपकी सेवा बेकार है।"

मैं यह शिकायत सैकड़ों बार सुन चुका हूं और फिर भी मेरी कंपनी ने ना केवल अस्तित्व को बनाए रखा बल्कि तरक़्क़ी भी की। अगर मेरी सेवा बेकार थी तो मुझे बताया गया कि यह बेकार है तो फिर मेरा कारोबार कैसे कामयाब हुआ?

मैंने दावों को खंगालकर देखा।

"आपकी सेवा बेकार है," कहने वाले विज्ञापनदाताओं ने मेरी सेवा को उसके डिज़ाइन के मुताबिक़ इस्तेमाल नहीं किया। उनकी उम्मीदें विकृत थीं। मैं एक लीड जनरेशन सेवा चलाता था, जो ग्राहकों को किसी उत्पाद या सेवा के प्रति आकर्षित कर एक मार्गदर्शक की तरह उसे ख़रीदने का रास्ता (लीड) बताती थी। इस सेवा की सबसे महत्त्वपूर्ण बात यह है कि इसका अनुसरण किया जाना चाहिए। लीड बेकार हो जाती है अगर वह तीन महीने तक बिना देखे आपके ईमेल बॉक्स में पड़ी रहती हो और फिर आप किसी पहली कक्षा के बच्चे की तरह उसका जवाब दें। अगर आप कई बरसों में एकाध बार ईमेल खोलते हैं तो लीड के ज़रिये बुकिंग का तो सवाल ही नहीं उठता। जी हां, मेरी सेवा बेकार है जब इसका इस्तेमाल ही नहीं किया जाता।

अपने ग्राहकों को लक्ष्य बनाने की बजाय मैंने उम्मीदों के बेहतर प्रबंधन पर ध्यान केंद्रित किया।

मैंने यह पूरी तरह से स्पष्ट कर दिया कि लीड्स उतनी ही अच्छी होती हैं, जितना कि उनका अनुसरण करने वाले ग्राहक। जिन लीड्स को कोई नहीं देखता वे बिना बुकिंग की रह जाती हैं।

साथ ही चूंकि मेरे अधिकांश ग्राहक संचार प्रक्रिया की समझ रखने वाले नहीं थे, मैंने पेशेवर प्रतिक्रिया के लिए एक शैक्षणिक अभियान चलाया। अगर मैं शिकायतों से नहीं निपट सकता था तो मैं उम्मीदों का बेहतर प्रबंधन कर सकता था।

मैं जानता था कि अगर मेरे ग्राहक धन कमाते रहे, तो वे मुझे भुगतान करते रहेंगे।

जब आप किसी रेस्तरां में समुद्री मछली हेलीबट के लिए ऑर्डर करते हैं और वह अधपकी ही पेश कर दी जाती है तो आपकी अच्छी तरह से तैयार भोजन की उम्मीदों को झटका लगता है। आप शिकायत करते हैं। फिर भी मालिक के लिए यह एक बड़ी समस्या है। यह अधपकी क्यों है? क्या शेफ़ क़ाबिल नहीं है? क्या किचन प्रक्रिया में नए साधनों की ज़रूरत है? उम्मीद की शिकायतें परिचालन के मुद्दों, प्रचार के दौरान दी गई ग़लत जानकारी और/या उत्पाद की समस्या को उजागर करती हैं।

अगर आप घर में सुधार के लिए किसी ऐसे व्यक्ति की सेवाएं लेते हैं, जो दो सप्ताह में बाथरूम को निश्चित तौर पर बेहतरीन बनाने का दावा करता है तो फिर काम पूरा करने में दो महीने लगाता है। आपकी उम्मीदों का उल्लंघन हुआ है और या तो उसके प्रचार अभियान को वास्तविकता बतानी चाहिए या फिर परिचालन को उम्मीदों के मुताबिक़ पुनर्निर्धारित किया जाना चाहिए। किसी भी तरह से देखें परिचालन या मार्केटिंग को परिवर्तन की ज़रूरत है।

किसी कमी को लेकर शिकायतें

कमी की शिकायतें तब आती हैं, जब आपका ग्राहक किसी चीज़ की मांग कर रहा हो और वह आपके पास नहीं हो।

किसी कमी की शिकायतें बहुत ज़्यादा मूल्यवान होती हैं, क्योंकि वे अधूरी रह गई ज़रूरतों का स्पष्ट तौर पर ख़ुलासा करती हैं।

मेरे लीड जनरेशन के शुरुआती दिनों में मुझे लिमोजिन्स सेवा प्रदाता से मिलने वाली सबसे आम शिकायत थी, "मैं शादियों के लिए लिमोजिन्स नहीं देता।" दरअसल ग्राहक शादियों के लिए लिमोजिन्स की मांग करते हैं और कुछ लिमोजिन्स प्रदाता शादी के लिए लिमोजिन्स नहीं देते। इसी तरह से अनेक लिमोजिन्स सेवा प्रदाता एयरपोर्ट से लाने-ले जाने के लिए लिमोजिन्स नहीं देते।

शिकायतों का अंबार लगता चला गया और एक नमूना सामने आया।

मैंने वेबसाइट पर एक फ़ीचर जोड़ दिया, जिसमें सेवा प्रदाता को यह स्पष्ट करना होता था कि वह कौन-कौनसी सेवाएं देता है-समस्या हल हो गई।

समस्या को सुलझाकर, *मैंने अपनी लीड का मूल्य बढ़ा दिया।*

ज़्यादा मूल्य का मतलब ज़्यादा विस्तार, ज़्यादा मुनाफ़ा और बढ़ता संपत्ति मूल्य।

किसी कमी को लेकर की जानें वाली शिकायतें अवसरों के लिहाज़ से सोने की ख़दान हैं। लोग खुलकर आपको बताते हैं कि वह क्या चाहते हैं और आपको इसके लिए

कुछ रक़म भी ख़र्च नहीं करना पड़ती। अधूरी ज़रूरतों को चांदी की तश्तरी में पेश किया जाता है।

धोखाधड़ी की शिकायतें

मार्च, 2005 में एक महिला एक वेंडीज़ रेस्तरां में पहुंची और उसने दावा किया कि उसके चिली के बाउल में एक टूटी हुई इंसानी अंगुली निकली। उसका इरादा ना केवल शिकायत करने बल्कि मुआवज़े का मुकदमा ठोकने का भी था। सौभाग्यवश उस कपटपूर्ण शिकायत की पोल खुल गई जब उस महिला का मुकदमेबाजी का पुराना रिकॉर्ड खंगाला गया। अगले ही माह लासवेगास पुलिस ने उस महिला को बहुत बड़ी चोरी करते हुए पकड़ा।

अधिकांश ऐसे मामलों में शिकायतें कपटपूर्ण होती हैं।

किसी भी कारोबार मालिक से पूछ लीजिए, वे इस बात की पुष्टि करेंगे कि कपटपूर्ण शिकायतें सबसे ज़्यादा निराश करने वाली होती हैं, क्योंकि वे समाज का सबसे गंदा चेहरा दिखाती हैं : कारोबार के मालिक का दोहन करने के लिए अवैध शिकायतें।

मुझे तकरीबन हर सप्ताह कपटपूर्ण शिकायतों से निपटना पड़ता है।

कोई ग्राहक ग़लती से कुछ क़ीमत टाइप कर देता है और कोई और बेवकूफ़ समझ लेता है कि उसे लिमोजिन्स कार 50 डॉलर प्रति घंटे की बजाय 5 डॉलर प्रति घंटे में मिल रही है। "तुम मुझे यह सेवा दो या फिर मैं वकील के ज़रिये तुम पर क्षतिपूर्ति का दावा करता हूं!" हां, मुझे पता था कि तुम्हारे पास एक वकील है। उसके लिए शुभकामनाएं मित्र। 45 डॉलर का कम उल्लेख करने वाली टाइपिंग ग़लती के लिए तुम एक वकील को प्रति घंटा 250 डॉलर का भुगतान करोगे? क्या तुम जानते हो कि तुम कितने बड़े बेवकूफ़ साबित हो रहे हो?

दुर्भाग्यवश जब आप लाखों ग्राहकों के साथ संपर्क में आते हैं तो आपको उस मुकाम तक पहुंचने के लिए संघर्षरत पगडंडी के हज़ारों राहगीर मिलेंगे। हां, यह आपको चिड़चिड़ा बना सकता हैं, क्योंकि शोषण को तैयार बैठे शिकायतकर्ता निम्न स्तर के धोखेबाज होते हैं। जब आप मुफ़्त भोजन पाने के फेर में सूप में मक्खी डाल देते हैं तो माफ़ कीजिएगा, लेकिन आप एक धोखेबाज हैं।

आप शोषण करने के लिए तैयार बैठे शिकायकर्ताओं से कैसे निपटते हैं?

आप बड़ी ही शालीनता से एक बार जवाब देते हैं, अपनी स्थिति स्पष्ट करते हैं और आगे बढ़ जाते हैं।

अपने युद्ध का चुनाव करो

एक पुरानी कहावत है, "मैं सफलता की कुंजी को नहीं जानता, लेकिन असफलता की कुंजी हर किसी को ख़ुश करने का प्रयास कर रही है।"

मैंने अपने कारोबार की शुरुआत हर किसी को ख़ुश रखने के अतिमहत्त्वाकांक्षी लक्ष्य के साथ की थी।

यह जल्द ही मूर्खतापूर्ण साबित हुआ।

शिकायतों का एक संतुलन के साथ निपटारा किया जाना चाहिए, यही वजह है कि मैं रिकॉर्ड रखता हूं। मैं उस रुझान को जानना चाहता हूं जो मेरे कारोबार में बढ़ोत्तरी की वजह बनेगा। मैं जानता हूं कि बेहतर उत्पाद बेहतर ग्राहक तैयार करता है और बेहतर ग्राहक ज़्यादा भुगतान करते हैं।

आजकल कारोबार को लेकर शिकायतों का अनुसरण आसान हो गया है। ट्विटर डॉट कॉम मालिकों को ग्राहकों के विचारों का रिकॉर्ड रखने की क्षमता देता है। जब भी कोई आपकी कंपनी का उल्लेख करता है, गूगल आपको सूचित कर सकता है। सोशल मीडिया के कारण प्रतिक्रियाओं का लेखा-जोखा रखना बहुत आसान हो गया है, लेकिन कोलाहल का विश्लेषण मुश्किल है।

"मैं आपकी सेवा के लिए भुगतान नहीं करना चाहता।"

कुछ शिकायतों की अनदेखी किए जाने की ज़रूरत होती है। अगर आप हर किसी को ख़ुश रखने का प्रयास करेंगे तो अपना दिमाग़ी संतुलन खो देंगे।

अपने युद्ध का चुनाव करें।

उन शिकायतों को हल करें जिनसे अधिकांश को मदद हो और आपका मूल्य भी बढ़े। एक कारोबार के मालिक होने के नाते आपको हमेशा याद रखना चाहिए कि भले ही आपको कोई बॉस नहीं हो, लेकिन जो व्यक्ति आपके किराये का भुगतान कर रहा है वह आपका ग्राहक है और उनकी हमेशा सुनना चाहिए-पर कुछ मर्तबा अनदेखी भी करना चाहिए।

"बेकार" (SUCKS) को फ़ायदे के लिए इस्तेमाल कर लें

मीठी-मीठी बातों की कोई ज़रूरत नहीं है। आज के युग में ग्राहक सेवा बेकार है। दुनियाभर के कारोबारों की घटिया ग्राहक सेवा से हम इतने बेज़ार हो चुके हैं कि हम घटिया ग्राहक सेवा को एक मानक मान चुके हैं।

क्या आपने किसी कम्प्यूटर निर्माता को मदद के लिए फ़ोन किया है?

या किसी बड़े राष्ट्रीय बैंक को?

या किसी स्वास्थ्य बीमा सेवा प्रदाता को?

बेकार, बेकार और बहुत ही बेकार।

ग्राहक सेवा आजकल एक लुप्त कला हो चुकी है। ग्राहक सेवा को लेकर हमारी उम्मीदें इतनी सुन्न हो चुकी हैं कि हम किसी भी सकारात्मक बात की अपेक्षा नहीं करते : ख़ारिज, उदासीन और सबसे बुरी स्थिति में अवहेलना।

मेरे घर के पास ही एक स्ट्रिप मॉल में कोने पर एक छोटा-सा रेस्तरां है, जिसका मालिक हर छह माह में बदलता रहता है। जबसे मैं इस इलाक़े में रह रहा हूं चार रेस्तरां खुल चुके हैं और चार रेस्तरां बंद हो चुके हैं। मैं पहली तीन असफलताओं पर तो कुछ कह नहीं सकता, लेकिन अंतिम पर कह सकता हूं।

मैंने ताज़ातरीन रेस्तरां के शुरू होने पर जब वहां भोजन किया था तो खाना अच्छा था, लेकिन सेवा बहुत ही निंदनीय। ड्रिंक्स आधे-अधूरे थे। बर्तन बहुत गंदे थे। वेट्रेस हद दर्जे की बदतमीज़ थी मानो हमारी सेवा करना उसके लिए असुविधाजनक था। वहां से निकलने के बाद मैंने सोचा, "यह ज़्यादा दिन नहीं चलने वाला और सही था।" कुछ ही महीने बाद वहां पर बोर्ड लग गया, "किराये पर देना है।"

ख़राब ग्राहक सेवा जहां हताशाजनक होती है, हमारे ग्राहक की भूमिका निभाते हुए यह हम उद्यमियों को एक बहुत बड़ा अवसर दे देती है।

ख़राब ग्राहक सेवा, नए अवसरों का खुलासा करती है।

देखा आपने, उम्मीद की ख़ूबसूरती यह उल्टी दिशा में काम करती है। उम्मीदों की शिकायतें जहां उम्मीदों का नकारात्मक उल्लंघन हैं, वहीं एसयूसीएस (SUCS) ग्राहक सेवा उम्मीदों का सकारात्मक उल्लंघन है।

"SUCKS" को "S-U-C-S" से बदल डालो

उम्मीदों से भी बेहतर ग्राहक सेवा के साथ आप अपने कारोबार को बुलंदियों तक ले जा सकते हैं : मैं इसे SUCS (Superior Unexpected Customer Service) या बेहतर अप्रत्याशित ग्राहक सेवा कहता हूं।

जब बात ग्राहक सेवा की आती है तो हम कुछ हद तक इसके बेकार होने की अपेक्षा रखते हैं। तेज़ रास्ते के राहगीरों के लिए यह फ़ायदे की बात है। उदाहरण के लिए अगर मुझे पता चलता है कि मेरे बैंक खाते से किसी ने धोखे से 10,000 डॉलर निकाल लिए हैं तो घबरा जाना मेरी पहली सहज प्रवृत्ति होगी। उसके बाद मेरी दूसरी प्रवृत्ति बैंक में फ़ोन करके समस्या को हल कराने की होगी। उस वक़्त मेरा दिमाग़ बैंक को लगाए गए कॉल के साथ उम्मीदों का एक पूरा ख़ाका-सा बना लेता है।

ये मेरी उम्मीदों की रूपरेखा है या मेरी क्या उम्मीदें हैं :

- मुझे रिकॉर्डेड संदेश या किसी मशीनी मुलाज़िम की बात को सुनना होगा।
- मुझे अंतहीन बटन दबाने होंगे, इसके लिए 1, उसके लिए 2 और किसी और बात के लिए 3।
- मुझे एक व्यक्ति से दूसरे व्यक्ति के बीच झुलाया जाता रहेगा।
- मेरी बात किसी ऐसे व्यक्ति से कराई जाएगी जो धाराप्रवाह अंग्रेज़ी नहीं बोलता हो, जिसका नाम स्टीव होगा, लेकिन लगेगा किसी प्रदीप या संजय की तरह।

यह मेरी उम्मीदें हैं। कोई शक नहीं कि यह अनुकूल नहीं है। मेरा बैंक और सैकड़ों अन्य बैंकों को यह पसंद आता है, वे इस घटिया सेवा के साथ काम निकाल ले जाते हैं, क्योंकि यही उम्मीद की जाती है।

चलिए अब इस परिदृश्य का दूसरा पहलू देखते हैं।

क्या हो अगर मैं किसी बैंक को कॉल लगाऊं और वॉइसमेल की चूहा दौड़ की बजाय कोई अंग्रेज़ी बोलने वाला व्यक्ति मेरी बातों का जवाब दे। कोई वॉइस मेल नहीं, ना 1 या 2 को दबाना, कोई मशीनी मुलाज़िम नहीं। मेरे फ़ोन का जवाब एक वास्तविक इंसान दे रहा है, जैसे आप देते हैं। पांच मिनट तक ग्राहक सेवा के प्रतिनिधि से बात करने के बाद मेरी समस्या हल कर दी जाती है और मुझे दूसरे एजेंट की ओर ट्रांसफ़र भी कर दिया जाता है। मेरी प्रतिक्रिया होगी, "वाह, यह तो चमत्कार है!"

यह बेहतर अप्रत्याशित ग्राहक सेवा का एक उदाहरण था।

यह ग्राहक सेवा का बेकार से बेहतर अप्रत्याशित ग्राहक सेवा में रूपांतरण था।

देखा आपने आप ग्राहक की ग्राहक सेवा से उम्मीदों का सकारात्मक उल्लंघन करते हैं। आप अपने ग्राहक को वफ़ादार, बार-बार के ख़रीददार और अंततः आपके कारोबार का अनुयायी बना लेते हैं।

बिना अतिरिक्त प्रयास वाली मानव संसाधन प्रणाली

निष्क्रिय आय का एक स्रोत मानव संसाधन प्रणाली है-पुराने विचारों वाले अच्छे लोग। सिर्फ़ एक दिक्कत है कि कर्मचारी सस्ते नहीं हैं, इसलिए मानव संसाधन प्रणाली को प्रबंधन की ज़रूरत पड़ती है। क्या यह अच्छा नहीं होगा अगर हम मुफ़्त और मुक्त मानव संसाधन प्रणाली का लाभ उठाएं?

यह संभव है जब आप अपने कारोबार के अनुयायी बना लेते हैं।

बेहतर अप्रत्याशित ग्राहक सेवा जो ग्राहकों की कम उम्मीदों का सकारात्मक तरीक़े से उल्लंघन करती है तो ये ग्राहक आपके आजीवन ग्राहक बन जाते हैं।

वे आपके कारोबार के अनुयायी बन जाते हैं और मुफ़्त विज्ञापन की अनवरत कड़ी उपलब्ध करा देते हैं। किसी के मुंह से सबके सामने तारीफ़ या सामाजिक सबूत उपलब्ध विज्ञापनों में सबसे बेहतरीन है। हक़ीक़त में तो सामाजिक सबूत और अनुयायी होने के पीछे का गणितीय समीकरण है : 1+1=3

क्योंकि दो ग्राहक आपकी तारीफ़ करके तीसरा ग्राहक भी तैयार करते हैं। ख़ुश ग्राहक से निवेश पर लाभ अनंत है।

आपकी ग्राहक सेवा रणनीति आपके कंपनी के विकास को विज्ञापन से भी ज़्यादा प्रभावित करती है। संतोष ही पर्याप्त नहीं है, क्योंकि इसका मतलब हो जाएगा कि उम्मीदों को पूरा किया जा रहा है। ग्राहकों को दीवाना बनाने के लिए *आपको संतोष से भी ऊपर उठना होगा।*

जब मैं अपनी कंपनी के लिए संभावित ख़रीददारों से मोल-भाव कर रहा था, मुझसे बार-बार पूछा गया, विज्ञापनदाताओं की मदद लेने के लिए आप कितना ख़र्च करते हैं?

मेरा अनपेक्षित जवाब।

शून्य।

अविश्वास और संदेह व्यक्त किया गया। निश्चित तौर पर मैंने शुरुआत आजमाए हुए पुराने तरीक़े से ही की थी : तलाश, मार्केटिंग, विज्ञापन और बस फ़ोन पर फ़ोन। लेकिन कुछ वक़्त गुज़रने के बाद मेरी विज्ञापनदाता की सेवाएं लेने की लागत ग़ायब होने लगी, क्योंकि मेरे विज्ञापनदाता मेरे लिए यह काम मुफ़्त में ही करने लगे!

जब आपका ग्राहक आपके कारोबार को पसंद करता है तो वे आपके अनुयायी बन जाते हैं और आपके लिए विज्ञापन करते हैं। वे वेतन नहीं पाने वाली मानव संसाधन प्रणाली बन जाते हैं। धर्म प्रचारकों की तरह जब ज़रूरी हो तब आपका नाम लेते हैं।

अपने कारोबार के लिए अनुयायी कैसे तैयार किए जाते हैं?

उन सभी को बेहतर अप्रत्याशित ग्राहक सेवा (SUCS) उपलब्ध कराओ। जब आप किसी बड़ी कंपनी को ईमेल करते हैं तो आपको वास्तविक, इंसानी जवाब पाने में कितना वक़्त लगता है? एक दिन? एक सप्ताह? मेरी कंपनी में मैं अपने ग्राहकों के सवालों के जवाब चंद मिनटों में दे दिया करता था, कई दिनों या सप्ताह में नहीं। लोग हमारी प्रतिक्रिया देने की गति को जांचने के लिए ही ईमेल कर लिया करते थे। मैं अपने कारोबार में ग्राहकों को उनकी उम्मीदों से कहीं ज़्यादा देने के लिए आया था और इसका मुझे लाभ मिला।

मैंने इसके बाद लाइव कस्टमर सर्विस शुरू की। मेरी कंपनी को आने वाले कॉल का जवाब एक वास्तविक इंसान द्वारा दिया जाता था, जो एक वास्तविक कंपनी के लिए काम कर रहा था। 1, 2 दबाने का कोई झंझट ही नहीं। बाहरी स्रोत से मदद नहीं ली गई थी, क्योंकि मैं अपनी सेवा को बाहरी हाथों में नहीं सौंपना चाहता था।

ग्राहकों में अनुयायियों की संख्या तेज़ी से बढ़ने लगती है, क्योंकि मानव संसाधन प्रणाली बोलती है। उदाहरण के लिए, मेरा वेब-होस्टिंग प्रोवाइडर, लिक्विड वेब है। पहली बार जब मैंने लिक्विड वेब से तकनीकी सहायता के लिए संपर्क साधा था तो मैंने एक पत्र लिखा और मेरी उम्मीदों का ख़ाका तैयार हो चुका था। मेरा अनुमान था कि जवाब मिलने में एक या दो दिन लगेंगे।

मैं ग़लत था। 20 मिनट के भीतर लिक्विड वेब सहायता सेवा ने जवाब दिया और 20 मिनट के भीतर मेरी समस्या को हल कर दिया। उन्होंने ऐसी ग्राहक सेवा दी, जो बेहतर और अप्रत्याशित थी और जिसने मेरी उम्मीदों का सकारात्मक उल्लंघन किया।

परिणाम?

मैं लिक्विड वेब का अनुयायी हूं। जब कोई मुझसे पूछता है कि आप कौन-सी होस्टिंग की सिफ़ारिश करेंगे? मैं पूरे आत्मविश्वास के साथ जवाब देता हूं, लिक्विड वेब। मैं एक प्रचारक ग्राहक हूं। मैं लिक्विड वेब को दो तरह की मुद्रा में भुगतान करता हूं : 1) मेरा पैसा और 2) मेरे द्वारा उनकी सेवाओं की नियमित तौर पर सिफ़ारिश। इस बाद वाली मुद्रा का प्रभावी मूल्य अनमोल है, क्योंकि अब मैं उनकी मुफ़्त मानव संसाधन प्रणाली हूं, जो उनका उत्पाद बेच रही है। ताक़त का अंदाज़ लगाइए जब आपके पास ऐसे एक नहीं 10,000 ग्राहक हों। आपका कारोबार ऐसे में 2% की गति से बढ़ेगा या 200% की गति से?

एक शानदार ग्राहक सेवा उपलब्ध कराकर कारोबार को पंख लगा देने के लिए अपने ग्राहकों की उम्मीदों का ख़ाका तैयार कीजिए। आपके कारोबार के साथ संबंध के दौरान उनकी उम्मीदें क्या हैं? वे आपके उद्योग में प्रतिस्पर्धियों और आपके जैसे ही कारोबारियों से कैसे तुलना करते हैं? आपके ग्राहक सेवा से क्या उम्मीद करते हैं, इसका व्यक्तिपरक अध्ययन कीजिए। फिर उसका उल्लंघन कर दीजिए। यानी उससे भी बेहतर सेवा दीजिए।

जब कभी भी आप अपने ग्राहकों को उसकी उम्मीद से ज़्यादा देकर सकारात्मक उल्लंघन करते हैं, वे दोबारा आपसे ही ख़रीदते हैं। फिर वे आपकी बिना वेतन की मानव संसाधन प्रणाली, संपर्क, अनुयायी और मुफ़्त के विज्ञापनदाता बन जाते हैं। ये सब आपके कारोबार को गति देते हैं और गति से दौलत बनती है।

बेहतर ग्राहक सेवा की लागत ज़्यादा होती है, लेकिन उसके लाभ लागत से कहीं ज़्यादा होते हैं। अगर आपने नए ग्राहक तलाशने की बजाय वर्तमान ग्राहकों को ही ख़ुश करने पर ख़र्च किया तो आपका कारोबार पांच साल से भी ज़्यादा वक़्त तक चलेगा।

दुर्भाग्यवश, पहले पैसा और फिर ज़रूरत चाहने वाले कारोबारी मालिक अपना अधिकांश विज्ञापन बजट नए ग्राहकों पर ही ख़र्च करना पसंद करते हैं। ऐसे ग्राहक जो आपकी उदासीन और घटिया ग्राहक सेवा से अनजान हैं। यह एक स्थायी युद्ध की तरह हो जाता है, मानो छेद वाली बोट से बस बाल्टी से पानी उलीचते रहना : पुराने नाराज़ ग्राहकों की जगह नए, बेख़बर ग्राहकों को जोड़ा जाए।

ग्राहकों की उम्मीदों का उल्लंघन करें।

प्रचारक तैयार करें।

ऐसी मानव संसाधन प्रणाली बनाएं जो आपके लिए मुफ़्त में काम करे।

धन को आकर्षित करें।

आपकी निष्ठा कहां है?

कारोबारी के मालिकाना हक़ में सबसे बड़ा मिथक है, ख़ुद अपने बॉस बनो। इस मंत्र के साथ जीने वाले मालिक अंत में ख़ुद को किसी भी बात का बॉस नहीं पाते-मृत, कंगाल हो चुका कारोबार। कारोबार में सफलता अपने ग्राहकों को ही अपने कारोबार का बॉस और पहले नंबर का भागीदार बनाने से मिलती है।

भागीदारी का मतलब होता है, व्यक्ति, समूह या संगठन जिसकी किसी संगठन में प्रत्यक्ष या अप्रत्यक्ष भागीदारी हो क्योंकि यह संगठन के फ़ैसलों, उद्देश्यों और नीतियों से प्रभावित कर सकता है या उससे प्रभावित हो सकता है। दीर्घावधि की कारोबारी आत्महत्या तब देखने को मिलती है जब आप ही स्वार्थी भागीदार बनकर ग्राहकों को भूल जाएं।

क्या वाकई जानना चाहते हैं कि ग्राहक सेवा क्यों इतनी घटिया होती है?

इसकी वजह है कारोबार के मालिकों द्वारा अपने ग्राहकों को भागीदारों की श्रंखला में सबसे नीचे रखा जाता है। सार्वजनिक क्षेत्र की कंपनियां तो सबसे बुरी दोषी होती हैं,

क्योंकि भागीदार सबसे पहले आते हैं, शेयर बाज़ार दूसरे स्थान पर और अधिकारी तीसरे स्थान पर। अनुमान लगाइए कि सबसे नीचे कौन होगा?

आप और मैं।

अपने कर्मचारियों के लिए मेरा हमेशा दोहराया जाने वाला आदर्श वाक्य है, "ग्राहक ही आपका वेतन देता है, मुझे नहीं-उन्हें खुश रखें।"

देखा आपने, मेरे भागीदार मेरी तेज़ कारों और आलीशान बंगलों की स्वार्थी ख़्वाहिशें नहीं थीं। वे मेरे ग्राहक थे, क्योंकि मैं जानता हूं कि ताक़त उनके पास है। मेरी निष्ठा मेरे ग्राहकों के साथ थी। हां, मेरा एक बॉस था और उस बॉस के पास मेरी हर स्वार्थी ख़्वाहिश की कुंजी थी।

बड़े दिखो, क़दम छोटे उठाओ

मेरी हाईस्कूल की जिम क्लास में मेरे शिक्षक को आसान से नामों को बिगाड़ने की आदत थी : हेंडरसन बन जाता था हेंकरसन तो सीग्राम्स बन जाता था सीग्रेव्स। आपका नाम चाहे जो भी हो, वह उसकी धज्जियां उड़ा देंगे। मैं नहीं जानता कि वह सठिया गए थे या बस मज़ाक़िया स्वभाव के थे।

तो अब एक दशक आगे चले जाते हैं और मेरी वेबसाइट पर मेरे चीफ़ टेक्नालॉजी ऑफ़िसर के तौर पर किसका नाम है? मार्क सीग्रेव्स। और देखिए, मेरा वेब डेवलपर कौन है-ग्रेशन हेंकरसन। तो क्या मैंने अपने हाईस्कूल के मित्रों को ही नौकरी दे डाली? नहीं, मैंने ऐसा नहीं किया, ख़ासतौर पर इसलिए कि उनके नाम वास्तविक व्यक्तियों के मिथ्या नाम थे। फिर भी अगर आप मेरी वेबसाइट के "कांटेक्ट" या "एबाउट अस" पेज पर जाएंगे तो उनका नाम अच्छे पदों पर मौज़ूद व्यक्तियों के तौर पर दर्ज है : सीटीओ, बिज़नेस डेवलपमेंट या वेब प्रोड्यूसर। ये लोग कर्मचारी नहीं थे, लेकिन इसे देखकर ऐसा आभास होता था कि मेरा काफ़ी बड़ा स्टाफ़ है, जो निरंतर बढ़ रहा है।

इसकी शुरुआत मेरे कर्मचारियों के साथ एक "निष्कपट मज़ाक़" के तौर पर हुई थी, लेकिन मुझे बाद में अहसास हुआ कि इसका एक लाभ था : इसने मेरे काम पर बड़ा होने का ब्रांड चस्पा कर दिया। हावी हो जाने वाला। अच्छे वित्त-पोषण वाला। तरक़्क़ी करता हुआ। निश्चित तौर पर हर व्यक्ति विशेष के लिए, एक कर्मचारी सूची जो कि 1987 की जिम क्लास के बिगाड़े गए नामों से बनी हो, नैतिक सीमाओं की परीक्षा ले रही थी। लेकिन मेरा उद्देश्य बिलकुल स्पष्ट था : बड़े दिखो, क़दम छोटे उठाओ।

SUCS की स्थापना

बड़ी कंपनियां ख़राब सेवा देने के लिए कुख्यात होती हैं। इस दौरान, छोटी कंपनियां व्यक्तिगत दख़ल के साथ बेहतर सेवाएं देने के लिहाज़ से सही होती हैं। मेरा उद्देश्य था, ऐसा दिखना जैसे मेरे पास एक बड़ी कंपनी की ताक़त है, व्यक्तिगत दख़ल के साथ। ठीक ऐसे जैसे मैं एक व्यक्ति पर निर्भर परिचालन हूं। जब आपको किसी बड़ी कंपनी से विस्तृत,

आदर्श सेवा मिलती है तो आप एक बेहतर अप्रत्याशित ग्राहक सेवा (SUCS) के परिणाम को साकार करते हैं और वफ़ादार और आपके लिए सद्प्रचार करने योग्य ग्राहक तैयार करते हैं।

जहां कहीं भी ग्राहक सेवा बेकार है, आपके पास एक कारोबारी अवसर है। बड़ा दिखकर छोटे क़दम उठाना बेहतर अप्रत्याशित ग्राहक सेवा को साकार करने की तैयारी है। ग्राहक को शुरुआत से ही औसत सेवा की उम्मीद होती है। यह रणनीति हर उस कंपनी के लिए कारगर होती है, जो बिना शारीरिक उपस्थिति के काम करती है। अगर आपका छोटा-सा रिटेल स्टोर है तो आप बड़े तो दिख नहीं सकते, लेकिन हमारी तरह की इंटरनेट कंपनियों में आप ऐसा कर सकते हैं।

कई कारोबार मालिकों को फंदे में फंसाने वाला जाल इसके बिलकुल विपरीत है : *वे होते छोटे हैं और दिखावा बड़ा करते हैं।*

"जो ब्लो एंटरप्राइज़ेस।" क्या यह आपको इतना आत्मविश्वास देता है कि आप एक मज़बूत, प्रतिष्ठित कंपनी के साथ कारोबार कर रहे हैं? यह चीख़-चीख़कर बता रहा है, "यह एक व्यक्ति का तामझाम है," और यह भी कि यह व्यक्ति अनुभवहीन है। माफ़ कीजिएगा, लेकिन "जो ब्लो एंटरप्राइज़ेस" एक बहुत बड़ी असफलता है। मुझे विश्वास है कि वह लोगो अस्तित्वहीन होगा और अगर कोई होगा भी तो वह बेस्वाद, बेमज़ा होगा और ऐसा लगता होगा मानो इसे किसी मुफ़्त के पेंट प्रोग्राम की मदद से डिज़ाइन किया गया है। इस कंपनी की वेबसाइट गतिहीन, बासी और बचकानी है। नहीं, इसकी छवि क़तई पेशेवराना नहीं लगती। यह कंपनी दुनिया को अपनी वस्तुएं बेचती है, लेकिन उसके पास टोलफ़्री नंबर तक नहीं है। छोटी। छोटी। छोटी।

समस्या और भी बढ़ जाती है, जब ये छोटे-से कारोबार, बड़ी कंपनियों की तरह क़दम उठाते हैं। उनके कारोबार को फ़ोन लगाइए और बटन दबाने की अनवरत प्रक्रिया के बाद बात वहीं वॉइस मेल के कूड़े पर ही ख़त्म होती है। ईमेल भेजी है? भूल जाइए। अधिकांश ईमेल्स की अनदेखी की जाती है और जो पढ़ी भी जाती है उनके जवाब कई सप्ताह बाद दिए जाते हैं। "मैं आपसे संपर्क करूंगा," कभी साकार होता ही नहीं है। ग्राहक सेवा से संबंधित मसले घंटों में नहीं, बल्कि हफ़्तों में हल किए जाते हैं।

अगर आप सप्ताह में चार घंटे काम करना चाहते हैं तो आपका कारोबार बढ़ ही नहीं सकता, क्योंकि आपके लिए आपका स्वार्थ कारोबार को तेज़ी से बढ़ाने से ज़्यादा महत्त्वपूर्ण है। छोटे दिखो और बड़े काम करो और अपने ही गड्ढे ख़ुद खोद लो।

प्रतिस्पर्धी के शुरुआत करने से पहले उसे हरा दो

"बड़ा दिखने" की मेरी दूसरी वजह थी कि मैं प्रतिस्पर्धियों को उनके शुरुआत करने से पहले ही मात दे देना चाहता था। जब कोई संस्था (या कोई कंपनी) एक दुकान खोलना चाहती है और आपसे प्रतिस्पर्धा करना चाहती है तो वह पहले आपके बारे में पड़ताल करती है। वह आपकी वेबसाइट देखती है और यह भी कि आप क्या करते हैं और आप कितना दाम वसूल रहे हैं। फिर वे यह तय करते हैं कि क्या वे इस जगह पर शुरुआत के लिए वक़्त

और धन का निवेश करें। अप्रशिक्षित उद्यमी को बड़ी कंपनियां ठीक उसी तरह से डराएंगी, जैसा कि मेरे साथ किया... "ओह! मैं कैसे उनसे मुक़ाबला करूंगा, जबकि उनके पास 12 कर्मचारी हैं और यहां मैं अकेला?"

अगर कोई उद्यमी यह सोचता है कि आपके बहुत बड़े और अच्छी तरह से वित्त पोषित होने के कारण वह प्रतिस्पर्धा नहीं कर सकता, तो आपने उन्हें शुरुआत से पहले ही हरा दिया है। वे या तो कारोबार में आधे-अधूरे मन से उतरते हैं या फिर किसी अन्य उद्योग में क़िस्मत आजमाते हैं, जहां कम प्रतिस्पर्धा हो। *बड़े दिखो पर काम छोटा करो।*

अध्याय का सार : तेज़ रास्ते की ख़ासियतें

- शिकायतें आपके ग्राहक के दिमाग़ में मूल्यवान ताकझांक का मौक़ा देती हैं।
- परिवर्तन की शिकायतों को समझना मुश्किल होता है और अक्सर मान्यता या अमान्यता के लिए अतिरिक्त जानकारी और आंकड़ों की ज़रूरत होती है।
- उम्मीद की शिकायतें परिचालन संबंधी समस्याओं को उजागर करती हैं। या तो आपके कारोबार में या फिर आपकी प्रचार रणनीति में।
- कमी की शिकायतें अधूरी ज़रूरतों का ख़ुलासा करती हैं, अपने उत्पाद या सेवा का मूल्य बढ़ाइए और राजस्व के नए अवसर तलाशिए।
- शानदार ग्राहक सेवा आपके ग्राहक की उम्मीदों के सकारात्मक उल्लंघन जितनी ही आसान है।
- ख़राब सेवा अंतराल तेज़ रास्ते के अवसर हैं।
- संतुष्ट ग्राहक, मानव संसाधन प्रणाली बन सकता है और आपके कारोबार का मुफ़्त में प्रचार कर सकता है।
- संतुष्ट ग्राहक के दोहरे अवशिष्ट प्रभाव होते हैं : कारोबार की पुनरावृत्ति और अनुयायी बनकर नया कारोबार।
- आपके ग्राहक की संतुष्टि के पास आपके तमाम स्वार्थों की पूर्ति की कुंजी है।
- बड़ा दिखकर छोटे-छोटे क़दम ग्राहक सेवा से उम्मीदों का सकारात्मक उल्लंघन करते हैं।
- बड़ा दिखकर आप संभावित प्रतिस्पर्धियों को डराकर भगा सकते हैं।

अध्याय

41

राह के रोड़ों को दूर हटाएं!

लोग निश्चित तौर पर किसी भी कंपनी की सबसे बड़ी संपत्ति होते हैं। इस बात से कोई फ़र्क़ नहीं पड़ता कि उत्पाद कार है या प्रसाधन सामग्री। एक कंपनी उतनी ही अच्छी है, जितने अच्छे लोग उसने रखे हैं।

—मैरी के एश

आपका किला कुप्रबंधित है

आपका कारोबार आपका किला है। अगर आप धोखेबाजों और कपटियों को किले में रखेंगे, तो सेंध लगना तो तय है। अब अपने चेस के उदाहरण की ओर लौटते हुए, हाथी–या किला–उन लोगों का प्रतिनिधित्व करते हैं, जिन्हें आप अपने कारोबार में रखते हैं। इसमें कर्मचारी, साझेदार, निवेशक और सलाहकार शामिल होते हैं।

कारोबारी विवाह : साझेदार

एक कारोबारी साझेदार से मानो आपका विवाह हो चुका होता है। या तो यह बहुत ही ख़ुशी देने वाला होता है या फिर इसका अंत तलाक़ के साथ होता है।

तीन वर्ष पहले जिम और माइक एक बार में पी रहे थे और एक महान विचार ने जन्म लिया, जिसने दोनों को मिलकर कारोबार शुरू करने पर मज़बूर किया। उनका साथ आने की इकलौती वजह उनका उत्साह था। उन्होंने लाभ को 50-50 बांटने का फ़ैसला किया और तुरंत शुरुआत कर दी। माइक उनका पहला ग्राहक खोजकर लाता है, जबकि जिम दूसरा। कुछ ही महीने में उनके ग्राहकों की संख्या बढ़कर 28 तक पहुंच गई। दोनों के लिए लाभ और अपनी दिन की नौकरी छोड़ने के लिहाज़ से यह पर्याप्त संख्या थी।

दो साल बाद, जिम का काम पर वक़्त और स्तर प्रभावित होना शुरू हो जाता है। ऐसा नहीं था कि माइक को पता था कि जिम पूरे दिन हर मिनट क्या करता है, लेकिन यह बात उसके ध्यान में आई कि कुछ तो चिंताजनक है। माइक अगर औसतन चार ग्राहक लाता था तो जिम केवल एक और कभी-कभार तो एक भी नहीं। उसे बाद में पता चला कि जिम ने एक ऐसी किताब पढ़ ली थी, जिसमें सप्ताह में केवल चार घंटे काम करने की वक़ालत की गई थी। बात को और बिगाड़ा इस तथ्य ने कि जिम के ग्राहक कुछ ख़ास योगदान नहीं दे पाते थे और मंदी का असर माइक को झेलना पड़ता था, फिर भी हर शुक्रवार किसी घड़ी के तय वक़्त के मुताबिक़ जिम लाभ का 50 प्रतिशत हिस्सा लेने के लिए उपस्थित हो जाता था।

जब माइक ने यह बात जिम के ध्यान में लाई तो जिम एकाएक रक्षात्मक मुद्रा में आ गया और तनाव बढ़ता चला गया। इस तनातनी ने जिम की उत्पादन क्षमता को और अधिक घटा दिया और कई मर्तबा तो वह कई महीने तक नया ग्राहक नहीं ला पाता था। माइक ने साझेदारी तोड़ने का प्रयास किया, लेकिन जिम ने प्रतिकार किया। क्यों ना करे? उसे तो माइक की मेहनत के कारण अपना 50% हिस्सा मिल ही रहा था। अंत में माइक को ही एक वकील की मदद से मसले का क़ानूनी हल निकालना पड़ा। कुछ साल बाद भागीदारी ख़त्म हो गई और उसके साथ ही दोस्ती भी।

भागीदारियां शादियों की तरह होती हैं। प्रेम संबंध और आकर्षण के ख़त्म होने के बाद, अस्तित्व केवल चरित्र, तालमेल और एक-दूसरे के पूरक गुणों पर ही क़ायम रखना पड़ता है। मेरी शुरुआती उद्यमी इकाइयां, पूरी तरह से भागीदारी पर ही आधारित थीं और सभी बुरी तरह से असफल साबित हुईं। ऐसा नहीं था कि मेरे भागीदार बुरे लोग थे, लेकिन हमारे कामकाज के तौर-तरीक़े, मूल्य और दृष्टिकोण एक-दूसरे से मेल नहीं खाते थे। मुझे याद है एक भागीदार तो 9 से 5 की नौकरी की तरह काम करता था और खेलों में उसकी रुचि थी। कारोबार का उसकी प्राथमिकता सूची में चौथा या पांचवां स्थान था। दूसरा भागीदार, हमारे कारोबार सहित तीन-चार और कारोबारों से जुड़ा हुआ था। ऐसे में मेरा कारोबार और मैं अकेले पड़ गए, जो कि मेरी शीर्ष प्राथमिकता थी। यहां समस्या क्या है देखा आपने?

फ़ास्टलेन फ़ोरम पर "भागीदारी" को तलाशिए और आपको भागीदारियों के नाकाम रहने की ढेर सारी शिकायतों का अंबार मिल जाएगा। एक भागीदार कारोबार को बढ़ाना चाहता है तो दूसरा इसे ब्रांड बनाना चाहता है। एक भागीदार विज्ञापन देना चाहता है तो दूसरा विकसित करना चाहता है। एक भागीदार महंगी कारें और धन चाहता है, मगर आता देरी से है और जाता जल्दी है। भागीदारियां विवाह की तरह होती हैं-आधे मामलों में वे नाकाम रहती है, क्योंकि भागीदार एक-दूसरे के अनुरूप नहीं हैं।

"वे" कहते हैं कि आपको ऐसे लोगों के साथ भागीदारी करनी चाहिए, जिनमें आपके पूरक कौशल हों। अगर मैं मार्केटिंग का व्यक्ति हूं तो मुझे तकनीकी जानकार के

साथ भागीदारी करनी चाहिए। अगर आप बिक्री और लोगों से मेलजोल वाले व्यक्ति हैं तो आपको विश्लेषण करने वाले व्यक्ति से भागीदारी करनी चाहिए। यह जबकि शुरुआत के लिहाज़ से एक अच्छा बिंदु है, लेकिन यह डेटिंग पर मिलने वाले पहले व्यक्ति के साथ ही शादी कर लेने जैसा है, केवल इसलिए कि उसे भी वही संगीत पसंद है, जो आपको पसंद है। व्यक्तित्व की अनेक विशिष्टताएं साझेदारी को बना या बिगाड़ सकती हैं।

- क्या काम करने के तौर-तरीक़ों को लेकर आप दोनों के विचार मिलते हैं? क्या जब आप काम करते हुए अपनी रात काली कर रहे होंगे, आपका साझेदार स्केटिंग के मज़े ले रहा होगा?
- क्या आपका समान दृष्टिकोण है? या दोनों एक-दूसरे से ही प्रतिस्पर्धा करने लग जाएंगे?
- क्या आप धीमी गति से आगे बढ़ना चाहते हैं और आपका भागीदार तेज़ी से पूरी दुनिया पर राज करना चाहता है?
- क्या आप फ्रेंचाइजी बेचना चाहते हैं जबकि आपका भागीदार केवल एक यूनिट चाहता है जो ख़र्चों का भुगतान करे?
- क्या इस व्यक्ति पर आपका ख़ुद के जितना भरोसा है?
- क्या आपके व्यक्तित्व का अंदाज़ एक समान है?
- क्या जोख़िम को लेकर आप दोनों की सहनशक्ति एक जैसी है?

सच्चाई यह है कि लोग ग़लत कारणों के लिए भागीदारी करते हैं। जैसे लोग ग़लत आधार पर (ज़रूरत पर आधारित नहीं) शुरुआत करते हैं, वे ग़लत आधार पर भागीदारी करते हैं : *विविधिकरण।* भागीदार तालमेल नहीं चाहते वे चाहते हैं जोख़िम, ख़र्च और काम के बोझ का विविधिकरण। हर भागीदार दूसरे से बोझ उठाने की अपेक्षा करता है और जब एक पर बोझ बढ़ जाता है तो आक्रोश बढ़ता है।

भागीदारियां कारगर हो सकती हैं, ठीक अनेकानेक शादियों की तरह। केवल यह सुनिश्चित कर लीजिए कि आपकी सगाई किसके साथ हुई है। अपनी कॉलेज की रूममेट के साथ दो हफ़्ते का हनीमून अनुरूपता बताने के लिहाज़ से पर्याप्त वक़्त नहीं है। क्या आप दो हफ़्ते की डेटिंग के बाद किसी से शादी कर लेंगे?

अच्छा अकाउंटेंट, अच्छा वकील

मेरी कई निवेशकों के साथ मौखिक तौर पर बातचीत होती है और उसके बाद जब 90 पन्ने का क़ानूनी दस्तावेज़ मेरी मेज़ पर आता है तो जो कहा गया था और जो लिखा गया था, वह अलग-अलग थे। हमारे बीच 5 साल के लिए 10% की दर से क़र्ज़ चुकाने पर बातचीत हो चुकी थी तो फिर दस्तावेज़ में 10% की जगह 5% क्यों दर्ज है? क़ानूनी शब्दजाल के तूफ़ान के बीच से विसंगति का तिनका आख़िर कौन खोज लाया? यह मेरे वकील का काम था।

एक वक़्त ऐसा भी था कि कारोबारी ख़र्च की सामान्य-सी भूल करों के रूप में हज़ारों डॉलर में पड़ती थी। कौन जानता था कि 38,000 डॉलर के इंटरएक्टिव वॉइस रिस्पांस सिस्टम मूल्यों में गिरावट संभव है, जबकि आप इसे केवल एक ज़्यादा क़ीमत वाला टेलीफ़ोन सिस्टम समझते हैं? आपका अकाउंटेंट।

अगर मुझे दो ए-*अकाउंटेंट* और *अटॉर्नी (वकील)* की टीम नहीं मिली होती तो-मैं और ग़रीब हो चुका होता। और हां, इन लोगों को खोजना आसान काम नहीं है क्योंकि वे अनुबंधित भागीदार की तरह होते हैं, लोगों का एक अन्य समूह जिसके पास आपके किले की कुंजी है।

मेरी तरह बेवकूफ़ी मत कीजिएगा। नया-नया था तो मुझे याद है कि मैंने अपना पहला अकाउंटेंट येलो पेजेस वाली किताब से खोज निकाला था। ना किसी का अनुमोदन, लेकिन केवल अंधी उम्मीद। यह जानने में ज़्यादा वक़्त नहीं लगा कि उसकी करों के लेकर योजना में कोई रुचि नहीं थी। मेरे कारोबार या मेरी चिंताओं की तो कोई बात ही नहीं थी, बस फ़ॉर्म्स को भरकर काम समाप्त करने की जल्दी। इसके अलावा उसके अधिकतर ग्राहक धीमे रास्ते के राहगीर थे, जो कार्पोरेशन की बज़ाय डब्ल्यू-25 और 401 (के) में ही डूबे रहते थे। वाह, क्या पसंद है एमजे! मुझे तेज़ रास्ते की विचारधारा वाले व्यक्ति की ज़रूरत थी और मैं उसे खोजने के लिए कटिबद्ध था। मैंने आख़िरकार एक ऐसे अकाउंटेंट को खोज़ ही निकाला जिसके ग्राहक मूलतः कारोबारों के मालिक थे।

इस बात को लेकर बहुत सावधानी बरतिए कि आप अपने किले की चाबियां किसे सौंप रहे हैं क्योंकि वे आपको आर्थिक बर्बादी की ओर ले जा सकते हैं। निकोलस केज याद है। उसके मैनेजर ने कथित तौर पर उसे आर्थिक कंगाली की कगार तक पहुंचा दिया था। पड़ताल करें, साक्षात्कार लें। कामयाब और स्थापित उद्यमियों से अनुमोदन लें। अपने दो ए (अकाउंटेंट व अटॉर्नी) के साथ वैसा ही व्यवहार रखें मानो वे आपके भागीदार हों क्योंकि उनके पास आपके किले तक अबाधित पहुंच है। और जिनके पास चाबी होती है उनके द्वारा आपको ग़लत दिशा में ले जाने की आशंका भी होती है।

आपकी बियर के साथ क्या आप चेन लगी आरी चाहेंगे?

जब आप किसी भी बात के लिए दूसरों पर आंखें मूंदकर विश्वास कर लेते हैं-कारोबार, वित्तीय निवेश, सुरक्षा-तो आपका ठगा जाना निश्चित है।

बियर का एक पुराना विज्ञापन है, जिसमें एक दंपत्ति एक अंधेरे भरे ग्रामीण मार्ग पर चले जा रहे हैं और उन्हें एक बियर का पूरा बक्सा और चेन लगी आरी (चेन सॉ) लिया हुआ एक सहयात्री दिखता है। ड्राइवर उसकी मदद करना चाहता है, क्योंकि उसके पास कुछ ऐसा है जिसे वह चाहता है-बियर-लेकिन वह चेन सॉ को अनदेखा कर जाता है। अंधी उम्मीद ठीक सुनसान सड़क पर किसी अनजान व्यक्ति पर भरोसा करने जैसा है, इस उम्मीद के साथ कि उसकी बियर पीने को मिल जाएगी, जबकि उसकी पीठ पर लटकी यातना देने के लिए इस्तेमाल वस्तु दिखाई नहीं देती।

आपको भरोसे को एक संपत्ति की तरह बना देना चाहिए, जिसे दूसरे लोगों को कमाना पड़े। शब्दों की बनिस्बत काम को बोलने दें। जब आप शब्दों को अपने भरोसे या कारोबारी प्रणाली के मीटर को निहत्था करने के लिए इस्तेमाल करने देते हैं तो आप पर हमले की आशंका बढ़ जाती है।

अब तक मेरे द्वारा रखी गई सबसे घटिया कर्मचारी एक आदतन झूठ बोलने वाली थी, जिसने मुझसे चोरी की थी। आख़िरकार मैंने उसे क्यों नौकरी दी थी? उसने मुझे शब्दों से निहत्था कर दिया। साक्षात्कार के दौरान उसने मुझे कहा कि वह चर्च में गाती है और धार्मिक महिला है। मैंने उससे जहां धर्म के बारे में कुछ नहीं पूछा, मैंने धर्म को ईमानदारी सौंप दी। इसने मेरे सुरक्षा कवच को तोड़ दिया और मैंने उसे बिना किसी पुष्टि के नौकरी पर रख लिया। मुझे सच्चाई जानने में कुछ वर्ष (और कुछ कड़वे अनुभव) लगे।

पहले जांचो फिर भरोसा करो

पूर्व राष्ट्रपति रोनाल्ड रीगन ने एक बार कहा था, "भरोसा करो, लेकिन जांच कर लो।" जब मैंने उस झूठी को नौकरी दी तो मैंने जांच नहीं की। कुछ चोरियां, वीडियो कैमरा और रिकॉर्ड की छानबीन ने अंततः सच्चाई का खुलासा कर दिया। मैंने जांच में बहुत देरी कर दी और मुझे इसकी क़ीमत चुकानी पड़ी।

विश्वास के सबसे बुरे मामले हमारी वित्तीय प्रणाली में होते हैं। बरनार्ड मैडॉफ़ ने आज तक की सबसे बड़ी पोंजी स्कीम में सेंध लगाई और अरबों डॉलर गंवा दिए गए। आख़िरकार एक ही व्यक्ति कैसे लाखों से अरबों डॉलर निकाल लेता है? बिना जांच के किया गया भरोसा। हज़ारों लोगों ने मैडॉफ़ पर भरोसा किया और हज़ारों लोगों ने जांच नहीं की। जिन्होंने जांच की उन्होंने निवेश नहीं किया और कुछ ने तो कलई भी खोल दी। हम भरोसा करने वाले लोग हैं और हमेशा हर बात के अच्छा होने में ही यक़ीन रखते हैं। हम परीकथाओं में और उसके बाद वे हँसी-ख़ुशी रहने लगे, में यक़ीन करते हैं। हम यह विश्वास करते हैं कि हम फ़ेसबुक पर विज्ञापनों से लाखों-करोड़ों कमा सकते हैं, बस हमें उस व्यक्ति को पेपाल के जरिये 97 डॉलर भेजना है।

जब मैंने कॉलेज से निकलते ही बतौर उद्यमी अपने करियर की शुरुआत की तो मैंने हर किसी पर भरोसा किया। मैंने हर तरह की ऊटपटांग योजनाओं में निवेश किया जो दौलत का वादा करती थीं। क्या होता है जब आप हर किसी पर भरोसा करते हैं? आप झुलस जाते हैं। आप आलसी हो जाते हैं। आप अपराधियों की मदद लेते हैं। जब आप हर किसी पर भरोसा करते हैं तो आप ऐसे कारोबारी अवसरों का पीछा करते हैं, जो नियंत्रण के नियम का खुला उल्लंघन करते हों। दूसरे लोग आपके वित्तीय रास्ते के सफ़र पर नियंत्रण रखते हैं। और जब ऐसा होता है तो आप दुर्घटनाग्रस्त होकर ख़ाक हो जाते हैं। दुनिया में एक ही व्यक्ति ऐसा है जिस पर आप आंख मूंदकर भरोसा कर सकते हैं, ख़ुद आप।

दूसरों से इतना द्वेष क्यों? अगर आप अभी नहीं समझे तो बाद में समझ जाएंगे। *जब आप लाखों लोगों की सेवा करते हैं तो आप लाखों लोगों के संपर्क में आते हैं।* तभी आपको उपभोक्ता/निर्माता या उत्पादक समीकरण समझ में आएगा। आपकी आंखें

इस हक़ीक़त को लेकर खुल जाएंगी कि कितने सारे लोग आपको तबाह करने के लिए कितने अतिरिक्त प्रयास करने को तैयार हैं। झूठों, फ़रेबियों और बदमाशों से सुरक्षित कोई स्थान नहीं है। ये लोग बेहद अनपेक्षित जगहों पर मिल जाते हैं : आपका समुदाय, चर्च, हार्मोनिक डेटिंग साइट या आपके आलीशान कंट्री क्लब में।

अगर मैं अच्छी तरह से जांचे गए निवेश में 10,000 डॉलर गंवाता हूं तो मैं इससे निपट सकता हूं। आसानी से आया था, आसानी से चला गया। अगर मुझसे कोई 10,000 डॉलर चुरा लेता है, क्योंकि उस पर भरोसा करके उसे मैंने अपने वाहन में छोड़ा था, तो यह अलग बात है। आजकल मैं किसी पर भरोसा नहीं करता, लेकिन हर किसी को भरोसा साबित करने का अवसर देता हूं। इस दुनिया में बहुत सारे अच्छे लोग हैं और वे बुरे लोगों को बड़े अंतर से पछाड़ देते हैं। इन अच्छे लोगों को खोजने के लिए हल्के से प्रयास की दरकार होती है और इन लोगों को अपनी ज़िंदगी में स्थान दो। सड़क किनारे से किसी भी व्यक्ति को साथ लेते वक़्त सावधानी बरतें। केवल ठंडी बियर से ललचाकर चेनसॉ की अनदेखी मत करो।

लापरवाह शोफ़र्स को निकाल बाहर करो

क्या शरणस्थल को क़ैदी चला रहे हैं? जब आप घर पर नहीं हों तो किले की ज़िम्मेदारी किसकी होती है? कौन आपके कारोबार को चलाता है, कौन उसका ड्राइवर है?

बेहतर ग्राहक सेवा उपलब्ध कराना एक बात है और उसे चलाने वाले कर्मचारी पाना दूसरी बात। जब आप अपना ध्यान सबसे निचली पंक्ति की ओर करते हो, तो अक्सर अग्रिम पंक्ति की बलि चढ़ जाती है। कार्यालय की फ्रंट डेस्क पर बैठा 10 डॉलर प्रति घंटे के वेतन वाला वह अप्रशिक्षित बदतमीज़ व्यक्ति आपको कितना महंगा पड़ रहा है? ग्राहकों को अपना अनुयायी बनाने के लिए आपके कर्मचारियों को भी आपकी ग्राहक सेवा की सोच को ही अपनाना होगा। आप किसी एक कर्मचारी को अपने करोड़ों डॉलर के निवेश को बर्बाद करने नहीं दे सकते। *दुनिया के तमाम अमूर्त कारक भी एक कमज़ोर ग्राहक सेवा अनुभव को नहीं बदल सकते।*

लासवेगास में नौ दिन रहने के बाद मैंने सीखा कि कैसे रोबोट जैसी यंत्रवत सेवा, कारोबारी देनदारियों का चरम है। ठाठ-बाट की परवाह किए बगैर। अधिकांश लोग लासवेगास में छुट्टियां मनाते हैं क्योंकि वे सहकर्मियों, अक्षम कर्मचारियों, गंदे घरों, यातायात और बतौर मैनेजर झेले जाने वाले दैनंदिन ड्रामा से दूर भाग जाना चाहते हैं। मेरे दोस्त की कंपनी के सालाना समारोह के कारण मुझे लासवेगास के रियो होटल में ठहरने का मौक़ा मिला। मैं कभी रियो में नहीं रुका था और मैं इसे होटल नहीं मानता था। यह जगह पुरानी हो चुकी थी और बिस्तर सख़्त और कमरे जीर्ण-शीर्ण हो चुके थे। फिर भी वहां का स्टाफ़ बहुत शालीन था। डीलर्स भी दोस्ताना थे और केसिनो स्टाफ़ हमारी छोटी-मोटी मांगों को पूरा कर रहा था। वहां रहना मेरे लिए आनंददायक रहा।

तीन दिन के बाद मेरा होटल रियो की जगह वेनेशियन कर दिया गया, जिसका इंतज़ाम मेरे अमेरिकन एक्सप्रेस के दरबान ने किया था। जो वेनेशियन से अनजान हैं, उनके लिए

बता देना चाहूंगा कि यह एक नया होटल है, जो भव्य वास्तुकला से सजा है : अलंकृत स्तंभ, महंगे झूमर और अन्य आकर्षक सजावट जो शाही दिखाई देती थीं। वेनेशियन में मैं छह दिन तक रहा।

वहां छह दिन गुज़ारने के बाद मैं वहां कभी भी नहीं लौटूंगा।

वहां की इतालवी वास्तुकला बेहद पसंद आई, लेकिन लोग बेकार थे। पहले दिन से ही दुस्वप्न की शुरुआत हो गई थी, जो हर एक दिन जारी रही। घटिया मानवीय अनुभव, कोई जवाब नहीं देने वाली हाउसकीपिंग, बहुत ज़्यादा इंतज़ार कराने वाली होटल सर्विस और वादे पर ख़रा उतरने में असफल। किसी रोबोट की तरह का स्टाफ़ और कुछ ज़्यादा ही दाम और कुल मिलाकर किसी भी तरह से राहत देने में पूरी तरह से असफल। इस अनुभव में दो महत्त्वपूर्ण पाठ हैं :

1) बेहतर अप्रत्याशित ग्राहक सेवा का फ़लसफ़ा आपके कर्मचारियों द्वारा ही साकार किया जाना चाहिए।
2) उत्पाद के शानदार फ़ीचर्स भी कमज़ोर सेवा की भरपाई नहीं कर सकते।

सबसे पहले कर्मचारियों को आपकी बेहतर अप्रत्याशित सेवा के फ़लसफ़े को साकार करना होगा। आपके लोग आपके कारोबार के अग्रदूत हैं और वे आपके दृष्टिकोण को लोगों तक पहुंचाते हैं। मूलतः वे आपके कारोबार के वाहन के शोफ़र्स हैं और अगर वे लापरवाह होंगे तो आपका दृष्टिकोण ख़त्म हो जाएगा।

आपके कर्मचारी ही आपकी कंपनी को लेकर जनता की सोच का निर्धारण करते हैं।

क्या यह वेनेशियन की नीति थी कि मेरे साथ इस तरह का अपमानजनक और अरुचिकर व्यवहार किया जाए? लगता नहीं। दरअसल, नाकामी प्रबंधन से कर्मचारियों तक संवाद प्रणाली की थी। ना केवल कुछ बल्कि बहुतेरे। आप पूरे दिन जहाज नहीं चला सकते। आपके कर्मचारी पानी की बाल्टियां लिए हुए होते हैं और यदि वे विधिवत सेवा में प्रशिक्षित नहीं हैं तो वे संतुष्टि को दांव पर लगा देते हैं और समस्याएं खड़ी कर देते हैं। ग्राहक केंद्रित नीति का कोई मायने ही नहीं है अगर कर्मचारी उस नीति को वास्तविकता में लागू ही नहीं करते।

इसमें निहित दूसरा पाठ : चाहे उत्पाद को लेकर कितने भी तामझाम या झांकीबाजी, जैसे अत्याधुनिक प्रौद्योगिकी (आकर्षक वेबसाइट) या शानदार वास्तुकला (आलीशान तरीक़े से सजाया गया होटल) का इस्तेमाल किया जाए, वह भी कमज़ोर ग्राहक सेवा की क्षतिपूर्ति नहीं कर सकती। वेनेशियन के अरबों के दिखावे, संगमरमर का फ़र्श, कलात्मक स्तंभों के बावजूद उनकी ग्राहक सेवा बेकार थी। जबकि पुरानी इमारत के बावजूद रियो होटल की ग्राहक सेवा शानदार थी, जो एक अच्छा अनुभव बन गई थी।

यह विसंगति एकतरफ़ा मार्ग की ओर संकेत करती है–हद दर्जे की समर्पित ग्राहक सेवा–सेवा जो बेहतर और अप्रत्याशित ग्राहक सेवा हो–यह सेवा कमज़ोरियों की पूर्ति कर सकती है, लेकिन हद दर्जे का तामझाम घटिया ग्राहक सेवा या घटिया मानवीय व्यवहार

की क्षतिपूर्ति नहीं कर सकती। वेनेशियन होटल का फ़र्श सोने का भी बना होता तो उससे भी कोई फ़र्क़ नहीं पड़ता।

घटिया इंसानी अनुभव की कोई क्षतिपूर्ति नहीं कर सकता।

आपके पास सबसे अच्छे समुद्री तट पर सबसे अच्छा होटल हो सकता है, लेकिन अगर ग्राहकों से असुविधाजनक व्यक्ति जैसा व्यवहार किया गया और किसी गुज़ारिश का कोई जवाब ही नहीं दिया गया तो वे ग्राहक कभी वापस नहीं आएंगे। कारोबार में तेज़ी से तरक़्क़ी हद दर्जे तक समर्पित ग्राहक सेवा से आती है और आपके अग्रणी कर्मचारियों का आपकी सोच के साथ तालमेल होना चाहिए। यह केवल सीईओ कार्यालय की दीवार पर मिशन स्टेटमेंट्स चस्पां कर देने जैसी बकवासों से नहीं होता।

अध्याय का सार : तेज़ रास्ते की ख़ासियतें

- कारोबारी साझेदारी, शादी की तरह ही महत्त्वपूर्ण होती है।
- एक अच्छा अकाउंटेंट और एक अच्छा वकील आपको लाखों और संभव है कि करोड़ों बचाने में मदद करेंगे।
- अकाउंटेंट और वकील के पास आपके किले की चाबी होती है। सुनिश्चित कीजिए कि आपका उन पर भरोसा हो, क्योंकि उनके पास आपके साथ अच्छा या बुरा करने की ताक़त है।
- पूरी तरह से भरोसा, पूरी तरह से जोख़िम का ख़तरा बढ़ा देता है।
- बिना सत्यापन के भरोसा अंततः अनियंत्रित परिणामों की वजह बन सकता है।
- आपके कर्मचारी ही आपकी कंपनी को लेकर जनता की सोच का निर्धारण करते हैं।
- हद दर्जे की ग्राहक सेवा कमियों को पूरा कर सकती है, लेकिन हद दर्जे का तामझाम आपकी कमज़ोर ग्राहक सेवा की क्षतिपूर्ति नहीं कर सकती।
- ग्राहक सेवा का दर्शन मानवीय संवाद से साकार होता है–ना कि सीईओ के कार्यालय के बाहर की दीवार पर चस्पां कथित महत्त्वाकांक्षी मिशन स्टेटमेंट से।

अध्याय

42

किसी के तारणहार बनिए

एक बाज़ार का अच्छे उत्पाद से कभी मन नहीं भरता,
लेकिन एक घटिया उत्पाद से बहुत जल्दी भर सकता है।
—हैनरी फ़ोर्ड

आपका तारणहार

क्या आपका उत्पाद या सेवा किसी और के लिए तारणहार है? क्या यह आज के दिन रक्षा कर सकता है? या कि यह तारणहार स्वार्थ से परिपूर्ण है, जिसमें आपकी उम्मीदों का ईंधन है, जो एक काले घोड़े पर सवार होकर हवा से बातें करने लगेगा और आपको अमीर तो बनाएगा ही साथ ही साथ आपको अपना बॉस बनने की इज़ाज़त भी देगा?

"मैं भी" की भीड़भरी दुनिया

"मैं भी" वाले कारोबारों की कमाई भी मैं भी जितनी ही होती है। ऐसा कारोबार खोजना बहुत मुश्किल नहीं है जो ज़रूरत की बज़ाय किसी और बात पर आधारित हो। उनमें कोई अलग बात या मौलिकता नहीं होती और वे "मैं भी" की भीड़ के बीच कहीं खो जाते हैं। और एक बार "ख़ुद अपना बॉस बनो" का भूत दिमाग़ से उतरते ही अपने मालिकों को पागल-सा कर देते हैं। झूठे आधार पर स्थापित कारोबार तेज़ी से कमोडिटाइज़्ड (बिकाऊ बना दी गई एक समान वस्तु, सेवा) के कूड़ेदान में चला जाएगा और फिर आपको अवश्यंभावी क़दम उठाने पर मज़बूर कर देगा-चेकर्स खेलने पर।

एक समान वस्तुएं या सेवाएं हो जाना क्या है?

इसमें एक उत्पाद या सेवा प्रदाताओं द्वारा दिए जाने वाले बिकाऊ उत्पाद या सेवा की ही तरह दिखाई देता है। उदाहरण के लिए हवाई सेवा। अधिकांश लोगों का झुकाव किसी एक एयरलाइंस कंपनी की ओर नहीं है। उनका झुकाव सर्वश्रेष्ठ क़ीमत की ओर है। यह उत्पाद समान बिकाऊ सेवा बन चुका है।

एक अन्य उदाहरण है गैस। मैं सात में से किसी भी भिन्न गैस स्टेशन से गैस ले सकता हूं, क्योंकि यह भी समान बिकाऊ वस्तु बन चुकी है।

लोग एक समान बिकाऊ वस्तु या सेवा के चयन का फ़ैसला केवल एक ही आधार पर करते हैं : क़ीमत। अगर आप ऐसा नहीं करते तो केवल इसलिए, क्योंकि कारोबार ने उत्पाद और उसके विकल्पों के बीच अंतर को बिलकुल स्पष्ट कर दिया है। अगर आपका उत्पाद सबसे अलग नहीं है, तो आपके लिए कुछ ख़ास मौक़ा नहीं है। आपको भी भीड़ में दिखने के लिए "क़ीमतों में कटौती वाला रास्ता ही अपनाने के लिए मज़बूर होना पड़ता है।"

सही वजह से कारोबार में उतरें

आप कारोबार की दुनिया में क्यों हैं? पूरी संभावना है कि ग़लत वजह से।

एक बिलकुल सही उदाहरण है लिमोजिन्स उद्योग, जहां नई कंपनियां ट्रेन स्टेशन के घूमने वाले दरवाज़े की तरह खुलती-बंद होती रहती हैं। क्या बात है जो किसी में लिमोजिन्स कारोबार की इच्छा जगाती है? शायद ही कभी ज़रूरत के कारण। नहीं, लोग कारोबार में आते हैं, क्योंकि वे अपनी स्वार्थी ख़्वाहिशों को पूरा करना चाहते हैं-क्योंकि वे बस कारोबार करना चाहते हैं, ठीक वैसे ही जैसा बरसों पहले मैं चाहता था। वास्तविकता में लिमो कारोबार कुछ ऐसा है मानो किसी ड्राइवर ने स्नातक उपाधि हासिल कर ली हो। क्या बाज़ार को नई लिमोजिन्स कंपनी की ज़रूरत है? क्या उनका प्रतिस्पर्धा से बेहतर उत्पाद देने का कोई इरादा था?

नहीं।

इरादा ज़ाहिर तौर पर स्वार्थी था : *मैं एक लिमो-कंपनी का मालिक बनना चाहता हूं इसलिए मैंने कंपनी शुरू की।*

इससे आपूर्ति तो बढ़ जाती है और मांग कमज़ोर पड़ जाती है-ढेर सारी लिमोजिन्स इधर-उधर भागती हुईं और ग्राहक अपर्याप्त। जब मांग से ज़्यादा आपूर्ति हो जाती है तो क़ीमतों का गिरना तय होता है और एकाएक वह उत्पाद हर किसी की पहुंच में (कमोडिटाइज़्ड) हो जाता है।

बाज़ार की ज़रूरतों की अनदेखी करने पर आपका उत्पाद बिक्री के लिए उपलब्ध अन्य समान वस्तु या सेवा की तरह हो जाता है और उसके लिए आपको अपनी आत्मा ग्राहक को बेच देनी पड़ती है, जो सबसे सस्ता माल चाहता है। यह पागलपन कहां शुरू होता है? ऐसे लोग कारोबार शुरू कर देते हैं, जिनका उनसे कोई लेना-देना नहीं होता। लोग कारोबार शुरू करते हैं, क्योंकि "वे जो चाहते हैं वह करते हुए" या "वह करते हुए जो वे जानते हैं।"

कारपेट साफ़ करने के कारोबार वाले एक व्यक्ति ने फ़ास्टलेन फ़ोरम में इसी तरह की एक कहानी पोस्ट की थी। उसने लिखा :

समस्या यह है कि भले ही मैं जो काम कर रहा हूं वह बहुत उपयोगी है, लेकिन यह वह बात है, जिसे लोग ख़रीदना नहीं चाहते। लोग जब तक संभव हो अपने कारपेट को साफ़ करना पसंद नहीं करते। इसलिए हक़ीक़त में मैं ऐसी बात उपलब्ध करा रहा हूं, जिसकी उनके लिए कुछ ख़ास उपयोगिता नहीं है। इसलिए मैं यह निष्कर्ष निकाल सकता हूं कि मुझे अपना कारोबार बदलना होगा। तो वह क्या वस्तु है, जिसे मुझे लक्ष्य बनाना होगा? लोगों को किसी बात की सबसे ज़्यादा ज़रूरत है? मेरे ख़याल से मैं ऐसे कारोबार में हूं, जिसका आधार ही ग़लत है।

मुझे उस व्यक्ति के लिए बुरा लग रहा है।

वह क्यों कारपेट साफ़ करने के कारोबार में है? क्योंकि वहां एक ज़रूरत थी? या क्योंकि *उसे एक काम चाहिए था और वह अपना ख़ुद का कारोबार चाहता था?*

कारण चाहे जो हो दरअसल, वह एक ऐसे उद्योग में काम कर रहा है, जहां पर सेवा कमोडिटाइज़्ड हो चुकी है। कारोबारों के मालिक हर एक ग्राहक के लिए झगड़ रहे हैं, जबकि उन्हें हर एक ग्राहक से और कम ही कम डॉलर मिल रहे हैं। अगर उसे तरक़्क़ी करना है तो उसे क़ीमतें घटानी होंगी।

मेरा जवाब यह था कि आप कारोबार का आधार बदल नहीं सकते, क्योंकि आप पहले से ही उस कारोबार में हैं। कारोबार का सही आधार या तो आपको सही कारोबार में ले जा चुका होता या फिर आपको किसी ज़रूरत को पूरा करने वाले कारोबार में ले जाता। जब सैकड़ों लोग केवल इसलिए कारोबार करने लगते हैं कि वे उसके बारे में जानते हैं या करना चाहते हैं (ज़रूरत पर आधारित नहीं) तो आप कमोडिटाइज़ेशन की प्रक्रिया में धकेल दिए जाते हैं : चंद डॉलर्स के लिए युद्ध। ज़रूरत सीमित (सीमित मांग) है और बहुत ज़्यादा प्रदाता (आपूर्ति)। ज़रूरत पर आधारित का मतलब होता है, उद्योग की पूरी तरह से अनदेखी कर देना या किसी समस्या विशेष को हल करना, सबकुछ हो जाने के बाद बदलाव नहीं। अगर आपका उत्पाद किसी का भला नहीं कर सकता, भीड़ में अलग नहीं दिखता और क़ीमतों में भी स्थिरता नहीं है तो इसके कमोडिटाइज़्ड होने की पूरी आशंका है।

बस प्रतिस्पर्धी को ही ताकते नहीं रहें

हालांकि मेरी इंटरनेट सेवा उपभोक्ताओं के लिए थी, मुझे भुगतान करने वाले उपभोक्ता छोटे कारोबारी थे। जब आप हर रोज़ सैकड़ों छोटे कारोबारियों के साथ संवाद साधते हैं तो आपको उनके कारोबार करने के तौर-तरीक़ों की बारीकियों का पता चलता है। मैंने ग़लती से यह मान लिया था कि सारे कारोबार मालिक मेरी तरह से ही सोचते हैं, जबकि अधिकांश मामलों में तो यह ठीक उल्टा था। मैंने बहुत जल्द जान लिया कि अधिकांश कारोबार मालिक अपने कारोबार की बज़ाय प्रतिस्पर्धी पर ज़्यादा बारीकी से नज़र रखते हैं। अपने कारोबार की बजाय उनकी रुचि हर उस बात को जानने की होती है, जो उनका प्रतिस्पर्धी कर रहा है। इसका मतलब होता है कि आप अपने उत्पाद की उपेक्षा करते हैं और

ख़ुद पहले सक्रिय वाला होने की बजाय केवल प्रतिक्रिया देने वाले हो जाते हैं।

क्या आपकी निगाहें अपने वाहन और आगे के रास्ते पर है? या आप केवल अपने इर्द-गिर्द चल रही कारों में ताकाझांकी कर रहे हैं?

उफ़्फ़ नहीं! एक्सेल लिमोजिन्स ने अपना प्रति घंटे भाड़ा पांच डॉलर कम कर दिया है? हे भगवान पुलिस को बुलाओ। क्या कहा, गॉडफ्रे लिमोजिन्स विज्ञापन में अपने 2011 के मॉडल को 2017 का मॉडल बता रही है? मैं अपने वकील को फ़ोन करने जा रहा हूं।

अगर आपकी निगाहें केवल प्रतिस्पर्धी के पीछे ही लगी हुई हैं तो इसका मतलब है कि आपकी निगाहें रास्ते पर नहीं हैं। अगर आप उसके पीछे हैं तो आप सबसे आगे नहीं हैं और अगर आप सबसे आगे नहीं हैं तो इसका मतलब है कि आप नया आविष्कार नहीं कर रहे हैं और ना ही कुछ नवनिर्माण।

अगर आप कंपनी एक्स के कुछ करने पर प्रतिक्रिया दे रहे हैं तो इसका मतलब है कि आप प्रतिक्रियावादी हैं। वे क्यों नहीं आपके काम की नक़ल कर रहे?

अगर आप अपने प्रतिस्पर्धी द्वारा की जा रही तमाम बातों में ही उलझे रह जाएंगे तो आप अपने कारोबार और अपने ग्राहकों को धोखा दे रहे हैं।

प्रतिस्पर्धा का लाभ कैसे उठाएं

गुज़र चुके एक और प्रोफ़ेसर का दिव्यज्ञान, 95% वक़्त तो अपने प्रतिस्पर्धी को भूल जाओ। शेष 5% का इस्तेमाल उनकी कमियों का लाभ उठाने और अपने कारोबार को उससे अलग बनाने के लिए करें। अगर आप अपने प्रतिस्पर्धी के बारे में भूल जाते हैं तो आप अपने कारोबार पर ध्यान देने के लिए मज़बूर हो जाते हैं, जो कि है, नया आविष्कार करना, मूल्य निर्धारण और अपने ग्राहकों का दिलोदिमाग़ जीतना। और जब आप ज़रूरतों को पूरा करते हैं और आपके ग्राहकों की संख्या बढ़ती है तो एकाएक कुछ होता है : *हर कोई आपके पीछे ही चलने लगता है।*

मेरे उद्योग में मैं सबका नेतृत्व करता हूं। मैंने कई आविष्कार किए और उनका क्रियान्वयन भी। अगर मैंने कुछ नए फ़ीचर्स जोड़े तो मेरे प्रतिस्पर्धी भी कुछ माह बाद वही करते थे। मेरी कंपनी ने सबसे पहले लीड जनरेशन रेवेन्यू मॉडल का इस्तेमाल किया। बाद में इसकी दर्जनों बार नक़ल की गई। मेरी आंखें दूसरे लोगों पर नहीं थीं क्योंकि मैं तो अपनी ही सफलता और अपने ग्राहकों की संतुष्टि में मगन था।

कुछ ऐसे दुर्लभ मौक़े भी आते हैं, जब आप प्रतिस्पर्धी की ओर ताकाझांकी करते हैं, तो उसका उद्देश्य केवल उसका फ़ायदा उठाना होता है।

उनकी कमज़ोरियों को तलाशें और जो उनकी कमियां हैं, वहां पर अपने प्रदर्शन को और अधिक बेहतर करें।

ज़रूरत को खोज निकालें। उनकी ग्राहक सेवा की ग़लतियों का लाभ उठाएं। क्या अच्छी सेवा पाना नामुमकिन है? क्या असंतुष्ट उपभोक्ता इंटरनेट को अपनी नाराज़गी से भर देते हैं?

जब मैंने अपनी पहली कंपनी शुरू की थी तो प्रतिस्पर्धा के नाम पर तत्कालीन वेबसाइट्स और परंपरागत येलो पेजेस थे। दोनों की कमज़ोरी थी जोख़िम। विज्ञापन देने के लिए आपको लाभ की परवाह किए बिना पहले ही भारी-भरकम शुल्क भरना होता है। अगर आपने 5,000 डॉलर ख़र्च किए और आपको केवल एक नया ग्राहक मिला तो आपने एक ग्राहक के लिए 5,000 डॉलर ख़र्च कर दिए। मैंने इसे हल करने का फ़ैसला किया।

परिपक्व कंपनियों के लिए प्रतिस्पर्धा बता सकती है कि क्या आपको करना चाहिए और क्या आपको नहीं करना चाहिए। मेरा निकटतम प्रतिस्पर्धी कभी भी ग्राहक की ईमेल का जवाब नहीं देने के लिए बदनाम था। इसने मुझे लाभ की स्थिति में ला दिया।

अगर आप सड़क से निगाहें हटाकर अपने प्रतिस्पर्धी की ओर नज़र भी डालते हैं तो ऐसा केवल अपने उत्पाद की उपयोगिता बढ़ाने के अवसरों की तलाश के लिए ही कीजिएगा।

कमज़ोरियों का लाभ उठाकर ही ब्रांड तैयार होते हैं।

वे क्या ग़लत कर रहे हैं?

वे किस जगह पर अक्षम हैं?

असंतुष्ट ग्राहकों में ही मूल्यवर्धन और ख़ुद को अलग साबित करने के अवसर छिपे होते हैं। अंतर हमें कमोडिटाइज़ेशन से बचाता है। अपने प्रतिस्पर्धी को टकटकी लगाकर देखने का केवल एक ही मक़सद होना चाहिए : कमज़ोरियों को तलाशना और अपने परिचालन से उन कमज़ोरियों को दूर करना। ग्राहक को यही अंतर मूल्यवान लगेगा। और बेहतर उपयोगिता का मतलब है कि आपने ख़रीददार को जीत लिया।

अध्याय का सार : तेज़ रास्ते की ख़ासियतें

- जब आप झूठे आधार-"मैं कारोबार का मालिक बनना चाहता हूं" या "मैं जानता हूं कि इसे कैसे करना है, इसलिए मैं इसका कारोबार शुरू करूंगा," पर कारोबार शुरू करते हैं तो कमोडिटाइज़ेशन होता है।
- अगर आप अपने प्रतिस्पर्धी को देखने और उसकी नक़ल करने में बेहद व्यस्त हैं तो इसका मतलब है कि आप नया कुछ भी नहीं कर रहे हैं।
- प्रतिस्पर्धा का इस्तेमाल कर प्रतिस्पर्धी की कमज़ोरियों को तलाशें, उससे कुछ अलग करें और मूल्यवर्धन करें।

अध्याय

43

ब्रांड तैयार करें, कारोबार नहीं

हर किसी के गले में एक अदृश्य निशानी होती है जो कहती है,
'मुझे महत्त्व दो!'
लोगों के साथ काम करते वक़्त उस संदेश की अनदेखी नहीं करें।
—मैरी के एश

वज़ीर : मार्केटिंग और ब्रांडिंग

शतरंज में आप अपने वज़ीर को गंवा दीजिए और आप मुक़ाबला गंवा देते हैं। कारोबार में अधिकांश लोग अपने कब्ज़े में मौज़ूद वज़ीर के बिना खेलते हैं।

क्या आपने कभी टीवी देखकर कोई उत्पाद ख़रीदा है और जब आपने उसे इस्तेमाल किया तो वह घटिया निकला और उसका प्रदर्शन विज्ञापन के मुताबिक़ नहीं था? तो फिर असंतुष्ट होकर आपने उस उत्पाद को वापस लौटाना चाहा और एक ऐसे व्यक्ति द्वारा आपको इधर-उधर दौड़ाया गया, जिसका आईक्यू दोहरे अंकों वाला दिखाई देता था? यही मार्केटिंग की ताक़त है : ख़राब लोग, ख़राब सेवा और ख़राब उत्पाद, लेकिन ज़बरदस्त मार्केटिंग।

अगर आपका उत्पाद ठीकठाक (कमज़ोर घोड़ा) है, ग्राहक सेवा कमज़ोर (नशे में ऊंट) है और अक्षम लोग (बेवक़ूफ़ों से पटा पड़ा किला) साथ हैं तो आप दमदार वज़ीर के बूते बच सकते हैं।

शतरंज में वज़ीर सबसे मज़बूत मोहरा होता है। कारोबार में भी ऐसा ही है। मार्केटिंग लोगों को मामूली उत्पाद ख़रीदने के लिए भी तैयार कर सकती है। मार्केटिंग सेवा की ख़ामियों को छिपा या पर्दे में रख सकती है। यह अक्षमता को छिपा सकती है। मार्केटिंग की ताक़त तलहटी में काक्रोच वाले उत्पाद को भी बेच सकती है। मार्केटिंग दरअसल समझ का खेल है और जो भी आपकी समझ है वही हक़ीक़त है।

एक ब्रांड बनाओ, कारोबार नहीं

कारोबार क़ायम रहते हैं। ब्रांड्स फलते-फूलते हैं। एक ब्रांड किसी वस्तु को बिकने के लिए उपलब्ध अन्य सामान्य वस्तुओं की तरह ही बनाने से बचाने का सबसे बेहतरीन उपाय है। जब आपका कारोबार केवल आपके बिलों का भुगतान कर रहा हो तो आप कुछ और नहीं चेकर्स खेल रहे होते हैं और केवल एक दिशा में चल रहे होते हैं। लोग ब्रांड्स और रिश्तों के प्रति वफ़ादार होते हैं, किसी कार्पोरेशन या कारोबार के प्रति नहीं।

जब आप एक वॉल्वो के बारे में सोचते हैं तो आप किस बात के बारे में सोचते हैं? मैं सुरक्षा के बारे में सोचता हूं। पोर्श? मैं गति के बारे में सोचता हूं। और फ़ेरारी? अमीर। वोक्सवैगन? व्यावहारिक जो कि फिर 2015 के डीजल प्रौद्योगिकी घोटाले के कारण भरोसे लायक़ नहीं रही। टोयोटा? भरोसेमंद। फिर भी, जब कोई शेवर्ले कहता है तो दिमाग़ में कोई साफ़ छवि नहीं बनती, दिमाग़ में आता है तो दिवालियापन, यूनियन के झगड़े और भरोसा करें या नहीं पता नहीं। कुछ ऑटोमोबाइल निर्माताओं ने मज़बूत ब्रांड्स तैयार किए हैं, जबकि दूसरे कारोबार को मज़बूत करने में लगे हैं।

कारपेट की सफ़ाई करने वाले हमारे दोस्त के पास भी एक कारोबार है ब्रांड नहीं। ब्रांड्स के आगे कभी भी पहचान का संकट खड़ा नहीं होता। कारोबारों के सामने हो सकता है। अगर हमारा दोस्त एक ऐसे उद्योग में कामयाबी चाहता है, जहां "मैं भी" जैसी मौज़ूदगी वाले बेशुमार लोग हैं तो उसे ख़ुद को अलग साबित करने के लिए ब्रांड तैयार करना होगा। उसे ट्रैफ़िक जाम में फंसी शेवर्ले कारों के बीच लैम्बोर्ग़िनी जैसा बनना होगा। उसका कारपेट साफ़ करने का कारोबार कैसे दूसरों से अलग हो सकेगा? लोग क्योंकर उसकी सेवाएं लेना चाहेंगे, फिर भले ही उसकी क़ीमतें 20% ज़्यादा हों?

इन मुश्किल सवालों के जवाब भी उतने ही मुश्किल हैं। ख़ासतौर पर जब उसका उद्योग में प्रवेश ग़लत आधार पर हुआ था। हालांकि बाद में और अधिक पड़ताल के बाद पाया गया कि उसके बेशर्म प्रतिस्पर्धी ग़लत जानकारी देकर ग्राहकों को आकर्षित करने की धोखाधड़ी भरी योजना का इस्तेमाल कर रहे हैं। शायद इस उद्योग की कमज़ोरियों का फ़ायदा उठाया जा सकता है? मेरी उसको चुनौती थी कि उस बाधा को ही अपने लाभ के लिए इस्तेमाल कर ले। शायद वह ख़ुद को बिना किसी बकवास वाले कारपेट क्लीनिंग ब्रांड के तौर पर प्रचारित कर सकता है-तय दाम, कोई अतिरिक्त शुल्क नहीं और किसी बात को छिपाया नहीं गया है।

कम्प्यूटर निर्माता एपल ज़रूरत या किसी परेशानी के समाधान पर ब्रांड विकसित करने का बेहतरीन उदाहरण है। लोग वायरस, सेंध लगाने वाले उपकरणों और "आपका अपडेट तैयार है," से अक्सर परेशान देखे जाते हैं, जो आमतौर पर पर्सनल कम्प्यूटरों (पीसी) के साथ होता है। एपल ने पीसी की कमज़ोरियों का लाभ उठाया और लोगों की समस्या को हल कर दिया। एपल ने ख़ुद को इतिहास के सबसे दमदार ब्रांड्स में तब्दील कर लिया है। एपल सबसे सस्ता नहीं है, क्योंकि उन्होंने एक ब्रांड विकसित कर लिया है और वे जो चाहें दाम मांग सकते हैं। बस आप "एपल" कहिए और ढेर सारी छवियां दिमाग़ में तैरने लगती हैं : रचनात्मक, आधुनिक, आसान और ताज़ातरीन। जब मैं पीसी के बारे में सोचता हूं तो

मेरी आंखों के सामने नीली स्क्रीन, अवैध प्रक्रियाएं और "इस अपडेट के लिए आपको कम के कम 17 बार अपने कम्प्यूटर को रिबूट करना होगा," जैसी बातें तैरने लगती हैं। एक कारोबार है। दूसरा ब्रांड है।

अद्वितीय बनो : यूएसपी

किसी भी ब्रांड को विकसित करने के लिए पहला क़दम है, ऐसी बात जो आपको बिक्री के लिहाज़ से प्रतिस्पर्धी से बेहतर और सबसे अलग बनाती है यानी कि अद्वितीय बिक्री प्रस्ताव (यूनिक सेलिंग प्रपोज़िशन/यूएसपी)। अगर आप यूएसपी के बग़ैर कारोबार कर रहे हैं तो आप "मैं भी" वाले कारोबारियों के समुद्र में दिशाहीन होकर भटक रहे हैं। बिना पतवार और आपका लंगर बाज़ार की व्यापारिक हवाओं में नाकारा है। यूएसपी विहीन कारोबार कुछ भी अलग या अद्वितीय नहीं दे सकता। ना कोई लाभ ना कोई ऐसा तर्क जिसके लिए कोई आपका उत्पाद ख़रीदे। कोई ख़रीदेगा भी तो शायद उसकी सस्ती क़ीमत के चलते उम्मीद या परिस्थितियों के कारण।

आपकी यूएसपी आपके ब्रांडरूपी जहाज का लंगर है और आम तौर पर आपकी मूल्य निर्धारण की ताक़त।

आपकी कंपनी को क्या बात दूसरों से अलग बनाती है?

क्या बात है, जो ग्राहक को किसी अन्य की बज़ाय आपकी वस्तु ख़रीदने के लिए बाध्य करेगी?

मेरी यूएसपी बहुत शक्तिशाली थी : "बिना जोख़िम वाला विज्ञापन : अगर हमने आपको कुछ नहीं भेजा तो आपको कोई भुगतान नहीं करना है।"

विज्ञापनदाता हमसे थोक में जुड़े, क्योंकि वह विज्ञापनों के महंगे विकल्पों से तंग आ चुके थे, जिसमें यह जोख़िम रहता था, "आप हमें पहले 5,000 डॉलर दीजिए और फ़िर उम्मीद और प्रार्थना पर भरोसा रखिएगा।" मैंने दर्द के एक बिंदु को खोजा, उस पर मरहम लगाया और फ़िर विज्ञापन दिया।

हमारे कारपेट क्लीनर के पास कोई यूएसपी नहीं है। कोई भी बात ऐसी नहीं थी, जो उसे अलग करती थी। वह 50 पौंड अनाज की बोरी में चावल के एक दाने की तरह था।

यूएसपी किसी भी ब्रांड को बनाने के आधार स्तंभ होती है और अधिक मूल्य या कमज़ोर उत्पाद की कमी को पूरा कर सकती है। फ़ेडएक्स ने दुनिया के सामने अपना परिचय इन शब्दों में दिया था, "जब आपका पैकेज निश्चित तौर पर हर हाल में रातोंरात वहां पहुंच जाएगा।" एम ऐंड एम ने कहा, "मिल्क चॉकलेट आपके मुंह में पिघल जाती है, हाथ में नहीं।"

देखिए यह यूएसपी कैसे लाभ को लक्ष्य बनाती हैं। मैं डोमिनोज़ पिज़्ज़ा को क़तई पसंद नहीं (हालांकि मैं उनके लिए काम कर चुका हूं) करता और यह उनको पिज़्ज़ा का साम्राज्य बनने से नहीं रोक सका, केवल इस यूएसपी के कारण हम 30 मिनट या उससे कम में आपके दरवाज़े पर डिलिवरी करते हैं–या फिर यह मुफ़्त मिलेगा। डोमिनोज़ ने ज़रूरत को

पहचान लिया था कि पिज़्ज़ा के लिए इंतज़ार लोगों को परेशान कर रहा था। उन्होंने इसे हल किया, ब्रांडिंग की और बाक़ी तो इतिहास बन चुका है। हाल ही में डोमिनोज़ पहली बड़ी पिज़्ज़ा चेन बनी जो शाकाहारी चीज़ का भी विकल्प देती है। यह मौलिकता उनके लिए नए ग्राहकों के दरवाज़े खोल देती है, जिन्होंने पहले कभी इस चेन की सेवाएं लेने के बारे में नहीं सोचा था।

यूएसपी बनाना

अपनी कंपनी के लिए आप एक पुख़्ता यूएसपी कैसे विकसित करते हैं? इसके छह क़दम हैं :

पहला क़दम : लाभों का ख़ुलासा करें

कारोबार में सही वजह से उतरें : उपयोगिता बढ़ाने या बनाने, समस्याएं हल करने या ज़रूरत को पूरा करने के लिए। यह आपकी पहली यूएसपी तैयार करता है। अगर आप पहले से ही कारोबार में हैं तो अपने उत्पाद का सबसे बड़ा लाभ खोज निकालें, वह जो आपको प्रतिस्पर्धियों से अलग साबित करता हो। अगर आपके उत्पाद का कोई ऐसा विशिष्ट लाभ नहीं है, जो आपके संभावित ग्राहक को पता हो तो आप बिना यूएसपी के काम कर रहे हैं।

दूसरा क़दम : अद्वितीय बनें

यूएसपी का उद्देश्य ही अद्वितीय बनना है, जब तुलना विकल्पों के साथ हो रही हो। यही आपके ग्राहकों को आपकी कंपनी को ही चुनने के तर्कसंगत रास्ते पर लाता है, क्योंकि आपकी कंपनी के बिना वे लाभ को गंवा रहे हैं।

यूएसपी को शक्तिशाली गति वाली क्रियाओं का इस्तेमाल करना चाहिए, जिससे तीव्र इच्छा जागे।

"वज़न कम करें" की जगह "मोटापे की छुट्टी करें" या "चर्बी से छुटकारा पाएं" का इस्तेमाल करें।

"अपना कारोबार बढ़ाएं" की जगह "धमाकेदार कमाई करें" या "बिक्री के रिकॉर्ड्स तोड़ दें।"

जब ग्राहक कुछ ख़रीदने की सोचते हैं तो यूएसपी की मौलिकता उनको अपनी ओर खींच लेती है। अगर आप एक पीसी की जगह मैक ख़रीद रहे हैं तो आप वायरसों और ब्लोटवेयर की जगह सुरक्षा, गति और भरोसा ख़रीद रहे हैं।

तीसरा क़दम : स्पष्ट जानकारी दो और सबूत भी

हर तरफ़ शोर है और अगर आपको इससे ऊपर उठना है तो उपभोक्ता के स्वाभाविक संदेह को ख़त्म करें। ऐसा स्पष्ट जानकारी देकर करें और संभव हो तो सबूत भी दें।

वेबसाइट : "कार 20 दिन या कम में बेचें, नहीं तो यह सेवा मुफ़्त।"

उत्पाद : "20 पौंड वज़न कम होगा वरना एक फूटी कौड़ी भी नहीं दें।"

सेवा : "आपका घर 30 दिन में बिकेगा या मैं ख़रीद लूंगा।"

डोमिनोज़ पिज़्ज़ा ने यह नहीं कहा, "तय वक़्त पर डिलिवरी," उन्होंने कहा, "30 मिनट के भीतर डिलिवरी या फिर यह मुफ़्त।" यह एक स्पष्ट क़दम और उसका सबूत था। (अगर हम वादा नहीं निभा सके तो आपको पिज़्ज़ा मुफ़्त में मिलेगा)। मेरे मामले में विज्ञापनदाताओं को लीड्स भेजने की ज़िम्मेदारी मुझ पर थी। अगर मैं ऐसा नहीं कर पाता तो, मुझे भुगतान नहीं मिलता था। "हम आपको कारोबार के अवसर उपलब्ध कराएंगे वरना आपको मुझे एक फूटी कौड़ी का भी भुगतान नहीं करना है।"

चौथा क़दम : छोटा, सुस्पष्ट और संक्षिप्त

सबसे अच्छी यूएसपी छोटी, सुस्पष्ट और दमदार होती है। लंबे शब्दजाल में बहुत कुछ अनदेखा रह जाता है।

पांचवां क़दम : अपनी यूएसपी को मार्केटिंग के हर साधन में शामिल करें

यूएसपी बेकार है अगर यह आपके कारोबार के हर पहलू से नहीं झलके। अपनी यूएसपी को प्रचार के तमाम साधनों में शामिल करें।

- आपके ट्रक, वाहन और भवन।
- आपके विज्ञापन, प्रचार सामग्री और सोशल मीडिया अकाउंट्स।
- आपके बिज़नेस कार्ड्स, लैटरहैड्स, साइनबोर्ड, ब्रॉशर्स और फ़्लायर्स।
- आपकी वेबसाइट और आपकी ईमेल के अंत में आपके बारे में जानकारी।
- आपका वॉइस मेल सिस्टम्स, रिसेप्शनिस्ट/सेल्स स्क्रिप्ट्स आदि।

छठा क़दम : इसे वास्तविक बनाएं

यूएसपी का विश्वसनीय होना बहुत ज़रूरी है। इतना विश्वसनीय कि लोग उसे ख़रीदें और बेहतर हो कि ब्रांड ही बदल डालें। अगर यह आपके ग्राहकों का ध्यान आकर्षित नहीं कर पाती या लाभ/आकर्षण बहुत कमज़ोर है तो यह काम नहीं करेगी। और फिर अपनी यूएसपी को वास्तविक बनाएं। आपने जो दावा या वादा किया है उसको पूरा करें। पिज़्ज़ा की 40 मिनट में डिलिवरी 30 मिनट के दावे को धोखाधड़ी बना देता है। धोखेबाजों की यूएसपी की कलई बहुत ज़ल्द खुल जाती है। अपनी कंपनी को सोशल मीडिया पर बहुप्रचारित बनाने के लिए मानव संसाधन प्रणाली की मदद लीजिए।

शोर मचाइए

अगली बार जब आप ट्रैफ़िक में फंसे हुए हों तो अपने आस-पास देखिएगा। हर कार एक समान लगती है। कोई बात कुछ ख़ास ध्यान आकर्षित नहीं करती। यह समानता का सागर है। पैदाइशी विक्रेता होने के कारण हर ट्रैफ़िक लाइट पर नहीं मिलने वाली सबसे अलग कार मेरे भीतर कौतूहल पैदा करती है। वह दरअसल शोर से ऊपर उठकर सबको दिखती है और हम भी अपने ब्रांड के साथ ऐसा ही कुछ करना चाहेंगे।

सच का सामना करें। हम सभी अलग दिखना चाहते हैं। अद्वितीय, मौलिक। औसत किशोर अलग अंदाज़ के लिए प्रयासरत होता है। यही वजह है कि हमें निप्पल रिंग्स, आई पियर्सिंग्स, डरावना मेकअप और टेटू देखने को मिलते हैं। ये सभी इस बात का प्रतीक होते हैं कि, "मैं अलग हूं!"

सफल कंपनियां अपनी ब्रांडिंग और मार्केटिंग के लिए यही तरीक़ा अपनाती हैं।

इस किताब को लिखना चुनौतीपूर्ण था, लेकिन यह असली चुनौती नहीं थी। इसे लोगों के हाथों तक पहुंचाना असली चुनौती होगी। क्यों? क्योंकि वित्त और धन अर्जन का विषय भीड़भरा होकर संतृप्त हो चुका है। दूसरे शब्दों में यहां पर कान के पर्दे फाड़ देने वाला शोर है। यह किताब भले ही मेरे सपनों का हक़ीक़त में बदलना है, सबसे बिकाऊ लेखक बनने के लिए मुझे अपने ब्रांड को इस शोर से ऊपर उठाना होगा।

यूट्यूब पर एक किताब और जो कुछ मैं देखता हूं बस शोर।

> *कॉलेज की पढ़ाई बीच में ही छोड़ देने वाला छोटे-मोटे शेयरों के एक दिन के कारोबार से 2,000 डॉलर कमा लेता है। पता करें कैसे। देखिए मैं कैसे इस क्रिप्टोकरेंसी ब्लॉकचेन अवसर से महीने में 15,000 डॉलर कमा लेता हूं। फ़ोर्स्ड मैट्रिक्स प्लान वाला नया स्टार्टअप आपको छह अंकों की आय की गारंटी देता है। मैं आज ही इस अद्भुत कार्यक्रम से जुड़ा और मैंने आज 300 डॉलर कमा लिए।*

मैंने हाल ही में एक इंटरनेट कैल्कुलेटर का इस्तेमाल करके अपना "वेल्थ पर्सेंटाइल" निकाला, जिसने अमेरिका में मेरे सभी समकक्षों के लिहाज़ से मेरे कुल मूल्य को रैंकिंग दी। मैं शीर्ष 0.5% में था। मैं जहां अभिभूत हूं, इसने मेरी चुनौती को उजागर कर दिया। मेरा कुल मूल्य "अद्वितीय" और "असाधारण" होने का संकेत दे रहा था, लेकिन धारणा की इस दुनिया के शोर में यह गुम हो चुका था। इंस्टाग्राम पर आप कभी अंदाज़ नहीं लगाएंगे कि तकरीबन लगभग सभी कंगाल हैं। नहीं, हर कोई करोड़पति, एक सफल प्रशिक्षक, एक गुरु या एक मॉडल है। हर कोई उसके कार्यक्षेत्र के शीर्ष 1% में शामिल है, वास्तविक शीर्ष 1% के साथ। देखा आपने हम सब विक्रेता हैं और हममें से कुछ धारणाओं के विक्रेता। इससे होता यह है कि बहुत ज़्यादा भीड़ वाला शोर हो जाता है और वास्तविक प्रदाताओं के लिए अपनी बात सुनाना और अधिक मुश्किल हो जाता है। आपके मार्केटिंग के प्रयासों को हर हाल में इस शोर से ऊपर उठना चाहिए।

कोलाहल से ऊपर कैसे उठें

कोलाहल से ऊपर अपनी बात को सब तक पहुंचाने के पांच तरीक़े हैं : 1) ध्रुवीकरण, 2) आपत्तिजनक बनें, 3) भावनाओं को जगाएं, 4) पारस्परिक संवाद बढ़ाएं/ओपन लूप्स का इस्तेमाल करें, 5) अपरंपरागत बनें।

ध्रुवीकरण

बड़े बाज़ार के ब्रांड के लिए शायद ध्रुवीकरण सर्वश्रेष्ठ कारोबारी रणनीति नहीं कही जा सकती, क्योंकि ध्रुवीकरण के लिए सिरे के कठोर विचारों और संदेशों की ज़रूरत होती है। आप अपने आधे उपभोक्ताओं को भगाना नहीं चाहते। हालांकि वेबसाइट्स के लिए ध्रुवीकरण बहुत अच्छी तरह से काम करता है। जब ट्रैफ़िक की ज़रूरत हो या फिर जब किताबों के लिए पाठकों की ज़रूरत हो।

ध्रुवीकरण काम करता है, क्योंकि इसमें चरमसीमा का दृष्टिकोण होता है, जो लोगों को आपसे प्रेम या नफ़रत करने पर मज़बूर कर देता है। डोनाल्ड ट्रम्प ध्रुवीकरण करते हैं। आप चाहें तो उनसे प्रेम करें या फिर उन्हें घड़ियालों से भरे एवरग्लेड्स में बोट से फेंक दें। राजनीतिक विद्वान किताबों को बेचने के लिए ध्रुवीकरण का इस्तेमाल करते हैं, क्योंकि पाठक किसी अभियान का हिस्सा बनना चाहते हैं या उसका मुखर विरोध करना चाहते हैं। ध्रुवीकरण करने वाली वेबसाइट्स लोगों को आकर्षित करती हैं, क्योंकि लोग अपने ध्येय की रक्षा करना चाहते हैं, जबकि दूसरे लोग हमला बोल रहे हों। अगर आप यांकीज टीम के दीवानगी की हद तक प्रशंसक हैं और एक वेबसाइट शुरू करते हैं जो मेट्स की कमज़ोरियों पर तीखा हमला बोलते हैं तो आप दो भागों में बंटे लोगों की अपेक्षा कर सकते हैं–लोग जो आपसे सहमत हैं और सहयोग देते हैं और दूसरे जो असहमत हैं और रक्षा करते हैं।

इस किताब को भी ध्रुवीकरण करने वाली कहा जा सकता है। कई लोग मेरे विचारों को चरमसीमा का करार देकर मेरी आलोचना करेंगे, क्योंकि यह पारंपरिक ज्ञान के ख़िलाफ़ है। हे भगवान देखो यह क्या कह रहा है कि कूपन्स का इस्तेमाल करके मैं अमीर नहीं बन पाऊंगा! मेरा "सामान्यत:" 401 (के) योजना को भला–बुरा कहना, हमेशा ध्रुवीकरण ही माना जाएगा।

आपत्तिजनक बनें

सेक्स बिकता है और यह कोलाहल से ऊपर उठने के लिए सबसे ज़्यादा इस्तेमाल तकनीक है। सेक्स, कोलाहल को कम करने वाला एक दमदार निरोधक है, क्योंकि सेक्स कभी भी चलन से बाहर नहीं होता। आप भले ही इसका कितना भी ज़्यादा इस्तेमाल कर लें, लोग हमेशा आपको प्रतिक्रिया देंगे। गो डैडी डॉट कॉम ने 2005 में कोलाहल से ऊपर उठने के लिए अपने पहले ही सुपरबॉल विज्ञापन में सेक्स को हथियार के तौर पर इस्तेमाल किया। मैंने कभी नहीं सोचा कि वह एक अच्छा विज्ञापन था, लेकिन वे कोलाहल से ऊपर उठे

और लोगों का ध्यान आकर्षित किया। परिणाम? बिक्री में बढ़ोत्तरी और गो डैडी की बाज़ार में हिस्सेदारी 2006 के बाद 32% तक पहुंच गई।

सोशल मीडिया के विक्रेता फ़ेसबुक और यूट्यूब पर इस आपत्तिजनक सामग्री या विज्ञापन की तकनीक को स्पष्टता के इस्तेमाल करते हैं। कभी देखा है आपने कभी गौर किया है क्या कि यूट्यूब पर सेक्स से जुड़े थम्बनेल्स 10 गुना ज़्यादा देखे जाते हैं? एक अन्य मामले में एक महिला मार्केटिंग तकनीक पर अपने वीडियो लेक्चर्स बिकिनी पहनकर देती है। जब वह ऐसा करती है तो उसके बिकिनी वाले वीडियोज़ को पांच गुना ज़्यादा दर्शक और प्रतिक्रियाएं मिलती हैं। बिकिनी पहनकर दिए गए लेक्चर्स क्यों उसके आम लेक्चर्स से बेहतर प्रदर्शन करते हैं? ज़ाहिर-सी बात है : सेक्स उसे कोलाहल से ऊपर उठा देता है। लोग वीडियो के प्रीव्यू में महिला का सुडौल शरीर देखते हैं और सोचते हैं, "मुझे यह देखना चाहिए," जबकि महिलाएं इस बात को लेकर उत्सुक रहती हैं कि "यह कौन महिला है जो बिकिनी में लेक्चर दे रही है?" यह लगभग ध्रुवीकरण और सेक्स का मिश्रण है।

लेकिन सावधान रहें : ध्यान आकर्षित करने के लिए सेक्स की मदद लेना आपके ब्रांड को नुक़सान भी पहुंचा सकता है और सांस्कृतिक संवेदनशीलता की पर्याप्त विविधता को देखते हुए यह शालीन भी नहीं कहा जा सकता। "महान संदेश" और "भद्दा संदेश" तो देखने वाले की आंखों में होता है। और नहीं, मैं निकट भविष्य में बिना शर्ट के कोई वीडियो नहीं बनाने वाला।

भावनाओं को जगाएं

अधिकांश उपभोक्ताओं के कुछ ख़रीदने के फ़ैसले भावना के आधार पर लिए जाते हैं। आप और मैं कोई वस्तु ख़रीदना चाहते हैं, क्योंकि हम कुछ महसूस करना चाहते हैं। मैंने लैम्बोर्ग़िनी केवल एक जगह से दूसरी जगह जाने के लिए नहीं ख़रीदी है, यह तो यथार्थ हो गया। मैंने कुछ महसूस करने के लिए उसे ख़रीदा है-गर्व, उपलब्धि, अद्वितीय होने का भाव, उत्तेजना और ख्याति।

अपने ग्राहकों की भावनाओं को जगाने का एक और उदाहरण गैर-लाभकारी संगठन अमेरिकन सोसायटी फ़ॉर द प्रिवेंशन ऑफ क्रुएल्टी फ़ॉर एनिमल्स (ASPCA.org) से मिलता है। यह संगठन तकरीबन एक सदी पहले स्थापित किया गया था और मैंने हाल के वक़्त तक इसका नाम तक नहीं सुना था। तो उन्होंने कोलाहल पर कैसे मात दी? उन्होंने एक ज़बर्दस्त मार्केटिंग अभियान छेड़ा, जिसने भावनाओं का सैलाब-सा ला दिया। उनके विज्ञापनों में पिंजरों में बंद, प्रताड़ित पशु दिखाए गए थे और पृष्ठभूमि में बेहद कोमल, भावनात्मक संगीत बज रहा था।

अगर आप अपने ग्राहकों की भावनाओं को जगाकर उन्हें देखभाल के लिए तैयार कर सकते हैं तो वे ख़रीदेंगे। लोगों को ख़ुश करें, उन्हें रुला दें और उन्हें हँसाएं। आपका संदेश हर तरह के कोलाहल को चीरता हुआ ग्राहकों को आपका उत्पाद, सेवा लेने के लिए मज़बूर कर देगा।

पारस्परिक संवाद बढ़ाएं/ओपन लूप्स का इस्तेमाल करें

किसी बात को देखने और उसे करने में अंतर होता है। लोग कहते हैं कि अगर आप जुनून को उफान पर ले जाना चाहते हैं तो अपने सपनों की कार का टेस्ट ड्राइव लीजिए। पारस्परिक संवाद साधकर आप किसी भी वस्तु से बेहतर प्रतिक्रिया हासिल कर सकते हैं। अगर आप किसी वस्तु का स्वाद ले सकते हैं, महसूस कर सकते हैं, इस्तेमाल कर सकते हैं तो आपके उस वस्तु को ख़रीदने की संभावना बढ़ जाती है।

पारस्परिक संवाद अपना ही नाम सुनने की तरह है। यह आपकी सबसे प्रिय वस्तु है। फ़ेसबुक पर "सर्वे" और "प्रश्नावलियां" सबसे लोकप्रिय एप्लिकेशन हैं, क्योंकि लोग आत्ममुग्धता को पसंद करते हैं। मेरी पसंदीदा फ़िल्म है *द युजुअल सस्पेक्ट्स!* मुझे पिज़्ज़ा पसंद है! मेरे पास अपना पूडल है! लोगों को ख़ुद के बारे में बात करना पसंद होता है और अगर आप इस बात को अपनी मार्केटिंग की योजना में शामिल कर लेते हैं तो आपके उत्पाद और सेवा के प्रति लोगों की प्रतिक्रिया बेहतर होगी।

उदाहरण के लिए अगर मैं एक सर्वेक्षण, "आप तेज़ रास्ते पर तूफ़ानी गति से जा रहे हैं या धीमे रास्ते पर फंसे हैं? अभी पता कीजिए।" मैं आपसी संवाद बढ़ाने के साधन का इस्तेमाल कर रहा हूं ताकि ज़्यादा से ज़्यादा लोग इससे जुड़ें और अपने बारे में बात करें। जब आपके संभावित उपभोक्ता अपनी निजता की बाधा को हटा देते हैं तो वे अपने बारे में जानकारी दे जाते हैं। एक ऐसा रिश्ता क़ायम होता है, जिसमें उत्पाद या सेवा बेचना ज़्यादा आसान हो जाता है। आपसी रिश्ते किसी भी अज्ञात कार्पोरेट इकाई से ज़्यादा बिक्री करते हैं।

"पता कीजिए इसके बाद क्या होगा..." कुछ कार्पोरेशन परंपरागत मीडिया और इंटरनेट की मदद से पारस्परिक संवाद को प्रोत्साहन देने का प्रयास कर रहे हैं। मैंने हाल ही में एक ऑटोमोबाइल निर्माता का एक विज्ञापन देखा, जिसमें तेज़ गति की कार से पीछा करने का वीडियो था। फ़र्क़ था तो केवल इतना कि यहां कहानी पूरी नहीं होती और हमारे सामने विकल्प होता है, "पता कीजिए इसके बाद क्या होगा... देखिए (वेबसाइट)?" श्रोताओं/दर्शकों को अधूरे वाक्यों, कहानियों से छेड़ देने से संभावित उपभोक्ताओं के पास ओपन लूप बचता है जिसे बंद करने की ज़रूरत होती है। वे लूप को बंद करने के लिए वेबसाइट पर जाते हैं।

सोशल मीडिया, ब्लॉग्स और वेब 2.0 की क्रांति आपके साथ पारस्परिक संवाद पर ही आधारित है। आप केवल एक लेख पढ़ना नहीं चाहते, बल्कि उस पर अपनी प्रतिक्रिया भी देना चाहते हैं। आपकी मामूली-सी बात भी सुनी जानी चाहिए।

और अंत में वीडियो गेमिंग और कुछ हद तक मुफ़्त पहुंच देने वाला "फ्रीमियम" बिज़नेस मॉडल, पारस्परिक संवाद क़ायम करने का एक और उदाहरण है। जब आप किसी मुफ़्त के वीडियो गेम को डाउनलोड करके उसकी लत के शिकार हो जाते हैं तो फिर आप उसका और "बेहतर" फ़ीचर्स से सजा महंगा वर्जन ख़रीदने के लिए भी तैयार हो जाते हैं।

अपरंपरागत बनें

परंपरा अंतरंगता को जन्म देती है। अगर आपने इसे पिछले माह तीन दर्जन बार देखा तो क्या आपको लगता है कि यह काम करेगा? उदाहरण के लिए : "ख़ुद अपने बॉस बनो," इतनी ज़्यादा बार इस्तेमाल किया जा चुका वाक्य है कि इसकी ताक़त ख़त्म हो चुकी है। फिर भी मैं आज भी तथाकथित गुरुओं के विज्ञापनों में "ख़ुद अपने बॉस बनो" का इस्तेमाल इस तरह से देखता हूं मानो इस संदेश में कोई ताक़त हो। यह लुंजपुंज हो चुकी है, फिर भला आप क्यों इसका इस्तेमाल कर रहे हैं?

अपरंपरागत क्या होता है? क्या कभी आपने किसी लैम्बोर्ग़िनी को एक डॉलर में बिकते देखा है? मैंने तो नहीं देखा और देखा भी हो तो मुझे याद नहीं। अभियान उत्सुकता जगाएगा, क्योंकि यह अपरंपरागत है। कौन पागल व्यक्ति होगा, जो अपनी लैम्बोर्ग़िनी को एक डॉलर में बेचना चाहेगा? क्या यह कोई घोटाला है? असली बात क्या है? मुझे देखना ही होगा!

अपरंपरागत होने का एक और उदाहरण है परंपरा का मज़ाक़ उड़ाना या फिर रुख़ एकाएक बदल देना। एनर्जाइज़र बन्नी का विज्ञापन याद है? यह अब भी चलता जा रहा है, चलता जा रहा है। इस विज्ञापनों ने अपरंपरागत आधार पर एक ब्रांड विकसित किया– विज्ञापन बनाने वाले ने पहले निरंतर बेहद ऊबाऊ संदेशों की श्रृंखला पेश की और फिर एकाएक एनर्जाइज़र बन्नी को पेश करके उस सोच को बदल डाला। बेचने वाले ने पहले आपकी परंपरा से पहचान (एक और ऊबाऊ विज्ञापन) का अनुमान लगाया और फिर उस बोरियत को एक गुलाबी ख़रगोश प्रस्तुत करके तोड़ते हुए दर्शकों को चौंका दिया। एड एज डॉट कॉम के मुताबिक़ ये विज्ञापन सर्वकालीन सर्वश्रेष्ठ 100 अभियानों में गिने जाएंगे।

इंटरनेट पर परंपरा का मज़ाक़ उड़ाना बहुत कारगर होता है, जब इसे राजनीतिक अशुद्धता और मज़ाक़ का साथ मिल जाए। द डॉलर शेव क्लब ने अपनी कंपनी को एक बहुत ही मज़ाक़िया यूट्यूब वीडियो के साथ लांच किया था और कुछ साल बाद पूपॉरी ने भी यही किया। ये वायरल वीडियो लाखों बार शेयर किए गए और इसने मीडिया का भी ध्यान खींचा और महत्त्वपूर्ण रूप से ग्राहकों का भी।

परंपरा का मज़ाक़ उड़ाने वाली एक और कंपनी है गिको इंश्योरेंस कंपनी, जिसने विशिष्ट परिस्थितियों को लिया और चौंकाने वाली पंचलाइन : "मैंने अभी-अभी अपनी कार के इंश्योरेंस पर नोटों की गड्डियां बचाईं," से उनको खंडित कर दिया। गिको स्पॉट ने नए रियल्टी शो "टाइनी हाउस" के प्रचार कार्यक्रम में भी परंपरा का मज़ाक़ उड़ाया। प्रोमो में नवविवाहित जोड़े को एक मध्यम आकार के घर में दिखाया है, जहां जगह कम है और वैवाहिक अशांति बढ़ती ही जाती है। जोड़े का सिर छत से टकराते दिखाया गया है और छोटे से बिस्तर में रात की अच्छी नींद के लिए तरसते हुए दिखाया गया था। लेकिन रुकिए तो सही परंपरागत हक़ीक़त तो केवल एक झांसा था, जो परंपरा को तोड़ देता है जब घोषणा होती है, "यह ड्रामा असली होगा, लेकिन यह आपके कार इंश्योरेंस पर कोई पैसा नहीं बचाएगा।"

अगर आप किसी का ध्यान आकर्षित करने में सफल होते हैं तो आपने आधी लड़ाई जीत ली है। दूसरे हिस्से में दर्शकों के स्वार्थ को कब्ज़ा दे दीजिए और संदेश को उनके हित के लिहाज़ से तैयार कीजिए। दूसरे शब्दों में वही पुराना आजमाया हुआ, "इसमें मेरे लिए क्या है?" कैसा रहेगा अगर आप कार इंश्योरेंस पर 15% या उससे भी ज़्यादा की बचत कर सकें?

इसमें मेरे लिए क्या है?

कैसी विडंबना है : तेज़ रास्ते पर सफलता के लिए हमें अपने स्वार्थ की तिलांजलि देना पड़ती है, लेकिन दूसरों के स्वार्थ का पूरा-पूरा ख़याल रखना पड़ता है। क्या मैंने कभी यह कहा था कि यह किसी समुद्र के तट पर आसान चहलकदमी की तरह होगा?

इंसान में स्वभाव की बात की जाए तो सबसे ऊपर आएगा स्वार्थ। लोग चाहते हैं जो वे चाहते हैं। लोगों को आपकी, आपके कारोबार की, आपके उत्पाद की या आपके सपनों की कोई चिंता नहीं है। वे तो ख़ुद की और अपने परिवार की मदद करना चाहते हैं। यह मानवीय स्वभाव है। इसलिए आपका मार्केटिंग अभियान केवल फ़ायदे पर केंद्रित होना चाहिए विशेषताओं पर नहीं।

लोगों को यह स्पष्ट तौर पर बताना होता है कि इसमें उनके लिए क्या है।

आपका उत्पाद या सेवा उन्हें किस तरह से मदद करेगी?

इसमें लाभ क्या है?

मार्केटिंग की भाषा में कहा जाए तो, "इसमें मेरे लिए क्या है?" (What's In It For Me?/WIIFM) का सिद्धांत।

मेरे ग्राहक छोटे कारोबारों के मालिक थे और फिर भी मैं लाखों ग्राहकों की सेवा कर रहा था। मध्यस्थता के इस नाते ने मुझे उपभोक्ताओं और निर्माताओं, दोनों के ही स्वभाव का एक अच्छे और तेज़ तरीक़े से अध्ययन करने का मौक़ा मिला। मैंने वे बातें कुछ सप्ताह में ही सीख लीं, जिन्हें सिखाने वालों को ही सीखने में कई महीने लग जाएंगे। मैंने पाया कि छोटे कारोबारी अपने स्वार्थ के जाल में ही उलझ जाते हैं और अपनी कंपनी के गुणगान में ही मस्त रहते हैं। वे विशेषताओं की बिक्री करते हैं, वे यह नहीं जान पाते कि लोग सुविधा और परिणाम को किराये पर लेते हैं, लिमोजिन्स को नहीं।

एक उपभोक्ता के तौर पर हम वस्तुएं ज़रूरत को हल करने के लिए ख़रीदते हैं। हम रिक्तियों की पूर्ति के लिए लेन-देन करते हैं।

आप ड्रिल नहीं ख़रीदते आप छेद ख़रीदते हैं।

आप ड्रेस नहीं ख़रीदते आप एक छवि ख़रीदते हैं।

आप टोयोटा नहीं ख़रीदते, आप भरोसा ख़रीदते हैं।

आप छुट्टियां नहीं ख़रीदते, आप एक अनुभव ख़रीदते हैं।

हमें समस्याओं को हल करने वाला बनना चाहिए और अपने कारोबार का किसी के तारणहार के तौर पर मेल बैठाना चाहिए। विशेषताओं को हर हाल में लाभ में तब्दील किया जाना चाहिए। क्या आपके कोलेराडो की सबसे बड़ी लिमोजिन्स कंपनी होने से मेरी समस्या का हल हो रहा है? तब तक नहीं जब तक कि आप इस विशेषता को लाभ में तब्दील करें।

विशेषताओं को लाभ में बदलना

अगर आप कुछ भी बेचना चाहते हैं तो विशेषताओं को लाभ में बदलें। चार चरण की प्रक्रिया इसे क्रियान्वित करती है :

1) जगह बदलें।
2) विशेषताओं को पहचानें।
3) बढ़त वाली बातों को पहचानें।
4) बढ़त को लाभ में बदल डालें।

पहली बात अपने विशिष्ट ग्राहक से जगह की अदला-बदली करें। ख़ुद को उस ग्राहक की जगह पर रखकर देखें। वे कौन हैं? उनका *काम करने का तरीक़ा* क्या है? क्या वे प्रभावशाली सीईओ की तरह हैं? या फिर क़ीमतों के प्रति संवेदनशील वॉल-मार्ट के ख़रीददार? पैसे की तंगी से जूझते विद्यार्थी? या एकल माताएं? अगर आप अपने विशिष्ट ग्राहक को नहीं पहचान पाते हैं तो परिणाम त्रुटिपूर्ण होंगे और आपका लाभ, आपकी उपयोगिता छिप जाएंगे। एक बार आपने ग्राहकों की पहचान कर ली तो फिर पूछिए : वे क्या चाहते हैं? वे किस बात से डरते हैं? उन्हें उनकी कौन-सी समस्या का हल चाहिए? या वे केवल कुछ "महसूस" करना चाहते हैं?

उदाहरण के लिए एक ही उत्पाद के दो ब्रांड्स के दो अलग-अलग ग्राहक हो सकते हैं। कॉर्वेट ख़रीदने वाले की मनोवैज्ञानिक मक़सद, वॉल्वो ख़रीदने वाले से अलग हो सकता है। दोनों ही कारें हैं, लेकिन वेत्ते का ख़रीददार एक आधारभूत परिवहन सुविधा नहीं ख़रीद रहा है। पूरी संभावना है कि जोख़िम मोल लेने वाला, स्व-रोज़गार वाला, स्वतंत्र, मुंहफट और अपनी बात मनवाकर रहने वाला व्यक्ति है। वॉल्वो ख़रीदने वाला शायद परिवार और सुरक्षा की चिंता करता है और संभावना है कि वह रूढ़िवादी है और विश्लेषणकर्ता है। दोनों ख़रीददारों के अलग-अलग व्यक्तित्वों का मतलब है कि हर समूह की ख़्वाहिशों को ध्यान में रखते हुए ही प्रत्येक के लिए अलग मार्केटिंग संदेश बनाया जाना चाहिए।

जब आप अपने ग्राहकों के साथ स्थानों की अदला-बदली कर जान लेते हैं कि वे क्या चाहते हैं तो फिर आपका अगला क़दम अपने उत्पाद की विशेषताओं को अलग करना होगा। मेरी वेब सेवा के लिए मैंने ग्राहकों को अपने वाहन का कार्यक्रम तय करने की छूट दी थी और हर एक के लिए टारगेट लीड भी तैयार की थी, तारीख़ और सेवा दोनों तरह की। ये फ़ीचर्स बहुत अच्छे थे, लेकिन यह मेरी ज़िम्मेदारी थी कि मैं इसे ग्राहकों के लिए

लाभप्रद बनाऊं। क्या बात है जो उन्हें इतना बेहतरीन बनाती है? वे मेरे ग्राहकों को किस लिहाज़ से बढ़त देते हैं?

एक बार आपने विशेषताओं को अलग कर लिया तो उसके बाद आप इन्हें लाभ में बदल दीजिए या किसी विशेष परिणाम में। किसी ख़ास विशेषता का और ख़ुलासा करें। यही वह बात है जब आप किसी को यह बात समझा देते हैं कि उसे दूसरे व्यक्ति की तुलना में आपसे क्यों ख़रीदना है।

मेरी वेब सर्विस में आसान से फ़ीचर अपलोड पिक्चर्स को मैंने बदल डाला : गैराज में ग्राहकों के साथ मीटिंग्स में वक़्त बर्बाद करने की बजाय अपने कारों के बेड़े का फ़ोटो अपलोड करके अपने ग्राहक को अपना उत्पाद बताए। लक्षित फ़ीचर बदल गया : उन ग्राहकों का ध्यान खींचे जो आप चाहते हैं-दिन, सेवा और वाहन के प्रकार तक। वाहनों की समय-सारिणी बदल गई : अपने कारों के बेड़े का सड़क पर वक़्त बढ़ाइए और वाहन की उपलब्धता के आधार पर बढ़त हासिल कीजिए। हर विशेषता को किसी फ़ायदे के साथ जोड़ दिया गया जो ग्राहक को मुझसे ही जुड़ने पर मज़बूर कर देगा। मैंने उनसे ख़ाली स्थानों की पूर्ति नहीं कराई : मैंने ख़ुद उनके लिए ख़ाली स्थानों की पूर्ति की।

क़ीमत का ब्रांडिंग हथियार के तौर पर इस्तेमाल

आपके उत्पाद या सेवा के लिए क़ीमत, पेंट जॉब की तरह है।

"पेंट" से मेरी पहली मुलाक़ात मेरे बचपन के दिनों में ही हो गई थी और उसका असर मैंने महसूस किया था। मैं बमुश्किल छह-सात साल का था। मां ने दो दिन का गैरेज सेल लगाया था और मुझे अपने खिलौने बेचकर बिक्री से मिले पैसे रखने की अनुमति दे दी थी। एक आइटम जो मैंने बेचने के लिए रखा था वो था "फुटबॉल क्लॉक," वक़्त बताने वाला सामान। मुझे याद है कि मैंने उसकी क़ीमत 2.55 डॉलर रखी थी। मेरे ख़याल से यह क़ीमत भरपूर थी।

सेल के पहले दिन फुटबॉल क्लॉक ने लोगों का ध्यान तो खींचा, लेकिन वह बिकी नहीं। मेरे युवा दिमाग़ ने योजना बनाई। मैं इस घड़ी के लिए कैसे 2.55 डॉलर पा सकता हूं? मैं अपनी क़ीमत से पीछे नहीं हटना चाहता था, क्योंकि 2.55 डॉलर उस गैजेट का मूल्य था, जो मैं पास की दुकान से ख़रीदना चाहता था। फिर मुझे एक विचार सूझा।

मैंने मां से मास्किंग टेप मांगा ताकि वस्तुओं पर क़ीमतें लगा सकूं। मैंने टेप के चार छोटे टुकड़े फाड़े और उन्हें वर्तमान क़ीमत के ऊपर लगा दिया। पहले पर बड़े अक्षरों में लिखा 5.55 डॉलर और उस पर काटने का निशान लगा दिया, दूसरे पर 4.50 डॉलर लिखा और काट दिया, तीसरे पर 3.95 डॉलर लिखा और काटने का निशान लगा दिया और चौथे पर 2.95 डॉलर लिखकर काटने का निशान लगा दिया। हर अगले टेप पर वस्तु की क़ीमत में गिरावट दिख रही थी और काट दिया गया था ताकि ग्राहक "क़ीमत में की गई कमी" को देख सकें। अंत में 2.55 डॉलर की पहली की ही क़ीमत क़ायम थी।

मेरी घड़ी की क़ीमत अब भी पहले जितनी ही थी, लेकिन अब इसे अलग तरह से पेश किया गया था। ज़्यादा क़ीमतों के टेप्स पर क्रॉस लग चुका था। इससे दो बातें समझाई जा रही थीं : 1) ज़्यादा मूल्य और 2) लूट लेने का मौक़ा।

और अनुमान लगाइए क्या हुआ होगा? घड़ी की ओर देखने वाले दूसरे ही व्यक्ति ने वह घड़ी ख़रीद ली। मैं ग्राहक के दिमाग़ में मूल्य में कमी को अंकित करने में सफल रहा था। निश्चित तौर पर सात वर्ष की उम्र में मुझे "मार्केटिंग" क्या होती है, पता नहीं था, लेकिन मैं इतना निश्चित तौर पर जानता था कि मेरी मूल्य निर्धारण की योजना एक योजना थी। यह मेरा मार्केटिंग का पहला अनुभव था और क़ीमत के मूल्य पर असर को देखने का भी।

लागत से कुछ ज़्यादा बता जाती है क़ीमत

क़ीमत ब्रांड बनाने का काम करती है, क्योंकि क़ीमत वस्तु या सेवा के मोल का संकेत देती है। कोई वस्तु जितनी ज़्यादा महंगी होगी उसका कल्पित मोल उतना ही ज़्यादा होगा। कोई वस्तु जितनी सस्ती होगी उसका मूल्य उतना ही कम हो जाएगा। क़ीमत महज एक आंकड़ा नहीं है जो किसी को उसकी लागत बताता है, यह मूल्य और उपयोगिता भी बताती है।

एक बहुत पुरानी कहानी है, जो बताती है कि कैसे क़ीमत मूल्य के बराबर होती है। अपने तलघर की सफ़ाई करते हुए एक व्यक्ति को एक पुराना ड्रेसर मिला और उसने उसे किसी को दे देने का फ़ैसला किया। उसने ड्रेसर को गली के किनारे पर रखा और उस पर लिख दिया : मुफ़्त। चौंकाने वाली बात यह रही कि वह ड्रेसर पूरे दिन वहीं पड़ा रहा। कुछ दिन तक यही हालात रहे। इससे वह व्यक्ति असमंजस में पड़ गया क्योंकि ड्रेसर भले ही पुराना था, लेकिन अच्छे आकार में था और केवल कुछ रंगाई-पुताई से उसकी शक्लो-सूरत बदल सकती थी। व्यक्ति ने फ़ैसला किया कि किसी नई रणनीति की ज़रूरत है। वह गली के कोने पर गया और उसने ड्रेसर पर "मुफ़्त" की तख़्ती की जगह "50 डॉलर" की तख़्ती लगा दी। एक घंटा भी नहीं बीता और ड्रेसर चोरी चला गया।

लक्ष्य वही था, केवल क़ीमत निर्धारण की अलग रणनीति का इस्तेमाल।

बशर्ते की क़ीमत ही आपका ब्रांड (वॉल मार्ट, साउथवेस्ट एयरलाइंस) नहीं हो, क़ीमत को अपने ब्रांड का मूल्य मत चुराने दो जबकि वही मूल्य का निर्धारक है। क़ीमत एक प्रतिस्पर्धात्मक मैट्रिक्स है जिसे वस्तुओं की तेज़ बिक्री के लिए ऊपर-नीचे किया जाता है। यह परोक्ष रूप से आपके उत्पाद या सेवा का मूल्य भी बताता है।

मेरे कई प्रतिस्पर्धी थे जो मुझसे 10% तक कम शुल्क लेते थे और कई मर्तबा तो 20% तक। तो भी मैं समृद्ध होता रहा। मैं सबसे सस्ता नहीं था, फिर भी मेरा प्रदर्शन इतना अच्छा क्यों था? मेरी सेवा का बेहतर मूल्य था और मैंने अपनी क़ीमतों का निर्धारण मूल्य के आधार पर ही किया था। मेरे लक्ष्य पर निशाने ज़्यादा सटीक थे। मेरे संयुक्त उद्यम साझेदार बेहतर थे। मुझे भरपूर समर्थन हासिल था। मैं एक ब्रांड चला रहा था, जबकि मेरे प्रतिस्पर्धी कारोबार चला रहे थे।

मेरी एक महिला कलाकार मित्र ने, जो बहुत ही उत्कृष्ट और ख़ूबसूरत पेंटिंग बनाया करती थी, अपनी पेंटिंग की क़ीमतों का निर्धारण अपने बहुत ही सीमित आधार पर किया था। वह एकल मां थी और वेतन पर ही उसका गुज़ारा होता था। उसके लिए 500 डॉलर एक बहुत बड़ी रक़म थी। इस वजह से उसने अपनी पेंटिंग की क़ीमत, वास्तविक मूल्य से काफ़ी कम रखी थी। क़ीमत को लेकर उसके कमज़ोर नज़रिये से उसे घाटा हो रहा था और उसके काम के स्तर को लेकर भी ग़लत सोच तैयार हो रही थी। मैंने उसे क़ीमतें बढ़ाने का सुझाव दिया। 90 डॉलर की पेंटिंग को 300 डॉलर का कर दें और देखें क्या होता है। निश्चित तौर पर अब उसने उसी कला को ज़्यादा क़ीमत पर बेचा। क्योंकि क़ीमत का अर्थ है मूल्य और यही ब्रांड को परिभाषित करता है।

धीमे रास्ते पर भी, क़ीमतों का निर्धारण भूमिका निभा सकता है, वेतन के रूप में, जो आप लेने के लिए तैयार हैं। उदाहरण के लिए फ़ास्टलेन फ़ोरम पर यह पोस्ट किया गया था :

> *एक कंपनी ने अख़बार में केवल एक वेब प्रोग्रामर के पद के लिए दो विज्ञापन दिए थे। एक में सालाना वेतन 120,000 डॉलर था। दूसरे में 32,000 डॉलर। पहले, ज़्यादा भुगतान करने वाले विज्ञापन के जवाब में केवल चार आवेदन आए। दूसरे, कम वेतन वाले विज्ञापन के 100 जवाब आए। अधिकांश लोगों में ख़ुद के और ख़ुद की क्षमताओं के प्रति आत्मविश्वास की भारी कमी होती है और वे कम में ही संतोष करने के लिए तैयार रहते हैं।*

क्या आप कारोबार में कम में ही संतुष्ट हो जाते हैं? क्या आपके मूल्य की विकृत छवि आपकी सुप्त संभावनाओं को बिगाड़ रही है? ब्रांड तैयार करने और मार्केटिंग के लिए क़ीमत की सही रणनीति महत्त्वपूर्ण है। ग़लत क़ीमत ग़लत संदेश देती है। बहुत ज़्यादा सर्वसामान्य बिकाऊ माल या सेवा होने की स्थिति (कमोडिटाइज़ेशन) से गुज़रने वाले उद्योगों में क़ीमत महत्त्वपूर्ण होती है। एक जनसंपर्क सलाहकार अपने ग्राहक से प्रतिस्पर्धी की तुलना में 30% ज़्यादा फ़ीस वसूल सकता है, लेकिन एक पेट्रोल पंप नहीं।

ना तो मैं औरतों जैसा हूं और ना ही शहरी फ़ैशन वाला फिर भी मुझे डिज़ाइनर पर्स आकर्षित करते हैं, क्योंकि मैं उनकी क़ीमत निर्धारण की क्षमता का प्रशंसक हूं। कैसे किसी हैंडबैग को 4,000 डॉलर में बेच दिया जाता है, जबकि उसकी लागत बमुश्किल 100 डॉलर से कम होगी? ब्रांडिंग और मार्केटिंग। क़ीमत ब्रांड तैयार करने का ही एक हिस्सा है।

उपभोक्ता के दिमाग़ में घुसने का एक और तरीक़ा प्रीमियम प्राइसिंग है यानी कि क़ीमतों में बढ़ोत्तरी। लेकिन तभी जब आप उपभोक्ता को यह बात मनवा लेंगे कि उस उत्पाद की क़ीमत उसके मूल्य के कारण वास्तविक है। क्या बात आपको शेष लोगों से अलग करती है? क्यों कोई आपके उत्पाद के लिए ज़्यादा क़ीमत दे? एक विक्रेता होने के नाते आपको अपने ग्राहक के दिलोदिमाग़ में उतरकर अपने ब्रांड को अलग साबित करना होगा। ग्राहक के दिमाग़ पर कब्ज़ा कर लीजिए और वह आपका हो जाता है।

अध्याय का सार : तेज़ रास्ते की ख़ासियतें

- मार्केटिंग और ब्रांडिंग (वज़ीर) तेज़ रास्ते के सबसे शक्तिशाली साधन हैं।
- कारोबार बने रहते हैं, ब्रांड फलते-फूलते हैं।
- कारोबार पर पहचान का संकट रहता है, ब्रांड पर नहीं। पहचान की समस्या कारोबारियों को क़ीमतों को सर्वसामान्य बनाने पर मज़बूर कर देती हैं।
- ब्रांड के लिहाज़ से यूएसपी एक महत्त्वपूर्ण कुंजी है और यह आपकी कंपनी को बाक़ी से अलग करती है।
- लोगों में अद्वितीय और सबसे अलग दिखने की कुदरती ख़्वाहिश होती है।
- मार्केटिंग की सफलता के लिए ज़रूरी है कि आप प्रतिस्पर्धियों के कोलाहल या विज्ञापनों के हुल्लड़ को मात दे सकें।
- कोलाहल से ऊपर उठने के लिहाज़ से ध्रुवीकरण एक अच्छा साधन है, अगर आपका उत्पाद ध्रुवीकृत ग्राहकों तक ही सीमित हो-आमतौर पर राजनीति, अल्पसंख्यकों के विचार और यहां तक कि खेलों से जुड़ी टीमें।
- सेक्स बिकाऊ है और हमेशा ध्यान आकर्षित करता है। (लेकिन यह आपकी ब्रांड इमेज को भी नुक़सान पहुंचा सकता है)।
- उपभोक्ता व्यावहारिकता से भी पहले भावना के आधार पर किसी वस्तु को ख़रीदने का फ़ैसला करता है।
- अगर आप ग्राहकों के भावनाओं को हवा दे सकें तो उन्हें किसी वस्तु को ख़रीदने के लिए मनाना ज़्यादा आसान हो जाता है।
- लोगों को ख़ुद के बारे में बातें करना अच्छा लगता है। अगर आप दोतरफ़ा संवाद साध सकें या ख़रीदने से पहले आजमाएं को अपने अभियान का हिस्सा बना लें, तो आपको बेहतर सफलता मिलेगी।
- अपरंपरागत होने का मतलब होता है पहले ख़ुद को सबसे अलग करें और यह पहचानें कि परंपरागत क्या है। उसके बाद विपरीत काम करें या परंपरा को तोड़ें।
- उपभोक्ता बेहद स्वार्थी होते हैं। अपने संदेश को हमेशा उपभोक्ता के इस स्वार्थी सवाल के जवाब के लिहाज़ से तैयार करें, "इसमें मेरे लिए क्या है?"
- जब आप निर्माता की अपनी जगह उपभोक्ता से बदल लेते हो तो विशेषताएं लाभ में तब्दील हो जाती हैं। विशेषताओं के लाभ को पहचानें और उन विशेषताओं को विशेष परिणामों में बदल डालें।
- क़ीमत निसंदेह तौर पर मूल्य और उपयोगिता की परिचायक होती है।
- अपने ब्रांड को क़ीमत के प्रति अपने नज़रिये की वज़ह से साधारणता की ओर मत जाने दो।

अध्याय

44

सर्वनिष्ठता की जगह एकनिष्ठता

कोई भी घोड़ा बिना नियंत्रण के कहीं नहीं जाता।
कोई भाप या गैस तब तक कुछ नहीं चला सकती जब तक कि उसको क़ाबू नहीं किया जाता।
कोई नियाग्रा जलप्रपात रोशनी और बिजली में नहीं बदल सकता जब तक कि उसको नहर से नहीं निकाला जाए।
कोई भी ज़िंदगी तब तक महान नहीं बनता, जब तक कि वह एकाग्रचित्त, प्रतिबद्ध, अनुशासित नहीं हो।

—हैरी इमरसन फ़ोस्टिग

पत्नी को धोखा देने वाले अच्छे भागीदार नहीं होते

अब जबकि हमारा संवाद अंतिम चरण में पहुंच रहा है, मुझे निश्चित तौर पर तेज़ रास्ते की एक बेहद महत्त्वपूर्ण ज़रूरत का ज़िक्र करना होगा। और वह है ईमानदारी ठीक एक पत्नी के ही प्रति पूर्ण समर्पण की तरह।

कॉलेज के दिनों में मेरा दोस्त मार्क टेकेल काफ़ी महत्त्वाकांक्षी उद्यमी था। और मार्क अगर तुम इसे पढ़ रहे हो तो मैं तुम्हारे ज़िक्र के लिए माफ़ी चाहूंगा, लेकिन तुम उस वक़्त सोच क्या रहे थे?

मार्क हर सप्ताह अलग तरह के कारोबार से जुड़ जाता था। एक सप्ताह यह कोई पागलपन जैसा एमएलएम प्रोग्राम होता था तो दूसरे सप्ताह पत्रिकाओं के पिछले पन्ने पर छपने वाले विज्ञापनों की योजना। उसके ही अगले सप्ताह कोई वर्गीकृत विज्ञापन का अभियान। अलग सप्ताह, अलग अवसर। मेरे दोस्तों ने आख़िरकार अवसर देखते ही छलांग लगाने की इस प्रवृत्ति को नाम ही दे डाला, "टेकेल सिंड्रोम।"

टेकेल सिंड्रोम की चपेट में आने पर आपके लिए अपनी एकाग्रता विभिन्न परियोजनाओं और विभिन्न अवसरों के बीच बिखेरते रहने की अनिवार्यता-सी हो जाती है। यह धन के पीछे भागने वाला बनाम ज़रूरत की आपूर्ति भी था। जब आप अपना वक़्त पांच अलग-अलग कारोबारों को देते हैं तो आप एक से अधिक पत्नी वाले व्यक्ति की तरह के कारोबारी बन जाते हैं। मूल कल्पना यह होती है कि दीवार पर गोबर फेंकते रहें, कभी न कभी तो कुछ न कुछ चिपकेगा। कोई तो ऐसी बात होगी, जो मुझे धन दिला देगी!

एकाग्रता का बिखरा होना परिणाम भी बिखरे हुए ही देता है।

फलने-फूलने वाले किसी एक कारोबार की बजाय सर्वनिष्ठ कारोबारी के 20 कारोबार होते हैं, जो सभी बेकार होते हैं। मिलकर 10,000 डॉलर कमाने वाले 10 कारोबार किसी भी उस कारोबार से अच्छे नहीं हो सकते जो अकेले ही इतनी कमाई दे देता हो।

जब आप अपने प्रयासों को अपनी परिसंपत्तियों के बीच विभाजित कर देते हैं तो आप हर एक परिसंपत्ति को कमज़ोर कर देते हैं।

कमज़ोर परिसंपत्ति में ज़्यादा वज़न उठाने की और मज़बूत पिरामिड बनाने की क्षमता नहीं होती।

कमज़ोर परिसंपत्तियों से गति भी हासिल नहीं की जा सकती।

कमज़ोर परिसंपत्तियों का मूल्यांकन करोड़ों डॉलर तक नहीं जाता।

कमज़ोर परिसंपत्तियां दौलत को गति नहीं देती। वह केवल माह-दर-माह मासिक बिलों के भुगतान के लिए आय का निर्माण करती हैं।

मैंने जब अपनी ही कंपनी की नक़ल वाला दूसरा वेब कारोबार शुरू किया तो मैंने भी एक साथ अनेक कंपनियों से नाता जोड़ा। लांच होने पर उस कंपनी ने मेरी मुख्य कंपनी से धनार्जन का मेरा वक़्त खींच लिया। सच्चाई तो यह है कि एक तरह से मैंने अपनी पत्नी (मूल कंपनी) को धोखा दिया था और यह दिखने लगा था। पहले जो वक़्त मैं अपनी तेज़ी से फलती-फूलती कंपनी को दे रहा था, अब इस शिशुनुमा कंपनी की देखभाल में जा रहा था।

परिणाम अच्छे नहीं थे और मेरे सामने चार विकल्प थे, 1) अपने वर्तमान कारोबार की आंखों में धूल झोंकना जारी रखूं, 2) वर्तमान कारोबार को चलाने के लिए किसी और को नौकरी पर रखूं, 3) किसी और को नए कारोबार के प्रबंधन के लिए नौकरी पर रखूं, 4) नए कारोबार को बंद कर दूं।

अंततः मैंने नई कंपनी को बंद कर दिया, क्योंकि मेरा तर्क यह था कि और लोगों को रखने का मतलब यह था कि यह मेरी ज़िंदगी में से ही उनके प्रबंधन के लिए अलग वक़्त मांगेगा।

एकनिष्ठता के बाद कई के साथ संबंध का मज़ा

मैं कई ऐसे अवसरवादियों को जानता हूं, जिनके कई कंपनियों के साथ आत्मीय संबंध हैं, लेकिन सभी कि शुरुआत एक ही कंपनी के प्रति समर्पण के साथ हुई थी।

इसके बारे में गंभीरता के साथ सोचिएगा।

दुनिया के सबसे अमीर लोग किसी एक मूल उद्देश्य पर पूरी तरह से एकाग्रचित्त होकर ही अमीर बने हैं ना कि एकाग्रता को विचलित करके। लेब्रॉन जेम्स एक बेहतरीन बास्केटबॉल खिलाड़ी हो ही नहीं सकते थे, अगर उनकी और बातों में भी रुचि होती। उन्होंने एक और केवल एक ही बात पर पूरा ध्यान केंद्रित किया-बास्केटबॉल। वह सोते-जागते, खाते-पीते, उठते-बैठते बस गेंद को बास्केट में डालते रहते थे। अब अपनी किंवदंतीनुमा छवि और करोड़ों डॉलर के कुल मूल्य की वजह से वह अपनी अन्य रुचियों का मज़ा ले सकते हैं।

अगर आप अपने खेल या कारोबार में शीर्ष पर पहुंचना चाहते हैं तो आपको सोते-जागते, खाते-पीते, उठते-बैठते वही काम करना है। अगर आप 10 बातों में एक ही वक़्त में बेवजह टांग अड़ाएंगे तो परिणाम भी ख़राब और निष्प्रभावी होगा।

प्रौद्योगिकी क्षेत्र के कुछ महानतम उद्यमियों ने प्रतिबद्धतापूर्वक 100% ध्यान देकर ही प्रभावशाली कंपनियां बनाईं, ना कि अन्य उद्यमों में बेवजह के हस्तक्षेप से। एक बार भरपूर दौलत कमा लेने के बाद ही इन उद्यमियों ने ऐसे उद्यमों की ओर ध्यान देना शुरू किया, जो कि उनके मूल उद्यम से अलग था।

दूसरे शब्दों में *एक कंपनी के प्रति समर्पण दूसरी कंपनियों की ओर ले गया।*

आमतौर पर एक उद्यमी अपनी कम्प्यूटर कंपनी को 100 मिलियन डॉलर में बेचने के बाद क्या करता है? वे कई कंपनियों में निवेश करते हैं, दान-धर्म का काम करते हैं और अपने जुनून का पीछा करते हैं।

अब उनके लिए बहुविवाह जैसा क़दम कैसे संभव है?

दौलत।

दौलत, प्रणाली को मानव संसाधन प्रणाली की तरह ख़रीद लेती है और उन धन प्रणालियों को भी जो वक़्त ख़रीदती हैं।

तेज़ रास्ते पर सफलता एकनिष्ठ रहकर हासिल की जा सकती है, ना कि अपने ध्यान को कई पत्नियों (कंपनियों) और रखैलों के बीच बांटकर। जी हां, पुरानी आजमाई हुई एकनिष्ठता। तेज़ रास्ते के किसी एक कारोबार पर पूरा ध्यान केंद्रित करें और एड़ी-चोटी का ज़ोर लगा दें।

अध्याय का सार : तेज़ रास्ते की ख़ासियतें

- टेकेल सिंड्रोम के पीड़ित सर्वनिष्ठ अवसरवादी होते हैं, जो अवसर देखते ही छलांग लगा देते हैं।
- कारोबार के प्रति कमज़ोर प्रतिबद्धता आपकी परिसंपत्तियों को कमज़ोर कर देती है। कमज़ोर परिसंपत्तियां दौलत को गति नहीं दे पातीं।

- सबसे कामयाब उद्यमियों ने अपने कारोबार में 100% एकाग्रता के साथ पूरी ज़िंदगी और हर सांस झोंक दी थी।
- सफल कारोबारी एकनिष्ठता आपको सफल कारोबारी सर्वनिष्ठता की ओर ले जा सकती है। कई पसंदीदा शौकों और निवेश की ओर रुझान और सहभागिता।
- "मेरे पास 10 कारोबार हैं," जैसे वाक्य एक कंपनी को लाखों में बेचने के बाद ही इस्तेमाल करें।

अध्याय

45

सबको एकजुट करें : अपनी दौलत की योजना को तूफ़ानी गति दें

किसी बात का चुनाव एक पल में कर लिया जाता है,
लेकिन उसके परिणाम ज़िंदगी भर भुगतने पड़ते हैं।
—एमजे डिमार्को

दौलत को एक सुपरचार्जर दो

हज़ारों मील का सफ़र एक क़दम के साथ शुरू होता है। मैंने आपको ढेर सारी जानकारी उपलब्ध करा दी है और अब वक़्त आ गया है कि पूरी जानकारी को एकजुट करके आप पहला क़दम उठाएं। अब वक़्त आ गया है, जब आप अपनी प्रक्रिया को सम्मिलित कार्रवाई के साथ क्रियान्वित करें। आपके पास अब आवश्यक मनोवैज्ञानिक और गणितीय ख़ाका उपलब्ध है, जो आपको दौलत तक पहुंचने की संभावना को और अधिक बेहतर बना देगा। तेज़ रास्ते के वित्तीय रास्ते पर चलने के लिए साथ ले लीजिए F-A-S-T-L-A-N-E S-U-P-E-R-C-H-A-R-G-E-R, तेज़ रास्ते का वह सुपरचार्जर जिसका हर शब्द तेज़ रास्ते की किसी न किसी प्रक्रिया का द्योतक है।

1. Formula (Fastlane supercharger) फ़ॉर्मूला

दौलत एक फ़ॉर्मूला (Formula) है और धारणाओं, विकल्पों, क्रियाओं और आदतों की एक व्यवस्थित प्रक्रिया है जो जीवनशैली की वजह बनती है। दौलत एक प्रक्रिया है कोई परिणाम नहीं।

2. Admit (fAstlane supercharger) स्वीकारें

यह स्वीकारें (Admit) कि "धीरे अमीर बनें" का दौलत का पूर्वनिर्धारित रास्ते में आधारभूत ख़ामियां हैं, क्योंकि इसके साथ जुड़े हैं बेक़ाबू सीमित लीवरेज, कमज़ोर गणित जिसकी गणना वक़्त के आधार (दौलत=नौकरी+बाज़ार) पर होती है। "जल्दी अमीर बनें" का अस्तित्व स्वीकारें। स्वीकारें कि किसी योजना का ना होना अच्छी योजना नहीं है। स्वीकारें कि क़िस्मत महज काम का परिणाम है।

3. Stop and Swap (faStlane supercharger) ठहरें और नक़्शा बदलें

ठहरें (Stop), ग़लत नक़्शे का पालन रोक दें। अब तक आप जो करते आ रहे थे उसे रोक दें। सप्ताहांत के लिए अपनी आत्मा की बिक्री रोक दें। इस सोच को रोक दें कि 401 (के) और इंडेक्स्ड फ़ंड्स आपको अमीर बना देंगे। निष्प्रभावी नक़्शों को तेज़ रास्ते के नक़्शे से बदल डालें। अपनी निष्ठा को उपभोक्ता से निर्माता में बदल डालें।

4. Time (fasTlane supercharger) वक़्त

वक़्त (Time) तेज़ रास्ते का सबसे अहम पहलू है-विशेष तौर पर, ख़ाली वक़्त। उन गतिविधियों में निवेश करो जो दौलत से भी ज़्यादा कुछ दें, वह आपको ख़ाली वक़्त देती हैं। वक़्त चुराने वालों को टालें, जैसे परजीवी क़र्ज़, जो आपके ख़ाली वक़्त को अनुबंधित वक़्त में बदल देता है। ऐसे कारोबार में निवेश करें जो आपके अनुबंधित वक़्त को ख़ाली वक़्त में बदल सके। फ़ैसला वक़्त को सबसे निर्णायक घटक मानते हुए लें।

5. Leverage (fastLane supercharger) मददगार लीवरेज

नियंत्रण योग्य और असीमित गणित की मददगार लीवरेज (Leverage) का दौलत निर्माण में इस्तेमाल करें। धीमे रास्ते के दौलत के समीकरण में कोई मददगार उत्तोलन नहीं है, एक समीकरण जो वक़्त (प्रति घंटे भुगतान, सालाना वेतन, सालाना लाभ, निवेश के वर्ष) पर निर्भर है। अगर आप आपकी दौलत को बताने वाले गणित को अधोरेखित नहीं कर पाते और ना ही उसे बड़ी संख्या में बढ़ा पाते हैं तो आपका अपनी वित्तीय योजना पर नियंत्रण नहीं है। मददगार लीवरेज ऐसी प्रणाली द्वारा तैयार किया जाता है, जो आपके लिए काम करती है।

6. Assets and income (fastlAne supercharger) परिसंपत्ति और आय

दौलत को आय और परिसंपत्ति मूल्य (Asset Value) से तूफ़ानी गति मिलती है। एक ऐसे कारोबार के ज़रिये जिसे व्यवस्थित किया जा सकता है और परिसमापन (लिक्विडेशन) के साथ बेच भी दिया जा सकता है। अपनी कमाई और संसाधनों से नीचे के स्तर पर रहें, लेकिन आय बढ़ाने पर ध्यान केंद्रित रखने के साथ-साथ ख़र्चों पर भी लगाम कसें। आय और परिसंपत्ति मूल्य की भारी बढ़ोत्तरी ही करोड़पति बनाती है, ना कि ख़र्चों में कटौती।

7. Number (fastlaNe supercharger) आंकड़ा

आपका आंकड़ा (Number) क्या है? अपनी सपनों की जीवनशैली के लिए आपको कितने धन की ज़रूरत होगी? अपनी रक़म तय कर लें और उसे पेनी के स्तर तक विभाजित कर दें और आज के लिए वास्तविकता बना दें। अपने चिल्लर को बचाना शुरू कर दें, एक ब्रोकरेज खाता खोलें और दीवार पर एक चार्ट लगाकर रखें जो आपके बढ़ते आंकड़े की लगातार निगरानी कर सके। अपनी काम की जगह पर अपनी सपनों की जीवनशैली के फ़ोटो लगाकर उसे हक़ीक़त बनाएं। उदाहरण के लिए अगर आपका सपना पहाड़ पर छोटी-सी नदी के किनारे छोटे-से मकान का सपना है तो वह दर्शाने वाला एक फ़ोटो खोजें और उसे अपने कम्प्यूटर की स्क्रीन पर लगा दें ताकि आप रोज़ उसे देख सकें। अपने भविष्य के दृष्टिकोण को वास्तविक बनाएं और अपने दिमाग़ पर उसे अंकित कर दें ताकि आपको सतत उसका स्मरण होता रहे। उन सपनों को स्पष्ट और अपरिहार्य बना डालें।

8. Effection (fastlanE supercharger) प्रभाव

प्रभाव (Effection) की कृपा करें और आप पर दौलत की कृपा होगी। प्रभाव का नियम कहता है, "आपके नियंत्रण में मौजूद परिवेश में आप जितने ज़्यादा लोगों की ज़िंदगियों को प्रभावित करेंगे, उतनी ही ज़्यादा दौलत आपके पास होगी।" लाखों पर प्रभाव डालें और लाखों कमाएं। जब आप बड़े पैमाने पर किसी ज़रूरत को पूरा करते हैं तो आपकी ज़िंदगी में धन का प्रवाह होता है। धन दरअसल मूल्य या उपयोगिता का प्रतीक होता है।

9. Steer (fastlane Supercharger) संचालन करो

ज़िंदगी का संचालन या स्टियरिंग (Steering) एक विकल्प है। एक वक़्त पर आपको तेज़ रास्ते की विचारधारा को स्वीकारना ही होगा और वही प्रतिबद्धता प्रक्रिया तैयार करती है। दौलत कोई एक विकल्प (परिणाम) नहीं है, ठीक वैसे ही जैसे कि आप 100 पौंड वज़न करने का सोचें और नींद से जागते ही आपका वज़न 100 पौंड कम हो जाए। आप ज़िंदगी का किस तरह से संचालन करते हैं, यही बात निर्धारित करती है कि तेज़ रास्ता एक जीवनशैली है, शौक है या एक लॉटरी टिकट है। चरम स्थिति में फ़ैसले के लिए डब्ल्यूसीसीए और डब्ल्यूएडीएम को लागू करें। फ़ैसले की अश्वशक्ति जवानी में सबसे ज़्यादा होती है और बुढ़ापे की ओर बढ़ते-बढ़ते वह घटने लगती है। अपने पिछले विकल्पों की पड़ताल करें। आज आप जहां हैं वहां क्यों हैं? आपकी ज़िंदगी में क्या विश्वासघाती साबित हुआ? आप क़र्ज़ में डूबे हुए क्यों हैं? अगर आप अपनी पिछली ग़लतियों को सुधारते नहीं हैं तो आपके उनके दोहराने की पूरी-पूरी आशंका है। स्वभाव में परिवर्तन, पिछले फ़ैसलों को जानने के लिए गरेबां में झांकने के बाद तेज़ रास्ते के नज़रिये से उसमें सुधार से संभव है। ज़िम्मेदार बनें और फिर जवाबदेह।

10. Uncouple (fastlane sUpercharger) अलग हो जाएं

तेज़ रास्ते की किसी अनुकूल इकाई, एक सी या एस कार्पोरेशन या एक एलएलसी में कारोबारी ढांचा तैयार करके धीमे रास्ते के दौलत के समीकरण से ख़ुद को अलग (Uncouple) कर लें। उसके बाद आपकी इकाई आपकी पर्याय कारोबारी प्रणाली का एक हिस्सा बन जाएगी। यह पहले ख़ुद को भुगतान करती है और सरकार को अंत में। यह आपके वक़्त के अतिरिक्त वक़्त में भी बनी रहती है। यह आपका परिसंपत्ति बनाने की दिशा में पहला क़दम होता है।

11. Passion & Purpose (fastlane suPercharger) जुनून और मक़सद

एक कारोबारी इकाई और आपके सपनों की ज़िंदगी को साकार करने के लिए ज़रूरी आंकड़े का निर्धारण हो जाने के बाद आपको आदतन तौर पर सक्रिय करने के लिए जुनून (Passion) और मक़सद (Purpose) की ज़रूरत पड़ेगी। "जुनून" का "वह करें जो पसंद है" से घालमेल नहीं कर दें। जुनून आपकी आत्मा की अग्नि प्रज्वलित कर आपको हरसंभव काम और प्रयास के लिए प्रेरित करता है। जुनून आपको उत्साह से भर देता है और बैचेनी से उत्तेजित कर देता है। कुछ जुनून स्वार्थी (मुझे एक लैम्बोर्ग़िनी चाहिए) होते हैं और अन्य निस्वार्थ (मैं अनाथ बच्चों की सेवा करना चाहता हूं) होते हैं। इस बात से कोई फ़र्क़ नहीं पड़ता है कि यह क्या है, जब तक कि इसकी आग आपकी जेब तक पहुंचकर आपको प्रक्रिया के लिए भड़का नहीं दे।

12. Educate (fastlane supErcharger) शिक्षित बनें

शिक्षा (Education) स्नातक उपाधि से शुरू होती है। सीखना कभी भी नहीं छोड़ने की क़सम खाएं। फ़िलहाल आप जो जानते हैं वह, उस लिहाज़ से अपर्याप्त है, जो आप कल बनना चाहते हैं। तेज़ रास्ते का ज्ञान हासिल करें। जो आपको नियंत्रण वाले परिवेश में कारोबारी प्रणाली का निर्माण और संचालन सिखाता है। लाइब्रेरी में जाएं और इंटरनेट को खंगालें। आपकी वित्तीय यात्रा में जानकारी ईंधन का काम करेगी। सुनिश्चित करें कि आप उपलब्ध वक़्त का लाभ उठाते हुए रोज़ ही वक़्त के छोटे-छोटे टुकड़ों में कुछ न कुछ नया तेज़ी से पढ़ें : ट्रेन में, प्लेन में, एक्सरसाइज करते हुए, लंच ब्रेक में, काम पर जाने से पहले सुबह एक घंटे में या पोस्ट ऑफ़िस में अपनी बारी आने का इंतज़ार करते हुए। हर उस वक़्त जिसे आप यूं ही बेकार गंवा देते हैं।

13. Road (fastlane supeRcharger) रास्ता

तेज़ गति का रास्ता (Road) अपनाएं। अगर तय नहीं कर पा रहे हैं कि कौन-सा रास्ता तो चिंता नहीं करें; रास्ता ही आपको तलाश लेगा। अपने दिमाग़ को ज़रूरतों, समस्याओं और सुधार के तरीक़ों को पहचानने के लिए तैयार करें। अपने विचारों और भाषा का निरीक्षण करें, क्योंकि वे अधूरी ज़रूरतों का खुलासा करती हैं या किसी ऐसी ज़रूरत का जिसकी

अच्छी तरह से पूर्ति नहीं हुई है। आपको अगला आविष्कार खोजने की ज़रूरत नहीं है, केवल एक सुधार के अवसर को तलाश लें। किसी बात को लेकर लोगों का दर्द, परेशानी या किसी सेवा में ख़ामी। और फिर उसे हल कर दें। दुनिया के कई सर्वश्रेष्ठ कारोबार ऐसे उत्पादों पर आधारित हैं, जो पहले से ही अस्तित्व में थे। कारोबार के मालिकों ने समस्या को बेहतर तरीक़े से हल किया और ज़्यादा कारगर तरीक़े से। जब आप बाज़ार की ख़ामियों पर नज़र डालते हैं तो रास्ते खुल जाते हैं। जी हां, रास्ता आपको चुन लेता है।

14. Control (fastlane superCharger) नियंत्रण

नियंत्रण के नियम को ध्यान में रखते हुए अपनी वित्तीय योजना पर नियंत्रण (Control) स्थापित करें। अपने नियंत्रण वाले संस्थान में हर बात से जुड़ें, क़ीमत निर्धारण, मार्केटिंग, संचालन। तेज़ रास्ते के उद्यमी, कारोबार के नाज़ुक कार्यों का नियंत्रण, पदों के आधार पर तैयार नियंत्रण प्रणाली के भरोसे कभी भी नहीं छोड़ते, क्योंकि वे ख़ुद ही नियंत्रण प्रणाली हैं। शार्क की तरह तैरें, गप्पी मछली की तरह नहीं।

15. Have (fastlane supercHarger) पास रखें

दूसरों को जिस बात की ज़रूरत हो वह अपने पास रखें (Have) और आपकी ज़िंदगी में धन का प्रवाह क़ायम रहेगा। यह ज़रूरत के नियम को बताता है। आप धन का पीछा करके अपनी आय में तेज़ बढ़ोत्तरी नहीं कर सकते। धन का पीछा करना छोड़ दें, क्योंकि यह ऐसा करने वालों से दूर ही रहता है। इसकी बजाय धन को आकर्षित करने वाली बात पर ध्यान दें और वह है लोगों की ज़रूरतों को हल करने वाला कारोबार। मूल्य या उपयोगिता प्रदान करने से धन आता है। स्वार्थ को परे रख दें और अपने पास वह रखें जो दूसरे लोग चाहते हैं। जब आप ऐसा करते हैं तो धन का प्रवाह आपकी ज़िंदगी में आ जाता है, क्योंकि धन उन लोगों की ओर आकर्षित होता है जिनके पास वह वस्तु होती है, जिसके लिए दूसरे तड़पते रहते हैं- ख़्वाहिश, चाहत या ज़रूरत।

16. Automate (fastlane superchArger) स्वचालित बनाएं

अपने कारोबार को स्वचालित बनाएं (Automate) और वक़्त के नियम का पालन करें। अपने वक़्त को अपने कारोबार से परे कर लें। निष्क्रिय आय देने वाले सबसे अच्छे धन के पेड़ के अंकुर हैं-धन प्रणाली, किराया प्रणाली, कम्प्यूटर प्रणाली, सामग्री प्रणाली, वितरण प्रणाली और मानव संसाधन प्रणाली। किसी भी कारोबार को स्वचालित बनाने की कुंजी इन अंकुरों में छिपी होती है।

17. Replicate (fastlane superchaRger) हूबहू प्रतिकृति बनाएं

अपनी प्रणाली की हूबहू प्रतिकृति (Replicate) बनाएं और मात्रा के नियम का पालन करें। ऐसे मैदान पर उतरें जहां होम रन मारे जा सकें। लाखों कमाने के लिए आपको लाखों को

प्रभावित करना ही होगा। लाखों लोगों पर प्रभाव डालने के लिए आपको ऐसे क्षेत्र में होना होगा, जो लाखों पर असर डालने की क्षमता रखता हो। क्या आपके उत्पाद या सेवा की विश्वस्तर पर हूबहू प्रतिकृतियां बनाकर प्रभाव के नियम का लाभ उठाया जा सकता है?

18. Grow (fastlane superchar**G**er) बढ़ाएं

अपने कारोबार के साथ शतरंज की तरह बहुआयामी व्यवहार से उसे बढ़ाएं (Grow)। ब्रांड स्थापित करें, कारोबार नहीं। ग्राहकों के साथ अपने बॉस की तरह व्यवहार करें और शिकायतों को अवसरों में बदल डालें। दुनिया की सुनें क्योंकि वह आपके कारोबार की दिशा को लेकर सबसे अच्छा मार्गदर्शन करती है। सर्वसामान्य बिकाऊ माल या सेवा बन जाने का प्रतिरोध करें। ख़ुद की प्रतिस्पर्धा से अलग पहचान बनाएं। कोलाहल से ऊपर उठें। एक और केवल एक ही कारोबार पर ध्यान केंद्रित करें।

19. Exit (fastlane superchargEr) बाहर निकलें

बाहर निकलने (Exit) के लिए एक रणनीति तैयार रखें। तेज़ रास्ते की एक मंज़िल है धन प्रणाली द्वारा हासिल पूर्ण निष्क्रियता। भारी परिसंपत्ति मूल्य के परिशोधन (लिक्विडिटी) का आयोजन धन प्रणालियों का सबसे अच्छी तरह से पोषण करता है। अपनी परिसंपत्ति के परिशोधन का सही वक़्त पता करें, ताकि काग़ज़ी पैसे को नक़दी में बदला जा सके। पता करें कि कब घोड़े से उतरना है और नए घोड़े की सवारी सीखना है।

20. Retire, Reward or Repeat (fastlane superchargeR) सेवानिवृत्ति, पुरस्कार या पुनरावृत्ति

अपनी परिसंपत्ति के परिशोधन के बाद सेवानिवृत्ति (Retire) या पुनरावृत्ति (Repeat) का फ़ैसला करें। इसकी परवाह किए बिना ख़ुद को सफ़र का पहला मील का पत्थर पार कर लेने के लिए पुरस्कृत (Reward) करें। पहले उत्पाद को बेचा है? जश्न मनाइए। डिनर पर जाइए, सिगार ख़रीदिए, बियर पीजिए। कुल मूल्य 1,00,000 डॉलर तक पहुंच गया? जमकर विलासितापूर्ण जश्न मनाइए। 10 लाख डॉलर से ज़्यादा कमा लिए? एक अच्छे अवकाश पर जाइए। 10 मिलियन डॉलर कमा लिए? एक लैम्बोर्गिनी ख़रीद लीजिए।

"तो सर... अब हम बंद कर रहे हैं..."

तेज़ रास्ता एक मंज़िल नहीं है।

यह ऐसी बात नहीं है, जिसके लिए आप प्रयत्न करते हैं, आप इसे ज़िंदगी का ही हिस्सा बना लेते हैं।

यह एक मानसिकता है और इसकी शुरुआत आपके दिमाग़ से ही होती है।

क्या आप पहले ही कारोबारी अवसरों की ओर देख रहे हैं और यह पूछ रहे हैं कि क्या यह तेज़ रास्ता है? आप अभी भी बात को समझ ही नहीं पाए। तेज़ रास्ता एक बीज

है, जो आपके दिमाग़ में पनपता है और वहीं से विकसित होता है। आप बीज का अच्छी तरह से पालन–पोषण कर सकते हैं। यह अभी वहां है। सवाल यह है कि क्या यह पनपेगा? क्या इसे धूप और पानी मिलेंगे? या यह मुरझा जाएगा और अंततः ज़िंदगी का ड्रामा शुरू होते ही मर जाएगा?

धीमे रास्ते के सिद्धांतों से लड़कर निकलिए और आप पाएंगे कि तेज़ रास्ते का सफ़र, खोज और अभूतपूर्व आत्मविकास से भरपूर है। और सबसे महत्त्वपूर्ण बात यह कि आपके सपने दोबारा उठ खड़े होंगे और संभावना के साथ हाथ मिला लेंगे।

इस बात से कोई फ़र्क़ नहीं पड़ता कि आप कहां से शुरुआत करते हैं, बल्कि फ़र्क़ इस बात से पड़ता है कि आप कैसे आगे बढ़ते हैं। एक असाधारण ज़िंदगी के गैरेज का दरवाज़ा खुल चुका है–अतीत को पीछे छोड़ दो, जो आपको बांधे रखता है और रास्ते पर निकल जाओ। तेज़ रास्ते के सभी राहगीर ज़िंदगी की आपाधापी में इसी तरह से शुरुआत करते हैं।

लेकिन एमजे, मैं क्रेडिट कार्ड के क़र्ज़ के पहाड़ तले दबा हूं!

लेकिन एमजे, मेरे पास सुपरमार्केट में सामान जमाने की नौकरी है!

लेकिन एमजे, मेरे पास काम के बाद कोई वक़्त नहीं बचता!

लेकिन एमजे, आप पर दो बच्चों को पालने का बोझ नहीं है!

लेकिन, किंतु–"परंतु" से बचिए क्योंकि ये वही करते हैं–आपको सोफ़े से चिपकाए रखते हैं, कुछ भी नहीं करते हुए। बहानों ने आज तक किसी को अमीर नहीं बनाया है और हम सबके पास बहाने होते हैं। हर किसी की तरह का बनने से बचें और काम पर जुट जाइए। इस साल एक विकल्प चुनिए जो आपकी ज़िंदगी को हमेशा के लिए बदल डाले।

क्या बात है... हम यहां काफ़ी अरसे से हैं। सूरज डूब चुका है और कॉफ़ी शॉप के अटेंडेंट ने भी दुकान बंद होने का बोर्ड लगा दिया है। मैं आप सबको अपना क़ीमती वक़्त देकर मुझमें विश्वास दिखाने के लिए धन्यवाद देना चाहता हूं। मुझे उम्मीद है कि यह आपके सपनों, आपकी ज़िंदगी और आपके लक्ष्यों के लिहाज़ से लाभदायक रहा।

अगर आप तेज़ रास्ते की रणनीति पर दुनियाभर के 40,000 से ज़्यादा उद्यमियों के साथ और चर्चा चाहते हैं तो उस समुदाय से TheFastlaneForum.com पर जुड़ सकते हैं। यह मुफ़्त है और हां मैं भी अपने पाठकों से "हैलो" कहता हूं और लगभग हर रोज़ वहां कुछ न कुछ योगदान भी देता हूं। साथ ही मैंने एक और नई किताब (Unscripted ©2017) भी लिखी है, जो तेज़ रास्ते को पूरी ज़िंदगी की रणनीति बनाने की रणनीति का पूरी तरह से ख़ुलासा करती है- केवल कारोबार ही क्यों बनाएं, जब आप पूरी ज़िंदगी ही बना सकते हैं?

अगर इस किताब ने आपको प्रेरित किया हो, बदल दिया हो या आपको आज़ाद कर दिया हो तो कृपया अपने किसी दोस्त या मुझे फ़ोरम पर यह बताने का कष्ट करें। मुझे उम्मीद है कि *करोड़पति बनने का तेज़ रास्ता* ने आपके सपनों को दोबारा जगा दिया होगा और उन्हें सांस लेने का मौक़ा दिया होगा। हमेशा याद रखिए अगर आपके सपने ज़िंदा हैं तो आप *पहले ही अपने सपने को जी रहे हैं।*

मैं आप सबके लिए दुआ करता हूं और शायद एक दिन, आपका असर पूरी दुनिया पर बरसों के लिए स्थापित हो जाएगा और तब आप कुछ बरस पहले लिए उस आसान से विकल्प को याद करेंगे... वह विकल्प जब आपने एक किताब को उठाकर उसे पढ़ा।

आपके सपनों, आपकी ज़िंदगी और आपकी ख़ुशी को समर्पित... शुभकामनाएं और भगवान आपका भला करें।

~ एमजे डिमार्को

पहला परिशिष्ट :
पाठकों के विचार

एमजे मैं एक हाईस्कूल शिक्षिका हूं ...मैं कैसे तेज़ रास्ते पर जा सकती हूं?

क्या आप अपनी दुनिया में किसी समस्या को हल कर सकती हैं? कैसा हो अगर किसी ऐसे उत्पाद का आविष्कार करें जिसकी आवश्यकता हर स्कूल के पाठ्यक्रम में हो? कैसा रहे अगर आप शिक्षकों को केंद्र में रखकर उनके लिए किताब लिखें? क्या आप अपना निजी स्कूल शुरू कर सकती हैं? क्या आप कोई शैक्षणिक कार्यक्रम तैयार कर सकती हैं और उसे ग्राहक शुल्क के साथ बेच सकती हैं? वीडियो शिक्षा की अपनी एक विरासत होती है। एक बार आपने उसे बना लिया तो यह वक़्त बीतने के बाद भी अस्तित्व में रहती है और इस तरह से वक़्त से जुदा होती है।

अगर आप वर्तमान रास्ते के आस-पास किसी ज़रूरत को नहीं खोज पा रही हैं तो क्या आप किसी अन्य रास्ते की किसी अन्य समस्या को पहचान पा रही हैं? शायद किसी छात्र ने कोई ऐसी समस्या बताई हो, जिसके समाधान की ज़रूरत हो। क्या आप उनकी शिकायतों को सुनती हैं? उनके मुद्दे, उनके अधिकार और समस्याएं? ज़रूरतें हर कहीं पर मौज़ूद हैं और उन्हें केवल आपके वर्तमान रास्ते से ही देखने की ज़रूरत नहीं है। रास्ते तभी खुलते हैं, जब आप उनके दरवाज़ों पर दस्तक देते हैं।

इसके अलावा एक शिक्षिका के तौर पर आपकी वक़्त पर अभूतपूर्व पहुंच है, जो अन्य लोगों के पास नहीं है। गर्मियों की छुट्टियों को आप एक तेज़ रास्ते की शुरुआत का एक अच्छा बिंदु बना सकती हैं।

एमजे, मेरे पड़ोसी का 19 साल से कारोबार है। वह कभी घर पर नहीं रहता और उसके पास किसी भी काम के लिए वक़्त नहीं है। और निश्चित तौर पर वह अमीर भी नहीं है। कारोबार का मालिक होना दौलत की गारंटी नहीं है!

मैं सहमत हूं। मेरे विचार में आपके पड़ोसी की कारोबार में समस्या यह है कि वह वक़्त के नियम का पालन नहीं करता। अगर आपका कारोबार धन के पेड़ के माध्यम से आपके वक़्त से अलग नहीं किया जा सकता तो आपका कारोबार शायद केवल बिलों के भुगतान वाली नौकरी है।

एमजे, मुझ पर 22,000 डॉलर का क़र्ज़ है और मैं बमुश्किल जी पा रही हूं। कहां से शुरुआत करूं?

शुरुआत उस क़र्ज़ के स्रोत को पता करने से कीजिए। यह क्यों मौज़ूद है? यह क़र्ज़ कैसे 22,000 डॉलर तक पहुंच गया? आपके क़र्ज़ का जमा होना कोई परिणाम नहीं था, बल्कि एक प्रक्रिया थी, जो कई वर्षों में हुई। ऐसा नहीं होता कि आप किसी सुबह उठते हैं और आपके सिर पर 22,000 डॉलर के क़र्ज़ का बोझ होता है। आपके विकल्पों ने इसका रास्ता तैयार किया होगा–नक़द देने की बजाय उधारी में ख़रीदने के ढेर सारे विकल्प। आपने वह अत्याधुनिक फ़ैशन वाले कपड़े ख़रीदने का विकल्प चुना। आपने वह फ़ैंसी कार चुनी। आपने दूसरों जैसी जीवनशैली के फेर में प्रतिस्पर्धा करनी चाही और हर भुगतान क्रेडिट कार्ड से किया। या फिर शायद आप एक ऐसे मकान में रहते हैं, जो बहुत ज़्यादा महंगा है।

क़र्ज़ से बचने के लिए परिणाम की बजाय प्रक्रिया के प्रति प्रतिबद्धता की ज़रूरत होती है, इसके ठीक उल्टे को छोड़कर। पगडंडी छोड़ दीजिए और ऐसे नए विकल्प चुनिए जो आपके क़र्ज़ को बढ़ने से रोके। और भी बेहतर होगा अगर यह विकल्प क़र्ज़ को कम करने वाला हो। हर बात के लिए भुगतान नक़दी में करें। अगर आप किसी बात के लिए नक़द राशि नहीं दे सकते तो इसका ज़ाहिर–सा मतलब है कि वह आपकी पहुंच से बाहर है।

दूसरी बात, अपनी आय पर ध्यान केंद्रित कीजिए। आपको ज़्यादा धन की ज़रूरत है। अगर आपके पास हर माह 15,000 डॉलर का मुनाफ़ा कमाने वाला कारोबार हो तो क्या वह क़र्ज़ इतना बोझ लगेगा? नहीं, क़तई नहीं लगेगा। आपको इसका कुछ सप्ताह में भुगतान करना है, वर्षों तक नहीं। *आय ही मूल जवाब है*, क़र्ज़ को बढ़ने से रोकने के लिए कुछ वक़्त तक ख़र्चों में कटौती के साथ। किसी अतिरिक्त काम की तलाश कीजिए, ईबे पर बेचिए, कुछ अलग क़िस्म के काम कीजिए, अपनी कला को एटसी पर बेचिए। कुछ वक़्त के बाद ख़ुद को किसी ज़रूरत पर आधारित कारोबार में झोंक दीजिए जो आपकी आय को बढ़ाकर आपको तेज़ रास्ते की दौलत के समीकरण के नज़दीक ले आएगा। जी हां, आपको शायद ऐसे काम में हाथ गंदे करने पड़ेंगे, जिससे दूसरे लोग बचते हों। वह करें जो दूसरे नहीं करेंगे। या तो आपको इसकी बुरी तरह से ज़रूरत है या बिलकुल भी नहीं।

एमजे, मैं और मेरी पत्नी अलग–अलग रास्ते पर चल रहे हैं। वह हर एक दमड़ी को बचाने वाली धीमे रास्ते की राहगीर है, जिसकी पूरी ज़िंदगी बचत और मितव्ययिता में ही गुज़र रही है और मैं बार–बार कारोबार बदलने वाला उद्यमी हूं, जो ज़िंदगी से थोड़ा कुछ और चाहता है। समस्या यह है कि मेरी इस आदत के सफल परिणाम नहीं रहे हैं और यह केवल हमारे रिश्ते में विवाद को बढ़ावा ही दे रही है।

क्या आपकी पत्नी ने यह किताब पढ़ी है? अगर पढ़ी है और फिर भी वह आपसे सहमत नहीं है तो आपको भविष्य में कड़े फ़ैसले लेने पड़ सकते हैं। आपकी पत्नी आपकी जीवनसाथी है और अगर आपके रास्ते साथ–साथ नहीं चलते तो यह आगे जाकर मुश्किलें बढ़ा सकता है। जैसे आपके विकल्प और उनकी अश्वशक्ति, रिश्तों का भी एक प्रक्षेप पथ

होता है। आज आपके रास्तों के बीच 1% का विचलन कई वर्षों बाद 90% तक के विचलन में बदल जाएगा।

निजी तौर पर मैं उन रिश्तों में रुचि नहीं रखता जो ठीक-ठाक हैं, मेरी रुचि तो उन रिश्तों में होती है, जो दोनों ही व्यक्तियों को श्रेष्ठतम स्तर तक मज़बूती दें। मैं आपके रिश्ते की मज़बूती पर टिप्पणी नहीं कर सकता, केवल आप ही कर सकते हैं। क्या कोई ऐसी बात है जिस पर आपके और आपकी पत्नी के बीच सहमति हो, जो इस दरार को पाट सके? जैसे वक़्त का मूल्य? वित्तीय साक्षरता का महत्त्व? आय को वक़्त से अलग करने की ज़रूरत? परजीवी क़र्ज़ का तबाहीजनक प्रभाव? शायद इन मुद्दों पर सहमति आपके रास्तों को एक लक्ष्य पर ही केंद्रित रखने के लिहाज़ से पर्याप्त है।

और अंत में आपका बार-बार कारोबार बदलना एक समस्या हो सकती है। क्या आप सर्वनिष्ठता में विश्वास रखने वालों की तरह हैं, जो एक ही वक़्त 10 अलग-अलग अवसरों के बीच संतुलन साधने की कोशिश करते हैं? आपका कारोबार भी पत्नी की तरह होता है। उसे धोखा देना बंद करें और अपना पूरा ध्यान एक ही कारोबार पर लगाएं। आपको उतना ही लाभ मिलेगा, जितनी मेहनत आप करेंगे। कई कारोबारों के बीच वक़्त को बांटने से आय और परिसंपत्ति मूल्य में बहुत ही मंथर गति से बढ़ोत्तरी होगी।

एमजे, रियल इस्टेट के बारे में आपके क्या विचार हैं? आपने इसका ज़्यादा ज़िक्र नहीं किया... क्या यह तेज़ रास्ता है?

रियल इस्टेट को "तेज़ रास्ता" बनाने के लिए प्रयासों और पांचों नियम के कुशल उपयोग की आवश्यकता होती है। मुख्य तौर पर, आप रियल इस्टेट निवेशक क्यों हैं? ज़रूरत की वजह से या फिर यह एक ऐसा क्षेत्र है, जिसके बारे में आप जानते हैं। एक सफल रियल इस्टेट निवेशक घर लेता या बेचता है, क्योंकि इसमें किसी के बसने की उम्मीद है। एक सफल रियल इस्टेट निवेशक एक आवासीय संकुल तैयार करता है, क्योंकि इलाक़े के लोगों को घरों की ज़रूरत है।

इसके अलावा रियल इस्टेट का विस्तार तो बहुत है, लेकिन पहुंच बहुत कम। इसका मतलब कई सफलताएं या जानबूझकर पुनरावृत्ति की ज़रूरत होती है। केवल एक छोटी-सी प्रॉपर्टी आपको अमीर नहीं बना सकती, लेकिन कुछ सालों में संचित 200 प्रॉपर्टी ऐसा कर सकती हैं। संचयन कम वर्षों की अवधि में संभव नहीं होता। मैं कभी रियल इस्टेट क्षेत्र में करोड़पति बने 22 वर्षीय युवक से नहीं मिला, क्योंकि यह तुलनात्मक तौर पर धीमा तेज़ रास्ता है, जो परिसंपत्ति मूल्य पर आधारित है, जिन्हें अपने द्वारा तैयार कारोबार की तरह तोड़ना-मरोड़ना इतना आसान नहीं होता। विस्तार के कारण परिसंपत्ति मूल्य सीमित होता है, यही वजह है कि सबसे अमीर रियल इस्टेट निवेशक ना केवल बुज़ुर्ग होते हैं, उनका ध्यान भी ज़्यादा डॉलर मूल्य वाली प्रॉपर्टी पर होता है। रियल इस्टेट में एक बेहतरीन अलगाव वाला घटक होता है, जो वक़्त गुज़रने के बाद भी क़ायम रहता है।

एमजे क्या संबद्ध मार्केटिंग "तेज़ रास्ता" है? मैं कुछ लोगों को जानता हूं, जो इससे भरपूर कमाई कर रहे हैं!

संबद्ध मार्केटिंग (एएम) दरअसल, प्रवेश और नियंत्रण के नियमों का उल्लंघन करती है और अगर आप उन प्रतिबंधों को समाप्त कर सकते हैं तो फिर यह तेज़ रास्ता हो सकता है। दुर्भाग्यवश, सबसे विशुद्ध परिभाषाओं से भी संबद्ध मार्केटिंग तेज़ रास्ता नहीं है। हालांकि यह आय के लिए एक अच्छी रणनीति हो सकती है और डिजिटल मार्केटिंग के लिए शिक्षा का काम कर सकती है। यह कारोबार में शुरुआत करने के लिए भी अच्छी जगह हो सकती है। कई वक़्त आपको कुछ शुरुआत करने की ज़रूरत होती है, कुछ भी। याद रखिए, "तेज़ रास्ता" दिमाग़ में शुरू होता है।

जहां तक बात बहुत ज़्यादा पैसे वाले विक्रेताओं की है तो वे अस्तित्व में हैं। इसी तरह से लॉटरी के विजेता भी। और कुछ करियर नेटवर्क विक्रेता भी करोड़पति हैं। मेरा दृष्टिकोण संभावनाओं के बारे में है, निश्चितता के बारे में नहीं। जब कभी भी आप नियंत्रण का उल्लंघन करते हैं आप नियंत्रण गंवा देते हैं। जब आप प्रवेश का उल्लंघन करते हैं तो आपका बहुत विशिष्ट होना ज़रूरी है।

30,000 डॉलर प्रति माह कमाने वाले हर संबद्ध विक्रेता के पीछे कम से कम 3,00,000 ऐसे संबद्ध विक्रेता होंगे, जो 100 डॉलर प्रति माह से भी कम कमा रहे होंगे। 50,000 डॉलर प्रति माह कमाने वाले हर संबद्ध विक्रेता के पीछे 5,00,000 ऐसे संबद्ध विक्रेता होंगे, जो 100 डॉलर प्रति माह कमा रहे होंगे। 10 लाख डॉलर की लॉटरी जीतने वाले हर व्यक्ति के पीछे कम से कम 10 लाख पराजित होंगे। संभावनाएं!

अगर आप सोचते हैं कि आप संभावनाओं को ख़ारिज करते हुए विशिष्ट हो सकते हैं, तो कोशिश कीजिए। और बधाई! मैं कुछ करोड़पति विशिष्ट संबद्ध विक्रेताओं के बारे में सोच सकता हूं। अगर वे इस क्षेत्र में सफल हो सकते हैं तो मुझे कोई संदेह नहीं कि वह तेज़ रास्ते में भी सफल होंगे!

तेज़ राह से इतर क्षेत्र में अनुभव का यह मतलब क़तई नहीं है कि वह क्षेत्र निरुपयोगी है या उससे बचना चाहिए। मेरा गणित और संभावनाओं में विश्वास है–यही वजह है कि मेरी रोटी किसी और की थाली में नहीं है। संबद्ध मार्केटिंग आपके कारोबार को विकसित करने के लिए एक शक्तिशाली साधन है। यही वजह है कि मैं उन संबद्ध कार्यक्रमों के निर्माण का समर्थन करता हूं, जिससे आम लोग जुड़ना चाहेंगे, ना कि जिससे जुड़ें।

एमजे, क्या मुझे कॉलेज छोड़ देना चाहिए?

मैं आपकी ज़िंदगी के बारे में फ़ैसला नहीं ले सकता, ख़ासतौर पर तब जबकि मैं आपके, आपकी संस्कृति या आपकी पृष्ठभूमि के बारे में कुछ भी नहीं जानता। मेरे लिए तो यह सबकुछ उसकी लागत, आपकी परिपक्वता, आपके लक्ष्य और उसके अत्यल्प लाभ पर निर्भर करता है। अगर आप डॉक्टर, इंजीनियर या नर्स बनना चाहते हैं तो आपको पढ़ाई की ज़रूरत होती है। अगर आप एक ऐसे उत्पाद का आविष्कार करने जा रहे हैं, जिसमें पर्याप्त

इंजीनियरिंग की ज़रूरत पड़ेगी तो आपको शिक्षा की ज़रूरत है। बस शिक्षा की गुलामी से सावधान रहिएगा और याद रखिएगा कि कॉलेज की डिग्री दौलत हासिल करने की पूर्व शर्त नहीं है। किसी भी शिक्षा की गति इसके अपेक्षित उद्देश्य और लागत के हिसाब से बदलती रहती है। मैं कॉलेज गया था और मुझे कोई भी अफ़सोस नहीं है, हालांकि आज मैं उसके लिए 50,000 डॉलर का भुगतान नहीं करूंगा।

एमजे, मेरे अपलाइन प्रायोजक ने कहा कि आप सपनों को चुराने वाले हो और नेटवर्क मार्केटिंग पर आपका नज़रिया ख़ामियों भरा है?

बड़ी अच्छी बात है। तो फिर उनसे ही सलाह लेते रहिए। पांच साल बाद मुझे बताना कि यह कैसा रहा।

मुझ पर पत्नी और बच्चों की ज़िम्मेदारी है और नौकरी छोड़ना मेरे बूते की बात नहीं है। मैं तेज़ रास्ते के लिए वक़्त कहां से निकालूं?

मुद्दा वक़्त नहीं आकांक्षाएं और जुनून है। दिलोदिमाग़ में जुनून की धधकती आग के बगैर आपकी आकांक्षाएं महज शौक बनकर रह जाती हैं, प्रतिबद्धता नहीं। तेज़ रास्ते के प्रतिबद्ध राहगीर दौलत बनाते हैं, जबकि कोरी आकांक्षाएं रखने वाले केवल बहाने बनाते हैं। आप गहरे जाल में फंसे हुए हैं, क्योंकि आपके ऊपर ज़िम्मेदारियां हैं। यही वो बात है, जिसके कारण धीमा रास्ता जीत जाता है और आप उसकी योजना में उलझे रह जाते हैं। इससे मुक्त होने के लिए आपको अपने और अपने परिवार के कभी ना ख़त्म होने वाले निजी जुनून के प्रति प्रतिबद्ध होकर जुट जाना होगा। यह जुनून आपके लिए वक़्त निकालेगा। फिर वह अलसुबह हो, शाम के वक़्त या फिर सप्ताहांत पर। याद रखिए एक औसत अमेरिकी ज़िंदगी के 9 साल टीवी के सामने बैठकर बिताता है। शुरुआत टीवी को छोड़ने के फ़ैसले के साथ भी कर सकते हैं।

एमजे आप दया के लायक़ हैं, लैम्बोर्ग़िनी और महंगी चमकीली कारें लोगों को ख़ुश नहीं करतीं।

हा, हा, हा! मैं सहमत हूं। कारें और महंगे खिलौने (महंगी कारें) आपको ख़ुश नहीं करतीं। मैं तो पहले से ख़ुश हूं, जब मैंने अपनी लैम्बोर्ग़िनी ख़रीदी थी और यह मेरे पुरस्कार में से झलकता है। ख़ुशी उपलब्धि की प्रक्रिया से उपजी, जबकि ख़रीददारी इनाम और परिणाम थी। उपलब्धि केक और इनाम फ्रॉस्टिंग। तयशुदा लक्ष्य को हासिल करने के लिए आपका बार-बार क़दम उठाकर आगे बढ़ना आपको ख़ुश रखता है, एक कार नहीं। और जब वह हासिल होता है तो आपको शायद जानकर धक्का लगेगा कि दिखावटी कार की ज़रूरत ही शेष नहीं रहती।

साथ ही एक वैज्ञानिक अध्ययन से साबित हुआ है कि स्वायत्तता (आज़ादी) किसी व्यक्ति की ख़ुशी के समीकरण के केवल 50% हिस्से का प्रतिनिधित्व करती है। मैं आज़ाद हूं और स्पोर्ट्स कार उस आज़ादी का प्रतीक है। आप आज़ाद हैं या फिर केवल नफ़रत करने वाले आदतन नफ़रती?

मैं एकल मां हूं और दांतों के स्वास्थ्य के क्षेत्र में का काम करती हूं। मैं कैसे तेज़ रास्ते पर जा सकती हूं?

ओह। फिर वही, "तेज़ रास्ता" आपके दिमाग़ में शुरू होता है। फिर वह पनपता है। आप फ़र्श को साफ़ करते हुए भी "तेज़ रास्ते" वाली हो सकती हैं। कारोबारों में "तेज़ रास्ता" सेंट्स (नियंत्रण, प्रवेश, ज़रूरत, वक़्त और मात्रा) के नियमों में होता है। क्या आप कोई ऐसा कारोबार तैयार कर सकती हैं, जो बड़े पैमाने पर किसी ज़रूरत को हल करता हो? या फिर आपके वर्तमान रास्ते (दांतों का) क्या कोई ऐसी ज़रूरत है जो लाखों लोगों को दांतों की किसी परेशानी से छुटकारा दिला सके? अगर आप अपने उद्योग में मूल्यवान अवसर या हल नहीं खोज पा रहीं तो आपको अपने दिमाग़ को दुनिया के सामने और अधिक खोलना होगा। मत भूलिए कि आप महज दांतों के स्वास्थ्य के क्षेत्र में काम करने वाली ही नहीं हैं। आप एक मां, एक महिला, एक बेटी हैं। इन क्षेत्रों में भी सैकड़ों रास्ते हैं। आपमें किस बात के प्रति जुनून है? राजनीति? प्राकृतिक जीवन? बागवानी? क्या इन क्षेत्रों में कोई ऐसी ज़रूरत है जिसकी अच्छी तरह से पूर्ति नहीं हुई है? अगर आप नया रास्ता नहीं खोज पा रहीं तो किसी समस्या को आपके लिए नया रास्ता खोजने का काम सौंप दें।

कारोबार शुरू करना जोख़िम का काम है। क्या उस जोख़िम को कम करने का कोई तरीक़ा है?

हां। सही वज़ह के लिए कारोबार कीजिए। और सही वज़ह है बाज़ार में मौज़ूद किसी कमी को पूरा करना या कोई काम हर किसी से बेहतर तरीक़े से करना। कारोबार जोख़िम भरा हो जाता है जब उद्यमी कमज़ोर और स्वार्थी इरादों के साथ उसे शुरू करते हैं। याद रखिए, अजनबियों का आपके सपनों से कोई लेना-देना नहीं होता और वे मूलतः स्वार्थी होते हैं।

कारोबार तब जोख़िम बन जाता है, जब आप बिना किसी स्पष्ट ज़रूरत, ब्रांड या उद्देश्य के उसमें उतर जाते हैं। जोख़िम बढ़ जाता है, जब आप कारोबार में अपनी पसंद का काम करना बनाम ज़रूरत का काम करना के बीच उलझकर रह जाते हैं। जोख़िम तब और अधिक बढ़ जाता है, जब आप कारोबार के प्रमुख अंगों पर से नियंत्रण छोड़कर यह किसी और को सौंप देते हैं। जी हां, कारोबार जोख़िम है, क्योंकि उद्यमी कारोबार के मूल उद्देश्य के दृष्टिकोण को ही भूल जाते हैं, जो है समस्याओं को सुलझाना, मूल्य निर्धारण और अन्य लोगों की मदद करना। लाभ बाद में मिलता है, यह सबसे आगे नहीं होता।

एमजे, यह स्पष्ट हो चुका है कि नियंत्रण को लेकर तुम बहुत दीवाने हो। चूंकि तेज़ रास्ता ब्याज से निष्क्रिय आय पर आधारित है तो आप ब्याज दरों से कैसे निपटते हो, जबकि आप उसे नियंत्रित नहीं कर सकते? अगर ब्याज दर शून्य होगी तो क्या वह तेज़ रास्ते की कल्पना को ही ख़ारिज नहीं कर देगी?

हां, जब बात मेरी वित्तीय योजना की आती है तो मैं नियंत्रण को लेकर दीवानगी की हद तक जाता हूं और आपको भी ऐसा ही करना चाहिए। अगर आपके पास नियंत्रण नहीं है

तो आपका आराम और आपकी सुरक्षा किसी और के हाथों में है। मेरे मामले में ऐसा नहीं है। दूसरी बात, यह सच है कि मैं ब्याज दरों को नियंत्रित नहीं कर सकता, लेकिन आपका आंकड़ा (अध्याय 37) पर्याप्त रूप से बड़ा होना चाहिए ताकि वह ब्याज दरों के बदलाव को सहन कर सके। आज के कम ब्याज दर वाले माहौल में भी मैं 5% का सुरक्षित और तय ब्याज हासिल कर सकता हूं, क्योंकि मैं वैश्विक स्तर पर सोचता हूं, स्थानीय स्तर पर नहीं। साथ ही आय केवल ब्याज पर ही निर्भर नहीं है, बल्कि कार्पोरेट लाभ और साझेदारी से आय की भी उसमें हिस्सेदारी है। अगर आपका सारा धन 10% ब्याज दर पर एक जगह निवेशित है तो निश्चित तौर पर ख़ुद को बेवकूफ़ बना रहे हैं। आपको गिरती ब्याज दरों का दर्द भी महसूस होगा। अपने आंकड़े को संभावित परिवर्तन के लिहाज़ से बड़ा रखें।

एमजे, क्या एक अच्छा संरक्षक एक तरह से दौलत के रास्ते का अच्छा चालक नहीं हो सकता?

संरक्षक बहुत अच्छा संसाधन होते हैं, जब तक कि उनका इस्तेमाल मार्गदर्शन के लिए किया जाए, निजी रक्षक या अनुरक्षक की तरह नहीं। मैंने कुछ ऐसे लोगों का मार्गदर्शन किया है, जिनका कड़ी मेहनत और त्याग में ज़रा-सा भी विश्वास नहीं था। वे चाहते थे कि जोख़िम कोई और झेल ले और पूरी प्रक्रिया में उनका हाथ थामे रहे। संरक्षण कोई दूसरे को काम सौंपने वाली आउटसोर्सिंग प्रक्रिया नहीं है, बल्कि आप जबकि ख़ुद यात्रा पर हों तो केवल आपका मार्गदर्शन करने की है। अच्छे संरक्षक गति बढ़ाने में साथ देने वाली समर्थक हवाओं की तरह होते हैं।

एमजे क्या आप पाखंडी नहीं हैं, जो एक तरफ़ तो भौतिक चमक-दमक की आलोचना करते हैं और दूसरी ओर लैम्बोर्ग़िनी और बड़े घरों जैसी भौतिक वस्तुओं के ज़रिये ही तेज़ रास्ते का वर्णन कर रहे हैं?

नहीं, क्योंकि तेज़ रास्ते का मतलब वस्तुएं ख़रीदना नहीं, बल्कि आज़ादी हासिल करना है और आज़ादी का मतलब जो भी बात आप चाहते हैं उसका अपनी पहुंच में होना। किसी बात का गुलाम हो जाना और उसे पाने के लिए क़ाबिलियत हासिल करने में फ़र्क़ है। अगर आप 3,00,000 डॉलर का भुगतान करके एक कार ख़रीद सकते हैं और उससे बंधकर नहीं रह जाते तो यह कीजिए। स्वायत्तता को लेकर मेरे ऊपर दिए गए जवाब को भी देखें।

एमजे, मैं आपकी बात क्यों सुनूं? आप क़िस्मतवाले थे।

हक़ीक़त : जितनी बड़ी सफलता मिलेगी, इसे ख़ुशक़िस्मती समझा या माना जाएगा। भाग्य महज संभावना का एक काम है और मैं संभावना को बढ़ाने के लिए प्रयास करता हूं। कुछ लोग संभावनाओं को नहीं बढ़ाते और उनके दौलत कमाने की संभावना बस किसी सिक्के को लगातार 10 बार उछालने जितनी ही रह जाती है। मैं ख़ुद को ऐसी स्थिति तक पहुंचाने के लिए काम करता हूं, जहां मुझे केवल एक बार सिक्के की उछाल का सही अनुमान लगाना है। दोनों ही मामले संभावना का काम हैं।

एमजे, मुझे तो कुछ भी विचार सूझता ही नहीं। हर बार जब मैं किसी समस्या के बारे में सोचता हूं या किसी ज़रूरत को खोजता हूं तो पाता हूं कि कोई और उसे हल कर रहा है। तर्कसंगत विचार खोजना नामुमकिन है।

आप बहुत ज़्यादा हताशावादी सोच रखते हैं। जब तक यह दुनिया अधूरी है, विचारों की कोई कमी नहीं होगी। कारोबार में लाभ कमाने के लिए आपको केवल कुछ मूल्यवान वस्तुओं के मूल्य से खेलना है। किसी बात को बेहतर मूल्य देने का मतलब, बेहतर डिलिवरी सेवा, बेहतर ग्राहक सेवा, बेहतर पैकेजिंग, बेहतर यूज़र इंटरफ़ेस, बेहतर वेबसाइट, बेहतर व्यावहारिकता, यह बेहतर या वह बेहतर हो सकता है। मूल्य प्रदान करने वाले दो-तीन गुणों को बदलिए और आपके पास अपना एक अलग कारोबार होगा। मैंने इस बारे में अपनी नई किताब *अनस्क्रिप्टेड* में विस्तार से जानकारी दी है।

एमजे, क्या आप पाखंडी नहीं हैं, क्योंकि आप पुस्तक बेचकर अमीर बन रहे हैं?

लेखन मेरा जुनून है और मैं इसे बिना धन कमाने की आस के भी कर सकता हूं। मेरे कुल मूल्य (90% से ज़्यादा) लेखन नहीं अन्य गतिविधियों से आता है। फिर भी मैं अगर लाखों किताबें बेचकर अमीर बन रहा हूं तो इसकी वजह वह गणित (सीयूएल) है, जिस पर तेज़ रास्ता चलता है। मुझे अमीर बनाने वाला समीकरण, मुझे अमीर बनाना जारी रख रहा है। क्या वही बात मैं यहां नहीं सिखा रहा हूं?

एमजे मैं लकीर का फ़क़ीर बन चुका हूं और आज़ाद होना चाहता हूं। मैं दिन में दुकान में सामान जमाता रहता हूं और रात को बर्तन धोता रहता हूं। मुझे लगता है मैं प्रगति नहीं कर रहा हूं।

परिवर्तन की शुरुआत आपकी सोच के साथ होती है, क्योंकि वही आपके भविष्य के विकल्पों का चयन करती है। अगर आप आगे बढ़ना चाहते हैं तो आपको इस बात पर विश्वास रखना होगा कि आप तरक़्क़ी कर सकते हैं। अपनी प्रक्रिया की शुरुआत बहुत आसान विकल्प के साथ होती है। बेहतर विकल्पों को चुनें और आपका पहला विकल्प अपने पुराने विकल्पों का परीक्षण होना चाहिए।

आज आप जहां हैं वहां क्यों हैं?

आपकी ज़िंदगी में क्या विश्वासघाती क़दम रहा, जिसने आपको बर्तन धोने वाली सिंक तक पहुंचा दिया?

दूसरा आपको इस बात पर गौर करना होगा कि अपनी प्रतिभा के बूते आप कैसे दूसरों को मदद कर सकते हैं। अगर आपमें प्रतिभा की कमी है तो आपको उसे हासिल करना होगा। पर्याप्त अध्ययन और पूरी लगन के साथ आप किसी भी विषय में विशेषज्ञ बन सकते हैं। यह हक़ीक़त है। दुर्भाग्यवश यह लगन क़ीमत मांगती है और अधिकांशतया इसमें आपको अपना टीवी बंद करना होता है और ज़्यादा बेहतर भविष्य के लिए क्षणिक आनंद का त्याग करना होता है।

मुझे कोई फ़र्क़ नहीं पड़ता अगर आप टॉयलेट भी साफ़ करते हैं, अगर आप बहुत सारे लोगों की ज़रूरतों को हल करते हैं तो आप एक की ही ज़रूरत को पूरा करेंगे।

जानते हैं वह एक व्यक्ति कौन है? वह एक व्यक्ति हैं आप।

दूसरा परिशिष्ट :
तेज़ रास्ते की जीवनशैली के 40 दिशानिर्देश

मुझे...

1. "जल्दी अमीर बनो" को कभी असंभव नहीं मानना चाहिए।
2. धीमे रास्ते को मेरे सपनों का अंत नहीं करने देना चाहिए।
3. धीमे रास्ते के प्रवक्ताओं को उनके सिद्धांतों के साथ मेरी सच्चाई को दूषित करने की अनुमति नहीं देना चाहिए।
4. धीमे रास्ते को ही योजना नहीं बनाना चाहिए, बल्कि इसे योजना का हिस्सा रखना चाहिए।
5. केवल एक सप्ताहांत की ख़ातिर अपने ज़मीर को नहीं बेचना चाहिए।
6. दौलत के लिए ना किसी को ड्राइवर रखना चाहिए और ना ही उसकी तलाश करना चाहिए।
7. दौलत के लिए वक़्त का सौदा कभी नहीं करना चाहिए।
8. मेरी वित्तीय योजना का नियंत्रण वक़्त के हाथों में नहीं देना चाहिए।
9. अपनी वित्तीय योजना पर से नियंत्रण नहीं छोड़ना चाहिए।
10. वक़्त को भरपूर और उत्साहपूर्ण मानकर उसकी क़ीमत कम नहीं करना चाहिए।
11. अपना विश्वास परिणामों में नहीं प्रक्रिया में रखना चाहिए।
12. उन गुरुओं से सलाह नहीं लेनी चाहिए जो बताते तो एक रास्ता हैं, लेकिन ख़ुद दूसरा रास्ता अपनाकर अमीर बन जाते हैं।
13. चक्रवृद्धि ब्याज को दौलत नहीं, बल्कि आय के लिए इस्तेमाल करना चाहिए।
14. डॉलर की निष्क्रियता की ताक़त का अपमान नहीं करना चाहिए।
15. स्नातक उपाधि मिलते ही सीखना रोकना नहीं चाहिए, बल्कि वहां से शुरू करना चाहिए।
16. अपनी ज़िंदगी पर परजीवी क़र्ज़ का बोझ नहीं डालना चाहिए।
17. उपभोक्ताओं की टीम से नहीं निर्माताओं/उत्पादकों की टीम की ओर से खेलना चाहिए।

18. अपने सपनों के साकार होने की संभावना को नहीं नकारना चाहिए।
19. धन के रास्ते का नहीं बल्कि ज़रूरत के रास्ते का पीछा करना चाहिए।
20. किसी वस्तु के लिए प्रेम नहीं जुनून, उद्देश्य और क्यों को प्रेरणा बनाना चाहिए।
21. अपने ख़र्चों पर नहीं, बल्कि अपनी आय पर ध्यान केंद्रित करना चाहिए।
22. ख़ुद को सबसे अंत में नहीं सबसे पहले भुगतान करना चाहिए।
23. वह नहीं करना है, जो हर कोई कर रहा है।
24. हर किसी पर भरोसा नहीं करें, बल्कि भरोसे को साबित करने का मौक़ा दें।
25. अपने कारोबार पर से नियंत्रण नहीं छोड़ना चाहिए।
26. सहयात्री नहीं बनना चाहिए, बल्कि ख़ुद वाहन चलाना चाहिए।
27. सीमित मात्रा या छोटे परिवेश के भीतर काम नहीं करना चाहिए।
28. अपने विकल्पों की अश्वशक्ति का अपमान नहीं करना चाहिए।
29. स्वीमिंग पुल की गप्पी मछली की तरह नहीं महासागर की शार्क की तरह तैरना चाहिए।
30. पहले उपभोग नहीं, बल्कि पहले उत्पादन करना चाहिए और फिर उपभोग करना चाहिए।
31. बाधामुक्त या कमज़ोर प्रवेश वाले कारोबारों में भाग नहीं लेना चाहिए।
32. दूसरे लोगों के ब्रांड में नहीं अपने ब्रांड में निवेश करना चाहिए।
33. विचारों को उतना महत्त्व नहीं देना चाहिए जितना क्रियान्वयन को।
34. अन्य हितग्राहियों की ख़ातिर अपने ग्राहक को नहीं छोड़ना चाहिए।
35. कारोबार नहीं ब्रांड तैयार करना चाहिए।
36. मेरे मार्केटिंग संदेशों को विशेषताओं नहीं लाभ पर केंद्रित करना चाहिए।
37. हर अवसर की ओर झपटने वाला अवसरवादी नहीं बनना चाहिए। ध्यान केंद्रित करना चाहिए!
38. कारोबार को चेकर्स के खेल की तरह नहीं शतरंज के खेल की तरह चलाना चाहिए।
39. अपने संसाधनों से ऊपर का जीवन नहीं जीना चाहिए, लेकिन संसाधनों के विस्तार का प्रयास करना चाहिए।
40. वित्तीय साक्षरता के बीमे के बगैर नहीं जीने का संकल्प लेना चाहिए।

अनुवादक के बारे में

किरण नारायण मोघे : हिंदी पत्रकारिता में तीन दशक से ज़्यादा का अनुभव। मूलतः खेल पत्रकार, लेकिन वन्यजीवन, पर्यटन, इतिहास, फ़ोटोग्राफ़ी से विशेष लगाव। हिंदी, अंग्रेज़ी और मराठी पर पकड़। मध्यप्रदेश सहित राजस्थान, चंडीगढ़, महाराष्ट्र में कामकाज का अनुभव।